Stalins Beutezug

Das Buch

Den Aufstieg der Sowjetunion zur Weltmacht hätte es ohne materielle Unterstützung aus Deutschland nicht gegeben, das legt der Historiker Bogdan Musial in seinem neuen Buch überzeugend dar. Bis zum deutsch-sowjetischen Krieg 1941 war es die Lieferung deutscher Maschinen und Anlagen im großen Stil, die den Aufbau der sowjetischen Schwer- und Rüstungsindustrie ermöglichte. Nach dem Krieg war es die systematische Demontage sämtlicher ostdeutscher Industrie- und Infrastrukturanlagen, die Stalins Regime einen zweiten, aus eigenen Kräften nicht erreichbaren Modernisierungsschub bescherte.

Musial hat sich aufgrund seiner hervorragenden Kenntnisse der russischen und osteuropäischen Archive einen Namen gemacht. Immer wieder erschließt er neue, bisher unzugängliche Quellen, die unsere Kenntnisse über die Geschichte des 20. Jahrhunderts erweitern. Warum verfügte Stalin im Zweiten Weltkrieg über ein von Hitler völlig unterschätztes Rüstungspotential, das ihm schließlich den Sieg brachte? Welche Ausmaße hatte der von langer Hand geplante beispiellose Raubzug, der dem sowjetischen Diktator weit über die im Potsdamer Abkommen vereinbarten Reparationen hinaus Maschinen, Rohstoffe, Fertigprodukte, Laboratorien, Industrie- und Infrastrukturanlagen einbrachte, die in seinem Teil des besiegten Deutschlands bitter fehlen sollten? Auf diese Fragen gibt Musial gewohnt gründliche Antworten, die den Aufstieg und späteren Abstieg der Sowjetunion in neuem Licht erscheinen lassen.

Der Autor

Bogdan Musial, geboren 1960 in Wielopole/Polen. 1985 politisches Asyl in der Bundesrepublik, 1992 Einbürgerung. 1990–1998 studierte er Geschichte, Politische Wissenschaften und Soziologie in Hannover und Manchester. Stipendiat der Friedrich-Ebert-Stiftung (1991–1998). 1999 bis 2004 wissenschaftlicher Mitarbeiter am Deutschen Historischen Institut in Warschau. Habilitation 2005. Seit 2007 wissenschaftlicher Mitarbeiter des Instituts des Nationalen Gedenkens in Warschau. Autor zahlreicher zeitgeschichtlicher Bücher, darunter *Kampfplatz Deutschland* (2008).

Von Bogdan Musial ist in unserem Hause bereits erschienen:
Kampfplatz Deutschland

Bogdan Musial

STALINS BEUTEZUG

Die Plünderung Deutschlands
und der Aufstieg der Sowjetunion
zur Weltmacht

List Taschenbuch

Besuchen Sie uns im Internet:
www.list-taschenbuch.de

Ungekürzte Ausgabe im List Taschenbuch
List ist ein Verlag der Ullstein Buchverlage GmbH, Berlin.
1. Auflage Mai 2011
© Ullstein Buchverlage GmbH Berlin 2010/Propyläen Verlag
Konzeption: semper smile Werbeagentur GmbH, München
Umschlaggestaltung: bürosüd° GmbH, München
(nach einer Vorlage von Morian & Bayer-Eynck, Coesfeld)
Titelabbildung: akg-images
Lektorat: Thomas Bertram
Satz: LVD GmbH, Berlin
Gesetzt aus der Sabon
Papier: Munkenprint von Arctic Paper Munkedals AB, Schweden
Druck und Bindearbeiten: CPI – Clausen & Bosse, Leck
Printed in Germany
ISBN 978-3-548-61035-1

Inhalt

Anhang

Einleitung

Die Geschichte der Sowjetunion sei untrennbar mit der deutschen verwoben und »aufregender als jeder Roman«, schrieb Sebastian Haffner in seinem Essay über die deutsch-sowjetischen Beziehungen zwischen den beiden Weltkriegen. »Vergeblich sucht man nach einem anderen Beispiel so tödlich-intimer gegenseitiger Verknäuelung und Verstrickung beider Völker.«[1] Übertrieben sind diese Worte nicht.

Die deutsch-sowjetischen Bündnisse und die Zusammenarbeit zwischen den Staaten sowie der spätere deutsch-sowjetische Krieg haben im vergangenen Jahrhundert die Geschichte Europas, ja der Welt entscheidend und nachhaltig geprägt. Den Aufstieg der UdSSR zur militärischen Großmacht, die den Zweiten Weltkrieg gewann, hätte es ohne die materielle und technologische Unterstützung aus Deutschland nicht gegeben. War es doch bis zum Juni 1941 die Lieferung deutscher Maschinen und Anlagen im großen Stil gewesen, die den Aufbau der sowjetischen Schwer- und Rüstungsindustrie überhaupt erst ermöglicht hatte.

Der Sieg über Deutschland wiederum sicherte der Sowjetunion den unbeschränkten Zugriff auf die ost- und mitteldeutschen Industriegebiete. Am 12. Januar 1945 begannen die Verbände der Roten Armee die Weichsel-Oder-Operation. Sie durchbrachen die deutschen Verteidigungslinien entlang der Weichsel und rückten schnell in Richtung Berlin vor. Wenige Tage später überschritten sie die deutsche Vorkriegsgrenze. Den vordringenden Frontverbänden auf dem Fuße folgten sowjetische Beutekommandos, eine Armee von etwa 100 000 Mann, die bald um weitere Zehntausende Männer und auch Frauen aufgestockt wurde, darunter abkommandierte sowjetische Fachkräfte, »mobilisierte« deutsche

Zivilisten, deutsche Kriegsgefangene und ehemalige sowjetische Zwangsarbeiter.

Sie alle starteten auf Befehl Stalins eine generalstabsmäßig vorbereitete und durchgeführte Kriegsbeuteoperation, die alle bisherigen ähnlichen Raubzüge der Geschichte in den Schatten stellte. Die erbeuteten Werkzeugmaschinen (weit über 400 000) und großen Mengen anderer Industrieanlagen und Ausrüstungen ermöglichten der Sowjetunion nicht nur den Wiederaufbau, sondern auch den Ausbau und die Modernisierung der eigenen Wirtschaft und Rüstungsindustrie. Die Kriegsbeute bescherte der UdSSR einen Modernisierungs- und Wachstumsschub, den sie aus eigenen Kräften niemals erreicht hätte. Hinzu kam die gnadenlose Ausbeutung der unterworfenen Länder Mittel- und Osteuropas, eine weitere Folge des Sieges über Deutschland. All dies ebnete der Sowjetunion nach 1945 den Weg zur Supermacht, mit fatalen Folgen für die unterworfenen Nationen.

Breiten Raum in der vorliegenden Darstellung nimmt die Deutschlandpolitik Stalins nach dem 22. Juni 1941 ein. Neben der militärischen Niederwerfung des Dritten Reiches waren die vorrangigen Kriegsziele Stalins die Aufspaltung Deutschlands, die Zerschlagung der deutschen Industrie und die »Zurückdrängung« der deutschen Siedlungsgebiete. Darüber hinaus erwog er ernsthaft die physische Vernichtung der deutschen Eliten.

Eine interessante Frage in diesem Zusammenhang ist, ob die Sowjetunion ohne die Ostpolitik des Deutschen Kaiserreichs überhaupt entstanden wäre. Als im Frühjahr 1917 in Russland die Februarrevolution ausbrach und der Zar gestürzt wurde, hockte Lenin, der Gründungsvater der Sowjetunion, in der Schweiz wie in einer Falle, worauf in Berlin der Plan entstand, ihn nach Russland reisen zu lassen. Ende März 1917 setzten deutsche Regierungsstellen Lenin und eine Handvoll seiner Genossen in einen Zug, statteten sie mit reichlich Geldmitteln aus und entsandten die Gruppe über Deutschland, Schweden und Finnland nach Russland.[2]

Die kaiserliche deutsche Regierung verband mit diesem Schritt die Hoffnung, Lenin werde das Russische Reich, einen der Kriegsgegner Deutschlands, von innen zersetzen. Allerdings waren er und seine Genossen keine deutschen Agenten, sondern handelten aus eigener Überzeugung. Die Ziele der beiden Kontrahenten stimmten lediglich in diesem Punkt überein. »Mit diesem Bündnis Deutschlands mit der bolschewistischen Revolution – das für beide Seiten ein Teufelspakt war – fing alles an«, schrieb Sebastian Haffner und bezeichnete die Entsendung Lenins nach Russland als »die politische Atombombe des Ersten Weltkrieges«.[3]

Im Oktober 1917 putschten sich Lenin und seine Genossen an die Macht und stürzten Russland in einen blutigen Bürgerkrieg, den die Bolschewiken für sich entschieden. Sie vernichteten das Zarenreich samt seinen bisherigen Führungsschichten. »Ohne Deutschlands Hilfe wäre Lenin ein ohnmächtiger Verbannter geblieben, ein obskurer, tatenloser Zuschauer des Weltgeschehens.«[4] Auf den Trümmern des Zarismus errichteten die neuen Machthaber unter Lenins Führung den ersten kommunistischen Staat der Welt, den Stalin später zur Groß- und Supermacht ausbaute.

Die Erforschung der sowjetischen Geschichte und der deutsch-sowjetischen Beziehungen ist auch heute noch ein sensibles Thema, viele Bereiche sind tabuisiert, die Darstellung zahlreicher historischer Ereignisse ist entstellt oder gar verfälscht. Der heutige russische Staat hat den »Großen Vaterländischen Krieg« zum Hauptelement der russischen Geschichtspolitik erklärt, was die kritische Erforschung dieses Themas in Russland nicht gerade erleichtert. Zu den vielen heiklen Punkten gehört die sowjetische Demontagepolitik im Jahr 1945 ebenso wie die deutsch-sowjetische Zusammenarbeit in den Jahren 1939 bis 1941. Umso mehr gebührt den russischen Historikerinnen und Historikern Hochachtung, die sich dessen ungeachtet kritisch mit den »schwierigen« Themen befassen, immer neue Quellenbestände erschließen und die Ergebnisse ihrer Forschungsarbeit in Publikationen breiterer Leserschichten zugänglich machen.

Aber auch im Westen gibt es geschichtspolitische Tabus und Dogmen, die in manchen Punkten sogar mit den alten sowjetischen übereinstimmen. So entstanden hier unzählige Arbeiten über die Genese des Hitler-Stalin-Paktes vom 23./24. August 1939. Und nicht wenige halten nach wie vor an Stalins Thesen vom Februar und März 1948 fest, als er behauptete, alle seine damaligen Handlungen, selbst der Überfall auf Finnland, die Annexion Bessarabiens und der baltischen Staaten, hätten defensiven Charakter gehabt. Wer dies seinerzeit in Frage stellte, wurde als infamer Geschichtsfälscher beschimpft. Und noch heute betrachten einige Stalins Lesart als Dogma und denunzieren jeden, der es in Frage stellt, als Revisionisten.

Quellenlage

Die vorliegende Darstellung stützt sich auf die bis heute nur unzureichend erschlossenen, dafür aber reichlich vorhandenen zeitgenössischen russischsprachigen Quellen, die in den Moskauer Archiven aufbewahrt werden. Über die schwierige Archivlage in Russland wird seit Jahren geklagt, und Forscher monieren, dass entscheidende Bestände gesperrt und unzugänglich seien.[5] Und in der Tat sind Archivrecherchen in Moskau kein leichtes Unterfangen; dennoch ist die Lage viel besser, als die Klagen vermuten lassen.

Heute sind weit mehr Archivbestände zugänglich als noch vor einigen Jahren, und auch wenn noch relativ viel Material verschlossen ist, können nicht selten bestimmte Dokumente, die in dem einen Archiv gesperrt sind, in einem anderen eingesehen werden. Der Partei- und Staatsapparat in der Sowjetunion hat über Jahrzehnte wahre Berge verschiedenster Unterlagen, Dokumente, Berichte und Denkschriften produziert und archiviert, die nur schwer zu überblicken sind. Wegen der neuerdings wieder restriktiveren Archivpolitik des heutigen russischen Staates kommt es zudem immer wieder vor, dass wichtige Dokumente, die in früheren Jahren veröffentlicht wurden, erneut gesperrt sind.

Notwendig sind daher nicht nur breit gefächerte Archivrecherchen, sondern auch Kenntnisse über das Funktionieren der damaligen sowjetischen Staats- und Parteibürokratie. Verschlossen sind beispielsweise bis heute die Unterlagen des Sonderkomitees beim Staatskomitee für Verteidigung, das sich mit sowjetischen Demontagen befasste. In anderen Beständen, die teilweise seit den 1990er Jahren zugänglich sind, finden sich hingegen unzählige diesbezügliche Quellen. Westliche Forscher unterschätzen zudem die Bedeutung der geheimen Protokolle des Politbüros wie auch des Staatskomitees für Verteidigung aus den Jahren 1941 bis 1945, die zu den Schlüsseldokumenten für die Erforschung der sowjetischen Geschichte gehören. Sie sind mit einigen Ausnahmen seit wenigen Jahren der allgemeinen Forschung zugänglich und spielen auch in der vorliegenden Studie eine zentrale Rolle.

Ein sehr wichtiger Quellenbestand zum Thema sind die Unterlagen der einzelnen sowjetischen Führer, in erster Linie Stalins. Hinzu kommen Bestände von Wjatscheslaw Molotow, Anastas Mikojan und Georgi Malenkow. Von großer Bedeutung sind die Unterlagen der Zentralverwaltung für Statistik, der einzelnen Wirtschaftsressorts, die Unterlagen der Staatsanwaltschaft und des Volkskommissariats (ab März 1946 Ministerium[6]) für Staatskontrolle. Die Staatskontrolle, deren Unterlagen seit 2007 zugänglich sind, ermittelte in allen wirtschaftlichen und militärischen Bereichen, überprüfte die Erfüllung der Pläne, die Arbeitsabläufe, untersuchte Missstände und Mängel und berichtete darüber an die Partei- und Staatsführung. Diese Berichte bieten ungeschönte Einblicke in den Zustand der gesamten sowjetischen Wirtschaft, darunter auch der Rüstungsindustrie.

Im Russischen Archiv für Sozial- und Politikgeschichte (RGASPI) in Moskau werden die Protokolle des Politbüros, die Beschlüsse des Staatskomitees für Verteidigung (GKO), Arbeitsunterlagen zu den einzelnen Beschlüssen sowie die Sitzungsprotokolle des Operativen Büros beim Staatskomitee für Verteidigung aufbewahrt. Das GKO wurde am 30. Juli 1941 errichtet und übte unter dem Vorsitz Stalins die volle Macht über sämtliche Partei-, Staats- und Militärorgane der Sowjetunion aus. Ebenfalls im RGASPI lagern die Bestände von Stalin, Molotow, Malenkow, Mikojan und des ZK der WKP(b), die für die vorliegende Untersuchung ausgewertet wurden.

Im Russischen Staatsarchiv der Wirtschaft (RGAE) in Moskau wurden die Bestände der Zentralverwaltung für Statistik, der Staatlichen Planungskommission (Gosplan) sowie der einzelnen Volkskommissariate bzw. Ministerien für Rüstungsindustrie, Panzerbau, Schwerindustrie, Energie, Maschinenbau, Transportwesen und Landwirtschaft erschlossen und im Staatsarchiv der Russischen Föderation (GARF) die Unterlagen des Volkskommissariats für Staatskontrolle und der Staatsanwaltschaft der UdSSR.

Darüber hinaus wurden Archivrecherchen im Zentralarchiv des russischen Verteidigungsministeriums (ZAMO) in Podolsk bei Moskau, im Nationalen Staatsarchiv der Republik Weißrussland (NARB) in Minsk, im Archiv Neuer Akten (AAN) in Warschau und im Bundesarchiv-Militärarchiv (BA-MA) in Freiburg durchgeführt. Hinzu kommen die bereits veröffentlichen Dokumentenbände in deutscher und russischer Sprache, Memoirenliteratur sowie die bislang erschienene Forschungsliteratur.

Die vorliegende Darstellung konzentriert sich zeitlich auf die Jahre von 1939 bis 1945 und ist in vier Teile gegliedert. Der erste Teil befasst sich mit der deutsch-sowjetischen Wirtschaftskooperation im Rahmen des Hitler-Stalin-Paktes, die bis Juni 1941 dauerte. Die Sowjetunion lieferte große Mengen an strategischen Rohstoffen und erhielt im Gegenzug moderne Maschinen, Anlagen und Technologien aus Deutschland. Deren Bedeutung für die Modernisierung und den Ausbau der sowjetischen Rüstungsindustrie wird am Beispiel der Panzerindustrie eingehend geschildert.

Bereits seit 1928/29 spielten der Technologietransfer und der Import moderner Maschinen und Anlagen aus Deutschland eine Schlüsselrolle beim Aufbau der sowjetischen Schwer- und Rüstungsindustrie. Beispielhaft dafür ist die sowjetische Maschinenbauindustrie. Den enormen Preis für diese teuren Einfuhren bezahlte die einheimische Bevölkerung, und viele Millionen Menschen verloren dabei ihr Leben.

Die sowjetischen Rohstofflieferungen zwischen Dezember 1939 und Juni 1941 ermöglichten Deutschland zunächst, Krieg gegen den Westen zu führen, um sich anschließend auf den Angriffskrieg gegen die Sowjetunion vorzubereiten. Hitler und seine Generäle unterschätzten jedoch nicht nur die Stärke der Roten Armee, sondern auch das sowjetische Rüstungspotenzial und gingen von einem leichten Sieg aus. Hitler glaubte, es reiche »ein kräftiger Stoß, und das Riesengebäude der Sowjetunion werde einstürzen«.[7] Paradoxerweise hatte Hitler Stalin tatkräftig geholfen, dieses Gebäude einsturzsicher zu machen.

Der zweite Teil beginnt mit dem deutschen Überfall auf die Sowjetunion am 22. Juni 1941. Nach wenigen Wochen erkannten Hitler und seine Generäle mit Bestürzung, dass sie die Kapazitäten der sowjetischen Rüstungswirtschaft und die Kampfkraft der Roten Armee sträflich unterschätzt hatten. Stalin erholte sich hingegen nach dem anfänglichen Schock relativ schnell. Zwar verlor die Rote Armee im Sommer und Herbst 1941 alle wichtigen Schlachten und erlitt ungeheuere Verluste an Menschen und Material, während die Sowjetunion große Gebietsverluste hinnehmen musste, doch die sowjetischen Streitkräfte brachen nicht zusammen und kämpften weiter, bis sie Ende November 1941 sogar die erste große und erfolgreiche Gegenoffensive starteten.

Als entscheidend für die weitere Kriegführung erwies sich der Entschluss Stalins, die wichtigsten Betriebe aus den bedrohten Gebieten im Westen in die östlichen Teile des Riesenreiches zu verlegen. Stalin setzte im Gegensatz zu Hitler auf einen langen Krieg. Ab der Jahreswende 1941/42 nahm die sowjetische Rüstungswirtschaft trotz großer Schwierigkeiten Fahrt auf und lief bald auf Hochtouren. Die Evakuierung der Betriebe und die Mobilisierung der sowjetischen Wirtschaft werden am Beispiel der Panzerindustrie eingehend dargestellt, spielte doch die Panzerwaffe im deutsch-sowjetischen Krieg eine herausragende Rolle.

Viel Raum wird neben der Rüstungswirtschaft der Mobilisierung der sowjetischen Bevölkerung gewidmet, in erster Linie der Soldaten und Arbeiter. Ein ernsthaftes Problem in den ersten Kriegsmonaten war die massenhafte Fahnenflucht. Erst der Einsatz der NKWD-Organe mit ihren Truppen, die Bildung von

Sperr- und Strafabteilungen sowie die Anwendung drakonischer Strafen (Kriegstribunale) und der Sippenhaftung schufen hier Abhilfe. Den Abschluss des zweiten Teils bildet ein Exkurs über den Massenterror der 1930er Jahre und seine Folgen als eine der Voraussetzungen für Stalins Sieg.

Der dritte Teil thematisiert Stalins Deutschlandpolitik vor dem Hintergrund des deutsch-sowjetischen Krieges und beginnt mit der Darstellung der antideutschen Propaganda sowie der grausamen Verfolgung der deutschen Minderheit in der Sowjetunion nach dem 22. Juni 1941. Ausführlich eingegangen wird auf Stalins Kriegsziel einer nachhaltigen Schwächung Deutschlands, das im Kern darauf abzielte, die deutschen Siedlungsgebiete »zurückzudrängen«. Mit diesem Vorhaben untrennbar verbunden war die polnische Frage. Ohne die Polenpolitik der beiden Kontrahenten lässt sich die Geschichte der deutsch-sowjetischen Beziehungen überhaupt nicht begreifen, dennoch wird sie oft vernachlässigt oder bestenfalls am Rande behandelt. Die Genese dieses »ethnischen Zurückdrängens« und die damit zusammenhängende Westverschiebung Polens bis zur Linie Oder/Lausitzer Neiße werden ausführlich behandelt. Beide Aspekte beeinflussen noch heute die deutsch-polnischen Beziehungen.

Der vierte und letzte Teil befasst sich mit den sowjetischen Demontagen von Industrieanlagen und Infrastruktur in den damaligen ost- und mitteldeutschen Gebieten. Auch Polen in den Grenzen von 1938, Österreich und andere Länder waren davon betroffen. Die Sowjets betrachteten alle eroberten Gebiete als Reservoir für die dringend benötigten und begehrten Investitionsgüter. Im Zentrum dieses Abschnitts stehen die organisatorischen Vorbereitungen für die Demontagen und die Aktivitäten der Beuteorgane in den besetzten Gebieten Deutschlands, der Abtransport der Kriegsbeute und die dabei auftretenden Schwierigkeiten sowie herrschende Missstände. Nicht unerwähnt bleiben der staatlich organisierte Raub von Kulturgütern und Kunstschätzen, der größte in der Geschichte des 20. Jahrhunderts, die mutwilligen Zerstörungen sowie der private Beutezug von Soldaten und Offizieren der Roten Armee. Abschließend werden die enormen Dimensionen der Kriegsbeute, die selbst die sowjetischen Erwartungen übertrafen, und ihre Nutzung in der UdSSR behandelt.

Die in russischer, englischer und polnischer Sprache vorliegenden Quellen wurden von mir übersetzt, für etwaige Übersetzungsfehler bin ich allein verantwortlich. In die Bibliographie wurden nur solche Werke aufgenommen, die im Buch zitiert werden. Sie erhebt keinen Anspruch auf Vollständigkeit.

Zahlreiche Institutionen und Personen waren mir bei meinen intensiven Quellenrecherchen behilflich. Ihnen bin ich zu Dank verpflichtet. Archivarinnen und Archivare in Moskau unterstützten mich bei der Materialsuche. Jan Szumski und Andrzei Dobryszewski halfen mir tatkräftig bei Quellen- und Literaturrecherchen. Die vielen gemeinsamen Gespräche in Moskau, in Warschau und Alfeld ermöglichten mir, viele Aspekte der sowjetischen Geschichte besser zu begreifen. Jan Żaryn unterstützte in seiner Funktion als Leiter der Abteilung für Bildung und Forschung des Instituts des Nationalen Gedenkens in Warschau (bis Mai 2009) meine Moskauer Archivrecherchen.

Der Zukunftsfonds der Republik Österreich finanzierte im Rahmen des Projektes »Ökonomische Kriegsfolgen: Sowjetische Demontagen und Besatzungswirtschaft in Österreich« des Ludwig Boltzmann Instituts für Kriegsfolgenforschung in Graz die Recherchen zur Geschichte der Demontagen sowie die Auswertung und Bearbeitung der dabei erschlossenen Quellen. Prof. Stefan Karner, dem Leiter des Grazer Instituts, bin ich besonders dankbar für die Unterstützung. Des Weiteren danke ich seinen Mitarbeitern, insbesondere Walter M. Iber sowie Peter Ruggenthaler, für interessante Diskussionen, den vielfältigen Meinungsaustausch und wichtige Literaturhinweise. In der stressigen Endphase bekam ich Unterstützung seitens der Erich und Erna Kronauer-Stiftung, wofür ich zu Dank verpflichtet bin.

Bogdan Musial, im Januar 2010

TEIL I

DIE KRIEGSWIRTSCHAFTLICHEN
ASPEKTE DES
HITLER-STALIN-ANGRIFFSPAKTES
VOM 23./24. AUGUST 1939

Am 24. August 1939 verkündeten die deutsche und die sowjetische Regierung, dass sie am Tag zuvor einen »Nichtangriffspakt« geschlossen hätten. Diese Nachricht versetzte der übrigen Welt einen Schock, obwohl zu diesem Zeitpunkt noch niemand etwas von dem zusätzlich abgeschlossenen Geheimabkommen ahnte. Der Pakt sollte zehn Jahre Gültigkeit besitzen, mit der Option, ihn um fünf Jahre zu verlängern, und er trat sofort in Kraft. Sein historisch wichtigster Bestandteil war das Geheime Zusatzprotokoll, das die Abgrenzung der Interessensphären beider Staaten in Osteuropa, das heißt die Annexion der unabhängigen Staaten in diesem Teil des Kontinents, regelte.[1]

Der Pakt bedeutete die vierte Teilung Polens; es handelte sich somit in Wirklichkeit um einen Angriffspakt. Trotzdem bezeichnen nicht wenige westliche Forscher den Hitler-Stalin-Pakt noch heute als »Nichtangriffspakt«, wie die kommunistische und nationalsozialistische Propaganda dies in der Vergangenheit taten.

Vor dem 23. August 1939 hatte kaum jemand das Zustandekommen eines solchen Paktes für möglich gehalten. Im Juni 1939 erklärte beispielsweise der damalige britische Premierminister Neville Chamberlain gegenüber seinem Kabinett, eine deutsch-sowjetische Annäherung sei »quite impossible«, völlig unmöglich.[2] Auch Hitler hatte noch in den 1920er Jahren ein deutsch-sowjetisches Bündnis entschieden abgelehnt. Allerdings herrschten damals andere außenpolitische Verhältnisse, und Hitler saß im Gefängnis, als er seine Überlegungen niederschrieb. Dennoch sind seine diesbezüglichen Ausführungen in *Mein Kampf* bemerkenswert: »So liegt schon in der Tatsache des Abschlusses eines Bündnisses mit [Sowjet-]Rußland die Anweisung für den nächsten

Krieg. Sein Ausgang wäre das Ende Deutschlands.«[3] Als die Welt am 24. August 1939 vom Abschluss des Hitler-Stalin-Paktes erfuhr, war allen klar, dass der Krieg unmittelbar bevorstand.

Über die Umstände des Paktes und die Beweggründe für seinen Abschluss wurden bereits unzählige Arbeiten und Beiträge mit einander widersprechenden Thesen und Hypothesen, Behauptungen und Annahmen veröffentlicht. Über die Motivation Hitlers herrscht einigermaßen Klarheit. Es ging ihm um die Isolierung Polens, damit er das Land überfallen, aufteilen und vernichten konnte – mit dem Ziel, sich anschließend gen Westen zu wenden. Hitlers diesbezügliche Äußerungen sind eindeutig, ging er doch davon aus, dass im Falle eines deutsch-französischen Krieges Polen seine Bündnisverpflichtungen gegenüber Frankreich erfüllen und Deutschland angreifen würde.

Am 22. August 1939 fand auf dem Obersalzberg eine Besprechung Hitlers mit seinen Militärführern statt, bei der auch der Generalstabschef des Heeres, Franz Halder, zugegen war. Dieser notierte Hitlers Ausführungen zur Genese des Überfalls auf Polen wie folgt: »*Entwicklung des Entschlusses* zur Lösung der Ostfrage: An sich erwünscht, zunächst den Westen zu bereinigen; da aber immer klarer wurde, daß in jeder schwierigen Lage Polen uns in den Rücken fallen würde, müßte, ehe man an die Westprobleme herangeht, die Ostfrage bereinigt werden.«[4] In ähnlichem Sinne äußerte sich Hitler auch später.[5]

Eduard Wagner, der Generalquartiermeister der Wehrmacht, schrieb am 30. August 1939 in sein Tagebuch: »(Man) verspricht sich viel von der *neuen Achse* Berlin-Moskau. Der Abschluß dieses Vertrages hat uns tatsächlich gerettet, und in Rußland scheint darüber einheitlich ehrlich Freude zu herrschen.«[6] Allerdings nehmen nicht alle an der Diskussion Beteiligten diese Fakten und Quellen zur Kenntnis, und insbesondere die sogenannten revisionistischen Autoren verbreiten die Version von dem getriebenen, beinahe »friedliebenden« Hitler, der zum Überfall auf Polen durch die Polen selbst, Großbritannien und andere gezwungen worden sei.[7]

Hingegen sind die Beweggründe Stalins viel strittiger. Erst in den letzten Jahren erschlossen Forscher neue, bis dahin unzugängliche Quellen, die zeigen, dass Stalin auf einen Krieg in West- und Mitteuropa setzte, von dem er zu profitieren hoffte. Er verfolgte dabei eine Doppelstrategie: gegenseitige Schwächung der »kapitalistischen« Länder bei gleichzeitiger eigener territorialer Expansion.[8]

Dies widerlegt die These, Stalin habe defensiv gehandelt und Zeit gewinnen wollen, um sich auf den deutschen Angriff vorbereiten zu können. Diese Auffassung vertreten bis heute nicht nur die aktuelle neosowjetische »Geschichtsschreibung« in Russland, sondern auch nicht wenige westliche Autorinnen und Autoren. Sie alle verbreiten weiterhin das Bild des »pazifistischen« und »defensiv« handelnden Stalin. Bemerkenswert ist, dass sie dabei – offenbar unbewusst – die nachträglichen Thesen Stalins wiederholen, die er im Februar 1948 für Propagandazwecke persönlich formulierte und – selbstverständlich nicht unter seinem Namen – verbreiten ließ.[9] Stalin schrieb, dass der deutsche Vorschlag zur Unterzeichnung des Nichtangriffspaktes im Interesse der eigenen Verteidigung angenommen worden sei, um

> »es damit der Sowjetunion zu ermöglichen, den Frieden für bestimmte Zeit zu verlängern, die vom Sowjetstaat für eine bessere Vorbereitung seiner Kräfte zur Abwehr eines eventuellen Überfalls des Aggressors benutzt werden konnte. [...] In der damaligen Situation war diese Wahl ein weitsichtiger und weiser Schritt der sowjetischen Außenpolitik. Dieser Schritt der Sowjetregierung bestimmte im voraus im gewaltigen Maße den für die Sowjetunion und für alle freiheitsliebenden Völker günstigen Ausgang des zweiten Weltkrieges. [...] Es wäre eine infame Verleumdung, zu behaupten, dass der Abschluss des Paktes zu den Absichten der Außenpolitik der UdSSR gehört hätte.«[10]

Diese Sichtweise gilt für nicht wenige westliche Historiker noch heute als die politisch korrekte Deutung der Geschehnisse. Sie bauen diese Interpretation aus, versehen sie mit Anmerkungsapparaten und veröffentlichten das Ganze als wissenschaftliche Erkenntnis. Ihre gleich gesinnten Kollegen loben diese Werke anschließend als »bahnbrechende« Forschungsergebnisse und verteidigen damit indirekt die Thesen Stalins.[11]

Neben den strategisch-politischen Überlegungen spielten die kriegswirtschaftlichen Aspekte des deutsch-sowjetischen Bündnisses für beide Vertragspartner eine enorm wichtige Rolle. Auch mit diesen Fragen befasst sich die Forschung seit Jahrzehnten, wobei der Schwerpunkt auf der deutschen Seite liegt, was unter anderem durch die Archivlage bedingt ist.[12] Die wichtigsten Daten sind inzwischen weitgehend bekannt.

Bereits am 19. August 1939 wurde in Moskau auf Drängen der sowjetischen Seite ein deutsch-sowjetisches Handels- und Kreditabkommen unterzeichnet. Deutschland gewährte darin der Sowjetunion für die nächsten zwei Jahre einen Warenkredit in Höhe von 200 Millionen RM zu einem effektiven Zins von 4,5 Prozent. Darüber hinaus verpflichtete sich der deutsche Vertragspartner, weitere Industriegüter im Wert von 180 Millionen RM an die Sowjetunion zu liefern, die mit sowjetischen Rohstofflieferungen laufend zu begleichen waren. Die Sowjetunion erhielt freie Hand bei der Auswahl der deutschen Firmen und der Vergabe von Aufträgen. Auf der sowjetischen Wunschliste standen unter anderem Werkzeugmaschinen im Wert von 167 Millionen RM (44 % aller geplanten sowjetischen Bestellungen) sowie Rüstungsmaterial für 58,4 Millionen RM.[13]

Abgesichert durch das kriegswirtschaftliche und politisch-militärische Bündnis, die »Achse Berlin – Moskau«, ließ Hitler am 1. September 1939 das in jeder Hinsicht unterlegene Polen angreifen. Am 3. September erklärten Frankreich und Großbritannien Deutschland den Krieg. Die Hoffnung Hitlers, die Kriegshandlungen auf Polen zu beschränken, erfüllte sich nicht. Dagegen ging die Rechnung Stalins auf, denn der von ihm seit Jahren ersehnte »imperialistische Krieg« war ausgebrochen, der Weltkrieg war im Gange.

Nach dem deutschen Überfall auf Polen wartete Stalin noch 16 Tage ab, bevor er am 17. September seine Truppen in Ostpolen einmarschieren ließ. Die endgültige Aufteilung der Kriegsbeute fand am 28. September 1939 statt. An diesem Tag unterschrieben die Außenminister beider Länder, Joachim von Ribbentrop und Wjatscheslaw Molotow, einen Grenz- und Freundschaftsvertrag, in dem die Teilung Polens vertraglich fixiert wurde.

Am 4. Juni 1941 erklärte Andrej Schdanow, ein enger Vertrauter Stalins und unter anderem zuständig für ideologische Fragen, in einer Sitzung des Hauptkriegsrates der Roten Armee: »Wir haben [mit dem Überfall auf Polen und dem späteren Angriff auf Finnland] den Weg der offensiven Politik bereits eingeschlagen. […] Wir haben begonnen, den Leitsatz von Lenin zu realisieren.« Gemeint war Lenins Leitsatz aus dem Jahr 1915 über die Verbreitung der »proletarischen Revolution« mit Waffengewalt. Stalin und seine Genossen hatten diese Losung noch Mitte der 1920er Jahre zum »grundlegenden Artikel« erklärt.[14]

Paradoxerweise war Hitler derjenige, der es Stalin erst ermöglichte, die »offensive Politik« der territorialen Expansion erfolgreich zu realisieren. Im Gegenzug verpflichtete sich Stalin, Deutschland die dringend benötigten Rohstoffe zu liefern, denn in Berlin rechnete man im Falle eines Angriffs auf Polen mit einer wirtschaftlichen Blockade. Und mit der Kriegserklärung vom 3. September 1939 verhängten Großbritannien, das eine überlegene Kriegsmarine besaß, und Frankreich tatsächlich eine Seeblockade gegen Deutschland. Langfristig und defensiv angelegt, wurde sie zum Kernstück der britisch-französischen Kriegsstrategie gegen das Dritte Reich. Deutschland sollte wirtschaftlich stranguliert werden, um es anschließend militärisch zu bezwingen, eine Strategie, die sich im Ersten Weltkrieg bewährt hatte. Die Auswirkungen der Blockade waren sogleich zu spüren, als sich das deutsche Außenhandelsvolumen bereits im September 1939 um 40 Prozent verringerte.[15]

Deutschland war mit Ausnahme der Steinkohle bei allen strategischen Rohstoffen, die für Rüstung und Kriegführung unentbehrlich sind, auf Importe angewiesen. Bei Mineralöl belief sich diese Abhängigkeit auf 65, bei Eisenerzen auf 45, bei Zink auf 25, bei Blei auf 50, bei Zinn und Kupfer auf 70, bei Nickel auf 95, bei Aluminium auf 99 und bei Kautschuk auf 80 Prozent. Stahlveredelungsmetalle (Wolfram, Molybdän und Chrom) mussten zu 100 Prozent importiert werden. Bis zum 1. September 1939 hatte Deutschland diese Rohstoffe zum größeren Teil aus Übersee bezogen. Die noch vor dem Krieg angelegten Vorräte reichten für etwa neun bis zwölf Monate.[16]

Die sowjetischen Rohstoffeinfuhren begannen in bescheidenem Umfang im Dezember 1939 und beschränkten sich zunächst auf Mineralölprodukte und Getreide. Bis zum 11. Februar 1940 lieferte die Sowjetunion 22 400 Tonnen Mineralöl und 32 350 Tonnen Getreide an Deutschland, hinzu kamen noch einige tausend Ballen Baumwolle. Damit konnten die Auswirkungen der britisch-französischen Blockade indes nicht aufgehoben werden. Ab September 1939 liefen jedoch weitere Verhandlungen über wirtschaftliche Zusammenarbeit, die das Abkommen vom 19. August 1939 präzisieren und erweitern sollten.[17]

Am 11. Februar 1940, nach monatelangen Verhandlungen und dem persönlichen Eingreifen Stalins und Hitlers, wurde in Moskau das deutsch-sowjetische Wirtschaftsabkommen unterzeichnet. Darin verpflichtete sich die Sowjetunion, bis zum August 1941 Rohstoffe im Wert von 650 Millionen RM an das Deutsche Reich zu liefern, in Mengen, mit denen in Berlin niemand gerechnet hatte. Bis zum 11. Februar 1941 sollte Deutschland folgende Mengen an Rohstoffen erhalten: 872 000 Tonnen Mineralölprodukte, 934 000 Tonnen Getreide, 91 500 Tonnen Baumwolle, 500 000 Tonnen Eisenerz, 100 000 Tonnen Chromerz, 25 000 Tonnen Manganerz, 100 000 Tonnen Roheisen, 200 000 Tonnen Schrott, 300 000 Tonnen Phosphate, 10 000 Tonnen Asbest, 2192 kg Platin, Holz im Wert von 18 Millionen RM und andere, weniger wichtige Rohstoffe. Der Gesamtwert dieser Lieferungen betrug 420 bis 430 Millionen RM. Vom 11. Februar bis zum 11. August 1941 sollten noch einmal Rohstoffe für weitere 220 bis 230 Millionen

RM geliefert werden.[18] Hinzu kamen Buntmetalllieferungen, die ebenfalls bis zum 11. August 1941 abzuwickeln waren, darunter Kupfer (11 000 t), Nickel (3000 t), Zinn (950 t), Molybdän und Wolfram (je 500 t). In dem Abkommen verpflichtete sich die Sowjetunion außerdem, für Deutschland Tarnkäufe von strategisch wichtigen Rohstoffen, welche die UdSSR selbst nicht liefern konnte, in Drittländern zu tätigen und diese Mengen dann über die Sowjetunion nach Deutschland zu exportieren.[19]

Mit den vereinbarten Rohstofflieferungen gelang es Deutschland, die britisch-französische Seeblockade aufzuheben, was von der NS-Propaganda entsprechend ausgeschlachtet wurde. Im *Völkischen Beobachter* hieß es am 14. Februar 1940, dass damit die »Aussichtslosigkeit der britischen Blockade (…) offenbar geworden« sei. Die *National-Zeitung* ging noch weiter und behauptete, der neue Vertrag sei »für Deutschland mehr als eine gewonnene Schlacht, es ist schlechthin der entscheidende Sieg. (…) Die Wirkung der britischen Blockade muß dank der für Deutschland durch den jetzigen Vertrag mit der Sowjetunion erschlossenen unerschöpflichen Rohstoffversorgungsquellen völlig ausbleiben.«[20]

Die französische und die britische Regierung kamen zu ähnlichen Schlussfolgerungen; auch sie gingen davon aus, dass die Sowjetunion die britisch-französische Strategie im Krieg gegen Deutschland vereitelte. Im Frühjahr 1940 arbeitete man daher in Paris und London an Plänen, die sowjetischen Ölfelder in Baku zu bombardieren, um dadurch die Öllieferungen an das Dritte Reich zu unterbrechen. Im Jahr 1940 stammten 71,5 Prozent des in der UdSSR gewonnenen Erdöls von den Baku-Ölfeldern (22,17 Mio. von insgesamt 31 Mio. t). Der deutsche Blitzkrieg und der Sieg im Westen machten diese strategischen Planungen jedoch zunichte und retteten die sowjetischen Ölfelder vor französischen und britischen Bomben.[21]

Deutschland zahlte für die Aufhebung der Seeblockade jedoch einen sehr hohen Preis. Denn als Gegenleistung für die Rohstoffeinfuhren erhielt die Sowjetunion von Deutschland moderne Rüstungs- und Investitionsgüter sowie Technologien, laut Abkommen vom 11. Februar 1940 im Einzelnen: den Kreuzer »Lützow« sowie Schiffsbaumaterial, darunter Panzerplatten, Kesselrohre, Propellerwellen und Maschinenausrüstungen für einen Zerstörer. Ferner Musterstücke für den U-Bootbau (Antikorrosionskanonen, Periskope, Akku-Batterien), Baupläne für Kriegsschiffe, hydrographische und hydroakustische Geräte, Minen- und Torpedomuster.

Wichtig waren Lieferungen im Bereich der Luftwaffe. Deutschland hatte unter anderem die Flugzeuge der deutschen Luftwaffe in Mengen von je zwei bis zehn Exemplaren zu liefern. Hinzu kamen Flugzeugmotoren verschiedener Bauart und flugtechnische Messgeräte. Aber auch Heeresausrüstung stand auf den sowjetischen Bestelllisten, darunter als Musterwaffen zwei Geschütze vom Kaliber 21 cm, eine 10,5-cm-Flakbatterie und ein Panzer vom Typ III, außerdem Messgeräte für ballistische Prüfungen, Muster von Nachrichtengeräten, Pionierausrüstungen sowie Munitionselemente. Stalin persönlich bestand auf der Lieferung von Werkzeugmaschinensätzen für die Produktion von Artilleriemunition, darunter etwa 200 Werkzeugmaschinen »Hasse und Wrede«, bis Mai 1941.[22]

Neben den Rüstungsgütern spielten bei diesen Lieferungen deutsche Maschinen, Anlagen und Technologien für die sowjetische Kriegswirtschaft eine strategische Rolle. In erster Linie handelte es sich um Werkzeugmaschinen verschiedener Bauart, aber auch um Bergbauanlagen sowie um Ausrüstungen für die Mineralöl- und chemische Industrie, für Kraftwerke und Stahlwerke, ferner um Schmiede- und Presseinrichtungen, Stahlröhren, Stahl, Bleche, Kräne, 15 Schiffe und Frachter. Auch moderne Verfahren der deutschen Chemie- und Stahlindustrie und sogar ganze Werke waren zu liefern, darunter ein Buna-Werk zur Herstellung synthetischen Kautschuks, ein Hydrierwerk zur Herstellung von 180 000 Tonnen Treibstoff jährlich im Wert von 171 Millionen RM[23] und ein Werk für die Produktion von Zellwolle.[24]

Die sowjetischen Rohstofflieferungen, die bis Mai 1940 in Deutschland eintrafen, beliefen sich auf 116 000 Tonnen Mineralölprodukte und 103 000 Tonnen Getreide. Das Wirtschaftsabkommen sicherte Deutschland mit strategischen Rohstoffen für den Fall ab, dass der Krieg länger dauerte, wovon man damals im Allgemeinen ausging. Das Abkommen spielte eine enorme psychologische Rolle, erleichterte es Hitler doch die Entscheidung für die große Offensive im Westen, was von Stalin offenkundig auch beabsichtigt war. Heinrich Schwendemann, der sich mit diesem Thema grundlegend befasste, schreibt:

> »So spricht einiges dafür, daß Stalin durch den Abschluß des Handelsabkommens [vom 11. Februar 1940] Hitler zum Angriff im Westen ermuntern wollte. Unmittelbar vor Unterzeichnung des Abkommens ließ er über Mikojan sogar signalisieren, daß man zu einem späteren Zeitpunkt bereit sei, Verhandlungen über eine Ausweitung des Warentausches im Jahr 1941 einzuleiten.«[25]

Unmittelbar nach dem 10. Mai 1940, als die große deutsche Offensive im Westen begann, stiegen die sowjetischen Lieferungen plötzlich an. Schwendemann: »Überall in den deutschen Akten finden sich Hinweise, daß in der zweiten Maihälfte [1940] parallel zu dem erfolgreichen Vormarsch eine ›anhaltende Welle besonderen Lieferungswillens‹ begann.« Ende Mai stiegen die sowjetischen Öllieferungen auf 3000 bis 4000 Tonnen und die Getreidelieferungen auf 7000 Tonnen täglich. Im Mai lieferten die Sowjets insgesamt 61 000 Tonnen an Mineralölprodukten und im Juni 102 000 Tonnen, dazu 76 000 Tonnen Getreide im Mai und 100 000 Tonnen im Juni. Ähnlich sah es bei den anderen Rohstofflieferungen aus. »Der sowjetische Exportboom hielt bis August 1940 an.«[26]
Die französischen Streitkräfte streckten jedoch die Waffen, noch bevor sich die sowjetischen Rohstofflieferungen entscheidend auf die Kampfhandlungen auswirken konnten. Dennoch gingen die sowjetischen Einfuhren auch nach der französischen Kapitulation weiter. Sie dienten von nun an dazu, die deutsche Kriegs- und Rüstungswirtschaft und die deutschen Streitkräfte auf den nächs-

ten Feldzug vorzubereiten, der sich gegen die Sowjetunion selbst richten würde. Nach dem geradezu berauschenden Sieg in Frankreich war die Wehrmacht in keine großen Kampfhandlungen verwickelt. Die Luftschlacht um England, der Seekrieg und die Kriegshandlungen auf dem Balkan im Frühjahr 1941 beanspruchten die deutschen Streitkräfte und die Rüstungswirtschaft nicht übermäßig.

Ab Ende Juni 1940 konnte Deutschland – überwiegend dank der sowjetischen Lieferungen – systematisch Vorräte für den nächsten großen Feldzug anlegen, zumal die Sowjets weiterhin in großen Mengen strategische Rohstoffe nach Deutschland exportierten, und zwar bis unmittelbar vor dem deutschen Überfall. »Ab August 1940 bestimmte dieses Programm [die Vorbereitungen auf den Krieg gegen die Sowjetunion] acht Monate lang die Produktionsleistung der deutschen Rüstungswirtschaft.«[27] Am Vorabend des deutschen Überfalls auf die UdSSR, am 21. Juni 1941, teilte der Verbindungsoffizier des Wehrwirtschafts- und Rüstungsamtes während einer Besprechung im Oberkommando der Wehrmacht mit, dass das »Heer einstweilen aus Vorräten [an Treibstoffen] leben kann. Höchstens [ab] August« könne es Beeinträchtigungen geben, falls die rumänischen Öllieferungen ausblieben.[28]

Insgesamt lieferte die Sowjetunion vom Dezember 1939 bis zum 22. Juni 1941 etwa 1,75 Millionen Tonnen Getreide, eine Million Tonnen Mineralölprodukte, 185 000 Tonnen Manganerz, 23 000 Tonnen Chromerz, 214 000 Tonnen Phosphat und eine Reihe wichtiger strategischer Rohstoffe nach Deutschland. Hinzu kamen weitere Rohstoffe, die von Juni 1940 bis zum 22. Juni 1941 als Tarnkäufe aus dem Fernen und Mittleren Osten über die UdSSR nach Deutschland verbracht wurden, insgesamt etwa 440 000 Tonnen, darunter Sojabohnen, Waltran, Fette und Öle, Kupfer, Zinn, Wolfram und Kautschuk.[29]

Im Gegenzug belieferte die deutsche Seite die Sowjetunion mit Industrie- und Rüstungsgütern in großen Mengen. Von Herbst 1939 bis Ende 1940 hatten die sowjetischen Handelsvertreter in Deutschland Güter im Wert von 1,079 Milliarden RM bestellt. Davon entfielen 40 Prozent (436 Mio. RM) auf Bestellungen in der Maschinenbauindustrie, 287 Millionen RM auf den Rüstungsbereich, die übrigen 450 Millionen RM auf die Eisen- und Stahlindustrie, Elektro- und Metallindustrie sowie die Steinkohle. Im Jahr 1940 waren 27 Prozent dieser Bestellungen (im Wert von 292 Mio. RM) abgewickelt, und in der Zeit von Januar bis Juni 1941 war ein Drittel (34 %) erledigt. Bis zum 22. Juni 1941 waren knapp über 60 Prozent der bestellten Güter geliefert.[30]

Unter den gelieferten deutschen Industriegütern waren unter anderem 6430 Werkzeugmaschinen im Wert von knapp 100 Millionen RM, Anlagen für die chemische (11 Mio. RM) und die Erdölindustrie, für Kraftwerke und den Bergbau, ferner Eisenrohre (20 000 t), Elektrokabel (2300 t), Vorrichtungen für die Telegraphie im Wert von 1,9 Millionen RM, elektrische Messgeräte für 3,7 Millionen RM, elf Seeschiffe für 14 Millionen RM, Steinkohle für 51 Millionen RM (5 Mio. t), Dieselmotoren für etwa 3,5 Millionen RM (1782 t), Waren aus Aluminium (3777 t), Lokomobile, Turbinen, Kompressoren, 87 Bagger und Laborausrüstung.[31]

An Rüstungsgütern lieferte Deutschland, wie vereinbart, gängige deutsche Kampfflugzeuge und Motoren als Muster, außerdem verschiedene Fluginstrumente (Höhen- und Fahrtmesser, Tankanzeigen, Navigations- und Funksysteme sowie Sauerstoffversorgungssysteme), Flugzeug-Akkumulatoren, Bomben-Zielgeräte, Spreng- und Splitterbombensätze und andere Instrumente sowie Apparate und Bauteile für die Luftfahrtindustrie. Neben dem Kreuzer »Lützow« erhielten die Sowjets aus Deutschland unter anderem Schiffsmotoren, Kompressoren, Schraubenwellen, Steuerungen, Torpedotriebwerke, Ventilatoren, elektrische und mechanische Schiffsapparaturen, verschiedene andere Schiffsausrüstungselemente, U-Boot-Akkumulatoren, Artillerietürme, 88-mm-Kanonen für U-Boote, Zielgeräte und verschiedene Instrumente. Hinzu kamen eine 211-mm-Feldhaubitze, eine 105-mm-Flakbatterie mit kompletter Ausrüstung, Messgeräte für ballistische Prüfungen, ein mittlerer Panzer, eine Zugmaschine, Dieselmotoren, Muster von Funkgeräten für das Heer, Kampfgasschutzanzüge, Kampfgasausrüstungen und vieles mehr.[32]

Die internationale Forschung ist mehrheitlich der Auffassung, dass die sowjetischen Lieferungen von großer Bedeutung für die Kriegführung des deutschen Bündnispartners gewesen seien.[33] Die oben angeführten und seit Jahren bekannten Zahlen deuten darauf hin, dass ohne die sowjetischen Rohstofflieferungen der Krieg gegen die Sowjetunion anders verlaufen wäre, und gewiss nicht zum Vorteil Deutschlands. Allerdings verbrauchten die deutschen Streitkräfte und die deutsche Rüstungswirtschaft die von der Sowjetunion gelieferten Rohstoffe innerhalb der ersten Kriegsmonate. Bereits am 16. August 1941 konstatierte das OKW im Bereich der Treibstoffe: »Vorratslage schon jetzt sehr angestrengt, daher Forderung an GBK [Generalbevollmächtigter für das Kraftfahrzeugwesen] auf Umstellung der Motoren auf *Holzgasantrieb* und Ausbau der Erzeugungsanlagen.«[34] Andererseits erbeuteten bzw. raubten die deutschen Truppen in den besetzten Teilen der Sowjetunion große Mengen an strategischen Rohstoffen, welche die ausgebliebenen sowjetischen Lieferungen ersetzten. Vom 22. Juni 1941 bis März 1942 »erwirtschafteten« die deutschen Besatzer auf diese Weise unter anderem über eine Million Tonnen Getreide, 750 000 Tonnen Mineralöl, 105 000 Tonnen Manganerz, 200 000 Tonnen Schrott, 213 500 Tonnen Fleisch und 47 200 Tonnen Fett.[35]

Noch nicht näher untersucht worden ist hingegen die Frage, wie die deutschen Lieferungen sich konkret auf die sowjetische Kriegswirtschaft und die Kriegsvorbereitungen der UdSSR auswirkten, obwohl ein Teil der relevanten Dokumente seit Jahren zugänglich ist.[36] Immerhin wurden die sowjetischen Rüstungsbetriebe mit den eingeführten deutschen Maschinen und Anlagen ausgerüstet, und diese waren während des gesamten deutsch-sowjetischen Krieges im Betrieb und produzierten für die Bedürfnisse der Front Waffen, Munition und andere kriegswichtige Güter. Darüber hinaus modernisierten die Sowjets anhand der Muster deutscher Waffen und anderer Rüstungsgüter die eigenen veralteten Systeme. Welche mittel- und langfristigen Auswirkungen dies hatte, soll hier in erster Linie am Beispiel der Panzerindustrie näher untersucht werden.

Sowjetische Panzerindustrie und -waffen am Vorabend des deutschen Überfalls

Im Abschlussbericht des Volkskommissariats für die Panzerindustrie mit dem Titel »Panzerindustrie in den Kriegsjahren 1941–1945« vom 22. August 1945 heißt es: »Während des Großen Vaterländischen Krieges erwiesen sich die Panzer als die Hauptwaffe der Roten Armee, die ihr die strategischen und taktischen Erfolge bei der Zerschlagung des faschistischen Deutschlands sicherten. Sie [die sowjetischen Panzer] übertrafen die Panzer der Feindstaaten sowohl an Qualität als auch Feuerkraft.«[37]

Historiker, die sich mit der Geschichte des deutsch-sowjetischen Krieges befassen, wissen, dass diese Aussage keineswegs übertrieben ist: Es handelte sich in der Tat um einen Panzerkrieg. Die wichtigsten Schlachten an den ost- und mitteleuropäischen Schauplätzen wurden von Panzerwaffen entschieden, und zwar vom 22. Juni 1941 bis zur Eroberung Berlins im Mai 1945 durch die Truppen der Roten Armee. Und ausgerechnet in diesem Bereich stellte sich die sowjetische Rüstungsindustrie als der deutschen überlegen heraus. Dies bezieht sich sowohl auf die Produktionskapazitäten als auch auf die Qualität der massenhaft hergestellten Panzer, ungeachtet der vielen, in der kommunistischen Wirtschaftsordnung begründeten Produktionsmängel. Die Grundlagen für diese Überlegenheit hatten Stalin und seine Genossen bereits vor dem 22. Juni 1941 gelegt, und die deutsche Industrie hatte (auf Hitlers ausdrückliche Anweisung) dabei tatkräftige Schützenhilfe geleistet.

Im März 1941, drei Monate vor dem deutschen Überfall auf die Sowjetunion, ließ das Wehrwirtschafts- und Rüstungsamt des Oberkommandos der Wehrmacht eine Studie über »Die Wehrwirtschaft der Union der Sozialistischen Sowjet-Republiken

(UdSSR)« erstellen. Die sowjetische Panzerindustrie bewerteten die Verfasser der Studie wie folgt: »Die Kampfwagen- und Panzerkraftwagenherstellung, die mit dem Kraftfahrzeug- und Zugmaschinenbau eng verbunden ist, kann als einer der bestentwickelten und leistungsfähigsten Industriezweige der UdSSR angesehen werden. Die Werke sind neuzeitliche Großanlagen, die mit voller Leistungsfähigkeit arbeiten.«[38]

Die Verfasser schätzten, dass im Jahr 1938 in diesen Werken etwa 450 Kampfwagen monatlich produziert worden waren. Tatsächlich belief sich die durchschnittliche Monatsfertigung von Panzern im Jahr 1938 auf knapp 200 Einheiten. Für die späteren Jahre hatte man offenkundig keine Angaben und verzichtete auch auf Schätzungen. Sowjetische Panzertypen, die man unmittelbar vor dem Überfall auf die Sowjetunion in Deutschland kannte, waren die mittleren BT sowie der T-28, ein Kampfwagen von 16 Tonnen, der »sich im Finnlandzug gut bewährt [hat]. Über den angeblich seit 1939 in der Fertigung befindlichen 64 t Kampfwagen ist bisher nichts Näheres bekannt geworden.«[39] Mit dem 64-Tonnen-Kampfwagen war sicherlich der schwere KW-1 (47,4 t) gemeint, von dem legendären mittleren Panzer T-34 hatte man hingegen noch keine Kenntnis. Die Massenfertigung dieser Panzertypen lief aber im Frühjahr 1941 an. Diese Studie zeigt, dass die deutschen Stellen nur eine sehr vage Vorstellung von der sowjetischen Panzerindustrie und den Panzertruppen der Roten Armee hatten. Umso größer sollte der Schock nach dem 22. Juni 1941 werden.

Die Anfänge der sowjetischen Panzerindustrie gehen zurück auf das Jahr 1930, als das Politbüro mit Stalin an der Spitze beschloss, ganze Traktorenwerke und moderne Panzermodelle im Westen einzukaufen. In nur wenigen Jahren entstanden unter anderem in Stalingrad, Charkow und Leningrad große Produktionsstätten, ausgerüstet mit US-amerikanischen und deutschen Maschinen und Produktionsanlagen, in denen neue sowjetische Panzer in großen Mengen hergestellt wurden. Es handelte sich dabei um weiterentwickelte Nachbauten der US-amerikanischen »Christie«-

Panzer (mittlere Panzer) und des britischen leichten Kampfwagens »Vickers«.

Während die Rote Armee im Jahr 1929 lediglich über etwa 100 veraltete Panzer (Nachbauten der Modelle aus dem Ersten Weltkrieg) verfügt hatte, wuchs deren Zahl auf 7574 im Januar 1934, auf 18 839 vier Jahre später und auf 23 307 im Januar 1941. Innerhalb weniger Jahre verwandelte sich die Sowjetunion in die quantitativ stärkste Panzermacht der Welt, und bald besaß die Rote Armee mehr Panzer als alle anderen Länder zusammen. Beispielsweise standen der französischen Armee im Frühjahr 1940 über 3200 Panzer und der deutschen Wehrmacht 2500 Panzer zur Verfügung, was Frankreich und Deutschland zur zweit- bzw. drittstärksten Panzermacht der Welt machte.

Allerdings war die zahlenmäßig gewaltige sowjetische Panzerarmee zunächst der sprichwörtliche Papiertiger. So war im Jahr 1936 von den über 13 000 Panzern der Roten Armee (Stand Januar 1936) nur ein kleiner Teil kriegseinsatzfähig. Nicht viel besser stand es um Offiziere und Soldaten der Panzertruppen, die mangelhaft ausgebildet und geführt waren. Am 9. Juli 1936 alarmierte Marschall Michail Tuchatschewski Stalin in einer Denkschrift über den katastrophalen Zustand der Panzertruppen: »Die Zustände, die in den mechanisierten Verbänden herrschen, [sind] bedrohlich. Erstens kann die Kampfvorbereitung nicht zufriedenstellend sein, und zweitens [...] bereiten die Panzerverbände im Land keine ausreichende Reparaturbasis für die Kriegszeit vor und werden daher nach der ersten Operation außer Gefecht gesetzt.«[40]

Bis Anfang 1938 änderte sich daran wenig. Im Frühjahr 1938 sah sich die sowjetische Führung veranlasst, eine erneute Bestandsaufnahme des Zustands der Panzerwaffen vorzunehmen. Die vorhandenen Kampfwagen waren nicht nur von schlechter Qualität, sondern, wie sich herausstellte, inzwischen auch veraltet. Sie waren langsam, hatten schwache Motoren und eine unzureichende Panzerung und waren somit leichte Beute für Panzerabwehrwaffen, was sich bereits im Spanischen Bürgerkrieg gezeigt hatte. Vor diesem Hintergrund ordnete der Hauptkriegsrat der Roten Armee im April 1938 an, neue Panzertypen zu konstruieren: einen Durchbruchpanzer (bis 55 t), zwei schnelle Panzer (Gewicht 13–14 t), schnelle Kleinkampfwagen sowie einen Schwimmpanzer. Die vorhandenen Panzer T-26, BT, T-28 und T-35 waren hinsichtlich Panzerung, Geschwindigkeit und Bewaffnung zu verbessern, die BT waren außerdem mit Dieselmotoren auszustatten.[41]

In den nächsten Jahren konstruierten sowjetische Ingenieure tatsächlich mehrere neue Prototypen, unter anderen den schweren Panzer KW (»Kliment Woroschilow«) als Durchbruchpanzer. Im August 1939 war das erste Exemplar montiert, ab September wurde es getestet. Im Dezember 1939 wurde der KW-Panzer im Winterkrieg gegen Finnland erprobt. Bis Herbst 1939 erfolgte die Entwicklung des Prototyps des neuen mittelschweren Panzers, des legendären T-34. Der T-34 war einer der besten mittelschweren Panzer im Zweiten Weltkrieg und noch Jahrzehnte danach im Einsatz.[42]

Am 28. Mai 1940 ordnete das Politbüro an, die serienmäßige Produktion der KW-Panzer im Kirow-Werk in Leningrad aufzunehmen und bis Ende 1940 230 Stück herzustellen. Zugleich sollten im Kirow-Werk neue Fertigungslinien auf- und die vorhandenen ausgebaut und mit neuen Anlagen ausgerüstet werden, um die Produktionsvorgaben erfüllen zu können. Anastas Mikojan, Volkskommissar für Binnen- und Außenhandel, erhielt den Auftrag, im Ausland 31 Metallbearbeitungsmaschinen und zwei Stanzpressen (13 t) einzukaufen, wofür das Politbüro 2,8 Millionen Rubel bewilligte.[43] Die meisten dieser Maschinen stammten aus Deutschland. Hinzu kamen 170 Werkzeugmaschinen, die entweder in der Sowjetunion hergestellt oder bereits früher importiert worden waren.[44]

Wenige Tage später, am 5. Juni 1940, traf Stalin eine wahrhaft schicksalhafte Entscheidung, die ebenfalls als Politbürobeschluss erging. An diesem Tag bestätigte das Politbüro den Entschluss des SNK und des ZK über die »Produktion der Panzer T-34 im Jahre

1940«,[45] wonach bis Ende 1940 600 T-34-Panzer im Werk Nr. 183 in Charkow (500 Stück) und in den Stalingrader Traktorenwerken (100 Stück) gefertigt werden sollten. Die Produktion von W-2-Dieselmotoren für den T-34 sollte im Werk Nr. 75 (Charkow) erfolgen und sich bis Ende 1940 auf 2000 Einheiten belaufen. In diesem Zusammenhang ordnete das Politbüro auch den Neubau von Fertigungshallen bzw. den Ausbau und Umbau der vorhandenen Hallen an. Diese Baumaßnahmen waren im Werk Nr. 183 und in den Stalingrader Traktorenwerken bis zum 15. Dezember 1940 und im Werk Nr. 75 bis zum 1. Mai 1941 abzuschließen.[46]

Am 5. Juni 1940 erging ferner eine Anweisung des Politbüros, die Fertigung von Bauteilen für den T-34 in folgenden Werken zu organisieren: Panzerplatten und Kettenräder im Werk »Iljitsch« in Mariupol in der südöstlichen Ukraine, Turmringe und Motorkühler im Werk »Kirow« in Kulebaki, etwa 300 km östlich von Moskau, und Anlasser in Werken in Jaroslaw (280 km nordöstlich von Moskau) und Charkow (Ukraine). Außerdem bewilligte das Politbüro Mittel für die Anschaffung von Ausrüstungen und Materialien für die oben genannten Werke, darunter 16 Millionen Rubel (4 Mio. US-Dollar), um spezielle Ausrüstungen aus dem Ausland zu importieren. All dies hatte Mikojan bis Ende 1940 abzuwickeln.[47]

Zwei Wochen später, am 19. Juni 1940, ordnete das Politbüro an, die zweite Produktionsstätte für den KW-Panzer zu errichten, diesmal in Tscheljabinsk (Ural) in den dortigen »Stalin«-Traktorenwerken. Bis Ende 1940 sollten dort die ersten fünf KW-Panzer vom Band rollen, und im darauf folgenden Jahr sollten insgesamt 300 Stück produziert werden. Fünf bereits im Bau befindliche Produktionshallen waren zu diesem Zweck um- bzw. auszubauen, drei im Laufe des Jahres 1940 und zwei bis Oktober bzw. Dezember 1941. Für den Bau von Fabrik- und Wohngebäuden sowie die Anschaffung von Ausrüstungen bewilligte das Politbüro 30 Millionen Rubel (darunter 2 Mio. Rubel für importierte Ausrüstungen) und weitere zehn Millionen Rubel für die Beschaffung von Instrumenten, Stanzen und die Vorbereitung der Produktion. Den gesamten Import hatte wiederum Mikojan abzuwickeln.[48]

An Ausrüstungen waren an die Traktorenwerke in Tscheljabinsk zunächst 456 spanabhebende Werkzeugmaschinen zu liefern, 189 bis Ende 1940 und 167 bis Juni 1941, ferner drei Schmiede- und Presseinrichtungen, drei Brückenkräne und andere Ausrüstungen. Darüber hinaus waren 19 Werkzeugmaschinen zu importieren, darunter deutsche (zwei von Reinecker, eine von Dawid Braun und drei von Schütte) und eine amerikanische (Barber Coleman). Bei den übrigen gibt es keine Angaben zur Bauart.[49] Zugleich ordnete das Politbüro an, ein Walzwerk für Panzerstahl, das in Deutschland für das Werk »Woroschilow« in Donbas bestellt worden war, an das Panzerwerk in Tscheljabinsk zu liefern.[50]

Das im Sommer 1940 im Bau befindliche Panzerwerk in Tscheljabinsk war in den nächsten Jahren zu einer großen Panzerfabrik auszubauen, wofür das Politbüro weitere Mittel bereitstellte. Die endgültige Fertigstellung sollte im ersten Quartal 1943 erfolgen, wofür im Juli 50 Millionen Rubel bewilligt wurden.[51]

Einige Wochen später, am 26. Juli 1940, bewilligte das Politbüro 51 Millionen Rubel für Kapitalinvestitionen in sieben Werken, darunter die Traktorenwerke in Tscheljabinsk, die Panzer, Artillerie-Zugmaschinen, Panzerwagen und Automobile mit zwei Antriebsachsen produzierten. 34 Millionen Rubel waren für Baumaßnahmen und den Erwerb einheimischer Ausrüstungen und die restlichen 17 Millionen Rubel für die Vorbereitung der Produktion und die Anschaffung von Instrumenten eingeplant. Noch einmal 11,5 Millionen Rubel (2,8 Mio. US-Dollar) wurden für den Import von Ausrüstungen und Geräten, darunter 117 Metallbearbeitungsmaschinen, 22 Schmiede- und Presseinrichtungen sowie eine komplette Kugellager-Fertigungsanlage für das Automobil ZIS-32 sowie entsprechende technische Hilfe aus dem Ausland bereitgestellt.[52]

Die hier genannten Beschlüsse waren von enormer Bedeutung für den kommenden deutsch-sowjetischen Krieg, obwohl der Bau neuer Panzerfertigungsstätten und der Ausbau sowie die Moder-

nisierung der vorhandenen unter anderem wegen des Kompe-
tenzchaos bei weitem nicht wie geplant verliefen. So waren für die
Produktion von Panzern, Panzermotoren und einzelnen Bauele-
menten vier Volkskommissariate zuständig, und zwar die Volkskommissariate für Luftfahrtindustrie (Motoren), für Schiffsbau
(Panzerung), für mittleren Maschinenbau (Motoren, Panzerrümpfe und Zusammenbau) und für schweren Maschinenbau
(Bewaffnung, Panzerrümpfe und Zusammenbau).[53]

Im Dezember 1940 klagte Rudakow (im Volkskommissariat
für schweren Maschinenbau zuständig für Panzerbau) in einer an
Stalin und seine engsten Mitarbeiter gerichteten Denkschrift:

»Die technische Rückständigkeit unseres Panzerbaus besteht
vornehmlich deshalb, weil wir vor allem langsame Panzer
haben. Sie sind größtenteils mit Flugzeugmotoren ausgestattet;
gute, leistungsstarke Motoren für schwere Panzer verschiedener Typen gibt es nicht. […] Der einzige Dieselmotor, der für den
Panzer KW bestimmt ist, ist nicht zufriedenstellend ausgearbeitet, er sichert eine lang anhaltende störungsfreie Arbeit im Einsatz nicht. […] Die schnellen Panzer T-26 und T-28 hatten eine
Panzerung, die gegen [Gewehr-]Kugeln konzipiert war, sie hielt
jedoch sogar kleinkalibrigen Geschossen nicht stand. Daher
stellte man in letzter Zeit ihre Produktion ein. Man beginnt erst,
die Panzer T-34 einzuführen, von der Aufnahme ihrer [serien-
mäßigen] Produktion ist man jedoch noch weit entfernt. Der
Panzer KW ist eine gute Konstruktion, hat aber eine Panzerung,
die leicht durch die scharfen, spitzen Geschosse vom Kaliber
76 mm durchschlagen werden.«[54]

Bis Ende 1940 produzierte die sowjetische Rüstungsindustrie 243
KW-Panzer. Damit wurde zwar der Produktionsplan für das Jahr
1940 erfüllt, aber die fertigen Panzer waren noch nicht ausgereift,
worauf Rudakow in obiger Denkschrift hinwies. Am 4. April
1941 ordnete das Politbüro deshalb an, die Panzerung der KW-
Panzer an den besonders verwundbaren Stellen nachträglich zu

verstärken sowie neue, stärkere Panzerkanonen einzubauen.[55] Von den für das Jahr 1940 geplanten 600 T-34-Panzern konnten hingegen lediglich 115 Stück fertiggestellt werden.[56]

Ab Januar 1941 produzierte die sowjetische Rüstungsindustrie nur drei Panzertypen: KW, T-34 sowie T-40, Letzterer ein neuer, leichter Panzer. Die Produktion der Panzer, die in den 1930er Jahren konstruiert und produziert worden waren, wurde hingegen Ende 1940 eingestellt. Von Januar bis Juni 1941 sollten 745 KW-Panzer hergestellt werden, für das ganze Jahr war eine Stückzahl von 1200 geplant. Die Massenfertigung der T-34-Panzer lief erst im Mai 1941 an. Für diesen Monat waren 200 T-34 vorgesehen, für Juni 230 und für Juli 260. Bis Ende 1941 sollten laut Anweisung des Politbüros 2800 fertige T-34 bereitstehen.[57] Tatsächlich wurden von Januar bis Juni 1941 aber nur 401 KW-, 1137 T-34- und 192 T-40-Panzer hergestellt.[58]

Am 1. Juni 1941 verfügten die Panzerverbände der Roten Armee vorwiegend über veraltete leichte und mittelschwere Panzer, darunter 10 055 T-26, 7549 BT, 1129 T-28 und 2331 T-38. Diese Panzer machten am 1. Juni 1941 82 Prozent (20 974) aller sowjetischen Panzer (25 508) aus. Die Panzerung der mittelschweren T-26 und T-28, die etwa die Hälfte aller sowjetischen Kampfwagen ausmachten, war so schwach, dass sogar kleinkalibrige Geschosse sie durchschlagen konnten. Hinzu kamen von den neueren Typen 504 KW-Panzer, 892 T-34 und 132 T-40. Ein Nachteil im Kampfeinsatz war, dass nur die Panzer der Kompanieführer mit Funkgeräten ausgestattet waren. Mit dieser Panzerwaffe war im Sommer 1941 gegen die vorbildlich geführten, kampferfahrenen und dank Funkgeräten taktisch beweglicheren deutschen Panzertruppen wenig auszurichten.[59]

Aber die mit deutschem Know-how modernisierten Produktionsstätten und Fertigungsanlagen für moderne Panzer standen bereit, sodass die Sowjetunion nach dem 22. Juni 1941 ihre Produktion innerhalb weniger Monaten vervielfachen konnte.

Dass diese enormen Investitionen in der Panzerindustrie seit 1930 überhaupt erfolgten, hängt damit zusammen, dass Stalin und seine Genossen frühzeitig auf Panzer als moderne Hauptangriffswaffen setzten.[60] Darüber hinaus motivierten die eigenen schlechten Erfahrungen im Winterkrieg gegen Finnland sowie die hervorragenden Leistungen der deutschen Wehrmacht im Krieg gegen Polen und Frankreich die Sowjets zum Ausbau und zur Modernisierung der eigenen Panzerwaffe. Am 5. Mai 1941 führte Stalin während eines Empfangs im Kreml aus:

>>Ohne Panzer kann man heutzutage keinen Krieg führen. Besonders wichtig sind Panzer mit starker Panzerung, welche die Verteidigungslinien zu durchbrechen haben, dann sollen die mittleren Panzer, die sogenannten Panzer zur Unterstützung der Infanterie, die Zerschlagung des Gegners vollenden. [...] Gute Verteidigung – das bedeutet, man muss angreifen. Der Angriff – das ist die beste Verteidigung.<<[61]

Stalin äußerte sich wiederholt in ähnlichem Sinne.[62] Und auch Hitler setzte bei seinen Vorbereitungen für den Überfall auf die Sowjetunion auf moderne Panzerwaffen.

Der Aufbau der sowjetischen Schwer- und Rüstungsindustrie in den 1930er Jahren

Die hier dargelegte bemerkenswerte Entwicklung der sowjetischen Panzerindustrie ab 1930 setzte enorme Kapitalinvestitionen und zugleich eine breit ausgebaute Schwer- und Rüstungsindustrie voraus. Die Grundlagen hatten Stalin und seine Genossen erst ab 1928 geschaffen, wobei die Bevölkerung der UdSSR – Russen, Ukrainer, Weißrussen und andere Nationen – einen enormen Preis dafür bezahlt hatte.

Russland war vor 1914 ein agrarisch geprägtes und rückständiges Land gewesen. Der Erste Weltkrieg stürzte das Zarenreich in eine tiefe soziale und wirtschaftliche Krise, welche die Bolschewiken ausnutzten, um die Macht an sich zu reißen. Der bolschewistische Putsch wiederum löste einen blutigen Bürgerkrieg aus, der das Land in eine noch tiefere Krise stieß. Nach einer mäßigen wirtschaftlichen Erholung in den Jahren 1922/23 steuerte die Sowjetunion ab 1924/25 erneut auf eine wirtschaftliche und soziale, aber auch ethnische und ideologisch-politische Krise zu, die in erster Linie durch den fatalen Zustand der gesamten Wirtschaft verursacht wurde. In der Landwirtschaft herrschte niedrige Produktivität, bedingt durch Zersplitterung, technische Rückständigkeit, das »niedrige Kulturniveau« sowie die bolschewistische Preispolitik.[63]

Dies wirkte sich direkt auf den Außenhandelsumsatz aus, denn landwirtschaftliche Produkte waren damals faktisch die einzigen Waren, die sich ins Ausland verkaufen ließen. Folglich konnten kaum Mittel für den Einkauf ausländischer Maschinen, Anlagen und moderner Technologien erwirtschaftet werden, um eine eigene moderne Industrie aufzubauen. Ausländisches Kapital stand nicht zur Verfügung. Aus Sicht der herrschenden Bolschewiken entstand ein Teufelskreis: Sie alle, Stalin eingeschlossen, glaubten, dass der Mangel an Kapital den Aufbau einer kapitalintensiven Schwer- und Rüstungsindustrie verhindere.[64]

Die Zwangskollektivierung erschien Stalin und seinen Genossen als die Lösung. Die enteigneten Bauern hatten auf ihren eigenen Feldern, die nun der Kolchose angehörten, unentgeltlich zu arbeiten. Über ihr Eigentum, über die Früchte ihrer Arbeit, über die landwirtschaftlichen Erträge und Produkte schaltete und waltete nun nach Gutdünken der Apparat der kommunistischen Bürokratie. Die sowjetischen Kommunisten beraubten die Bauern ihres Bodens und Eigentums und verwandelten sie de facto und auch de jure in Sklaven des kommunistischen Systems. Die Bauern hatten die gewaltigen Aufrüstungs- und Industrialisierungsprogramme, die ab 1927/28 erarbeitet wurden und ab 1930 enorme Dimensionen annahmen, zu finanzieren. Davon direkt betroffen waren etwa 100 Millionen Menschen, etwa die Hälfte davon arbeitsfähig.[65]

Auf diese Weise »erwirtschafteten« Stalin und seine Genossen tatsächlich finanzielle Mittel, um moderne Anlagen, Maschinen und Technologien im westlichen Ausland einzukaufen und damit Fabriken im eigenen Land aufzubauen. Eine herausragende Rolle als Lieferantin moderner Maschinen und Industrieanlagen spielte die deutsche Industrie, wie Deutschland überhaupt vom Beginn der 1920er Jahre an bis zum 22. Juni 1941 der wichtigste Wirtschaftspartner der Sowjetunion war. Eine Ausnahme bildeten lediglich die Jahre 1937 und 1938, als die deutsch-sowjetischen Wirtschaftsbeziehungen wegen politischer Spannungen beinahe zum Erliegen kamen. Die Sowjetunion kaufte in Deutschland sowohl Maschinen, vor allem Werkzeugmaschinen, und andere Ausrüstungen zum Aufbau der sowjetischen Maschinenbau- und Rüstungsindustrie als auch Rüstungsgüter und Rüstungstechnologie und exportierte im Gegenzug landwirtschaftliche Rohstoffe, Getreide, Holz und Holzprodukte.[66]

Deutschland war darüber hinaus das einzige Land, das der Sowjetunion in der Zwischenkriegszeit Kredite zur Finanzierung von

Importen in größerem Ausmaß zur Verfügung stellte. Im Jahr 1926 gewährte Deutschland der Sowjetunion einen Kredit in Höhe von 300 Millionen RM für den Einkauf deutscher Industrieanlagen und Maschinen, in den 1930er Jahren folgten weitere Kredite. Das Abkommen von 1931 (das erste der zwei sogenannten Pjatakow-Abkommen) sah eine Darlehenssumme von 300 Millionen RM für sowjetische Bestellungen in Deutschland vor. Tatsächlich wurden damit aber Bestellungen in Höhe von 920 Millionen RM finanziert. Das zweite Pjatakow-Abkommen sah gar keine Obergrenze für Kreditfinanzierungen vor. Im Jahr 1932 wurden im Rahmen des zweiten Abkommens Bestellungen in Höhe von 400 Millionen RM finanziert. In den Jahren 1935 und 1939 gewährte NS-Deutschland der Sowjetunion zwei weitere Kredite in Höhe von je 200 Millionen RM.[67]

Auch von anderen westlichen Ländern erhielt die Sowjetunion in den 1930er Jahren Kredite, die jedoch nur einen Bruchteil der deutschen ausmachten. So gewährte Italien der Sowjetunion 1930 ein Darlehen in Höhe von 200 Millionen Lira für den Einkauf italienischer Produkte, der ein Jahr später auf 350 Millionen Lira erhöht wurde. Großbritannien bewilligte der Sowjetunion 1936 einen Kredit in Höhe von zehn Millionen Pfund Sterling. Und bereits während des Krieges, im Jahr 1940, gewährte Schweden der Sowjetunion ein Darlehen in Höhe von 100 Millionen schwedischen Kronen zum Einkauf von Eisenbahnausrüstung (zum Beispiel Räder), Werkzeugmaschinen und Qualitätsstahl. Die USA bewilligten der UdSSR in dieser Zeit keine Kredite.[68]

Wie bereits erwähnt, spielten bei den sowjetischen Importen aus Deutschland schwerindustrielle Maschinen und Anlagen eine vorrangige Rolle. Auch in den späteren Jahren spiegeln die sowjetischen Einkäufe dieses enorme Interesse für deutsche Investitionsgüter wider.

Tabelle: Güterstruktur des sowjetischen Imports aus Deutschland
1930–1936 (in %)[69]

Güter	1930	1931	1932	1933	1934	1935	1936
Maschinen und Apparate	47,7	44,6	50,6	53,2	45,6	40,7	68,8
elektr. Maschinen und Apparate	8,5	6,8	12,7	6,1	12,6	4,5	6,4

Die verantwortlichen deutschen Stellen waren sich, zumindest in den ersten Jahren, offenkundig nicht bewusst, dass sie durch die massive Lieferung von Investitionsgütern entscheidend zur Aufrüstung der Sowjetunion beitrugen. Statt der sowjetischen Rüstung fürchteten sie eher die sowjetische Konkurrenz auf dem Weltmarkt.

Am 22. November 1929 unterhielten sich in der Deutschen Botschaft in Moskau Moritz Schlesinger, Beamter im Innenministerium in Berlin, Möwis (?), Repräsentant der Siemens-Bauunion in der Sowjetunion, sowie Gustav Hilger, Handelsrat der Deutschen Botschaft in Moskau. Der sowjetische Geheimdienst hörte das Gespräch ab und legte das übersetzte Gesprächsprotokoll in Auszügen Stalin vor. Während der Unterredung fragte Schlesinger, was in Magnitostroj, dem im Aufbau befindlichen Hüttenkombinat im Süd-Ural, produziert werde. Möwis erwiderte: » Eisen. *Schlesinger:* Und viel? *Möwis:* 1 100 000 [Tonnen] im Jahr. *Schlesinger:* Ja, das ist viel! *Möwis:* […] und 50 Prozent davon werden wahrscheinlich exportiert. *Schlesinger:* Sie werden uns doch zugrunde richten! *Möwis:* Vollkommen richtig, sie werden uns zugrunde richten.«[70] Die deutschen Verantwortlichen hatten sich offenkundig nicht vorstellen können, dass der Stahl, der in den im Bau befindlichen Hüttenwerken produziert wurde, in erster Linie für Panzer und Kanonen gedacht war.

Aufbau der sowjetischen Maschinenbauindustrie, des »Hauptnervs der Industrie«

Eine besondere Rolle bei der Entwicklung der Schwer- und Rüstungsindustrie spielte der Maschinenbau. Ohne die Tausende von Metall bearbeitenden Werkzeugmaschinen wären der Aufbau von neuen und der Ausbau der bereits bestehenden Panzerproduktionsstätten nicht möglich gewesen. Ähnlich sah es bei Flugzeugwerken, Munitionsfabriken und anderen Rüstungsbetrieben aus. In den Jahren 1940 und 1941 stammten die meisten dieser Anlagen bereits aus eigenen sowjetischen Maschinenbaubetrieben, die ab 1928 aufgebaut worden waren.

Stalin war sich sehr wohl bewusst, dass umfassende Kriegsvorbereitungen, die von vornherein auf einen mehrjährigen Krieg angelegt waren, die Entwicklung einer Schwer- und vor allem einer Maschinenbauindustrie voraussetzten, des »Hauptnervs der Industrie«, wie er in einer Rede am 13. April 1926 erklärte.[71] Am 7. Januar 1933 führte Stalin aus, dass »das Hauptkettenglied des Fünfjahrplans [1928–1932] in der Schwerindustrie mit ihrem Herzstück, dem Maschinenbau« bestehe, und verkündete triumphierend: »Wir hatten keinen Werkzeugmaschinenbau. Jetzt haben wir ihn.«[72] In der Zwischenzeit waren neben vielen anderen Betrieben die Uraler Maschinenbauwerke und die Kramatorsker Maschinenbauwerke (Ukraine) entstanden. Der Anteil des Maschinenbaus an der industriellen Gesamtproduktion der UdSSR sei von 14,8 Prozent im Jahre 1929 auf 26,1 Prozent im Jahr 1933 gestiegen, teilte Stalin am 28. Januar 1934 seinen Genossen stolz mit.[73]

Unabdingbare Voraussetzung für den Aufbau der Maschinenbauindustrie waren spanabhebende Werkzeugmaschinen (Dreh-, Fräs-, Bohr-, Schleif-, Hobel- und Sägemaschinen) unterschiedlicher Bauart. Im Jahr 1928 gab es in der Sowjetunion nach Angaben der Zentralverwaltung für Statistik 8026 dieser Maschinen, 5323 (66,4 %) von ihnen waren importiert, wobei diese Importe viel leistungsfähiger und moderner waren als die Maschinen aus einheimischer Produktion. Ab 1927/28 kaufte die Sowjetunion massenhaft spanabhebende Werkzeugmaschinen im Ausland ein, die meisten in Deutschland. Im April 1932 arbeiteten in den sowjetischen Betrieben bereits 110 901 importierte Werkzeugmaschinen, von denen 54 665 (knapp 50 %) aus Deutschland stammten. In diesem Jahr erreichte der sowjetische Import deutscher Werkzeugmaschinen seinen Höhepunkt.[74]

Deutschland war damals der weltweit größte Exporteur von Werkzeugmaschinen, und die Sowjetunion war der größte Abnehmer. Im Jahr 1930 gingen 22,8 Prozent aller exportierten deutschen Werkzeugmaschinen in die UdSSR, im Jahr 1932 waren es 74 Prozent, bevor der Anteil zurückging und im Jahr 1938 mit 3,6 Prozent den tiefsten Stand erreichte.[75] Ein Jahr später ging es mit dem deutschen Werkzeugmaschinen-Export in die UdSSR jedoch schon wieder bergauf.

Tabelle: Der deutsche Export von Werkzeugmaschinen, insgesamt und in die Sowjetunion (in Mio. RM und %)[76]

	1931	1932	1933	1934	1935	1936
Gesamtausfuhr in RM	258,0	214,0	131,0	87,0	78,0	126,7
darunter in die UdSSR	132,0	159,0	83,0	21,0	8,0	42,1
Anteil der UdSSR in%	51,1	74,0	64,0	26,0	10,3	33,2

US-amerikanische Firmen verkauften in den Jahren 1931 bis 1934 Werkzeugmaschinen für 29,7 Millionen US-Dollar in die Sowjetunion; die britischen Werkzeugmaschinen-Exporte lagen in den Jahren 1930 bis 1935 bei knapp 5,9 Million britischen Pfund (27,1 Mio. US-Dollar). Deutsche Firmen lieferten der UdSSR im selben Zeitraum Werkzeugmaschinen für 141,5 Millionen US-Dollar (447,1 Mio. RM beim damaligen Umtauschkurs Dollar-Reichsmark von 1 : 3,16).[77]

Dank dieser enormen Investitionen und des intensiven Aufbaus einer Maschinenbauindustrie stieg die Produktion von spanabhebenden Werkzeugmaschinen in der Sowjetunion in den 1930er Jahren kontinuierlich an, von 17 939 Werkzeugmaschinen im Jahr 1932 auf 48 500 fünf Jahre später und 58 500 im Jahr 1940.[78] Im Mai 1941 unterstanden dem Volkskommissariat für Werkzeugmaschinenbau 86 Betriebe mit 105 000 Arbeitern und Angestellten.[79]

Tabelle: Produktion von spanabhebenden Werkzeugmaschinen in der Sowjetunion[80]

1927/28	1928/29	1929/30	1931	1932	1933	1934
1783	3798	7092	12 846	17 939	18 027	21 000

1935	1936	1937	1940
23 400	34 000	48 500	58 500

Im November 1940 verfügte die sowjetische Industrie bereits über 710 000 spanabhebende Werkzeugmaschinen im Gegensatz zu den knapp über 8000 im Jahr 1928.[81] Dennoch mussten weiterhin vor allem leistungsstarke Dreh- und Fräsmaschinen importiert werden, allein 3458 im Jahr 1939.[82]

Nach Angaben von Stankimport, einer speziellen Behörde für den Import von Werkzeugmaschinen, vom 2. Oktober 1940 bestellte die Sowjetunion von Januar bis Oktober 1940 in Deutschland 7162 spanabhebende Werkzeugmaschinen, darunter 1988 Drehmaschinen-Halbautomaten (Einspindel und Mehrspindel), 1884 Präzisions- und Gewindedrehmaschinen, 991 Schleifmaschinen, 892 Universalfräsmaschinen. Hinzu kam eine Liste von 1517 Werkzeugmaschinen, die Stankimport in Deutschland bestellen wollte. Wegen Lieferzeiten von bis zu zwei Jahren exportierten deutsche Firmen im Jahr 1940 2380 und von Januar bis Juni 1941 4050 Werkzeugmaschinen in die Sowjetunion.[83]

Kommunistische Kapitalbeschaffung durch
Raub und Sklavenarbeit

Sämtliche Importe von Anlagen, Maschinen und anderen Investitionsgütern für die neuen Werke wurden mit dem Export von landwirtschaftlichen Produkten (vor allem Getreide), Holz und Holzprodukten, Gold, Erdöl und Erdölprodukten, Pelzen und anderen Rohstoffen finanziert, die man auf den ausländischen Märkten oft zu Dumpingpreisen verkaufen ließ.[84] Überhaupt finanzierten die sowjetischen Machthaber den Modernisierungsschub der 1930er Jahre, die erste Phase der Industrialisierung (den Aufbau der sowjetischen Kriegswirtschaft), mit »landeseigenen« Mitteln, das heißt durch Raub und durch Zwangsarbeit der bäuerlichen Bevölkerung sowie durch rücksichtslose Ausbeutung der Arbeiter. In der Holzwirtschaft und Goldgewinnung – Holzprodukte und Gold waren wichtige Exportgüter – dominierte Sklavenarbeit in Reinform.

Beim Holzeinschlag, Holztransport und in den Goldminen wurden verschleppte Bauern und andere »Volksfeinde« als kommunistische Sklaven eingesetzt. Die Todesrate unter diesen Arbeitssklaven war sehr hoch. So starben nach zeitgenössischen sowjetischen Angaben im Jahr 1938 im Kolyma-Lagerkomplex, wo ab 1931 Gold gefördert wurde, 12 400 Häftlinge, das heißt über zehn Prozent aller Häftlinge. Ein Jahr später stieg die Gesamthäftlingszahl auf 160 000, von denen »nur« 9577 starben. Während des Krieges stieg die Todesrate wieder auf über zehn Prozent jährlich.[85] Eindrucksvoll und zugleich erschreckend nüchtern schildert Warlam Schamalow in seinen autobiographischen Erzählungen die Zustände, die in diesen Zwangsarbeitslagern herrschten.[86]

Um Geldmittel für den Einkauf moderner Maschinen und Anlagen im Westen zu beschaffen, war den sowjetischen Kommunisten jedes Mittel recht. Sie raubten den Bauern Getreide (auch Saatgetreide) in solchen Mengen und exportierten es, dass damit in den Jahren 1932 und 1933 die größte demographische Katastrophe in Friedenszeiten seit dem Mittelalter ausgelöst wurde. Etwa zehn Millionen Menschen, mehr als die Hälfte davon Ukrainer, starben in den Jahren 1932 und 1933 an Hunger und an durch Unterernährung bedingten Krankheiten.[87]

In den Jahren 1932 und 1933, als in der Sowjetunion Millionen Kinder, Frauen und Männer verhungerten, exportierte das kommunistische Regime 3 590 478 Tonnen Getreide. Hinzu kamen Mehl (63 400 t), Ölfrüchte (293 900 t), Hülsenfrüchte (165 500 t), Trockenobst (14 857 t), Speck (4000 t), Butter (38 100 t) und Eier (86 100 Kisten). Das Getreide ging in erster Linie nach Großbritannien, aber auch nach Griechenland, Holland, Belgien, Deutschland und in andere Länder.[88]

Die westlichen Regierungen machten sich mit dem Kauf des von den Sowjets geraubten Getreides zu Komplizen dieses beispiellosen Massenverbrechens, das nicht nur niemals bestraft wurde, sondern im Westen auch beinahe in Vergessenheit geriet. Dennoch meinen einige Historiker, dass es sich bei dem Großen Hunger nicht um ein »vorsätzlich ausgelöstes«, durch die kommunistische Ideologie motiviertes Massenverbrechen gehandelt habe. So schreibt Orlando Figes in seinem voluminösen und stellenweise ausgezeichneten Werk:

> »Das trifft nicht gänzlich zu. Gewiss war das Regime für die Hungersnot verantwortlich, doch sein Vorgehen lief nicht auf eine Kampagne der ›Terror-Hungersnot‹, geschweige denn des Völkermords hinaus, wie [Robert] Conquest und andere unterstellten. Das Regime wurde durch das Ausmaß der Katastrophe überrascht und hatte keine Reserven, die es den Opfern anbieten konnte.«[89]

Das kommunistische Regime hätte jedoch keine Reserven gebraucht, sondern lediglich die knappen Lebensmittel nicht exportieren dürfen. Weil die Kommunisten das Gegenteil taten, ist der Tatbestand des Vorsatzes aber auch im juristischen Sinne erfüllt, und die Abnehmer im Westen machten sich zu Helfershelfern dieses Massenverbrechens. Möglicherweise liegt hier die Ursache dafür, dass der Westen sich nur ungern daran erinnert.

Der zweite Modernisierungsschub

Trotz enormer Anstrengungen und ungeheurer Opfer gelang es dem bolschewistischen Regime in den 1930er Jahren nicht, ein Wirtschaftssystem aufzubauen, das dank innerer Impulse, wie steigende Arbeitsproduktivität, technischer Fortschritt und Binnenkonsum, hätte wachsen und sich weiterentwickeln können. Das bemerkenswerte Wachstum der 1930er Jahre wurde ausschließlich durch rücksichtslose Ausbeutung und Ausplünderung der einheimischen Bevölkerung sowie durch den Technologietransfer aus dem Westen erreicht. Und hier stießen die Herrschenden in Moskau bald an Grenzen: Vergleichbar der Arbeitsproduktivität von Zwangsarbeitern bzw. Sklaven war auch die Arbeitsleistung der sowjetischen Kolchosbauern und Arbeiter sehr niedrig, und bald gab es hier nichts mehr zu rauben.

Hinzu kamen eine enorme Verschwendung von Ressourcen und organisatorische Absurditäten als Folge kommunistischer Misswirtschaft und negativer Auslese bei der Besetzung von Führungsposten in allen Bereichen, zählten doch nicht Fähigkeiten und Kenntnisse, sondern politische Zuverlässigkeit.[90]

Ende der 1930er Jahre steuerte die sowjetische Wirtschaft auf eine neue Krise zu. Die mit enormen Kosten im Westen beschafften Anlagen und Maschinen und die mit ihnen ausgerüsteten Betriebe waren im Vergleich zu ihren westlichen Pendants inzwischen bereits wieder veraltet. Was auch für die Rüstungsindustrie und die produzierten Waffen, wie Panzer und Flugzeuge, galt. Um mit der technologischen Entwicklung im Westen Schritt zu halten, benötigte die sowjetische Industrie einen ständigen und umfangreichen Technologietransfer. Das Wirtschaftsabkommen mit Deutschland schuf die Grundlagen dafür. Nach der Schlappe im Krieg gegen

Finnland befahl Stalin nicht nur einen grundlegenden Um- und Ausbau sowie die Umrüstung der Roten Armee[91], sondern auch den massiven Aufbau neuer sowie die Modernisierung und Erweiterung bereits bestehender Rüstungsbetriebe. Diese Maßnahmen wurden flankiert von Entscheidungen über die Produktion neuer Waffentypen und Rüstungsgüter. Von Februar 1940 bis zum 21. Juni 1941 ergingen Hunderte von diesbezüglichen Beschlüssen und Entscheidungen des Politbüros.[92]

Es handelt sich um den zweiten großen Modernisierungsschub in der sowjetischen Rüstungsindustrie nach 1928. Und wieder spielten Einfuhren aus Deutschland eine herausragende Rolle. Aber ähnlich wie in den Jahren zuvor waren auch US-amerikanische Lieferungen von Bedeutung, insbesondere für die Luftfahrtindustrie.

Am 23. Februar 1940 ordnete das Politbüro den Import von Ausrüstungen für das Stahlkombinat »Saporoschestal« (Ukraine) aus Deutschland und den USA im Wert von 973 600 Rubel/ 240 000 US-Dollar bzw. 150 000 Rubel/37 500 US-Dollar an. Zwei Tage später bewilligte das Politbüro elf Millionen Rubel für den weiteren Ausbau der Flugzeugwerke in der heute zu China gehörenden Stadt Urumtschi; 30 Prozent der Summe (3,3 Mio. Rubel/ 825 000 US-Dollar) waren für den Import von Ausrüstungen vorgesehen. Am 16. März ordnete das Politbüro die Einfuhr von vier speziellen spanabhebenden Werkzugmaschinen für die Herstellung von Artillerie-Türmen im Werk Nr. 221 an. Einen Tag später erging der Beschluss, in Deutschland zwei Dampfkessel (60/75 t Dampf pro Stunde) mit dazugehöriger Ausrüstung sowie zwei Lokomobile für das Kupferkombinat in Dscheskasgan (Kasachstan) einzukaufen.[93]

Am 2. April 1941 ordnete das Politbüro an, für das Werk Nr. 266 (Luftfahrtindustrie) innerhalb von zwei Monaten Werkzeugmaschinen in Deutschland zu bestellen, wofür 492 000 Rubel (123 000 US-Dollar) bewilligt wurden. Zwei Tage später folgte die Anweisung, Ausrüstungen für den Erzbergbau (für 250 000 US-Dollar) und für Ölförderanlagen (365 km Rohre, Dieselmotoren und Pumpen) in den USA einzukaufen.[94]

Am 13. Mai 1940 erging ein Beschluss des Politbüros über die Organisation der Fertigung von Flugzeugmotoren der Typen M-30 und M-40 im Kirow-Werk sowie in den Traktorenwerken Charkow und im Werk Nr. 82. Dafür wurden unter anderem 20 Millionen Rubel für den Einkauf von Werkzeugmaschinen, darunter 305 deutsche und 55 US-amerikanische, bewilligt.[95] Am 12. Juni genehmigte das Politbüro 85 Millionen Rubel (20,1 Mio. US-Dollar), um Ausrüstung für das im Bau befindliche Kombinat Nr. 179 des Volkskommissariats für Munition zu importieren.[96] Zehn Tage später bestätigte das Politbüro die Entscheidung des Komitees für Verteidigung, die serienmäßige Produktion der Flugzeuge PB-100 (Sturzbomber) aufzunehmen. Von diesen Flugzeugen sollten im Jahr 1940 30 und ein Jahr später 400 produziert werden, was den Import von 34 Spezialmaschinen erforderte.[97]

Am 27. Juni 1940 befahl das Politbüro den Kauf von Fluggeräten, die Flugzeuge automatisch aus dem Sturzflug herausführen, in Deutschland. Zehn Geräte sollten als Muster an das Versuchswerk Nr. 213 geliefert werden. Einen Tag später erging ein Beschluss des Politbüros über die Organisation der Produktion von leichten Panzerwagen im Automobilwerk »Stalin« bis Januar 1941. Panzerglas, spezielle Schläuche und Reifen hierfür waren nach dem Vorbild importierter Produkte herzustellen. Am 3. Juli 1940 beschloss das Politbüro, für das Nickelkombinat in Norilsk (Nordwestsibirien) Ausrüstung und Geräte im Wert von 5,359 Millionen Rubel (1,33 Mio. US-Dollar) sowie eine spezielle Ausrüstung zur Herstellung von Autoschläuchen und -reifen (Volkskommissariat für chemische Industrie) zu importieren.[98]

Am 22. Juli 1940 ergingen gleich mehrere ähnliche Politbüro-Beschlüsse. In Deutschland sollten 32 spezielle Werkzeugmaschinen der Firma »Škoda« zur Herstellung von Geschosshülsen im Wert von 170 000 Dollar gekauft werden. Für technologische Hilfe aus dem Ausland bei der Herstellung moderner Flugzeuginstrumente wurden umgerechnet sechs Millionen RM bewilligt. Für die Maschinenbauindustrie sollten spezielle Ersatzteile für Ausrüstungen im Wert von 111 500 Rubel importiert werden. Und aus den USA wollte man Stützwalzen für Walzstraßen des Werks Nr. 95 des Volkskommissariats für Luftfahrtindustrie im Wert von 150 000 Rubel (37 500 US-Dollar) beschaffen.[99]

Ähnliche Beschlüsse lassen sich noch beliebig anführen, auch für die Monate von Januar bis Juni 1941. Der letzte Beschluss stammt vom 21. Juni 1941. An diesem Tag bestätigte das Politbüro die Entscheidung des SNK der UdSSR und des ZK der WKP(b) über die Erhöhung der Jak-1-Produktion um weitere 250 Einheiten dieses Kampfflugzeuges bis Ende 1941 im Werk Nr. 292. Geplant war ursprünglich die Produktion von 1100 Jak-1-Jägern im Jahr 1941. Um diese Vorgaben zu erfüllen, ordnete das Politbüro die Lieferung von 560 spanabhebenden Werkzeugmaschinen an das Werk Nr. 292 an. 371 dieser Maschinen entstammten einheimischer Produktion und 100 waren importiert, davon 24 »Pittler« aus Deutschland und zehn »Škoda« aus dem Protektorat Böhmen und Mähren. 89 Maschinen hatte Werk Nr. 292 bereits im Juni erhalten, darunter 54 einheimische und 35 importierte.[100] Insgesamt lieferte die deutsche Industrie von Januar bis Juni 1941 4050 Werkzeugmaschinen an die Sowjetunion.[101]

Im Jahr 1940 und in der ersten Jahreshälfte 1941 erfolgten also eine intensive Modernisierung und ein massiver Ausbau der sowjetischen Rüstungsindustrie.[102] Hatten im Jahr 1939 nur 17 Werke serienmäßig Flugzeuge produziert, so waren es ein Jahr später schon 21 und im Juni 1941 24. Insgesamt arbeiten im Juni 1941 über 100 Werke für die Bedürfnisse der Luftfahrtindustrie.[103]

Anzumerken ist in diesem Zusammenhang, dass die beschlossenen Bau- und Produktionstermine nur selten eingehalten wurden. So rügte das Politbüro am 23. Januar 1941, dass der Bau der Werke Nr. 124, 280 und 283 (Volkskommissariat für Luftfahrtindustrie) in der Stadt Uljanowsk (etwa 900 östlich von Moskau an der Wolga) nur schleppend vorangehe. Ähnliche Probleme gab es beim Bau des Werkes Nr. 123 (Luftfahrtindustrie), der im Juni 1940 begonnen hatte; hier wurde der Bauplan im Jahr 1940 nur zu 25 Prozent erfüllt.[104] In der Munitionsindustrie wurden im Jahr 1940 die Kapitalinvestitionen zu 68,3 Prozent und die Produktionspläne zu 83,7 Prozent erfüllt. Im April 1941 stellte die Verwaltung für Mobilmachung der Planungsbehörde (Gosplan) in einem Bericht an das ZK des WKP(b) fest, dass die Verspätungen für alle Volkskommissariate gelten würden und sowohl den Umfang als auch die Qualität der Produktion beträfen.[105]

Hinzu kam, dass manche importierten Maschinen und Anlagen nicht immer unmittelbar oder bald nach ihrer Anlieferung in Betrieb genommen wurden. Man lagerte sie teilweise jahrelang und dazu nicht immer sachgemäß. In den Betrieben des Volkskommissariats für Kraftwerke und Elektroindustrie stellte man im Frühjahr 1940 fest, dass importierte Ausrüstungen im Wert von 26,3 Millionen Rubel unbenutzt und vielfach unsachgemäß gelagert wurden, teilweise seit 10 bis 15 Jahren. Im Uraler Turbinenwerk lagerten (teilweise unter freiem Himmel) Anlagen im Wert von 7,8 Millionen Rubel, darunter Werkzeugmaschinen im Wert von 1,44 Millionen Rubel, die im Jahr 1937 eingeführt worden waren. In Betrieben des Volkskommissariats für schweren Maschinenbau ermittelten Prüfer ungenutzte importierte Anlagen im Wert von vier Millionen Rubel. Insgesamt stießen die Prüfer in den Betrieben von vier Volkskommissariaten (für Kraftwerke und Elektroindustrie, für chemische Industrie, für schweren und mittleren Maschinenbau sowie für Lebensmittelindustrie) auf ungenutzte importierte Ausrüstung im Wert von 68 Millionen Rubel, die teilweise infolge unsachgemäßer Lagerung inzwischen verrottete.[106]

Trotz all dieser Schwierigkeiten und Missstände befand sich die sowjetische Rüstungsindustrie ab Mitte 1940 in einer umfassenden Modernisierungs- und Ausbauphase, die Ende 1941 noch nicht abgeschlossen gewesen wäre. Auch die sowjetischen Streitkräfte steckten im Juni 1941 mitten in einer grundlegenden Umstrukturierung und Umrüstung nach den Prinzipien einer Angriffsarmee. Diese Maßnahmen wären planmäßig frühestens im Frühjahr 1942 abgeschlossen gewesen.[107] Beides spricht dagegen, dass Stalin im Sommer 1941 vorhatte, Deutschland zu überfallen, wovon die Anhänger der sogenannten Präventivkriegsthese ausgehen.

Hochmut kommt vor dem Fall

Von den Dimensionen dieser sowjetischen Kriegsvorbereitungen ahnten Hitler und seine Generäle nichts. Sie waren vor dem 22. Juni 1941 über den Stand der sowjetischen Rüstungsindustrie nicht »im Bilde«, wie Joseph Goebbels am 19. August 1941 seinem Tagebuch anvertraute, und unterschätzten deren Kapazitäten erheblich.[108] Die Gründe dafür sind vielfältig, ein Grund war sicher die strengste Geheimhaltung der Kriegsvorbereitungen.[109] Hinzu kam ein sehr stark ausgeprägtes Überlegenheitsgefühl gegenüber Slawen und Juden, das sich aus den »traditionellen« Vorurteilen und der nationalsozialistischen Rassenideologie speiste. Nach Hitlers Auffassung herrschten die Juden in der Sowjetunion mit.

Dem deutschen Geheimdienst gelang es zu keinem Zeitpunkt, ein Spionagenetz in der Sowjetunion aufzubauen, dessen Agenten zuverlässige Informationen über die sowjetische Rüstung, über Pläne und Maßnahmen hätten liefern können. Zwar gab es von den 1920er Jahren bis 1933 eine geheime deutsch-sowjetische Zusammenarbeit im militärischen Bereich, doch nachdem Stalin und seine Genossen beschlossen hatten, die sowjetische Rüstungsindustrie und die Rote Armee massiv aufzubauen, ordneten sie am 13. Januar 1927 an, die laufenden Gespräche über gemeinsame Rüstungsbetriebe und Kriegsschulen abzubrechen. Die bestehende deutsch-sowjetische Zusammenarbeit im Bereich von Luftwaffe und »luftchemischen Versuchen« (Einsatz chemischer Kampfstoffe von Flugzeugen aus) sei streng vom »Armeeleben« zu isolieren und »bei der erstbesten Gelegenheit« zu liquidieren. Ansonsten seien mit dem deutschen Reichswehrministerium weiterhin »korrekte und gut nachbarschaftliche Beziehungen« zu pflegen.[110] Dadurch blieben der deutschen Seite Einblicke in die sowjetischen Rüstungsprogramme und ihre Umsetzung verwehrt. Dieser Zustand verschlechterte sich noch in den darauf folgenden Jahren. Am 7. April 1941 fand in Berlin ein Lehrgang für Ic-Offiziere (Feindnachrichtenabteilung) statt. Den Hauptvortrag unter dem Titel »Die Aufgaben der Divisions-Ic im Osten« hielt Oberst Kinzel, der folgendes ausführte:

»Der Nachrichtendienst im Osten unterscheidet sich grundsätzlich von dem im Westen. Man darf sich nicht wundern, daß die Auskünfte über die UdSSR sehr lückenhaft sind. Z. B. kann man von den 150–160 Schützendivisionen nur etwa 100 nachweisen. Gründe: Im Westen ist es einfach, Agenten zu kaufen, man kann reisen, an Übungen und Manövern teilnehmen. Bei Reisen nach Rußland dagegen bekommt man erst nach einem Vierteljahr das Visum; die Reiseroute, die Hotels werden genauestens vorgeschrieben, dabei ständige Überwachung durch die GPU. Die Grenze ist hermetisch abgeschlossen. Agenten benötigen mindestens 8 Tage, um auf Schleichwegen in das Land zu kommen, dabei größte Hindernisse: Wasserläufe, Stacheldraht, ein 20 m breiter geeggter Landstreifen, in dem sich jede Fußspur deutlich abhebt, dann eine 30 km breite völlig evakuierte Zone, in der sich niemand ohne Ausweis bewegen darf. Die Ausspähung im Lande selbst ist für die Agenten, zumeist Polen, ebenfalls schwierig, da nur wenige Leute über die Zusammenhänge orientiert sind (Analphabeten).«[111]

In Deutschland wie im Westen im Allgemeinen hatte man, wenn überhaupt, nur rudimentäre Kenntnisse über die sowjetischen Streitkräfte, den Zustand der sowjetischen Rüstungsindustrie und über die insgesamt in der Sowjetunion herrschenden Verhältnisse. Hitler machte hier keine Ausnahme, im Gegenteil, seine rassistischen Vorurteile bestärkten noch sein Überlegenheitsgefühl.

Am 10. Mai 1939 empfing Hitler auf dem Obersalzberg Gustav Hilger, den Handelsrat der Deutschen Botschaft in Moskau, um sich über Stalins Haltung gegenüber Deutschland und die Verhältnisse in der Sowjetunion unterrichten zu lassen. Als Hitler wissen wollte, »wie die Dinge in Rußland im allgemeinen aussähen«, sprach Hilger über »die unleugbaren Erfolge der sowjetischen Industrialisierung und die wachsende Kraft des sowjetischen Regimes«. Er wies darauf hin, »daß die großen Säuberungsaktionen der Jahre 1936–1938, denen bis zu 80 Prozent der Inhaber höchster Kommandostellen der Roten Armee zum Opfer gefallen waren, die militärische Stärke der Sowjetunion zwar erheblich beeinträchtigt, aber keineswegs vernichtet hätten«. Hilger sprach auch über die Bemühungen Stalins, »die revolutionäre Begeisterung durch einen neuen sowjetischen Patriotismus zu ersetzen«.[112]

Nachdem Hilger den Raum verlassen hatte, äußerte sich Hitler gegenüber Ribbentrop angeblich missbilligend über Hilgers Ausführungen: »Es ist durchaus denkbar [...], daß Hilger ein Opfer der sowjetischen Propaganda geworden ist. Wenn dies der Fall ist, dann ist seine Darstellung der Verhältnisse in Rußland wertlos für mich. Hat er aber recht, dann habe ich keine Zeit zu verlieren, um einer weiteren Konsolidierung der Sowjetmacht vorzubeugen.«[113]

Tatsache ist, dass Hitler ab Sommer 1939 bis zum 21. Juni 1941 genau das Gegenteil tat: Statt der »Konsolidierung der Sowjetmacht« vorzubeugen, unterstützte er Stalin tatkräftig beim Ausbau und bei der Modernisierung der sowjetischen Kriegs- und Rüstungswirtschaft. Außerdem ermöglichte erst Hitler Stalin die territoriale Expansion. Der deutsche Reichskanzler sah in der Sowjetunion weder zu diesem Zeitpunkt noch im Frühjahr 1941 eine unmittelbare Bedrohung für Deutschland.

Am 20. Januar 1941 breitete Hitler gegenüber Mussolini »seine Gedanken und Auffassungen« über die aktuelle Lage Deutschlands aus. Zur Sowjetunion erklärte er: »Solange Stalin, der klug und vorsichtig sei, lebe, drohe wohl keine Gefahr. Aber wenn er nicht mehr da sei, könnten die Juden, die jetzt zurückgetreten seien, wieder in den Vordergrund rücken. Man müsse also vorsichtig sein.«[114] In ähnlichem Sinne hatte sich Hitler wenige Tage zuvor während einer Besprechung mit seinen Generälen geäußert:

»Stalin, der Herr Rußlands, sei ein kluger Kopf; er werde nicht offen gegen Deutschland auftreten, man müsse aber damit rechnen, daß er in für Deutschland schwierigen Situationen in wachsendem Maße Schwierigkeiten machen werde. Er wolle das Erbe des verarmten Europas antreten, habe auch Erfolge nötig und sei von dem Drang nach dem Westen beseelt.«[115]

Dass Hitler sich durch die Sowjetunion militärisch nicht bedroht sah, resultierte keineswegs aus der Überzeugung, Stalin sei ein friedliebender Politiker, sondern aus dem Gefühl eigener Stärke einerseits und der Überzeugung von der Schwäche des Gegners andererseits. Nach dem geradezu berauschenden Sieg über Frankreich, das bis 1939 als die stärkste kontinentaleuropäische Macht gegolten hatte, glaubte Hitler, dass die deutsche Wehrmacht auf dem europäischen Kontinent nicht zu schlagen sei, mit Sicherheit jedenfalls nicht von der Roten Armee, von deren Kampfkraft er und seine Generäle ohnehin wenig hielten.[116]

Hitler ging vor dem 22. Juni 1941 davon aus, dass die Rote Armee über etwa 5000 Panzer und 10 000 Flugzeuge verfüge, wie Goebbels am 19. August 1941 in seinem Tagebuch festhielt.[117] Am 5. Dezember 1940 erklärte Hitler in einer Besprechung mit seinen Generälen, in der er auch auf den künftigen Krieg gegen die UdSSR einging:

»Unsere Jagdwaffe [Jagdflugzeuge] ist den Russen an Modellen überlegen. [...] Der Russe ist uns waffenmäßig unterlegen wie der Franzose. Er hat wenige moderne Feldbatterien, alles andere ist nachgebautes altes Material. Uns gibt unser Panzer III mit 5 cm Kanone (im Frühjahr 1500 Stück) eine klare Überlegenheit. Die Masse der russischen Panzer ist schlecht gepanzert. [...] Der russische Mensch ist minderwertig. Die Armee ist führerlos.«[118]

Am 9. Januar 1941 fand eine der zahlreichen Besprechungen Hitlers mit seinen Generälen statt, in der Hitler über den geplanten Angriff auf die Sowjetunion sprach. Er betonte dabei:

»Für die Zerschlagung Rußlands sei die Zeitfrage besonders wichtig. Die russische Wehrmacht sei zwar ein tönerner Koloß ohne Kopf, ihre künftige Entwicklung aber nicht sicher vorauszusagen. Da Rußland auf jeden Fall geschlagen werden müsse, so sei es besser, es jetzt zu tun, wo die russische Wehrmacht über keine Führer verfüge und schlecht gerüstet sei, und wo die Russen in ihrer mit fremder Hilfe entwickelten Rüstungsindustrie große Schwierigkeiten zu überwinden hätten.«[119]

Generaloberst Halder fasste die Ausführungen Hitlers zu den sowjetischen Streitkräften und zur Rüstung vom 9. Januar in seinem Kriegstagebuch wie folgt zusammen: »*Russische Rüstung:* Altes Material, soweit neu, ist es von fremden Ländern übernommen. Führung mechanisch! Es fehlt geistiges Format.«[120]

Hitlers Generäle dachten nicht anders. Am 2. Februar 1941 bereitete sich Halder auf eine Besprechung mit Hitler über das geplante Unternehmen »Barbarossa« vor und notierte einige Gedanken in seinem Kriegstagebuch:

> »2. Feind: a) Nachrichten *nicht erschöpfend, nicht [zu]verlässig.* [...] *Panzerzahl* im ganzen (Inf. Div. + schn. Verbände) sehr groß (bis zu 10 000 gegenüber 3½ Tausend dt. Pz. Kampfwagen); aber voraussichtlich überwiegend geringwertig. Immerhin Überraschungen nicht ausgeschlossen. *Artillerie:* [...] Zahlenmäßig [...] stark, aber altes Material, nach Erfahrung in Finnland nicht fähig zur Artl. Bekämpfung.«[121]

Einen Tag später, am 3. Februar, referierte Halder während der Besprechung mit Hitler:

> »Auf der Feindseite sei mit etwa 100 Inf. [Infanterie] = , 25 Kav. [Kavallerie] = und 30 mech. [mechanisierten] Div. [Divisionen] zu rechnen. Wichtig sei, daß auch die russischen Inf. Div. über verhältnismäßig viele Panzer verfügten, es handle sich aber um schlechtes, zusammengewürfeltes Material. An mech. Div. sei

das russische Heer zahlenmäßig, das deutsche aber qualitativ überlegen. Artilleristisch seien die Russen normal ausgestattet, das Material sei jedoch ebenfalls minderwertig.«[122]

Am 22. Februar 1941 referierte General Konrad über die sowjetische Luftwaffe:

»1100 Flugplätze, davon 200 brauchbar, Ausrüstung schlechter als bei uns. Wir nehmen an, 4000–5000 Kampf- und Jagdflugzeuge. […] Aufklärer veraltet, […]. Schlachtflieger in der Masse unmodern, […]. Jagdflieger Rata-J 16 gut, 4 MG oder 2 MG und 2 Kanonen. Dem deutschen Jäger unterlegen […], in der Geschwindigkeit etwas unterlegen. Neue Masch. im Bau. 1941 wahrscheinlich nicht [fertig].«

Auch von den sowjetischen Piloten hielt General Konrad wenig, sie seien mangelhaft ausgebildet und würden schematisch geführt.[123]

In den nächsten Wochen revidierte Hitler seine Meinung bezüglich der sowjetischen Panzer teilweise, nachdem er von dem neuen schweren Panzer KW erfahren hatte. Am 30. März 1941 fand bei Hitler eine zweieinhalbstündige Besprechung mit seinen Generälen statt. Halder fasste Hitlers Ausführungen wie folgt zusammen:

»Äußerungen zur russischen *Tankwaffe* (respektabel): 4,7 cm, eine gute schwere Type, Masse alt. Zahlenmäßig ist der Russe an Panzern am stärksten auf der Welt. Er hat aber nur eine kleine Zahl von neuen Riesentypen mit langer 10 cm K (Riesenkolosse, 42–45 t). […] *Luftwaffe* sehr groß an Anzahl, aber sehr viel alte Typen; nur geringe Zahl neuzeitliche Typen.«[124]

Im sicheren Gefühl eigener Stärke und Überlegenheit ging Hitler davon aus, dass der Krieg gegen die UdSSR etwa zwei Monate dauern und für die Wehrmacht ein »Einfrontenkrieg« sein würde. Halder schrieb am 13. Dezember 1940 in sein Kriegstagebuch:

»Für uns Einfrontenkrieg, für den 130–140 Divn. ab Frühjahr [1941] verfügbar sein müssen.«[125] Am 17. März 1941 führte Hitler in einer Besprechung über die Kriegsvorbereitungen gegen die Sowjetunion aus: »Im Westen keine Gefahr: Einflüge bei Tage unmöglich, Landung im Westen ausgeschlossen.«[126]

In der Tat bestand zu diesem Zeitpunkt im Westen keine militärische Gefahr für Deutschland. Die einzige potenzielle Bedrohung – Großbritannien – hatte im Mai und Juni 1940 in Frankreich die Bewaffnung von zehn Divisionen verloren. »In ganz England habe es lediglich eine vollständig ausgebildete und bewaffnete Division gegeben«, klagte Anthony Eden, der britische Außenminister im Dezember 1941 während einer Unterredung mit Stalin in Moskau.[127] Nicht ohne Grund fühlte Hitler sich im Westen sicher.

Bei seinen Vorbereitungen zum Überfall auf die Sowjetunion setzte Hitler ganz auf die Panzerwaffe, welche die Hauptlast bei der Zerschlagung der Roten Armee und der Eroberung der Sowjetunion tragen sollte. Adam Tooze schrieb dazu kürzlich: »Im Gegensatz zu den Vorbereitungen auf die Offensive in Frankreich lagen die Prioritäten des Heeres nun voll und ganz auf der Produktion, die für die Kriegführung mit Panzerwaffen erforderlich war. Seit ihren erstaunlichen Erfolgen in Frankreich waren Panzer ein Thema, das Hitler nicht mehr aus dem Sinn ging.«[128]

Im Zuge der operativen Vorbereitungen für den Überfall auf die Sowjetunion wurden drei Heeresgruppen (Süd, Mitte und Nord) gebildet. Sie erhielten den Auftrag, in das sowjetische Gebiet vorzudringen und die in Grenznähe befindlichen sowjetischen Verbände mit drei Panzerkeilen zu durchstoßen, um sie anschließend zu umfassen und zu vernichten. Die Heeresgruppe Mitte verfügte über zwei Panzerameen und die Heeresgruppen Süd und Mitte über je eine. Nach dem Durchbruch durch die sowjetischen Verteidigungslinien entlang der Grenze und der Einkesselung der dort befindlichen Verbände hatten die Panzerverbände den Auftrag, in die Tiefe des sowjetischen Raumes vorzustoßen, um die Bildung neuer Verteidigungslinien zu verhindern.[129] Hitler und seine Generäle gingen dabei davon aus, dass der Feldzug innerhalb weniger Wochen siegreich beendet werden könnte. An Vorbereitungen für einen Winterkrieg dachte niemand.[130]

Die Unterschätzung der sowjetischen Streitkräfte, die sich »nun zu arroganter Verachtung steigerte«[131], erscheint aus heutiger Sicht unglaublich. Sie ist auf drei Faktoren zurückzuführen: das Gefühl absoluter Überlegenheit auf deutscher Seite; die Unkenntnis über den Stand der sowjetischen Rüstung, der Roten Armee und überhaupt über die Vorgänge in der Sowjetunion; und nicht zuletzt die rassistischen und »traditionellen« Vorurteile gegenüber Slawen und Juden. Umso größer sollte der Schock nach dem 22. Juni 1941 werden.

»Der Bolschewismus hat uns da einen großen Dienst erwiesen«

Während Hitler über den Stand der sowjetischen Kriegsvorbereitungen wenige Kenntnisse besaß, wusste er über den sowjetischen Massenterror, über die kommunistischen Konzentrationslager, über die Versklavung der bäuerlichen Bevölkerung und über die Vernichtung der alten Eliten offenkundig besser Bescheid. Bezeichnenderweise begrüßte er diese Massenverbrechen, denn er ging davon aus, dass Deutschland damit leichteres Spiel hätte, die sowjetisch beherrschten Gebiete Osteuropas zu erobern und zu beherrschen. Bereits im Jahr 1923 hatte er in *Mein Kampf* geschrieben:

> »Wenn wir aber heute von neuem Grund und Boden reden, können wir in erster Linie nur an Rußland und die ihm untertanen Randstaaten denken. Das Schicksal selbst scheint uns hier einen Fingerzeig geben zu wollen. Indem es Rußland dem Bolschewismus überantwortete, raubte es [durch den Terror] dem russischen Volke jene Intelligenz, die bisher dessen staatlichen Bestand herbeiführte und garantierte.«[132]

Im Jahr 1941 dachte Hitler nicht anders. Am 17. März 1941 erklärte er in einer Besprechung mit seinen Generälen: »Im großrussischen Bereich ist Anwendung brutalster Gewalt notwendig. Weltanschauliche Bande halten das russische Volk noch nicht fest genug zusammen. Es wird mit dem Beseitigen der [kommunistischen] Funktionäre zerreißen.«[133]

Nach der Eroberung der Sowjetunion beabsichtigte Hitler keineswegs, den Sozialismus als politisches System zu beseitigen, sondern vielmehr, ihn aufrechtzuerhalten, gleichwohl jedoch die kommunistischen Herrscherschichten zu eliminieren. Halder notierte dazu unter Bezug auf Äußerungen Hitlers am 30. März 1941 bei einer weiteren Besprechung mit seinen Generälen:

> »Vernichtung der bolschewistischen Kommissare und der kommunistischen Intelligenz. Die neuen Staaten [die auf den Trümmern der Sowjetunion gebildet werden sollten] müssen sozialistische Staaten sein, aber ohne eigene Intelligenz. Es muß verhindert werden, daß eine neue Intelligenz sich bildet. Hier genügt eine primitive sozialistische Intelligenz.«

Zugleich erklärte Hitler laut Halders Eintragung: »Kommissare und GPU-Leute sind Verbrecher und müssen als solche behandelt werden.«[134]

Unter Sozialismus verstand Hitler offenkundig die Enteignung der Bauern und ihre Verwandlung in Sklaven sowie die Verstaatlichung aller Betriebe und Werkstätten. Hitler bezeichnete zwar die sowjetischen Kommunisten zu Recht als Verbrecher, gleichwohl begrüßte er die Tatsache, dass diese nicht nur die alten russischen und anderen nationalen Eliten vernichtet, sondern auch die bäuerliche Bevölkerung in kommunistische Sklaven verwandelt hatten. Am 17. September 1941 führte Hitler dazu in engem Kreis in seinem Hauptquartier aus:

> »Der Slawe ist eine geborene Sklaven-Masse, die nach dem Herrn schreit; es fragt sich nur, wer der Herr ist. *Der Bolschewismus*

hat uns da einen großen Dienst erwiesen. Er hatte zunächst das Land an die Bauern aufgeteilt. Die Folge war ungeheure Hungersnot [In Wirklichkeit war die Hungersnot die Folge der Zwangskollektivierung[135]]; es blieb nichts übrig, als in der Form der Staatsdomänen [Kolchosen] die Grundherrschaft [d. h. die Leibeigenschaft, eine Form der Sklaverei] wieder einzuführen, nur, daß der frühere Herr etwas von der Landwirtschaft verstanden hatte, während dem politischen Kommissar das Wissen fehlte.«[136]

Es sollte sich jedoch zeigen, dass Hitler nicht nur das sowjetische Rüstungspotenzial, sondern auch die Auswirkungen des sowjetischen Massenterrors auf die sowjetische Gesellschaft falsch eingeschätzt hatte.

TEIL II

Die Mobilisierung der sowjetischen Kriegswirtschaft und Gesellschaft

22. Juni 1941: Der deutsche Überfall

Nachdem am 22. Juni 1941 der deutsche Angriff auf die Sowjetunion begonnen hatte, brachen die sowjetischen Verteidigungslinien binnen Stunden zusammen. An der Front und in den rückwärtigen sowjetischen Gebieten herrschte von den ersten Kriegsstunden an Chaos. Ganze Armeen gaben in Panik ihre Stellungen auf, Hunderttausende Rotarmisten – Soldaten wie Offiziere – gerieten in deutsche Gefangenschaft, bis zum 20. Dezember 1941 insgesamt 3 550 639 Mann, darunter 15 179 Offiziere.[1]

So verloren die Truppen der Süd-Front (Heeresgruppe) vom 22. Juni bis 6. November 1941 212 672 Soldaten, darunter 20 675 Gefallene, 48 526 Verwundete und 118 234 Vermisste. Von Letzteren waren die meisten in Gefangenschaft geraten oder desertiert. Der Chef der Politischen Verwaltung der Süd-Front, Regimentskommissar Rybakin, verwies in diesem Zusammenhang auf die schlechte militärische und taktische Vorbereitung der Soldaten und Offiziere sowie die mangelhafte Kampfmoral.

»Das alles führte dazu, dass Soldaten und untere Kommandeure, die Stellungen beziehen, sich unsicher fühlen. Bei Begegnung mit dem Gegner konnten sie die Kraft und Stärke ihrer Waffen nicht ausnutzen, sie leisteten dem Feind keinen hartnäckigen Widerstand, und beim Auftauchen von Panzern gerieten sie bisweilen in Panik, traten unorganisiert den Rückzug an, erlitten große Verluste.«[2]

An anderen Fronten sah es ähnlich oder noch kritischer aus; besonders betroffen waren die Truppen der West-Front. Sie verloren vom 22. Juni bis 9. Juli 1941 von 625 000 Soldaten und Offizieren 417 729 (67 %) an Gefallenen, Verwundeten, Gefangenen, Desertierten und Versprengten. Hinzu kamen allein in den ersten sechs Kriegsmonaten noch weitere mehr als eine Million Fahnenflüchtige und Überläufer sowie viele hunderttausend Gefallene. Millionen von Soldaten und Zivilisten flohen im Sommer 1941 außerdem ostwärts. Der sowjetischen Militärführung entglitt zu Beginn des Krieges die Kontrolle über die eigenen Truppen.[3]

Neben dem Verlust von etwa fünf Millionen Soldaten und Offizieren[4] infolge von Tod, Verwundung, Gefangenschaft, Fahnenflucht und Überläufertum büßte die Rote Armee auch einen Großteil ihrer Ausrüstung ein.[5]

Tabelle: Verluste der Roten Armee in den einzelnen Waffengattungen vom 22. Juni bis 31. Dezember 1941 nach heutigen russischen Angaben (Panzer nach eigenen Berechnungen, B.M.)[6]

Waffengattung	Stand 22.6.1941	Verluste 22.6. bis 31.12.1941	Zugänge 22.6. bis 31.12.1941
Panzer	24 598	22 340 (90,8%)	5400
Kampfflugzeuge	20 000	17 900 (90,0%)	9900
Panzerabwehrkanonen	14 900	12 100 (81,0%)	2500
Flakartillerie	8600	4100 (47,0%)	3400
Feldgeschütze	33 200	24 400 (73,0%)	10 100
Granatwerfer	56 100	60 500 (108%)	42 400
Kraftfahrzeuge	272 600	159 000 (58,0%)	204 900
Funknachrichtenmittel	37 400	23 700 (63,0%)	5600

Angesichts dieser enormen Verluste an Menschen und Material stellt sich die Frage, warum die Sowjetunion in den ersten Kriegsmonaten nicht zusammenbrach, wie Hitler und seine Generäle es erwartet hatten, und nicht nur sie. »Wir stehen vor einem Siegeszug ohnegleichen«, notierte Goebbels nach einer Unterredung mit Hitler am 16. Juni 1941 in seinem Tagebuch.[7] Auch in den ersten Kriegstagen und -wochen herrschte im Führerhauptquartier Siegeszuversicht, wenn nicht Euphorie. Am 4. Juli 1941 erklärte Hitler: »Ich versuche mich dauernd in die Lage des Feindes zu versetzen. Praktisch hat er diesen Krieg schon verloren. Es ist gut, daß wir die russischen Panzer und Luftwaffe gleich am Anfang zerschlagen haben. Die Russen können sie nicht mehr ersetzen.«[8]

Bald jedoch schlug die Stimmung im Führerhauptquartier um. Goebbels trug am 1. August 1941 in sein Tagebuch ein: »Man gibt offen zu, dass man sich in der Einschätzung der sowjetischen Kampfkraft etwas geirrt hat. Die Bolschewisten zeigen doch stärkeren Widerstand, als wir vermuteten, und vor allem die materiellen Mittel, die ihnen dabei zur Verfügung stehen, sind größer, als wir angenommen haben.«[9] Am 4. August 1941 besuchte Hitler in Begleitung hoher Militärführer den Stab der Heeresgruppe Mitte, wo zugleich eine Besprechung stattfand. Hitlers Ausführungen sind im Kriegstagebuch des OKW protokolliert: »Die Gesamtoperationen an der Ostfront sind bisher glücklicher verlaufen, als angesichts der überraschenden Mengen an Panzern und Flugzeugen, über die der Russe verfügte, zu erwarten war. Wäre der Führer vor Beginn des Feldzuges darüber unterrichtet gewesen, so wäre ihm der Entschluß zum notwendigen Angriff wesentlich erschwert worden.«[10]

An diesem Tag soll Hitler laut Heinz Guderian auch gesagt haben: »Wenn ich gewußt hätte, daß die Panzerzahlen der Russen, die Sie in Ihrem Buch erwähnt haben, tatsächlich stimmen, dann hätte ich – glaube ich – diesen Krieg nicht angefangen.« Guderian hatte nämlich in seinem 1937 erschienenen Buch *Achtung Panzer* die Zahl der Kampfwagen, über welche die Sowjetunion damals verfügte, mit 10 000 angegeben. Gestützt auf die ihm zur Verfügung stehenden Nachrichten, habe er ursprünglich sogar die Zahl von 17 000 sowjetischen Panzern nennen wollen, schreibt er in seinen Erinnerungen.[11]

Sechs Tage später, am 10. August, hielt Goebbels in seinem Tagebuch fest: »Es wird noch sehr harter und blutiger Auseinandersetzungen bedürfen, bis die Sowjetunion zerschmettert am Boden liegt.«[12] Im August 1941 verflog die anfängliche Siegeseuphorie im Führerhauptquartier endgültig. Hitler litt an schwerem Durchfall, den Goebbels am 19. August in seinem Tagebuch politisch korrekt als »Ruhranfall« umschrieb, weil den Führer die militärischen Vorgänge im Osten so mitgenommen hätten:

> »Es ist erklärlich, dass die militärischen Vorgänge der letzten Wochen ihn [Hitler] so reizbar gemacht haben. [...] Die militärischen Schwierigkeiten sind in dem Umfange von uns nicht erwartet worden. Es war eine ausgesprochen schlechte Zeit in den letzten vier Wochen. [...] Wir haben offenbar die sowjetische Stoßkraft und vor allem die Ausrüstung der Sowjetarmeen gänzlich unterschätzt. Auch nicht annähernd hatten wir ein klares Bild über das, was den Bolschewisten zur Verfügung stand. Daher kamen die Fehlurteile. [...] Der Führer ist innerlich über sich sehr ungehalten, dass er sich durch die Berichte aus der Sowjetunion so über das Potenzial der Bolschewisten hat täuschen lassen.«[13]

Ein Jahr später, am 4. Juni 1942, unterhielt sich Hitler in seinem Sonderzug mit Feldmarschall Carl Gustaf Freiherr von Mannerheim, dem finnischen Oberbefehlshaber. Hitler besuchte Mannerheim überraschend aus Anlass von dessen 75. Geburtstag. Durch Zufall wurden die ersten elf Minuten dieser Unterredung aufgezeichnet. Hitler erklärte unter anderem:

> »Wir wußten das selber auch nicht so genau, wie ungeheuerlich dieser Staat [die Sowjetunion] gerüstet war. [...] Die haben die ungeheuerste Rüstung, die Menschen denkbar ist. [...] Wenn mir jemand gesagt hätte, daß ein Staat mit 35 000 Tanks antreten kann, dann hätte ich gesagt: Sie sind wahnsinnig geworden! [...] Wenn mir ein General von mir erklärt hätte, daß hier ein Staat 35 000 Panzer besitzt, dann hätte ich gesagt: Sie, mein Herr, Sie sehen alles doppelt oder zehnfach, Sie sind wahnsinnig; Sie sehen Gespenster. Das habe ich nicht für möglich gehalten.«[14]

Der Schock, den Stalin in den frühen Morgenstunden des 22. Juni 1941 erlebte, war indes nicht geringer. Der deutsche Überfall überraschte Stalin und seine Gefolgsmänner vollkommen. In Moskau waren zwar seit Monaten zahlreiche Warnungen vor einem bevorstehenden deutschen Angriff eingetroffen, Stalin hatte sich jedoch geweigert, ihnen Glauben zu schenken. Er hielt sie für eine Desinformationskampagne der Briten, die ein Interesse daran hätten, das deutsch-sowjetische Bündnis zu stören.[15]

Nachdem er die Nachricht von dem Angriff in den frühen Morgenstunden des 22. Juni erhalten hatte, fasste Stalin sich jedoch ziemlich schnell. Um 5:45 Uhr fand in seinem Kremlkabinett, dem sogenannten »Kleinen Eck«, die erste Sitzung statt, an der außer Stalin Molotow, Berija, Timoschenko (Volkskommissar für Verteidigung) und Schukow (zu der Zeit Chef des Generalstabs) teilnahmen.[16] Der erste Befehl, den Stalin in diesem Gremium formulierte und der um 7:15 Uhr an die Truppen weitergeleitet werden sollte, zeugt vor der Verwirrung, die der Angriff im Kreml hervorgerufen hatte:

»Am 22. Juni 1941 um 4:00 Uhr frühmorgens griff die deutsche Luftwaffe ohne irgendwelchen Grund unsere Flugplätze und Städte östlich unserer Westgrenze an und bombardierte sie. Zeitgleich eröffneten deutsche Truppen an verschiedenen Stellen Artilleriefeuer und überschritten unsere Grenze. Im Hinblick auf diesen wegen seiner Dreistigkeit unerhörten Überfall seitens Deutschlands auf die Sowjetunion befehlen wir: 1. Mit allen Kräften und Mitteln sind die feindlichen Kräfte anzugreifen, um sie in den Gebieten, wo sie die sowjetische Grenze verletzt haben, zu vernichten. Bis auf besondere Befehle überschreiten die Heerestruppen die Grenze nicht. 2. Aufklärungs- und Kampfflugzeuge haben die Konzentrierung der gegnerischen Luftwaffe und Gruppierungen der Heeresverbände festzustellen. Mit mächtigen Schlägen der Bomber und Sturmflugzeuge ist die Luftwaffe auf den Flugplätzen des Gegners zu vernichten, und die Hauptgruppierungen seiner Heeresverbände sind zu bombardieren.

Angriffe der Luftwaffe auf das deutsche Territorium sind in einer Tiefe von 100 bis 150 km von der Grenze auszuführen.

Königsberg und Memel sind zu bombardieren.

Auf das Territorium von Finnland und Rumänien sind bis auf besondere Befehle keine Luftangriffe zu führen.«[17]

Offenkundig hoffte Stalin noch um 7:15 Uhr, dass es sich um ein Missverständnis handelte, nach dessen Klärung man die Kriegshandlungen einstellen könne. Stalin wusste sehr wohl, dass die Rote Armee auf den Krieg gegen Deutschland noch nicht vorbereitet war und mit Sicherheit nicht auf einen Verteidigungskrieg, hatte Stalin die Rote Armee doch seit 1928 für einen Angriffskrieg aufrüsten lassen. In den nächsten Stunden fanden im Dienstzimmer Stalins weitere intensive Beratungen mit seinen engsten Gefolgsleuten statt.

Um 7:00 Uhr wurde der Generalsekretär der Komintern in Moskau, Georgi Dimitrow, dringend in den Kreml beordert. Um 8:40 Uhr betrat er das Büro Stalins, wo außer diesem bereits Molotow, Woroschilow, Kaganowitsch und Malenkow saßen. Stalin wandte sich an Dimitrow:

»Sie haben uns angegriffen, ohne irgendwelche Forderungen zu stellen, ohne irgendwelche Verhandlungen zu verlangen, haben uns niederträchtig überfallen, wie Räuber. […] Nach dem Überfall […] erschien Schulenburg [der deutsche Botschafter in Moskau] mit der Erklärung, daß Deutschland sich durch die Konzentration sowjetischer Truppen an der Ostgrenze bedroht fühlte und Gegenmaßnahmen ergriffen habe. Die Finnen und Rumänen sind auf Seiten der Deutschen.«[18]

Dimitrow notierte weiter in sein Tagebuch: »Erstaunlich sind die Ruhe, Festigkeit und Zuversicht Stalins und aller anderen. […] An die Armee und Marine werden Anweisungen erteilt. Maßnahmen zur Mobilisierung und zum Kriegszustand.« Stalin erteilte auch der Komintern Direktiven und bestimmte die Richtlinien für die Kriegspropaganda:

»Die Komintern soll vorerst nicht öffentlich auftreten. [...] Die Frage der sozialistischen Revolution ist nicht aufzuwerfen. Das sowjetische Volk führt einen vaterländischen Krieg gegen das faschistische Deutschland. Es geht um die Zerschlagung des Faschismus, der eine Reihe von Völkern versklavt hat und danach strebt, auch andere Völker zu versklaven.«[19]

So entstand der bis heute lebendige Mythos vom Großen Vaterländischen Krieg.

In den nächsten Stunden und Tagen traf Stalin zahlreiche Entscheidungen, erließ Direktiven, Befehle, Anweisungen und Beschlüsse. Der Kriegszustand wurde ausgerufen, die wehrpflichtigen Männer der Jahrgänge 1905 bis 1918 wurden einberufen. Am späten Nachmittag des 22. Juni erging der Befehl an die Verbände der Roten Armee, die in der Region Suwalki (Stadt im Nordosten Polens, ab 1939 deutsch besetzt) konzentrierten deutschen Truppen einzukreisen, zu vernichten und die gesamte Region Suwalki bis zum 24. Juni zu besetzen. Ähnlich sollte mit den deutschen Truppen verfahren werden, welche die deutsch-sowjetische Grenze im Raum Lublin (ab 1939 deutsch besetzt) überschritten hatten. Auch dieses Gebiet war bis zum 24. Juni zu besetzen.[20] Diese wirklichkeitsfremden Befehle offenbaren die ganze Ratlosigkeit Stalins und seiner Gefolgsleute unmittelbar nach dem deutschen Überfall.

Auch in diesen Tagen und Wochen war Stalin derjenige, der über alles bis ins kleinste Detail bestimmte. Eine Ausnahme scheinen lediglich die letzten zwei Junitage (29. und 30. Juni) gewesen zu sein, als Stalin offenbar einen Nervenzusammenbruch erlitt. Am 28. Juni nachmittags erfuhr Stalin, dass deutsche Truppen Minsk besetzt hätten. Spät in der Nacht eilte er in Begleitung von Berija, Molotow und Mikojan in das Volkskommissariat für Verteidigung, um von Timoschenko und Schukow genauere Informationen zu erhalten. Dort wusste man aber auch nicht mehr, es bestand kein Kontakt zu den in Weißrussland operierenden Truppen der West-Front. Daraufhin kam es zu einer verbalen Auseinandersetzung zwischen Schukow und Berija, Stalin verlor die Beherrschung, er sei dabei regelrecht »explodiert« und habe Schukow angeschrien, der in Tränen ausgebrochen sei. »Wie ein Weib« geschluchzt habe er laut Mikojan und sei aus dem Zimmer gerannt. Molotow folgte ihm, um ihn zu trösten. Nach fünf bis zehn Minuten kamen beide zurück.[21]

Die Situation entspannte sich, Stalin erteilte Anweisungen und verließ anschließend mit seinem Gefolge das Gebäude. Er habe »sehr niedergeschlagen« gewirkt. Nach der Rückkehr in seine Wohnung habe er Mikojan zufolge selbstkritisch festgestellt: »Lenin hatte uns ein großes Vermächtnis hinterlassen. Wir – seine Erben – haben das alles verkackt.« Zugleich habe er erklärt, er könne sein Führungsamt nicht mehr ausüben und trete ab. Anschließend fuhr er zu seiner Datscha in Kusnezowo, einem Vorort von Moskau. Am nächsten Tag erschien Stalin nicht in seinem Kremlkabinett. Alle Versuche seiner Gefolgsleute, telefonisch Kontakt mit ihm aufzunehmen, scheiterten. Auch sein persönlicher Sekretär wusste nichts. Stalin blieb in seiner Datscha, »empfing niemanden und ging nicht ans Telefon«.[22]

Einen Tag danach, am 30. Juni, wiederholte sich die Situation. Stalins Gefolgsleute, verwirrt und beunruhigt, waren nicht gewohnt, selbständig Entscheidungen zu treffen. Nachmittags besprachen Berija, Molotow, Malenkow und Woroschilow sich untereinander. Sie einigten sich auf Initiative Berijas darauf, ein »Super-Kabinett, eine Art Ultra-Politbüro mit wenigen Mitgliedern unter Leitung von Stalin« zu gründen. Als der Plan feststand, riefen sie Mikojan und Wosnessenski, den Chef der obersten Planungsbehörde (Gosplan), und begaben sich gemeinsam nach Kusnezowo.

In der Datscha trafen sie auf einen verstörten und resignierten Stalin, dem sie ihren Plan unterbreiteten und der sich schnell überzeugen ließ. Am Nachmittag des nächsten Tages, des 1. Juli, erschien Stalin in seinem Kremlkabinett, »›ein neuer Mensch‹, fest entschlossen, die Rolle als Oberster Kriegsherr zu spielen«.[23]

Zwar sind diese Geschehnisse lediglich mit Hilfe der Erinnerung und der Memoiren der Beteiligten (u. a. Mikojan, Molotow und Berija) rekonstruiert worden, aber das Empfangsbuch im Kremlkabinett weist unter dem 29. und 30. Juni tatsächlich keine Einträge auf. Allerdings funktionierte das Politbüro laut Protokoll an diesen beiden Tagen offenbar wie gewohnt und traf mehrere wichtige Entscheidungen, unter anderem über die Verlegung von Luftfahrtbetrieben, Volkskommissariaten und Behörden aus Moskau nach Osten. Darüber hinaus erließ Stawka in diesen Tagen ebenfalls zahlreiche wichtige Befehle und Direktiven, die auch von Stalin unterzeichnet sind, wie die Abschriften dieser Befehle belegen.[24]

Simon Sebag Montefiore, der diese Ereignisse detailliert nachgezeichnet hat, kommt zu dem Schluss: »So etwas konnte nur ein Diktator überstehen, der zuvor alle möglichen Rivalen aus dem Weg geräumt hatte. In jedem anderen System hätte die Katastrophe zum sofortigen Regierungswechsel geführt, aber ein solcher kam nicht infrage.«[25] Auch Stalin schien überrascht gewesen zu sein, dass er nach den Niederlagen der Roten Armee gegen die deutsche Wehrmacht seine absolute Macht behalten konnte. Während eines Empfangs im Kreml am 24. Mai 1945 führte er rückblickend aus:

»Unsere Regierung hat nicht wenig Fehler gemacht, wir hatten in den Jahren 1941–1942 Augenblicke einer verzweifelten Lage, […]. Ein anderes Volk hätte zu seiner Regierung sagen können: ihr habt unsere Erwartungen nicht gerechtfertigt, macht, dass ihr fortkommt, wir werden eine andere Regierung einsetzen, die mit Deutschland Frieden schließt und uns Ruhe sichert.«[26]

Stalin und seine Militärführer verloren damals bereits in den ersten Stunden des deutschen Überfalls jegliche Verbindung mit den Fronttruppen. Sie hatten keinen Überblick über die Geschehnisse und keinen Kontakt zu den Stäben, während in Moskau von den verschiedenen Fronten nur Hiobsbotschaften über zerschlagene Armeen und Divisionen, in Panik flüchtende Soldaten, Offiziere und Zivilisten, aufgegebene Stellungen und durch deutsche Truppen besetzte Städte und Gebiete eintrafen. An den Fronten herrschte das schiere Chaos, die deutschen Verbände rückten im Blitztempo nach Osten vor, und die Verantwortlichen im Kreml waren hilflos.

Organisation der Kriegführung

Anders sah die Lage im Hinterland aus. In Moskau wurden in diesen Tagen zahlreiche Entscheidungen getroffen, die sich als grundlegend für den späteren Verlauf des Krieges erweisen sollten. Sehr wichtig waren die Beschlüsse über die Organisation der Kriegführung. Am 23. Juni 1941 erfolgte auf Anweisung des Politbüros die Errichtung des Hauptquartiers des Oberkommandos der sowjetischen Streitkräfte (Stawka Glawnogo Komandowania), kurz Stawka. Der Stawka gehörten ursprünglich Marschall Timoschenko (Vorsitz), Schukow, Stalin, Molotow, Marschall Budjonny und Admiral Kusnezow an.[27]

Am 10. Juli 1941 ließ Stalin die Stawka umorganisieren und in Hauptquartier des Obersten Kommandos umbenennen. Zu den Mitgliedern gehörten neben Stalin Molotow, die Marschälle Timoschenko, Budjonny, Woroschilow und Schaposchnikow sowie General Schukow. Es gab keinen Chef bzw. Vorsitzenden der Stawka; die Befehle des Hauptquartiers wurden aber an erster Stelle von Stalin unterzeichnet.[28] Am 19. Juli ließ sich Stalin als Nachfolger Timoschenkos zum Volkskommissar für Verteidigung und am 8. August 1941 zum Obersten Hauptkommandierenden der Roten Armee und Kriegsflotte ernennen. Zugleich wurde die Stawka erneut umbenannt in Hauptquartier des Obersten Hauptkommandos.[29] Damit übte Stalin auch formal das Amt des Oberbefehlshabers der sowjetischen Streitkräfte aus, und er nahm diesen Oberbefehl auch tatsächlich wahr.

Eine andere wichtige organisatorische Maßnahme war die Einrichtung des Staatskomitees für Verteidigung (Gosudarstwennyj Komitet Oborony, fortan GKO) am 30. Juni 1941. Dem GKO gehörten außer Stalin als Vorsitzendem Wjatscheslaw Molotow als stellvertretender Vorsitzender sowie Kliment Woroschilow, Georgi Malenkow und Lawrenti Berija an. Später wurden noch Anastas Mikojan und Nikolai Wosnessenski (3. Februar 1942), Lasar Kaganowitsch (20. Februar 1942) und Nikolai Bulganin (20. November 1944) in das Staatskomitee berufen, Woroschilow hingegen wurde am 20. November 1944 entlassen. Das GKO übte die volle Macht über die Partei-, Komsomol-, Staats- und Militärorgane der Sowjetunion aus. Es war während des Krieges die Machtzentrale des Staates, hier wurden die wichtigsten Fragen besprochen und von Stalin entschieden. Insgesamt ergingen vom 1. Juli 1941 bis zum 4. September 1945, als das GKO aufgelöst wurde, 9971 GKO-Beschlüsse, die Stalin fast alle persönlich unterzeichnete.[30]

Mobilisierung der Kriegswirtschaft und
Verlegung der Betriebe nach Osten

Im militärischen Bereich beging Stalin nach dem 22. Juni 1941 ohne Zweifel zahlreiche schwerwiegende Fehler. Allerdings bleibt die Frage, ob angesichts der damals herrschenden Zustände und der vor dem 22. Juni begangenen katastrophalen Fehler und Versäumnisse andere erfolgreicher hätten agieren können.[31] Dagegen erwiesen sich die Entscheidungen Stalins im Bereich der Kriegswirtschaft mittel- und langfristig als richtig, insbesondere was die Verlegung der wichtigsten Betriebe aus den durch die deutsche Wehrmacht und Luftwaffe bedrohten Gebieten in die östlichen Teile des Riesenreiches betraf. Dabei ging es nicht um eine kurzfristige Verbesserung der katastrophalen Kriegslage, sondern um Maßnahmen, die auf einen langen Krieg ausgerichtet waren.

Am 24. Juni bildete das Politbüro einen achtköpfigen Evakuierungsrat unter Vorsitz von Lasar Kaganowitsch; seine Stellvertreter waren Alexej Kossygin und Nikolai Schwernik. Dieser Rat sollte die »Evakuierung der Bevölkerung, von Behörden, Kriegs- und anderen Gütern, von Ausrüstungen der Betriebe« organisieren und leiten. In den nächsten Tagen und Wochen änderte zunächst das Politbüro und nach dem 1. Juli das GKO wiederholt die Zusammensetzung des Gremiums. Am 16. Juli ernannte das GKO endgültig Nikolai Schwernik zum Vorsitzenden. Ihm standen als Stellvertreter Kossygin und Michail Perwuchin zur Seite.[32]

Die ersten Beschlüsse über die Verlegung von Betrieben, Behörden und Instituten sowie über die Evakuierung der Bevölkerung ergingen wenige Tage nach dem deutschen Überfall. Am 27. Juni beauftragte das Politbüro den Evakuierungsrat, die Verlegung von elf Betrieben der Luftfahrtindustrie aus Moskau und Leningrad nach Osten, unter anderem nach Kasan, Ufa, Kuibyschew, Nowosibirsk, zu organisieren, um die Anlagen vor möglichen Bombardierungen zu schützen. Am selben Tag ordnete das Politbüro die Überführung des Staatsschatzes (Edelmetalle, Edelsteine, Diamanten) und des Kremlschatzes nach Swerdlowsk und Tscheljabinsk an. Einen Tag später erging der Beschluss über den Abtransport von 9,3 Milliarden Rubel in Banknoten aus der Staatsbank. Am 29. Juni bestimmte das Politbüro die Verlegung von Volkskommissariaten und wichtigen Behörden aus Moskau nach Osten und bestätigte den Verlegungsplan des Evakuierungsrates, die Flugzeugindustrie in Moskau und Leningrad betreffend.[33]

In den nächsten Tagen, Wochen und Monaten ergingen zahlreiche weitere GKO-Beschlüsse über die Verlegung von Betrieben der Munitionsindustrie, der Bewaffnung, der Panzerindustrie, der Luftfahrtindustrie und anderer Rüstungsbetriebe. Hinzu kamen Anordnungen über die Evakuierung von Facharbeitern, von Familien der Funktionäre des Partei-, Staats- und Sicherheitsapparates sowie über die Ausfuhr von Industrie- und landwirtschaftlichen Gütern, darunter auch Vieh.[34] Selbst die Leiche Lenins wurde auf Anordnung des Politbüros vom 2. Juli aus dem Kreml-Mausoleum nach Tjumen (Westsibirien) überführt.[35]

Bis Ende 1941 wurden laut offiziellen sowjetischen Angaben insgesamt 1523 Industriebetriebe teilweise oder vollständig nach Osten verlegt. Von den großen Betrieben gingen 266 in die Wolgaregion, 667 in den Ural, 244 nach West- und 78 nach Ostsibirien, 308 nach Kasachstan und Zentralasien. Zusammen mit den Betrieben zogen 30 bis 40 Prozent der Arbeiter, Ingenieure und Techniker zu den neuen Standorten um. Zur Beförderung der demontierten Ausrüstungen benötigte man 1,6 Millionen Eisenbahnwaggons, weitere 870 000 Tonnen Evakuierungsgüter wurden mit Binnenschiffen ins Hinterland verfrachtet.[36]

Diese Verlagerung verlief angesichts des Kriegschaos jedoch nicht problemlos. Überführungspläne wurden nicht eingehalten, manche Transporte gingen unterwegs verloren, Anlagen kamen ohne Begleitpapiere und unvollständig an. Trotz solcher Pannen gelang es der sowjetischen Führung, die wichtigsten Industriebetriebe, in erster Linie die Rüstungswerke, in den Osten zu verlegen, wo sie die Produktion bald wieder aufnahmen.[37]

Mobilisierung der Wirtschaft am Beispiel der Panzerindustrie – Das sowjetische Panzerwunder

Die ersten konkreten Beschlüsse über die Mobilisierung der Wirtschaft für den Krieg ergingen bald nach dem deutschen Überfall. Am 23. Juni bewilligte das Politbüro den Mobilisierungsplan der Munitionsindustrie für das dritte Quartal 1941 und ordnete zugleich an, die zivile Luftfahrt zu militarisieren und sie dem Volkskommissariat für Verteidigung zu unterstellen. Einen Tag später bestätigte das Politbüro den Plan für die Steigerung der Lkw-Produktion bis Ende 1941 um 20 000 auf insgesamt 82 000 Einheiten, von denen 65 600 an die Rote Armee zu liefern waren. Im Jahr 1942 sollten laut Plan 197 000 Lkw und Busse hergestellt werden. Zugleich erging die Anweisung, den Automobilwerken, in denen die Lkw hergestellt werden sollten, bis Ende 1941 733 spanabhebende Werkzeugmaschinen zu liefern. Einige Tage später bewilligte das Politbüro den Mobilisierungsplan der Volkswirtschaft für das dritte Quartal 1941, den das SNK der UdSSR ausgearbeitet hatte.[38]

Bei diesen ersten Maßnahmen zur Mobilisierung der Kriegswirtschaft und Verlegung der Industriebetriebe handelte es sich um Ad-hoc-Entscheidungen. Dies sollte sich jedoch bald ändern. Am 4. Juli beauftragte Stalin eine Gruppe von Wirtschaftsfunktionären, einen Plan zur Sicherung der Landesverteidigung auszuarbeiten. Die Gruppe setzte sich aus Wosnessenski, der den Vorsitz innehatte, Saburow, Malyschew und Perwuchin zusammen. Der Plan sollte die Ressourcen und Betriebe im Wolgagebiet, in Westsibirien und im Ural sowie Betriebe und Ressourcen, die im Rahmen der Evakuierung in diese Regionen verlegt wurden, berücksichtigen. Sowohl Haupt- als auch Zulieferbetriebe waren einzubeziehen, und zwar so, dass in dem jeweiligen Gebiet komplette Fertigungsprozesse abgewickelt werden konnten.[39] Damit legte Stalin Richtlinien für die kriegswirtschaftliche Strategie fest, die in den nächsten Monaten zwar mit erheblichen Rückschlägen, aber insgesamt dennoch erfolgreich realisiert wurde.

Die Schlüsselrolle in der sowjetischen Rüstungsindustrie spielte auch in den Jahren 1941 bis 1945 die Panzerproduktion. Am 25. Juni 1941 ordnete das Politbüro an, im Ural eine neue Panzerfertigungsstätte für Panzer des Typs KW zu errichten. Die Herstellung des Panzerstahls für die Rümpfe sollte in den Metallurgischen Werken Kusnezow erfolgen. Die Panzerstahlwalzstrecke der Kirow-Werke in Leningrad sollte demontiert und nach Nischni Tagil (Ural) in die Nowo-Tagil-Werke verlegt werden. Für die Fertigung der Panzertürme waren die Uraler Maschinenbauwerke in Swerdlowsk vorgesehen.[40]

Ebenfalls am 25. Juni bestätigte das Politbüro den Produktionsplan für Panzer bis Ende 1941. Vom KW-Panzer, der serienmäßig mit W-2-K-Dieselmotoren (600 PS) auszustatten war, sollten bis Ende 1941 1295 Einheiten hergestellt werden, vom Panzer T-34, der in den Werken in Charkow und Stalingrad produziert wurde, 2900 Einheiten. Hinzu kamen noch 805 leichte Panzer T-50, 6380 Dieselmotoren für Panzer und 6360 Zugmaschinen. Der Plan legte detailliert fest, in welchen Betrieben welche Bauteile in welchen Mengen zu produzieren waren.[41] Bemerkenswert ist, dass dieser Plan weitgehend erfüllt wurde.

Im Juli 1941 ergingen weitere Anordnungen, die sich auf die Panzerproduktion bezogen. Die ersten Beschlüsse des GKO nach seiner Gründung betrafen ebenfalls diesen Bereich. Am 1. Juli unterzeichnete Stalin den Beschluss Nr. 1 über die Organisation der Produktion des Panzers T-34 im Werk »Krasnoje Sormowo« in Gorki (heute Nischni Nowgorod) an der Wolga. Die ersten Panzer sollten dort am 1. September 1941 vom Band rollen, 700 bis 750 Einheiten bis Ende 1941 und 3000 im Jahr 1942. Die Produktion der Motoren für diese Panzer sollte in den Werken in Gorki und der Oblast Gorki erfolgen, an die in den Monaten Juli und August 500 Werkzeugmaschinen zu liefern waren.[42]

Der GKO-Beschluss Nr. 2 betraf die Produktion des Panzers

KW-1 in den Traktorenwerken in Tscheljabinsk. Bis Ende 1941 sollten rund 550 Einheiten hergestellt werden. Dazu waren im Juli 500 und im August weitere 200 Werkzeugmaschinen an die Traktorenwerke zu liefern. Die Uraler Maschinenbauwerke sollten die Produktion der Rümpfe für diese Panzer übernehmen.[43]

Fünf Tage später, am 5. Juli, legte ein GKO-Beschluss fest, dass die Fertigungsstätten der Leningrader Kirow-Werke für Panzer-Dieselmotoren bis zum 15. Juli zu demontieren und nach Swerdlowsk zu überführen seien. Dort war bis zum 1. September 1941 die Produktion der W-2-Motoren aufzunehmen, von denen bis Ende 1941 500 Stück produziert werden sollten.[44] In den nächsten Monaten ergingen zahlreiche weitere Beschlüsse zur Panzerproduktion. Sie alle hier anzuführen würde den Rahmen dieser Arbeit sprengen. Im September und Oktober 1941 erfolgte, bedingt durch den deutschen Vormarsch in der Ukraine, die vollständige Verlegung der Panzerwerke in Charkow und Mariupol.

Am 11. September 1941 wurde per Erlass des Präsidiums des Obersten Sowjet der UdSSR das Volkskommissariat für Panzerindustrie gegründet, was vom Politbüro am selben Tag bestätigt wurde. Dem neuen Volkskommissariat unterstanden folgende Betriebe: die Werke Nr. 183 und 75 in Charkow sowie die Traktorenwerke Charkow, Werk Nr. 174 und das Kirow-Werk in Leningrad, die Stalingrader Traktorenwerke mit den Metallwaren-Werken Stalingrad, die Traktorenwerke Tscheljabinsk, die Uraler Turbinenwerke in Swerdlowsk, die Uraler Waggonwerke in Nischni Tagil, Werk Nr. 37, und die Automobilwerke »KIM« in Moskau. Hinzu kamen noch fünf Werke, die bis dahin dem Volkskommissariat für Schiffsbau unterstanden hatten, darunter die Ischorski-Werke (Kolpino, in der Nähe von Leningrad), das Werk »Iljitsch« in Mariupol, die Metallurgischen Werke in Kulebaki (Wolgaregion), Werk Nr. 264 (Stalingrad) und Forschungsinstitut Nr. 48 (Leningrad). Auch sechs Lehranstalten, darunter fünf Technikerschulen, gliederte man der neuen Behörde an.[45]

Ende 1941 waren die organisatorischen Maßnahmen im Bereich der Panzerindustrie, insbesondere die Verlegung von Betrieben nach Osten und die Erweiterung der Produktionskapazitäten, weitgehend abgeschlossen, und die verlegten oder neu aufgebauten Betriebe arbeiteten bereits oder standen kurz davor, die Produktion aufzunehmen.

Folgende Betriebe wurden verlegt: das Werk Nr. 183 (Charkow) und die Werke »Iljitsch« (Mariupol) nach Nischni Tagil (Uraler Waggonwerke), das Werk Nr. 75 in Charkow (Dieselmotoren) in die Stadt Tscheljabinsk (Traktorenwerke), das Werk Nr. 174 (Leningrad) in die Stadt Tschkalowsk (Waggonreparatur-Werke), 100 km nordwestlich von Gorki, das Werk Nr. 37 zusammen mit Teilen der Werke »KIM« in Moskau in die Stadt Swerdlowsk (Waggonreparatur-Werke), das Rumpfwerk Podolski ebenfalls in die Stadt Swerdlowsk (Werk »Metallist«), die Charkower Traktorenwerke (Panzerproduktion) nach Stalingrad zum Werk Nr. 264 und die Fertigung der Dieselmotoren in die Stalingrader Traktorenwerke, die Produktionslinie der Dieselmotoren im Kirow-Werk (Leningrad) nach Swerdlowsk (Uraler Turbinenwerke) und das Kolomensky-Werk in Kolomna (Produktion von Rümpfen) nach Kirow (Maschinenbauwerke).[46]

Die verlegungsbedingten Unterbrechungen der Produktion hätten weniger als zwei Monate betragen und in einem Fall sogar weniger als einen Monat (Werk Nr. 75, Produktion von Dieselmotoren), berichtete Malyschew, der Volkskommissar für Panzerindustrie, Stalin am 4. Januar 1942.[47] So rollten im Werk Nr. 183 in Charkow die letzten T-34 im Oktober 1941 vom Band, in den nächsten Wochen erfolgte die Verlegung in den Ural (Nischni Tagil), wo die Fertigung bereits im Dezember 1941 wieder anlief und im März 1942 die monatliche Vorkriegsproduktion übertraf. Das Werk Nr. 37 in Moskau hatte noch im Oktober 1941 160 leichte Panzer hergestellt, danach erfolgte die Verlegung der 3000 Ausrüstungseinheiten nach Swerdlowsk, wo das Werk bereits im Dezember 1941 die Panzerproduktion aufnahm, um im Januar 1941 die Vorkriegsproduktion zu übertreffen.[48]

Die Verlegung verlief nach einem zentralen Plan. Gemäß den Anweisungen Stalins wurden bis Ende 1941 drei große Panzerfertigungsstätten geschaffen, die unabhängig voneinander Panzer produzierten, und zwar im Ural, in Stalingrad und in der Stadt und der Oblast Gorki an der mittleren Wolga. Im Ural fertigten elf Werke die Panzer KW, T-34 und T-60 sowie Bau- und Ersatzteile für diese Typen. Hinzu kamen drei große Produktionsstätten für Panzerplatten, in Nischni Tagil, Magnitogorsk und Kusnezk. In Stalingrad produzierten vier große Werke die Panzer T-34 und T-60 und in der Stadt und der Oblast Gorki drei Werke die Panzer T-34 und T-60.[49]

Alle wichtigen Entscheidungen zu diesem Bereich wurden von Stalin persönlich getroffen. Beispielsweise unterzeichnete er am 4. Oktober 1941 den GKO-Beschluss Nr. 734 über die Verlegung von Fertigungsstätten für die Panzer KW und T-50 in Leningrad samt Belegschaft (insgesamt 10 500 Fachkräfte) in den Ural (Panzer KW nach Tscheljabinsk, T-50 nach Kuibyschew) bis zum 1. November. Anschließend griff er zum Hörer, rief Schdanow und Kusnezow (Parteichef der Oblast Leningrad) an und erteilte ihnen diesbezüglich genaue Anweisungen.[50]

Auch wenn es Schwierigkeiten gab und Pläne nicht eingehalten wurden, griff Stalin ein. Am 17. September 1941 »bat« er in einem persönlich abgefassten Telegramm den Direktor der Uraler Maschinenbauwerke Musrukow und den Hauptingenieur Ryschkow, die Lieferpläne der Rümpfe für die KW-Panzer einzuhalten:

»Jetzt bitte ich Euch und hoffe, dass Ihr Eure Pflicht gegenüber dem Vaterland erfüllen werdet. Wenn es sich jedoch in einigen Tagen herausstellen sollte, dass Ihr Eure Pflicht gegenüber dem Vaterland verletzt, werde ich Euch als Verbrecher, welche die Ehre und das Interesse des Vaterlandes missachten, vernichten. Es geht jetzt nicht, dass unsere Truppen an der Front unter Mangel an Panzern leiden und Ihr Euch zugleich im tiefen Hinterland nicht überanstrengt und faulenzt.«[51]

Wenige Wochen später, am 20. Oktober 1941, intervenierte Stalin in der Angelegenheit des Werkes »Krasnoje Sormowo« in

Gorki. Er rügte die Werksleitung, weil das Werk den Produktionsplan für den Panzer T-34 nicht erfülle. Zugleich befahl er, ab sofort täglich mindestens drei Panzer fertigzustellen und bis Ende des Monats vier bis fünf pro Tag. Seine Aufforderung schloss er wie folgt: »Ich hoffe, dass das Werk seine Pflicht gegenüber dem Vaterland erfüllt.«

Allerdings strich er diesmal den Nebensatz in dem ihm zur Unterschrift vorgelegten Telegramm (»sonst werden wir Euch als Verbrecher, die ihre Pflicht gegenüber dem Vaterland verletzt haben, vor Gericht stellen«) durch.[52]

Am selben Tag verschickte Stalin ein ähnlich lautendes Telegramm an die Werksleitung der Automobilwerke in Gorki, mit der Aufforderung, die T-60-Produktion zu steigern, und zwar auf zehn Einheiten täglich in den nächsten Tagen und auf 15 Einheiten pro Tag bis Ende Oktober. Auch dieses Telegramm schloss er nicht mehr mit einer Drohung, sondern schrieb stattdessen: »Ich bitte darum, diese Aufgabe zu erfüllen. Ich hoffe, dass Ihr und alle Arbeiter und Ingenieure des Werkes Eure Pflicht gegenüber dem Vaterland redlich erfüllen werdet.«[53]

Die Änderung in Stalins Ton gegenüber den Wirtschaftsfunktionären ist bemerkenswert. Noch am 28. Januar 1940 hatte Stalin die Leitung des Werkes Nr. 2 »Kirkisch« in Koworow (etwa 230 km östlich von Moskau) telegraphisch aufgefordert, die serienmäßige Fertigung von Magazinen für die MP »Digaterjew« nach finnischem Muster aufzunehmen:

»Ich gebe Euch zwei, drei Tage für die Aufnahme der Massenproduktion des Magazins. Die Sache ist einfach, unkompliziert, man braucht nur das finnische Magazin zu kopieren. Wenn in dieser Zeit die Produktion nicht aufgenommen wird, unterstellt die Regierung Euer Werk einer Sonderkontrolle, und alle Schurken, mit denen das Werk übersät ist, werden erschossen.«[54]

Trotz aller Verlegungen und Umstellungen verdreifachte die sowjetische Panzerindustrie in den Monaten Juli bis Dezember 1941 beinahe die Produktion (4915 Kampfwagen im Vergleich zu 1714 in der ersten Jahreshälfte 1941). Im Dezember 1941 waren es 1245 Panzer gegenüber 230 Einheiten im Januar 1941. Insgesamt lieferte die sowjetische Panzerindustrie im Jahr 1941 6629 Kampfwagen aus. Im Vergleich dazu stellte die deutsche Rüstungsindustrie im Jahr 1941 3800 Panzer und Sturmgeschütze her. Der Unterschied in der zweiten Jahreshälfte 1941 war noch größer. Er betrug 4915 zu 2253.[55]

Tabelle: Die sowjetische Panzerproduktion im Jahr 1941[56]

Panzertypen	Jan.	Feb.	März	April	Mai	Juni	Juli
KW	42	51	63	70	76	91	177
T-34	165	125	170	203	228	246	318
T-50	–	–	–	–	–	–	19
T-26	–	–	–	–	–	–	47
T-40	23	30	32	27	39	41	60
T-60	–	–	–	–	–	–	–
Insgesamt	230	206	265	300	335	378	621

Panzertypen	Aug.	Sept.	Okt.	Nov.	Dez.	Insgesamt
KW	207	128	177	156	192	1370
T-34	405	390	174	256	355	3027
T-50	21	–	–	–	8	48
T-26	55	–	–	–	–	102
T-40	–	–	–	–	–	252
T-60	90	207	362	481	690	1850
Insgesamt	778	725	653	893	1245	6629

Und dies war erst der Beginn des sowjetischen Panzerwunders. Ab Januar 1942 stieg die Panzerproduktion kontinuierlich an, im Monat Januar waren es 1532 Kampfwagen, im Februar 1609 und im März 1665.[57]

Tabelle: Wachstum der Panzerproduktion von Januar (100%) bis Oktober 1942[58]

Jan.	Feb.	März	April	Mai	Juni	Juli	Aug.	Sept.	Okt.
100	105	107	117	151	154	134	141	142	155

Im Jahr 1942 lieferte die sowjetische Panzerindustrie insgesamt 24 719 Kampfwagen aus, davon 12 527 T-34, 2 553 KW und 51 Sturmgeschütze. In Deutschland wurden hingegen im Jahr 1942 6 200 Panzer und Sturmgeschütze hergestellt. Allerdings ging man damals in Moskau von viel höheren deutschen Produktionszahlen aus, nämlich von 12 600 Kampfwagen im Jahr 1940, 17 900 im Jahr 1941 und 15 400 im Jahr 1942.[59]

Die deutsche Seite hatte vor dem 22. Juni 1941 keinerlei Kenntnis von den neuen, modernen Kampfwagen T-34 und KW. Die Begegnung mit diesen Typen auf den Schlachtfeldern im Osten machte auf die deutschen Truppen nachhaltigen Eindruck, weil die deutschen Panzerabwehrkanonen diesem Gegner »nicht viel anhaben« konnten.[60] Trotzdem gingen die deutschen Verbände im Jahr 1941 meist siegreich aus den Panzergefechten hervor. Mit Schuld daran war die sowjetische Taktik, die Panzer entweder in sehr großen, schwer lenkbaren Verbänden einzusetzen, die dann oftmals von der deutschen Luftwaffe zerschlagen wurden[61], oder in kleinen Gruppen oder gar einzeln. Hinzu kam der mangelhafte Nachschub an Treibstoff und Munition, der die sowjetischen Panzer bereits vor der Feindberührung außer Gefecht setzte.[62]

Doch schon bald änderte die sowjetische Seite ihre Taktik und setzte den T-34 bei Angriffen in großen Gruppen an. Am 6. Oktober 1941 wurde die 4. Panzerdivision südlich Mzensk (südöstlich von Orel) von sowjetischen Panzern angegriffen »und erlebte böse Stunden. Zum ersten Mal zeigte sich die Überlegenheit des T-34 in krasser Form. Die Division hatte betrübliche Verluste«, erinnerte sich Guderian.[63] Der Einsatz der T-34 wirkte sich nachhaltig auf die Kampfmoral der deutschen Truppen aus. Ein niederländischer Freiwilliger in der Waffen-SS erinnerte sich später an die Kämpfe im Winter 1941/42:

»Aber die Bravour schwand oft genug, wenn sich die Russen mit brüllendem ›Urra!‹ aus ihren Verstecken erhoben und in Massen auf uns zuwalzten. Oder wenn ein Ungetüm aus Stahl, wie der sowjetische Panzerkampfwagen T 34, plötzlich mit seinem aufheulenden 500-PS-Motor aus dem Birkenwald brach und seelenruhig, seiner Unverwundbarkeit bewusst, auf uns zurollte. Diese oft tödlichen Überraschungen dämpften zuweilen sogar unsere Zuversicht.
Stalins harter Arm, der T 34 [...], passte sich mit seiner geduckten Form bestens dem Kampfgelände an. Die halbmeterbreite Kette machte durch zähen Schlamm, während der deutsche Panzer IV mit nur 36 Zentimeter Kettenbreite nicht selten kläglich stecken blieb. Der Russenpanzer war eine kraftvolle, robuste, sehr wendige und vor allem bei weichem Boden und Schnee gut vorankommende Waffe. Wohl eine der besten Konstruktionen seiner Zeit. Bis zur Einführung der ›Panther‹ und ›Tiger‹ etwa ein Jahr später konnten die Deutschen dem T 34 mit seiner 45–60 mm dicken Panzerung nichts Gleichwertiges entgegenstellen.«[64]

Selbstverständlich hatte die sowjetische Panzerproduktion mit Schwierigkeiten zu kämpfen. Es mangelte an Materialien, Bauteilen und elektrotechnischer Ausrüstung, die oft nicht rechtzeitig geliefert wurden, und wenn, dann nicht selten defekt oder in schlechter Qualität. Besondere Probleme bereiteten Kugellager, deren Qualität und gelieferte Mengen viel zu wünschen übrig ließen. Auch bei der Strom- und Brennstoffversorgung und bei der Unterbringung und Lebensmittelversorgung der Arbeiter der Werke gab es große Probleme. Für Missstände hafteten die Werksleitungen persönlich. Dass auch die Qualität der fertiggestellten Panzer oft viel zu wünschen übrig ließ, ist da nicht weiter verwunderlich.[65]

Der Überlegenheit der sowjetischen Panzerproduktion bis Ende des Krieges konnten diese Schwierigkeiten indes nichts anhaben. Im Jahr 1943 lieferte die sowjetische Panzerindustrie 24 006 Kampfwagen aus, ein Jahr später 28 963 und in den ersten sechs Monaten des Jahres 1945 14 777 Panzer und Sturmgeschütze.[66] Dem standen in den Jahren 1943 und 1944 10 700 bzw. 18 300 von der deutschen Industrie an die Wehrmacht ausgelieferte Panzer und Sturmgeschütze gegenüber.[67]

Insgesamt belieferte die sowjetische Panzerindustrie die Rote Armee von Juli 1941 bis Juni 1945 mit 97 380 Panzern und Sturmgeschützen. Hinzu kamen noch etwa 12 000 US-amerikanische, britische und kanadische Panzer, welche die Sowjetunion von Oktober 1941 bis Sommer 1945 im Rahmen der Lend-Lease-Vereinbarungen erhielt.[68] Somit verfügten die sowjetischen Panzertruppen während des Krieges über fast 110 000 Kampfwagen, darunter 51 300 moderne T-34.[69]

Allerdings büßten die sowjetischen Panzer T-34 und KW im Verlauf des Krieges ihre kampftechnische Überlegenheit (Panzerung und Feuerkraft) ein. Nach dem 22. Juni 1941 und aufgrund der Erfahrungen mit den sowjetischen Kampfwagen bekam die deutsche Rüstungsindustrie den Auftrag, schnellstmöglich neue Panzertypen zu konstruieren, die den sowjetischen gewachsen wären. Im August 1942 begann die serienmäßige Produktion des schweren Panzerkampfwagens VI »Tiger I«, dessen Panzerung und großkalibrige Kanone den sowjetischen Panzern überlegen waren. Insgesamt 1355 »Tiger I« wurden bis August 1944 gebaut, bevor die Produktion eingestellt wurde. Vom Nachfolgemodell »Tiger II«, das ab Dezember 1943 hergestellt wurde, liefen bis März 1945 487 Einheiten vom Band.[70]

Von großer Bedeutung war der mittlere Panzerkampfwagen IV »Panther« mit starker Panzerung und großkalibriger Kanone, der nach dem Vorbild des sowjetischen T-34 konstruiert worden war. Die ersten Modelle, die im Sommer 1943 eingesetzt wurden, waren noch nicht ausgereift, die nachfolgenden jedoch erwiesen sich als der sowjetischen Panzerung und Feuerkraft überlegen. Sie wurden allerdings erst ab der zweiten Jahreshälfte 1943 ausgeliefert; bis Kriegsende belief sich die Produktion auf etwa 6000 Stück.[71] Hinzu kamen weitere Panzermodelle (z.B. der Jagdpanzer 38) und Sturmgeschütze (wie Sturmgeschütz IV), die während des Krieges entwickelt und in größeren Stückzahlen produziert wurden.[72]

Am 20. August 1943 unterrichtete General Pawel Rotmistrow, der Kommandeur der 5. Panzergardearmee, Marschall Schukow in einem Schreiben über die Ursachen für die besonders hohen sowjetischen Verluste während der Panzerschlacht bei Kursk:

»Ich kommandiere Panzertruppen von den ersten Tagen des Vaterländischen Krieges an, und ich muss Ihnen berichten, dass jetzt unsere Panzer ihre Überlegenheit gegenüber den Panzern des Gegners in Bezug auf Panzerung und Feuerkraft eingebüßt haben. Feuerkraft, Panzerung und Treffgenauigkeit der deutschen Panzer übertreffen bei weitem [die der sowjetischen], und nur außerordentliche Tapferkeit unserer Panzersoldaten und größere Sättigung unserer Panzertruppen mit Artillerie haben dem Gegner nicht erlaubt, seine ganze Überlegenheit auszunutzen.«[73]

Die Schlacht im Kursker Bogen »markiert in der Tat eine Wende auf dem Gebiet der Panzertechnik – allerdings zugunsten der deutschen Panzerwaffe«.[74] Aber auch sowjetische Ingenieure verbesserten und modernisierten die existierenden Kampfwagen und entwickelten neue Typen, sodass der kampftechnische Vorsprung der deutschen Panzer bald wieder schwand. Das im Jahr 1943 konstruierte Modell T-34/85 wurde ab Dezember 1943 ausgeliefert und ersetzte den T-34. Die Fertigung des schweren Panzers KW wurde im Dezember 1943 eingestellt, an seine Stelle trat der schwere Panzer IS (»Iosif Stalin«), dessen Serienfertigung im September 1943 anlief. Der IS-Panzer war die Antwort auf die neuen deutschen Panzer »Tiger II« und »Panther«. Bis Mai 1945 wurden 3589 Panzer »Iosif Stalin« ausgeliefert.[75]

Ab Ende 1943 wurden außerdem Sturmgeschütze in großen

Stückzahlen produziert und an die Rote Armee ausgeliefert: bis Kriegsende 12 667 SU-76, 2653 SU-85, 1709 SU-100, 1548 ISU 122 und 152.[76] Ab der zweiten Jahreshälfte 1943 ging die Produktion der leichten Panzer zurück, der Schwerpunkt lag nun auf den mittleren Panzern (T-34/85) und den feuerstarken Sturmgeschützen. Von 1944 bis Kriegsende dominierten diese Kampfwagen in den sowjetischen Panzertruppen.[77]

Die sowjetischen Kampfwagen waren allerdings ausgesprochen pannenanfällig, sodass ein großer Teil wegen technischer Defekte ausfiel. Beispielsweise wurden im Winter 1941/42 in die KW-Panzer Getriebe eingebaut, die aufgrund von Produktionsmängeln häufig zu Bruch gingen.[78] Am 14. April 1943 klagte Chruschtschow in einem Schreiben an Stalin über die verschlechterte Qualität des T-34, der vielfach mit technischen Mängeln ausgeliefert worden sei.[79] Zugleich sandte er Stalin den tags zuvor verfassten Bericht des Kommandeurs der 1. Panzerarmee, General Katukow, und des Mitglieds des Kriegsrates der 1. Panzerarmee, General Popiel, in dem diese über die zahlreichen technischen Mängel der ausgelieferten T-34, vor allem bei Getrieben und Motoren, klagten.[80]

Drei Monate später, am 24. Juli 1943, wandte Chruschtschow sich in der gleichen Angelegenheit erneut an Stalin. Das 2. Panzerkorps Tasinski, das an der Woronesch-Front kämpfte, habe im ersten Halbjahr 1943 vom Panzerwerk in Omsk 98 neue T-34 erhalten, von denen 32 aufgrund technischer Defekte nicht eingesetzt werden konnten, klagte Chruschtschow. Von 34 Panzern T-34 aus dem Panzerwerk in Nischni Tagil wiesen 25 ebenfalls ernsthafte technische Mängel auf. Darüber hinaus, so Chruschtschow, gingen viele Bauteile im Einsatz schnell zu Bruch, betroffen seien unter anderem Schaltgetriebe, Motoren, Kugellager und Ketten. Auch andere Panzerverbände hätten mit diesen Schwierigkeiten zu kämpfen.[81]

Neben den Schaltgetrieben bereiteten die Dieselmotoren für die Panzer T-34 und KW die größten Probleme. Am 2. Juli 1943 wandte sich Timofei Tschupachin, der Konstruktionsleiter für Dieselmotoren des Werkes Nr. 76, mit einer Denkschrift über die Zustände in diesem Bereich an das Politbüro des ZK der WKP(b):

»Die Qualität der Dieselmotoren, die unsere Industrie seit 23 Kriegsmonaten ausliefert, verbesserte sich nicht im Geringsten, im Gegenteil, Motoren, die vor 1½–2 Jahren produziert wurden, waren besser als die jetzt produzierten. Die Betriebszeit der Dieselmotoren der Panzer T-34 erreicht die garantierte Betriebszeit von 200 Stunden nicht voll, bei den Panzern KW arbeitet der Motor durchschnittlich 40 Stunden anstatt der garantierten 150 Stunden. Im Vergleich dazu halten die deutschen Panzermotoren die garantierte Betriebszeit von 750 Stunden und darüber hinaus ein.«[82]

Als Erklärung verwies Tschupachin darauf, dass die Dieselmotoren, deren Serienproduktion im Frühjahr 1941 aufgenommen worden war, noch nicht ausgereift und unter Kampfbedingungen erprobt worden seien. Wegen der Auflösung des zuständigen Versuchs- und Forschungsinstituts beim Werk Nr. 75 habe man zudem nach dem 22. Juni 1941 die Weiterentwicklung dieser Motoren versäumt.[83]

Viele Panzer fielen auch durch unsachgemäße Bedienung und Wartung in der Truppe aus, was auf die mangelhafte technische Ausbildung und Disziplin der Panzersoldaten zurückzuführen ist. Im Sommer 1942 stellte man bestürzt fest, dass mehr Panzer infolge technischer Defekte als durch Kampfhandlungen ausfielen. Am 10. August 1942 wandte sich ein sichtlich aufgebrachter Stalin an die Kommandeure der Fronten:

»Unsere Panzertruppen und -verbände erleiden oft sehr große Verluste, wobei die durch technische Defekte bedingten Verluste an Panzern die im Kampf erlittenen übersteigen. So verloren unsere zwölf Panzerbrigaden an der Stalingrader Front, die über beträchtliche Überlegenheit an Panzern, Artillerie und Flugzeugen verfügt hatten, in nur sechs Kampftagen 326 Panzer; darunter etwa 200 durch technische Defekte, wobei die meisten von ihnen auf dem Schlachtfeld zurückgelassen wurden. Vergleichbare Beispiele gab es an anderen Fronten.«[84]

Die Stawka gehe davon aus, so Stalin weiter, dass es sich hierbei um verdeckte Sabotage und Schädlingsaktivität seitens mancher Panzersoldaten handeln müsse, weshalb er umfassende Ermittlungen anordnete. Kommandeure und Soldaten, die der Sabotage bzw. Schädlingsarbeit überführt würden, sollten, um ihre Schuld zu sühnen, zu Panzerstrafkompanien versetzt werden, die an den gefährlichsten Frontabschnitten zum Einsatz kamen.[85]

Sowjetische Panzerverluste

Vor dem Hintergrund der hier geschilderten Verhältnisse verwundert es nicht, dass die sowjetischen Verluste an Kampfwagen nach dem Höchststand in den ersten sechs Kriegsmonaten während des ganzen Krieges unvermindert hoch blieben. Immerhin gingen die Totalverluste aufgrund technischer Defekte zurück, als die Rote Armee zum Angriff überging, weil die defekten Kampfwagen nun in den meisten Fällen durch nachrückende Einheiten geborgen und auch repariert werden konnten.

Nach heutigen russischen Angaben verlor die Rote Armee bis Ende 1941 20 500 Panzer, nach deutschen Quellen über 22 000 und nach Berechnungen des Verfassers 22 340.[86] Das ergibt im Monatsdurchschnitt der ersten sechs Kriegsmonate zwischen 3416 und 3723 verlorene Panzer, das waren mehr, als die deutsche Wehrmacht am 22. Juni 1941 überhaupt zur Verfügung gehabt hatte.

Im Jahr 1942 betrugen die Verluste nach heutigen russischen Angaben rund 15 100 Kampfwagen, nach Schätzungen der Abteilung Fremde Heere Ost 16 200 und nach Berechnungen des Verfassers etwa 16 680, was im Monatsdurchschnitt 1403 verlorene Panzer ausmachte.[87] Im Jahr darauf stieg die Verlustrate wieder erheblich, auf insgesamt 23 500 bzw. monatlich 1958 Kampfwagen (nach russischen Angaben).[88] Gründe dafür waren die großen Schlachten des Jahres 1943, die schlechte Qualität der ausgelieferten Panzer sowie die Einführung der neuen deutschen Kampfwagen.

Am 5. Juli 1943 startete die deutsche Wehrmacht am Kursker Bogen das Unternehmen »Zitadelle«, die letzte große Offensive in diesem Krieg, wie sich später herausstellen sollte. Auf deutscher Seite standen 625 271 Mann, 2699 Panzer und Sturmgeschütze, 9467 Geschütze und 1372 Flugzeuge und auf der sowjetischen fast zwei Millionen Soldaten, 8200 Panzer und Sturmgeschütze, 47 416 Geschütze und 5965 Flugzeuge. Die sowjetische Überlegenheit betrug bei den Soldaten 3,2 : 1, bei den Panzern 3 : 1, bei den Geschützen 5 : 1 und bei den Flugzeugen 4,3 : 1. Nach ausgesprochen harten und verlustreichen Kämpfen brach das deutsche Oberkommando die Offensive nach elf Tagen, am 16. Juli, ab.[89]

Die sowjetischen Verluste innerhalb dieser elf Tage waren enorm: 177 847 Man nach offiziellen Angaben und 319 000 nach Schätzungen, 1614 bzw. 1956 Panzer, 3929 Geschütze nach offiziellen Angaben sowie 459 bzw. 1961 Flugzeuge. Die deutschen Verluste waren weit geringer, jedoch ebenfalls empfindlich: 54 181 Mann, 252 Panzer und Sturmgeschütze, eine unbekannte Zahl an Geschützen und 159 Flugzeuge.[90]

Trotz der enormen materiellen und personellen Verluste gelang es der Roten Armee nicht nur, die letzte deutsche Großoffensive bereits im Ansatz aufzuhalten, sondern unmittelbar danach auch zur Gegenoffensive überzugehen. Die sowjetischen Unternehmen »Kutusow« und »Rumjanzew« dauerten bis zum 23. August. Auch bei diesen Kämpfen verloren die sowjetischen Verbände Tausende von Panzern, Geschützen und Flugzeugen sowie Hunderttausende Soldaten, verzeichneten aber zugleich Geländegewinne. Die am Unternehmen »Rumjanzew« beteiligte 1. Panzerarmee der Woronesch-Front verlor an einem einzigen Tag, dem 10. August, 100 von 110 Panzern.[91]

Insgesamt beliefen sich die sowjetischen Verluste während der Kämpfe am Kursker Bogen vom 5. Juli bis zum 23. August auf 863 303 (1 677 000 geschätzte) Tote, Verwundete und Vermisste, 6064 Panzer, 5244 Geschütze und 1626 (4108 geschätzte) Flugzeuge. Die deutschen Material- und Menschenverluste waren mit 170 000 Toten, Verwundeten und Vermissten, etwa 760 Panzern und Sturmgeschützen, einer unbekannten Zahl an Geschützen und 524 Flugzeugen weit geringer.[92]

Im Jahr 1944 entsprachen die Verluste der Roten Armee an Panzern nach heutigen russischen Angaben in etwa denen des Vorjahres, in den letzten Kriegsmonaten, von Januar bis 10. Mai 1945, stiegen sie dann noch einmal. Insgesamt verlor die Rote Armee während des gesamten Krieges in Europa nach heutigen russischen Angaben 96 500 Panzer und Sturmgeschütze, die tatsächliche Zahl dürfte jedoch um mindestens 3000 höher liegen.[93]

Tabelle: Durchschnittliche sowjetische Monatsverluste und Monatsfertigung von Kampfwagen während des Krieges[94]

	Durchschnittliche Monatsverluste	Durchschnittliche Monatsfertigung	Differenz
1941 (Juli-Dezember)	3723	819	-2904
1942	1403	2059	656
1943	1958	2000	42
1944	1975	2415	440
1945 (Januar-Mai)	3186	2462	-724

Die deutsche Rüstungsindustrie lieferte deutlich weniger Panzer als die sowjetische, die dazu auch noch an anderen Fronten eingesetzt werden mussten. So lag die monatliche Panzer- und Sturmgeschütz-Produktion im Jahr 1942 bei 516, im Jahr 1943 bei 891, im Jahr 1944 bei 1525 und im Jahr 1945 (Januar bis April) bei 1100 Einheiten.[95]

Trotz enormer Verluste wuchs der Bestand der Roten Armee an Kampfwagen, nicht zuletzt aufgrund alliierter Lieferungen, von schätzungsweise 7700 Panzern im Januar 1942 auf über 18 800 im Januar 1943. Im Januar 1944 verfügten die Sowjets über etwa 22 600 und ein Jahr später über etwa 33 000 Kampfwagen. Im Mai 1945 dürften der Roten Armee immer noch etwa 30 000 Kampfwagen zur Verfügung gestanden haben.[96]

Der Masseneinsatz der Panzerwaffe sicherte der Roten Armee

letztendlich den Sieg an der Ostfront, der entscheidenden Front des Zweiten Weltkriegs. Auf diesem Kriegsschauplatz wurden die bittersten und blutigsten Schlachten des Krieges ausgefochten. Und es waren am Ende die Panzer der Roten Armee, die Berlin und Deutschland bis zur Elbe sowie eine Reihe anderer Länder Mittel- und Osteuropas eroberten.

Andere Rüstungsbereiche

Vor dem 22. Juni 1941 legten Stalin und seine Genossen großen Wert auf die Entwicklung der Flugzeugindustrie. Die Luftwaffe spielte neben den Panzern die wichtigste Rolle in der sowjetischen Kriegsstrategie des offensiven, revolutionären Krieges. Der Aufbau einer Flugzeugindustrie erfolgte ab 1930. Im Mai 1941 gab es in der Sowjetunion 123 Betriebe mit 578000 Arbeitern und Angestellten, die für die Bedürfnisse der Luftfahrt arbeiteten.[97]

Am 22. Juni 1941 verfügten die sowjetischen Luftstreitkräfte über etwa 20000 Kampfflugzeuge (Bomber, Jagdflugzeuge und Jagdbomber), die meisten jedoch veraltet und den deutschen Maschinen in jeder Hinsicht unterlegen. Im Jahr 1940 hatte Stalin auch in diesem Bereich umfangreiche Modernisierungsmaßnahmen eingeleitet. Die bestehenden Betriebe wurden auf den neuesten Stand gebracht und ausgebaut, es wurden neue Werke errichtet und mit neuen Anlagen und Maschinen, darunter auch deutsche, ausgerüstet. Stalin stoppte die Produktion der veralteten Flugzeuge und Motoren und ließ neue und moderne Typen, wie die Jagdflugzeuge MiG-3, Jak-1, LaGG-3, die Bomber Il-2 und Pe-2 und den Jagdbomber Er-2, konstruieren, deren Serienfertigung im Frühjahr 1941 anlief. Die Umrüstung der sowjetischen Luftstreitkräfte sollte bis Ende 1941 abgeschlossen sein.[98]

Der deutsche Überfall auf die UdSSR unterbrach die laufende Modernisierung und Umstrukturierung abrupt. Den sowjetischen Bestand zerschlug die deutsche Luftwaffe in den ersten Wochen entweder am Boden (durch Überraschung) oder in der Luft. Die

Rote Luftwaffe verlor in den ersten Kriegswochen Tausende Kampfflugzeuge (Bomber, Jagdbomber und Jagdflugzeuge), bis Ende 1941
nach heutigen russischen Angaben 17900 Maschinen (fast 90%
des Bestandes vom 22. Juni 1941), die als Mindestverluste anzusehen sind.[99] Dadurch errang die deutsche Luftwaffe in den ersten Kriegstagen die absolute Luftherrschaft an der Ostfront.[100] Die
sowjetischen Luftstreitkräfte brauchten fast ein Jahr, um sich davon zu erholen.

Die sowjetische Luftfahrtindustrie war von den Kriegshandlungen
hingegen kaum betroffen. Die gefährdeten Betriebe wurden rechtzeitig nach Osten verlegt, die nicht gefährdeten ausgebaut, und es
wurden neue Produktionsstätten errichtet. Im Mai 1941 arbeiteten in der Sowjetunion 129 Betriebe mit 537000 Arbeitern und
Angestellten für die Bedürfnisse der Flugzeugindustrie, im September
1942 waren es schon 151 Betriebe mit 613000 Beschäftigten.[101]

Tabelle: Entwicklung der Produktionskapazitäten der Luftfahrtindustrie in den Jahren 1940 bis 1946 (Anzahl der Betriebe,
Produktionsfläche, Werkzeugmaschinenbestand, Belegschaft)[102]

Jahr	Anzahl der Betriebe	Produktionsfläche in m²	Werkzeug-maschinen	Belegschaft
1940	100	3457000	41000	370200
1941	135	4581000	58000	450400
1942	136	5445000	77000	478900
1943	147	7356000	85000	670600
1944	164	7700000	87000	732600
1945	171	8461000	93000	715000
1946	158	7890000	106000	623300

Wie die Panzerindustrie leistete auch die sowjetische Flugzeugindustrie nach dem 22. Juni 1941 trotz großer organisatorischer und
anderer Schwierigkeiten, oft mangelhafter Qualität und unzurei-
chender Mengen der gelieferten Materialien, fehlender Werkzeugmaschinen und Fachkräfte Beachtliches.[103]

In den ersten sechs Kriegsmonaten (bis Ende 1941) bauten sowjetische Flugzeugbetriebe 8200 Kampfflugzeuge, im Jahr 1942 schnellte die Fertigungszahl hoch auf 21 700, ein Jahr später auf 29 800, um im Jahr 1944 den Höchststand von 33 200 Maschinen zu erreichen. In den Monaten Januar bis April 1945 stellten sowjetische Flugzeugbetriebe weitere 8200 Kampfflugzeuge her. Insgesamt wurden von Juli 1941 bis April 1945 101 200 Kampfflugzeuge ausgeliefert.[104] Hinzu kamen im Rahmen der Lend-Lease-Lieferungen 18 300 US-amerikanische und britische Flugzeuge, die von den sowjetischen Piloten wegen ihrer Flug- und Kampfeigenschaften sehr hoch geschätzt wurden.[105]

Die deutsche Flugzeugindustrie lieferte im Jahr 1941 8400 Kampflugzeuge aus, 11 600 im Jahr 1942, 19 300 im Jahr 1943, 34 100 im Jahr 1944 und 7200 von Januar bis April 1945.[106] Weil die Hauptaufgabe der deutschen Luftwaffe ab 1943 darin bestand, die westalliierten Luftangriffe auf deutsche Städte und Industriestandorte abzuwehren, war ab Sommer 1943 an der Ostfront weniger als die Hälfte aller deutschen Kampfflugzeuge eingesetzt.[107]

Wie schon die Panzer wiesen auch die während des Krieges hergestellten sowjetischen Flugzeuge viele Produktionsmängel auf, die zu hohen Verlusten führten.[108] Von den Ende Juli 1942 bei den Operationen an der Kalininer Front eingesetzten 400 Jagdflugzeugen gingen 140 innerhalb von fünf Tagen verloren, 51 durch Kampf und 89 aufgrund technischer Defekte. Stalin vermutete Sabotage seitens »mancher Teile des Flugpersonals«.[109]

Insgesamt verlor die Rote Luftwaffe während des deutsch-sowjetischen Krieges laut heutigen russischen Angaben, die als Minimum anzusehen sind, 88 300 Maschinen: 17 900 in den ersten sechs Kriegsmonaten, 12 100 im Jahr 1942, 22 500 im Jahr 1943, 30 500 im Jahr 1944 und 18 100 von Januar bis 10. Mai 1945.[110] Eigener sowie US-amerikanischer und britischer Nachschub sicherten der Roten Luftwaffe trotz dieser hohen Verluste dennoch spätestens ab der zweiten Jahreshälfte 1943 die Lufthoheit an der Ostfront.

Als zweitwichtigste Waffengattung an der Ostfront erwies sich die Artillerie, die bei den sowjetischen Offensiven neben den Panzern die entscheidende Rolle spielte. Und in diesem Bereich errang die Sowjetunion eine noch größere Überlegenheit gegenüber der deutschen Wehrmacht als bei der Panzerwaffe.

Am 22. Juni 1941 verfügte die Rote Armee über 33 200 Feldgeschütze ab 76 mm, Flakartillerie, Panzerabwehrkanonen und Granatwerfer nicht mitgerechnet. Nach heutigen russischen Angaben gingen davon in den ersten sechs Kriegsmonaten 24 400 (73,5 %) verloren. Zugleich lieferte die sowjetische Rüstungsindustrie im selben Zeitraum jedoch 10 100 Feldgeschütze aus. Ein Jahr später erhielt die Rote Armee 23 600 neue Geschütze, 10 100 gingen verloren. Im Jahr 1943 sanken die Verluste mit 5000 Geschützen deutlich, denen 22 100 Neulieferungen gegenüberstanden. Am 1. Januar 1944 verfügten sowjetische Truppen über 53 100 Geschütze, im Laufe des Jahres erhielten sie 21 500 neue und verloren zugleich 13 300. Am 1. Januar 1945 zählte die sowjetische Artillerie 62 300 Rohre (ab 76 mm), bis Mai kamen 5800 neue hinzu und 6800 gingen verloren.[111]

Ähnlich wie bei den Geschützen sah es bei den Granat- und Minenwerfern (Mörser), Panzerabwehrkanonen und der Flakartillerie aus. Auch hier kompensierte die Rote Armee ihre anfänglichen hohen Verluste durch Lieferungen aus den eigenen Rüstungsbetrieben und errang bald eine materielle Überlegenheit.[112] Anfang Juli 1943 verfügten die Truppen der Roten Armee an der Ostfront über 91 791 Geschütze und Granatwerfer gegenüber schätzungsweise 25 000 deutschen Geschützen.[113] Ein Jahr später, im Juni 1944, verfügten die Verbände der Heeresgruppe Mitte über 2589 Artilleriegeschütze, denen die Rote Armee 24 383 entgegenstellen konnte. Das Kräfteverhältnis betrug 1 : 9,4.[114]

Die Sowjetunion gewinnt die Materialschlacht

Der Sommer 1944 brachte einen ›Quantensprung‹ bezüglich der sowjetischen Überlegenheit an Waffen und Material. Das sowjetische Rüstungspotenzial stieg derart, »dass es sich nicht mehr um eine rein quantitative Steigerung handelte, sondern um den Umschwung in eine neue – operative – Qualität der Kriegführung«.[115] Diese enorme materielle Überlegenheit steigerte sich bis zum Ende des Krieges noch weiter.

Die mit Hilfe deutscher Lieferungen und deutscher Technologie aufgebaute und modernisierte sowjetische Rüstungsindustrie stellte sich als der deutschen insgesamt überlegen heraus. Die US-amerikanischen und britischen Lieferungen taten ein Übriges. Die Mengen an Panzern, Flugzeugen, Geschützen, Gewehren und Munition, die der Roten Armee während des gesamten Krieges geliefert wurden, übertrafen die den deutschen Truppen an der Ostfront zur Verfügung stehende Ausrüstung um ein Vielfaches. Zwar waren die deutschen Waffen meistens technisch ausgereifter und zuverlässiger, moderner und zielsicherer, was die Sowjets jedoch mit schierer Quantität mehr als wettmachten.

Selbstverständlich verlief diese bemerkenswerte Entwicklung auch später nicht ohne Schwierigkeiten und Rückschläge, und nicht in allen Bereichen war man derart erfolgreich. Besonders schwerwiegende Folgen hatte der starke Rückgang der Steinkohle- und Erdölförderung sowie der Eisen- und Stahlerzeugung, der in erster Linie durch den Verlust des Industrie- und Kohlereviers Donezk und der Ölfelder im Nordkaukasus und in Südrussland im Sommer 1942 bedingt war. Auch die Produktion der Leicht- und Nahrungsmittelindustrie halbierte sich im gleichen Zeitraum im Vergleich zum Jahr 1940.[121]

Mit großen Schwierigkeiten hatte man im Transportwesen zu kämpfen, wobei die Eisenbahn das entscheidende und oft auch einzige Transportmittel in der Sowjetunion war. Im Januar 1942 beförderte die Bahn 78 Prozent der geplanten Munitionslieferungen, 75 Prozent der Treibstoffe und 23 Prozent der Lebensmittellieferungen zu den Fronttruppen.[122] Am 25. März 1942 ließ Stalin seinen Vertrauten Lasar Kaganowitsch vom Posten des Volkskommissars für Verkehrswesen ablösen, weil er nicht imstande sei, seine Arbeit zu bewältigen, wie es in dem einschlägigen Beschluss hieß. Nachfolger wurde General Andrei Chrulew.[123]

Tabelle: Wirtschaftspotenzial der wichtigsten Bereiche im Mai 1941 und September 1942 (Anzahl der Betriebe und Beschäftigten)[116]

Volkskommissariat für	Anzahl der Betriebe		Beschäftigte (Arbeiter, Angestellte)	
	Mai 1941	September 1942	Mai 1941	September 1942
Insgesamt in der UdSSR	198 000	128 000	33 546 000	19 397 000
Kraftwerke	182	139	399 000	260 000
Kohleindustrie	702	391	846 000	394 000
Erdölindustrie	279	202	319 000	194 000
Luftfahrtindustrie	129	151	749 000	789 000
Panzerindustrie[117]	–	18	–	242 000
Bewaffnung	41	60	463 000	478 000
Munition	75	114	429 000	495 000
Schiffsbauindustrie	59	38	321 000	99 000
Minenwerfwaffen	146	112	235 000	166 000
Werkzeugmaschinenbau	85	63	105 000	78 000
schweren Maschinenbau	51	43	191 000	63 000
mittleren Maschinenbau	85	77	418 000	227 000
elektrische Industrie	94	115	218 000	141 000
chemische Industrie	137	111	210 000	156 000
Gummiindustrie	52	50	103 000	50 000
Lebensmittelindustrie	9375	5536	1 409 000	609 000
Fleisch- u. Molkereiindustrie	11 008	6600	630 000	348 000
Holzindustrie	1928	1052	1 190 000	455 000
Leichtindustrie	1269	870	841 000	378 000

Tabelle: Wachstum der Produktion der wichtigsten Waffenarten im Jahr 1942 (Januar bis Oktober) in Prozent (Januar = 100)[118]

	Jan.	Febr.	März	April	Mai
Flugzeuge insgesamt	100	75	162	167	264
Kampfflugzeuge	100	73	131	160	241
Panzer	100	105	107	117	151
Artilleriesysteme	100	123	177	164	203
Minenwerfer	100	105	108	121	114
Gewehre	100	101	109	111	113
Maschinengewehre	100	82	91	121	142
Maschinenpistolen	100	146	220	320	370
Munition insgesamt	100	78	128	152	176
Gewehrmunition	100	66	98	111	119

	Juni	Juli	Aug.	Sept.	Okt.
Flugzeuge insgesamt	246	249	272	284	308
Kampfflugzeuge	232	219	253	262	292
Panzer	154	134	141	142	155
Artilleriesysteme	222	233	235	227	235
Minenwerfer	109	104	103	95	94
Gewehre	116	119	122	126	127
Maschinengewehre	157	154	190	205	212
Maschinenpistolen	415	415	460	470	510
Munition insgesamt	195	226	241	263	264
Gewehrmunition	131	137	142	146	162

Tabelle: Produktion der sowjetischen Rüstungsindustrie 1941 bis 1945 in Prozent (1940 = 100)[119]

Volkskommissariat für	1940	1941	1942	1943	1944	1945
Bewaffnung	100	145	191	200	206	156
Panzerindustrie	100	112	184	234	296	276
Flugzeugindustrie	100	126	178	223	239	177
Munition	100	218	218	264	310	171

Tabelle: Steinkohle- und Erdölförderung, Erzeugung von Roheisen und Stahlprodukten (in Mio. t)[120]

Erzeugnis	1940	1941	1942	1943	1944	1945
Kohle	152,7	142,8	71,7	87,6	114,2	149,0
Erdöl	31,0	32,9	21,8	17,8	18,0	19,2
Roheisen	14,9	13,8	4,8	5,6	7,3	8,8
Stahl	18,3	17,9	8,1	8,5	10,9	12,3
Walzgut	13,1	12,6	5,4	5,7	7,9	8,5

Große Probleme traten im Bereich der Sprengstoff-Produktion auf, die den Bedarf der Roten Armee nicht befriedigen konnte. Im Frühjahr 1942 waren zwar ausreichende Produktionskapazitäten vorhanden, es fehlten jedoch chemische Grundstoffe für den Herstellungsprozess, sodass nur 50 Prozent der Produktionskapazitäten ausgenutzt wurden. Damit könnten nicht genug Geschosse, Bomben und andere Munitionsarten gefertigt werden, klagte Berija in einem Schreiben an Stalin am 23. März 1942. Er schlug vor, Schießpulver, Sprengstoffe und Chemikalien zu importieren, was Stalin befürwortete.[124] Im Rahmen des Lend-Lease-Programms lieferten die USA der Sowjetunion von 1942 bis Dezember 1944 345 735 Tonnen Sprengstoffe, 249 000 Tonnen Explosivstoffe und 842 000 Tonnen Chemikalien.[125]

Lend-Lease-Lieferungen

Die Westalliierten, vor allem die USA, aber auch Großbritannien und Kanada, lieferten der Sowjetunion während des Krieges große Mengen an Waffen, Ausrüstung, Maschinen, Lastkraftwagen, Fertigprodukten, Rohstoffen und Lebensmitteln. Insgesamt kamen in der Sowjetunion 17,5 Millionen Tonnen an Gütern als westalliierte materielle Hilfe an. Ein Drittel davon machten Waffenlieferungen (Flugzeuge, Panzer und Sturmgeschütze, Funkgeräte, Schiffe u. a.) und zwei Drittel »nicht-militärische« Lieferungen (Werkzeugmaschinen, Metalle, Erdölprodukte, Nahrungsmittel u. a.) aus. Allein an Nahrungsmitteln erhielt die UdSSR von den USA bis September 1945 4,47 Millionen Tonnen.[126]

Die alliierten Lieferungen deckten den Bedarf der Roten Armee an Flugzeugen zu 15 Prozent (18 300), an Panzern zu 12 Prozent (12 000), an Schiffen zu 22 Prozent (596). Von großer Bedeutung waren die 375 883 Lastkraftwagen und 51 503 Jeeps, welche die Sowjetunion von den USA bekam, zumal die sowjetische Autoindustrie während des Krieges nur 219 000 Automobile herstellte. Manche amerikanische Historiker behaupten gar, dass ohne diese Lkw jede sowjetische Offensive mangels Nachschub bald zum Stehen gekommen wäre. Dies mag übertrieben sein, weil die Eisenbahn den Löwenanteil des Transports bewältigte, dennoch waren die US-amerikanischen Lastwagen für die Rote Armee wichtig, weil sie deren Mobilität erhöhten.[127] Von den 1981 Lokomotiven und 11 155 Güterwaggons der sowjetischen Eisenbahn stammten während des Krieges nur 92 bzw. 2000 aus heimischer Produktion.[128]

Ferner lieferten die USA der Sowjetunion 2,6 Millionen Tonnen Erdölprodukte und glichen damit die empfindlichen Ausfälle in diesem Bereich aus. Die US-Lieferungen deckten den Bedarf an Flugbenzin zu 37 Prozent (493 000 t), an spanabhebenden Werkzeugmaschinen zu 36,6 Prozent (18 593 Stück), an Eisenbahnschienen zu 43, an Aluminium zu 36,7, an Blei zu 40, an Zinn zu 28,6, an Nickel zu 36,6, an Kadmium zu 66, an Papier zu 50, an Fleischprodukten zu 33,5, an Zucker zu 46,4 und an Milchpulver zu 80 Prozent. Außerdem lieferten die USA über 15 Millionen Paar Armeestiefel, Knöpfe im Wert von 1,6 Millionen US-Dollar, 3,7 Millionen Reifen sowie Maschinen und Ausstattung im Wert von einer Milliarde US-Dollar und Baumaschinen im Wert 10,9 Millionen US-Dollar.[129]

Ohne Zweifel spielten die alliierten Lieferungen für die sowjetische Kriegswirtschaft eine enorme Rolle, insbesondere dort, wo es Engpässe und große Produktionsausfälle (Lebensmittel und Erdölprodukte) gab. Sie sorgten dafür, dass die sowjetische Rüstungsindustrie und Kriegswirtschaft nicht ins Stocken geriet. Auch die Lieferungen an Waffen und Ausrüstung für die Rote Armee waren wichtig, jedoch nicht ausschlaggebend.

Doch ohne die Leistung der eigenen Kriegswirtschaft hätte die Rote Armee die deutschen Truppen in den Jahren 1941 und 1942 nicht stoppen können. Zu diesem Zeitpunkt lief die materielle Hilfe der Westalliierten, insbesondere der USA, erst an. Bis April 1943 trafen in der Sowjetunion 3,5 Millionen Tonnen Güter aus den USA ein (20 % aller Lieferungen an die UdSSR während des Krieges), davon eine Million Tonnen Nahrungsmittel.[130]

Erst nach der Jahreswende 1942/1943 gewannen die alliierten Lieferungen an Bedeutung und nahmen große Dimensionen an. Ohne diese materielle Unterstützung hätten die sowjetischen Streitkräfte die deutsche Wehrmacht bis zum Frühjahr 1945 weder besiegen noch Ost- und Mitteleuropa besetzen können. Den entscheidenden Beitrag leistete dennoch die Sowjetunion selbst.

Die Mobilisierung der Gesellschaft

Nicht minder wichtig für den Sieg über das Dritte Reich war die Mobilisierung der sowjetischen Gesellschaft nach dem 22. Juni 1941, in erster Linie der Soldaten, Industriearbeiter und Kolchosbauern. An dieser Stelle sollen insbesondere einige wichtige Aspekte erörtert werden, die in den einschlägigen Arbeiten bislang vernachlässigt und in der sowjetischen bzw. heute neosowjetischen Geschichtsschreibung ausgeblendet wurden und werden.

Wie früher die sowjetische betont heute auch die neosowjetische Historiographie die positive Motivation der sowjetischen Bürger, den angeblichen sowjetischen Patriotismus der Kolchosbauern und Arbeiter und deren Opferbereitschaft für ihr sowjetisches »Vaterland«. Nicht wenige westliche Forscher und Publizisten haben diese Version übernommen, obwohl in Russland nach dem Zusammenbruch des Kommunismus genügend kritische und gut dokumentierte Arbeiten erschienen sind, die diese Sichtweise in Frage stellen.[131]

Es ist schlicht lebensfremd, anzunehmen, dass russische, ukrainische oder weißrussische Kolchosbauern sich in ihrer Gesamtheit hätten begeistern lassen, um Stalin, den kommunistischen Terror- und Bürokratieapparat und die Sowjetunion unter Einsatz ihres Lebens zu verteidigen. Immerhin hatten die sowjetischen Kommunisten sie erst einige Jahre zuvor um ihr gesamtes Eigentum (Boden, Vieh, Pferde, landwirtschaftliche Geräte) und um ihre Freiheit gebracht, sie de facto und de jure zu Sklaven des kommunistischen Staatsapparates degradiert und jeder Menschenwürde beraubt. Diesen in der neuesten Geschichte beispiellosen Vorgang begleiteten Massenterror, Erschießungen, Deportationen, der ›Große Hunger‹ mit Millionen von Opfern und eine primitive Propaganda. Das Schicksal der Industriearbeiter war nicht viel besser: miserable Entlohnung, katastrophale Arbeits- und Wohnverhältnisse, drakonische Bestrafung wegen Verstößen gegen die Arbeitsdisziplin, mangelhafte Versorgung mit Lebensmitteln und Gebrauchsartikeln sowie allgegenwärtige verdummende Propaganda, Terror und Denunziantentum. Dies war der Alltag der durchschnittlichen sowjetischen Bauern und Arbeiter. Diese Menschen hatten nichts zu verlieren, was sie nach dem 22. Juni 1941 hätten verteidigen wollen.[132]

Welche Stimmung in der sowjetischen Gesellschaft nach dem 22. Juni 1941 herrschte, beschreibt Gregory Klimow, der damals gerade sein Studium beendet hatte, in seinen Erinnerungen, die 1953 in Deutschland erschienen:

> »Viele begrüßten den Krieg aus vollem Herzen. Gerade einen solchen Krieg! Sie betrachteten ihn insgeheim als Kreuzzug Europas gegen den Bolschewismus. Das ist ein innerer Widerspruch, dessen Vorhandensein nur wenige Menschen in Europa ahnten. Die russischen Menschen aber wollen daran nicht erinnert werden – zu bitter ist später die Enttäuschung gewesen.«[133]

Die zeitgenössischen Quellen bestätigen diese Haltung weitgehend. Über den Ausbruch des Krieges freuten sich in erster Linie diejenigen, die am meisten unter dem kommunistischen Terror gelitten hatten, und deren gab es viele Millionen: Kolchosbauern, Sträflinge in den Lagern des GULag, Verschleppte und viele andere. In dem Dorf Worchowy, das an dem gleichnamigen See im südlichen Teil der Oblast Kaliningrad liegt, begegnete im Juli 1941 eine NKWD-Partisanenabteilung, die unterwegs zu ihrem Einsatzgebiet in der Region um Polock war, antisowjetisch eingestellten Einwohnern. Die NKWD-Anführer berichteten später: »Ihr ganzes Vieh gaben sie den Deutschen, die am gegenüberliegenden Seeufer stationiert waren, ab. Einige sagten, die Deutschen sind gekommen, um sie zu befreien, wie beispielsweise eine Frau, […] die wir dann erschossen haben.«[134]

Der Kosak Swinsow aus der Oblast Nordkasachstan erklärte gegenüber einberufenen Rekruten laut einem NKWD-Bericht: »Männer, man schickt uns in den Kampf und die Kommunisten selbst bleiben im Hinterland. Es lohnt sich für uns nicht, für die sowjetische Macht zu kämpfen, wir brauchen sie nicht.« Ähnlich äußerte sich der Kosak Afanasjew aus der Gurjewskaja-Oblast (Westkasachstan): »Genossen, ihr geht an die Front, merkt euch, für wen ihr kämpfen sollt, bloß nicht für die sowjetische Macht, sondern gegen sie.« Diese Beispiele waren keineswegs Ausnahmen. Unter dem Einfluss solcher antisowjetischer Agitation äußerten viele Rekruten ihren Unwillen, für das sowjetische Regime zu kämpfen, und erklärten, sie würden gegen die Kommunisten kämpfen, wie der Kosak Jegorow aus der Alma-Atinskaja Oblast: »Ich werde in die Rote Armee einberufen, um die sowjetische Macht zu verteidigen. Ich werde sie aber nicht verteidigen. Ich bin bereit, alle örtlichen Kommunisten und die, denen ich an der Front begegne, zu erschlagen.«[135]

Auf den Ausbruch des Krieges freuten sich Häftlinge in Gefängnissen und Sträflinge in Konzentrationslagern besonders.[136] Am 4. Juli 1941 drahtete Iwan Nikischow, der NKWD-Bevollmächtigte für Dalstroj (das System der Zwangsarbeitslager in Ostsibirien) aus Magadan nach Moskau, dass in letzter Zeit konterrevolutionäre Elemente im NKWD-Lager besonders aktiv geworden seien. Die Gruppenarbeitsverweigerung habe sich vervielfacht, wobei konterrevolutionäre Elemente offen Agitation gegen die Partei und die sowjetischen Machthaber betrieben. Sie würden technisches Personal, Lagermitarbeiter und Wachen beschimpfen. Auch hätten Fälle von »Banditentum« und Flucht zugenommen. Außer den 160 000 im Lager gehaltenen Häftlingen lebten auf dem Territorium von Dalstroj etwa 45 000 ehemalige Häftlinge, unter denen es nicht wenige gebe, die wegen konterrevolutionärer Aktionen, Spionage, antisowjetischer Aktivitäten, Banditentum und böswilliger Widerholungstaten verurteilt worden seien, berichtete Nikischow. Auch die Befreiten wollten nicht arbeiten, klagte er und schlug daher vor, Dalstroj der Kriegsgerichtsbarkeit zu unterstellen und Kriegstribunale einzuführen. Stalin und Molotow, dem Berija dieses Telegramm vorgelegt hatte, bewilligten den Vorschlag, und am 6. Juli 1941 erging der entsprechende GKO-Beschluss Nr. 38, den Stalin unterzeichnete.[137]

Eine ähnliche Stimmung herrschte in dieser Zeit in allen sowjetischen Konzentrationslagern. Die Häftlinge hofften darauf, dass Deutschland den Krieg gewinnen würde, und viele waren auch bereit, selbst zu den Waffen zu greifen, um sie gegen ihre sowjetischen Peiniger zu richten.[138] Bemerkenswert ist zugleich, dass während des Krieges eine Million Häftlinge aus Konzentrationslagern und Gefängnissen zur Roten Armee eingezogen wurden.[139] Man kann sich unschwer vorstellen, welche Stimmung unter diesen Menschen vorherrschte; sowjetischer Patriotismus dürfte eher selten anzutreffen gewesen sein. Dass diese Männer dann doch mit der Waffe in der Hand für die Sowjetunion kämpften, lässt sich in den meisten Fällen mit den Aktivitäten der kommunistischen Terror- und »Justiz«-Organe, der Politkommissare und der Sperrabteilungen in den Einheiten der Roten Armee erklären.

Für die meisten Träger und Nutznießer des verbrecherischen Sowjet-Regimes, die Partei- und Staatsfunktionäre samt ihren Familien, die Angehörigen des NKWD und der Miliz, die kommunistische Intelligenz, fanatisierte Komsomolzen und Parteiangehörige, bedeutete der Beginn des Krieges hingegen etwas völlig anderes als für die Masse ihrer Opfer. Ein Großteil von ihnen hing wohl aus Überzeugung an der kommunistischen Ideologie. Für sie bedeutete der Krieg einen Schock, sie bangten angesichts des gefährdeten Regimes um ihre Privilegien, ihre Posten und zuweilen auch um ihr Leben. Viele Funktionsträger des Regimes aus den westlichen Gebieten des sowjetischen Imperiums fürchteten Rache seitens ihrer Opfer. Sie flohen in Panik in die östlichen Gebiete, ohne sich um die Verteidigung des kommunistischen Vaterlandes zu kümmern.[140]

Nach dem 22. Juni 1941 forderten die Täter und Peiniger ihre traumatisierten Opfer auf, das verbrecherische Regime mit ihrem Leben zu verteidigen. Dass die Mehrzahl der sowjetischen Bürger dies nicht freiwillig tat, liegt auf der Hand. Davon zeugen die Millionen von Deserteuren, Überläufern und Kriegsdienstverweigern ebenso wie drakonische Maßnahmen gegen kampfunwillige Soldaten und Zivilisten und die Sippenhaftung. Oft genug begrüßte die einheimische Bevölkerung die deutschen Truppen als Befreier, und zwar nicht nur in der Ukraine und den baltischen Ländern, sondern auch in Weißrussland und einigen russischen Gebieten. Eine Ausnahme bildete die jüdische Bevölkerung, die zu Recht in ihrer Mehrheit die rassistisch motivierte Verfolgung fürchtete. Und die gleich nach dem Einmarsch einsetzenden Repressalien sowie der organisierte Massenmord an den Juden übertrafen denn auch die schlimmsten Befürchtungen.[141]

Bis heute kaum bekannt ist das Ausmaß der Fahnenflucht in den Reihen der Roten Armee. In den ersten Kriegsmonaten kapitulierten und desertierten Rotarmisten massenhaft. Abertausende von Soldaten und Offiziere liefen zu den Deutschen über, die meisten flohen jedoch ostwärts. Ganze Divisionen an allen Fronten würden in Panik ihre Stellungen verlassen, klagte Stalin am 16. August 1941.[142] Besonders prekär war die Lage am mittleren Frontabschnitt, wo die Wehrmacht ihren Hauptstoß durchführte.

Im damals sowjetisch besetzten Siemiatycze im heutigen Polen brach mit dem ersten deutschen Luftangriff jede Verbindung zur Zentrale ab. Die Truppen flüchteten in Panik, genauso wie die sowjetischen Aktivisten.[143] Die gleichen Verhältnisse herrschten in Brest, wie ein Parteifunktionär berichtet:

»Der Einbruch der deutschen Truppen in unser Territorium fiel ihnen leicht, weil keine Einheit und kein Verband vorbereitet waren, den Kampf aufzunehmen. [...] Kaum eine Einheit hatte Munition. Unter den Truppen der 4. Armee brach Panik aus. [...] Tausende Kommandeure (beginnend mit Major und Oberst bis zu niedrigeren Rängen) und Soldaten ergriffen die Flucht. Dies ist gefährlich, weil diese Panik und Fahnenflucht bis zum heutigen Tag [dem 25. 7. 1941] anhält. [...] Viele Kommandeure und politische Aktivisten [...] flüchteten aus der Stadt

[Brest], sie retteten in erster Linie die eigenen Familien, und Rotarmisten flüchteten kopflos.«[144]

Ähnlich schilderte den Kriegsbeginn in Brest die Parteifunktionärin Nowikowa: »Als der Krieg begann, flüchteten viele Kommandeure, Politkommissare und Rotarmisten aus der Stadt, beinahe ohne jegliche Waffen, halbbekleidet. Kommandeure erzählten unterwegs, dass in der Festung eine große Anzahl von Geschützen konzentriert worden sei, allerdings sei die Munition dazu nicht geliefert worden.«[145]

Mintschenko, ein Parteifunktionär aus Pinsk, berichtete Anfang Juli 1941 an das Zentralkomitee der KP(b)B: »Keine der Einheiten, die in der Oblast Pinsk stationiert waren oder durch die Oblast zogen, hat den Kampf mit Deutschen aufgenommen. Sie zogen ab, wenn der Gegner in Entfernung von 40–60 km auch nur zu hören war. [...] Beim Abzug aus der Stadt schossen feindliche Elemente aus Fenstern und Dachböden auf uns [sowjetische Funktionäre].«[146]

Ähnlich war es östlich von Pinsk (heute Westweißrussland). General Schukow, der damalige Stabschef der Roten Armee, forderte den Kommandeur der 21. Armee, General Gerasimenko, am 7. Juli 1941 auf: »75. ID [Infanteriedivision] zieht in Richtung Mosyr kampflos ab, [...]. Befehlen Sie dem Kommandeur der 75. ID [...], das feige Verhalten und den verbrecherischen Abzug sofort einzustellen. Wenn er das nicht tut, hat die Stawka befohlen, ihm mitzuteilen, dass er als Feigling erschossen wird.«[147] Auch die Stadt Mogilew räumten die Truppen der Roten Armee kampflos.[148]

Schischenko, Parteifunktionär aus Gomel, berichtete am 29. Juni an Stalin über die Panik, die nach Kriegsbeginn in der Oblast Gomel ausgebrochen war: »Demoralisierendes Verhalten eines ziemlich großen Teils des Kommandeurbestandes: Flucht von der Front unter dem Vorwand, die evakuierten Familien zu begleiten. Die Massenflucht wirkt sich demoralisierend auf die Bevölkerung aus und ruft Panik in den rückwärtigen Gebieten hervor.«[149] Ähnlich war es an allen Fronten. Die Stawka wandte sich am 26. Juli 1941 an die Kommandeure aller Fronten: »Durch die Linien der Sperr-abteilungen dringt in das tiefe Hinterland eine ziemlich große Zahl an Offizieren und Rotarmisten. [...] Ihr Erscheinen und ihre über-triebenen Meldungen desorganisieren die Bevölkerung und rufen Panik hervor.«[150]

Von der 208. motorisierten Division, die ihren Standort in Hajnówka bei Białystok hatte, blieben nach nur wenigen Kriegs-tagen 60 Soldaten und Offiziere übrig, die restlichen »Soldaten und Offiziere sonderten sich aus verschiedenen Gründen ab«.[151] Von der 86. Infanteriedivision, die im Juni 1941 in der Oblast Bia-łystok stationiert war, gab es Ende Juni nur noch knapp 300 Mann.[152] Das Oberkommando des 21. Infanteriekorps bemühte sich in den ersten Kriegstagen, »den Strom der einzeln abziehen-den Truppen aus dem Minsker Abschnitt aufzuhalten«. Vergeb-lich: Am 5. Juli blieben vom 21. Korps, das ursprünglich aus drei Infanteriedivisionen bestanden hatte, nur einige hundert Soldaten und Offiziere übrig, die versuchten, aus der Einkesselung auszu-brechen.[153]

General Gotthard Heinrici, Befehlshaber des deutschen XXXXIII. Armeekorps, das im Sommer 1941 in Weißrussland kämpfte, no-tierte am 30. Juli 1941 in sein Tagebuch:

»Bereits am frühen Morgen greift er [der Feind], wenn auch nicht stark, bei der 134. Division [im Raum Bobruisk, Ostweißruss-land] an. 75 Überläufer treffen einige Stunden später auf unse-rer Seite ein. Es ist fast unverständlich u. immer wieder dasselbe: Insgesamt kämpft der Russe mit fanatischer Zähigkeit. Im ein-zelnen betont er immer wieder seine Kriegsmüdigkeit, seinen Willen überzulaufen, seinen Haß gegen die Kommissare, die ihn mit der Pistole zum Kampf zwingen. Es sind 2 Haltungen, die sich aufs Schlechteste vereinigen lassen. Stimmt das Letztere, müßte es doch mal zum Zusammenbruch kommen.«[154]

Das Chaos und die Panik der ersten Kriegswochen demoralisier-ten Offiziere und Mannschaften gleichermaßen. Am 17. Juli 1941 wandte sich Schukow an die Kommandeure der nordwestlichen, westlichen und südwestlichen Frontabschnitte:

»Der 3. Verwaltung des Volkskommissariats für Verteidigung liegen Informationen vor, dass Soldaten und Unteroffiziere, die in den westlichen Bezirken der Ukraine und Weißrusslands sowie in Bessarabien und Nord-Bukowina mobilisiert worden waren, aufwiegelnde Gerüchte und defätistische Stimmung verbreiten; in diesem Kontingent kommt es zu Massenfahnenflucht und -vaterlandsverrat.«[155]

Ein NKWD-Aufklärer schilderte die Lage in den soeben besetzten Gebieten Weißrusslands in seinem Bericht wie folgt:

»Die Mehrheit der Weißrussen ging freiwillig in die Gefangenschaft, ein Teil von ihnen desertierte. [...] Nach der Rückkehr der Deserteure in ihre Heimat schimpften sie auf die sowjetische Macht, dass die Rote Armee sich mit der deutschen Armee nicht messen könne, dass man Soldaten gegen Panzer mit Gewehren schicke. Kommandeure seien geflüchtet und hätten Rotarmisten im Stich gelassen.«[156]

Bei ihrer Flucht warfen Soldaten und Offiziere oft ihre Waffen und Ausrüstung weg. Auf den Straßen, auf den Feldern, in Wäldern und Sümpfen lagen und standen Unmengen von Waffen, Munition, Kriegsausrüstung, Autos, Geschütze und sogar Panzer herum. Im August 1941 sammelten Partisanen der späteren 2. Weißrussischen Brigade in den Wäldern des Rayons Mechowoje (nordwestlich von Witebsk) zurückgelassene Waffen und Munition ein. Innerhalb von vier Tagen (9.–12. 8. 1941) fanden sie drei schwere MG, 30 000 Gewehre, 250 Millionen Stück Munition und Granatwerfer.[157]

Das sowjetische Oberkommando, die Stawka, sah sich deswegen gezwungen, einen Befehl an die Kommandeure aller Fronten zu erlassen: »Es ist allen Kommandeuren, politischem Personal und allen Soldaten klarzumachen, dass der Waffenverlust auf dem Schlachtfeld eine schwere Verletzung des Fahneneids bedeutet. Die Schuldigen sollen nach dem Kriegsrecht zur Verantwortung gezogen werden.«[158] Auch Stalin persönlich rügte am 16. Juli 1941 in scharfem Ton unter anderem das Wegwerfen von Waffen durch Offiziere und Mannschaften und kündigte harte Bestrafung an.[159]

Nicht vergessen werden darf, dass sich etwa 1,5 Millionen sowjetische Bürger entschlossen hatten, mit der Waffe in der Hand gegen die UdSSR zu kämpfen. Es handelte sich dabei um fahnenflüchtige und gefangen genommene Rotarmisten sowie um Männer, die in den besetzten Gebieten von deutschen Stellen rekrutiert wurden. Hunderttausende ehemalige sowjetische Soldaten meist russischer Herkunft hatten sich den deutschen Truppen als sogenannte »Hilfswillige« angeschlossen. Sie dienten als Gespannfahrer, Trossangehörige, Ordonnanzen, Dolmetscher, Wachmannschaften und Arbeitskräfte in den frontnahen Gebieten.

Die Truppen der deutschen 6. Armee, die um Stalingrad kämpften, setzten sich zu zehn Prozent (mindestens 19 000 Mann) aus russischen Kräften zusammen. Die italienische 8. Armee, die im Herbst 1942 am Don eingesetzt war, stellte aus russischen Überläufern sogar ein bewaffnetes Sicherungsbataillon auf. Im Jahr 1943 gab es in den Wehrmachtsteilen an der Ostfront über 600 000 »Hilfswillige«, die unbewaffnet Dienst taten. Hinzu kamen noch 200 000 Angehörige der Freiwilligenverbände, die mit der Waffe in der Hand kämpften. »Ohne die Mithilfe von russischen Freiwilligen in den verschiedenen Formationen hätte die Wehrmacht wohl spätestens mit der Wende von Stalingrad den Ostkrieg nicht mehr führen können«, lautet die Schlussfolgerung von Rolf-Dieter Müller.[160]

Auch die Kräfte, welche die deutschen Besatzer gegen die sowjetischen Partisanen einsetzten, rekrutierten sich überwiegend aus den sogenannten »landeseigenen« Verbänden.[161] Insgesamt dienten und kämpften etwa 800 000 Russen, 250 000 Ukrainer, 280 000 Angehörige kaukasischer Völker, eine unbekannte Anzahl Kosaken, 47 000 Weißrussen, 180 000 Balten, zusammen mehr als 1,5 Millionen Mann, an der Seite der Wehrmacht. Diese Zahl wäre mit Sicherheit noch viel höher, hätte Hitler nicht anfangs verboten, Verbände aus Russen aufzustellen.[162]

Sicherheitsorgane und die Wiederherstellung der »revolutionären Ordnung«

Um die Lage an den Fronten und im Hinterland unter Kontrolle zu bringen, mussten radikale Maßnahmen ergriffen werden. Propaganda und Aufrufe halfen hier wenig. Stalin setzte wie gewöhnlich auf Repressionen und Massenterror. Die entscheidende Rolle fiel dabei dem Sicherheitsapparat, dem NKWD, zu. In der ersten Kriegswoche empfing Stalin Lawrenti Berija, den Chef des NKWD, fünfzehn Mal und dessen Stellvertreter Merkulow fünf Mal. Insgesamt widmete Stalin der Führung des NKWD in dieser Woche mehr als zwanzig Stunden seiner Zeit.[163]

Nach dem 22. Juni 1941 wurde der Sicherheitsapparat umorganisiert und seine Struktur an die Kriegsverhältnisse angepasst. Es entstanden neue Institutionen, die entweder innerhalb des NKWD angesiedelt waren, wie die »Sondergruppe des NKWD«, oder dem NKWD unterstellt wurden, wie die Vernichtungsbataillone. Die Sondergruppe erhielt die Aufgabe, die Partisanenbewegung sowie die Sabotage und Aufklärung im feindlichen Hinterland zu organisieren. Die Vernichtungsbataillone erhielten dagegen den Befehl, Spione, Fallschirmspringer, »konterrevolutionäre Elemente«, Fahnenflüchtige und Kriegsdienstverweigerer zu bekämpfen sowie Verkehrswege und Industrieanlagen hinter der Frontlinie zu sichern und beim Abzug zu zerstören.[164]

Stalin übertrug dem NKWD auch die schwierige Aufgabe, die »revolutionäre Ordnung« in den Reihen der Roten Armee wiederherzustellen. Zu den ersten Maßnahmen gehörte die Verhaftung und Erschießung von hohen Militärs. Dieses Schicksal ereilte General Dmitri Pawlow, den Befehlshaber der West-Front, der am 6. Juli 1941 verhaftet und vor ein Kriegstribunal gestellt wurde.

Mit ihm mussten sich drei seiner engsten Mitarbeiter verantworten. Ihnen wurde vorgeworfen, die Verteidigung des Landes desorganisiert und dem Feind ermöglicht zu haben, die Frontlinie zu durchbrechen. Am 22. Juli 1941 verurteilte das Tribunal alle vier Angeklagten zum Tode. Dies war keine Ausnahme. So befahl Berija am 18 Oktober 1941 – diesmal ohne Gerichtsurteil – die Erschießung von neun Generälen und vier hohen Offizieren, die nach dem 22. Juli 1941 verhaftet worden waren.[165]

Stalin griff auch in die Strukturen der Streitkräfte ein. Am 17. Juli 1941 ordnete er an, die 3. Verwaltung der Roten Armee (Gegenabwehr) in Sonderabteilungen des NKWD umzuwandeln. Der GKO-Beschluss definierte die Hauptaufgabe der Sonderabteilungen während des Krieges wie folgt: »Entschlossener Kampf gegen Spionage und Verrat in den Truppen der Roten Armee und Liquidierung der Fahnenflucht in den frontnahen Gebieten«.[166] Einen Tag später erließ Berija die Direktive des NKWD Nr. 169, in der er die Aufgaben der Sonderabteilungen festlegte: »Erbarmungslose Abrechnung mit Panikmachern, Feiglingen, Deserteuren, die die Kampfstärke der Roten Armee untergraben und sie in Verruf bringen, ist genauso wichtig wie Bekämpfung der Spionage und Sabotage.«[167]

Die Sonderabteilungen erhielten umfassende Vollmachten. Zu ihrer Unterstützung wurden bei den Divisionen und Korps besondere Schützenzüge, bei den Armeen Schützenkompanien und an den Frontabschnitten Schützenbataillone aufgestellt. Deren Mannschaften und Kommandeure rekrutierten sich aus den NKWD-Truppen.[168]

Die Sonderabteilungen sollten Hinterhalte, Posten und Überwachungspunkte an allen Verkehrswegen organisieren, um fahnenflüchtige Soldaten aufzugreifen. Alle festgestellten Deserteure waren sofort zu verhaften, und innerhalb von zwölf Stunden waren Ermittlungen durchzuführen, um sie vor ein Militärgericht stellen zu können. In dringenden Fällen hatten die Chefs der Sonderabteilungen das Recht, Deserteure auf der Stelle zu erschießen oder erschießen zu lassen.[169]

Die heute zugänglichen, jedoch bei weitem noch nicht vollständigen Angaben vermitteln das Ausmaß der Fahnenflucht, Panik und des »Vaterlandsverrates« in den Reihen der Roten während des Krieges, insbesondere in den Jahren 1941 und 1942. Bis zum 10. Oktober 1941 ergriffen die Sonderabteilungen und die Sperrabteilungen des NKWD 657 364 Soldaten und Offiziere, die sich von ihren Einheiten entfernt hatten oder von der Front geflüchtet waren. Die meisten von ihnen (632 486 Mann) schickte man wieder an die Front. Die Übrigen, 25 878 Mann, wurden verhaftet, 10 201 von ihnen wurden erschossen, davon 3321 vor den angetretenen Mannschaften.[170]

Nach dem 10. Oktober 1941 hielt die Flucht von der Front an. Vom 15. Oktober bis 9. Dezember 1941 griffen NKWD-Sperrabteilungen, die im Rücken der Kalininer Front operierten, im Abschnitt der 246. Infanteriedivision und anderer Einheiten 6164 Rotarmisten und 1498 Angehörige von Baubataillonen auf. Darüber hinaus nahmen die Sperrabteilungen 172 Deserteure fest, die sie erschossen.[171] Bis Ende 1941 hatten die Organe des Sicherheitsapparates nach eigenen Angaben 710 755 Deserteure ergriffen. Diese Zahl beinhaltet jedoch nicht die Armeeangehörigen, die in Weißrussland und den baltischen Ländern desertierten, und nur 8160 der in der Ukraine Desertierten.[172] Beispielsweise hätten in Ostweißrussland nach dem Bericht einer NKWD-Partisanenabteilung, die dort im Sommer 1941 im Einsatz war, Weißrussen massenhaft den Kriegsdienst verweigert: »Es ist notwendig anzumerken, dass in Weißrussland etwa 90 Prozent aller waffenfähigen Männer zu Hause geblieben sind, sie desertierten von der Roten Armee.«[173]

In den obigen Angaben ebenfalls nicht enthalten ist die unbekannte Anzahl derer, die von Sperrabteilungen der Roten Armee aufgegriffen wurden, die man auf der Stelle erschoss und der gar nicht Aufgegriffenen. Damit dürfte die Gesamtzahl der Fahnenflüchtigen allein für das Jahr 1941 die Millionengrenze bei weitem überschritten haben.

Nicht selten schlossen sich Deserteure zu Gruppen/Banden zusammen, die sich in Wäldern, wo sie Erdhütten ausgehoben hatten, oder in entlegenen Ortschaften versteckt hielten und von dort aus Überfälle durchführten. Meist ging es dabei wohl um Selbstversorgung, viele dieser Überfälle hatten jedoch einen politischen Hintergrund.[174] Im Ostpamir (Tadschikistan) erschossen vom 16. bis 25. September 1941 bewaffnete »Banditen« (Deserteure/Kriegsdienstverweigerer/konterrevolutionäre Elemente) neun Grenzschutzsoldaten des NKWD und verwundeten vier weitere.[175]

Das Problem der »Banden«, die sich aus Deserteuren zusammensetzten, blieb bis zum Kriegsende und sogar darüber hinaus akut. Am 10. Oktober 1942 berichte Berija an Stalin:

»In einer Reihe von Rayons der UdSSR bilden Deserteure der Roten Armee Banden, befassen sich mit bewaffneten Plünderungen, organisieren konterrevolutionäre Aufstände […]. In den vergangen neun Monaten liquidierten Organe des NKWD 730 Bandengruppen, die sich aus Deserteuren zusammensetzten, insgesamt 3700 Personen, die mit MG, MP und Gewehren bewaffnet waren.«[176]

Am 27. Juni 1944 teilte Berija Stalin mit, dass die Organe des NKWD im Mai 1944 187 verbrecherische Gruppen liquidiert hätten, die aus Deserteuren und Kriegsdienstverweigerern bestanden.[177] Von Juli 1941 bis Ende August 1944 zerschlugen die Organe des NKWD nach eigenen Angaben 7161 »Bandengruppen« mit 54 130 Angehörigen. Hinzu kamen noch »Banden« der ukrainischen Nationalisten (UPA und OUN) mit 34 878 Mitgliedern, die ebenfalls gefangen genommen oder getötet wurden.[178]

Ein großes Problem in den Reihen der Roten Armee stellten die Überläufer dar, von denen es Tausende gab. Rotarmisten liefen oft bei Aufklärungseinsätzen zum Feind über. Am 22. September 1941 führte Sergeant Selichow vom Infanterieregiment 3 der 86. Infanteriedivision einen Spähtrupp mit 15 Soldaten an. Während des Einsatzes nahm Selichow Kontakt zu deutschen Soldaten auf und lief mit neun Rotarmisten zum Feind über. Es kam auch vor, dass Rotarmisten ihre Vorgesetzten umbrachten, um überlaufen zu können. Bis Juni 1942 registrierten die Organe des NKWD 16 solcher Fälle.[179]

Besonders anfällig für das Überläufertum seien Einheiten, die sich aus Soldaten einer Region zusammensetzten, monierte der Staatsanwalt der UdSSR, Botschkow, in einem Bericht vom Frühjahr 1942. Die 299. Infanteriedivision wurde mit einem Kontingent Rekruten aus Tschernowitz (Ukraine) aufgefüllt. Davon erfuhren die Deutschen und nutzten dies in ihrer »Agitation«; sie versprachen den Soldaten, dass sie, sollten sie überlaufen, nach Hause gehen dürften. Innerhalb von acht Tagen galten bis zu 4000 Soldaten als vermisst, die meisten kehrten nach Hause (in die deutsch besetzten Gebiete) zurück. Anzumerken ist in diesem Zusammenhang, dass die Deutschen zu diesem Zeitpunkt gefangene Rotarmisten ukrainischer, weißrussischer und baltischer Herkunft nach Hause entließen.[180]

Selbst innerhalb der NKWD-Truppen gab es zahlreiche Fälle von »Vaterlandsverrat«, Desertion und anderen Verbrechen, obwohl man bei der Rekrutierung für die NKWD-Truppen besonders auf politische Zuverlässigkeit achtete. Immerhin sollten diese Einheiten die Front stabilisieren und im Hinterland für die Einhaltung der kommunistischen Ordnung sorgen. In den ersten sechs Kriegsmonaten verurteilten die Kriegstribunale 3376 Angehörige der NKWD-Truppen, darunter 96 wegen Vaterlandsverrat, 417 wegen Fahnenflucht, 596 wegen anderer »konterrevolutionärer« Verbrechen. In 653 Fällen sprachen die Kriegstribunale Todesurteile aus. Insgesamt zählten die NKWD-Truppen im Juni 1942 510 000 Mann.[181]

Auch Angehörige der Miliz und des NKWD, die Stützen des kommunistischen Terrorregimes, begingen »Vaterlandsverrat« und Fahnenflucht. Vom 22. Juni bis 31. Dezember 1941 verurteilten die Kriegstribunale sechs Angehörige der Miliz wegen Vaterlandsverrat und 300 wegen Desertion sowie jeweils 49 Angehörige des NKWD wegen Vaterlandsverrat und Desertion.[182]

Verbreitet waren panikartige Flucht und selbst Vaterlandsverrat auch unter Parteifunktionären, den Trägern und Nutznießern des stalinistischen Regimes. In einem Beschluss vom 18. Juli 1941 rügte das ZK der WKP(b):

»Es gibt nicht seltene Fälle, wo Leiter von Partei- und sowjetischen Behörden *(partyjnych i sovetskich)* in den Rayons, die infolge der Besetzung durch deutsche Faschisten bedroht sind, auf schändliche Art und Weise ihre Kriegsposten aufgeben und sich in das tiefe Hinterland, an sichere Orte absetzen; sie verwandeln sich damit in Deserteure und armselige Feiglinge. Dabei unternehmen die Parteiführungen in Republiken und Oblasten in vielen Fällen keine Schritte, um gegen diese schändlichen Erscheinungen entschlossen anzukämpfen.«[183]

Die Zahl der durch die Organe des NKWD aufgegriffenen Soldaten und Offiziere, die der Fahnenflucht verdächtig waren, ging ab Ende 1941 deutlich zurück, wie Staatsanwalt Botschkow Stalin Anfang 1942 berichtete.[184] Am 10. Oktober 1942 unterrichtete Berija Stalin, dass die Organe und Sperrabteilungen des NKWD vom Beginn des Krieges bis Anfang Oktober 1942 1 187 747 Personen unter dem Verdacht der Fahnenflucht und Kriegsdienstverweigerung festgenommen hätten. Von ihnen seien 827 739 an Truppen der Roten Armee und Wehrämter übergeben worden, verhaftet habe man 211 108 Personen. Von den Verhafteten wurden 63 012 zum Tode verurteilt, 28 286 erhielten Freiheitsstrafen, und bei 101 191 wurde die Strafe in Fronteinsatz umgewandelt.[185]

Insgesamt fielen den Organen des NKWD im Jahr 1942 140 912 Deserteure in die Hände, ein Jahr später stieg ihre Zahl auf 197 912 und im Jahr 1944 auf 299 743. Bis Ende 1944 hatte sich die Zahl nach NKWD-Angaben auf 1 349 322 erhöht.[186] Vom 22. Juni 1941 bis Kriegsende wurden von den ergriffenen Fahnenflüchtigen 376 300 vor Kriegstribunale gestellt und abgeurteilt.[187]

Hinzu kamen die durch die Organe des NKWD festgenommenen Kriegsdienstverweigerer: 71 541 im Jahr 1941 (Juni bis Dezember), 76 162 im Jahr 1942, 174 512 im Jahr 1943 und 134 422 in den ersten sechs Monaten des Jahres 1944, insgesamt 456 667 innerhalb von drei Kriegsjahren.[188] Ihre Zahl stieg nach der »Befreiung« der ukrainischen, weißrussischen, der ehemals polnischen und baltischen Gebiete durch die Rote Armee erheblich an. Gesamtzahlen liegen jedoch bislang nicht vor. Ebenso unbekannt bleibt die Zahl der nicht ergriffenen Kriegsdienstverweigerer, die aber in die Hunderttausende gehen dürfte.

Insgesamt ging die Zahl der aufgegriffenen Deserteure im Jahr 1942 stark zurück, um ab 1943 erneut zu steigen. Die Kurve bei den Kriegsdienstverweigerern verläuft ähnlich. So ergriffen die Organe des NKWD im Mai 1944 24 898 Deserteure und 26 300 Kriegsdienstverweigerer.[189]

Unter den aufgegriffenen »Deserteuren«, vor allem in den Jahren 1941 und 1942, als die Verbände der Roten Armee sich zumeist auf dem Rückzug oder auf der Flucht befanden, waren viele versprengte Soldaten aus den zerschlagenen Einheiten, die im Frontbereich herumirrten. Auf diese Problematik wies der Oberste Kriegsstaatsanwalt der Roten Armee, W. Nosow, in seinem Quartalsbericht vom 29. September 1942 hin. In vielen Fällen habe sich herausgestellt, schrieb Nosow, dass die Flucht vieler Rotarmisten vom Schlachtfeld aus der Tatsache resultiere, dass sie durch ihre zuvor geflüchteten Kommandeure führungslos zurückgelassen worden seien. Daher empfahl Nosow, lieber den einen oder anderen Kommandeur, der in Panik geriet und die Flucht ergriff, zu erschießen, statt Dutzende führungsloser Rotarmisten zu verurteilen.[190]

Ausschlaggebend für den Rückgang der Fahnenflucht ab Ende 1941 waren laut Bericht des Chefs der Hauptabteilung für den Kampf gegen das Banditentum des NKWD vom August 1944 die veränderte Lage an den Fronten und die energischen Maßnahmen im Kampf gegen die Deserteure. Zu Letzteren zählten die Aufstellung der NKWD-Truppen für die Sicherung der rückwärtigen Gebiete, die systematische und massenhafte Überprüfung von Dokumenten im nahen Frontbereich und in den rückwärtigen Gebieten sowie die Intensivierung der Agenten- und operativen Maßnahmen.[191]

Sperrabteilungen

Neben den Sonderabteilungen des NKWD und dessen Sperrabteilungen bekämpften auch Sperrabteilungen der Roten Armee die Fahnenflucht in den eigenen Reihen. Die ersten dieser Einheiten entstanden bereits in den ersten Kriegswochen, wie aus einem Befehl von General Schukow an den Kommandeur der Nordwest-Front vom 9. Juli 1941 hervorgeht. Darin ist die Rede von Vernichtungsabteilungen *(istrebitelnyje otrjady)*, die gegen » Feiglinge und Verräter« in den Reihen der Roten Armee vorgehen und die Front stabilisieren sollten.[192]

Brigadekommissar Michailow erwähnt in seinem Bericht vom 17. Juli 1941, dass innerhalb von zehn Tagen nach dem 22. Juni allein im Abschnitt des 6. Infanteriekorps 5000 Mann als Deserteure festgenommen worden seien. Insgesamt hätten die Sperrabteilungen, so Michailow, 54 000 Mann, darunter 1300 Kommandeure, verhaftet, die sich von ihren Truppen entfernt hatten. Von den Festgenommenen wurden 1147 als Deserteure zur Verantwortung gezogen, 546 von ihnen wurden von Kriegstribunalen verurteilt, darunter 72 Prozent zum Tod durch Erschießen.[193]

Die Aufstellung der NKWD-Sperrabteilungen bremste jedoch vorerst den weiteren Aufbau armeeinterner Sperrabteilungen. Erst als die Fahnenflucht überhand nahm, bat General Jeremenko, Kommandeur der Brjansker Front, Anfang September 1941 um die Erlaubnis, eigene Sperrabteilungen aufstellen zu dürfen. Am 5. September drahtete Schaposchnikow an Jeremenko: »Die Stawka nahm Einsicht in Ihren Bericht und erlaubt Ihnen, Sperrabteilungen in den Divisionen zu bilden, die sich als instabil zeigen. Das Ziel der Sperrabteilungen ist, den willkürlichen Abzug der Truppen zu verhindern, und im Falle der Flucht, wenn notwendig, unter Anwendung von Waffengewalt.«[194]

Eine Woche später, am 12. September 1941, erließ Stalin den Befehl Nr. 1919, mit dem er die Aufstellung von Sperrabteilungen in allen Fronttruppen anordnete:

»Die Erfahrung im Kampf mit dem deutschen Faschismus hat gezeigt, dass es in unseren Infanteriedivisionen nicht wenige panische und geradezu feindselige Elemente gibt, die bei erstem gegnerischen Druck die Waffen strecken, zu schreien beginnen: ›Wir sind im Kessel‹, und die übrigen Soldaten mit sich reißen. Solche und ähnliche Handlungen dieser Elemente führen dazu, dass die Division die Flucht ergreift und die technische Ausrüstung zurücklässt. [...] Ähnliche Erscheinungen gibt es an allen Fronten. Wenn Kommandeure und Kommissare solcher Divisionen ihrer Aufgaben gewachsen wären, hätten die panischen und feindseligen Elemente nicht die Oberhand in der Division gewinnen können. Das Schlimme ist jedoch, dass wir nicht so viele harte und standfeste Kommandeure und Kommissare haben.

Um den oben dargestellten unerwünschten Erscheinungen an der Front vorzubeugen, befiehlt das Hauptquartier des Oberkommandos:

1. In jeder Infanteriedivision ist eine Sperrabteilung aus zuverlässigen Soldaten aufzustellen, die nicht stärker als ein Bataillon (je eine Kompanie auf ein Infanterieregiment) ist, die dem Kommandierenden der Division unterstellt ist. Außer der normalen Bewaffnung verfügt die Sperrabteilung über Transportmittel (Lkw) und nicht wenige Panzer und Panzerwagen.

2. Die Aufgaben der Sperrabteilungen bestehen darin, dem Kommandobestand zu helfen, strenge Disziplin in der Division aufrechtzuhalten und einzuführen, die Flucht und die in Panik geratenen Soldaten aufzuhalten und dabei vor Waffengebrauch nicht zurückzuschrecken, Initiatoren der Panik und Flucht zu liquidieren, die ehrlichen und kampfeswilligen

Elemente der Division, die für Panik nicht anfällig und von der allgemeinen Fluchttendenz nicht ergriffen sind, zu unterstützen.

3. Angehörige der Sonderabteilungen und politische Mitarbeiter der Divisionen sind zu verpflichten, den Kommandierenden der Divisionen und den Sperrabteilungen jegliche Hilfe zu gewähren, um die Ordnung und Disziplin in den Divisionen zu festigen.

4. Die Aufstellung der Sperrabteilungen ist innerhalb von fünf Tagen ab dem Tag des Erhalts des vorliegenden Befehls abzuschließen.

5. Über Erhalt und Ausführung [des Befehls] ist den Kommandierenden der Fronten und Armeen Meldung zu machen.«[195]

Wie katastrophal die Lage in den ersten Kriegsmonaten war und wie notwendig die Aufstellung von Sperrabteilungen, belegt der Befehl Nr. 274 des Kriegsrates der Leningrader Front vom 18. September 1941, im Süden der Stadt Leningrad gleich drei Sperrlinien aufzuziehen, um flüchtende Soldaten abzufangen. Außerdem sollten Razzien in der Stadt und ihrer Umgebung durchgeführt werden.[196] Am 28. Juli 1942 befahl Stalin erneut, Sperrabteilungen in Fronttruppen zu errichten, die den Auftrag erhielten, »Panikmacher und Feiglinge an Ort zu Stelle zu erschießen«.[197] Bis zum Oktober 1942 wurden 193 Sperrabteilungen aufgestellt, die den Sonderabteilungen des NKWD unterstellt wurden.[198]

Die größte Dichte an Sperrabteilungen in dieser Zeit wiesen die Don- und die Stalingrader Front auf; in diesem Abschnitt führte die deutsche Wehrmacht im Sommer 1942 ihren Großangriff durch. Die Sperrabteilungen griffen in der Zeit vom 5. August bis zum 15. Oktober 1941 in diesem Abschnitt 140 755 Soldaten und Offiziere auf, welche die vordere Frontlinie fluchtartig verlassen hatten. Von den Aufgegriffenen wurden 3980 verhaftet, 1189 erschossen, 2276 in Strafkompanien (für Mannschaftsdienstgrade) und 185 in Strafbataillone (für Offiziere) versetzt. Die restlichen 131 004 Aufgegriffenen schickte man zurück zu ihren Truppen oder zu Sammelstellen der Roten Armee.[199] Die Dunkelziffer dürfte indes höher gewesen sein. Die italienische 8. Armee, die am Don eingesetzt war, formierte sogar ein bewaffnetes Sicherungsbataillon aus Deserteuren und Überläufern.[200] Die Sollstärke der Don-Front belief sich im Dezember 1942 auf 300 000, die der Stalingrader Front auf 400 000 Soldaten und Offiziere.[201]

Ein Beispiel veranschaulicht das Vorgehen der Sperrabteilungen im Abschnitt der Stalingrader Front. Am 14. September 1942 trugen die deutschen Verbände einen Angriff im Verteidigungsabschnitt der 399. Infanteriedivision der 62. Armee vor Stalingrad vor. Soldaten und Offiziere der Infanterieregimenter 369 und 472 begannen ihre Stellungen in Panik zu verlassen. Der Chef der Sperrabteilung, Unterleutnant der Staatssicherheit Elman, befahl seiner Abteilung, das Feuer über die Köpfe der abziehenden Soldaten und Offiziere zu eröffnen. Damit stoppte er den panikartigen Abzug, und die Regimenter besetzten ihre Verteidigungslinien innerhalb von zwei Stunden erneut.[202]

Die Sperrabteilungen blieben bis November 1944 bestehen. Erst am 28. Oktober 1944 befahl Stalin ihre Auflösung bis zum 15. November 1941, weil sich die Gesamtlage an den Fronten geändert habe und sie nicht mehr notwendig seien.[203] Ihre Funktionen erfüllten fortan die NKWD-Truppen allein.

Strafkompanien und -bataillone

Im Sommer 1942 stand die sowjetische Front im Südabschnitt erneut knapp vor dem Zusammenbruch. Die Sperrabteilungen, Sonderabteilungen und abschreckende Urteile der Kriegstribunale reichten nicht aus, um die Front zu stabilisieren. Am 28. Juli 1942 erließ Stalin den berüchtigten Befehl Nr. 227, der als »Kein-Schritt-Zurück-Befehl« bekannt ist. Darin rügte Stalin die schlechte Disziplin der Truppe. Es mangele an Ordnung und Disziplin in Kompanien, Bataillonen, Regimentern, Divisionen, in Panzerverbänden, in Fliegerstaffeln. Das sei »unsere Hauptschwäche«, so

Stalin, und er forderte zum wiederholten Male auf, Panikmacher und Feiglinge an Ort und Stelle zu vernichten. »Kein Schritt zurück! Das muss jetzt unser wichtigster Aufruf sein.«[204]

Zugleich befahl Stalin, an den Fronten je ein bis drei Strafbataillone in einer Stärke von 800 Mann aufzustellen. In diese waren Offiziere und politische Kommissare wegen Verletzung der Disziplin, Feigheit oder Wankelmütigkeit zu versetzen. Die Betroffenen sollten in besonders schwierigen Frontabschnitten eingesetzt werden, um ihre »Vaterlandsverbrechen« mit Blut zu sühnen. Für Mannschaften und Unteroffiziere, die sich derselben »Verbrechen« schuldig gemacht hatten, befahl Stalin, 150 bis 200 Mann starke Strafkompanien aufzustellen, fünf bis zehn an jeder Front. Auch die Strafkompanien sollten in den besonders schwierigen Frontabschnitten eingesetzt werden.[205]

Vier Tage später, am 1. August 1941, befahl Stalin, aus Offizieren, die in Sonderlagern des NKWD festgehalten wurden, Sturminfanteriebataillone, je 929 Mann stark, aufzustellen und sie in den am meist umkämpften Frontabschnitten einzusetzen. Bei den Sonderlagern des NKWD handelte sich um Lager, die gemäß GKO-Beschluss Nr. 1069 vom 27. Dezember 1941 errichtet worden waren. In diese Lager wurden Soldaten und Offiziere zur Überprüfung eingewiesen, die sich aus dem feindlichen Hinterland über die Frontlinie durchgeschlagen hatten oder die in deutsche Kriegsgefangenschaft geraten und später geflüchtet waren oder befreit wurden.[206]

Das Recht der Versetzung in die Strafbataillone hatten Kommandeure der Divisionen und selbständigen Brigaden, die Versetzung in die Strafkompanien oblag den Kommandeuren der Regimenter. Darüber hinaus wurden Soldaten und Offiziere, die von Kriegstribunalen zu Freiheitsstrafen verurteilt worden waren, deren Vollstreckung nach Kriegsende erfolgen sollte, in Strafabteilungen versetzt. Manchmal bestand die Hälfte der Angehörigen dieser Abteilungen aus solchen Verurteilten, so im Falle der 1. Ukrainischen Front in der ersten Jahreshälfte 1944, wo sie 54,3 Prozent ausmachten.[207]

Stalin persönlich griff zu dieser Form der Bestrafung und ließ Betroffene in eine Strafformation versetzen. Am 31. Mai 1943 befahl er, drei Angehörige der Spionageabwehr »Smersch« der 7. selbständigen Armee zu entlassen und in das Strafbataillon beim Generalstabschef der Roten Armee einzuweisen. Bei »Smersch« handelte es sich um die früheren Sonderabteilungen, die Stalin am 20. April 1943 hatte reorganisieren und umbenennen lassen. Die drei solcherart bestraften Delinquenten hatten zahlreiche Rotarmisten verhaftet, Vorwürfe gegen sie konstruiert und sie vor Kriegstribunale gestellt.[208]

Der Aufenthalt in Strafabteilungen dauerte ein bis drei Monate. Wenn der Betroffene im Kampf verwundet wurde, eine Auszeichnung erhielt oder einen Sieg errang, galt die Strafe als abgebüßt. Vor der Einweisung in eine Strafabteilung trat der Soldat/Offizier vor die versammelten Mannschaften, um den übrigen Soldaten die Gründe für die Einweisung zu verkünden. Oft kam es vor, dass Vorgesetzte ihre Macht missbrauchten und Soldaten wegen nichtiger Vergehen mit der Einweisung in Strafabteilungen bestraften, was oft einem Todesurteil gleichkam, denn diese Einheiten wurden grundsätzlich an den gefährlichsten und schwierigsten Frontabschnitten eingesetzt. Die Verluste unter ihren Angehörigen waren dementsprechend hoch.[209]

Zum ersten Mal wurden Strafabteilungen in größerem Umfang bei der Verteidigung von Stalingrad eingesetzt, zum letzten Mal bei den Straßenkämpfen in Berlin. In den zweieinhalb Jahren ihres Bestehens nahmen sie an beinahe allen Operationen und Schlachten der Ostfront teil. Kommandeure der Fronteinheiten setzten die Strafabteilungen vorzugsweise bei schwierigsten Aufgaben ein, um auf diese Weise die eigenen Leute zu schonen. Strafabteilungen führten Aufklärung im Kampf durch, säuberten unter feindlichem Feuer Minenfelder, überquerten als Erste Flüsse, überwanden feindliche Befestigungen. Da in ihrem Rücken NKWD-Sperrabteilungen operierten, kämpften sie verzweifelt und erlitten sehr hohe Verluste. Wer die Strafabteilung überlebte, kehrte zu seiner Einheit zurück.[210]

Nach unvollständigen Angaben des sowjetischen Generalstabs gab es unter den 427 910 Angehörigen der Strafabteilungen 170 298 Gefallene und Verwundete, eine sehr hohe Verlustquote, wenn man die höchstens dreimonatige Aufenthaltsdauer in diesen Einheiten bedenkt.[211]

Tabelle: Angehörige der Strafabteilungen (Strafkompanien und -bataillone) in den einzelnen Jahren und während des gesamten Krieges[212]

Jahr	1942	1943	1944	1945	Insgesamt
	24 993	177 694	143 457	81 766	427 910

Die Zahl der Strafabteilungen war nicht konstant. Im Januar 1944 gab es 15 Strafbataillone und im Mai 1944 acht, ihre durchschnittliche Stärke belief sich in diesem Zeitraum auf 226 Mann. Die Anzahl der Strafkompanien war viel höher, 199 im April 1944 und 301 im September 1944. Sie waren im Durchschnitt 102 Mann stark. Die Verluste im Monatsdurchschnitt betrugen im Jahr 1944 14 191 Mann bzw. 52 Prozent der Mannschaftsstärke und waren damit drei- bis sechsmal höher als die der regulären Fronttruppen.[213]

Kriegstribunale

Nach dem 22. Juni 1941 wurde die Kriegsgerichtsbarkeit der Roten Armee durch die Kriegstribunale bedeutend erweitert. Diese wirkten an den Fronten, in der Flotte, in Wehrbezirken, in Armeen, Korps und anderen Verbänden. Hinzu kamen die Kriegstribunale der NKWD-Truppen, die in Oblasten und Regionen, in Divisionen und Bezirken der NKWD-Truppen sowie in frontnahen Ortschaften aktiv waren. Zu Beginn des Krieges setzte sich der Personalbestand Abteilung Kriegsgerichte beim Volkskommissariat für Justiz aus 776 und am 1. März 1942 bereits aus 3745 Mitarbeitern zusammen.[214]

Die Kriegstribunale verhandelten nicht nur echte und angebliche Verbrechen und Vergehen von Angehörigen der Roten Armee und der Flotte, sondern auch von Zivilisten. Der Kriegsgerichtsbarkeit unterlagen folgende Delikte: »Vaterlandsverrat«, »konterrevolutionäre« Verbrechen, Verbreitung von »lügenhaften« Gerüchten und »aufwiegelnde Panikmache«. Auch die Verletzung der Arbeitsdisziplin in kriegswichtigen Betrieben ahndeten die Kriegstribunale, denn das unerlaubte Verlassen des Arbeitsplatzes stufte das Politbüro per Erlass des Obersten Sowjet vom 26. Dezember 1941 als Fahnenflucht ein. Später wurden die Arbeiter und Angestellten der Eisenbahn und des Transports sowie die Angehörigen der Landwehr und der Vernichtungsbataillone ebenfalls der Kriegsgerichtsbarkeit unterstellt.[215]

In der Zeit vom 22. Juni bis 31. Dezember 1941 verurteilten die Kriegstribunale 90 322 Wehrdienstpflichtige, darunter 4619 wegen Vaterlandsverrat, 30 388 wegen Fahnenflucht, 6592 wegen Flucht vom Schlachtfeld, 7338 wegen Selbstverstümmelung, 7346 wegen konterrevolutionärer Agitation und anderer konterrevolutionärer Verbrechen, die restlichen wegen Bedrohung der Vorgesetzten, Diversion und anderer »Verbrechen«. Ein Drittel der Urteile (31 327) lautete auf Todesstrafe, die restlichen Urteile verhängten Freiheitsstrafen (58 995). Ein Teil der Todesurteile (7057) wurde später in Freiheitsstrafen umgewandelt, sodass im Endeffekt 24 270 Todesurteile tatsächlich vollstreckt wurden. In 37 478 Fällen (Gefängnisstrafen) waren Urteile nach Beendigung der Kampfhandlungen zu vollstrecken. Die Aussetzung der Vollstreckung habe sich bewährt, berichtete Staatsanwalt Botschkow Stalin.[216]

Besonders streng ahndeten die Kriegstribunale den »Vaterlandsverrat«; in 90 Prozent der Fälle verhängten sie Todesurteile. Als Vaterlandsverrat galten folgende Delikte: a) Überlaufen zum Feind (einzeln oder in Gruppen), b) Rückkehr aus der Gefangenschaft, um im Auftrag des »faschistischen« Geheimdienstes auf dem Territorium der UdSSR feindliche Aktivitäten durchzuführen, c) Vorbereitungen zum Überlaufen zum Feind, d) Nichtmeldung von Vorbereitungen zum Begehen von Vaterlandsverrat.[217]

Im Jahr 1942 stieg die Zahl der durch Kriegstribunale verurteilten Soldaten und Offiziere an und blieb in den nächsten Jahren konstant, um im Jahr 1945 noch einmal deutlich zu steigen. Von Januar bis Mai 1942 sprachen die Kriegstribunale 142 097 Urteile gegen Wehrdienstleistende aus, darunter 5690 wegen Vaterlandsverrat, 47 998 wegen Fahnenflucht, 14 879 wegen Selbstverstümmelung, 8454 wegen anderer konterrevolutionärer Verbrechen. Dieser Trend hielt bis Ende 1942 an.[218]

Am 10. Oktober 1942 teilte Berija Stalin mit, dass Organe und Sperrabteilungen des NKWD vom Beginn des Krieges bis Anfang Oktober 1942 1 187 747 Personen unter dem Verdacht der Fahnenflucht und Kriegsdienstverweigerung festgenommen hätten. Von ihnen seien 827 739 an Einheiten der Roten Armee und an Wehrämter übergeben worden, verhaftet habe man 211 108 Personen. Von den Verhafteten seien 63 012 zum Tode und 28 286 zu Freiheitsstrafen verurteilt worden; bei 101 191 Verurteilten sei die Strafe in Fronteinsatz umgewandelt worden.[219]

Tabelle: Während des Krieges durch Kriegstribunale (darunter auch Tribunale der NKWD-Truppen) Verurteilte[220]

Verurteilte	1941	1942	1943	1944	1945
wegen konter-revolutionärer Verbrechen	28 732	112 973	95 802	99 425	135 056
wegen militärischer Verbrechen	117 425	299 254	218 022	88 432	69 059
wegen allgemein krimineller Verbrechen	69 985	274 355	413 383	355 888	152 892
insgesamt verurteilt	216 142	686 582	727 207	543 745	357 007
darunter zum Tod durch Erschießen	58 027	99 149	25 742	19 510	14 652

Insgesamt fällten die Kriegstribunale während des Krieges 2 530 683 Urteile, 471 988 wegen konterrevolutionärer Verbrechen, 792 192 wegen militärischer Verbrechen und 1 266 192 wegen allgemeiner krimineller Delikte. Unter den Verurteilten waren 994 300 Soldaten und Offiziere der Roten Armee, jeder Dritte von ihnen (376 300) wurde wegen Fahnenflucht verurteilt. In 422 700 Fällen wurde die Vollstreckung des Urteils bis nach Kriegsende ausgesetzt, 436 600 Urteilte lauteten auf absolute Freiheitsstrafen und 135 000 auf Tod durch Erschießen.[221]

Die restlichen Urteile (über 1,5 Mio.) sprachen die Kriegstribunale gegen Zivilisten aus, darunter 82 000 Todesurteile.[222] Im zweiten Quartal 1942 verhängten die Kriegstribunale 2885 Todesurteile und 27 341 Freiheitsstrafen gegen Zivilisten. Ein Drittel der Urteile (11 526) wurde wegen Wehrdienstverweigerung ausgesprochen, wobei 219 Urteile auf Tod durch Erschießen lauteten, die restlichen auf Freiheitsentzug. Das zweitgrößte Kontingent von Verurteilten (6118 Fälle) stellten Arbeiterinnen und Arbeiter, die aus Betrieben »desertiert« waren; sie alle erhielten Freiheitsstrafen. Insgesamt erfasste man 15 730 Fälle betrieblicher »Desertion«. Meist handelte es sich um jugendliche Arbeiter zwischen 14 und 18 Jahren, die zwangsmobilisiert worden waren.[223]

2146 Urteile gegen Zivilisten im zweiten Quartal 1942 ergingen wegen Vaterlandsverrat (davon 1174 Todesstrafen), 2230 wegen antisowjetischer Agitation (davon 445 Todesstrafen), die restlichen Urteile bezogen sich auf andere Delikte. Des Verbrechens »antisowjetischer Agitation« machten sich Sowjetbürger schuldig, wenn sie defätistische Stimmung verbreiteten, das heißt, wenn sie laut ihre Zweifel am Sieg äußerten, wenn sie die Glaubwürdigkeit der sowjetischen Presse in Frage stellten, insbesondere von Presseberichten über »faschistische« Verbrechen an der Zivilbevölkerung und gefangen genommenen Rotarmisten sowie über sowjetische und gegnerische Verluste. Viele wurden verurteilt, weil sie deutsche Flugblätter gelesen und/oder aufbewahrt hatten.[224]

Neben den Kriegstribunalen wirkten noch Sonderkommissionen des NKWD *(osoboje soweschtschanije pri NKWD)*, die Urteile im Schnellverfahren fällten. Am 17. November 1941 erhielten sie per GKO-Beschluss das Recht, Todesurteile zu verhängen und sie ohne Gerichtsurteil zu vollstrecken. Den Antrag darauf hatte Berija am 15. November 1941 gestellt, nachdem er geklagt hatte, dass 10 645 durch Kriegstribunale und Gerichte zum Tode Verurteilte seit Monaten in Gefängnissen festgehalten würden. Die Todesurteile könne man erst vollstrecken, wenn sie durch das Kriegskollegium und das Kollegium des Obersten Gerichts bestätigt worden seien. Und die Entscheidungen des Obersten Gerichts müssten wiederum noch vom Politbüro abgesegnet werden.[225]

Nach offiziellen Angaben »verurteilten« die Sonderkommissionen während des Krieges 10 101 Personen zum Tode durch Erschießen. Die Zahl der Personen, die zu Freiheitsstrafen (Einweisung in Konzentrationslager) »verurteilt« wurden, belief sich auf etwa 150 000. Die Sonderkommissionen des NKWD verloren erst im Oktober 1945 das Recht, Todesstrafen zu »verhängen«. Über das Wirken der Sonderkommissionen während des Krieges ist insgesamt wenig bekannt, weil die einschlägigen Akten noch nicht zugänglich sind.[226]

Erschießungen und In-die-Fresse-Hauen (mordoboj)

Die überforderten Offiziere, Politkommissare und NKWD-Angehörigen der Sonderabteilungen führten in ihren Einheiten ein Terrorregime ein; willkürliche Erschießungen und Prügel *(mordoboj)* waren an der Tagesordnung. Vom 22. Juni bis 3. Juli 1941 wurden im Abschnitt des 6. Infanteriekorps der Südwest-Front 5000 Mann als Deserteure aufgegriffen und an die Front zurückgeschickt. Zugleich erschossen die Angehörigen der Sonderabteilungen 100 Mann wegen Fahnenflucht. Im selben Zeitraum wurden insgesamt 101 Offiziere der Südwest-Front wegen Fahnenflucht erschossen. In der 99. Division weigerten sich 80 Soldaten zu schießen, sie stammten aus den westlichen Gebieten der Ukraine, die vor 1939 zu Polen gehört hatten. Daraufhin wurden sie alle durch Offiziere vor den angetretenen Mannschaften erschossen. Ein Kompanieführer des Infanterieregiments 895 (139. Infanteriedivision) zog ohne Erlaubnis seine Einheit von der Frontlinie zurück. General-major Smechotworow, der Kommandeur der 139. Infanteriedivi-sion, erschoss ihn daraufhin.[227]

General Schukow, der zu diesem Zeitpunkt die West-Front kommandierte, befahl am 4. November 1941, den Kommandeur der 133. Infanteriedivision der West-Front, Oberstleutnant Gera-simow, und den Divisionskommissar Schabalow vor den ange-tretenen Mannschaften zu erschießen, weil sie die Stadt Rusa (110 km westlich von Moskau) ohne Widerstand hatten räumen lassen, trotz eines Befehls zur Verteidigung der Stadt.[228]

Die Erschießungen nahmen in den ersten Kriegsmonaten der-maßen überhand, dass sich Stalin persönlich veranlasst sah zu in-tervenieren. Am 4. Oktober 1941 erteilte er als Volkskommissar für Verteidigung den Befehl, solche Praktiken einzustellen:

»In der letzten Zeit beobachtet man häufige Fälle von unge-setzmäßigen Repressionen und grobem Machtmissbrauch sei-tens einzelner Kommandeure und Politkommissare gegenüber eigenen Soldaten. Leutnant der 28. ID [Infanteriedivision] Ko-missarow tötete mit einem Revolverschuss den Rotarmisten Ku-biza. Der ehemalige Chef der 21. Befestigungsrayons Oberst Suschtschenko erschoss Sergeant Perschikow, weil er wegen der kranken Hand langsam vom Auto heruntersieg. […]
Erzieherische Arbeit wurde in vielen Fällen durch Repressionen und Prügel ersetzt. […] Unbegründete Repressionen, ungesetz-mäßige Erschießungen, Willkürakte und Prügel seitens der Kommandeure und Politkommissare sind Ausdruck von Will-kür und Führungslosigkeit; mit ihnen erreicht man nicht selten das Gegenteil, denn sie fördern den Zerfall der militärischen Disziplin und der politischen Moral und können dazu führen, dass unbeständige Soldaten zum Gegner überlaufen.«[229]

Dieser Befehl half jedoch wenig, zumindest bei den Truppen der Südwest-Front, wo willkürliche Erschießungen und Prügel weiter-hin vorkamen. In einem Befehl vom 12. Dezember 1941 verurteilte

Marschall Timoschenko, der damalige Befehlshaber dieser Front, solche Praktiken scharf und wies darauf hin, dass der Kriegsstaatsanwalt der Südwest-Front ihm Zeugnisse über Machtmissbrauch, willkürliche Erschießungen und Handgreiflichkeiten seitens der Kommandeure gegenüber ihren Untergebenen vorgelegt habe. Nicht selten begingen die Verantwortlichen ihre Taten im betrunkenen Zustand und dazu in Gegenwart von Rotarmisten und Zivilisten, rügte der Marschall, bevor er konkrete Beispiele anführte.[230] So habe der Chef der Sonderabteilung der 1. Panzerbrigade ohne Grund einen Leutnant dieser Brigade erschießen lassen. Der Führer der 4. Kompanie und der Führer und Kommissar der 3. Kompanie des 84. Sonderstraßenbaubataillons hätten gemeinschaftlich einen Lokführer-Rotarmisten erschossen, wobei zur Tatzeit alle drei betrunken gewesen seien. Timoschenko wies darauf hin, dass sich diese Zwischenfälle nach dem Befehl Stalins vom 4. Oktober 1941 ereignet hätten. Er ließ die Verantwortlichen vor ein Kriegstribunal stellen und forderte die Truppe auf, Stalins Befehl zu beachten und ähnliche Vorkommnisse zu ahnden.[231] Dennoch kam es im weiteren Verlauf des Krieges immer wieder zu solchen Zwischenfällen.[232]

Auch *mordoboj* (»In-die-Fresse-Hauen«) blieb in der Truppe an der Tagesordnung. Gregory Klimow, selbst Offizier der Roten Armee während des Krieges, erinnert sich: »Offiziell ist das Ohrfeigen in der Armee strengstens verboten, während des Krieges war es jedoch illegal legitimiert und galt bei den ›Front‹-Offizieren, insbesondere bei denen der Ausbildungsabteilungen in der Etappe, sogar als besonders schneidig.«[233]

Abschreckende Bestrafung und Sippenhaftung

Aufstellung und Einsatz von Sperrabteilungen genügten nicht, um die Front zu stabilisieren und die Fahnenflucht einzudämmen. Notwendig erwiesen sich aus Stalins Sicht auch drakonische Bestrafungen und die Anwendung der Sippenhaft, die abschreckend wirken sollten. Am 12. August 1941 befahl Stalin als Volkskommissar für Verteidigung:

> »Um einen entschlossenen Kampf gegen Panikmacher, Feiglinge und Defätisten unter den Kommandeuren zu führen, die Stellungen ohne Befehle des Oberkommandos willkürlich verlassen, befehle ich: [...] Personen unter den mittleren und höheren Kommandeuren bis zu Bataillonsführern, die sich der oben erwähnten Verbrechen schuldig gemacht haben, an die Kriegstribunale zu übergeben.«[234]

Vier Tage später, am 16. August, erließ Stalin den berühmt-berüchtigten Befehl Nr. 270, der als Stawka-Befehl erging und in seiner Radikalität alle bisherigen Maßnahmen in den Schatten stellte. Kommandeure und Politkommissare, die während des Kampfes ihre Rangabzeichen entfernt hatten und in die rückwärtigen Gebiete desertiert waren oder sich dem Feind ergeben hatten, waren künftig als böswillige Deserteure zu behandeln. Ihre Familien waren als Angehörige von Deserteuren, die den Eid verletzt und ihre Heimat verraten hatten, zu verhaften. Alle höhergestellten Kommandeure und Kommissare wurden verpflichtet, solche Deserteure aus dem Kommandostand an Ort und Stelle zu erschießen.[235]

Bereits am 28. Juni 1941 war ein Befehl des NKGB, NKWD und der Generalstaatsanwaltschaft der UdSSR ergangen, wonach die Familien von »Vaterlandsverrätern« und »Überläufern« nach Paragraph 1 a des Strafgesetzbuches der RSFSR zu bestrafen seien.[236] Der Befehl Nr. 270 nahm nun jedoch die Familien von Offizieren der Roten Armee pauschal in Geiselhaft. Neu war diese Maßnahme für die sowjetischen Streitkräfte allerdings nicht. Schon 1918 hatte Leo Trotzki, der Gründer der Roten Armee, zaristische Offiziere zwangsmobilisieren und zugleich deren Familien als Geiseln verhaften lassen, um zu verhindern, dass sie Fahnenflucht begingen oder zum Feind überliefen.[237] Stalin griff also auf »bewährte« Methoden aus der Zeit des Bürgerkrieges zurück.

Der Befehl Nr. 270 verpflichtete zudem jeden Soldaten und Offizier, im Falle der Einkesselung bis zum Ende zu kämpfen. Wenn sie beabsichtigten, sich dem Feind zu ergeben, seien sie mit allen verfügbaren Mitteln, sowohl aus der Luft als auch vom Boden aus, zu vernichten. Den Familien der einfachen Rotarmisten, die sich dem Feind ergaben, sei die staatliche Unterstützung zu entziehen.

Darüber hinaus erhielten die Divisionskommandeure und -kommissare den Auftrag, alle Bataillons- und Regimentskommandeure, die Angst hatten, den Kampf an der vordersten Linie anzuführen, ihres Postens zu entheben, sie zu degradieren und, wenn nötig, an Ort und Stelle zu erschießen. An ihrer Statt seien mutige junge Kommandeure und einfache Soldaten, die sich ausgezeichnet hatten, zu befördern. Der Befehl sollte in allen Einheiten der Roten Armee verlesen werden[238], und die Politkommissare erhielten den Auftrag, die Truppe über seinen Inhalt zu unterrichten.[239]

Leonid Breschnew, der damalige stellvertretende Chef der Politischen Verwaltung der Süd-Front und spätere langjährige Staats- und Parteichef (1964–1982), berichtete am 23. November 1941 über die Arbeit der politischen Verwaltung im Kampf gegen die Vaterlandsverräter und Deserteure:

»Die Arbeit in Bezug auf das Ergreifen von Vaterlandsverrätern und Deserteuren verbesserte sich. Die Vaterlandsverräter werden im Moment des Begehens ihres Verbrechens entschlossen vernichtet – auf dem Schlachtfeld bei dem Versuch, zum Feind überzulaufen. Parteiorganisationen leisten beträchtliche Arbeit bei der Aufklärung über die Strafen wegen Vaterlandsverrats und des Befehls Nr. 270 der Stawka des Obersten Hauptkommandos der Roten Armee.«[240]

Die Maßnahmen gegen Fahnenflucht (Einsatz von Sperrabteilungen, Erschießungen, Sippenhaft) griffen an der Süd-Front ab Herbst 1941, wie aus dem Bericht Breschnews hervorgeht. Ähn-

liche Erfahrungen machte man aber in allen anderen Frontabschnitten und Wehrbezirken im Hinterland. UdSSR-Staatsanwalt
Botschkow berichtete Stalin Anfang 1942: »Die Fahnenflucht
geht [ab Dezember 1941] zurück.«[241] Die oben angeführten Zahlen von Fahnenflüchtigen bestätigen dies.

Familienangehörige von Offizieren und Politkommissaren, die
desertierten oder sich dem Feind ergaben, galten fortan als Angehörige von »Vaterlandsverrätern«. Am 18. Juni 1942 teilte Berija
Stalin mit, dass die Kriegstribunale 2305 diesbezügliche Urteile
gefällt hätten. Das NKWD vollstreckte 1853 dieser Urteile. Bei
650 Personen stellte sich jedoch heraus, dass sie sich in den besetzten Gebieten aufhielten. Die Strafen beruhten auf dem § 58–1
»a« des Strafgesetzbuches der RFSR (Deportation in die entlegenen Gebiete der UdSSR für fünf Jahre).[242]

Bei der Anwendung der Sippenhaft für Offiziersfamilien blieb
Stalin konsequent. Sein Sohn Jakow Dschugaschwili, Oberleutnant im Artillerieregiment 14 der 14. Panzerdivision, geriet am
16. Juli 1941 bei Witebsk in deutsche Gefangenschaft. Als Stalin
davon erfuhr, soll er gesagt haben: »Der Narr – schaffte es nicht
einmal, sich zu erschießen.« Wenig später ließ er Jakows Ehefrau
Julia gemäß dem Befehl Nr. 270 festnehmen. Sie verbrachte zwei
Jahre im Arbeitslager ihres Schwiegervaters.[243] Andere Ehefrauen
hatten weniger »Glück«, manche wurden gar erschossen, weil ihre
Ehemänner angeblich Vaterlandsverrat begangen hatten.[244]

Nach demselben Muster gingen Stalin und seine Genossen gegen »Helfershelfer« der deutschen Besatzer und deren Familienangehörige vor. In seiner berühmten Ansprache an das sowjetische
Volk vom 3. Juli 1941 rief Stalin die sowjetischen Partisanen auf:
»In den okkupierten Gebieten müssen für den Feind und alle seine Helfershelfer unerträgliche Verhältnisse geschaffen werden, sie
müssen auf Schritt und Tritt verfolgt und alle ihre Maßnahmen
müssen vereitelt werden.«[245]

Mit der Zeit gelangten immer mehr Informationen über das Ausmaß des vermeintlichen Verrats in den besetzten Gebieten nach
Moskau. Am 19. August 1941 teilte Pantalejmon Ponomarenko,

der Erste Sekretär der Kommunistischen Partei Weißrusslands, Stalin mit: »In den östlichen Bezirken [Weißrusslands] ernennen [die Deutschen] zu Starosten ehemalige Kulaken oder antisowjetische und kriminelle Elemente, die von der sowjetischen Macht verfolgt worden waren, sowie – in einigen Fällen – Vaterlandsverräter.«[246] Mit »Vaterlandsverrätern« meinte Ponomarenko offenkundig ehemalige Angehörige des sowjetischen Partei- und Staatsapparates. Fitin, der Chef der Verwaltung Aufklärung des NKWD UdSSR, berichtete am 13. September 1941 über die Lage in Weißrussland: »Die Hauptstütze der deutschen Faschisten stellen Kulaken und Banditen dar.«[247] Als »Banditen« bezeichnete Fitin »konterrevolutionäre Elemente«, die durch die Sowjets vor dem 22. Juni 1941 von den Sowjets verfolgt worden waren.

Die sowjetischen Partisanen wurden nun aufgefordert, diese »Helfershelfer« der deutschen Besatzer erbarmungslos zu vernichten. Die meisten ihrer militärischen Aktionen richteten sich denn auch gegen diese »Vaterlandsverräter« und »antisowjetischen Elemente«, gegen die einheimische Hilfspolizei und die »landeseigenen« Verbände, die sich aus sowjetischen Bürgern, meist ehemaligen Rotarmisten, zusammensetzten. Dabei gingen die Partisanen auch gegen die Familienangehörigen dieser »Landesverräter« vor, sofern sie ihrer habhaft werden konnten. Sie töteten sie, brannten ihre Häuser und sogar ganze Dörfer ab, teilweise mitsamt den Einwohnern.[248] So erschossen Partisanen der Abteilung »Stalin«, die im Rayon Klitschew, etwa 100 km östlich von Minsk, operierte, nach eigenen Angaben bis zum 25. August 1942 15 Familien von Polizisten, 58 »Spione« und »verschiedene Verräter« und brannten 40 Wohnungen/Häuser von Polizisten nieder. Dies war keine Ausnahme, sondern die Regel, und ähnliche Beispiele lassen sich beliebig anführen.[249]

Am 26. Dezember 1941 wies Berija Stalin in einem Schreiben darauf hin, dass Organe des NKWD in den Gebieten, die deutsch besetzt gewesen seien, eine bedeutende Anzahl von Personen verhaftet hätten, die in den Verwaltungs- und Straforganen der deutschen Besatzer gedient hatten. Zugleich habe man Informationen erhalten, dass viele Personen freiwillig mit den deutschen Besatzern abgezogen seien. Er schlug Stalin deshalb vor, auch die Familienangehörigen dieser Personen per Beschluss der Sonderkommissionen des NKWD in entfernte Gebiete zu deportieren.[250]

Stalin war einverstanden und unterzeichnete am 27. Dezember 1941 den GKO-Beschluss Nr. 1074, der bestimmte, dass Familienangehörige der Personen, die in den Verwaltungs- und Straforganen der deutschen Besatzer dienen, wie auch der Personen, die freiwillig mit den »faschistischen« Truppen abziehen, nach Ermittlungen und der Entscheidung der Sonderkommissionen des NKWD, das heißt ohne Gerichtsurteil, in die entfernten Gebiete der Sowjetunion zu deportieren seien.[251]

Organe des NKWD würden auch Familienmitglieder von Soldaten, die nach Ermordung ihrer Vorgesetzten auf die Seite des Feindes übergelaufen waren, bestrafen, teilte Berija Stalin am 18. Juli 1942 mit. Insgesamt habe es 16 solcher Fälle an allen Fronten gegeben, 45 Familien seien deswegen zu »bestrafen«, 24 Familien seien bereits bestraft worden, die übrigen würden ermittelt, so Berija weiter. Dies alles war jedoch seiner Auffassung nach nicht ausreichend, und er verwies darauf, dass die Familien der Personen, die wegen Spionage oder Verrat und Kollaboration mit den deutschen Besatzern verurteilt worden seien, gemäß den Gesetzen und Regierungsbeschlüssen nicht belangt würden. Dasselbe gelte auch für Angehörige von Personen, die vor der Befreiung der besetzten Gebiete freiwillig mit den Besatzungstruppen geflüchtet seien.[252]

Berija fuhr in seinem Bericht fort, dass Organe des NKWD Personen dieser Kategorie in den vom Gegner befreiten Gebieten erfassen würden. Sie hätten 10 298 solcher Familien mit insgesamt 37 500 Angehörigen ermittelt (darunter 2244 Männer, 15 251 Frauen und 19 855 Kinder). Darüber hinaus, so Berija, seien in den rückwärtigen Gebieten der UdSSR 1220 Personen wegen Spionage zugunsten Deutschlands und der an Deutschlands Seite Krieg führenden Länder verurteilt worden, gegen 2917 Personen werde wegen dieses Verbrechens ermittelt. Ferner verwies er darauf, dass die Sonderabteilungen in den Truppen der Roten Armee über

23 000 Personen wegen Spionage, versuchten Vaterlandsverrats und verräterischer Absichten verhaftet hätten.[253]

Abschließend verwies Berija auf die Auffassung des NKWD, wonach Familienangehörige dieser Personen, soweit Letztere zum Tode verurteilt worden seien, ebenfalls der Bestrafung unterliegen sollten. »Ich lege den Entwurf des Beschlusses des Staatskomitees für Verteidigung bei und bitte um Ihre [Stalins] Anweisungen.« Stalin nahm das Schreiben zur Kenntnis und unterzeichnete es auf der ersten Seite mit rotem Stift. Berija ließ das Schreiben in nur drei Exemplaren ausfertigen, die zwei anderen verblieben im Sekretariat des NKWD der UdSSR.[254]

Am 24. Juni 1942 unterzeichnete Stalin die von Berija vorgelegte Vorlage als GKO-Beschluss Nr. 1926 über Familienangehörige von Vaterlandsverrätern ohne irgendwelche inhaltlichen Veränderungen. Danach waren Familienangehörige von (wegen Spionage, Überlaufen zum Feind, Verrat und Kollaboration mit den Besatzern oder versuchten Vaterlandsverrats) zum Tode verurteilten Vaterlandsverrätern zu verhaften und für die Dauer von fünf Jahren in entlegene Gegenden der UdSSR zu deportieren. Dasselbe galt für Familienangehörige von Personen, die wegen freiwilligen Abzugs mit den Besatzungstruppen aus den befreiten Gebieten in Abwesenheit zum Tode verurteilt worden waren.[255]

Als Familienangehörige von Vaterlandsverrätern galten nach diesem GKO-Beschluss Väter, Mütter, Ehemänner, Ehefrauen, Schwiegertöchter, Töchter, Brüder und Schwestern, wenn sie gemeinsam mit dem Vaterlandsverräter lebten oder wenn dieser zu dem Zeitpunkt, als er das Verbrechen beging oder zur Armee eingezogen wurde, für ihren Unterhalt aufgekommen war. Der Verhaftung und Deportation unterlagen jedoch nicht die Familien, deren übrige Angehörige in der Roten Armee dienten, Partisanen waren, Partisanen während der Besatzung unterstützen und mit ihnen zusammenarbeiteten, sowie Personen, die mit Orden der UdSSR ausgezeichnet worden waren.[256]

Drei Monate später, am 10. Oktober 1942, wandte sich Berija in Sachen Sippenhaftung erneut an Stalin. Diesmal ging es um Familienangehörige von Deserteuren, die sich mit »Banditentum« befassten. Darunter verstand Berija bewaffnete Plünderungen und »konterrevolutionäre aufständische Aktivitäten«. Er regte an, diese Deserteure in Abwesenheit vor Kriegstribunale zu stellen und zugleich deren volljährige Familienangehörige in die entfernten Gegenden der UdSSR zu deportieren. Berija legte Stalin einen entsprechenden Beschlussentwurf vor und bat um Entscheidung. Stalin machte am Rande mit rotem Stift eine knappe Notiz: »Dafür, St. [Stalin]«.[257]

Einen Tag später erging der GKO-Beschluss Nr. 2401 über Deserteure. Er bestimmte, dass Deserteure aus der Roten Armee, die sich mit Banditentum, bewaffneten Plünderungen und konterrevolutionären aufständischen Aktivitäten befassten, in Abwesenheit als Vaterlandsverräter vor Kriegstribunale zu bringen seien. Die volljährigen Familienangehörigen dieser Deserteure seien für die Dauer von fünf Jahren in entfernte Regionen der UdSSR zu deportieren. Den Beschluss unterzeichnete Stalin.[258]

Mit diesen Beschlüssen und Befehlen schufen Stalin und seine Genossen die »gesetzliche« Grundlage für die Anwendung der Sippenhaftung im großen Stil. Sie war im Grunde der Versuch, Loyalität gegenüber dem kommunistischen Regime zu erpressen. Angewendet wurde die Kollektivbestrafung nicht nur gegenüber den Familien der »Vaterlandsverräter«, sondern auch gegenüber ganzen ethnischen Minderheiten. Die Zahl der auf diese Weise »bestraften« Menschen ging in die Millionen.

Filtrationslager

Die sowjetische Führung misstraute grundsätzlich Soldaten und Offizieren, die aus deutscher Kriegsgefangenschaft geflohen waren und sich zur sowjetischen Seite durchschlugen oder durch sowjetische Truppen befreit wurden. Dasselbe galt für versprengte Armeeangehörige, die von der Front überrollt worden waren und sich später zur sowjetischen Seite durchkämpften. Wie sich herausstellte, hatten die deutschen Geheimdienste unter ihnen nicht wenige Agenten angeworben, die von den zuständigen deutschen Dienststellen in speziellen Lehrgängen ausgebildet, mit falschen Lebensläufen (als Flüchtlinge oder Versprengte) versehen und per Flugzeug auf sowjetischer Seite abgesetzt bzw. über die Frontlinie entsandt wurden, um im sowjetischen Hinterland Spionage und Sabotage zu betreiben. Auch gegen die sowjetischen Partisanen setzten die Deutschen häufig solche Agenten ein.[259]

Am 25. April 1942 berichtete Berija Stalin, dass die Organe des NKWD in den Monaten März und April 1942 76 Agenten festgenommen hätten, die deutschen Sabotage- und Aufklärungsgruppen angehörten. Darunter befänden sich 32 ehemalige Mannschaftsdienstgrade, 19 Unteroffiziere und 25 Offiziere der Roten Armee. Berija verwies darauf, dass 25 von ihnen sich gleich nach der Landung im sowjetischen Hinterland bei den zuständigen Organen des NKWD gemeldet hätten.[260] Das Problem der von deutschen Stellen angeworbenen Agenten und Saboteure, die ins sowjetische Hinterland entsandt wurden, blieb bis Kriegsende bestehen.[261]

Vor diesem Hintergrund unterzeichnete Stalin am 27. Dezember 1941 den GKO-Beschluss Nr. 1069 über die Errichtung der sogenannten Filtrationslager, die vom NKWD betrieben werden sollten. In diese Lager waren ehemalige Kriegsgefangene sowie Soldaten und Offiziere, die eingekesselt worden waren, einzuweisen. Die NKWD-Angehörigen hatten den Auftrag, sie zu überprüfen und »Spione«, »Vaterlandsverräter« und »Deserteure« zu ermitteln, die anschließend zur Verantwortung zu ziehen seien. Es entstanden vier solche Lager, in denen am 1. Januar 1945 14 193 NKWD-Angehörige tätig waren.[262]

Bis zu diesem Datum wurden 443 747 ehemalige Angehörige der Roten Armee in die Filtrationslager eingewiesen, darunter 55 547 Offiziere. Hinzu kamen 51 881 ehemalige Polizisten, Starosten und andere Helfershelfer der Besatzer sowie 31 644 Zivilisten im wehrfähigen Alter, die sich in den besetzten Gebieten aufgehalten hatten. Die »Smersch«-Angehörigen überprüften 401 400

Personen, von denen 1924 als feindliche Agenten verhaftet wurden. 259 945 der überprüften Personen, darunter 51 562 Offiziere, wurden an die Wehrämter übergeben, um sie von dort an die Rote Armee weiterzureichen. Aus einem Teil der Offiziere wurden 28 Sturmbataillone aufgestellt. Weitere 5000 Personen übergab man den NKWD-Truppen, 4000 wies man in die GULag-Lager ein. 51 783 Personen wurden als Arbeitskräfte in der Industrie eingesetzt.[263]

Die Zivilbevölkerung zwischen den Fronten

Bei ihrer Kriegführung nahmen die kommunistischen Machthaber weder auf die eigenen Soldaten und Offiziere und deren Familien noch auf die eigene Zivilbevölkerung Rücksicht. Am 4. September 1941 drahtete General Schaposchnikow, der Generalstabschef, an den Oberbefehlshaber des südwestlichen Abschnitts: »Der Gegner benutzt im großen Umfang die Städte Nikolajew und Cherson als Stützpunkte. Unterdessen lässt unsere Luftwaffe den Gegner in den Städten straflos. Das Oberkommando befiehlt, keine Rücksicht auf irgendwelche Städte zu nehmen, den sich in diesen Städten versteckt haltenden Gegner zu vernichten und die Städte zu bombardieren.«[264]

Bände spricht die Aufforderung Stalins an die Führer der Verteidigung von Leningrand vom 21. September 1941:

»Man sagt, dass deutsche Schurken, die nach Leningrad marschieren, ihren Truppen alte Männer und Frauen, Frauen und Kinder aus den von ihnen besetzten Gebieten als Delegierte an Bolschewiken mit der Bitte vorschicken, Leningrad aufzugeben und Frieden zu schließen. Man sagt, dass es unter den Leningrader Bolschewiken Leute gibt, die es für unmöglich halten, Waffen gegen solche Delegierte einzusetzen. Ich meine, wenn es unter den Bolschewiken solche Leute gibt, dann müssen sie in erster Linie vernichtet werden, denn sie sind gefährlicher als die deutschen Faschisten. Meine Empfehlung: Nicht sentimental sein, sondern dem Feind und seinen Helfershelfern, den freiwilligen und unfreiwilligen, die Zähne einschlagen. Der Krieg ist unerbittlich, er bringt Niederlage in erster Linie dem, der Schwäche zeigt und schwankt. [...] Schlage die Deutschen und ihre Delegierten, gleichgültig, wer sie sind, schlage die Feinde, gleichgültig ob sie freiwillige oder unfreiwillige Feinde sind. Keine Gnade, weder für die deutschen Schurken noch für ihre Delegierten, gleichgültig wer sie sind.«[265]

Am 17. November 1941 erging ein anderer Befehl Stalins, in dem dieser feststellte, die Erfahrung zeige, dass die deutsche Armee für einen Winterkrieg schlecht gerüstet sei; die Soldaten hätten keine Winterbekleidung, sie hielten sich in Ortschaften der frontnahen Gebiete auf. Daher befehle die Stawka, alle Ortschaften in einer Tiefe von 40 bis 60 km von der Frontlinie und alle Ortschaften entlang der Straßen auf beiden Seiten in einer Tiefe von 20 bis 30 km komplett niederzubrennen. Dabei seien einzusetzen: Luftwaffe, Artillerie, Aufklärungskommandos, Skitruppen und Partisaneneinheiten.[266]

Der Befehl vom 17. November 1941 bedeutete, dass auch die Zivilbevölkerung, die in diesen Dörfern und Ortschaften lebte, im harten russischen Winter ohne Dach über dem Kopf bliebe. Auf sowjetischer Seite stellte man Fackelkommandos zusammen, die über die Frontlinie entsandt wurden, um gemäß dem Befehl Stalins Dörfer und Ortschaften in Brand zu setzen. Innerhalb einer Woche brannten diese Kommandos 53 Ortschaften nieder und machten deren Bewohner obdachlos. Einem dieser Fackelkommandos gehörte die 18-jährige Soja Kosmodemjanskaja an. In der Nacht vom 28. November 1941 begab sich das fünfköpfige Kommando mit Soja in das Dorf Petrischtschewo. Es setzte zwei Häuser in Brand und flüchtete, als sich ein Wachposten näherte. Die Deutschen ergriffen jedoch mit Hilfe der Dorfbewohner Soja, schlugen sie, führten sie von Haus zu Haus, trieben sie wiederholt barfuß nach draußen, um sie einen Tag später im Dorf aufzuhängen. Nach ihrem Tod wurde Soja Kosmodemjanskaja als sowjetische Heldin gefeiert.[267]

Nicht minder rücksichtslos gingen die sowjetischen Partisanen mit der einheimischen Bevölkerung in den deutsch besetzten Gebieten um. Diese geriet zwischen die Fronten und wurde zum Hauptopfer des brutalen Partisanenkrieges. Die deutschen Besatzer verpflichteten die einheimischen Bewohner von Anfang an zur Mitwirkung bei der Partisanenbekämpfung. Zugleich schüchterten sie sie mit der Ankündigung ein, die unbeteiligte Zivilbevölkerung für Partisanenüberfälle auf deutsche Truppen haftbar zu machen.[268]

Mit dem Anwachsen der Partisanenbewegung wurde die Lage der Bevölkerung immer prekärer. Die Partisanen richteten ihre Aktionen in erster Linie gegen Polizisten, Bürgermeister, Starosten und alle »antisowjetische Elemente«. Die in der Regel schlecht bewaffneten und ausgebildeten einheimischen Ordnungskräfte waren weitgehend machtlos dagegen. Die Partisanen säuberten die von ihnen beherrschten bzw. kontrollierten Gebiete systematisch von allen »antisowjetischen« und »deutschfreundlichen« Elementen. Zugleich erzwangen sie von der übrigen Bevölkerung, die ihnen ebenso wie den Deutschen schutzlos ausgeliefert war, Gefolgschaft, wobei es vor allem um die Versorgung mit Lebensmitteln, Waffen, Munition, Kleidung und oft genug mit Alkohol und Frauen ging. Darüber hinaus erweiterten die Partisanen ihre Reihen durch Zwangsrekrutierungen.[269]

Auf den Terror der Partisanen, der sich gegen diejenigen richtete, die ihnen nicht folgen wollten, reagierten die deutschen Besatzer mit Terror gegen diejenigen, die den Partisanen – meist notgedrungen – folgten. Zahlreiche kleinere und große Operationen, die nominell gegen die Partisanen gerichtet waren, zogen im Endeffekt in erster Linie die Bevölkerung der umkämpften Gebiete in Mitleidenschaft. Die deutschen Besatzer entwickelten die Konzeption der »toten Zonen«, die systematische Entvölkerung (durch Mord und Verschleppung), Plünderung und Brandschatzung ganzer Gebiete, die von deutschen Besatzungskräften mittelfristig nicht gehalten werden konnten.[270]

Die Verluste unter der Bevölkerung der betroffenen Gebiete, in erster Linie Weißrusslands und der westlichen Bezirke des heutigen Russland, während der deutschen Besatzung waren deswegen hoch. Auf die jüdische Bevölkerung hatte der Partisanenkrieg hingegen kaum Einfluss, sie wurde im Rahmen der Endlösung systematisch ermordet.[271]

Der Massenterror der 1930er Jahre und seine Folgen als eine der Voraussetzungen für Stalins Sieg

Mit den hier dargelegten Beschlüssen und Entscheidungen schufen Stalin und seine Genossen die »gesetzlichen« Grundlagen für die drakonische Bestrafung jeglicher Erscheinungsformen des Ungehorsams gegenüber dem kommunistischen Regime sowie für die allgemeine Anwendung der Sippenhaftung. Ziel war es, die massenhafte Fahnenflucht, das Überlaufen zum Feind und die Zusammenarbeit sowjetischer Bürger mit den deutschen Besatzern einzudämmen. Dies alles straft die sowjetische Propaganda von der angeblichen Aufopferungsbereitschaft der Sowjetbevölkerung Lügen.

In diesem Zusammenhang spielten auch die Folgen des Massenterrors der 1930er Jahre eine wichtige Rolle, dessen Auswirkungen auf die sowjetische Gesellschaft in der Forschung entweder unterschätzt oder ausgeblendet oder im besten Falle missdeutet werden. Noch heute behaupten Historiker und Publizisten, dass sich die sowjetischen Bürger trotz des Massenterrors der 1930er Jahre für das sowjetische Vaterland aufgeopfert hätten: »Meist wird die Antwort heute im russischen Volk gesucht, in seiner schlichten Vaterlandsliebe und seinem Durchhaltevermögen, die es – ungeachtet aller Schrecken zu Hause und an der Front – befähigten, weiterzukämpfen.«[272]

Zunächst ist festzuhalten, dass der Stalin'sche Terror vorrangig das Ziel hatte, den breiten Widerstand der russischen und nichtrussischen Bauernschaft gegen das kommunistische Regime zu brechen und für alle Zukunft auszuschließen. Es ging darum, »den Kulaken« als Träger des antisowjetischen Widerstandes auf dem Lande »ein für alle Male das Rückgrat [zu] brechen«, wie es Genrich Jagoda, der damalige stellvertretende Chef des OGPU, am 11. Januar 1930 formulierte.[273]

Die sowjetischen Kommunisten vernichteten in den 1930er Jahren gewissermaßen vorbeugend die dörflichen Führungsschichten (wohlhabende Bauern, Priester, religiöse und politische nichtsowjetische Aktivisten) und die nationale Intelligenz der einzelnen Sowjetrepubliken. Sie ließen sie erschießen oder in Konzentrationslager einweisen oder im besten Falle samt ihrer Familien in die unwirtlichen Gebiete im Norden und Osten des Riesenreiches verschleppen. Die sowjetischen Kommunisten wandten grundsätzlich Sippenhaftung schon vor dem 22. Juni 1941 an. Anfang der 1940er Jahre war die Bauernschaft in der Sowjetunion durch den Terror dermaßen traumatisiert, dass von ihr keine direkte Bedrohung mehr für das kommunistische Regime ausging. Auch eine nationale Intelligenz existierte faktisch nicht mehr.

Der sowjetischen und der kommunistisch orientierten Historiographie gelang es nach dem Tode Stalins im Zug der Abrechnung mit dem Stalinismus, den Eindruck zu vermitteln, die Hauptopfer der stalinistischen Säuberungen in den Jahren 1937 und 1938 seien die Kommunisten selbst gewesen: sowjetische Partei- und Wirtschaftsfunktionäre, Offiziere der Roten Armee, NKWD-Angehörige, die kommunistische Intelligenz. Außerdem polnische, deutsche und Kommunisten anderer Nationalitäten, die sich in ihren oder anderen Ländern mit bemerkenswertem Fanatismus für den Stalinismus eingesetzt hatten und freiwillig in die Sowjetunion gekommen waren, wo nicht wenige von ihnen verhaftet und auch umgebracht wurden.

Diese Opfergruppen, die in erster Linie Täter bzw. Mittäter und Träger des kommunistischen Systems gewesen waren, beliefen sich auf Zehntausende Erschossene, Lagerinsassen und Deportierte. Die meisten Opfer des Massenterrors waren jedoch die ehemaligen »Kulaken« und andere »konterrevolutionäre Elemente«, die in den früheren Jahren in die Tiefen des Riesenreiches verschleppt oder in kommunistische Konzentrationslager gesperrt worden waren. Und an diesem Verbrechen hatte sich die Mehrzahl der späteren kommunistischen Opfer direkt oder indirekt beteiligt. Am 2. Juli 1937 beschloss das Politbüro, ein Telegramm an Parteisekretäre in Oblasten, Regionen und Republiken zu versenden:

»Man stellte fest, dass die meisten ehemaligen Kulaken und Kriminellen, die seinerzeit [...] in nördliche und sibirische Gebiete verbannt wurden und später, nach Ablauf der Verbannungsfrist, in ihre Oblasten zurückgekehrt waren, die Hauptanstifter für antisowjetische und Sabotage-Verbrechen jeder Art sind, ob in Kolchosen und Sowchosen, ob im Transport und in manchen Bereichen der Industrie. Das ZK der WKP(b) befiehlt allen Sekretären der Parteiorganisationen in Oblasten und Regionen sowie allen Vertretern des NKWD in Oblasten, Regionen und Republiken, sämtliche Kulaken und Kriminellen, die in ihre Heimat zurückkehren, zu erfassen. Die feindseligsten von ihnen sind nach Überprüfung der Akten durch Troikas[274] sofort zu verhaften und zu erschießen. Die übrigen weniger aktiven, jedoch alle feindseligen, sind zu registrieren und in Gebiete, die das NKWD festlegt, auszusiedeln. Das ZK der WKP(b) ordnet an, innerhalb von fünf Tagen dem ZK die Zusammensetzung der Troikas wie auch die Zahl der Personen, die der Erschießung als auch der Aussiedlung unterliegen, vorzulegen.«[275]

Das Politbüro bestätigte die ersten Troikas am 5. Juli und vier Tage später weitere und zugleich die ersten Kontingente an »Kulaken« und »Kriminellen«, die erschossen bzw. deportiert werden sollten. In den nächsten Tagen folgten weitere diesbezügliche Entscheidungen des Politbüros. Bis zum 11. Juli bewilligte das Politbüro mit Stalin an der Spitze die Erschießung von 68 556 und die Verbannung von 125 926 »Kulaken« und »Kriminellen«.[276]

Nach dem 11. Juli bestätigte das Politbüro weitere Troikas und Opferkontingente, und das NKWD traf zugleich organisatorische Vorbereitungen für dieses groß angelegte Massenverbrechen. Die

Zentrale des NKWD erarbeitete den berüchtigten operativen Befehl Nr. 00 447, der dem Politbüro am 30. Juli 1937 vorgelegt wurde. Der Befehl sah die Erschießung von 72 950 Menschen und die Einweisung von 194 000 Personen in kommunistische Konzentrationslager vor. Zumeist handelte es sich dabei um »ehemalige Kulaken«. Hinzu kamen religiöse Aktivisten und Sektenangehörige, ehemalige Angehörige »antisowjetischer« Parteien und »aufständischer« Banden, Weißgardisten sowie Kriminelle.[277]

Am 31. Juli bestätigte das Politbüro den operativen Befehl Nr. 00 447 und setzte dadurch die Mordmaschinerie in Betrieb. In den nächsten Wochen und Monaten nahm der Massenmord immer größere Dimensionen an. Stalin bewilligte mit seinen Genossen weitere Opferkontingente und weitete das Massaker auch auf ethnische Minderheiten aus. Am meisten betroffen waren die polnische und die deutsche Minderheit.[278] Im Januar 1938 erstattete das NKWD Bericht über die Erfüllung des operativen Befehls Nr. 00 447 bis zum 1. Januar 1938:

»Bis zum 1. Januar 1938 wurden insgesamt 555 641 Personen verhaftet. Darüber hinaus verhaftete das UNKWD der Oblast Nowosibirsk und der Altai-Region anlässlich der Zerschlagung der konterevolutionären Organisation ›ROWS‹ 22 108 Personen. Unter den Verhafteten nach dem Befehl Nr. 00 447 sind: 248 271 ehemalige Kulaken, 116 506 Kriminelle, 162 594 andere konterrevolutionäre Elemente, zu 28 270 Personen gibt es keine Angaben. [...] Zum 1. Januar 1938 wurden insgesamt 553 362 Personen abgeurteilt. [...] Unter den Verurteilten nach dem Befehl Nr. 00 447 wurden verurteilt:

a) erste Kategorie [Erschießung] 239 352 Personen, darunter ehemalige Kulaken – 105 124, Kriminelle – 75 930, andere konterrevolutionäre Elemente – 78 237, keine Angaben – 19 828.

b) zweite Kategorie [Konzentrationslager 5 bis 10 Jahre] 314 110, darunter ehemalige Kulaken – 138 588, Kriminelle – 75 930, andere konterrevolutionäre Elemente – 83 591, keine Angaben – 16 001.«[279]

Am 31. Januar 1938 bestätigte das Politbüro den vom NKWD erarbeiteten Zusatzplan für die Repression von ehemaligen Kulaken, Kriminellen und aktiven antisowjetischen Elementen. Danach waren 48 000 Personen nach der ersten Kategorie (Erschießung) und 9700 Personen nach der zweiten Kategorie (Deportation) zu »behandeln«. Das NKWD hatte diese Aufgabe bis zum 1. April 1938 zu bewältigen. In den nächsten Wochen und Monaten folgten weitere ähnliche Beschlüsse. Erst im November 1938 ließ Stalin diese systematischen Massaker einstellen.[280]

Die Bilanz all dieser Operationen ist erschreckend. In den Jahren 1937 und 1938 verhafteten die Organe des NKWD nach eigenen Angaben 1 575 259 Menschen, von denen sie 85,4 Prozent (1 344 923) »verurteilten«. Von den »Verurteilten« erschossen die mit dem Massenmord beauftragten NKWD-Angehörigen 681 692 Personen (d. h. 51 %), der Rest wurde in kommunistische Konzentrationslager gesperrt.[281]

Den Massenerschießungen in den Jahren 1937 und 1938 fielen in erster Linie »ehemalige Kulaken«, »antisowjetische Elemente«, Kriminelle und nationale Minderheiten zum Opfer. Im Rahmen der »deutschen Operation« ermordeten die kommunistischen Täter 42 000 Menschen, im Zuge der »polnischen Operation« über 70 000. Der polnischen Minderheit misstrauten Stalin und seine Genossen besonders, betrachten sie die in der Sowjetunion lebenden Polen doch als »fünfte Kolonne« der polnischen Republik, die in ihren Augen das Haupthindernis auf dem Weg nach Westen war. In den Zwanziger- und Dreißigerjahren herrschte in der Sowjetunion eine Polenphobie, gezielt geschürt durch die kommunistische Propaganda.[282]

Stalin und seine Genossen ließen zwischen 1937 und 1938 gewissermaßen vorbeugend Hunderttausende potenzieller Aufständischer und Rebellen erschießen oder in Konzentrationslager sperren, wo weitere Tausende von ihnen starben. Dies war die Genese dieses Massenverbrechens, die sich auch aus dem Schriftverkehr der Täter ablesen lässt. So warnte Anfang 1937 der NKWD-Chef von Westsibirien, Mirnow, zum wiederholten Male vor der

Gefahr, die von den »sozial gefährlichen Elementen« ausgehe. Er meinte damit verbannte Kulaken, Weißgardisten, »Bandenchefs«: »All diese Menschen seien Saboteure, die sich den Japanern bei der ersten Gelegenheit als Verbündete gegen die Sowjetmacht zur Verfügung stellen würden.«[283]

Die Erfahrung des Krieges von 1920 gegen Polen war hier ausschlaggebend. Damals kam es im bolschewistischen Hinterland zu zahlreichen Aufständen, die sich bald zu einem regelrechten Bauernkrieg entwickelten, den die Bolschewiken letztendlich in Blut erstickten. Diese Aufstände hatten dazu beigetragen, dass der bolschewistische Marsch nach Westen vor Warschau gescheitert war. Nach der Stabilisierung der kommunistischen Herrschaft begann sich ab 1925 die antikommunistische Stimmung insbesondere auf dem Lande wieder zu radikalisieren, sodass man in Moskau gar mit neuen Aufständen rechnete.[284]

Auch Ende der 1920er Jahre hegte Stalin keine Illusionen darüber, wie sich die Bauern während eines Krieges verhalten würden. Am 9. Juli 1928 erklärte er in einer Rede über »die Industrialisierung und das Getreideproblem« vor den Mitgliedern des ZK: »Jetzt fordert er [der Bauer] neue, bessere Lebensbedingungen. Können wir im Falle eines Überfalls der Feinde *Krieg führen* sowohl gegen den äußeren Feind an der Front als auch, um schleunigst Getreide für die Armee zu bekommen, *gegen den Bauern im Hinterland*? Nein, das können und dürfen wir nicht.«[285]

Der kommunistische Terror, den die Bolschewiken ab 1928 nach und nach radikalisierten und der im beispiellosen Massenmord gipfelte, fand unter dem Motto statt, das eigene Hinterland zu »festigen«. Am 28. Juli 1927 warnte Stalin vor der Gefahr eines neuen imperialistischen Krieges und forderte: »*Die Aufgabe besteht darin, unser Hinterland zu festigen und von Unrat zu säubern* [...], denn die Verteidigung unseres Landes ist ohne ein starkes revolutionäres Hinterland unmöglich.«[286] Stalin betrachtete die »Befriedung« des eigenen Hinterlandes, seine Säuberung von »Unrat«, stets als die unabdingbare Voraussetzung für die Kriegführung.[287] Ähnlich rechtfertigten Jahrzehnte später auch seine

Vertrauten die Massenmorde, an denen sie führend beteiligt gewesen waren.[288]

Forscher, die sich mit dem Massenterror der 1930er befassen, sehen das nicht anders: »Der Massenterror, der im Sommer 1937 begann und sich bis Herbst des Jahres 1938 fortsetzte, war ein Versuch, die Gesellschaft von ihren Feinden zu erlösen. Es war eine sowjetische Variante der ›Endlösung‹.«[289]

Die Mehrheit der in den Jahren 1937 und 1938 ermordeten Menschen hätte den deutschen Überfall auf die Sowjetunion sicher begrüßt. Nicht wenige hätten wohl auch zu den Waffen gegriffen, um gegen ihre Peiniger und Verfolger zu kämpfen. Irreführend sind hingegen die Anekdoten von kommunistischen Fanatikern, die in den Jahren 1937/38 selbst im Angesicht des Erschießungskommandos Stalin und dem Kommunismus ewige Treue schworen.[290] Sie waren die Ausnahmen und nicht die Regel. Viele Bauern sehnten hingegen Ende der Dreißigerjahre einen deutschen Überfall auf die Sowjetunion herbei, weil sie in ihrer Verzweiflung hofften, auf diesem Weg vom kommunistischen Joch befreit zu werden.[291]

Im Jahr 1941 war die Sowjetunion weitgehend »befriedet«, allerdings mit einigen Ausnahmen, die in erster Linie die 1939 und 1940 besetzten Gebiete betrafen. Dort kam es im Sommer 1941 im Rücken der Roten Armee zu organisierten, politisch motivierten Überfällen auf die sowjetischen Besatzer und Truppen der Roten Armee und auch zu Aufstandsversuchen, insbesondere in der heutigen Westukraine, den baltischen Ländern, aber auch im Nordkaukasus. In den Kerngebieten der Sowjetunion, wo die Bolschewiken bereits mehr als 20 Jahre ihr Terrorregime ausübten, war es wesentlich »ruhiger«, obwohl es auch dort zahlreiche Unmutsbekundungen gab. In Donbas kam es sogar zu blutigen Auseinandersetzungen zwischen Arbeitern und NKWD-Einheiten.[292]

Auch später bildeten sich Gruppen, die bewaffnete, politisch motivierte Überfälle auf sowjetische Einrichtungen und Funktionäre verübten. Daraus entstanden aber keine größeren Aufstände. Die terrorisierte und traumatisierte Bevölkerung der einzelnen Regionen war dazu nicht mehr fähig. Hinzu kam, dass der ausgebaute und personalstarke Terrorapparat beinahe überall präsent war, jederzeit bereit, jeglichen Aufstandsversuch im Keim zu ersticken.

Infolgedessen blieb das sowjetische Hinterland während des gesamten Krieges relativ ruhig. Stalin konnte mit sich und seinen Genossen zufrieden sein, und das war er auch. Am 9. Februar 1946 erklärte er: »Der Krieg brachte eine Art Examen für unsere Sowjetordnung, unseren Staat, unsere Regierung, unsere Kommunistische Partei und zog das Fazit ihrer Arbeit, als wollte er uns sagen: da sind sie, eure Menschen und Organisationen, ihre Taten und ihr Leben – schaut sie euch aufmerksam an und würdigt sie nach ihren Werken.«[293]

TEIL III

DIE DEUTSCHLANDPOLITIK STALINS NACH DEM 22. JUNI 1941

Der deutsche Überfall auf die Sowjetunion beendete jäh das deutsch-sowjetische Bündnis und die Waffenbrüderschaft beider Länder. Deutschland mit seinem Wirtschafts- und Menschenpotenzial verwandelte sich in den Augen Stalins vom unverzichtbaren Partner bei der Weltrevolution zum Hauptfeind der Sowjetunion und bald gar zur Bestie.

Stalin glaubte offenkundig nicht mehr, dass es einfach würde, Deutschland im kommunistischen Sinne zu revolutionieren. Am 17. Mai 1944 fand im Kreml eine Unterredung zwischen Stalin, Molotow und Oskar Lange statt. Lange, ein polnischer Wirtschaftswissenschaftler deutscher Herkunft, arbeitete seit 1937 in den USA und war ein sowjetischer Agent.[1] In dem Gespräch, das protokolliert wurde, wollte Lange wissen,

»ob Stalin meint, dass der Einfluss des Marxismus in Deutschland vollständig verschwunden ist.

Genosse Stalin antwortet, dass es in Deutschland 150–200 000 marxistische Kader gegeben habe, jedoch wurden diese Leute vernichtet und die Massen, die mit ihnen gegangen waren, zerrannen, weil sie sich von der Stimmung [und nicht von der Ideologie, B. M.] hatten leiten lassen.

Lange fragt an, ob vielleicht für Deutschland ein sozialistisches oder halbsozialistisches System geeignet sei.

Genosse Stalin bemerkt, dass der Sozialismus in Deutschland nicht so schnell kommen werde.«[2]

Am 9. August 1944 empfing Stalin im Kreml Stanisław Mikołajczyk, den damaligen Premier der polnischen Exilregierung in London.

Mikołajczyk erklärte unter anderem, dass er vor seiner Abreise aus London Stellungnahmen deutscher Kriegsgefangener gelesen habe: »Ein deutscher Offizier erklärte in seiner Stellungnahme, dass Deutschland seine Erlösung im Kommunismus finden werde.« Daraufhin erwiderte Stalin kurz: »Der Kommunismus passt zu Deutschland wie ein Sattel zu einer Kuh.«[3]

Stalin und seine Genossen waren von der Haltung der Deutschen, insbesondere der deutschen Arbeiter, mehr als enttäuscht, und sie verloren offenkundig den Glauben an die Deutschen als künftige Avantgarde der Weltrevolution. In Deutschland hatte eine Revolution stattgefunden, wie die Bolschewiken es vorausgesagt hatten, allerdings nicht eine kommunistische, sondern die nationalsozialistische, welche die Sowjetunion an den Rand der Katastrophe brachte. Nun sann Stalin auf blutige Rache.

Von der Avantgarde der Weltrevolution
zum Todfeind – antideutsche Propaganda

In den ersten Kriegsmonaten vermochte die sowjetische Führung noch zwischen dem »faschistischen« Regime und dem deutschen Volk zu unterscheiden.[4] Dies spiegelte sich auch in der an die deutschen Soldaten gerichteten sowjetischen Propaganda wider. Bereits im Januar 1934 hatte Stalin angeordnet, für die nationalsozialistische Ideologie und das NS-System statt der Bezeichnungen »Nationalsozialismus« und »nationalsozialistisch« die Begriffe »Faschismus« und »faschistisch« zu gebrauchen, denn, wie er erklärte, »selbst bei gründlichster Prüfung ist es unmöglich, darin auch nur eine Spur Sozialismus zu entdecken«.[5] Stalins Wort war damals Gesetz und ist es offenkundig für einige noch bis heute. So bezeichnet man den Nationalsozialismus nach wie vor als Faschismus, und zwar nicht nur in den Ländern der ehemaligen Sowjetunion.

In einem Flugblatt aus dem Jahr 1941, das an deutsche Soldaten gerichtet war, heißt es: »Die Schuld daran [am Krieg] trägt Hitler und seine ganze Bande der faschistischen Generäle und Offiziere. Deutsche Soldaten! Vernichtet Hitler, schlagt seine Generäle und Offiziere! Geht auf die Seite der Roten Armee über! Hier erwartet euch die Erlösung von Tod und Elend.«[6] In einem anderen Aufruf an das deutsche Volk, deutsche Soldaten, Arbeiter und Bauern vom Sommer 1941 ist von Hitlers Schuld am Ausbruch des Krieges die Rede. Der Aufruf warnte die Deutschen, Hitler führe sie zum Niedergang, zur Katastrophe, und forderte jeden Einzelnen auf: »Nieder mit Hitler, beende den Krieg.«[7]

Am 16. Oktober 1941 veröffentlichte die *Prawda* einen Aufruf der KPD an die deutschen Truppen, den die deutschen Kommunisten in Moskau in Absprache mit der sowjetischen Führung verfasst hatten. Stalin persönlich hatte die Veröffentlichung genehmigt. Der Aufruf forderte die deutschen Soldaten auf, Hitler zu stürzen, und warnte zugleich: »Wenn Ihr diesen gerechten und würdigen Weg nicht beschreitet, so riskiert Ihr es, eine Zertrümmerung der deutschen Armee und des Deutschen Reiches zu durchleben, die erschütternder sein wird, als das im Ersten Weltkrieg der Fall war.«[8]

Anlässlich des 25. Jahrestages der Oktoberrevolution, am 6. November 1941, hielt Stalin in Moskau eine Rede. Dabei sprach er auch über die Gründe, warum Deutschland den Krieg verlieren müsse, und erklärte:

> »Das ist zweitens die Unzuverlässigkeit des deutschen Hinterlands der Hitlerschen Räuber.
> Solange sich die Hitlerleute damit beschäftigten, das durch den Versailler Vertrag zerstückelte Deutschland zusammenzufassen, konnten sie beim deutschen Volk, das von dem Ideal einer Wiederherstellung Deutschlands beseelt war, Unterstützung finden. Nachdem diese Aufgabe aber gelöst war und die Hitlerleute den Weg des Imperialismus, den Weg des Raubes fremder Lande und der Unterwerfung fremder Völker beschritten haben, […] ist im deutschen Volke ein tiefgehender Umschwung gegen die Fortsetzung des Krieges, für die Beendigung des Krieges eingetreten. […] Nur die Hitlerschen Narren können nicht begreifen, daß nicht nur das europäische Hinterland, sondern auch das deutsche Hinterland der deutschen Truppen einen Vulkan darstellt, bereit auszubrechen und die Hitlerschen Abenteurer zu begraben.«[9]

Einige Monate später, am 23. Februar 1942, veröffentlichte die *Prawda* den Tagesbefehl Stalins zum 24. Jahrestag der Roten Armee, der danach auch unter den deutschen Soldaten an der Ostfront (durch Flugblätter und mündliche Aufrufe) verbreitet wurde. Darin führte Stalin aus:

»In der ausländischen Presse wird manchmal darüber ge-
schwätzt, daß die Rote Armee das Ziel habe, das deutsche Volk
auszurotten und den deutschen Staat zu vernichten. Das ist natürlich eine dumme Lüge und eine törichte Verleumdung der
Roten Armee. Solche idiotischen Ziele hat die Rote Armee nicht
und kann sie nicht haben. Die Rote Armee setzt sich das Ziel,
die deutschen Okkupanten aus unserem Lande zu vertreiben
und den Sowjetboden von den faschistischen deutschen Eindringlingen zu befreien. Es ist sehr wahrscheinlich, daß der
Krieg für die Befreiung des Sowjetbodens zur Vertreibung oder
Vernichtung der Hitlerclique führen wird. Wir würden einen
solchen Ausgang begrüßen. Es wäre aber lächerlich, die Hitlerclique mit dem deutschen Volke, mit dem deutschen Staate
gleichzusetzen. Die Erfahrungen der Geschichte besagen, daß
die Hitler kommen und gehen, aber das deutsche Volk, der deutsche Staat bleibt.«[10]

Das war und blieb indes Wunschdenken, denn das deutsche Volk,
insbesondere der deutsche Soldat, blieb Adolf Hitler in seiner
Mehrheit treu. Stalin und seine engsten Mitarbeiter begriffen dies
allmählich, was sich auch in der Propaganda widerspiegelte. Ab
Ende 1941 finden sich in Aufrufen an das sowjetische Volk und die
Rotarmisten Begriffe wie »deutsche Besatzer«, »deutsche Eindringlinge«, »deutsche Armee«, »Deutsche«, wo früher von »Fa-
schisten«, »faschistischen Eindringlingen« etc. die Rede gewesen
war.[11]
   Mit der Zeit »germanisierten« die sowjetischen Propagandisten
die antideutsche Kriegspropaganda noch weiter. Beispielsweise
ließ Stalin im Herbst 1942 ein Flugblatt mit der Losung: »Sieg oder
Tod! Willst Du den Sieg – töte den Deutschen« unter der sowjetischen
Jugend verbreiten. In einem Flugblatt an Kinder in den besetzten
Gebieten vom November 1942 hieß es: »Die Rote Armee befreit
Euch von den Deutschen! [...] Die Deutschen werden nicht mehr
lange leben. Die Rote Armee vernichtet sie alle wie tollwütige
Hunde.«[12] In Deutschland bekannt ist der Aufruf an die Rotar-

misten, den Wehrmachtssoldaten im Jahr 1942 bei gefallenen Rotarmisten gefunden hatten:

> »Die Deutschen sind keine Menschen. Von jetzt an ist das Wort ›Deutscher‹ für uns der schlimmste Fluch. Von jetzt an läßt das Wort ›Deutscher‹ das Gewehr losgehen. Wir werden nicht reden. Wir werden uns nicht entrüsten. Wir werden töten. Wenn Du nicht einen Deutschen am Tag getötet hast, war der Tag verloren. Wenn Du glaubst, daß Dein Nachbar für Dich den Deutschen tötet, hast Du die Gefahr nicht verstanden. Wenn Du nicht den Deutschen tötest, wird der Deutsche Dich töten! [...] Wenn Du einen Deutschen getötet hast, töte einen weiteren. Nichts stimmt uns fröhlicher als deutsche Leichen.«[13]

Die antideutsche Propaganda beinhaltete rassistische Verallgemeinerungen und unterstellte allen Deutschen, »dass sie von Kindesbeinen an sadistisch, kulturlos, trinksüchtig und gewalttätig seien«. Das war die Botschaft des Plakates »Der junge Fritz«, das aus sechs Bildern mit abfälligen Kommentaren bestand. Man begann auch diese Ansichten »wissenschaftlich« zu untermauern. Es erschienen »wissenschaftliche« Publikationen, welche die Gefährlichkeit der Deutschen »belegten«.[14]

Auch die Propaganda, die an die deutschen Soldaten gerichtet war, änderte sich. Ab Sommer 1942 hatte sie nicht mehr »moralisierend« zu sein, sondern Angst und Schrecken einzujagen. Alexander Schtscherbakow, der Chef der Hauptverwaltung für Propaganda bei der Roten Armee, führte am 27. Juli 1942 in einer Sitzung aus:

> »Unsere Propaganda unter den Soldaten der deutschen Armee muss Abstand von der moralischen Bewertung des deutschen Soldaten nehmen. Die Hauptmasse der deutschen Soldaten hängt an Hitler. Der Typus des hitlerschen Soldaten – Smerdajakow (bei Dostojewski)[15]. In Deutschland fand ein moralischer Verfall der Nation statt, insbesondere der Soldaten. Es ist eine

zwecklose Arbeit, zu agitieren und den deutschen Soldaten zu sagen, dass sie Falsches machen, dass nicht die UdSSR Deutschland überfallen hat, sondern Hitler die UdSSR. Selbstverständlich gibt es in der deutschen Armee vereinzelte Menschen (Einzelne), die begreifen, dass sie Verbrechen begehen. Jedoch die Hauptmasse der deutschen Soldaten begreift das nicht. Was können wir gegen sie unternehmen? In erster Linie sind das vernichtende Schläge der Roten Armee. Das ist das beste Mittel, um Hitleristen zu überzeugen. Was die Propaganda angeht, sollten wir uns folgenden Fragen zuwenden:

1. Auf die Soldaten mit Angst einwirken, sie mit der Stärke der UdSSR und der antihitlerschen Koalition einschüchtern. [...].«[16]

Ähnliche Richtlinien erhielten sowjetische Partisanen. Am 30. August 1942 fand in Moskau eine Besprechung zwischen Pantelejmon Ponomarenko, dem Chef des Zentralstabes der Partisanenbewegung, und Partisanenführern aus den Brjansker Wäldern (bei der Stadt Brjansk, westliches Russland) statt. Ponomarenko erkundigte sich nach deutschen Überläufern. Einer der Partisanenführer erklärte: »Bei mir war ein Deutscher, MG-Schütze, versuchte zu fliehen.« Ponomarenko erwiderte darauf:

»Es ist besser, sie [die Deutschen], wie man sagt, für das Jenseits zu verwenden. Die Deutschen sollen zittern, wenn sie nur den Namen Partisan hören. Ich erinnere mich an so einen Fall im Winter bei Wielkoje Luki [im Abschnitt der Kalininer Front[17]]: Eine Gruppe von Deutschen stand zur Erschießung. Einer sprang raus und erklärte: Ich bin Kommunist. Und wann bist du Kommunist geworden?«[18]

Auch an anderen Frontabschnitten machten Rotarmisten eher selten Gefangene, obwohl es keine Hinweise darauf gibt, dass sie auf eine entsprechende Anweisung der sowjetischen Machthaber hin handelten, wie das bei den Partisanen der Fall war.[19] Zumindest in der Anfangsphase des Krieges bemühte sich die sowjetische Militärführung offenbar, solche Exzesse zu unterbinden. Am 14. Juli 1941 erließ das Volkskommissariat für Verteidigung den Befehl Nr. 020:

»Rotarmisten und Kommandeure nehmen im Kampf keine Soldaten und Offiziere gefangen. Es sind Fälle vorgekommen, in denen Gefangene erwürgt und erstochen wurden. Ein solches Verhalten gegenüber Gefangenen fügt der Roten Armee politischen Schaden zu; es erbittert die Soldaten der faschistischen Armee, verhindert den Prozess ihrer Zersetzung und bietet dem Offizierskorps der faschistischen Armee einen Vorwand, die Soldaten über die ›Schrecken‹ der Gefangenschaft in der Roten Armee zu belügen und den Widerstand der Soldaten zu stärken.«[20]

Solche Befehle befolgten die Truppen jedoch nicht immer, und während des ganzen Krieges kam es regelmäßig zur Tötung von deutschen Kriegsgefangenen. Argunow, ein Offizier der Roten Armee, war im Jahr 1943 an der Wolchower Front (nordwestlicher Frontabschnitt) eingesetzt. Am 22. August 1943 schrieb er einen Brief an Kliment Woroschilow, in welchem er den Verlauf der Kämpfe in seinem Frontabschnitt schilderte. Seine Ausführungen schloss Argunow wie folgt: »Schade nur, dass unsere Truppen überhaupt keine Gefangenen machen.«[21]

Entgegen dem Befehl vom 14. Juli 1941 billigte Stalin – zumindest in der späteren Phase des Krieges – die Erschießung deutscher Kriegsgefangener, ja, er bestand sogar darauf. Während der Konferenz von Teheran (28. 11. – 1. 12. 1943), an der Franklin D. Roosevelt, Winston Churchill und Stalin teilnahmen, fand nach Churchills Schilderung folgendes Gespräch statt:

»Stalin fragte abermals, was mit Deutschland geschehen solle. Ich erwiderte, ich sei nicht gegen die arbeitenden Massen Deutschlands eingestellt, nur gegen die Führer und gegen gefährliche Machenschaften. Stalin antwortete, in den deutschen

Divisionen befänden sich viele Werktätige, die unter Befehl fochten. Gefangene aus den arbeitenden Klassen (so heißt es im Protokoll, aber vermutlich meinte er aus der kommunistischen Partei) hätten auf die Frage, weshalb sie für Hitler kämpften, geantwortet, daß sie Befehlen gehorchten. Solche Gefangene lasse er erschießen.«[22]

»Raus mit ihnen, dass die Fetzen fliegen« – Das Schicksal der deutschen Minderheit in der Sowjetunion während des Krieges[23]

Die deutsche Minderheit in der Sowjetunion bekam als erste die Wucht der Rache Stalins zu spüren. Im Jahr 1926 lebten in der UdSSR 1,23 Millionen Deutsche, ihre Zahl ging jedoch in den nächsten zehn Jahren infolge des kommunistischen Massenterrors auf 1,15 Millionen im Januar 1937 zurück. In den Jahren 1937 und 1938 erreichte der Terror in der Sowjetunion seinen Höhepunkt, und davon betroffen war auch die deutsche Minderheit. Im Rahmen der sogenannten »deutschen Operation« ermordeten NKWD-Angehörige 42 000 in Russland lebende Deutsche. Weit über 200 000 Russlanddeutsche wurden in den 1930er Jahren in die unwirtlichen Gebiete des Riesenreiches verschleppt.

Nach Abschluss des Hitler-Stalin-Paktes ließ der Terror gegenüber den Russlanddeutschen nach. Wer in den 1939 und 1940 durch die Sowjetunion annektierten Gebieten (Ostpolen, baltische Länder, Bessarabien) lebte, durfte seine Heimat, die nun sowjetisch geworden war, sogar verlassen und nach Deutschland ausreisen. Infolgedessen dürfte sich die Zahl der Deutschen in der Sowjetunion im Vergleich zum Januar 1937 nicht wesentlich verändert haben.[24]

Nach dem 22. Juni 1941 erreichten die Repressalien gegen die Russlanddeutschen ihren Höhepunkt. Bereits am ersten Kriegstag erging die Anordnung, alle deutschen Staatsangehörigen, die in der Stadt und im Gebiet Moskau lebten, zu internieren. Auch Staatenlose deutscher Herkunft waren zu verhaften, falls belastende Materialien über sie vorlagen. Ähnlich gingen die kommunistischen Machthaber in anderen Gebieten vor.[25] In der Republik der Wolgadeutschen, die im Oktober 1918 errichtet worden war, verhafteten NKWD-Behörden Menschen unter dem Verdacht bzw. Vorwurf der Spionage für Deutschland und anderer konterrevolutionärer Verbrechen. Ferner durften Kinder deutscher und österreichischer Familien, die noch in den 1930er Jahren zusammen mit ihren Eltern deportiert worden waren, nach Vollendung des 16. Lebensjahres ihre Verbannungsorte nicht mehr verlassen.[26]

Es sollte bald noch viel schlimmer kommen. Am 3. August 1941 meldete der Kriegsrat der Süd-Front nach Moskau, dass während der Kriegshandlungen am Dnjestr dort lebende Deutsche aus Fenstern und Gärten auf zurückweichende Truppen der Roten Armee geschossen hätten. Ferner hätten Bewohner eines deutschen Dorfes die einmarschierenden deutschen Verbände mit Brot und Salz begrüßt. Der Kriegsrat wies zugleich darauf hin, dass in den rückwärtigen Gebieten der Süd-Front viele Deutsche in Siedlungen lebten, und bat, diese unzuverlässigen Elemente sofort auszusiedeln. Stalin persönlich las das Telegramm und machte einen Vermerk darauf: »Raus mit ihnen, dass die Fetzen fliegen.«[27] In den nächsten Tagen ergingen Befehle des Kriegsrates der Süd-Front und der Südwest-Front über die Umsiedlung der Deutschen aus dem Gebiet Charkow, Dnjepropetrowsk und von der Krim.[28]

Ob tatsächlich Russlanddeutsche auf flüchtende sowjetische Truppen geschossen hatten, sei dahingestellt; konkrete Belege dafür gibt es nicht. Dass die in der Ukraine lebenden Deutschen die einmarschierenden Truppen der Wehrmacht begrüßten, ist hingegen durchaus nachvollziehbar. Das taten schließlich auch Ukrainer, Weißrussen, Polen, Russen und andere. Aber die Wut Stalins auf die Deutschen war besonders groß, und sie richtete sich gegen alle in der Sowjetunion lebenden Deutschen.

Ende August 1941 beauftragte Stalin Berija, einen Beschlussentwurf über die Umsiedlung der Wolgadeutschen vorzubereiten und ihm vorzulegen, was Berija am 25. August tat. Der Entwurf sah die Umsiedlung der Deutschen aus der Republik der Wolgadeutschen sowie aus den Oblasten Saratow und Stalingrad vor, betroffen waren insgesamt 479 841 Personen, darunter 401 746 aus der Republik der Wolgadeutschen, 54 389 aus der Oblast Saratow und 23 756 aus der Oblast Stalingrad. Alle diese Menschen sollten in die nordöstlichen Bezirke der Kasachischen Sowjetrepublik, in die Krasnodar- und Altai-Region und in die Oblasten Omsk und Nowosibirsk »umgesiedelt« werden.[29] Einen Tag später bestätigte das Politbüro den Beschlussentwurf.[30] Und am 28. August erging der Erlass des Obersten Sowjet der UdSSR »Über die Umsiedlung der Deutschen, die in den Wolga-Rayons lebten«, der diese Entscheidung als »Strafmaßnahme« bezeichnete.[31]

Die groß angelegte Operation sollte am 3. September beginnen und bis zum 20. September abgeschlossen sein. Um diese Aufgabe zu bewältigten, beorderte Berija zusätzliche Kräfte, 1200 NKWD-Mitarbeiter und 2000 Milizangehörige, in die Republik der Wolgadeutschen, weitere 250 NKWD-Mitarbeiter und 1000 Milizangehörige in die Oblast Saratow und 100 NKWD-Mitarbeiter und 250 Milizangehörige in die Oblast Stalingrad. Auch die Rote Armee bekam Befehl, die Operation mit insgesamt 11 150 Rotarmisten zu unterstützen. Einige Tage später, am 6. September, beschloss das Politbüro, die Republik der Wolgadeutschen auch formal aufzulösen.[32]

Der Entscheidung über die Wolgadeutschen folgten weitere Beschlüsse über die Verschleppung von Deutschen aus anderen Regionen der UdSSR. Am 28. August schlugen Molotow, Malenkow, Kossygin und Schdanow vor, die deutsche und finnische Bevölkerung aus den Vororten von Leningrad zu deportieren, insgesamt 96 000 Personen. Stalin bestätigte den Vorschlag, und am 30. August erließ Berija den Befehl Nr. 001775 des Volkskommissars für Innere Angelegenheiten über die Deportation dieser Bevölkerungsgruppen in die Kasachische Sowjetrepublik bis zum 7. September.[33]

Am 6. September schrieb Berija an Stalin, dass in der Stadt Moskau und in den Rayons der Oblast Moskau 11 567 Deutsche lebten, darunter 2009 Arbeiter, 3853 Angestellte, 389 Kolchosbauern, 64 Partei- und 31 Komsomolmitglieder. Das NKWD habe 2950 von ihnen als antisowjetische und verdächtige Elemente erfasst. Um antisowjetischen Aktivitäten seitens dieser Deutschen vorzubeugen, halte es das NKWD der UdSSR für unerlässlich, so Berija weiter, sie alle zu verhaften. Die übrigen 8617 Deutschen sollten in die nördlichen Gebiete der Sowjetrepublik Kasachstan umgesiedelt werden.[34]

Darüber hinaus sollten laut Berija auch die in der Oblast Rostow lebenden 21 400 Deutschen in die Sowjetrepublik Kasachstan umgesiedelt werden. Berija legte eine Beschlussvorlage bei und bat Stalin um Entscheidung. Der zeichnete das Schreiben mit seinem blauen Stift ab und unterschrieb noch am selben Tag die Vorlage als GKO-Beschluss Nr. 636. Die Deportationen waren vom 15. bis 20. September durchzuführen, die Verschleppten durften bis zu 200 kg persönliches Gepäck pro Person mitnehmen.[35]

Am 31. August 1941 erging ein Beschluss des Politbüros, der sich wenige Monate später als wegweisend für die Behandlung sämtlicher Russlanddeutscher herausstellen sollte. An diesem Tag ordnete das Politbüro an, Deutsche zu verhaften, die in den östlichen Teilen der Ukrainischen Sowjetrepublik lebten und als antisowjetische Elemente erfasst worden waren. Die übrigen deutschen Männer im Alter von 16 bis 60 Jahren seien dagegen zu mobilisieren, in Baubataillonen zusammenzufassen und unter Aufsicht des NKWD in den östlichen Bezirken der UdSSR bei Arbeiten einzusetzen.[36] Im Klartext bedeutete diese Entscheidung Zwangsarbeit für alle deutschen Männer, die in der Ukrainischen Sowjetrepublik lebten.

Zu diesem Zeitpunkt dienten in der Roten Armee Zehntausende Soldaten und Offiziere deutscher Herkunft, die aus Sicht des sowjetischen Regimes ebenfalls eine große Gefahr darstellten. Wie loyal Soldaten und Offiziere gegenüber einem Regime waren, das ihre Familien in entfernte und unwirtliche Gebiete der Sowjetunion verschleppt hatte, ist unschwer zu erraten. Am 8. September 1941 unterzeichnete Stalin als Volkskommissar für Verteidigung die Direktive Nr. 35106, wonach alle Soldaten und Offiziere deutscher Nationalität aus den Truppenteilen und allen Einrichtungen der Roten Armee (darunter auch Militärakademien und -schulen) auszusondern und in Bautrupps der inneren Militärbezirke zu versetzen seien. Nur einige wenige durften in ihren Einheiten verbleiben, falls ihre Vorgesetzten sich für sie verwendeten.[37]

In den nächsten Wochen ließ Stalin weitere Gebiete und Regionen von Deutschen säubern. Am 21. September 1941 unterzeichnete er GKO-Beschluss Nr. 698 über die Umsiedlung von Deutschen aus den Regionen Krasnodar (34 287 Personen) und Ordschonikidse (94 489), aus der Oblast Tula (3208) und den Autonomen Sowjetrepubliken Kabardino-Balkarien (5327) und Nordossetien (2929). Die Betroffenen waren in der Zeit vom 25. September bis 10. Oktober nach Kasachstan »umzusiedeln«.[38] Einen Tag später unterschrieb Stalin GKO-Beschluss Nr. 702 über die gleichzeitige Umsiedlung der Deutschen aus den Oblasten Saporosche (63 000 Personen), Stalino (41 000) und Woroschilowgrad (5487), ebenfalls nach Kasachstan.[39]

Am 8. Oktober ergingen gleich zwei Deportationsbeschlüsse Stalins. GKO-Beschluss Nr. 743 ordnete die Umsiedlung der Deutschen aus der Oblast Woronesch (5125 Personen) in die Oblast Nowosibirsk in der Zeit vom 15. bis 22. Oktober an.[40] Und GKO-Beschluss Nr. 744 betraf die Umsiedlung der Deutschen aus den Sowjetrepubliken Georgien (23 580), Aserbaidschan (22 741) und Armenien (212) vom 15. bis 20. Oktober 1941.[41]

Zwei Wochen später, am 22. Oktober 1941, teilte Berija Stalin mit, dass die NKWD-Behörden der Autonomen Sowjetrepubliken Dagestan und Tschetschenien-Inguschetien ein Gesuch betreffend die Umsiedlung von Bewohnern dieser Republiken, die deutscher Nationalität sind, eingereicht hätten. Die örtlichen Partei- und Sowjetorganisationen unterstützten dieses Gesuch, schrieb Berija, legte einen Beschlussentwurf bei und bat Stalin um Anweisungen. Dieser unterzeichnete noch am selben Tag den GKO-Beschluss Nr. 827 über die Umsiedlung der Deutschen aus den beiden Sowjetrepubliken (insgesamt 4574 Personen) nach Kasachstan in der Zeit vom 25. Oktober bis 30. November 1941.[42]

Es war der letzte Beschluss des Jahres 1941 über die Verschleppung von Deutschen. Erst am 29. Mai 1942 erging ein weiterer Deportationsbeschluss, der auch die Deutschen betraf. An diesem Tag unterzeichnete Stalin GKO-Beschluss Nr. 1828 über die »Aussiedlung« von sozial-gefährlichen Personen sowie von Personen deutscher und rumänischer Nationalität, Krimtataren und ausländischen Bürgern (Griechen), ansässig in der Region Krasnodar und der Oblast Rostow.[43] Die meisten der dort lebenden Deutschen waren bereits im September 1941 verschleppt worden.

Die nächsten Befehle über die Deportation von Deutschen ergingen im Januar 1944, als sich die Rote Armee auf dem Vormarsch befand und die vormals deutsch besetzten Gebiete befreite. Am 7. Januar 1944 befahl Berija, alle dortigen Volksdeutschen zu verhaften, sie in das Tschernogorsker Sonderlager des NKWD (in Südsibirien, an der Grenze zur Mongolei) einzuweisen und ihr Eigentum zu beschlagnahmen. Ihre Familienangehörigen sollten nach Nowosibirsk deportiert werden. Nach der Rückeroberung der Krim verschleppten die Sowjets neben anderen Nationalitäten auch 1119 Deutsche.[44]

Der Verlauf dieser groß angelegten ethnischen Säuberung ist inzwischen relativ gut dokumentiert.[45] Bis zum 1. Januar 1942 fertigten die Sowjets nach NKWD-Angaben 344 Züge mit insgesamt 799 459 verschleppten Deutschen ab, die zu jeweils etwa der Hälfte nach Kasachstan und Sibirien (Regionen Altai und Krasnojarsk sowie die Oblasten Nowosibirsk und Omsk) fuhren. Berija selbst sprach am 6. Januar 1942 gegenüber Stalin von etwa 750 000 bis Anfang Januar 1942 »umgesiedelten« Deutschen.

Nicht immer verliefen die Deportationen nach Plan. In der Ukrainischen Sowjetrepublik wurden von 23 820 Familien »nur« 10 350 verschleppt. Der Grund: Transportschwierigkeiten. Ähnlich war es in anderen, vor allem frontnahen Gebieten. Insgesamt wurden laut einer Aufstellung von 1945 in den Jahren 1941 bis 1945 949 829 Russlanddeutsche verschleppt.[46]

In der Verbannung litten am meisten stets die kleinen Kinder[47], von denen es auch unter den verschleppten Deutschen sehr viele gab. Nach Angaben vom Oktober 1941 betrug ihr Anteil unter den deportierten Wolgadeutschen 47,4 Prozent oder 178 694 von 376 717 Deportierten.[48] Tausende dieser Kinder starben an Hunger, Unterernährung, Krankheiten, Entkräftung und Kälte.[49] Als Beispiel seien hier die Lebensbedingungen in den Rayons Kriwoschien und Molschansk, Oblast Tomsk (Sibirien), angeführt. Nach einem Bericht vom Januar 1944 lebten in der Siedlung Nikolske 18 deutsche Familien (83 Personen) in Erdhütten, die im Sumpfgebiet, etwa 300 Meter von der Siedlung entfernt, errichtet worden waren. Vier Familien mit 17 Personen, darunter elf Kinder, hausten in einer unbeheizten und feuchten Erdhütte von 16 m² mit sehr kleinen Fenstern.[50] In der Siedlung Belyj Butor fristeten in einer Erdhütte, etwa 400 Meter von der Siedlung entfernt, sechs Familien mit 26 Personen ihr Dasein, darunter 18 Kinder im Alter von bis zu zehn Jahren. Die Erdhütte hatte keine Fenster, und der Ofen war kaputt. Auf einer Insel, etwa zwei Kilometer von der Siedlung Krasnyj Jar entfernt, hausten in einer Baracke acht deutsche Familien mit 24 Personen, darunter 13 Kinder im Vorschulalter. Die Baracke war undicht, der Herd ebenfalls, die Unterkunft war voller Wanzen und Läuse. Die Wohnverhältnisse der deutschen Verschleppten in den anderen Siedlungen der beiden Rayons waren ähnlich. Hinzu kam, dass weder die Kinder noch die Erwachsenen über ausreichend Winterbekleidung und Winterschuhe verfügten. Zudem waren die zugewiesenen Lebensmittelrationen sehr knapp (200 g Brot pro Person und Tag), was bei vielen Kindern und auch Erwachsenen zu Unterernährung führte.[51]

In der Region Krasnojarsk (Sibirien) lebten im Frühjahr 1943 7396 deportierte deutsche Kinder im Schulalter, jedoch besuchten nur 2402 von ihnen die Schule, weil die Mehrheit keine warme Kleidung, Schuhe und Schulutensilien besaß. Kinder ab zwölf Jahren gingen grundsätzlich nicht zur Schule, weil sie in der eigenen Wirtschaft arbeiten oder sich woanders verdingen mussten. Hinzu kam, dass in vielen Schulen der Region russische Schulkinder ihre deutschen Schulkameraden regelrecht terrorisierten und als »Faschisten« beschimpften.[52]

Verschlimmert wurde das tragische Schicksal der deutschen Kinder in der Verbannung noch durch den Umstand, dass ihre Eltern, die für sie hätten sorgen sollen und können, kaum in den Verbannungsorten angekommen, erneut verschleppt wurden. Für die meisten deutschen Frauen und Männer waren die Verbannungsorte lediglich eine Zwischenstation und Vorstufe zur Hölle.

Am 6. Januar 1942 teilte Berija Stalin mit, dass sich unter den 750 000 nach Sibirien und Kasachstan »umgesiedelten« Wolgadeutschen 154 000 Männer über 16 Jahren befänden, von denen bis zu 120 000 arbeitsfähig seien. Vor dem Hintergrund des akuten Arbeitskräftemangels im Bauwesen und beim Holzeinschlag halte das NKWD der UdSSR es für zweckmäßig, alle arbeitsfähigen deutschen Männer im Alter von 17 bis 50 Jahren für den Arbeitseinsatz zu mobilisieren. 45 000 Mann sollten beim Holzeinschlag eingesetzt werden, 35 000 bei der Errichtung von Werken in Bakal und Bogoslowsk und 40 000 Mann beim Bau von Eisenbahnlinien in Sibirien, im Ural und in Kasachstan. Wie üblich fügte Berija seinem Schreiben eine Beschlussvorlage bei. Stalin versah das Schreiben mit dem Vermerk »Einverstanden, St. [Stalin]«[53], und vier Tage später erging die Vorlage als GKO-Beschluss Nr. 1128, der den Arbeitseinsatz von deutschen Männern zwischen 17 und 50 Jahren in Arbeitskolonnen anordnete. Die Mobilisierung war bis zum 30. Januar 1942 durchzuführen.[54]

Einen Monat später, am 13. Februar 1942, wandte sich Berija in dieser Angelegenheit erneut an Stalin. Zwar laufe zurzeit die Mobilisierung deutscher »Umsiedler« für Arbeitskolonnen, doch blieben jene Deutschen befreit, die ihren ständigen Wohnsitz in Sibirien und in den zentralasiatischen Republiken und Regionen hätten, sie würden weder deportiert noch zur Armee eingezogen. Das NKWD schätze ihre Zahl auf etwa 30 000 und halte es für zweckmäßig, so Berija, sie ebenfalls für Arbeitskolonnen auf Baustellen des NKWD zu mobilisieren, insbesondere beim Bau der Bahnstrecke Swijansk-Uljanowsk. Wie zuvor zeichnete Stalin das Schreiben ab, und einen Tag später, am 14. Februar, erging der GKO-Beschluss Nr. 1281 über die Mobilisierung der übrigen deutschen Männer für den Arbeitseinsatz.[55]

Acht Monate später, am 7. Oktober 1942, unterzeichnete Stalin den GKO-Beschluss Nr. 2383 über die zusätzliche Mobilisierung von Deutschen für die Volkswirtschaft der UdSSR. Nun sollten auch die arbeitsfähigen deutschen Männer im Alter von 15 bis 16 und 51 bis 55 Jahren mobilisiert und für die Dauer des Krieges in Arbeitskolonnen eingesetzt werden. Dasselbe galt für deutsche Frauen im Alter von 16 bis 45 Jahren. Lediglich Schwangere und Mütter von kleinen Kindern unter drei Jahren waren von der Mobilisierung befreit. Die »mobilisierten« Männer waren in den sibirischen Kohlegruben (in den Kohlerevieren von Tscheljabinsk und Karaganda) einzusetzen, die »mobilisierten« Frauen in Betrieben der Erdölindustrie.[56]

Mit diesen Beschlüssen schuf Stalin die »rechtliche« Grundlage für die Versklavung sämtlicher arbeitsfähiger deutscher Männer und Frauen in der UdSSR. Dasselbe Schicksal ereilte bald auch Männer der Nationalitäten, deren Staaten Krieg gegen die Sowjetunion führten. Am 14. Oktober 1942 unterzeichnete Stalin den GKO-Beschluss Nr. 2409, wonach auch Rumänen, Finnen, Ungarn und Italiener, die in der UdSSR lebten, für Arbeitskolonnen zu mobilisieren seien.[57]

Der Beschluss Nr. 2409 verschonte die Frauen finnischer, ungarischer, rumänischer und italienischer Nationalität, ein weiteres Indiz für Stalins besonderen Hass auf die Deutschen. Der Chef der Lagerhauptverwaltung GULag, Generalleutnant Nasedkin, gab in einem Vortrag im Oktober 1945 offen zu, »dass die Zwangseinweisung der Deutschen in die Arbeitslager vor allem als Repression und Bestrafung dieser nationalen Minderheit vorgesehen war«.[58]

Die »mobilisierten« deutschen Männer und Frauen wurden in Arbeitskolonnen als Arbeitsarmee *(trudowaja armija)* zusammengefasst, in NKWD-Arbeitslagern gefangen gehalten und auf verschiedenen Baustellen und in anderen Wirtschaftszweigen eingesetzt. Die Gesamtzahl der »mobilisierten« deutschen Männer und Frauen belief sich im Januar 1944 auf etwa 360 000, von denen ein Drittel, 119 358 Personen, in der Region Ural eingesetzt war.[59]

Diese »Mobilisierten« leisteten Sklavenarbeit auf verschiedenen Baustellen, in der Erdölindustrie (22 388 im Januar 1943), in Kohlegruben, Rüstungsbetrieben (6796 im Mai 1944), in Betrieben der Metall-, Chemie- und Elektroindustrie wie auch in der Landwirtschaft. Die Lebensmittelrationen waren nach Leistung gestaffelt. Bei bis zu 80-prozentiger Erfüllung gab es 500 g Brot pro Tag und Person, bei 80–90 Prozent der Arbeitsnorm 600 g Brot, bei 100–125 Prozent 700 und bei über 125 Prozent 800 g Brot. Wer aus »objektiven Gründen« nur bis zu 50 Prozent der Arbeitsnorm erfüllte, erhielt 400 g Brot. Die anderen Lebensmittelzuteilungen waren ähnlich gestaffelt.[60]

Das größte Zwangsarbeitslager für Russlanddeutsche befand sich auf dem 4400 Hektar großen Gelände Perschino bei der Eisenbahnstation Schagol in der Nähe der Stadt Tscheljabinsk (Ural). Die dorthin verschleppten Deutschen, insgesamt über 38 000, leisteten unter mörderischen Bedingungen Sklavenarbeit beim Aufbau eines großen metallurgischen Industriegebietes mit Hütten und Walzwerken (Tscheljabmetallurgstroj). Neben den Deutschen waren dort ab 1943 etwa 3500 Finnen, Bulgaren, Italiener und andere eingesetzt. Zum 1. Februar 1942 trafen auf der Baustelle 4237 »mobilisierte« Deutsche ein, Ende März 1942 stieg ihre Zahl auf 13 135 und verdoppelte sich bis Ende des Jahres 1942. Die Gefangenen wurden in 16 Bautrupps *(strojotrjady)* zusammengefasst, die sich aus Kolonnen mit bis zu 1000 Gefangenen zusammensetzten, die wiederum in Brigaden mit in der Regel 15 bis 25 Zwangsarbeitern unterteilt wurden.[61]

Die Sklavenarbeiter wurden in verschiedenen Bereichen eingesetzt. Bautrupp Nr. 1 beispielsweise war im Wohnungsbau beschäftigt, Nr. 3 bei der Errichtung des Wärmekraftwerks. In der vollständig abgesperrten Hauptzone befanden sich bis zu neun Bautrupps, die jeder wieder ihre eigene umzäunte Zone hatten.[62]

Rudolf Bamberg, einer der Zwangsmobilisierten, beschreibt die im Lager herrschenden Verhältnisse:

»Am 18. März 1942 wurde ich aus der Siedlung Marinowka, Gebiet Kustanaj, in den Bautrupp Nr. 10 des Tscheljabmetallurgstroj des NKWD eingeliefert. In der Morgenstunde standen wir vor dem Eingangstor des Lagers, von Stacheldraht umzäunt, mit Wachtürmen und -hunden gesichert. In Vier-Männer-Reihen aufgestellt, wurden wir wie Schafe gezählt und ins Lager für die vollen vier Jahre, bis zum 1. Mai 1946, eingepfercht. Das Gelände des Bautrupps bestand aus 14 Baracken für je 180 Mann. Die Baracke selbst war eigentlich eine Erdgrube, bedeckt mit einem Giebeldach. Im Zentrum standen Zwei-Etagen-Pritschen, an den Wänden einfache [Pritschen], unter denen der Schnee lag. Diese Unterkunft wurde von zwei Eisenöfen geheizt, die den Riesenraum nicht vollständig erwärmen konnten. Es gab kein Bettzeug und etwa zwei Monate kein Bad; das Wasser zum Trinken und für die Küche kam in Fässern. Die Läuse spazierten haufenweise auf uns ... Unser 10. Trupp baute das Walzwerk. Mit Spaten, Brecheisen, Pickel, Meißel und Schlaghammer hoben wir Riesengruben in der gefrorenen Erde für das Fundament des Walzwerkes aus. Wir schufteten zwölf Stunden am Tag. Die Verpflegung war wie folgt: Im Falle der Normerfüllung bekam man 600 Gramm Schwarzbrot, dreimal Wassersuppe (sup-balanda) und zum Mittagessen noch 100 bis 150 Gramm Hafer oder Hirsegrütze. Diejenigen, die das Plansoll nicht leisten konnten, erhielten nur 400 Gramm Schwarzbrot und Wassersuppe. Fleisch und Fette gab es praktisch nicht. Der Frühling 1942 war anhaltend und frostig, das Aushöhlen des Fundaments in der durchgefrorenen Erde nahm die Kräfte der Arbeitsmobilisierten stark in Anspruch. Bereits im September konnten sich die meisten Leute wegen der Abmagerung und avitaminöser Krankheiten kaum bewegen; das große Sterben begann.«[63]

Im Jahr 1942 starben in diesem Lager nach der Lagerstatistik 2727 deutsche Sklavenarbeiter, allein im Monat Dezember zählte man 840 Verhungerte und Erfrorene. Im Januar 1943 befanden sich 8013 von insgesamt 27 430 Insassen in den Krankenbaracken, 1512 wurden zu Invaliden. Daraufhin entließ die Lagerleitung mehrere tausend Gefangene, die ausgezehrt und dem Tode nahe waren *(dochodjagi)*, nach Hause. Es ist nicht bekannt, wie viele von ihnen überlebten. Angesichts dieser Zustände und weil die Baupläne zu weniger als 50 Prozent erfüllt wurden, sahen sich die lokalen Behörden genötigt, Arbeitsbedingungen und Ernährung zu verbessern.[64]

Die genauen Zahlen der deutschen Deportierten und Zwangsarbeiter, die in den Jahren 1941 bis 1945 und auch später ums
Leben kamen, lässt sich nur schwer ermitteln. Es wird geschätzt,
dass etwa 30 Prozent der verschleppten Deutschen, sei es in den
Zwangsarbeitslagern, sei es in den Verbannungsorten, ums Leben
kamen.[65] Die »mobilisierten« deutschen Sklavenarbeiter durften
die Lager erst in den Jahren 1947 und 1948 verlassen, jedoch nicht
nach Hause zurückkehren. Vielmehr mussten sie in den Verbannungsorten bleiben, wie die übrigen deutschen Verschleppten
auch. Erst im Jahr 1955 durften die deutschen Deportierten auch
ihre Verbannungsorte verlassen.[66]

Stalins Rache an anderen Minderheiten in der UdSSR

Ein ähnliches Schicksal wie die deutsche Minderheit ereilte auch
andere in der Sowjetunion lebende Völkerschaften, die man in
Moskau pauschal der Kollaboration mit den Deutschen beschuldigte. Zu den ersten, die das Verdikt traf, gehörten die Karatschaier, eine turksprachige Ethnie im Kaukasusgebiet. Im November 1943 verschleppten die Sowjets 15 987 Familien mit
68 614 Personen, darunter 36 670 Kinder (53 % aller Deportierten) nach Kasachstan.[67] Einen Monat später, Ende Dezember
1943, deportierten NKWD-Truppen 93 139 Kalmücken[68] samt
Familien nach Sibirien, darunter 40 157 Kinder. Bereits unterwegs
starben nach minimierten NKWD-Angaben 1640 Personen, darunter 642 Kinder und 736 Alte. Doch das große Sterben begann
erst: Bis zum 1. August 1948 kamen 44 125 Kalmücken in den Verbannungsorten um.[69]
Im Februar 1944 deportierten Einheiten des NKWD und der
Roten Armee Tschetschenen und Inguschen nach Kasachstan und
Kirgisien, insgesamt fast eine halbe Million Menschen. In den ersten drei Jahren kamen ungefähr 100 000 von ihnen ums Leben.
Kaum war die »Umsiedlung« dieser Volksgruppen vollzogen, gingen die Sowjets an die Deportation von 37 000 Balkaren[70] aus

ihren angestammten Siedlungsgebieten im Nordkaukasus nach Kasachstan und Kirgisien.[71]

Im Mai 1944 verschleppten die NKWD-Truppen 183 155 Krimtataren nach Kasachstan. Tausende von ihnen starben bereits unterwegs in den Waggons. Zeitgleich mit den Krimtataren deportierten die Sowjets andere Krimbewohner: Griechen (15 040), Bulgaren (12 422), Armenier (9621), Deutsche (1119) und andere Nationalitäten (3652).[72] Die letzte große Operation fand sechs Monate später statt, im November 1944. Damals »evakuierten« die Sowjets Kurden, kaukasische Türken und Chemschilen (muslimische Armenier), insgesamt 91 095 Personen, aus den Grenzgebieten Georgiens, ihrer angestammten Heimat, und »siedelten« sie in Usbekistan, Kasachstan und Kirgisien an.[73]

Diese Beispiele zeigen, dass sich der kommunistische Massenterror nicht nur gegen die sozialen Klassen richtete, sondern auch gegen ethnische Minderheiten. Ethnische Säuberungen sind somit keine Besonderheit des modernen Nationalismus oder etwa eine Erfindung des Nationalsozialismus, vielmehr waren sie ein wichtiger Bestandteil der Bevölkerungspolitik der sowjetischen Kommunisten, um die unterworfenen Völker gefügig zu machen.

Stalins Kriegsziel – die nachhaltige
Schwächung Deutschlands

In den ersten Monaten nach dem 22. Juni 1941 hatte Stalin kaum Zeit, sich ausführlich mit dem künftigen Schicksal Deutschlands zu befassen. Es galt zunächst, die eigene Front zu stabilisieren, den deutschen Aufmarsch aufzuhalten und die Kriegswirtschaft zu organisieren. Außenpolitisch ging es darum, so schnell wie möglich neue Verbündete zu finden und mit ihnen gegen Deutschland gerichtete Bündnisse zu schließen, um sich militärische wie wirtschaftliche Hilfe zu sichern und eine Entlastung der eigenen Front zu erreichen. Im Zentrum dieser Bemühungen standen britisch-sowjetische und amerikanisch-sowjetische Verhandlungen.[74] Wie dringend das Ganze für Stalin war, vermittelt sein Telegramm an Iwan Maiski, den sowjetischen Botschafter in London, vom 30. August 1941:

>»In der letzten Zeit hat sich unsere Lage an der Front im Bereich Ukraine und Leningrad verschlechtert. Die Sache ist die, daß die Deutschen die letzten Divisionen vom Westen an unsere Front verlegt haben. Das hat unsere Situation verschlimmert. [...] Wenn es so weiter geht und die Engländer sich nicht rühren, wird unsere Lage bedrohlich. [...] Unter uns muß ich Ihnen offen sagen, daß, wenn die Engländer in den nächsten zwei, drei Wochen in Europa keine zweite Front schaffen, wir und unsere Verbündeten dann diese Geschichte verlieren könnten. Das wäre traurig, aber es kann so kommen.«[75]

In ähnlichem Sinne schrieb Stalin am 3. September 1941 an Churchill und bat um Waffenlieferungen sowie um die Bildung der zweiten Front in Europa.[76] Nichtsdestotrotz machte sich Stalin bereits früh Gedanken über die künftige Behandlung Deutschlands, deren Umrisse sich aus seinen damaligen Äußerungen rekonstruieren lassen. Das vorrangige Ziel, dem alles untergeordnet wurde, war selbstverständlich die militärische Niederwerfung Deutschlands. Gleichwohl kristallisierte sich früh als Kriegsziel die nachhaltige Schwächung Deutschlands heraus. Zu diesem Zweck beabsichtigte Stalin, Deutschland in mehrere Staaten aufzuteilen, die deutschen Siedlungsgebiete »zurückzudrängen« und die deutsche Industrie zu zerschlagen.

Zudem erwog er ernsthaft, die deutschen Führungseliten, oder zumindest Teile von ihnen, zu liquidieren. Die gesamte deutsche Bevölkerung (80 Mio. Menschen) »umzusiedeln«, wie Stalin es mit kleineren sozialen und ethnischen Gruppen seit 1930 praktiziert hatte, war dagegen allein aus technisch-organisatorischen Gründen nicht durchführbar.

Die Westalliierten stimmten während des Krieges mit Stalin überein, dass Deutschland nachhaltig geschwächt werden müsse, um den Frieden in Europa für die nächsten Jahrzehnte zu sichern. Auch in der Wahl der Mittel herrschte während des Krieges zwischen Stalin und seinen neuen Verbündeten weitgehend Einigkeit. Dabei hatte die Lage an den Fronten großen Einfluss auf die sowjetisch-britisch-amerikanischen Verhandlungen über die Zukunft Deutschlands und der übrigen Staaten Mittel- und Osteuropas. Doch Stalin war stets derjenige, der vorpreschte und die radikalsten Lösungen unterbreitete, die er letztlich auch größtenteils durchsetzte.

»Die Frage der Grenzen werden wir mit Gewalt entscheiden«

Anfang Dezember 1941 reiste der britische Außenminister Anthony Eden nach Moskau, um vor Ort über eine britisch-sowjetische Vereinbarung zu verhandeln. Er traf am 16. Dezember in Moskau ein und wurde sogleich von Stalin empfangen. Dieser Unterredung folgten noch drei weitere am 17., 18. und 19. Dezember. Am 21. Dezember kehrte Eden von Moskau nach London zurück.[77]

Wenige Wochen zuvor hatte die Rote Armee die deutschen Truppen vor Moskau nicht nur gestoppt, sondern auch die erste erfolgreiche eigene Offensive vorgetragen. Im Verlauf dieser Operation warfen die sowjetischen Verbände die deutschen um einige hundert Kilometer zurück. Außerdem ging es auch mit der Rüstungsproduktion in der UdSSR bergauf. Vor diesem Hintergrund verwundert es nicht, dass Stalin inzwischen, was einen Sieg über Deutschland betraf, zuversichtlicher wurde. Und diese Siegeszuversicht strahlten er und seine engsten Mitarbeiter auch nach außen hin aus.

Am 3. Dezember 1941 erklärte Stalin in einem Gespräch mit Władysław Sikorski, dem Premierminister der polnischen Exilregierung in London, der zu einem offiziellen Besuch in Moskau weilte, um eine polnisch-sowjetische Vereinbarung auszuhandeln und zu unterzeichnen: »Die Russen waren zweimal in Berlin und werden ein drittes Mal dort sein.«[78] In einer Direktive an die Kriegsräte der Fronten und Armeen vom 10. Januar 1942 führte Stalin aus:

»Nachdem die Rote Armee die deutschfaschistischen Truppen genug zermürbt hatte, ging sie zur Gegenoffensive über und verjagte die deutschen Eindringlinge nach Westen. Um unsere Offensive aufzuhalten, gingen die Deutschen zur Verteidigung über. […] Die Deutschen beabsichtigen, auf diese Weise unsere Offensive bis zum Frühling aufzuhalten, um erneut zur Offensive gegen die Rote Armee überzugehen. […] Unsere Aufgabe besteht darin, den Deutschen keine Atempause zu gönnen, sie ohne Halt nach Westen zu treiben, sie zum Verbrauch ihrer Reserven noch vor dem Frühling zu nötigen, bis wir über große und die Deutschen über keine großen Reserven mehr verfügen, um auf diese Weise die vollständige Zerschlagung der Hitlerschen Truppen im Jahr 1942 zu sichern.«[79]

Stalins engste Vertraute äußerten sich in ähnlichem Sinne.[80] Der zuversichtliche Stalin glaubte um die Jahreswende 1941/42, er könne schon jetzt die künftige politische Ordnung Europas in seinem Sinne gestalten und auch vertraglich absichern. Gleich bei der ersten Begegnung mit Eden am 16. Dezember 1941 erklärte er, dass es wünschenswert wäre, dem britisch-sowjetischen Vertrag ein Geheimprotokoll beizufügen, das einen allgemeinen Plan für die Reorganisation der europäischen Grenzen beinhalte. Eden hatte nichts dagegen, und Stalin unterbreitete seine diesbezüglichen Vorstellungen. Im Hinblick auf Deutschland erklärte Stalin laut sowjetischem Protokoll,

> »daß es absolut notwendig sei, Deutschland zu schwächen, in erster Linie durch Abtrennung der Rheinprovinz mit ihrem Industriegebiet vom restlichen Preußen. Wie das weitere Schicksal der Rheinprovinz – als unabhängiger Staat, Protektorat usw. – gestaltet werden sollte, könne man im weiteren diskutieren. Wichtig sei die Abtrennung als solche. Österreich solle als unabhängiger Staat wiederhergestellt werden. Möglicherweise sollte dies auch mit Bayern geschehen.«[81]

Stalin vertrat auch den Standpunkt, dass die Westgrenze Polens Ostpreußen und den Korridor[82] einschließen müsse, »wobei die deutsche Bevölkerung dieser Gebiete nach Deutschland evakuiert werden solle«. Zugleich habe Polen auf seine Ostgebiete zugunsten der Sowjetunion zu verzichten, so Stalin. Eden hielt sich im Hinblick auf diese Vorschläge zurück und erklärte, dass die britische Regierung diese Frage noch nicht geprüft und auch keine Entscheidungen getroffen habe. Er persönlich sei jedoch der Meinung, dass Ostpreußen an Polen gehen sollte, und er sei überzeugt, dass sich auch Churchill dem nicht widersetzen werde.[83]

Stalin bemerkte daraufhin, dass er die Haltung Edens durchaus verstehe, zugleich jedoch unterstreichen müsse, dass »die Kriegsziele der UdSSR und Englands identisch sein müßten, denn nur in diesem Falle könne unsere Allianz stark sein. Wenn wir unterschiedliche Kriegsziele hätten, dann gibt es keine Allianz.« Damit setzte Stalin die britischen Verbündeten unter Druck, indem er die sowjetisch-britische Allianz von der Grenzfrage, die nach seiner Vorstellung zu lösen wäre, abhängig machte.[84]

Eden stimmte dem grundsätzlich zu, hielt es aber nicht für möglich, »jetzt in Moskau irgendwelche bindenden Verpflichtungen [in der Frage der Grenzen] zu übernehmen«, und fragte Stalin, ob er »den Polen [der polnischen Exilregierung in London] irgend etwas zur Frage der Grenzen des künftigen Polen gesagt habe«. Der entgegnete, dass »er bisher noch nichts gesagt habe, dies aber täte, wenn dies erforderlich würde. In jedem Falle, so nimmt Gen. Stalin an, sollten Polen *alle Gebiete bis zur Oder* überlassen werden, das übrige aber könne Preußen bleiben, oder richtiger, nicht Preußen, sondern Berliner Staat werden.«[85]

Es handelte sich also nach Stalin nicht nur um Ostpreußen und den Korridor, sondern um die gesamten deutschen Ostgebiete östlich der Oder, die Deutschland zugunsten Polens verlieren sollte, wobei ihre deutschen Einwohner zu »evakuieren« wären. Stalins Behauptung, er habe mit »den Polen« über Grenzen noch nicht gesprochen, stimmte allerdings nicht. Er hatte die Frage der künftigen Grenzen Polens bereits während des Abschiedsessens für Władysław Sikorski am 4. Dezember angesprochen und vorgeschlagen, sich über diese Frage noch vor dem Kriegsende und vor der Friedenskonferenz zu einigen. Stalin bot an, polnische Ansprüche auf Ostpreußen und die polnische Westgrenze entlang der Oder zu unterstützen. Im Gegenzug hätte die polnische Seite auf die polnischen Ostgebiete verzichten müssen. Sikorski ging darauf nicht ein, denn er wollte keinen Kausalzusammenhang zwischen dem Verlust der ostpolnischen Gebiete und einem territorialen Gewinn im Westen herstellen.[86]

Die sowjetisch-britischen Verhandlungen vom Dezember 1941 endeten ergebnislos. Stalin hatte einen sehr positiven Eindruck bei Eden hinterlassen, der den sowjetischen Diktator wenige Wochen später gegenüber dem britischen Botschafter in Washington lobte und meinte, »Stalin sei ein Realpolitiker durch und durch, eher ein Nachfahre Peters des Großen als Lenins«.[87] In Moskau hingegen betrachtete man die ergebnislosen Verhandlungen als Vorgeschmack auf die künftigen Konflikte bei der Gestaltung Europas in sowjetischem Sinne.

Wenige Tage nach der Abreise Edens wandte sich Solomon Losowski, stellvertretender Außenkommissar, mit einem Schreiben an Stalin und Molotow, in dem er anmahnte, man müsse schon jetzt mit den Vorbereitungen für die Friedenskonferenz beginnen, denn während der Konferenz werde die Sowjetunion sich einem Block aus den USA, Großbritannien und anderen kapitalistischen Staaten (Polen, Tschechoslowakei u. a.) gegenübersehen. Sie alle zusammen würden sich nicht nur für den Erhalt des kapitalistischen Systems einsetzen, sondern auch für den Verbleib der Sowjetunion in den Grenzen von 1939.[88] Was im Klartext hieß, dass die Sowjetunion nicht nur beabsichtigte, zumindest ihre Beute aus den Jahren 1939 und 1940 zu behalten, sondern auch in anderen europäischen Ländern das kommunistische System einzuführen.

Aus diesen Gründen, so Losowski, gelte es schon jetzt, die folgenden drei Punkte auszuarbeiten: (1) Den Angreiferstaaten müsse man die der UdSSR zugefügten wirtschaftlichen Schäden, die zu berechnen seien, in Rechnung stellen; (2) »Schon jetzt muß man unsere Grenzen in ihrer Gesamtheit durchdenken.« Punkt 3 lautete: »Man muß die Frage vorbereiten, wie Deutschland und seine Verbündeten unschädlich zu machen sind. Dies schließt auch Fragen der Grenzen, der Industrie, der Finanzen, der Schifffahrt und anderes mehr sowie die Fragen des Staatsausbaus der besiegten Länder, vor allem Deutschlands, ein.«[89]

Vor diesem Hintergrund schlug Losowski vor, zwei geheime Vorbereitungskommissionen zu bilden. Die eine hätte die sowjetischen Kriegsverluste zu ermitteln und die andere die Frage der Grenzen der Sowjetunion, Deutschlands und seiner Verbündeten sowie des staatlichen Aufbaus dieser Länder auszuarbeiten.[90] Die Idee gefiel Stalin, und einen Monat später, am 28. Januar 1942, beschloss das Politbüro, eine entsprechende Kommission unter dem Vorsitz von Molotow einzurichten.[91]

Im Jahr 1942 geschah in der Frage der künftigen europäischen Grenzen und der Zukunft Deutschlands jedoch wenig. Dies lag zum einen an der gescheiterten sowjetischen Großoffensive vom Mai 1942 und zum anderen an der unmittelbar darauf folgenden deutschen Offensive im südlichen Abschnitt der Ostfront. Die Lage der Roten Armee verschlechterte sich dramatisch, und der Dezember-Optimismus im Kreml verflog für längere Zeit. Einmal mehr bangte Stalin um den Bestand der Sowjetunion und um seine Herrschaft.[92]

Außerdem regte sich in London und Washington ernsthafter Widerstand dagegen, die Forderungen Stalins hinsichtlich der sowjetischen Grenzen von 1941 und seine weiteren Expansionsabsichten hinzunehmen. Am 19. Mai 1942 reiste Molotow nach London, um die Verhandlungen über den britisch-sowjetischen Bündnisvertrag zum Abschluss zu bringen. Die britische Seite bestand jedoch darauf, die Frage der Grenzen aus dem Vertrag auszuklammern. Der neuerlich verunsicherte Stalin gab sich nachgiebig.[93] Am 24. Mai telegraphierte er an Molotow nach London:

»Den Entwurf des Vertrages, den Dir Eden übergeben hatte, haben wir erhalten. Wir halten ihn nicht für eine leere Deklaration und erkennen an, dass es sich um ein wichtiges Dokument handelt. Dort wird die Frage nach der Sicherheit der Grenzen nicht gestellt, doch das ist – wahrscheinlich – gar nicht schlecht, denn dadurch behalten wir freie Hand. *Die Frage der Grenzen*, oder besser der Sicherheitsgarantien für unsere Grenzen in diesem oder jenem Teil unseres Landes, *werden wir mit Gewalt entscheiden.*«[94]

Zwei Tage später, am 26. Mai, unterzeichneten Molotow und Eden den sowjetisch-britischen Bündnisvertrag, der die Grenzfragen in der Tat ausklammerte, und Molotow flog anschließend weiter nach Washington. Während der Verhandlungen in Washington sprach Molotow die Grenzfragen nicht mehr an.[95]

In den nächsten Monaten tat sich wenig in der Frage der künftigen sowjetischen und deutschen Grenzen. Stalin war konfrontiert mit dem deutschen Großangriff im Süden, und über der Sowjetunion und dem kommunistischen Regime schwebte erneut das Menetekel der totalen Niederlage. Deutsche Truppen stießen bis zur Wolga vor und nahmen die wichtige Stadt Stalingrad ein. Doch am 19. November 1942 wendete sich das Blatt. An diesem Tag startete die Rote Armee einen Gegenangriff und konnte innerhalb von wenigen Tagen die deutsche 6. Armee vom Nachschub abschneiden und in Stalingrad einkesseln. Nach ausgesprochen harten und blutigen Kämpfen kapitulierten die Reste der 6. Armee am 2. Februar 1943. Die bis dahin größte deutsche Niederlage während des Zweiten Weltkrieges war perfekt, sie markiert den psychologischen Wendepunkt im deutsch-sowjetischen Krieg, ja im Zweiten Weltkrieg schlechthin.

Parallel zu den militärischen Erfolgen im Spätherbst 1942 wuchs das Selbstbewusstsein Stalins und seiner Genossen wieder. Abermals begann die Frage der künftigen Grenzen und der weiteren Expansion eine wichtige Rolle im Kreml zu spielen. Und mit der deutschen Frage untrennbar verbunden war die polnische, die ab Anfang 1943 nach der Wende an der Ostfront zunehmend an Bedeutung gewann.

Stalins Deutschlandpläne und die polnische Frage

In den 1920er Jahren kam Deutschland mit seinem Industriepotenzial und der deutschen »Arbeiterklasse«, beide im europäischen Vergleich führend, in den Plänen der Bolschewiken für die Weltrevolution eine Schlüsselrolle zu. Polen hingegen galt nicht nur als Hauptfeind der Sowjetunion, sondern auch der künftigen deutschen Revolution. Stalin war derselben Auffassung. Daraus resultierte eine besondere Feindschaft des sowjetischen Regimes gegenüber den Polen und der polnischen Minderheit in der Sowjetunion, die während der 1930er Jahre unter dem sowjetischen Massenterror besonders gelitten hatte, ähnlich wie später die deutsche Minderheit.[96]

Daher überrascht es nicht weiter, dass die Sowjetunion in den

1920er und 1930er Jahren die deutschen Gebietsforderungen an Polen (Oberschlesien, Danziger Korridor mit Danzig) unterstützte. Für sich beanspruchte die Sowjetunion die damaligen Ostgebiete Polens. Die relativ wenigen polnischen Kommunisten unterstützten sowohl die sowjetischen als auch die deutschen Forderungen, weil die Moskauer Direktiven dies verlangten. Die kommunistische Propaganda und »Historiografie« haben diesen Aspekt nach 1945 systematisch aus dem öffentlichen Diskurs verdrängt. Auch die heutige deutsche und die postkommunistische polnische Forschung übergehen ihn. Das Ziel der sowjetischen Polenpolitik in den 1920er und 1930er bestand jedoch darin, Polen von innen zu »zersetzen«, um auf diese Weise die ersehnte direkte Grenze zum »mit der Revolution schwanger« gehenden Deutschland herzustellen.[97]

Im Sommer 1939 einigten sich die Sowjetunion und das nationalsozialistische Deutschland darauf, den polnischen Staat von der Landkarte verschwinden zu lassen und seine nationalen Führungsschichten physisch zu vernichten. Sie teilten Polen entlang der Ribbentrop-Molotow-Linie (weitgehend entlang des Flusses Bug) auf und bedienten sich in ihren jeweiligen Besatzungsgebieten des Massenterrors (Massenerschießungen, Deportationen, Konzentrationslager und Zwangsarbeit), um dieses Ziel zu erreichen. Der Massenmord an polnischen Offizieren und Angehörigen der polnischen Intelligenz im April 1940 in einem Wald bei Katyn und andernorts entsprang diesen Überlegungen. Ähnlich dachten und handelten die deutschen Besatzer Polens.[98]

Im Sommer 1940 jedoch zeichneten sich im Kreml die ersten Anzeichen einer Wende in der bisherigen Polenpolitik ab. Im Rahmen der Kriegsvorbereitungen gegen Deutschland ließ Stalin am 4. Juni 1941 gar eine »polnische« Division aufstellen, der deutsche Überfall vereitelte diese Pläne allerdings.[99] Zur eigentlichen Wende kam es erst nach dem 22. Juni 1941. Nun erst sah Stalin sich veranlasst, seine Polenpolitik von Grund auf zu revidieren. Einen Monat später nahmen die polnische Exilregierung und die Sowjetunion diplomatische Beziehungen auf. Am 30. Juli unterzeichneten Władysław Sikorski und der sowjetische Botschafter in Großbritannien Iwan Maiski in London die polnisch-sowjetische Vereinbarung über die Aufnahme diplomatischer Beziehungen und die Bildung einer polnischen Armee in der UdSSR. Mit einem Schlag wurde die Sowjetunion vom Todfeind Polens zu dessen Verbündetem.

Die Sowjetunion erklärte in dieser Abmachung die vierte Teilung Polens vom August 1939 für nichtig, ohne jedoch auf die damals annektierten Gebiete ausdrücklich zu verzichten. Im Punkt 1 der Vereinbarung heißt es: »Die sowjetische Regierung erkennt die sowjetisch-deutschen Verträge, die territoriale Veränderungen in Polen betrafen, als ungültig an.«[100] Ferner entließ Stalin, wie vereinbart, Abertausende von Polen aus den kommunistischen Konzentrations- und Kriegsgefangenenlagern, sofern sie nicht ermordet worden waren, und aus der Verbannung. Eine polnische Armee aus den ehemaligen Deportierten und Lagerinsassen wurde auf sowjetischem Boden aufgestellt. Sie verließ jedoch im Jahr 1942 das sowjetische Territorium und marschierte über den Iran in den Nahen Osten, wo sie sich unter britische Obhut begab.[101]

Mit der militärischen Wende an der Ostfront zugunsten der Roten Armee wandelte die sowjetische Polenpolitik sich jedoch erneut. Spätestens ab der Jahreswende 1942/43 bestimmten der Wunsch nach Sicherung der territorialen Eroberungen vom Herbst 1939 und die weiteren Expansionspläne die sowjetische Haltung in der Polenfrage. Zunächst ging es darum, das polnische Volk in einem ungleichen und militärisch sinnlosen Partisanenkrieg gegen die deutschen Besatzer, den Stalin im Sommer 1943 auf dem Territorium des heutigen westlichen Weißrussland anzettelte, so weit wie möglich ausbluten zu lassen, um das Land nach dem gewonnenen Krieg leichter beherrschen zu können. Parallel zum Vormarsch der Roten Armee nach Westen radikalisierte Stalin in den nächsten Monaten seine Polenpolitik.[102]

Die neuerliche Annektierung der ehemaligen ostpolnischen Gebiete war aus Sicht Stalins längst beschlossene Sache. Der Verzicht darauf stand nie zur Debatte.[103] In Bezug auf die politische Gestalt eines künftigen polnischen Staates kristallisierte sich spätestens ab

Anfang 1943 im Kreml der Plan heraus, Polen durch die Installierung eines sowjethörigen kommunistischen Regimes zunächst indirekt zu sowjetisieren. Am 1. März 1943 ließ Stalin in Moskau den »Verband Polnischer Patrioten« (*Związek Patriotów Polskich*, ZPP) gründen. Seine Führung setzte sich aus Kommunisten polnischer bzw. polnisch-jüdischer Herkunft zusammen, die von ihren sowjetischen Auftraggebern sorgfältig ausgewählt und überprüft worden waren. Aus ihnen rekrutierten sich die »Führungseliten« Polens nach 1945.[104]

Ende April 1943 brach die Sowjetunion die diplomatischen Beziehungen zur polnischen Exilregierung ab. Als Vorwand diente Stalin die polnische Forderung, die soeben von den Deutschen entdeckten Massengräber bei Katyn durch eine unabhängige Kommission des Internationalen Komitees vom Roten Kreuz untersuchen zu lassen. Mit der Aufkündigung der Beziehungen zur polnischen Exilregierung verschaffte Stalin sich endgültig freie Hand in der Gestaltung der polnischen Frage.[105]

Wenige Tage später, am 6. Mai 1943, ordnete Stalin in seiner Funktion als Vorsitzender des GKO die Aufstellung der polnischen Division »Tadeusz Kościuszko« in der Sowjetunion an. Diese sollte später zur künftigen polnischen Armee ausgebaut werden. Ihre Mannschaften rekrutierten sich aus Polen in sowjetischen Lagern oder aus in den Jahren 1939 bis 1941 aus den damaligen polnischen Ostgebieten verschleppten Polen. Die Offiziere und viele Unteroffiziere, Politkommissare und Angehörige der Sonderabteilung waren ehemalige Rotarmisten bzw. NKWDler. Hinzu kamen polnische Kommunisten und wenige polnische Offiziere, die nicht dem Massaker im Frühjahr 1940 zum Opfer gefallen waren.[106] Im Frühjahr 1944 setzte sich das Führungspersonal der Division »Tadeusz Kościuszko« aus etwa 400 Mitgliedern der WKP(b), die in der Regel Kommandoposten bekleideten, und 300 »polnischen« Kommunisten zusammen. Letztere befassten sich überwiegend mit der Propaganda in der Truppe.[107]

Die absolut hörigen polnischen Kommunisten, die selbst von sowjetischen Anführern intern als »unsere Agenten« bezeichnet wurden[108], hatten beim Aufbau des künftigen Polen die entscheidende Rolle zu spielen. Es handelte sich um Mitglieder der im Jahr 1938 aufgelösten Kommunistischen Partei Polens (KPP), der Kommunistischen Partei der Westukraine (KPZU) und der Kommunistischen Partei Westweißrusslands (KPZB). Diese Parteien waren in Wirklichkeit Auslandsorganisation der WKP(b) und teilweise des sowjetischen Geheimdienstes. Stalin ließ diese Parteien im Jahr 1937 auflösen und einen Teil der Führungskader unter dem Vorwand erschießen, sie seien durch den polnischen Geheimdienst und »faschistische Agenten« unterwandert gewesen.[109]

Am 19. März 1941 beschloss das Politbüro, dass die ehemaligen Mitglieder der aufgelösten KPP, KPZU und KPZB in die Reihen der WKP(b) aufgenommen werden könnten. Eine spezielle Kommission wurde eingerichtet, welche die Anträge der polnischen Genossen zu überprüfen und die Entscheidung zu treffen hatte.[110] Bei der Kommunistischen Partei Polens, der KPZU und der KPZB handelte es sich also de facto und de jure um sowjetische Organisationen.

Die »polnischen« Kommunisten waren derart fanatische Stalinisten, dass sie zuweilen von den sowjetischen Genossen in ihrem Eifer gebremst werden mussten. Als Alfred Lampe, ein stalinistischer Fanatiker und Dogmatiker und zugleich einer der »Begründer« des ZZP, von der Aufstellung einer polnischen Division erfuhr, rief er empört: »Wozu brauchen wir das, verdammte Scheiße! Wir haben doch die Rote Armee und das genügt uns.« Schnell realisierte er jedoch, dass der Genosse Stalin so entschieden hatte, und spielte danach eilfertig die Rolle des »polnischen Patrioten«.[111]

Lampe starb im Dezember 1943, und an seine Stelle traten andere »polnische Patrioten«, wie Hilary Minc und Roman Zambrowski. Sie erarbeiteten im Jahr 1943 Propagandathesen, die Włodzimierz Sokorski, der Chef der Politischen Verwaltung der Division »Tadeusz Kościuszko«, in der Truppe verbreitete. Eine der Thesen lautete: »Die sich herausbildende Lage Polens veranlasst uns, zur Etappe der demokratischen Diktatur der Arbeiter und Bauern überzugehen als Übergangsphase zum sowjetischen Polen.«[112] Man kann sich vorstellen, wie die meisten Soldaten der Division, die gerade erst aus sowjetischen Lagern und Verbannungsorten kamen, auf diese Parole reagierten. Sokorski verlor unter anderem deswegen seinen Posten. Schließlich galt es den Anschein zu wahren, dass das Ziel der »polnischen Patrioten« und des Genossen Stalin ein »demokratisches« Polen sei. Die Polen in ihrer Mehrheit sollten nicht erschreckt und ihr Widerstand nicht noch verhärtet, das westliche Ausland aber zugleich getäuscht werden.

Ab Januar 1942 operierte im damaligen Zentralpolen die PPR (Polnische Arbeiterpartei), die im August 1941 auf Stalins Befehl durch NKWD und Komintern gebildet worden war. Diese stalinistische Organisation hatte ursprünglich den Auftrag, im sowjetischen Interesse einen Partisanenkrieg in Polen zu entfachen und gleichzeitig gegen die nichtkommunistischen Kräfte vorzugehen. Allerdings verfügte der polnische Widerstand von Anfang an über detaillierte Kenntnisse hinsichtlich des Ursprungs und der Aufgaben dieser »Polnischen Arbeiterpartei«.[113]

Ende Dezember 1943, nach der Konferenz von Teheran, beschloss Stalin, Vorbereitungen zur Bildung einer »polnischen Interimsregierung« zu treffen, in der polnische Kommunisten, das heißt »sowjetische Agenten«, die entscheidende Rolle spielen sollten. Auch Nichtkommunisten, die bereit waren, sich den Kommunisten und deren sowjetischen Auftraggebern bedingungslos unterzuordnen, sollten einbezogen werden. Von sowjetischer Seite damit befasst war Molotow, der wiederum auf Georgi Dimitrow (damals Leiter der internationalen Abteilung des Zentralkomitees der WKP[b]) und das NKWD zurückgriff. Am 26. Dezember 1943 notierte Dimitrow in sein Tagebuch: »Molotow rief mich an wegen der möglichen Kandidaten (aus Polen, der UdSSR und dem Ausland) für das entstehende Polnische Nationalkomitee. Er bat mich, Wanda Wasilewska und [Jakub] Berman zu dieser Frage zu empfangen.«[114] Zwei Tage später, am 28. Dezember 1943, hielt Dimitrow in seinem Tagebuch fest:

»Ich bat Fitin, über sein Netzwerk in Warschau sofort festzustellen: 1) welche Aktivisten der Bauernpartei *[Stronnictwo Lu-*

dowe] und der PPS [Polnische Sozialistische Partei) willens sind, mit dem Verband Polnischer Patrioten zu kooperieren, und ob manche von ihnen für Verhandlungen in dieser Sache nach Moskau reisen könnten. [...]

– Manuilski und Berman treffen bezüglich der Zusammensetzung des zu bildenden Polnischen Nationalen Komitees. Das Nationalkomitee soll die künftige provisorische Regierung Polens werden.«[115]

Wanda Wasilewska war eine polnisch-sowjetische Schriftstellerin polnischer Herkunft, Mitglied der WKP(b) und während des Krieges Propagandistin der Politischen Verwaltung der Roten Armee. Sie stolzierte gerne in der Uniform eines Obersten der Roten Armee herum und betonte stolz, dass sie sowjetische Bürgerin und Mitglied der WKP(b) sei. Sie ging davon aus, dass Polen eine sowjetische Republik werden würde, und begrüßte dies. Stalin schätzte sie sehr und konsultierte sie häufig zu polnischen Fragen.[116]

Die entscheidende Rolle bei der Bildung der »polnischen provisorischen Regierung« spielte jedoch Jakub Berman, ein polnisch-sowjetischer Kommunist polnisch-jüdischer Herkunft, Mitglied der KPP (von 1928 bis zu ihrer Auflösung). Von Juli 1941 bis Mai 1943 arbeitete Berman im Kominternapparat und kannte daher Dimitri Manuilski, den Stellvertreter von Georgi Dimitrow und zugleich Stalins engen Vertrauten für außenpolitische Fragen. Nach Auflösung der Komintern (Juni 1943) war Berman in der Abteilung für Internationale Information des ZK der WKP(b) beschäftigt, er leitete im Institut Nr. 205 (sowjetische Propaganda in fremden Sprachen) die polnische Redaktion. Berman war ein stalinistischer Fanatiker und Dogmatiker, der Massenmord billigte und auch persönlich nicht davor zurückschreckte. Er wurde zum Sekretär der Kommission zur Bildung der künftigen provisorischen »polnischen« Regierung bestimmt.[117]

Die Bildung einer solchen Regierung erwies sich jedoch als schwierig, weil es an geeigneten, das heißt hörigen und zugleich »vorzeigbaren« Kandidaten mangelte. Schließlich musste der Anschein einer selbständigen polnischen Regierung gewahrt werden. Am 18. Januar 1944 schickte Dimitrow eine Liste mit den Kandidaten für das ebenfalls entstehende Zentralbüro der polnischen Kommunisten, die den Kern der »provisorischen Regierung« bilden sollten, an Molotow. Einleitend stellte Dimitrow fest: »Bei der sorgfältigen Überprüfung der Kader polnischer Herkunft stellte sich heraus, dass es sehr wenige von ihnen gibt.«[118] Erst im Juli 1944 stand die Zusammensetzung der provisorischen Regierung fest, die offiziell Polnisches Komitee der Nationalen Befreiung (*Polski Komitet Wyzwolenia Narodowego*, PKWN) genannt wurde. Das PKWN diente als Fassade für die PPR und das Politbüro des ZK der PPR.[119]

Die PPR erhielt von Stalin den Auftrag, die Macht in Polen zu übernehmen und sie in Stalins Namen auszuüben, im Land ein kommunistisches System sowjetischer Prägung einzuführen und es mittel- bzw. langfristig vollends zu sowjetisieren. Die Strukturen des polnischen Untergrundstaates, des größten im deutsch besetzten Europa, waren dagegen zu vernichten. Dafür sorgten die sowjetischen Auftraggeber selbst, denn die zahlenmäßig schwachen einheimischen Kommunisten wären dazu unter keinen Umständen in der Lage gewesen.

Am 31. Juli 1944 erließ Stalin als Vorsitzender des GKO einen Beschluss, der an die auf polnischem Territorium operierenden Truppen der Roten Armee gerichtet war. Der Beschluss legte die östliche Grenze Polens fest, die, von späteren kleinen Korrekturen abgesehen, bis heute besteht. Zum polnischen Regierungsorgan und einziger Ansprechpartnerin für die Einheiten der Roten Armee bestimmte Stalin das PKWN:

»Außer den Organen des Polnischen Komitees der Nationalen Befreiung sind keine anderen Machtorgane, darunter Organe der polnischen ›Exilregierung‹ in London, anzuerkennen. Personen, die sich als Vertreter der polnischen ›Exilregierung‹ in London ausgeben, sind als Usurpatoren zu betrachten und als Abenteurer *[postupat kak s awantjuristami]* zu behandeln.«[120]

Vor diesem Hintergrund erscheint die Haltung Stalins gegenüber dem Warschauer Aufstand, der am 1. August 1944 ausgebrochen war, nachvollziehbar, verweigerte er doch den Aufständischen jegliche Hilfe und überließ es den Deutschen, die angeblichen »Usurpatoren« und »Abenteurer« zu vernichten (siehe S. 220–223).

Während deutsche Truppen den Aufstand blutig niederschlugen und die polnische Hauptstadt anschließend auf Befehl Hitlers dem Erdboden gleichmachten, gingen die Sowjets mit ihren Organen (Truppen der Roten Armee und des NKWD sowie der berüchtigte Militärgeheimdienst »Smersch«), unterstützt von kommunistischen Kollaborateuren, in den nun »befreiten« Teilen Zentralpolens gewaltsam gegen die »Heimatarmee« *(Armia Krajowa)* und die Strukturen des polnischen Untergrundstaates vor.[121] Die ehemaligen ostpolnischen Gebiete dagegen wurden der Sowjetunion wieder eingegliedert und gewaltsam sowjetisiert. Öffentliche und geheime Exekutionen, Razzien, Verschleppungen zur Zwangsarbeit und Deportationen waren dort an der Tagesordnung.[122]

»Sollen doch die Deutschen Platz machen«: Westverschiebung Polens auf Deutschlands Kosten

Auf ihrer Konferenz in Teheran (28. November bis 1. Dezember 1943) einigten sich die drei Großmächte unter Ausschluss Polens darauf, dass die Sowjetunion die im Herbst 1939 erbeuteten polnischen Ostgebiete behalten dürfe. Die Grundlage für die künftige Grenzziehung stellte die Ribbentrop-Molotow-Linie von 1939 dar. Am letzten Tag der Konferenz, dem 1. Dezember 1943, erklärte Stalin laut sowjetischem Protokoll:

> »Die Rede ist davon, dass die ukrainischen Gebiete an die Ukraine gehen sollen und die weißrussischen an Weißrussland, das heißt zwischen uns und Polen soll die Grenze von 1939 bestehen bleiben, welche die sowjetische Konstitution festgelegt hatte. Die sowjetische Regierung geht von dieser Grenze aus und hält sie für gerecht. *Eden:* Diese Grenze nennt man die Mo-

lotow-Ribbentrop-Linie? *Stalin:* Sie können diese Grenze nennen, wie Sie wollen. Man nennt die Grenze auch so. *Molotow:* Andere Bezeichnung dieser Grenze – das ist Curzon-Linie. *Eden:* Zwischen der Curzon-Linie und der Ribbentrop-Molotow-Linie besteht ein Unterschied. *Molotow:* Nein, es besteht zwischen ihnen keinen Unterschied.«[123]

Ähnlich gibt das amerikanische Protokoll diese Unterhaltung wieder:

»*Marschall Stalin:* Die sowjetische Regierung hält an der Linie von 1939 fest und betrachtet sie als gerecht und richtig. *Herr Eden* sagte, sie sei als die Ribbentrop-Molotow-Linie bekannt. *Marschall Stalin* sagte, nennt sie, wie ihr wollt, wir betrachten sie immer noch als gerecht und richtig. *Herr Molotow* warf ein, dass die Grenze von 1939 die Curzon-Linie war. *Herr Eden* sagte, dass es Unterschiede gab. In keinen wesentlichen Punkten, erwiderte *Herr Molotow.*«[124]

Auch Churchills Version, die er in seinen Erinnerungen schildert, unterscheidet sich im Kern kaum.[125]

Aus Gründen der politischen Korrektheit erklärten die Großmächte, dass die Grundlage für die Festlegung der polnisch-sowjetischen Grenze nicht die Ribbentrop-Molotow-Linie gewesen sei, sondern die sogenannte Curzon-Linie von 1919, benannt nach Lord Curzon, dem damaligen britischen Außenminister. Die Curzon-Linie verlief nördlich und südlich von Brest-Litowsk und im Süden etwa 60 km östlich von Lemberg. Damit kämen zwar Wilna, das Wilnagebiet und Gebiete um Lida und Grodno, die mehrheitlich von polnischsprachiger Bevölkerung bewohnt waren, an Sowjetrussland bzw. Litauen, Lemberg bliebe jedoch polnisch. Nur im mittleren Abschnitt stimmte die Curzon-Linie, welche die Bolschewiken im Jahr 1920 ohnehin abgelehnt hatten, weil sie damals auf die vollständige Sowjetisierung Polens setzten, mit der Ribbentrop-Molotow-Linie überein.[126]

In Teheran waren sich die drei Großmächte auch einig, dass Polen auf Kosten Deutschlands entschädigt werden müsse. Laut Churchill verständigte man sich darauf, dass die deutsch-polnische Grenze entlang der Oder verlaufen werde, was Stalin bereits im Dezember 1941 ins Spiel gebracht hatte. Am 28. November 1943 schlug Stalin erneut die deutsch-polnische Grenze entlang der Oder vor: »Marschall Stalin hob hervor, dass Polen bis zur Oder reichen solle, und erklärte entschlossen, dass die Russen den Polen helfen würden, die Grenze an der Oder zu bekommen.« Kurz darauf fragte Eden, »ob er Stalin während des Dinners richtig verstanden habe, dass die Sowjetunion die polnische Westgrenze entlang der Oder befürworte. *Marschall Stalin* erwiderte nachdrücklich, dass er eine solche Grenze befürworte, und wiederholte, dass die Russen bereit seien, den Polen dabei zu helfen.«[127]

Nicht anders dachte Roosevelt. In einer Unterredung mit Stalin am 1. Dezember erklärte Roosevelt, er habe nichts dagegen, dass Polen im Osten seine Territorien verliere und im Westen entschädigt werde, »selbst bis zur Oder«. Er bitte Stalin jedoch darum, diese Frage während der Konferenz nicht öffentlich zu diskutieren. Da er ein praktischer Mensch sei, wolle er in den bevorstehenden Wahlen die fünf bis sechs Millionen polnischer Stimmen nicht verlieren. Während des Gesprächs erklärte Roosevelt sich auch damit einverstanden, dass die baltischen Staaten sowjetisch blieben, worauf Stalin beharrte.[128]

Churchill unterstützte diesen Vorschlag ebenfalls und erklärte, »er sähe gern, dass Polen nach Westen verschoben wird, genauso wie Soldaten beim Exerzieren den Befehl ›Links schwenk marsch‹ ausführen, und veranschaulichte diese Idee mit drei Streichhölzern, die für die Sowjetunion, Polen und Deutschland standen.«[129] Churchill verpflichtete sich zugleich, die polnische Exilregierung in London von dieser Lösung zu überzeugen. Churchill erklärte dabei nach eigenen Worten:

»daß mir das Projekt gefalle und ich den Polen klarmachen würde, sie wären töricht, nicht darauf einzugehen. Ich würde sie auch daran erinnern, dass sie ohne die Rote Armee dem völligen Untergang anheimgefallen wären. Es sei ihnen ein schönes Gebiet in einer Länge von über fünfhundert Kilometern nach jeder Richtung als Heimstätte zugewiesen. Polen werde, meinte Stalin, in der Tat ein großer Industriestaat werden. [...] Laut Protokoll sagte ich dann zu Eden, dass mir weder die Abtretung dieser deutschen Gebiete an Polen noch die Abtretung Lembergs das Herz brechen würden.«[130]

Die spätere Schilderung Stalins bezüglich der Vereinbarung über die künftige deutsch-polnische Grenze weicht jedoch von der Version Churchills nicht unwesentlich ab. Am 28. April 1944, fünf Monate nach der Konferenz von Teheran, empfing Stalin Stanisław Orlemański, einen prosowjetischen polnischen Priester aus den USA.[131] Laut sowjetischem Protokoll erklärte Stalin:

»Er, Stalin, wurde in Teheran von Roosevelt und Churchill über die polnische Westgrenze befragt. Er, Genosse Stalin, erklärte zusammen mit Molotow, dass unserer Meinung nach die westliche Grenze Polens entlang der Oder und sogar nicht wenig westlich der Oder verlaufen soll. Gut wäre es, Stettin – ein guter Hafen – Polen einzugliedern, und vielleicht auch Breslau. Roosevelt fragte, wie dies zu erreichen sei. Er, Genosse Stalin, erwiderte, dass man Deutschland zerschlagen solle, und so helfen wir Polen, dies zu erreichen. Das ist unsere Haltung. Das, was er, Genosse Stalin, vorgeschlagen hat, ist kein platonischer Wunsch. Wir werden darum kämpfen, dass Polen diese Gebiete bekommt.«[132]

Stalin sprach sich während dieser Unterredung für die deutsch-polnische Grenze aus, die sogar westlich der Oder verlaufen sollte, wobei Stettin und »vielleicht« Breslau an Polen gehen sollten – Städte, die ganz bzw. teilweise westlich der Oder liegen. Die »polnischen Patrioten« in Moskau, die künftigen Machthaber von Moskaus Gnaden in Polen, konnten selbstverständlich keine andere Meinung haben als Stalin. Eine Diskussion darüber kam für sie überhaupt nicht in Frage, ihr Auftrag bestand darin, die Meinung und Beschlüsse Stalins nach außen als eigene Auffassung und Entscheidungen darzustellen. Dies gehörte zum Spiel.

Etwa 20 Tage nach dem Gespräch mit Orlemański, am 17. Mai 1944, hatte Stalin eine Unterredung mit Oskar Lange (siehe oben S. 159). Die beiden unterhielten sich unter anderem über die Frage der künftigen deutsch-polnischen Grenze:

> »*Lange* sagt, dass er eine Frage hat. Er möchte wissen, ob Stalin nicht der Meinung sei, dass die Forderungen, Schlesien und deutsche Territorien bis zur Oder Polen einzugliedern, die Mitglieder des Verbandes Polnischer Patrioten aufstellen, nicht zu weit gehen, ob diese Forderungen realistisch sind. Dies hänge ja mit der Lösung des deutschen Problems zusammen, mit der Einbeziehung Deutschlands in das europäische System.
> *Genosse Stalin* sagt, dass diese Frage in Teheran erörtert wurde. Formale Entscheidungen seien nicht getroffen worden. Er, Stalin, wies darauf hin, dass man Polen Stettin und Breslau eingliedern könnte. Churchill sagte, dass man [dadurch] einen guten polnischen Staat bekäme, und fragte, ob die Sowjetunion helfen würde, so ein Polen zu errichten. Er, Stalin, antwortete, dass die Sowjetunion Polen helfen werde, diese Gebiete zu bekommen. Man sprach darüber als über einen der *Teil der allgemeinen Frage, wie Deutschland zu schwächen ist.* [...]
> *Lange* sagt, dass unter diesen Umständen die Lage Polens klar erscheint. Er, Lange, möchte aber nach Stalins Meinung fragen, was man mit den Deutschen in Polen machen solle. Polnische Soldaten sagen, dass man die Deutschen aus Polen aussiedeln solle.
> *Genosse Stalin* sagt, dass wir [die Sowjetunion] einen Teil der Deutschen zu uns zur Arbeit nehmen. Einen Teil der Deutschen kann man nach Südamerika schicken. *Sollen doch die Deutschen Platz machen.* Sie sind es ja, die die ganze Welt zwingen, Platz zu machen.[133]

Am 26. Juli 1944 unterschrieb das PKWN den polnisch-sowjetischen Vertrag, der die Machtverhältnisse in Polen und die Ostgrenzen Polens regulierte. In einem geheimen Zusatzprotokoll verpflichtete sich Stalin, sich für eine Westgrenze Polens einzusetzen, die entlang der Oder-Neiße-Linie verlaufen würde.[134] Zu diesem Zeitpunkt meinte Stalin die Glatzer Neiße und nicht die Lausitzer Neiße, an der die deutsch-polnische Grenze heute verläuft. Die Glatzer Neiße mündet etwa 50 km südöstlich von Breslau in die Oder.

Im ehemaligen Parteiarchiv in Moskau (RGASPI) befindet sich eine russische Karte Deutschlands mit von Stalin persönlich gezogenen Grenzverläufen. Auf dieser Karte markierte er die deutsch-polnische Grenze von der Ostseeküste westlich von Stettin bis zur Oder, weiter entlang der Oder bis zu dem Städtchen Ohlau (heute Oława, 25 km südöstlich von Breslau) und von dort entlang des Flusses Ohle (heute Oława) bis zur tschechischen Grenze. Den offenkundig von ihm früher eingezeichneten Grenzverlauf entlang der Glatzer Neiße, die etwa 30 km östlich der Ohle fließt, hatte Stalin durchgestrichen. Somit wäre ganz Niederschlesien mit Breslau deutsch geblieben, ausgenommen das Gebiet um das Städtchen Glatz, das Stalin Tschechien zuschlagen wollte.[135]

Diesen provisorischen Grenzverlauf zeichnete Stalin nach dem 26. Juli 1944, denn in dem geheimen Zusatzabkommen vom 26. Juli 1944 ist noch von der Oder-Neiße-Linie als der deutsch-polnischen Grenze die Rede. Detlef Brandes veröffentlichte unlängst die Skizze einer Karte, die Edvard Beneš, der Chef der tschechoslowakischen Exilregierung in London, im Dezember 1943 aus Moskau mitgebracht hatte. Laut Beneš zeigte diese Skizze die Grenzen Polens, die Stalin in seinem Beisein gezogen habe. Dies, so Beneš, sei Stalins Vorschlag an die polnische Exilregierung gewesen. Die auf der Skizze eingezeichneten Grenzen unterscheiden sich von der oben beschriebenen Karte Stalins. Auf Beneš' Skizze verläuft die Grenze entlang der Glatzer Neiße, auf der originalen Karte ist dieser Verlauf bereits durchgestrichen und durch einen neuen Grenzverlauf entlang der Ohle ersetzt.[136]

Manche deutschen Forscher verlassen sich auf die Memoiren von General Zygmunt Berling, der behauptete, Stalin habe bereits Anfang Januar 1944 in seinem und im Beisein von Wanda Wasilewska die heutigen Grenzen Polens (die deutsch-polnische und die polnisch-sowjetische) gezogen. Berling war ein polnischer Offizier, der sich in sowjetischer Gefangenschaft entschlossen hatte, für die Sowjets zu arbeiten. Daraufhin wurde er vom NKWD nicht erschossen, wie die meisten anderen polnischen Offiziere, die 1939 von den Sowjets gefangen genommen worden waren. Laut Berling hatte Stalin die künftige deutsch-polnische Grenze von der Odermündung, aber westlich von Stettin, entlang der Oder bis zur Mündung der Lausitzer Neiße und entlang der Lausitzer Neiße bis zur deutsch-tschechischen Grenze gezogen. Das Treffen habe laut Berling im Arbeitszimmer Stalins stattgefunden. Außerdem behauptete er, die ursprünglich von Stalin gezogene polnische Westgrenze habe Stettin nicht eingeschlossen. Erst auf seine Intervention hin hätte Stalin diesen Verlauf korrigiert und die Grenze nun westlich von Stettin gezogen. So sei die Stadt dank Berling polnisch geworden.[137]

Jochen Laufer meint, es gebe Dokumente, welche die »tendenzielle Richtigkeit der Überlieferung Berlings« bestätigten. Die von ihm angeführten Quellen tun dies jedoch nicht. Zugleich räumt Laufer ein, dass im Januar 1944 im Arbeitszimmer Stalins kein Treffen mit Berling und Wasilewska stattgefunden habe, vermutet allerdings, es hätte woanders stattfinden können.[138] Quellenmäßig belegt ist, dass Stalin früher, als von Berling behauptet, mit dem Gedanken gespielt hatte, die Hafenstadt Stettin Polen zu überlassen. Wie oben erwähnt, markierte Stalin bereits am 18. Dezember 1943 im Beisein von Eduard Beneš die künftige deutsch-polnische Grenze entlang der Oder und der Glatzer Neiße, wobei Stettin an Polen gehen sollte.[139]

Ebenfalls noch nicht fest stand im Frühjahr 1944 der Verlauf der polnisch-sowjetischen Grenze, entgegen der Behauptung Berlings. Weder Pantalejmon Ponomarenko, als Erster Sekretär der Kommunistischen Partei Weißrusslands Stalins dortiger Statthalter, noch seine Untergebenen hatten entsprechende Informationen. Im April 1944 gingen die sowjetischen Parteifunktionäre dazu über, im gesamten Gebiet Białystok Untergrundstrukturen der WKP(b) zu bilden. Auch sie hatten im Juli 1944 keine Kenntnis davon, wie die polnisch-sowjetische Grenze im nördlichen Abschnitt verlaufen sollte.[140]

Ebenso wenig wussten im Juli 1944 die »polnischen Patrioten« in Moskau mit Wanda Wasilewska an der Spitze, ob Stalin die Gebiete Łomża und Białystok nicht doch wieder annektieren würde. Am 15. Juli 1944 verfasste Wasilewska gemeinsam mit Edward Osóbka-Morawski[141], der kurz darauf zum Vorsitzenden des PKWN ernannt wurde, eine Denkschrift an Stalin, in der sie darauf hinwiesen, dass die Zeit für die Errichtung der Interimsregierung gekommen sei. Zugleich verwiesen sie darauf, dass die Einführung der sowjetischen Verwaltung in den westlichen Teilen des Gebietes Białystok sowohl die Position des »demokratischen Lagers«, das heißt der sowjethörigen Kommunisten, als auch das Vertrauen der polnischen Gesellschaft in die Sowjetunion schwächen würde. Sie informierten Stalin, dass die Strukturen des Landesnationalrates (*Krajowa Rada Narodowa*[142]), den die PPR am 1. Januar 1944 als Fassadenorganisation errichtet hatte, inzwischen in ganzen Polen ausgebaut seien, mit Ausnahme des Gebietes Białystok, das an die Sowjetunion fallen sollte.[143]

Vor diesem Hintergrund erscheint die Behauptung Berlings, Stalin habe schon Anfang Januar 1944 die polnischen Grenzen und somit auch die deutsch-polnische Grenze festgelegt, unglaubwürdig. Berling war im Übrigen nicht der Einzige, der für sich in Anspruch nahm, Stalin zur Grenze entlang der Oder und der Lausitzer Neiße überredet zu haben. Auch Michał Rola-Żymierski, polnischer Vorkriegsoffizier, später sowjetischer Agent und kommunistischer General, behauptete, er sei es gewesen, der Stalin zur Grenze Oder/Lausitzer Neiße überredet habe, und zwar hauptsächlich mit militärischen Argumenten, da eine kürzere Grenze einfacher zu verteidigen wäre.[144]

Die endgültigen Entscheidungen über den Verlauf der polnischen Grenzen traf Stalin nicht im Frühjahr 1944, sondern später. In keinem der heute zugänglichen internen Dokumente der »polnischen Patrioten« aus Moskau, geschweige denn in deren offiziellen Verlautbarungen, findet sich ein einziger Hinweis auf die Linie Oder/Lausitzer Neiße als künftige deutsch-polnische Grenze. Erst am 31. Juli 1944 legte Stalin als Vorsitzender des GKO in dem oben bereits angeführten Beschluss an die Adresse der vor Warschau liegenden Verbände der Roten Armee die östliche Grenze Polens fest, die mit kleineren Änderungen bis heute Gültigkeit hat (siehe oben S. 195).[145]

Der Verlauf der deutsch-polnischen Grenze blieb dagegen noch offen. Das geheime Zusatzprotokoll zum Vertrag mit dem PKWN enthielt lediglich die unverbindliche Absichtserklärung Stalins, sich für eine westlich von Swinemünde und Stettin, dann entlang der Oder bis zur Mündung der Neiße und von dort bis zur tschechischen Grenze verlaufende polnische Westgrenze einzusetzen.[146] In einem vier Tage zuvor, am 22. Juli 1944, veröffentlichten Manifest hatte das PKWN zum Kampf um die Freiheit, um die Rückkehr des »altpolnischen Pommern und Oppelner Schlesien zum Vaterland«, um Ostpreußen, um den breiten Zugang zum Meer, um polnische Grenzposten an der Oder aufgerufen.[147] Am 27. Juli 1944 brachte der Sender »Kościuszko« der »polnischen Patrioten« aus Moskau einen Aufruf an das polnische Volk, der wortwörtlich dieselben Formulierungen bezüglich der künftigen Westgrenze Polens wie das Manifest vom 22. Juli beinhaltete.[148] Danach verliefe die Grenze entlang der Oder und der Glatzer Neiße bzw. des Flusses Ohle, womit Niederschlesien deutsch geblieben wäre. Dies war auch die Haltung Stalins im Sommer 1944, denn es ist ausgeschlossen, dass die »polnischen Patrioten« und das PKWN abweichender Auffassung hätten sein können.

Die Westverschiebung Polens stand bereits im Jahr 1943 fest; sie war ein wichtiges Element in den Plänen Stalins, Deutschland nachhaltig zu schwächen und in mehrere Staaten aufzuspalten, womit die Westalliierten grundsätzlich einverstanden waren. Bereits im Dezember 1941 sprach Stalin anlässlich von Edens Besuch in Moskau davon, dass man die Rheinprovinz und eventuell Bayern von Deutschland trennen und Österreich als selbständigen Staat wiederherstellen solle, und seine außenpolitischen Experten diskutierten intensiv über die Behandlung Deutschlands nach dem sicher geglaubten Sieg.[149]

Stalin, Roosevelt und Churchill unterhielten sich zum ersten Mal während der Konferenz von Teheran gemeinsam über die Aufspaltung Deutschlands. Churchill schrieb später, dass Stalin als Erster den Vorschlag unterbreitet habe, Deutschland aufzuteilen: »Stalin erklärte, er sähe Deutschland am liebsten aufgeteilt. Der Präsident äußerte sich zustimmend, woraufhin Stalin meinte, ich sei dagegen. Grundsätzlich sei ich nicht dagegen, erwiderte ich. Roosevelt schlug vor, einen Plan zur Diskussionsbasis zu machen, der von ihm und seinen Beratern vor etwa drei Monaten entworfen worden sei.«[150]

Die amerikanische Delegation schlug nun vor, Deutschland in fünf Territorien aufzuteilen: Preußen, Hannover und Nordwestdeutschland, Sachsen mit Leipzig, Hessen-Darmstadt, Hessen-Kassel und die Gebiete südlich des Rheins, Bayern, Baden und Württemberg, die selbständig werden sollten. Kiel und Hamburg sowie Ruhr und Saar sollten unter die Kontrolle der Vereinten Nationen kommen. Stalin war mit diesen Vorschlägen einverstanden.[151]

Man war sich zugleich einig, dass diese Pläne geheim bleiben sollten, weil man fürchtete, die Deutschen würden andernfalls noch erbitterteren Widerstand leisten, da sie nichts zu verlieren hätten. Churchill erklärte im Gespräch mit Stalin am 9. Oktober 1944: »Er, Churchill, lehnte und lehnt die öffentliche Erklärung über die gewaltsame Abrechnung mit Deutschland *[mit Feuer und Schwert]* ab, weil dies die Deutschen dazu veranlassen würde, noch erbitterter zu kämpfen. Aber er, Churchill, kann hier sagen, dass er für eine harte Behandlung Deutschlands ist.«[152]

Die »sowjetfreundliche« Regierung Polens und die deutsch-polnische Grenze

Laut dem amerikanischen Protokoll der Gespräche in Teheran betonte Stalin immer wieder,

> »dass die Maßnahmen zur Kontrolle Deutschlands und dessen Entwaffnung nicht ausreichend wären, um die Wiedergeburt des deutschen Militarismus zu verhindern, und schien noch härtere Maßnahmen zu befürworten. Er gab jedoch nicht an, was er eigentlich beabsichtigte, außer dass er die Aufspaltung Deutschlands befürwortete. *Marschall Stalin* erwähnte insbesondere, dass Polen bis zur Oder reichen solle, und erklärte, dass die Russen den Polen garantiert helfen würden, diese Grenze an der Oder zu erreichen.«[153]

Nicht minder wichtig für Stalin war, dass das nach Westen verschobene Polen von einer »sowjetfreundlichen« Regierung geführt wurde. Mit »sowjetfreundlich« meinte Stalin »sowjethörig«, wie die späteren Ereignisse zeigten. Während der vierten Sitzung der Großen Drei am 1. Dezember, die von 16:00 bis 19:40 Uhr dauerte, diskutierten Stalin, Roosevelt und Churchill die polnische und deutsche Frage. Stalin denunzierte dabei die polnische Exilregierung und den polnischen Untergrund: »Agenten der polnischen Regierung, die sich in Polen aufhalten, sind mit den Deutschen verbunden. Sie töten [sowjetische] Partisanen. Sie können sich nicht vorstellen, was sie dort machen.«[154]

Stalin bezog sich hierbei auf die Unternehmungen polnischer und sowjetischer Partisanen im heutigen Westweißrussland. Auf polnische Initiativen hin kam es anfangs vielfach zur Zusammenarbeit zwischen beiden Gruppen, doch die sowjetischen Partisanen spielten von Beginn an falsch. Ihr Ziel war es, das Vertrauen ihrer polnischen Mitkämpfer zu gewinnen und sie im geeigneten Moment heimtückisch zu eliminieren. Dieses Vorgehen war mit Stalin abgesprochen, der über den Verlauf der

»Operationen« unterrichtet wurde. Zwei größere polnische Abteilungen und mehrere kleinere wurden auf diese Weise von sowjetischen Partisanen mehr oder vollständig vernichtet. Die Überlebenden sammelten sich, bauten ihre zerschlagenen Abteilungen wieder auf und führten fortan mit zeitweiliger Unterstützung der Deutschen einen erbitterten Kampf gegen die sowjetischen Partisanen.[155]

Des Weiteren erklärte Stalin in der Runde der Großen Drei am 1. Dezember:

> »Wir sind für die Wiederherstellung Polens – für die Stärkung Polens auf Kosten Deutschlands. Wir unterscheiden jedoch zwischen Polen und der polnischen Exilregierung in London. Wir haben die Beziehungen zu dieser Regierung nicht wegen irgendwelcher Launen abgebrochen, sondern weil sich die polnische Regierung Hitler bei seiner Verleumdung der Sowjetunion angeschlossen hatte. Das alles war in der Presse veröffentlicht. Welche Garantie können wir bekommen, dass diese polnische Exilregierung in London nicht wieder dasselbe tun wird. Wir hätten auch gerne eine Garantie dafür, dass Agenten der polnischen Regierung nicht Partisanen ermorden werden.«[156]

Stalin spielte auf die Forderung der polnischen Exilregierung an, die von den Deutschen bei Katyn aufgedeckten Massengräber durch das Internationale Komitee vom Roten Kreuz untersuchen zu lassen. Dabei hatte die polnische Exilregierung faktisch kaum eine andere Wahl gehabt, es sei denn, sie wäre bereit gewesen, die sowjetische Propaganda, wonach die polnischen Gefangenen von den Deutschen ermordet worden seien, widerspruchslos hinzunehmen. Die »polnischen Patrioten« Stalins hatten dies gern getan, immerhin profitierten sie später von diesem Massenmord.

Stalins konstruierte Vorwürfe lieferten ihm einen Vorwand für den Abbruch der Beziehungen mit der polnischen Exilregierung und die Vernichtung des polnischen Untergrunds. Er akzeptierte in Polen nur eine »sowjetfreundliche Regierung«, das heißt ein von

Moskau abhängiges kommunistisches Regime. Und diese Vorstellung setzte er konsequent um.

Die polnische Exilregierung, die von den Westalliierten bis Juni 1945 völkerrechtlich anerkannt wurde, hatte auf die Festlegung der polnischen Grenzen ebenso wenig Einfluss wie die von Stalin installierte »polnische Interimsregierung«. Die eigentliche Macht übten das Politbüro der PPR und die sowjetischen »Berater« aus.

Der Grad der Abhängigkeit und Hörigkeit der polnischen Kommunisten, die nominell die Macht in Polen ausübten, gegenüber Moskau erscheint aus heutiger Sicht beinahe unglaubwürdig und zuweilen sogar grotesk. Stalin behandelte sie keineswegs als Juniorpartner, geschweige denn als »polnische Partner«, sondern als hörige Vasallen ohne jegliche Würde, die seine Direktiven vor Ort bedingungslos umzusetzen hatten.[157]

Bei den damals tonangebenden polnischen Kommunisten handelte es sich im Grunde um sowjetische Kommunisten und »Patrioten«, auch im juristischen Sinne. So waren Bolesław Bierut (der spätere Präsident Polens), Władysław Gomułka (Erster Sekretär des ZK der PPR), Jakub Berman (Politbüromitglied des ZK der PPR, verantwortlich für Propaganda und Sicherheitsdienst), Hilary Minc (Politbüromitglied des ZK der PPR, verantwortlich für Wirtschaft) oder etwa Alexander Zawadzki (der Wojewode in der Wojewodschaft Kattowitz) noch im Jahr 1944 Mitglieder und/oder Mitarbeiter der WKP(b). Bierut und Gomułka waren sogar in den 1920er Jahren in Moskau als sowjetische Agenten ausgebildet und dann in Polen eingesetzt worden.[158]

Diese Vertreter der »polnischen« Regierung, die regelmäßig nach Moskau reisten, um vor Ort Instruktionen zu erhalten, wurden von Stalin teilweise wüst beschimpft und offen bedroht. Beispielsweise reiste die Delegation der »polnischen provisorischen Regierung« Ende September 1944 nach Moskau, um von Stalin persönlich Weisungen zu empfangen, der verbrecherische Befehle möglichst mündlich zu erteilen pflegte. Nach einem gemeinsamen feuchtfröhlichen Abendessen beschimpfte Stalin Bolesław Bierut, den Vorsitzenden des Landesnationalrates des »provisorischen Parlaments«: »Was machst du, verdammte Scheiße, in Polen? Was für ein Kommunist bist du, du Hundesohn.« Bierut nahm an, der angetrunkene Stalin scherze, und reagierte mit Lächeln auf die Beschimpfungen. Molotow brachte ihn schnell von der irrigen Meinung ab: »Warum lachst du, du Idiot? Das ist eine ernste Sache, kein Scherz.«[159]

In den nächsten Monaten, Jahren und Jahrzehnten änderte sich nichts an der servilen Hörigkeit und totalen Abhängigkeit der einheimischen Kommunisten von Moskau.[160] »Polnische« Genossen reisten häufig nach Moskau zu Besprechungen, die oft mit Saufgelagen in Stalins Datscha endeten. Jakub Berman, bis 1956 die graue Eminenz im kommunistischen Polen, war ein häufiger Gast. Als Mitglied des Politbüros des ZK der PPR gebot er über die Staatssicherheit (d. h. den kommunistischen Terrorapparat) und die Propaganda – die zwei Grundpfeiler der kommunistischen Herrschaft.[161]

Im Jahr 1983 erinnerte sich Berman in einem Interview frei von jeglichen Schuldgefühlen wegen der begangenen Verbrechen und sogar mit Wehmut an solche Begegnungen. Auf die Frage, wann diese Abendessen gewöhnlich begannen, erwiderte Berman:

»Am späten Abend, und sie dauerten bis zum Morgengrauen. Hervorragendes Essen und viele gute Getränke. [...] Einmal, im Jahr 1948 glaube ich, tanzte ich mit Molotow (Lachen). *Wohl mit Frau Molotow?* Nein, Frau Molotow war im Lager. Ich tanzte mit Molotow, Walzer glaube ich, etwas sehr Einfaches, denn ich habe ja keine Ahnung vom Tanzen, daher bewegte ich mich bloß mit den Beinen zum Rhythmus. *Als Frau?* Ja, Molotow führte, ich hätte nicht gekonnt. Er tanzte übrigens gar nicht schlecht, ich bemühte mich, Schritt zu halten. Das war aber von meiner Seite Narrheit, kein Tanz. *Und Stalin, mit wem tanzte er?* Nein, Stalin tanzte nicht. Stalin stellte den Plattenspieler an, er betrachtete dies als seine bürgerliche Pflicht. [...] Er legte die Platten auf und guckte. *Auf Euch?* Ja, er guckte zu, wie wir tanzten. *Lustig, nicht wahr?* Lustig mit innerer Anspannung. *Haben Sie sich wirklich nicht amüsiert?* Stalin amüsierte sich wirklich.«[162]

Bermans Schilderung wirft ein Schlaglicht darauf, wie Stalin seine Helfershelfer in Polen behandelte. Selbst Dinge wie den Besuch einer polnischen Parlamentsdelegation in Belgien im Herbst 1950 ließ Berman sich in Moskau absegnen.[163]

Nach dem Tod Stalins änderte sich in dieser Hinsicht wenig, obwohl die polnischen Kommunisten ab 1956 eine gewisse Autonomie in inneren Angelegenheiten erlangten. In die Geschichte eingegangen ist die Szene vom Dezember 1975, als ein betrunkener Leonid Breschnew in Warschau Piotr Jaroszewicz vor den versammelten Parteiführern der Ostblockstaaten und Teilnehmern des Parteikongresses zum Narren machte. Jaroszewicz war damals der Regierungschef in Polen. Breschnew »machte« aus ihm eine Plattenkamera mit Stativ, indem er ihn aufforderte, sich zu bücken, bevor er Jaroszewicz' Jacke hob und von den angereisten Genossen »ein Bild schoss«. Wojciech Jaruzelski, der damals Verteidigungsminister war, versteckte sich vorsichtshalber hinter einer Säule. Anschließend »dirigierte« Genosse Breschnew »souverän« das Orchester beim Absingen der Internationale.[164]

Ein anderes Beispiel für den entwürdigenden Umgang mit den polnischen »Brüdern« ist ein Telefongespräch am 10. Oktober 1981 zwischen Breschnew und Jaruzelski, der inzwischen mit dem Segen Moskaus zum Chef des kommunistischen Regimes in Polen aufgestiegen war. Jaruzelski erklärte: »Ich werde morgen euren Botschafter [in Warschau] treffen. Ich werde mich bemühen, mit ihm manche Fragen [die für den 13. Dezember 1981 geplante Verhängung des Kriegsrechts in Polen] detaillierter zu besprechen und werde euch um Rat in Fragen bitten, die er [der Botschafter] euch gewiss vorlegen wird. Ich werde euch über alle Entscheidungen unterrichten, die wir treffen, wir werden gleichzeitig melden, wonach wir uns bei dieser oder anderen Entscheidungen richten.«[165]

Selbstverständlich hatten die »polnischen Genossen« auch schon im Jahr 1944 und später in der Frage der polnischen Grenzen und der anschließenden »Überführung« der deutschen, polnischen, ukrainischen oder weißrussischen Bevölkerung wenig zu melden, sondern lediglich Weisungen aus Moskau vor Ort umzusetzen.

Jakub Berman entgegnete im Jahr 1983 auf den Vorwurf, die polnischen Kommunisten hätten die Ostgebiete Polens verspielt:

»Sie erzählen Unsinn. Unser Einverständnis oder Widerspruch war kaum von Bedeutung, insbesondere in der Frage des Verlustes der Ostgebiete. [...] Die Debatte über ihren Status im Jahr 1944 oder 1945 wäre also ahistorisch. Es kam die Zeit der großen Schlacht um die Grenze entlang der Oder und Lausitzer Neiße. Stalin polemisierte mit allen scharf, die dies in Frage stellten.«[166]

Das »sowjetfreundliche« Polen hatte nach Auffassung Stalins eine wichtige Rolle an der antideutschen Nachkriegsfront zu spielen. In dem bereits angeführten Gespräch mit Stanisław Orlemański vom 28. April 1944 erklärte Stalin:

»Wir möchten, dass in Polen eine solche Regierung besteht, die die Bedeutung der guten Beziehungen zu ihren östlichen Nachbarn verstehen und schätzen wird und die auch bereit wäre, diese Beziehungen zu schützen, im Interesse des Kampfes mit dem gemeinsamen Feind – Deutschland, das, gleichgültig wie man es zerschlägt, wieder erwachsen wird.«[167]

Stalin verwies darauf, dass die Deutschen die Kriege von 1870, 1914 und 1939 angefangen hätten und dass die Friedenszeiten zwischen diesen Kriegen kürzer geworden seien, »40–42« [sic] zwischen 1870 und 1914 und 21 Jahre zwischen 1918 und 1939: »Er, Stalin, denkt, dass Deutschland erneut vielleicht in etwa 15 Jahren wieder auferstehen könnte. Daher sollen wir [so Stalin] nicht nur darüber nachdenken, wie wir den gegenwärtigen Krieg gewinnen, sondern auch darüber, was es in 20 Jahren geben wird, wenn Deutschland wieder erstarkt.«[168]

In der bereits zitierten Unterredung mit Oskar Lange vom 17. Mai 1944 ging Stalin auf die Frage der nachhaltigen Schwächung Deutschlands ein. Er führte unter anderem aus:

»dass man in der Haltung gegenüber Deutschland einen Frieden nach dem Vorbild von Versailles schließen könnte. Versailles bedeutete Halbfrieden, weil man Deutschland Vergünstigungen gewährte. Ein solcher Frieden würde [bei den Deutschen] nicht nur den Wunsch nach Revanche erwecken, sondern würde auch diese Revanche ermöglichen. Man könnte noch einen Frieden schließen, in dem man Deutschland seine Gebiete belässt und die Sudentengebiete den Tschechoslowaken und Elsass-Lothringen den Franzosen überlässt. Allerdings ist das eine sehr gefährliche Kombination. Die dritte Möglichkeit – Deutschland zu schwächen –, seine Industrie wegzunehmen, seine Armee zu entwaffnen und so Deutschland für 50 Jahre zu schwächen. Er, Genosse Stalin, meint, dass man diese Variante realisieren muss. […] Er, Stalin, denkt, wenn man halbe Entscheidungen treffe, dann haben wir in 15 Jahren einen neuen Krieg.«[169]

In ähnlichem Sinne äußerte sich Stalin wiederholt.[170]

Stalins Entscheidung für die Oder-Lausitzer-Neiße-Linie

Im Sommer 1944 hatte Stalin die polnisch-sowjetische Grenze bereits festgelegt und sich auch vertraglich abgesichert. Die Frage der deutsch-polnischen Grenze war hingegen noch offen geblieben. Stalin spielte zu diesem Zeitpunkt mit dem Gedanken, sie entlang der Oder bis zu dem Städtchen Ohlau und von dort entlang des Flusses Ohle bis zur tschechischen Grenze zu ziehen.

Am 3. August 1944 fragte Stanisław Mikołajczyk, der damalige Premierminister der polnischen Exilregierung in London, Stalin während einer Unterredung in Moskau: »Wie sehen Sie die zukünftige Grenze Polens, Marschall? Stalin: Wie ich sie sehe? … Na ja … im Osten an der Curzon-Linie, im Westen entlang der Oder und Neiße, Königsberg … (nach einer kurzen Denkpause) … und das Gebiet von Königsberg wird Russland angeschlossen.«[171] Zu diesem Zeitpunkt wusste die polnische Exilregierung in London nichts von dem Vertrag zwischen dem PKWN und der sowjetischen Regierung. Dass Stalin Ansprüche auf Teile Ostpreußens erhob, hatte die polnische Exilregierung im Februar 1944 von Churchill erfahren. Am 20. Februar 1944 schrieb Churchill an Stalin:

>Am 6. Februar habe ich zum erstenmal der polnischen Regierung erklärt, daß die Sowjetregierung in Ostpreußen eine Grenzziehung wünscht, die auf russischer Seite Königsberg einschließt. Diese Information war ein Schock für die polnische Regierung, die in einer solchen Entscheidung eine wesentliche Verminderung des Umfangs und der ökonomischen Wichtigkeit des deutschen Territoriums sieht, das Polen auf dem Wege der Entschädigung [für die Ostgebiete] einverleibt werden soll.« [172]

Trotzdem gelang es Churchill, die polnische Exilregierung zu überreden, Veränderungen der polnisch-sowjetischen Grenze von 1939 zugunsten der Sowjetunion gegen eine Entschädigung im Westen auf Kosten Deutschlands zuzustimmen. Churchill teilte Stalin am 20. Februar 1944 mit: »Die polnische Regierung ist bereit, zu erklären, dass die Grenzlinie von Riga nicht den Realitäten entspricht: Sie ist auch bereit, eine neue Grenze zwischen Polen und der Sowjetunion als Bestandteil einer allgemeinen Regelung zusammen mit der Frage der künftigen Grenzen im Norden und Westen in unserem Beisein mit der Sowjetunion zu erörtern.« [173]
Im Gegenzug versprach Churchill, wie in Teheran vereinbart, der polnischen Exilregierung die Souveränität, Unabhängigkeit und territoriale Unantastbarkeit Polens sowie die nachfolgende territoriale Entschädigung auf Kosten Deutschlands: »die Einverleibung der Freien Stadt Danzig, Oppelns, Schlesiens [Oberschlesien und Oppelner Schlesien], Ostpreußens westlich und südlich der Linie von Königsberg [...] und soviel Territorium bis zur Oder, wie die polnische Regierung für angemessen hält.« Churchill sicherte der polnischen Exilregierung außerdem zu, die »Aussiedlung der deutschen Bevölkerung aus Polen einschließlich der dem polnischen Staat einzuverleibenden deutschen Gebiete durchzuführen«. Auch eine

»Umsiedlung« der Polen aus den Ostgebieten in das nach Westen verschobene Polen sollte einvernehmlich geregelt werden.[174]

Anfang Oktober 1944 weilten Churchill und Vertreter der polnischen Exilregierung in Moskau. Am 9. Oktober 1944 fand eines von mehreren Gesprächen zwischen dem britischen Premier und Stalin statt, wobei auch die Frage erörtert wurde, wie weit Polen nach Westen verschoben werden solle:

> »*Genosse Stalin* erklärt, [...] Polen muss man Ostpreußen, Schlesien zurückgeben *[otdat']*, und das Gebiet um Königsberg mit der Stadt nimmt die Sowjetunion.
> *Churchill* erklärt, dass er dies für richtig hält, er meint aber, dass *die deutsche Bevölkerung aus diesen Gebieten nach Deutschland umgesiedelt werden muss.* Jetzt wird es für Deutsche in Deutschland genug Lebensraum geben, nachdem die Verbündeten etwa acht Millionen Deutsche vernichtet haben.
> *Genosse Stalin* antwortet, dass er damit einverstanden ist, dass man die deutsche Bevölkerung aus Schlesien und Ostpreußen nach Deutschland umsiedelt.«[175]

Vier Tage später, am 13. Oktober, fand in Moskau eine gemeinsame Unterredung zwischen Churchill, Stalin und Mikołajczyk statt. Thema war die polnische Frage.[176] Es ging es um die politische Gestalt des künftigen Polen, das heißt die Unabhängigkeit des Landes, die Beteiligung der Exilregierung und der Kommunisten an der neuen Regierung und die künftigen Grenzen. Stalin erklärte dabei unter anderem: »Wenn Sie [die polnische Exilregierung] mit der sowjetischen Regierung Beziehungen haben möchten, dann können Sie sie nicht anders erreichen als durch Anerkennung der Curzon-Linie als Voraussetzung.«[177] Churchill pflichtete Stalin bei:

> »Ich muss im Namen der britischen Regierung erklären, dass die Opfer, die die Sowjetunion im Krieg gegen Deutschland gebracht hat, und alles, was sie [die Sowjetunion] für die Befrei-

ung Polens getan hat, sie nach unserer Auffassung berechtigt, ihre westliche Grenze entlang der Curzon-Linie festzulegen. Ich habe das im vergangenen Jahr meinen polnischen Freunden wiederholt erklärt. Ich gehe davon aus, dass die Alliierten weiterhin Krieg gegen Deutschland führen werden, damit Polen im Gegenzug für sein Nachgeben im Osten Ausgleich (zunächst sagt er [Churchill] ›full compensation‹ [volle Entschädigung] und dann, sich korrigierend, ›equal balance‹ – [ebenbürtigen Ausgleich]) im Norden und Westen, in Ostpreußen und Schlesien bekommt. Diese Territorien umfassen eine günstige Meeresküste mit dem schönen Hafen in Danzig und wertvolle schlesische Bodenschätze. [...]

Mikołajczyk: Ich habe bisher öffentliche Erklärungen über die Aufteilung Polens gehört, über die Aufteilung Deutschlands habe ich dagegen nichts gehört.

Churchill (nach einem leisen Wortwechsel mit Eden): Wir sprachen darüber, und die deutsche Frage sollte hier entschieden werden, wir vermieden aber, darum viel Aufhebens zu machen, weil dies die Erhärtung des deutschen Widerstandes nach sich ziehen müsste. (Molotow wirft ein: Richtig!) [...] Unsere Haltung ist wie folgt, sie sieht die polnische Ostgrenze entlang der Curzon-Linie vor und im Westen und Norden die Revision der Grenze zugunsten Polens. [...] Wir waren in diesem Krieg am Rande der Niederlage, über uns hing das Schwert. Wir haben daher das Recht, die Polen um eine große Geste im Interesse des Friedens in Europa zu bitten. [...]

Mikołajczyk: Könnte ich erfahren, was in Teheran über die polnische Westgrenze beschlossen wurde?

Molotow: Man hat die Meinung geäußert, dass die Oder-Linie richtig ist. Ich kann mich nicht erinnern, dass sich jemand dagegen ausgesprochen hätte.

Churchill: Ich habe mich auch einverstanden erklärt.

Eden: In Teheran wurde dies wie folgt formuliert, dass die neue Grenze im Westen so weit bis zur Oder reichen werde, wie sich die Polen das wünschen. (Alle nicken.) [...]

Stalin: Ich möchte nur erklären, dass man unter uns Russen sagt, dass man Polen nicht nur Danzig zuerkennt, sondern auch Stettin. (Churchill wirft ein: Selbstverständlich!) Wir halten daran [...] fest.

Churchill: Die britische Regierung auch.«[178]

Die britische Delegation verfasste noch in Moskau den Entwurf einer gemeinsamen britisch-sowjetischen Erklärung, in der Hoffnung, dass doch noch ein Kompromiss mit der polnischen Exilregierung zu erzielen sei:

»Die Regierung der UdSSR und die Regierung Seiner Majestät geben nach Abschluss der Verhandlungen in Moskau im Oktober 1944 zwischen ihnen und dem polnischen Premierminister und Außenminister folgende Erklärung ab: Nach der bedingungslosen Kapitulation Deutschlands werden dem Territorium Polens im Westen die Freie Stadt Danzig, Regionen Ostpreußens westlich und südlich von Königsberg, Oppelner Schlesien und Gebiete bis zur Oder, die Polen wünscht, eingegliedert. Es wird ferner vereinbart, dass der Besitz dieser Gebiete Polen durch die Regierung der UdSSR und die Regierung Seiner Majestät garantiert wird. *Es wurde außerdem vereinbart, dass die deutsche Bevölkerung dieser Regionen nach Deutschland repatriiert* und dass alle Polen in Deutschland auf ihren Wunsch hin nach Polen repatriiert werden sollen.«[179]

Die Verhandlungen in Moskau endeten jedoch in einem Fiasko, was im Interesse Stalins lag. Die polnische Delegation ließ sich auf den Handel (Verzicht auf die Ostgebiete gegen Entschädigung im Westen ohne Referendum bzw. Einverständnis eines frei gewählten Parlaments) nicht ein. Hinzu kam, dass Stalin die Mehrheit und die Schlüsselressorts in der künftigen polnischen Regierung für die »polnischen Patrioten« reklamierte. Diesem Ansinnen konnte die polnische Delegation noch weniger zustimmen, wohl wissend, dass dies der indirekten Sowjetisierung Polens gleichkäme. Somit blieb die Frage der polnischen Westgrenze aus Sicht der westlichen Alliierten weiterhin offen, nicht aber für Stalin.

Während der Gespräche in Moskau stimmten Stalin und Churchill darin überein, dass die deutsch-polnische Grenze weitgehend entlang der Oder-Linie verlaufen solle, wobei Churchill die Meinung Stalins teilte, Polen auch die Hafenstadt Stettin auf der westlichen Oderseite zu überlassen. Wiederholt fiel während der Unterredungen der Begriff Schlesien, das an Polen gehen sollte. Gemeint waren Oberschlesien und Oppelner Schlesien, wie aus dem oben angeführten britischen Entwurf der Erklärung hervorgeht.

Stalin überlegte es sich jedoch bald anders, und spätestens im Dezember 1944 beschloss er, die deutsch-polnische Grenze doch entlang der Linie Oder/Lausitzer Neiße zu ziehen. Anfang Dezember 1944 weilte Charles de Gaulle in Moskau und erfuhr am 2. Dezember von Stalin, dass die künftige deutsch-polnische Grenze entlang dieser Linie verlaufen solle. Nach der französischen Version dieser Unterredung widersprach de Gaulle diesen Plänen nicht, nach sowjetischer Lesart begrüßte er sie gar, »da eine solche Grenzziehung eine eventuelle Verständigung zwischen Polen und Deutschland unmöglich mache«.[180]

Am 18. Dezember 1944 erschien in der *Prawda* ein Artikel von Stefan Jędrychowski unter dem Titel »Wiedervereinigung polnischer Gebiete im polnischen Staat«. Der Autor plädierte darin mit dem Argument für die Oder-Lausitzer-Neiße-Linie als künftige polnische Westgrenze, dass es sich hier um urpolnische Gebiete handele, die im polnischen Staat mit den übrigen polnischen Gebieten wiedervereinigt werden müssten.[181] Eine solche Publikation zu diesem Thema in der *Prawda* ist ohne Stalins Einverständnis undenkbar. Jędrychowski hatte im September 1939 die Einverleibung Ostpolens in die Sowjetunion begrüßt, war Mitbegründer des »Verbandes Polnischer Patrioten« in Moskau und leitete im PKWN das Ressort Information und Propaganda.

Am 31. Dezember 1944 ließ Stalin das PKWN offiziell in »polnische Interimsregierung« umbenennen und Edward Osóbka-Morawski zu deren Chef ernennen. Dieser erklärte in seiner ersten Ansprache, dass die polnische Westgrenze entlang der Oder und der Lausitzer Neiße verlaufen werde.[182]

Das nächste Mal verhandelten die Großmächte während der Konferenz von Jalta, die vom 4. bis 11. Februar 1945 stattfand, über das Schicksal Polens. Die polnische Frage war sogar das Hauptthema. Für die Westalliierten war inzwischen offenkundig, dass Stalin dabei war, Polen mit Gewalt zu unterwerfen und indirekt (über die PPR) zu sowjetisieren. Dagegen unternehmen konnten sie wenig, und öffentliche Proteste blieben gleichfalls aus.[183] Somit sanktionierten und legitimierten sie die Unterwerfung Polens durch die Sowjetunion. In Jalta wurde noch einmal die Frage der polnischen Westgrenze angesprochen. Am 6. Februar erklärte Stalin während einer Unterredung mit Roosevelt und Churchill, wobei er ihnen gegenüber zum ersten Mal die Linie Oder/Lausitzer Neiße als künftige deutsch-polnische Grenze ins Spiel brachte:

»Während seines Aufenthaltes in Moskau [am 3. August 1944] fragte Mikołajczyk Stalin, welche Grenze im Westen die sowjetische Regierung Polen zubilligt. Mikołajczyk war sehr erfreut, als er hörte, dass wir die westliche Grenze Polens entlang der Neiße-Linie anerkennen. Um Missverständnisse zu vermeiden, muss gesagt werden, dass es zwei Flüsse gibt, die Neiße heißen: der eine fließt mehr östlich, bei Breslau, und der andere mehr westlich. Stalin meint, dass die westliche Grenze Polens entlang der westlichen Neiße verlaufen soll, und er bittet Roosevelt und Churchill, ihn [Stalin] dabei zu unterstützen.«[184]

In Mikołajczyk Memoiren findet sich kein Hinweis darauf, dass er über die Westverschiebung Polens bis zur Oder-Linie, geschweige denn bis zur Oder-Lausitzer-Neiße-Linie erfreut gewesen sei. Auch im polnischen Protokoll dieser Unterredung fehlt die erfreute Reaktion. Ganz im Gegenteil, hier heißt es, Mikołajczyk und seine Begleiter hätten vehement gegen die Ribbentrop-Molotow-Linie als polnisch-sowjetische Grenze protestiert, doch vergeblich.[185]

Die westlichen Alliierten lehnten in Jalta nicht nur die von Stalin geforderte Verschiebung Polens bis zur Oder-Lausitzer-Neiße-Linie ab, sondern stellten auch die Oder-Linie in Frage, mit der sie zu einem früheren Zeitpunkt einverstanden gewesen waren. Zugleich forderten sie Korrekturen der Ribbentrop-Molotow-Linie im südlichen Abschnitt zugunsten Polens. Es ging um Lemberg und Borysław mit seinen Ölvorkommen. Doch in allen polnischen Fragen bissen sie bei Stalin auf Granit. Man einigte sich lediglich auf die Abhaltung freier Wahlen in Polen nach dem Krieg. Ansonsten bestätigten die Alliierten die Ribbentrop-Molotow-Linie (aus Propagandazwecken Curzon-Linie genannt) als polnisch-sowjetische Grenze. Die Festlegung der deutsch-polnischen Grenze sollte dagegen erst während einer Friedenskonferenz nach Konsultation mit der polnischen Regierung erfolgen.[186]

Stalin scherte sich jedoch wenig um die Meinung der Westalliierten und ließ vollendete Tatsachen schaffen, sowohl in der Frage des politischen Systems in Polen als auch in der Frage der polnischen Grenzen. Er gehe davon aus, dass die antideutsche Koalition darüber nicht zerbrechen werde, wie er gegenüber seinen kommunistischen Vasallen in Polen erklärte.[187] Immerhin wurden die entscheidenden Schlachten des Zweiten Weltkriegs von den Truppen der Roten Armee, nicht denen der Alliierten geschlagen und gewonnen.

Nur neun Tage nach der Konferenz von Jalta, am 20. Februar 1945, legte Stalin als Vorsitzender des GKO die vorläufige polnische West- und Nordgrenze fest:

»Bis zur endgültigen Festlegung der westlichen und nördlichen Grenze Polens auf der künftigen Friedenskonferenz verläuft die westliche Grenze Polens westlich von Swinemünde bis zur Oder, die Stadt Stettin bleibt auf der polnischen Seite, weiter die Oder entlang bis zur Einmündung der westlichen Neiße und von dort entlang der westlichen Neiße bis zur tschechoslowakischen Grenze. Der nördliche Teil Ostpreußens – entlang der Linie von der sowjetischen Grenze nördlich der Ortschaft Witajny[188] und weiter nördlich über Goldap nach Nordenburg, Preußisch

Eylau, nördlich von Braunsberg – mit der Stadt Königsberg verbleibt in den Grenzen der UdSSR, und alle übrigen Teile Ostpreußens und auch der Bezirk Danzig verbleiben in den Grenzen Polens.«[189]

Die »polnische Interimsregierung« reagierte schnell und berief am 12. März 1945 eine Kommission, die den Plan für die Übernahme und die Verwaltung der westlichen Gebiete ausarbeiten sollte. Zwei Tage später beschloss der Ministerrat die Aufteilung der neuen Westgebiete in vier Verwaltungsbezirke (Oppelner Schlesien, Niederschlesien, Westpommern und Westpreußen) und ernannte Bevollmächtigte für die einzelnen Bezirke.[190]

Der Warschauer Aufstand und der Fall Niederschlesien

Mit der Entscheidung zugunsten eines Grenzverlaufs entlang der Oder und der westlichen Neiße kam auch ganz Niederschlesien an Polen, was für Stalin im Sommer 1944 offenkundig noch nicht zur Debatte gestanden hatte. Einiges deutet daraufhin, dass diese Entscheidung durch das tragische Schicksal der polnischen Hauptstadt und ihre totale Vernichtung durch die deutschen Besatzer herbeigeführt wurde.

Bereits im September 1939 waren etwa 20 000 Warschauer infolge von Luftangriffen und Artilleriebeschuss ums Leben gekommen. Die damaligen materiellen Zerstörungen werden auf etwa zehn Prozent der Bausubstanz geschätzt. Bis Juli 1944 erschossen die deutschen Besatzer bei öffentlichen und geheimen Exekutionen 32 000 Warschauer, weitere 45 000 starben in Konzentrationslagern. Ein besonders tragisches Schicksal erlitten die jüdischen Einwohner der Stadt. Bis zum Sommer 1942 starben Tausende im Ghetto an Hunger, Unterernährung und Krankheiten. Im Sommer 1942 ermordeten die Deutschen 310 000 Warschauer Juden im Vernichtungslager Treblinka, im Frühjahr 1943 weitere 60 000. Die wenigen jüdischen Überlebenden wurden in

Arbeitslager innerhalb des Generalgouvernements (die deutsch besetzten zentralpolnischen Gebiete) deportiert. Nach dem Ghetto-Aufstand im April und Mai 1943 machten die deutschen Besatzer das jüdische Viertel, das etwa 12–15 Prozent der materiellen Substanz der Stadt ausmachte, dem Erdboden gleich.[191]

Am 1. August 1944 brach in Warschau der von der polnischen Widerstandsbewegung ausgelöste Warschauer Aufstand aus. In den Kämpfen, die bis zum 2. Oktober andauerten, fielen 16 000 bis 18 000 Aufständische. Die Verluste unter der Zivilbevölkerung beliefen sich auf ungefähr 120 000 bis 130 000 Menschen. Etwa 40 000 von ihnen wurden von deutschen bzw. unter deutschem Kommando operierenden »fremdvölkischen« Truppen massakriert, die Übrigen starben infolge willkürlicher Bombardements und am Rande von Kampfhandlungen. Nach der Niederwerfung des Aufstandes vertrieben die deutschen Besatzer die überlebenden Einwohner (etwa 500 000 Menschen). 90 000 Warschauer wurden zur Zwangsarbeit ins Reich verschleppt, etwa 60 000 landeten in Konzentrationslagern, der Rest wurde in Ortschaften innerhalb des Generalgouvernements »evakuiert«.[192]

Während dieses zweiten Aufstandes wurden weitere 25 Prozent der städtebaulichen Substanz Warschaus zerstört. Nach dem Abtransport noch verwertbarer Einrichtungsgegenstände legten spezielle Brandkommandos Haus für Haus und Viertel für Viertel Feuer. Danach traten Sprengkommandos in Aktion, die ausgewählte ausgebrannte Gebäude sprengen sollten. Auf diese Art und Weise zerstörten die deutschen Besatzer weitere 30 Prozent der Bebauung Warschaus auf dem linken Weichselufer.[193]

Im Dezember 1944 war die polnische Hauptstadt ein riesiges Ruinenfeld, ihre Bewohner waren entweder ermordet, vertrieben oder verschleppt. Das tragische Schicksal Warschaus ist beispiellos in der Geschichte des 20. Jahrhunderts und trotzdem im Westen wenig bekannt, ja vergessen. Allein die Zahl der während des Krieges getöteten Einwohner Warschaus übersteigt die Zahl sämtlicher französischer Opfer während des Zweiten Weltkrieges um ein Vielfaches.

Bezeichnend war die Reaktion Stalins auf den Warschauer Aufstand. Noch kurz vor dem 1. August 1944 riefen die Sowjets die Bewohner Warschaus über den Sender der »polnischen Patrioten« zum bewaffneten Aufstand auf.[194] Als die sowjetischen Panzer wenige Kilometer vor Warschau standen, brach der Aufstand aus. Stalin unternahm jedoch nichts, um den Aufständischen zu helfen, im Gegenteil. Er ließ eine Verleumdungskampagne starten, die bis heute nachwirkt, und behinderte die alliierte Hilfe. Stalin überließ es deutschen Kräften, die angeblichen »Usurpatoren« und »Abenteurer« zu vernichten.[195]

Dennoch behaupten Autoren wie Geoffrey Roberts, Stalin habe sich ernsthaft bemüht, Warschau im Sommer 1944 zu erobern und den Aufständischen damit zu helfen. Aber nach wochenlangen heftigen Kämpfen seien die Einheiten der Roten Armee zu erschöpft gewesen, um den in der Stadt gegen die Deutschen Kämpfenden beizustehen.[196]

In der Tat stoppten deutsche Truppen Anfang August 1944 vor Warschau die vorrückenden Sowjets und warfen sie sogar zurück, wobei sie ihnen empfindliche Verluste zufügten. Doch bald schon trafen neue Armeen zur Verstärkung ein, die den strategisch wichtigen Frontabschnitt schnell stabilisierten, sich danach aber defensiv verhielten und vor den Toren Warschaus verharrten, während deutsche Sondereinheiten die Stadtbewohner massakrierten und die Stadt in ein Trümmerfeld verwandelten.[197]

Bemerkenswert ist zudem, dass Stalin am 2. September 1944, als die Kämpfe in Warschau noch im Gange waren, dem Befehlshaber der 1. Ukrainischen Front befahl, eine Operation im Abschnitt Sanok-Krosno (Südpolen) vorzubereiten. Ziel war es, über die Beskiden in die Slowakei durchzubrechen, um den slowakischen Aufständischen zu helfen. Einen Tag später genehmigte Stalin den Operationsplan, und am 9. September griffen sowjetische Truppen tatsächlich im Raum Sanok-Krosno an. Nach erbitterten Kämpfen, bedingt durch das schwierige Gelände (Gebirge), und hartnäckigem deutschem Widerstand brachen die sowjetischen Truppen Ende September auf slowakisches Territorium durch.[198]

Die Hilfe für die Warschauer Aufständischen wäre militärisch mit Sicherheit nicht so aufwendig gewesen wie die Unterstützung der Slowaken. Darüber hinaus lässt Roberts in seinen Ausführungen unerwähnt, dass Stalin sogar den alliierten Flugzeugen, die Waffen und Munition über der aufständischen Stadt abwerfen sollten, die Zwischenlandung auf sowjetischem Territorium verbot.[199] Ebenso wenig hat Roberts eine Erklärung dafür, warum Stalin den Aufständischen materielle Hilfe (Waffen, Lebensmittel) verweigerte, die logistisch kein Problem gewesen wäre.

Ganz offenkundig war es Stalins Absicht, Warschau ausbluten zu lassen, um bei der Unterwerfung Polens leichteres Spiel zu haben. Die Massaker an der Warschauer Bevölkerung und die systematische Zerstörung der polnischen Hauptstadt bedeuteten eine nationale Katastrophe für Polen, von der Stalin und seine »polnischen Patrioten« vom Schlage eines Bierut, Gomułka, Berman und Minc sowie deren Nachfolger profitierten.

Nach der systematischen Zerstörung der Hauptstadt Polens, die das Zentrum des nationalen Widerstandes und zugleich einer der wichtigsten Wirtschaftsstandorte des Landes gewesen war, erschien es Stalin offenkundig zweckmäßig, auch den größten Teil Niederschlesiens dem neuen Polen zuzuschlagen. Die zeitliche Abfolge der beiden Ereignisse ist wohl nicht zufällig. Denn der Verlust Niederschlesiens schwächte zum einen Deutschland noch mehr, zum anderen stärkte der Zugewinn das durch Krieg, doppelte Besatzung und Annexionen schwerstens getroffene Polen nicht allzu sehr. Die in Niederschlesien angesiedelten Industriebetriebe sollten ohnehin demontiert und in die Sowjetunion abtransportiert werden. Außerdem konnte Stalin davon ausgehen, dass weitere Millionen deutscher Vertriebener die künftige deutsch-polnische Versöhnung nicht gerade erleichtern würden.

Vom 17. Juli bis 2. August 1945 fand in Potsdam die letzte Konferenz der drei Großmächte statt. Themen waren unter anderem die alliierte Kontrolle und Verwaltung des besetzten Deutschland, Reparationen, aber auch das politische System und die Westgrenze Polens. Dass Polen, wenn auch indirekt, gewaltsam sowjetisiert wurde, nahmen die Westalliierten inzwischen als vollendete Tatsache hin.

Churchill scheint erst im Mai 1945 begriffen zu haben, dass es bei dem Streit um die Ostgrenzen Polens in Wirklichkeit um die Frage der polnischen Unabhängigkeit ging. Indem die Westalliierten die Ribbentrop-Molotow-Linie akzeptierten, nahmen sie gleichzeitig hin, dass Polen sowjetisiert wurde. Die frühen Warnungen von polnischer Seite hatten sie zuvor nicht ernst genommen.[200] Am 18. Mai 1945 empfing Churchill den sowjetischen Botschafter in London, Gusew, und dessen Gemahlin zum Frühstück. Laut Gusew erklärte Churchill: »Noch vor einem Jahr war er [Churchill] mit der Curzon-Linie einverstanden, weil er meinte, dies würde entscheidend zur Übereinstimmung in der polnischen Frage beitragen, es stellte sich jedoch heraus, dass es gar nicht so ist.«[201]

In Potsdam sprachen weder Churchill noch Truman, nach Roosevelts Tod dessen Nachfolger im Amt des US-Präsidenten, von einem starken, unabhängigen und demokratischen Polen, das im Westen eine seinen Wünschen entsprechende Entschädigung erhalten würde. Die beiden lehnten nicht nur den von Stalin ins Spiel gebrachten deutsch-polnischen Grenzverlauf entlang Oder und Lausitzer Neiße ab, sondern stellten auch die Oder-Linie in Frage. Stalin, der inzwischen vollendete Tatsachen geschaffen hatte und dessen Truppen an der Elbe standen, setzte sich jedoch durch.[202] In der Mitteilung über die Dreimächtekonferenz vom 2. August 1945 heißt es:

»Die Häupter der drei Regierungen stimmen darin überein, dass bis zur endgültigen Festlegung der Westgrenze Polens die früher deutschen Gebiete östlich der Linie, die von der Ostsee unmittelbar westlich von Swinemünde und von dort die Oder entlang bis zur Einmündung der westlichen Neiße und von dort entlang der westlichen Neiße bis zur tschechoslowakischen Grenze verläuft, einschließlich des Teiles Ostpreußens, der nicht unter die Verwaltung der Union der Sozialistischen Sowjetrepubliken in Übereinstimmung mit den auf dieser Konferenz erzielten Vereinbarungen gestellt wird, und einschließlich des Gebietes der früheren Freien Stadt Danzig, unter die Verwaltung des polnischen Staates kommen und in dieser Hinsicht nicht als Teil der sowjetischen Besatzungszone in Deutschland betrachtet werden sollen.«[203]

Auch eine »ordnungsgemäße Überführung der deutschen Bevölkerungsteile« aus diesen Gebieten wie auch aus der Tschechoslowakei und Ungarn wurde beschlossen, ja eigentlich sanktioniert. Drei Tage nach dem Abschluss der Konferenz, am 5. August 1945, verfasste Molotow einen an die sowjetischen Botschafter und Gesandten gerichteten Runderlass, in dem er über die Potsdamer Ergebnisse berichtete. Zur polnischen Westgrenze bemerkte er:

»Es sei gesagt, daß die englische und die amerikanische Delegation unseren Vorschlag ursprünglich abgelehnt hatten, die Westgrenze Polens solle gemäß der in dem veröffentlichten Beschluß angegebenen Linie entlang von Oder und Westlicher Neiße verlaufen; sie bestanden auf der Östlichen Neiße als Grenze, was bedeutet hätte, daß ganz Schlesien – das ja abgesehen davon, daß es angestammter urpolnischer Grund und Boden ist, für Polen immense Bedeutung hat – bei Deutschland verblieben wäre.«[204]

Bemerkenswert ist, dass in der Potsdamer Erklärung vom 2. August 1945 die Stadt Stettin nicht gesondert erwähnt wird. Demnach hätte die Stadt mit Umland bei Deutschland verbleiben müssen, da sie auf der westlichen Seite der Oder liegt. Es handelt sich hierbei entweder um ein echtes oder gewolltes Versehen Stalins.

Bereits am 16. Mai 1945 hatten die Vertreter der »polnischen Interimsregierung« versucht, die Verwaltung der Stadt zu übernehmen, wie es im Beschluss Stalins vom 20. Februar 1945 bestimmt war. Die sowjetischen Militärbehörden ließen jedoch die Übernahme der Verwaltung in der Stadt durch polnische Delegierte nicht zu. Auch der zweite Versuch vom 12. Juni scheiterte an der sowjetischen Militärverwaltung. Erst am 6. Juli 1945 ging die Verwaltung der Stadt, nicht jedoch die des Umlandes, in die Hände der polnischen Vertreter über.[205] Die Potsdamer Entscheidung dürfte in Warschau und Stettin gleichermaßen Verwirrung gestiftet haben, denn die polnischen Behörden hätten die Stadt nach wenigen Wochen wieder verlassen und sie der deutschen Kommunalverwaltung übergeben müssen. Dazu ist es jedoch nicht gekommen, vielmehr übernahmen wenig später die polnischen Behörden auch die Verwaltung des Stettiner Umlandes.

Vom 17. bis 21. September 1945 fanden in Berlin und Schwerin polnisch-sowjetische Verhandlungen statt, deren Gegenstand die Markierung des Grenzverlaufs westlich von Stettin war. An den Verhandlungen nahmen auf polnischer Seite der Bevollmächtigte für den Bezirk Westpommern (Leonard Borkowicz) und der Präsident der Stadt Stettin (Piotr Zeremba) und auf sowjetischer Seite der stellvertretende Chef der sowjetischen Militärverwaltung in Deutschland, Generaloberst der Staatssicherheit Iwan Serow, mit seinem Stab teil.[206]

Am 21. September 1945 erfolgte die Unterzeichnung der Grenzakte und der Karten mit den darauf eingezeichneten Grenzen durch Vertreter beider Parteien. Es wurde vereinbart, dass die polnischen Behörden am 4. Oktober 1945 die Verwaltung der Gebiete zwischen Swinemünde (Świnoujście) und Greifenhagen (Gryfino) übernehmen würden. Der Hafen Stettin blieb jedoch vorerst unter sowjetischer Verwaltung, ebenso das Industriegebiet Pölitz nordöstlich von Stettin.[207] Der Hafen Stettin diente den Sowjets als wichtiger Umschlagplatz für die in Mitteldeutschland demontierten Güter und Industrieanlagen, in Pölitz lief dagegen noch monatelang die Demontage der dortigen Hydrierwerke.

Diese Grenzziehung, immerhin ging es um eine große Hafenstadt mit wichtigen Industriegebieten im Umland, ist ein Kuriosum in der Geschichte des 20. Jahrhunderts und der deutsch-polnischen Beziehungen, das auch noch heute für Verwirrungen sorgt. In den ersten Nachkriegsjahren hatte diese Grenzziehung keinerlei völkerrechtliche Grundlage, und garantiert wurde sie nur durch die Sowjetunion.

Nach Gründung der DDR ging die ostdeutsche Führung daran, auch die Beziehungen mit Polen zu regeln. Anfang Juni 1950 wandte sich Walter Ulbricht mit einem entsprechenden Ansinnen an die sowjetischen Machthaber. Eine Regelung werde Klarheit in den Beziehungen mit Polen schaffen und der SED die Propaganda erleichtern, argumentierte Ulbricht. Zugleich erkundigte er sich, inwieweit das Potsdamer Abkommen diese Frage berühre. Die damaligen Statthalter Stalins in der DDR, Armeegeneral Wassili Tschuikow und Wladimir Semenow[208], hielten die vertragliche Fixierung der Demarkationslinie zwischen der DDR und Polen für verfrüht. Sie wiesen darauf hin, dass diese Frage angesichts der bevorstehenden Wahlen in der DDR in der »feindlichen Propaganda« eine große Rolle spiele. Das sowjetische Außenministerium schloss sich dieser Argumentation an.[209]

Stalin war jedoch offenkundig anderer Ansicht, und einen Monat später, am 6. Juli 1950, unterzeichneten Józef Cyrankiewicz als Premierminister der Volksrepublik Polen und Otto Grotewohl als Vorsitzender des Ministerrates der DDR den sogenannten Görlitzer Grenzvertrag. Die Vertragsparteien »stellten übereinstimmend fest, dass die festgelegte und bestehende Grenze, die von der Ostsee entlang der Linie westlich von der Ortschaft Świnoujście (Swinemünde) und von dort entlang dem Fluss Oder bis zur Einmündung der Lausitzer Neiße und die Lausitzer Neiße entlang bis zur tschechoslowakischen Grenze verläuft, die Staatsgrenze zwischen Deutschland und Polen bildet«.[210]

Eine wortwörtliche Auslegung auch dieses Vertrages, der sich an das Potsdamer Abkommen anlehnt, hätte bedeutet, dass die Stadt Stettin, die ja westlich der Oder liegt, mitsamt ihrem Umland innerhalb der deutschen Grenzen verblieben wäre. Der Görlitzer Vertrag bestimmte jedoch zugleich die Einberufung einer deutsch-polnischen Kommission, welche die deutsch-polnische Staatsgrenze endgültig im Gelände markieren sollte. Die Kommission beendet ihre Arbeit bis Januar 1951, und am 27. Januar 1951 unterzeichneten die Bevollmächtigten der DDR und der Volksrepublik Polen die Vereinbarung über die Ausführung der Markierung der Staatsgrenze zwischen Polen und Deutschland, und zwar so, wie sie heute verläuft und bereits am 20. Februar 1945 von Stalin festgelegt worden war.[211]

Verwirrung und Ungewissheit über den Verlauf der deutsch-polnischen Grenze waren nach 1945 trotz des Görlitzer Vertrages über Jahrzehnte groß. In den 1980er Jahren sorgte beides gar für handfeste Konflikte zwischen der DDR und der Volksrepublik Polen, als man um den Verlauf der Meeresgrenze stritt. Als der Kommunismus in Mittel- und Osteuropa im Jahr 1989 zusammenbrach und die Sowjetunion die eigene Politik gegenüber den Ostblockstaaten neu definieren musste, setzte Moskau wie gewohnt auf die Karte des deutschen Revanchismus. Um das sich emanzipierende Polen zu disziplinieren, malte Moskau die Gefahr deutscher Revisionsanforderungen an die Wand.[212]

Der Zerfall der Sowjetunion und vor allem der deutsch-polnische Grenzvertrag sowie der spätere Freundschaftsvertrag setzten diesen Versuchen ein Ende. Der deutsch-polnische Grenzvertrag war am 14. November 1990 zwischen dem wiedervereinigten Deutschland und dem freien Polen abgeschlossen worden. Er bestätigte die Grenzziehung Stalins vom 20. Februar 1945 als völkerrechtlich verbindliche deutsch-polnische Grenze. Im Vertragstext berufen beide Seiten sich jedoch ausschließlich auf das Görlitzer Abkommen vom 6. Juli 1950 und die Vereinbarung vom 27. Januar 1951.[213]

In all den hier angeführten Grenzverträgen übergingen die jeweiligen Vertragsparteien (DDR und Volksrepublik Polen, BRD und Republik Polen) geflissentlich den Beschluss Stalins vom 20. Februar 1945, mit dem dieser die heutige deutsch-polnische

Staatsgrenze festgelegt hatte. Dies geschah wohl kaum aus Unkenntnis, sondern eher aus politischen Gründen, um den entscheidenden Einfluss Stalins auf die Gestaltung dieser Grenze zu kaschieren.

Auch heute tun sich Politiker, Historiker und Publizisten auf beiden Seiten der Oder, wenn auch aus unterschiedlichen Gründen, schwer, einzugestehen, dass Stalin den Verlauf der deutsch-polnischen Grenze bestimmt hat. Postkommunistische Intellektuelle und Historiker in Polen, die auch 20 Jahre nach dem Zusammenbruch des Kommunismus den deutsch-polnischen Dialog dominieren, bemühen sich, ihre regimetreuen Biographien und Karrieren zu kaschieren. Schließlich waren sie Nutznießer und Stützen eines von Stalin gewaltsam installierten verbrecherischen Regimes. So blenden sie den Umstand, dass Nachkriegspolen mit seiner neuen Herrscherschicht ein Produkt der Stalin'schen Politik war, geflissentlich aus.

Auf der deutschen Seite neigt man hingegen dazu, den polnischen Nationalismus für Flucht und Vertreibung sowie für den Verlust der deutschen Ostgebiete verantwortlich zu machen. Dies geschieht wohl aus Unkenntnis der polnischen Kriegs- und Nachkriegsgeschichte (siehe unten S. 234–236).

Für die Entscheidung Stalins, Stettin von Deutschland zu trennen, dürften wirtschaftlich-strategische Motive ausschlaggebend gewesen sein. Das wirtschaftliche Hinterland des Stettiner Hafens waren die Stadt und der Großraum Berlin, bis 1945 einer der wichtigsten Industriestandorte Deutschlands. Die Abtrennung Stettins schwächte die deutsche Hauptstadt und erschwerte nicht nur ihren wirtschaftlichen Wiederaufbau, sondern behinderte auch auf Jahrzehnte ihre weitere Entwicklung.

Zugleich verlor Deutschland mit Stettin den letzten großen Hafen im Ostseeraum, weil Danzig ebenfalls an Polen und Königsberg an die Sowjetunion fiel. Der Verlust Stettins schwächte die deutsche Wirtschaft ernsthaft. Auf der anderen Seite war der Gewinn für Polen rein statistisch zwar erheblich, stand jedoch in keinem Verhältnis zum deutschen Verlust. Standen doch dem Stettiner Hafen nun statt des Großraums Berlin lediglich die ehemaligen deutschen Gebiete östlich der Oder als wirtschaftliches Hinterland zur Verfügung, eine Region, die industriell eher unterentwickelt und überwiegend landwirtschaftlich geprägt war.

Entscheidend war vielmehr, dass das kommunistische Wirtschaftssystem sowjetischer Prägung, das Stalin Polen nach 1945 aufzwang, mittel- und langfristig wirtschaftlichen und sozialen Niedergang und zivilisatorischen Rückfall bedeutete. Durch die Westverschiebung gewann Polen nichts, es verlor lediglich für Jahrzehnte seine Freiheit.

Das Deutschtum wird zurückgedrängt und Polen nach Westen verschoben

Was veranlasste Stalin, die polnische Westgrenze entlang der Oder und Lausitzer Neiße festzulegen? Stalin war nicht polenfreundlich, im Gegenteil. Seine Feindschaft gegenüber Polen gipfelte in dem Massaker von Katyn. Nach dem 22. Juni 1941 entwickelte sich bei ihm jedoch der Hass auf Deutschland und die Deutschen. Die militärische Niederwerfung Deutschlands, seine Zerstückelung, die Zerschlagung der deutschen Industrie und das »Zurückdrängen« der deutschen Siedlungsgebiete nach Westen sowie die Vernichtung der deutschen Führungsschichten gehörten nun zu den erklärten Kriegszielen Stalins.

Die Idee, die deutschen Siedlungsgebiete »zurückzudrängen«, nahm spätestens im September 1941 in Stalins Kopf Gestalt an. Am 8. September 1941 erklärte er: »Wenn wir siegen, geben wir Ostpreußen dem Slawentum, dem es schließlich gehört, zurück. Wir werden es mit Slawen besiedeln.«[214] Im Dezember 1941 schlug Stalin Władysław Sikorski, dem damaligen Premierminister der polnischen Exilregierung in London, vor, polnische Ansprüche auf Ostpreußen und nicht näher definierte deutsche Gebiete bis zur Oder zu unterstützen. Im Gegenzug hätte die polnische Seite auf die polnischen Ostgebiete verzichten müssen. Sikorski ging darauf nicht ein, obwohl die polnische Exilregierung den Standpunkt vertrat, Ostpreußen, Oppelner Schlesien und Danzig sollten nach dem Krieg Polen eingegliedert werden. Man wollte keinen kausalen Zusammenhang zwischen dem Verlust der ostpolnischen Gebiete und dem Gewinn im Westen herstellen.[215]

In Teheran holte sich Stalin das Einverständnis Churchills und Roosevelts, die ähnlich dachten wie er, für seine Idee. Schließlich war es nicht möglich, ein ganzes Volk von 80 Millionen Menschen komplett umzusiedeln.

Bis Anfang 1945 hatte die Idee in Moskau endgültige Formen angenommen (Oder-Lausitzer-Neiße-Linie). Die Aussiedlung der Deutschen und die anschließende Slawisierung und direkte oder auch indirekte Sowjetisierung dieser Gebiete waren aus Sicht Stalins beschlossene Sache. Im Gespräch mit Mikołajczyk am 3. August 1944 erklärte Stalin: »Wollen Sie nicht Borysław bekommen [Stalin meinte Breslau/Wrocław], das viel besser ist als Lwów? [...] Mikołajczyk merkt an, dass Wrocław eine rein deutsche Stadt sei, worauf Stalin erwidert, dass Wrocław in früheren Zeiten eine slawische Stadt gewesen sei und nichts sie daran hindere, zu dieser Überlieferung zurückzukehren.«[216] Dies ist der Ursprung der Ideologie der »wiedergewonnenen Gebiete«, die im Nachkriegspolen zu einem der wichtigsten Elemente der kommunistischen Propaganda wurde und in Polen bis heute nachwirkt.

Die Westverschiebung Polens um 200 km hatte aus Stalins Sicht sowohl kurz- als auch langfristige Vorteile. Sie schuf mehr als ausreichend Platz für die Umsiedlung der polnischen Bevölkerung aus den polnischen Ostgebieten (etwa 3 Mio. Menschen), die er der Sowjetunion zunächst mit Hilfe Deutschlands und später mit dem Segen der Westalliierten einverleibt hatte. Allerdings galten die Ostpolen als besonders nationalbewusst (patriotisch bzw. nationalistisch), antirussisch und antisowjetisch.[217] Sie hätten die schnelle und totale Sowjetisierung dieser Gebiete stark behindert. Umsiedlungen und Deportationen gelten dagegen seit Jahrtausenden als besonders wirksames Mittel zur gewaltsamen »Befriedung« renitenter Bevölkerungsteile.

Aber auch die Ostdeutschen galten als nationalistisch bzw. patriotisch. Mit der Westverschiebung Polens und den damit einhergehenden Bevölkerungsverschiebungen schwächte Stalin also auf einem Schlag sowohl den polnischen als auch den deutschen Nationalismus, die größten Hindernisse für die sowjetische Expansion nach Westen.

Nicht zu vergessen der Umstand, dass die Westverschiebung Polen außenpolitisch auf Jahrzehnte von der Sowjetunion abhängig machte, die zu diesem Zeitpunkt und noch Jahrzehnte danach der einzige Garant der polnischen Westgrenze war, was von Stalin nachweislich auch gewollt war.[218] Jede polnische Nachkriegsregierung, sollte sie auch frei gewählt, nicht kommunistisch und souverän sein, wäre angesichts der deutschen Revisionsansprüche immer von der UdSSR abhängig, solange letztere die polnische Westgrenze garantierte.

Die sowjetische Residentur in London, die sowohl die britische Regierung als auch die polnische Exilregierung unterwanderte, meldete im Januar 1945 nach Moskau, dass die polnische Exilregierung die Linie Oder/Lausitzer Neiße als die deutsch-polnische Grenze ablehne, und zwar mit folgender Begründung: »Die Russen sind ohne Zweifel interessiert an der Erweiterung des polnischen Territoriums so weit wie möglich nach Westen, um auf diese Weise eine dauerhafte Grundlage für einen deutsch-polnischen Streit zu legen und Polen von der Unterstützung und Verteidigung durch die UdSSR abhängig zu machen.«[219] Ähnlich beurteilten Stalins westliche Diplomaten diesen Schritt.[220] Die Rechnung Stalins ging auf: Bis heute belasten diese Frage und ihre Folgen immer aufs Neue die deutsch-polnischen Beziehungen.

Die Moskauer Entscheidung für Oder und Lausitzer Neiße als deutsch-polnische Grenze war jedoch keine leichte. Zwar galt es Deutschland zu schwächen, zugleich aber Polen nicht zu stärken, betrachtete man Polen doch seit 1920 als den größten Hemmschuh für eine sowjetische Expansion nach Westen. Am 9. März 1944 legte Maxim Litwinow Molotow eine von der Kommission zu Fragen der Friedensverträge und der Nachkriegsordnung (der sogenannten Litwinow-Kommission) erarbeitete umfangreiche Denkschrift »Zur Behandlung Deutschlands« vor. Darin hieß es:

»Mit der Abtrennung Ostpreußens und Oberschlesiens von Deutschland wird nicht nur dieses, sondern auch Preußen als aggressivster und militaristischster deutscher Staat geschwächt. [...] Angesichts der aktuellen internationalen Lage scheint es [...] offenbar zweckmäßig, sie Polen mit der Bedingung zu überlassen, das letzteres gutnachbarschaftliche Beziehungen zur UdSSR garantiert. Die Stärkung eines der Sowjetunion wie auch immer feindlich gesonnenen Polens wäre absolut unzulässig.«[221]

Zugleich warnte die Kommission jedoch: »Hat Polen erst einmal Ostpreußen und Oberschlesien in Besitz genommen, dann versperrt es alle Magistralen, die die Sowjetunion mit Westeuropa verbinden, und es wird erforderlich, den ungehinderten Waren- und Personenverkehr via Polen für uns in besonderer vertraglicher Form zu sichern.«[222] Das von Stalin installierte kommunistische Regime garantierte die »guten nachbarschaftlichen Beziehungen« zur Sowjetunion und »ungehinderten Waren- und Personenverkehr« bis zum Zerfall der UdSSR.

Einen weiteren Gewinn aus der Eingliederung der deutschen Ostgebiete in den polnischen Staat sahen die Sowjets tatsächlich darin, dass sie eine Versöhnung zwischen Polen und Deutschland auf Jahrzehnte unmöglich mache. Am 14. März 1944 unterhielten sich die Mitglieder der Litwinow-Kommission unter anderem darüber, ob es nötig sei, Preußen zu schwächen. Dmitri Manuilski warnte vor den Gefahrenpotenzialen, die von Preußen ausgingen. Litwinow teilte diese Befürchtungen nicht und führte aus: Preußen »stelle für uns eine geringere Bedrohung dar als das ehemalige Polen, gegenüber dem es sowohl von der Fläche als auch von der Einwohnerzahl her kleiner werde. Gehen Ostpreußen und Oberschlesien an Polen, wäre eine Zusammenarbeit zwischen diesem und Preußen nur schwer vorstellbar.«[223]

Solomon Losowski, stellvertretender Außenkommissar, stimmte mit Litwinow überein und setzte laut Protokoll »besondere Hoffnungen darauf, daß Auseinandersetzungen zwischen Polen und Preußen unvermeidbar sind«. Im Verlauf der Diskussion äußerte Losowski jedoch die Befürchtung,

> »daß mit Übergang Ostpreußens an die Polen diese Vorherrschaft über einen großen Bereich in der Ostsee gewinnen könnten. Durch Ostpreußen und Schlesien könne Polen zu einem mächtigen Staat – stärker als Preußen – werden, was angesichts der antirussischen Tendenzen in Polen gefährlich sei. Ist es vorteilhaft, Polen so weit zu stärken, daß an unserer Westgrenze ein Land mit einer Bevölkerung von 40 Millionen und einer riesigen Industrie entsteht? Polen wäre eine Barriere gegen uns, ja eine Speerspitze, die durch die englische Politik gegen die Sowjetunion gerichtet werden könne.«[224]

Die Eingliederung des Oppelner Schlesiens, Niederschlesiens, aller deutschen Ostgebiete östlich der Oder und dazu der Hafenstadt Stettin hätte Polen jedoch noch mehr stärken und somit ein noch größeres Hindernis darstellen müssen als »nur« Ostpreußen, Oberschlesien und Oppelner Schlesien. Die indirekte Sowjetisierung Polens bannte jedoch nicht nur diese Gefahr, sondern sorgte auch dafür, dass die Sowjetunion wirtschaftlich und politisch davon profitierte.

Die Westverschiebung Polens hatte zur Folge, dass Millionen von Menschen ihre Heimat verloren, etwa acht Millionen Deutsche aus den deutschen Ostgebieten und ungefähr dreieinhalb Millionen Polen aus den polnischen Ostgebieten. Hinzu kamen noch 650 000 Ukrainer und 140 000 Weißrussen, die aus den ehemals zentralpolnischen Gebieten in die Sowjetunion »umzusiedeln« waren.[225]

Die brutale Vertreibung der Sudetendeutschen aus Tschechien wird oft mit den Vertreibungen/Aussiedlungen aus den deutschen Ostgebieten gleichgesetzt, was grundsätzlich falsch ist. Für die Betroffenen mag es zwar kaum einen Unterschied machen, aus welchem Grund sie ihre Heimat verloren, für die historische Betrachtung und Einordnung dieser Ereignisse sind jedoch die Genese und Entschlussbildung von entscheidender Bedeutung.

Wie bereits dargelegt, war Polen im Jahr 1945 und Jahrzehnte danach kein freies, souveränes Land. Alle wichtigen Entscheidungen, von den Grenzen über das politische System, die Innen- und Außenpolitik bis hin zur Wirtschaftsordnung, fielen in Moskau. Und das gilt auch für die Einverleibung der deutschen Ostgebiete mit Stettin und Niederschlesien und die damit einhergehende Vertreibung/Aussiedlung der dortigen deutschen Bevölkerung.

In der deutschen Debatte über diese Ereignisse wird dies gelegentlich vergessen und auf die angeblichen Auswüchse des polnischen Nationalismus hingewiesen. Die dabei angeführten »Belege« muten teilweise grotesk an. So wird für den angeblichen polnischen »Drang nach Westen« allen Ernstes eine polnische Postkarte aus der Vorkriegszeit mit polnischen Grenzen bis vor Berlin angeführt.[226] Hingegen ruft ein bloßer Hinweis auf die Rolle Stalins bei den Vertreibungen umgehend polemische Reaktionen hervor.

Die polnischen Nationalisten und Patrioten hatten jedoch auf die Geschicke Polens ab September 1939 keinen Einfluss mehr, auch nicht auf den Verlauf der deutsch-polnischen Grenze. Vielmehr waren sie Opfer der deutschen und sowjetischen Besatzer, die sie systematisch verfolgten, umbrachten, in Konzentrationslager sperrten, verschleppten. Das Massaker von Katyn und die Zerstörung der Hauptstadt Warschau stehen geradezu exemplarisch dafür.

Auch auf das Schicksal des neuen Polens (ab 1944/45) hatten die polnischen Nationalisten und Patrioten keinen Einfluss, obwohl viele von ihnen noch jahrelang einen aussichtslosen bewaffneten Kampf für ein freies Polen führten. Die »polnischen Patrioten« Stalins setzten das verbrecherische Werk der deutschen und sowjetischen Besatzer ab 1944/45 fort. Die Bezeichnung der sowjethörigen Herrscher in Polen als polnische Nationalisten bzw. Patrioten lässt sich nur mit Unkenntnis der polnischen Geschichte und der kommunistischen Propaganda, die jene tatsächlich als wahre polnische Patrioten darstellte, erklären.[227]

Im Gegensatz zu Polen war die Tschechoslowakei im Jahr 1945 nicht nur formal, sondern auch tatsächlich ein freier und unabhängiger Staat. Die tschechische Exilregierung mit Edvard Beneš an der Spitze betrieb nicht nur eine sowjetfreundliche Politik, sondern nahm eine regelrecht servile Haltung gegenüber Stalin ein, dem sie sich übereifrig andiente. Die Einheiten der Roten Armee, welche die Tschechoslowakei von deutscher Besatzung befreit hatten, verließen das Land im Sommer 1945, um erst 23 Jahre später erneut einzumarschieren. Die Initiative für die Vertreibung der Sudetendeutschen ging von der tschechischen Exilregierung aus, die im Jahr 1945 die Macht im Lande übernommen hatte und sie auch ausübte. Die tschechischen Pläne fanden in Moskau Unterstützung, denn sie stimmten mit Stalins Absichten überein, die deutschen Siedlungsgebiete zurückzudrängen.[228]

Während an der Weichsel Tausende polnischer Nationalisten und Patrioten verzweifelt für ein freies Polen kämpften, konzentrierten sich die Tschechen auf die Vertreibung der Sudetendeutschen und verloren dabei die Unabhängigkeit und Freiheit des eigenen Landes aus den Augen. Im Jahr 1946 fanden in der Tschechoslowakei freie Wahlen statt, welche die sowjethörigen Kommunisten gewannen. Schritt für Schritt übernahmen sie die wichtigsten Machtpositionen, um im Jahr 1948 nach einem Umsturz die ganze Macht an sich zu reißen und anschließend ein kommunistisches System nach sowjetischem Vorbild einzuführen. Die Rote Armee war dafür nicht notwendig, im Gegensatz zu anderen Staaten des Ostblocks.[229]

Churchill verhindert ein deutsches Katyn

Vom ersten Tag ihrer Herrschaft an bedienten sich die Bolschewiken des Massenterrors, der in erster Linie gegen die alten Eliten gerichtet war. Diese sollten vernichtet bzw. dezimiert werden, um so die eigene Herrschaft dauerhaft zu sichern. Auch gegenüber den deutschen Führungsschichten hegten Stalin und seine Genossen ähnliche Absichten – zumal die Deutschen die Sowjetunion an den Rand der Katastrophe gebracht hatten. Am 5. Januar 1943 notierte Iwan Maiski, stellvertretender Außenkommissar und sowjetischer Botschafter in London, in seinem Tagebuch Überlegungen zur sowjetischen Deutschlandpolitik:

> »Unser Ziel besteht darin, einer neuerlichen Aggression seitens Deutschlands vorzubeugen. Die Garantien dafür können innerer und äußerer Art sein. Die inneren Garantien können nur durch eine umfassende und tief greifende proletarische Revolution im Ergebnis des Krieges und die Schaffung einer stabilen, auf Sowjets basierenden Staatsordnung in Deutschland herbeigeführt werden. Die durch den Faschismus vergiftete Psychologie der deutschen Massen muss im Feuer einer derartigen Revolution umgeschmolzen und die gegenwärtig Deutschland beherrschenden Klassen müssen vollständig *vernichtet [unitschtoscheny]* werden. Alles was darunter liegt, kann nicht überzeugen.«[230]

Maiski konstatierte jedoch mit Bedauern, dass es in Deutschland keine Kräfte gebe, die »die proletarische Revolution« hätten durchführen können, vor allem sei die kommunistische Partei zu schwach. »Eine auf wackligen Beinen stehende Sowjetmacht ist für uns inakzeptabel«, führte er aus und ging zu den »äußeren Garantien« über, welche die UdSSR vor künftigen Angriffen durch Deutschland absichern sollten: »Die Hauptmaßnahmen für [die Schaffung] äußerer Garantien müssen in Folgendem bestehen: a) Aufspaltung Deutschlands in eine Reihe von mehr oder minder unabhängigen Staaten. [...] b) ›Wirtschaftliche Dezentralisierung‹, das heißt im Kern die industrielle Entwaffnung Deutschlands, die wahrscheinlich wichtiger ist als militärische Abrüstung.«[231]

Ferner schrieb Maiski, dass Deutschland Reparationen leisten müsste, dabei notierte er: »Ich bin der Auffassung, daß wir noch eine weitere Form von Reparationen verlangen müssen – deutsche Arbeitskraft. Die deutschen Arbeitsleistungen müssen mehr oder weniger militärisch organisiert werden, die Deutschen müssen in Konzentrationslagern leben und dürfen gar kein oder ein extrem geringes Arbeitsentgelt erhalten.«[232] Damit umriss Maiski die sowjetischen Ziele der künftigen Deutschlandpolitik, die zum großen Teil auch realisiert wurden. Interessant ist hier zunächst die von Maiski formulierte Absicht, die deutschen Führungsschichten zu vernichten.

Am 9. Oktober 1943 legte Litwinow seine Überlegungen zur Frage der Behandlung Deutschlands und anderer Feindstaaten in Europa Molotow vor. Er verwies dabei auf die Tatsache, dass Deutschland nach Hitlers Machtergreifung seine Streitkräfte schnell aufgebaut habe, trotz der Tatsache, dass sie nach dem Versailler Frieden faktisch aufgelöst worden waren und Deutschland nur eine Armee aus 100 000 Berufssoldaten habe unterhalten dürfen. Dies habe jedoch ausgereicht, so Litwinow, »eine erfahrene Armee aus durchweg Unteroffizieren und Offizieren aufzustellen, die als Personaldecke für die Bildung der gegenwärtigen kampfstarken und personell zahlreichen Armeen diente. Offensichtlich müssen andere Maßnahmen gefunden werden, die von den Militärbehörden der Alliierten vorzugeben sind.«[233]

Unter dem Begriff »andere Maßnahmen« verstand Stalin die physische Liquidierung von deutschen Offizieren. Am 16. August 1942 fand eine Unterredung zwischen Stalin und Churchill, der in

Moskau zu Besuch weilte, statt. Laut Protokoll führte Churchill aus, »was Deutschland betreffe, […] so müsse man den preußischen Militarismus und das Nazitum vernichten und Deutschland nach dem Krieg abrüsten«. Stalin griff diesen Gedanken bereitwillig auf und erklärte, »dass man den Militärkader Deutschlands vernichten müsse. Außerdem sei es notwendig, Deutschland durch die Abtrennung des Ruhrgebiets zu schwächen.«[234] Churchill erwähnte diesen Wortwechsel in seinen Erinnerungen nicht, obwohl er die Unterredung relativ detailliert wiedergab.[235]

Während der Konferenz der Großen Drei in Teheran (28. 11.– 1. 12. 1943) griff Stalin den Gedanken, die deutschen Offiziere zu vernichten, wieder auf und sorgte dabei sogar für einen Eklat. Am 29. November lud Stalin den amerikanischen Präsidenten und den britischen Premierminister gemeinsam mit ihren engsten Mitarbeitern zum Dinner in die Sowjetische Botschaft ein. Laut amerikanischem Protokoll sprach Stalin offen über die Schwächen und Stärken der Roten Armee, um anschließend auf Deutschland einzugehen:

»Bezüglich der zukünftigen Behandlung Deutschlands entwickelte *Marschall Stalin* die These, die er vorher geäußert hatte, dass nämlich wirklich effektive Maßnahmen zur Kontrolle Deutschlands gefunden werden müssten, sonst würde Deutschland innerhalb von 15 bis 20 Jahren wiederauferstehen, um die Welt in einen weiteren Krieg zu stürzen. Er sagte, dass zwei Bedingungen erfüllt werden müssen: (1) *Mindestens 50 000 oder vielleicht 100 000 deutsche Offiziere müssten physisch liquidiert werden.* (2) Die siegreichen Alliierten müssten die Kontrolle über wichtige strategische Punkte in der Welt halten, sodass, wenn Deutschland seine Muskeln spielen lasse, es sofort gestoppt werden könne. […]

Der Präsident scherzte, dass er die Zahl der deutschen Offiziere, die erschossen werden sollten, mit 49 000 oder mehr ansetzen würde.

Der Premierminister sprach sich heftig gegen das aus, was er als

239

eine kaltblütige Exekution von Soldaten, die für ihr Vaterland gekämpft hätten, bezeichnete. Er sagte, dass Kriegsverbrecher für ihre Verbrechen bezahlen müssten, und dass Personen, die barbarische Taten begangen hätten, im Einklang mit der Moskauer Erklärung, die er selbst verfasst habe, an den Orten vor Gericht gestellt werden müssten, wo sie ihre Verbrechen begangen hätten. Er lehnte jedoch Exekutionen aus politischen Gründen entschieden ab.

Marschall Stalin erwähnte während dieses Teils der Unterredung immer wieder Mr. Churchills insgeheime Vorliebe für die Deutschen.«[236]

Churchill ging in seinen Erinnerungen auf diese Unterredung detailliert ein, und seine Darstellung unterscheidet sich teilweise von dem veröffentlichten amerikanischen Protokoll. Churchill erwähnt darin auch, dass an dem Dinner auch der Sohn des amerikanischen Präsidenten, Elliot Roosevelt, ein Oberst der US Air Force, teilnahm. Laut Churchill verlief die Unterhaltung wie folgt:

»Der deutsche Generalstab müsse, sagte er [Stalin], liquidiert werden. Die ganze Stärke der mächtigen Armeen Hitlers hinge von den etwa fünfzigtausend Offizieren und Technikern ab. Wenn diese gefangen genommen und am Ende des Krieges erschossen würden, wäre die deutsche Militärmacht vernichtet. Daraufhin dachte ich, es wäre richtig zu sagen: ›Das Britische Parlament und die Öffentlichkeit werden niemals Massenexekutionen tolerieren.‹ [...] Stalin setzte [...] jedoch nach. ›Fünfzigtausend‹, sagte er, ›müssen erschossen werden.‹ Ich war sehr verärgert. ›Ich würde mich eher‹, sagte ich, ›hier in den Garten führen und dort erschießen lassen, als meine Ehre und die meines Vaterlandes durch so eine Schande zu besudeln.‹«[237]

Weiter schildert Churchill die Reaktion des Präsidenten Roosevelt und seines Sohnes Elliott auf den Vorschlag Stalins:

»Er [Roosevelt] habe einen Kompromiss vorzuschlagen. Nicht fünfzigtausend sollten erschossen werden, sondern nur neunundvierzigtausend. Damit hatte er zweifellos gehofft, die ganze Angelegenheit als Scherz abzutun. Auch Eden machte Zeichen und Gesten, um mich zu überzeugen, dass dies ein Scherz sei. In diesem Augenblick stand Elliott Roosevelt am Ende des Tisches auf und hielt eine Rede, dass er mit Marschall Stalins Plan voll einverstanden sei, und er sei sicher, dass die Vereinigten Staaten diesen Plan unterstützen würden. Daraufhin stand ich vom Tisch auf und begab mich in den angrenzenden Raum. [...] Ich war dort weniger als eine Minute, als mir jemand von hinten auf die Schulter klopfte, und da war Stalin mit Molotow an der Seite, beide grinsten breit und erklärten eifrig, dass sie nur Spaß gemacht und nichts Ernstes im Sinn gehabt hätten. [...] Ich war damals und bin auch nicht jetzt vollständig überzeugt davon, dass dies alles Neckereien waren und sich nichts Ernstes dahinter verbarg.«[238]

Bei dieser Forderung handelte es sich in der Tat um keine Neckereien. Zwei Tage später, am 1. Dezember, während der Nachmittagsgespräche, wiederholte Stalin seine Forderung. Nach dem Protokoll der amerikanischen Delegation erklärte er:

»Er glaube nicht, dass es einen Unterschied zwischen den Deutschen gebe; dass alle deutschen Soldaten kämpften wie die Teufel und die einzige Ausnahme die Österreicher seien. Er sagte, dass die preußischen Offiziere und Stäbe vernichtet werden sollten, aber was die Bewohner betraf, sah er kaum einen Unterschied zwischen dem einen Teil Deutschlands und einem anderen.«[239]

Das sowjetische Protokoll dieser Unterredung unterscheidet sich in diesem Punkt nicht unwesentlich von der amerikanischen Darstellung. Danach argumentierte Churchill, dass es Unterschiede zwischen Süddeutschland und Preußen gebe, folglich müsse Preußen härter behandelt werden, denn, so Churchill: »Die Süddeutschen werden einen neuen Krieg nicht anfangen.« Stalin widersprach dem vehement:

> »Churchill wird bald mit einer großen Masse von Deutschen zu tun haben, wie wir. Churchill wird dann sehen, dass in der deutschen Armee nicht nur Preußen kämpfen, sondern auch Deutsche aus den übrigen Provinzen Deutschlands. Nur Österreicher ergeben sich, sie schreien – ›Ich bin Österreicher‹. Und unsere Soldaten nehmen sie auf. Was die Deutschen aus den übrigen Provinzen angeht, sie kämpfen mit gleicher Härte. *In Preußen muss man Offiziere nehmen* [sic], *und die preußische Bevölkerung nicht*, die sich von der Bevölkerung in anderen Provinzen Deutschland nicht unterscheidet, denn alle Deutschen kämpfen wie Bestien. […]
> *Roosevelt.* Ich stimme mit Marschall Stalin überein, und zwar darüber, dass zwischen den Deutschen aus verschiedenen Teilen Deutschlands kein Unterschied besteht. Noch vor 50 Jahren gab es diesen Unterschied, jedoch heute sind alle deutschen Soldaten gleich. Dies bezieht sich aber nicht auf das preußische Offizierskorps.«[240]

Bemerkenswert ist der Satzteil im sowjetischen Protokoll: »In Preußen muss man Offiziere nehmen, und die preußische Bevölkerung nicht«, im Original: »W Prussji nuschno brat oficerow, a ne prusskoje naseljenie …« Ganz offenkundig frisierte der sowjetische Protokollführer diesen Satz, und statt »vernichten«, wie es im amerikanischen Protokoll steht, setzte er »nehmen« ein. Damit entstellte er die Aussage Stalins, die nun kaum einen Sinn ergibt. Zugleich beseitigte der Protokollführer den Beleg für die verbrecherische Forderung Stalins. Hierbei ist anzumerken, dass Stalin die sowjetischen Protokolle der Gespräche in Teheran aufmerksam las und auch persönlich korrigierte und ergänzte.[241] Und Stalin achtete stets peinlich genau darauf, was in den Unterlagen für die Nachwelt erhalten blieb, er wusste die Bedeutung der Propaganda und (im sowjetischen Sinne) politisch-korrekten Geschichtsschreibung sehr wohl zu schätzen.

Manche Historiker halten die Forderung Stalins, die deutschen Offiziere en masse zu erschießen, für einen makabren Scherz, die allermeisten ignorieren sie jedoch, sei es aus Gründen der politischen Korrektheit, sei es, weil sie sie für unglaubwürdig halten.[242] Dabei deutet alles darauf hin, dass Stalin diese Forderung durchaus ernst meinte, zumal sie der gewohnten Handlungsweise der sowjetischen Kommunisten und der von Stalin allemal entsprach. Churchill nahm den Vorschlag auf jeden Fall ernst, was auch die folgende protokollierte Unterredung zwischen Churchill und Stalin belegt, die am 9. Oktober 1944 in Moskau stattfand:

»*Churchill* […] erklärt, dass man die Deutschen, die in faschistischen Einheiten, in der Gestapo und hitlerschen Jugendverbänden dienen, bei Erziehungsarbeiten einsetzen soll, um ihnen zu zeigen, dass es schwieriger ist aufzubauen, als zu vernichten. Er, Churchill, kann sagen, dass man in England mit der Massenerschießung von Menschen dieser Kategorie nicht einverstanden sein werde. Man muss sie umziehen.
Genosse Stalin erwidert, dass niemand Massenerschießungen vorhat, und dass das beste Mittel für die Umerziehung eine lange Besetzung Deutschlands sein wird.«[243]

Im Gegensatz zu Churchill unterstützte der amerikanische Präsident Roosevelt Stalins Forderung nach massenhafter Erschießung der deutschen Offiziere. Dies lässt sich nicht nur seinen diesbezüglichen Ausführungen in Teheran (siehe oben) entnehmen, die Churchill als einen Versuch deutete, »die ganze Angelegenheit ins Lächerliche zu ziehen«.[244] Am 4. Februar 1945, während der Krimkonferenz, trafen sich Roosevelt und Stalin zu einer Unterredung, in der Roosevelt laut sowjetischem Protokoll eingangs erklärte:

»Jetzt, nachdem er [Roosevelt] die durch die Deutschen angerichteten Verwüstungen gesehen hat, wünscht er, dass doppelt so viele Deutsche umgebracht werden wie bisher. *Man muss un-*

bedingt 50 000 deutsch-preußische Offiziere vernichten. Er, Roosevelt, erinnert sich, wie Marschall Stalin mit einem Trinkspruch auf die Vernichtung von 50 000 deutsch-preußischen Offizieren angestoßen hat. Das war ein sehr guter Trinkspruch. [...]

Genosse Stalin [...]: Die Deutschen [haben] keinerlei Moral. Sie hassen alles, was der Mensch aufgebaut hatte. Sie sind einfach Sadisten.

Roosevelt erklärt, dass er mit Marschall Stalin einverstanden ist, dass die Zerstörungen, welche die Deutschen angerichtet haben, aus ihrem Sadismus resultieren. [...] Überhaupt findet Marschall Stalin ihn, Roosevelt, viel blutrünstiger hinsichtlich der Behandlung der Deutschen als in Teheran.

Genosse Stalin antwortet, dass wir alle jetzt blutrünstiger geworden sind. Die Deutschen haben viel unschuldiges Blut vergossen.«[245]

Das veröffentlichte amerikanische Protokoll dieser Unterredung unterscheidet sich jedoch von dem nicht veröffentlichten sowjetischen in einem Punkt nicht unwesentlich. Im amerikanischen Protokoll heißt es nämlich: »Der Präsident sagte, er sei sehr von dem Ausmaß der Zerstörung betroffen gewesen, die von den Deutschen auf der Krim angerichtet wurde. Ihnen gegenüber sei er daher blutrünstiger als noch vor einem Jahr. Daher hoffe er, dass Stalin (wie schon in Teheran 1943) wiederum einen Trinkspruch auf die Hinrichtung von 50 000 Offizieren der deutschen Armee ausbringen möge.«[246]

Offensichtlich frisierte diesmal der amerikanische Protokollführer (bzw. der Herausgeber) die Gesprächsaufzeichnung, um Roosevelt zu »entlasten«. Der solcherart entstellte Satz ergibt wenig Sinn, seine russische Fassung hingegen sehr wohl.

Es fanden nach Kriegsende keine summarischen Massenerschießungen von deutschen oder preußisch-deutschen Offizieren statt, obwohl sich Stalin wie auch Roosevelt dafür ausgesprochen hatten. Ganz offenkundig verhinderte die entschiedene Haltung

Churchills ein deutsches Katyn, zumal Roosevelt bald nach der Konferenz von Jalta (am 12. April 1945) verstarb.

Die Sowjetunion konnte es sich hingegen nach dem 8. Mai 1945 nicht leisten, im Alleingang die gefangen genommenen deutschen Offiziere zu erschießen. Stalin und seine Genossen mussten auf die Weltöffentlichkeit Rücksicht nehmen, denn eine solche Tat hätte die kommunistische Propaganda und den kommunistischen Einfluss im Westen, die damals ihre bis dahin größten Erfolge feierten, sehr erschwert, wenn nicht zunichte gemacht. In Moskau hoffte man damals, dass die jeweiligen von Moskau gesteuerten kommunistischen Parteien in einigen europäischen Ländern über freie Wahlen an die Macht gelangen könnten. Letztendlich gelang dies jedoch nur in der Tschechoslowakei.

TEIL IV

DEMONTAGEN

Die Sowjetunion erlitt während des deutsch-sowjetischen Krieges enorme demographische und materielle Verluste. Millionen Sowjetbürger kamen durch den deutschen Terror ums Leben, noch mehr starben als Soldaten an den Fronten oder in deutscher Kriegsgefangenschaft (etwa 3 Mio.). Beim Abzug aus den besetzten Gebieten wandten die deutschen Truppen ebenso die Taktik der verbrannten Erde an, wie es die sowjetische Seite in den Jahren 1941 und 1942 bei ihrem Rückzug praktiziert hatte.

Hinzu kamen Zerstörungen infolge von Kriegshandlungen, immerhin war die Ostfront Schauplatz der erbittertsten Kämpfe des Zweiten Weltkriegs. Infolgedessen gehörten die sowjetischen Gebiete, die von deutschen Truppen besetzt gewesen waren, zu den am stärksten verwüsteten Territorien Europas. Unzählige Industriebetriebe und die Infrastruktur in diesen Gebieten waren beinahe gänzlich oder doch zum großen Teil zerstört worden.[1] Allerdings sind die nach dem Krieg von sowjetischer Seite offiziell vorgelegten und bis heute verbreiteten Zahlen über die materiellen Verluste während des Krieges stark überhöht.[2]

Neben der Spaltung Deutschlands sowie seiner auch von den Westalliierten geforderten militärischen und wirtschaftlichen Entwaffnung war eines der erklärten Ziele Stalins, sich mittels künftiger Reparationen den Zugriff auf die deutsche Industrie, vor allem auf die Rüstungsbetriebe, zu sichern. Mit ihren modernen Anlagen und Maschinen sollte in der Sowjetunion die sowjetische Industrie, in erster Linie die Schwer- und Rüstungsindustrie, aus- und aufgebaut werden.

Als der britische Außenminister Anthony Eden im Dezember 1941 in Moskau weilte, wies er während einer Unterredung mit

Stalin darauf hin, dass die britische Regierung von Reparationsleistungen in Form von Geld nichts halte. Stattdessen befürworte sie »Restitutionen materieller Werte (Waren, Maschinen usw.), die Deutschland vernichtet oder sich angeeignet hat«. Stalin stimmte dem zu und erklärte, »daß die Sowjetunion gleichfalls der Auffassung sei, daß Reparationsleistungen in Geld wenig nützlich seien und daß Deutschland Restitutionsleistungen in natura zu erbringen habe. Das allerbeste sei, Deutschland und Italien ihre modernsten Werkzeugmaschinen zugunsten der besetzten und geschädigten Länder zu entziehen.«[3]

Eden zeigte sich mit Stalin einverstanden und »erklärte, daß er keine Gründe sehe, warum wir nicht fordern sollten, daß Deutschland zum Beispiel der Sowjetunion die Werkzeugmaschinen, Maschinen, Fabriken usw. zurückerstatte, die es zerstört hat«.[4] Iwan Maiski notierte ein Jahr später in seinem Tagebuch:

> »Im Dezember 1941 hörte ich von Gen. Stalin ›40 000 Werkzeugmaschinen aus Deutschland – das sind für uns Reparationen!‹ Doch wie kommen wir zu diesen 40 000 Werkzeugmaschinen? Offensichtlich dadurch, daß wir sie nach dem Krieg in Deutschland bestellen und sie in Raten über eine Reihe von Jahren hinweg erhalten, oder aber die bereits vorhandenen Maschinen in deutschen Industrieunternehmen demontieren.«[5]

Angenommen, Maiski irrte sich nicht und Stalin hatte tatsächlich die Zahl von 40 000 Werkzeugmaschinen als künftige Reparationen erwähnt, dann würde dies bedeuten, dass er die Kapazitäten der deutschen Maschinenbauindustrie völlig unterschätzte. Sie stellte im Jahr 1941 201 254 spanabhebende Werkzeugmaschinen her, sodass die Lieferung von 40 000 Einheiten Deutschland keine größeren Probleme bereiten würde.[6]

Reparationsprogramm als Deckmantel
für die Deindustrialisierung Deutschlands

Die sowjetischen Pläne hinsichtlich der deutschen Industrie gingen in Wirklichkeit weit über den bloßen Abtransport von 40 000 Werkzeugmaschinen hinaus. Am 14. März 1944 fand eine Sondersitzung der Kommission zu den Friedensverträgen und zur Nachkriegsordnung statt, die im Sommer 1943 beim Volkskommissariat für Außenangelegenheiten eingerichtet worden war. Diskutiert wurde der Bericht der Kommission »Zur Behandlung Deutschlands«, den Litwinow, der Vorsitzende dieser Kommission, Molotow am 9. März 1944 vorgelegt hatte.[7] Während dieser Besprechung erklärte Litwinow laut Sitzungsprotokoll:

»Den Ländern, die unter der deutschen Okkupation gelitten haben, stünden gleich nach Kriegsende Reparationsleistungen zu, indem Werkzeugmaschinen, Maschinen, andere Produktionsanlagen, ganze Produktionsstätten, ganze Betriebe sowie bewegliches Material des Verkehrswesens usw. im Rahmen von Reparationsleistungen aus Deutschland abtransportiert werden. *Außerdem werde ein beträchtlicher Teil der deutschen Industrie im Rahmen der Abrüstung demontiert. Die Absicht, Deutschland seine Industrie zu entziehen, dürfe nicht direkt thematisiert werden.* Dies müsse unter dem Deckmantel der Abrüstung und der Reparationsleistungen geschehen. Das Ergebnis wäre ein und dasselbe: die Umwandlung Deutschlands in ein Agrarland.«[8]

Im Frühjahr 1944 waren massive Demontagen von Industrieanlagen und ganzen Betrieben in Deutschland nach dem gewonnenen Krieg für die Sowjets beschlossene Sache, wie aus der oben angeführten Äußerung Litwinows hervorgeht. Man überlegte sogar schon, wie diese Güter in die Sowjetunion abtransportiert werden könnten.

Am 18. April 1944 fand eine Sitzung der Waffenstillstandskommission unter Vorsitz von Kliment Woroschilow statt. Man besprach die künftigen Besatzungszonen Deutschlands, I. S. Isakow, ein Kommissionsmitglied, wies darauf hin, dass der Transport von Industrieanlagen und Werkzeugmaschinen aller Art von Berlin in die UdSSR »am bequemsten bis Stettin per Eisenbahn und sodann über Schiffsverbindungen nach Leningrad« zu bewerkstelligen sei. Er regte daher an, die bereits festgelegte »Einteilung der Besatzungszonen in Berlin so zu verändern, dass der Stettiner Bahnhof, von dem aus wir über die Eisenbahnstrecke nach Stettin den Abtransport der Industrieanlagen in die UdSSR vornehmen müssen, in die Besatzungszone der UdSSR falle«.[9]

Woroschilow lehnte den Vorschlag jedoch mit dem Hinweis ab, dass die Aufteilung Berlins und ganz Deutschlands in Besatzungszonen nach »geographischem Prinzip« vorgesehen sei. In einer weiteren Sitzung am 30. April 1944 beschloss die Kommission allerdings, dass die Aufteilung Österreichs besser nach dem wirtschaftlichen Prinzip vorzunehmen sei.[10] Am 12. Mai 1944 teilte Woroschilow Stalin in einem Schreiben mit:

>»Bei der Abgrenzung der Besatzungszonen in Österreich wurde nicht das Flächenkriterium, sondern die Bevölkerungszahl und die Verteilung der Industriestandorte zugrunde gelegt. Ein großer Teil der Industriebetriebe befindet sich in der sowjetischen Zone (deren Bevölkerung ein Drittel der Gesamtbevölkerung Österreichs umfaßt); außerdem ist die sowjetische Zone durch direkte Eisenbahnverbindungen mit Jugoslawien, der Tschechoslowakei und Ungarn verbunden.«[11]

Damit sicherte sich die Sowjetunion den Zugriff auf einen Großteil der österreichischen Industrie, um sie später ohne Hindernisse demontieren und in die Sowjetunion abtransportieren zu können.

Auch im Falle Deutschlands beanspruchte die Sowjetunion den Löwenanteil an allen deutschen Industrieanlagen und Betrieben, die, sei es unter dem Vorwand von Reparationen, sei es im Rahmen der wirtschaftlichen Abrüstung, zu demontieren waren. In der Kommissionssitzung vom 30. April 1944 erklärte Woroschilow:

> »Die Industrieausrüstungen und Werkzeugmaschinen, die der UdSSR aufgrund ihrer Reparationsansprüche zustehen, würden nicht nur aus in der sowjetischen Besatzungszone gelegenen Betrieben entnommen, sondern auch aus anderen Unternehmen, die sich in den übrigen Teilen des deutschen Hoheitsgebietes befinden. Unsere Alliierten, die Engländer und die Amerikaner, benötigen beispielsweise keine Werkzeugmaschinen und sonstige Industrieausrüstungen aus Deutschland, während die UdSSR einen hohen Bedarf gerade an Werkzeugmaschinen habe.«[12]

Im Verlauf der Diskussion erteilte Woroschilow die Anweisung, »in einem gesonderten Protokoll zu vermerken, daß die UdSSR etwa *90 Prozent der Werkzeugmaschinen* und anderen Industrieanlagen Deutschlands beansprucht, die entnommen werden müßten, um das industrielle und militärische Potenzial Deutschlands zu schwächen«. Ferner unterstrich er noch einmal: »Offensichtlich werden weder die Amerikaner noch die Engländer Bedarf an diesen Werkzeugmaschinen haben.«[13]

Die Höhe der Kriegsschäden, welche die UdSSR erlitten hatte, und die vor diesem Hintergrund erhobenen Reparationsforderungen sollten die Ansprüche der sowjetischen Seite auf die deutschen Industrieanlagen und Werke legitimieren. Mit dieser Thematik befasste sich die Wiedergutmachungskommission unter Vorsitz von Maiski. Ihr Auftrag bestand darin, das Ausmaß der Kriegsschäden in der UdSSR zu ermitteln und eine Liste der sowjetischen Reparationsforderungen auszuarbeiten. Die Umsetzung sollte in zweierlei Form erfolgen: »In Form der einmaligen Entnahme von Reparationsobjekten bei Ende des Krieges sowie in

Form von jährlich wiederkehrenden Zahlungen durch Lieferungen, Arbeitsleistungen, Geldleistungen und dergleichen mehr nach Friedensschluß.«[14]

Bei der Festlegung der Reparationsforderungen hatte die Kommission zwei Grundbedingungen zu beachten:»a) alles muß sich insgesamt – natürlich bei maximaler Anspannung der Feindstaaten – im Rahmen *des Machbaren* bewegen; b) sie müssen sowohl ihrer Höhe als auch ihrer Art nach *möglichst unstrittig* sein und der UdSSR gleichzeitig die *höchstmögliche Priorität* bei der Befriedigung ihrer Ansprüche gewährleisten.«[15]

Eine entscheidende Rolle spielten die sowjetischen Kriegsverluste, die so hoch wie nur möglich angesetzt werden sollten. Die Wiedergutmachungskommission schätzte im Juli 1944 die direkten materiellen Kriegsschäden (durch Zerstörungen) der UdSSR auf etwa 130 bis 150 Milliarden US-Dollar. Diese Zahlen erschienen jedoch selbst den sowjetischen Führern maßlos übertrieben, sodass man die Summe später auf 50 Milliarden US-Dollar reduzierte.[16] Aber auch diese Zahl war überhöht.

Das gesamte Volksvermögen Deutschlands im Jahr 1938 wurde von der Kommission auf 125 Milliarden und das gesamte Volksvermögen der Feindstaaten (Deutschland, Italien, Rumänien, Ungarn, Finnland) auf 194 Milliarden US-Dollar geschätzt. Das Sozialprodukt dieser Länder im Jahr 1938 schätzte die Kommission auf 40,4 Milliarden US-Dollar, wovon 32 Milliarden auf Deutschland entfielen. Infolge des Krieges sei das Volksvermögen dieser Länder auf etwa 130 Milliarden US-Dollar geschrumpft, das Deutschlands auf 80 bis 85 Milliarden US-Dollar, so die Kommission. Davon eigne sich zur Ausfuhr nur das »mobile« Volksvermögen, das heißt »Fabriks-, Werks- und Kraftwerksausrüstungen und -anlagen, bewegliches Material der Eisenbahn« im Wert von etwa 50 Milliarden US-Dollar. Etwa die Hälfte (25 Mrd.) davon stünde »für eine Entnahme im Rahmen der Reparationen zur Verfügung«, so die Wiedergutmachungskommission.[17]

Zugleich schätzte dieselbe Kommission das Volksvermögen der Sowjetunion auf umgerechnet etwa 200 Milliarden US-Dollar, und die Zentralverwaltung für Statistik bezifferte das sowjetische Sozialprodukt im Jahr 1940 mit umgerechnet 41,6 Milliarden US-Dollar.[18] Wenn man die Industrie, Infrastruktur und den Wohlstand der beiden Länder in diesen Jahren vergleicht, liegt es auf der Hand, dass das von der sowjetischen Seite ›ermittelte‹ Volksvermögen und Sozialprodukt sowie die Kriegsverluste der UdSSR nicht stimmen können. Sie hatten nur einen Zweck, nämlich den Anspruch auf die deutschen Industrieanlagen und -einrichtungen zu legitimieren.

Die Wiedergutmachungskommission habe sich »bei der Aufstellung des Programms für einmalige Entnahmen in Deutschland« von zwei grundsätzlichen Erwägungen leiten lassen, berichtete Maiski am 27. Juni 1944 an Molotow: »Die genannten Entnahmen haben zum Ziel, *einerseits in kürzester Frist zum Wiederaufbau der UdSSR beizutragen und andererseits das Kriegspotential Deutschlands auf ein absolutes Minimum zu reduzieren.*« Weil jedoch das Missverhältnis zwischen den sowjetischen Kriegsverlusten und der Zahlungsfähigkeit Deutschlands so groß sei, empfahl die Kommission, »Deutschland alles zu entziehen, was diesem Land zu entziehen ist«.[19] Die Entnahme folgender Mengen wurde für möglich gehalten:

»468 000 spanabhebende[n] Werkzeugmaschinen, zwei Millionen Elektromotoren, 117 000 Verbrennungsmotoren bzw. -triebwerke[n], Generatoren und Turbinen mit einer Gesamtleistung von 10 Millionen Kilowatt, 168 Kaltwalzstraßen (darunter 27 Blockwalzstraßen), etwa fünf Millionen Spinnerei- bzw. Zwirnereispindeln, 12 500 Dampflokomotiven, 500 000 Güterwaggons, etwa drei Millionen Tonnen Gleise usw. Natürlich sind das alles theoretisch errechnete Zahlen. Infolge von Verschleiß der Ausrüstungen und durch kriegsbedingte Zerstörungen ist ein beträchtlicher Teil davon in der Praxis abzuschreiben.«[20]

Wie noch zu zeigen sein wird, gelang es der Sowjetunion, diese als theoretisch angesehenen Mengen zum großen Teil tatsächlich auszuführen. Auch im Bereich der Landwirtschaft sah die Kommission Entnahmen vor. Diesbezüglich teilte Maiski Molotow ebenfalls am 27. Juli folgendes mit:

»Konkret beabsichtigt die Kommission, 1,2 Millionen Pferde, vier Millionen Stück Großvieh und vier Millionen Schweine zu konfiszieren. Des weiteren hält es die Kommission für erforderlich, über 100 Zuchtfarmen und Gestüte, 2,5 Millionen Tonnen verschiedener Düngemittel, 500 Tausend Tonnen Zucker sowie eine bestimmte Anzahl an Laboreinrichtungen, landwirtschaftlichen Maschinen usw. zu entnehmen. In der Landwirtschaft werden Entnahmen im Wert von *ca. zwei Milliarden Dollar* erfolgen.«[21]

Die Kommission beschränkte sich nicht nur auf die Industrie, das Verkehrswesen und die Landwirtschaft, sondern votierte auch dafür, eine bestimmte »Menge *kommunalen Eigentums* (Straßenbahnen, Omnibusse, Stadtgaswerke usw.) sowie Vermögensgüter in den Bereichen *Handel* und Wissenschaft [zu beschlagnahmen]. Nach Überschlagsrechnungen kann der Wert der genannten Entnahmen bis zu *zwei Milliarden Dollar* ausmachen (nicht eingerechnet Kunst- und Kulturgüter).«[22]

Damit legte die Kommission ein Demontageprogramm vor, das einmalig in der Weltgeschichte sein dürfte und das noch dazu zum großen Teil realisiert wurde. Außer Demontagen/Entnahmen sah die Kommission noch »jährliche Reparationszahlungen«, die nach zehn Jahren abgeschlossen sein sollten, sowie »deutsche Arbeitsleistungen« vor, die man als Quelle für Reparationszahlungen sogar für noch wichtiger erachtete, vorausgesetzt, fünf Millionen deutsche Arbeitskräfte (Zwangsarbeiter) erbrächten zehn Jahre lang Arbeitsleistungen. Aber auch die ›Satellitenstaaten‹ (Finnland, Rumänien, Ungarn und Italien) hatten nach dem Willen der Kommission Reparationen zu leisten, im Wesentlichen jedoch in Form jährlicher Zahlungen über einen Zeitraum von zehn Jahren.[23]

Das sowjetische Demontageprogramm deckte sich weitgehend mit den Vorstellungen des US-amerikanischen Finanzministers Henry Morgenthau.[24] Während jedoch der sogenannte Morgenthau-Plan Papier blieb, setzte Stalin die eigenen Deutschlandpläne auf den von sowjetischen Truppen besetzten Gebieten weitgehend um. Trotzdem widmen Forschung und Publizistik dem Morgenthau-Plan ungleich mehr Interesse als den sowjetischen Vorhaben und deren Verwirklichung.

Die Wiedergutmachungskommission unter Vorsitz von Maiski bezifferte die Höhe der möglichen Demontagen in Deutschland auf etwa 17 Milliarden US-Dollar, darunter 13 Milliarden Dollar aus den Bereichen Industrie, Verkehrs- und Nachrichtenwesen. Hinzu kämen noch jährliche Warenlieferungen im Wert von zehn Milliarden US-Dollar innerhalb von zehn Jahren. Von diesen insgesamt 27 Milliarden sollte die Sowjetunion laut Kommission mindestens zehn Milliarden erhalten. Nicht eingerechnet waren die jährlichen Arbeitsleistungen, die fünf Millionen Deutschen zehn Jahre lang erbringen sollten.[25]

Stalin selbst hielt die Summe zunächst für zu hoch und wies Maiski an, ein Memorandum über sowjetische Reparationsforderungen in Höhe von fünf Milliarden US-Dollar vorzubereiten, was Maiski wiederum für entschieden zu niedrig hielt, woraufhin er ein Schreiben und eine Denkschrift für Stalin verfasste. Darin untermauerte er den Standpunkt der Wiedergutmachungskommission, dass die Sowjetunion im Rahmen der Reparationen mindestens zehn Milliarden erhalten sollte.[26] Maiski gelang es, Stalin zu überzeugen, der die Höhe der Reparationen, die der UdSSR zuständen, auf der Konferenz von Jalta mit zehn Milliarden US-Dollar bezifferte.[27]

Organisatorische Vorbereitungen der Demontagen und die erste Kriegsbeute

Bereits am 28. Juli 1944 sprach sich Maiski dafür aus,

> »in Moskau ein operatives Zentrum für den Abtransport von Reparationsobjekten aus Deutschland einzurichten sowie sogenannte ›Reparationsabteilungen‹ zu den vorrückenden Truppenteilen der Roten Armee zu entsenden, um die Reparationsobjekte auf den von uns besetzten Gebieten Deutschlands unverzüglich zu erfassen. Im Zuge des Fortgangs der Ereignisse an der Front wäre eine baldestmögliche Entscheidung [...] sehr wichtig.«[28]

Zu diesem Zeitpunkt war die deutsche Heeresgruppe Mitte, die der Roten Armee den Weg nach Deutschland versperren sollte, zerschlagen worden. Ende Juli 1944 sah es so aus, als ob nichts die sowjetischen Panzer, die bereits die östlichen Vororte Warschaus erreichten, auf ihrem Weg nach Deutschland aufhalten könne. In den nächsten Wochen gelang es der deutschen Seite jedoch, die Front entlang der Weichsel zu stabilisieren sowie neue Verteidigungslinien auf- und auszubauen. Vor diesem Hintergrund erschien ein Operationszentrum für Demontagen offenkundig als nicht mehr so dringlich.

Mit der Demontage und dem Abtransport von Beutegut, so der interne Fachausdruck, begannen die sowjetischen Stellen im Juni 1944 in Rumänien. Die nordöstlichen Gebiete Rumäniens, das bis August 1944 an der Seite Deutschlands gegen die Sowjetunion gekämpft hatte, waren bereits einen Monat zuvor von sowjetischen Truppen besetzt worden. Am 25. August 1944 wechselte das Land die Seiten und erklärte Deutschland den Krieg. Am 12. September schloss Rumänien mit der Sowjetunion einen Waffenstillstand und kämpfte anschließend auf sowjetischer Seite gegen Deutschland. Trotzdem behandelte die Sowjetunion ihren neuen Verbündeten weiterhin wie ein besetztes Land und fuhr mit der Demontage der relativ wenigen aus sowjetischer Sicht brauchbaren Industrieanlagen fort.

Am 28. Mai 1944 hatte Stalin den Kriegsrat der 2. Ukrainischen Front, deren Truppen die nordöstlichen Gebiete Rumäniens besetzt hatten, mit dem GKO-Beschluss Nr. 5964 angewiesen, der nominellen sowjetischen Regierung, dem Rat der Volkskommissare (SNK), eine Aufstellung der rumänischen Betriebe, die demontiert und in die UdSSR ausgeführt werden könnten, vorzulegen.[29] Auf der Basis dieser Aufstellung ordnete der SNK am 6. Juni die Demontage und Ausfuhr von 14 rumänischen Betrieben an.[30] Bis zum 26. August 1945 demontierten die sowjetischen Beutekommandos insgesamt 33 rumänische Werke, und zwar unter anderem drei Branntweinbrennereien, zwei Bierbrauereien, drei Möbelfabriken, zwei Sägewerke, zwei Zuckerfabriken, Mühlen, zwei Akkumulatorenwerke, Gerbereien, drei Kraftwerke, eine Stärkefabrik.[31]

Nach Abschluss des Waffenstillstandsabkommens verlegten die Sowjets den Schwerpunkt der Demontagen auf die rumänische Erdölindustrie. Bis zum 16. November 1944 verluden die Beutekommandos in Ploieşti 27 500 Tonnen Ölrohrleitungen. An diesem Tag beschloss das Operative Büro des GKO[32] außerdem, Stalin Vorschläge für weitere Demontagen von Rohren und Anlagen zur Förderung und Verarbeitung von Erdöl zur Bestätigung vorzulegen.[33] Einige Tage später, am 23. November, ordnete Stalin die Demontage und Ausfuhr von Anlagen zur Benzinproduktion der Firma »Astra Roman« sowie von Ölrohrleitungen des Werkes »Kreditul-Miner« in die UdSSR an.[34] 31 000 Tonnen Rohre sollten demontiert und in die Sowjetunion abtransportiert werden. Am 6. Januar 1945 unterzeichnete Stalin den Beschluss über die Verteilung dieser Rohre auf einzelne Werke in der UdSSR.[35] Insgesamt demontierten die sowjetischen Beutekommandos in

Rumänien 240 km Ölrohrleitungen. Auch Getreide und Fleisch wurde beschlagnahmt und in die Sowjetunion ausgeführt.[36] Die Truppen der Roten Armee, ob in Rumänien oder anderen ›befreiten‹ Ländern, wie beispielsweise Polen, ernährten sich ohnehin von den örtlichen Ressourcen.[37]

Hohe Offiziere sowie Partei- und Staatsfunktionäre ebenso wie einfache Soldaten zeigten dagegen ein reges Interesse an rumänischen Haushaltsgütern und Wertgegenständen. Im November 1944 standen in den Beutelagern der 2. Ukrainischen Front 300 Waggons mit Möbeln, Musemsobjekten und anderen Wertgegenständen. Wie viele Waggons mit geraubten Wertgegenständen die hohen Offiziere und die Funktionäre von Partei und Staat inzwischen in Rumänien ›organisiert‹ und in die Sowjetunion verschoben hatten, war nicht mehr feststellbar. Stalin, der über diese Missstände unterrichtet wurde, rügte sie scharf.[38]

Die wichtigste Kriegsbeute in Rumänien waren jedoch Erdölprodukte. Eigens dafür wurde im Oktober 1944 die Verwaltung für die Nutzung der Erdölprodukte Rumäniens errichtet, welche die Ausbeutung der rumänischen Ölindustrie generalstabsmäßig zu überwachen hatte.[39] Beispielsweise wies Stalin als Vorsitzender des GKO diese Verwaltung am 29. März 1945 an, die Lieferung von insgesamt 610 0000 Tonnen rumänischer Erdölprodukte an die Sowjetunion zu ›sichern‹.[40] Bis zum 1. Juni 1945 erhielt die Sowjetunion aus Rumänien 2,022 Millionen Tonnen dieser Erzeugnisse, vor allem Benzin.[41]

Abgesehen von der Ölförderung war die rumänische Industrie insgesamt relativ schwach entwickelt, weshalb ihre Anlagen für die sowjetische Seite auch wenig attraktiv waren, wie das Beispiel der Buntmetallindustrie zeigt. Im Oktober 1944 besetzte die sowjetische 40. Armee die Stadt Baia Mare in Siebenbürgen, dem Zentrum dieses Industriezweigs mit Blei-, Kupfer-, Gold- und Silbererzbergwerken. Der Kriegsrat der 40. Armee ließ die vorhandenen Produktionsstätten in Betrieb setzen und die Förderung der Buntmetalle aufnehmen. Bis Dezember 1944 verschickte man 185,2 kg Gold und 2050 kg Silber in die UdSSR; 194,8 kg Gold und

2350 kg Silber waren zum Abtransport vorbereitet. Noch im November 1944 entsandte das Volkskommissariat für Buntmetallindustrie eine Gruppe von Ingenieuren, die sich vor Ort ein Bild über die Ausbeutungsmöglichkeiten machen sollten. Sie sprachen sich für den Erhalt der bestehenden Standorte aus, schlugen aber keine Demontagen vor.[42]

Am 16. Juni 1945 teilte der Volkskommissar für Buntmetallindustrie, Lomako, dem stellvertretenden Volkskommissar für Außenhandel, Krutikow, mit, dass die Buntmetallindustrie in Rumänien schwach entwickelt sei, daher entschloss man sich, die Vorkommen vor Ort auszubeuten, und zwar unter der Regie rumänisch-sowjetischer Aktiengesellschaften. Diese sollten die bestehenden Bergwerke und Fabriken übernehmen und betreiben.[43] Bei solchen gemischten Unternehmen strich die sowjetische Seite stets die Gewinne ein, sämtliche Kosten hatte dagegen die andere Seite zu tragen. Später blieb Rumänien jedoch von sowjetischen Demontagen weitgehend verschont, die Reparationen in Höhe von 300 Millionen US-Dollar hatte das Land jedoch zu leisten.

Das oberschlesische Industrierevier fällt
unversehrt in sowjetische Hände

Am 12. Januar 1945 startete die Rote Armee die groß angelegte
Weichsel-Oder-Operation, durchbrach die deutschen Verteidigungslinien entlang der Weichsel und errang bemerkenswerte
territoriale Gewinne. Restpolen (westlich der Weichsel) wurde innerhalb von wenigen Tagen ›befreit‹, und die ostdeutschen Gebiete wurden besetzt. Schon am 1. Februar standen die sowjetischen Verbände an der Oder vor Küstrin und Breslau. Bis Ende
des Monats waren Pommern und Schlesien erobert, ausgenommen die südlichen Gebiete Niederschlesiens mit den Städten Breslau und Glogau, die von Hitler zu Festungen erklärt wurden.[44]

Durch die Besetzung Schlesiens fielen den sowjetischen Truppen zum ersten Mal große und bedeutende Industriegebiete in die
Hände. Insbesondere der Ballungsraum Oberschlesien mit seiner
Kohle- und Stahlproduktion erschien Stalin und seinen Genossen
sehr attraktiv, aber auch Niederschlesien mit seinen wichtigen Industriezentren weckte Begehrlichkeiten. Bereits am 9. März 1944
schrieb Litwinow an Molotow:

»Nach einigen in der Presse durchgesickerten Informationen
läßt sich mutmaßen, daß die Hitlerclique die industrielle Entwicklung des oberschlesischen Raums nach den Luftangriffen
auf Westfalen beträchtlich forciert hat, wozu in starkem Maße
natürlich auch die Vereinigung aller Teile Oberschlesiens und
die Angliederung des industriellen Ballungsraumes um Krakau
sowie der Sosnowitzer Gruben beigetragen haben. Am Ausgang
des jetzigen Krieges werden Rolle und Bedeutung Oberschlesiens als Industriezentrum wahrscheinlich weitaus größer sein,
als am Ende der vorangegangenen Kriege.«[45]

Während des Krieges bauten die deutschen Besatzer die im Herbst 1939 beschlagnahmten polnischen Industriebetriebe in Oberschlesien (insgesamt 1764) – teilweise im großen Stil – für die Bedürfnisse der eigenen Kriegswirtschaft aus, weil diese Gebiete relativ sicher vor den alliierten Bomben waren und zudem relativ nah an der Ostfront lagen.[46] Vor allem die oberschlesische Steinkohle- und Stahlproduktion spielte in der Folge eine herausragende Rolle in der Kriegswirtschaft des Dritten Reiches.

Tabelle: Gesamtmenge der geförderten Steinkohle in Oberschlesien von 1940 bis 1944 (in Mio. t)[47]

Jahr	1940	1941	1942	1943	1944
Menge	82	82	91	100	95

Die Gesamtmenge der geförderten Steinkohle im Reich (mit Oberschlesien) betrug im Jahr 1942 rund 268 Millionen Tonnen (davon 34 % in Oberschlesien), ein Jahr später 278 Millionen Tonnen (davon 36 % in Oberschlesien) und zwei Jahre später 276 Millionen Tonnen (davon 34,4 % in Oberschlesien).[48]

Tabelle: Gesamtmenge des produzierten Stahls in Oberschlesien (in t)[49]

Jahr	1941	1942	1943	1944
Rohstahl	1 278 400	1 295 000	1 324 000	1 243 000
Stahl	2 347 500	2 415 000	2 821 400	2 878 000
Walzstahl	1 412 500	1 780 000	1 658 900	1 509 000

Im Februar 1945 eroberten die Einheiten der 1. Ukrainischen Front unter Marschall Iwan Konew Oberschlesien wie auch große Teile von Niederschlesien. Als Stalin die Weichsel-Oder-Operation mit Konew in Moskau besprach, soll er auf der Karte mit dem Finger auf Oberschlesien gezeigt und nur ein einziges Wort gesagt haben: »Gold«.[50] Die ganze Attraktivität der oberschlesischen Kriegsbeute kommt in diesem einen Wort zum Ausdruck.

Nach der Besetzung Oberschlesiens schrieb Konew geradezu euphorisch an Stalin: »Ein wundersamer Anblick tat sich vor mir auf. [...] Ein ganzer Wald von Fabrikschloten und Zechen dehnte sich schier endlos bis zum rauchverhangenen Horizont.«[51] Deutsche Räumungspläne vom September 1944 hatten die Evakuierung nicht nur der Menschen, sondern auch der wichtigsten Betriebe vorgesehen. Noch im Dezember 1944 plante man den Abtransport von 49 000 Waggons mit Maschinen und Anlagen der oberschlesischen Werke. Bedingt durch das Tempo des sowjetischen Vormarsches konnten diese Planungen nicht mehr umgesetzt werden, zumal den Zügen mit Flüchtlingen Vorrang eingeräumt wurde. Auf Anordnung von Albert Speer stellte man die Räumung und Zerstörung der oberschlesischen Industriebetriebe ein.[52]

Somit fiel die gesamte schlesische und oberschlesische Industrie praktisch unversehrt in sowjetische Hände, ähnlich wie die Industrien in den übrigen damaligen deutschen Ostgebieten und den westpolnischen Gebieten. Am 29. Januar 1945 meldete Georgi Schukow in einem Bericht an Stalin und dessen engste Mitarbeiter, dass Industriebetriebe in Łódź, Tomaszów, Radom, Bydgoszcz und anderen westpolnischen Städten mit ihren Anlagen und Rohstoffen erhalten geblieben seien, außerdem, wie er frohlockte, Dutzende von Zuckerfabriken und Schnapsbrennereien.[53]

Am 31. Januar 1945 beschloss das GKO, eine Expertenkommission zu entsenden, die sich vor Ort einen Eindruck vom Zustand aller wichtigen Betriebe der Schwer- und Bergbauindustrie »in Oberschlesien und in Polen« machen sollte.[54] Die Kommission traf im Februar in Polen ein und erstellte einen ausführlichen, 324 Seiten umfassenden Bericht, den sie am 20. April 1945 an Georgi Malenkow schickte. Er enthielt das Verzeichnis und die Beschreibung (Produktion, Anlagen, Eigentumsverhältnisse, Entstehung, Produktionskapazitäten, gegenwärtiger Zustand) der wichtigsten Betriebe und Werke in Oberschlesien, im Dąbrowa-Becken und in

Częstochowa (Tschenstochau). Es handelte sich um Eisenerz- und Kohlebergwerke, Kokereien und Hüttenwerke sowie metallurgische Betriebe.[55]

Eine ähnliche Expertenkommission unter Vorsitz von Maxim Saburow war am 10. Dezember 1944 zusammengestellt und nach Ungarn entsandt worden, um den Zustand der dortigen Industrie zu ermitteln und Pläne für Entnahmen aus der laufenden Produktion sowie Demontagen auszuarbeiten.[56] Am 23. Januar 1945 legte die Saburow-Kommission dem Operativen Büro des GKO die Ergebnisse ihrer Arbeit vor. Das Büro wies eine eigens gebildete Kommission an, auf Grundlage dieser Materialien innerhalb von vier Tagen entsprechende Vorschläge auszuarbeiten und dem Büro vorzulegen.[57]

Diese Vorschläge, die am 30. Januar 1945 vom Operativen Büro erörtert wurden, sahen vor, die wichtigsten ungarischen Betriebe in Miszkolc, Ozd und Budapest zunächst unter sowjetische Verwaltung zu stellen und sie für die Bedürfnisse der Front und der sowjetischen Volkswirtschaft arbeiten zu lassen. Die entsprechenden Beschlussentwürfe wurden Stalin unterbreitet, der sie am 2. Februar unterzeichnete.[58]

Weitere Vorschläge der Saburow-Kommission befassten sich mit der möglichen Ausfuhr von Anlagen, Metallen und Materialien aus Miszkolc, Ozd und Budapest. Das Operative Büro beauftragte die Alliierte Kontrollkommission unter Woroschilow, sie zu begutachten und dem Büro anschließend erneut zur Entscheidung vorzulegen.[59] Diese ging dann aber an das von Stalin am 25. Februar beim GKO gebildete Sonderkomitee über, das sich fortan mit sämtlichen Demontagen zu befassen hatte. Die Organisationsstrukturen, die sich mit der Demontage und dem Abtransport erbeuteter Industrieanlagen in die UdSSR befassen sollten, waren zu diesem Zeitpunkt noch im Entstehen begriffen.

Bildung der sowjetischen Beuteorgane und ihre Aktivitäten im Jahr 1945

Am 10. Januar 1945, zwei Tage vor dem Beginn der Weichsel-Oder-Operation, fasste der SNK den Beschluss Nr. 67–31, der den Umgang mit dem Beutegut und seine Verwendung und Nutzung regelte. Neun Tage später, am 19. Januar, erließ der stellvertretende Volkskommissar für Verteidigung, Armeegeneral Nikolai Bulganin, Befehl Nr. 4, der die Ausführung des SNK-Beschlusses regelte.[60]

Damit hatten die sowjetischen Demontagen und Beschlagnahmungen in den ›befreiten‹ nichtsowjetischen Gebieten zum ersten Mal eine organisatorische Grundlage. Der Beschluss sah folgende Aufgabenverteilung vor: Die militärischen Stellen hatten die erbeuteten Güter und Wertgegenstände vor Ort sicherzustellen, sie zu beschlagnahmen und gegebenenfalls zu demontieren und vor Ort an Vertreter der einzelnen Volkskommissariate zu übergeben. Letztere hatten anschließend den Abtransport in die Sowjetunion zu organisieren, wobei die erforderlichen Arbeitskräfte und Transportmittel von den militärischen Organen bereitzustellen waren.[61]

Als Beutegut wurden in dem Befehl folgende Objekte und Güter bestimmt: »Betriebe, Landgüter, Gutshäuser, Lager, Getreidespeicher, Geschäfte aller Ausrüstungsarten, darunter landwirtschaftliche Maschinen, Lebensmittel, Treibstoffe, Futter, Vieh, zurückgelassene Haushaltsgüter und andere Gegenstände, die unsere Truppen in den Städten, Ortschaften und Industriezentren auf dem gegnerischen Territorium erobert haben.« Hinzu kamen Lebensmittel, Futter, Treibstoffe, Vieh (außer Zuchtvieh), die jedoch gemäß Beschluss Nr. 7045 des GKO vom 1. Dezember 1944 der Versorgung der Roten Armee dienten, Banknoten sowjetischer wie ausländischer Währung, Gold, Platin und Silber in Barren und Münzen sowie andere Wertgegenstände, Wertpapiere (Aktien, Obligationen und andere) sowie selbstverständlich Waffen, Munition, Kriegstechnik, Kriegsgüter und Frontmetallschrott.[62]

Am 29. Januar erließ Bulganin den Befehl Nr. 06 über die Aufstellung von Arbeiterbataillonen und Viehtreibergruppen:

»Gemäß dem Beschluss des SNK der UdSSR Nr. 67–31 vom 10. 1. 1945 sind für die Sammlung, Bewachung und Evakuierung des volksstaatlichen Beutegutes bei den 3., 2., und 1. Weißrussischen sowie den 1., 4., 2. und 3. Ukrainischen Fronten bis zum 7. Februar 1945 aufzustellen:

1. Arbeiterbataillone nach Stellenplan Nr. 047/500, je 500 Personen,

2. Viehtreibergruppen nach Stellenplan Nr. 024/503, je 50 Personen.

Die Arbeiterbataillone und Viehtreibergruppen sind aus Personen aufzustellen, die für den Truppendienst nicht geeignet sind. Sie unterstehen den Chefs der rückwärtigen Dienste.«[63]

Die Viehtreibergruppen erhielten den Auftrag, in den besetzten deutschen und polnischen Gebieten Großvieh und Pferde zu beschlagnahmen, sie zu großen Herden zusammenzufassen und diese dann in die Sowjetunion zu treiben. Die entsprechenden Beschlüsse unterschrieb Stalin persönlich. Am 9. März 1945 unterzeichnete er den GKO-Beschluss Nr. 7768 über das Treiben von Zuchtvieh in die Sowjetunion, das auf deutschem Territorium (den deutschen Ostgebieten) und in Polen erbeutet wurde. Insgesamt waren 487 000 Stück Beute-Großvieh und 100 000 Beute-Schafe in die Sowjetunion zu verbringen, unter anderem 70 000 Stück Großvieh und 25 000 Schafe in die BSSR sowie 100 000 Stück Großvieh und 20 000 Schafe in die USSR; das übrige Vieh sollte in die russischen Oblasten getrieben werden. Zur Bewältigung dieses groß angelegten Viehtransports ordnete Stalin die Beschlagnahme von 10 000 Pferden und 4000 Fuhrwerken an.[64]

Fünf Tage später ordnete Stalin den Abtransport von weiteren

44 600 Beutepferden aus den deutschen Ostgebieten und Polen, die von der Truppe nicht verwendet wurden, in die Sowjetunion an. Zwei Monate später, am 16. Mai, befahl er, noch einmal 37 820 Pferde aus Deutschland in die Sowjetunion zu verbringen und sie Kolchosen in den russischen Oblasten und der Ukraine zuzuteilen. Und am 26. Mai erging der Beschluss, 100 000 weitere Beutepferde aus Deutschland in die Sowjetunion zu treiben.[65] Ein Teil dieser ›deutschen‹ Pferde waren eigentlich polnische, das heißt von deutschen Besatzern in Polen beschlagnahmte Pferde. Beispielsweise hatten die deutschen Besatzer auf ihrer Flucht im Januar 1945 etwa 80 Prozent der Pferde aus Großpolen (den damaligen westpolnischen Gebieten mit Poznań) mitgenommen.[66]

Die Rote Arme requirierte bereits auf dem polnischen Vorkriegsterritorium Kühe und Pferde, aber nach dem Einmarsch in die deutschen Ostgebiete begannen die umfangreichen Beschlagnahmungen. Nach Aussagen deutscher Zeitzeugen, die in ihren Dörfern im Oppelner Schlesien verblieben waren, nahmen die Fronttruppen in erster Linie Pferde für den Eigenbedarf mit. Einige Tage später seien dann Erfassungskommandos in den Dörfern aufgetaucht, hätten alle Kühe beschlagnahmt, sie zu großen Herden zusammengefasst und Hunderte, ja Tausende Kilometer über polnisches Territorium in die Sowjetunion getrieben.[67] In Ostpreußen konfiszierten die sowjetischen Viehbeutegruppen bis zum 31. Juli 1945 190 415 Kühe, 14 711 Kälber, 2377 Schafe, 7528 Pferde und 4187 Fohlen, die sie in die Sowjetunion trieben.[68] Insgesamt sollen bis zum 1. September 1945 506 000 Stück Großvieh, 114 200 Schafe und 206 000 Pferde als Kriegsbeute in die Sowjetunion verbracht worden sein.[69]

Ab Januar 1945 trafen in Moskau Berichte aus den damaligen ostdeutschen und westpolnischen Gebieten über die reiche Kriegsbeute ein, über intakte Fabriken, Betriebe, Werke, Zechen mit ihren Fertigungstechniken und Anlagen. Sie weckten Hoffnungen auf noch reichere Kriegsbeute westlich der Oder.

Zu diesem Zeitpunkt machte sich Stalin, für den der Krieg so gut wie gewonnen war, Sorgen um den Zustand der anfallenden

Kriegsbeute. Daher befahl er der sowjetischen Luftwaffe, Betriebe in der künftigen sowjetischen Besatzungszone Deutschlands nicht mehr zu bombardieren. Am 17. März 1945 fand in Stalins Kremlkabinett eine Sitzung statt, an der Stalin, Molotow und Georgi Dimitrow teilnahmen. Anschließend notierte Dimitrow in seinem Tagebuch die Klage Stalins: »Sie [die Briten] wenden alle verfügbaren Mittel an, um ihren Konkurrenten [Deutschland] zu zerstören. Vernichtend bombardieren sie deutsche Fabriken und Werke. Wir halten ihre Luftwaffe von der deutschen Zone weg. Aber sie machen alles, um auch dort bombardieren zu können.«[70]

Die ersten umfangreichen Demontagen sollten in den deutschen Ostgebieten, die nach Stalins persönlicher Entscheidung an Polen gehen sollten, und in den damals polnischen Westgebieten (heute Zentralpolen) durchgeführt werden. Am 20. Februar 1944 unterzeichnete Stalin den GKO-Beschluss Nr. 7558 über polnische Fragen, in dem er die deutsch-polnische Grenze entlang der Linie Oder/-Lausitzer Neiße wie auch die Nordgrenze Polens, die beide noch heute bestehen, festlegte. Damit gingen ganz Schlesien, Pommern und Teile Ostpreußens an Polen. Dies hätte aber auch bedeuten müssen, dass alle dort angesiedelten Betriebe und Werke den polnischen Verwaltungsorganen hätten übergeben werden müssen. Davon gehen übrigens die meisten Forscher und Publizisten, die sich mit den deutsch-polnischen Beziehungen befassen, bis heute aus.

Die Wirklichkeit sah jedoch anders aus, denn Stalin bestimmte in demselben Beschluss, dass Betriebe in den deutschen Ostgebieten demontiert und in die Sowjetunion abtransportiert werden sollten. Auch Betriebe innerhalb der polnischen Grenzen von 1938 blieben von sowjetischen Demontagen nicht verschont. Im Punkt 6b legte Stalin fest: »Der Ausfuhr in die UdSSR unterliegen nach Abstimmung mit der polnischen Regierung Anlagen, Materialien und Fertigprodukte aus deutschen und aus den von den Deutschen während des Krieges ausgebauten Betrieben, die zur Kriegführung notwendig sind, darunter auch die Betriebe, die sich in den deutschen Gebieten befinden, die an Polen gehen.«[71] GKO-Beschluss

Nr. 7558 wurde einige Wochen später durch das sowjetisch-polnische »Abkommen« vom 26. März 1945 »bestätigt«.[72]

Dem Wortlaut nach erscheint diese Bestimmung eher moderat. Nur deutsche und von den Deutschen ausgebaute kriegswichtige Betriebe seien zu demontieren und in die Sowjetunion auszuführen, und zwar nach Absprache mit der polnischen Regierung, deren Zusammensetzung übrigens Stalin persönlich bestimmte. Man darf jedoch nicht vergessen, dass in einem »totalen Krieg« alle Industriebetriebe und Produkte kriegswichtig sind, selbst die von Schukow erwähnten Schnapsbrennereien. Immerhin waren der Wodkabedarf und -konsum in der Roten Armee enorm. Jedem Rotarmisten der Fronttruppen stand 100 g Wodka pro Tag zu, den übrigen 50 g. Den monatlichen Bedarf an Wodka für die Truppe bezifferte das GKO für die Monate Januar, Februar und März 1944 mit fünf Millionen Litern pro Monat.[73]

Es ist deshalb nicht weiter verwunderlich, dass die sowjetischen Beutekommandos auch Brennereien und Brauereien samt Produktionsanlagen abbauten und in die Sowjetunion abtransportierten. Als Vorsitzender des GKO unterzeichnete Stalin am 19. April 1945 den Beschluss Nr. 8193 über die Demontage von 27 Branntweinbrennereien und sechs Bierbrauereien in den deutschen Ostgebieten, und zwar unter anderem in folgenden Städten und deren Umgebung: Unruhstadt (poln. Kargowa), Bomst (Babimost), Schwiebus (Świebodzin), Landsberg (Gorzów Wielkopolski), Schneidemühl (Piła), Küstrin (Kostrzyń), Schmarse (Smardzewo), Züllichau (Sulechów), Reppin (Rzepin).[74]

Das Sonderkomitee

In der zweiten Februarhälfte 1945 wurde Stalin und seinen engsten Mitarbeitern offenkundig klar, dass die bereits ergriffenen Maßnahmen und bestehenden Organe nicht ausreichten, um die bevorstehenden Demontagen zu bewältigen. Es mussten neue Stellen und Strukturen geschaffen werden, die in den nächsten Wochen auch tatsächlich entstanden. Am 20. Februar 1945 beriet das Operative Büro des GKO über die Bildung von Ständigen Kommissionen in der 1. Ukrainischen Front sowie in der 1., 2., und 3. Weißrussischen Front, die sich mit Demontagen zu befassen hatten, sowie über die Durchführung dieser Demontagen. Entsprechende Beschlüsse sollten vorbereitet und Stalin als Vorsitzendem des GKO zur Bestätigung vorgelegt werden.[75]

Bereits einen Tag später unterzeichnete Stalin den GKO-Beschluss Nr. 7563 über die Bildung von Ständigen Kommissionen in der 1. Ukrainischen Front sowie in der 1., 2. und 3. Weißrussischen Front, die sich aus insgesamt 322 Personen zusammensetzten sollten, darunter 310 Spezialisten. Diese Kommissionen erhielten den Auftrag, in den Operationsgebieten der jeweiligen Fronten Betriebe, Anlagen und Materialien, die in die Sowjetunion ausgeführt werden sollten, zu ermitteln und Informationen darüber weiterzuleiten. Die Kommissionsvorsitzenden wurden angewiesen, dem Verteidigungsministerium folgende Informationen vorzulegen: a) »Eine Kurzbeschreibung der Betriebe, die in die Sowjetunion abtransportiert werden sollen, mit den wichtigsten Eckdaten; b) Listen mit genauer Bezeichnung und konkreten Mengenangaben für Anlagen, Rohstoffe und Fertigprodukte, die in die Sowjetunion abtransportiert werden sollen.«[76]

In diesen Tagen fiel in Moskau auch die Entscheidung über die Einrichtung eines operativen Zentrums für Demontagen in Moskau, wie es Maiski bereits am 28. Juli 1944 gefordert hatte. Den entsprechenden Beschlussentwurf legte Malenkow Stalin am 24. Februar 1945 vor.[77] Stalin strich einige nicht unwesentliche Passagen und korrigierte andere. Am 25. Februar unterzeichnete er den Entwurf als Beschluss Nr. 7590 über die Errichtung des Sonderkomitees. Dieses Schlüsseldokument zur sowjetischen Demontagepolitik war der historischen Forschung bislang nicht zugänglich.[78]

Punkt 1 des Beschlusses lautete: »Beim GKO ist das Sonderkomitee einzurichten, das sich aus Genossen G. M. Malenkow (Vorsitzender), N. A. Bulganin, N. A. Wosnessenski, A. W. Chrulew und F. I. Wachitow zusammensetzt.« Malenkow war einer der engsten Mitarbeiter Stalins und zuständig für wirtschaftliche Fragen, General Nikolai Bulganin war stellvertretender Volkskommissar für Verteidigung, Nikolai Wosnessenski Vorsitzender der Staatlichen Planungskommission (Gosplan, die oberste Planungsbehörde der UdSSR), Generalmajor Andrej Chrulew war Chef des rückwärtigen Dienstes der Roten Armee, und Generalleutnant Fedor Wachitow Chef der Hauptverwaltung für Beutegut im Generalstab der Roten Armee.

Die laufenden Arbeiten des Sonderkomitees sollte ein Apparat von 40 Personen bewältigen. Ferner wurden die Vorsitzenden der Ständigen Kommissionen für die Demontagen bei den einzelnen Fronten, die fünf Tage zuvor geschaffen worden waren, zu Bevollmächtigten des Sonderkomitees ernannt. Das Sonderkomitee selbst wiederum sollte eigene Bevollmächtigte bei den Armeen, die auf den Territorien Polens und Deutschlands operierten, ernennen und entsenden.

Punkt 2 legte die Aufgaben des Sonderkomitees fest. Dazu gehörten:

»a) Auffindung und Erfassung von Anlagen, Eisenbahngleisen, Lokomotiven, Waggons, Frachtschiffen und anderen Transportmitteln, Rohstoffen und Fertigprodukten, die der Ausfuhr aus Deutschland und Polen (gemäß dem GKO-Beschluss Nr. 7588 vom 20. Februar d. J.) unterliegen;

b) Ausarbeitung von Vorschlägen, die dem GKO zur Bestätigung vorzulegen sind, für die Ausfuhr von bestimmten materiellen Wertgütern, die unter Punkt a aufgezählt sind, sowie deren Übergabe an wirtschaftliche Volkskommissariate, Behörden und Organisationen mit Hinweisen zu ihrer Verwendung;

c) Kontrolle der Erfüllung der Beschlüsse des GKO über Ausfuhr und Lieferung der erwähnten materiellen Wertgüter in die UdSSR.«[79]

Bemerkenswert ist der Umstand, dass der Beschlussentwurf über das Sonderkomitee, den Malenkow am 24. Februar vorgelegt hatte, einen weiteren Punkt enthielt, in dem die Güter und Materialien, die in erster Linie zu demontieren waren, aufgezählt wurden, und zwar in dieser Reihenfolge: Eisenbahnschienen, Anlagen von Automobilwerken, Anlagen von Betrieben zur Herstellung von synthetischen Treibstoffen und synthetischem Kautschuk, Anlagen von Werken zur Produktion von Flugzeug- und Panzermotoren, Laboreinrichtungen wissenschaftlich-technischer Institute und experimenteller Betriebe. Stalin hatte diesen Passus jedoch durchgestrichen. Auch im Punkt 2 a, der die der Ausfuhr unterliegenden Güter festlegte, hatte Stalin wesentliche Veränderungen vorgenommen (Stalins Streichungen sind als solche markiert, seine Ergänzungen kursiv):

»a) Auffindung und Erfassung von ~~Betrieben~~, Anlagen, Eisenbahngleisen, Lokomotiven, Waggons, Frachtschiffen und anderen Transportmitteln, *Rohstoffen* und Fertigprodukten, ~~Steinkohle, Erdölprodukten, landwirtschaftlichen Geräten, Vieh und Pferden, Erzeugnissen der Landwirtschaft und anderen materiellen Wertgütern~~, die der Ausfuhr aus Deutschland und Polen (gemäß GKO-Beschluss Nr. 7588 vom 20. Februar d. J.) unterliegen;«[80]

Tatsächlich beschlagnahmten die sowjetischen Beutekommandos aber auch jene Güter, darunter auch ganze Betriebe, und transportierten sie in die Sowjetunion, die Stalin in Malenkows ursprünglichem Entwurf gestrichen hatte. Eventuell dienten die Streichungen dem Zweck, möglichst wenige schriftliche Belege über den bereits in Gang befindlichen groß angelegten Raubzug zu hinterlassen. Besonders problematisch dürften Stalin und seinen Vertrauten Demontagen und Beschlagnahmungen in Polen erschienen sein, weil sie kaum zu begründen waren. Polen stand nicht im Krieg mit der Sowjetunion, sondern galt offiziell als Verbündeter, den sowjetische Truppen von deutscher Besatzung befreit hatten.

In den nächsten Wochen wurde der Aufgabenbereich des Sonderkomitees auf andere »befreite« Gebiete erweitert. So ordnete Stalin am 9. März im Beschluss Nr. 7764 an, dass sich das Sonderkomitee auch mit der Demontage und Ausfuhr von Anlagen und Materialien aus Ungarn zu befassen habe. Zu diesem Zweck wurde eigens eine Gruppe von 80 Spezialisten unter Vorsitz des Genossen Gamow gebildet. Zur 2. und 3. Ukrainischen Front sollten eigene Bevollmächtigte entsendet werden.[81]

Die Beuteorgane der Roten Armee

Das Sonderkomitee hatte von Moskau aus die Demontage und Ausfuhr von Beutegütern sowie ihre Verteilung zentral zu organisieren und zu steuern. Die Demontagen vor Ort wurden anfangs ausschließlich von militärischen Organen durchgeführt, und zwar von den Beutetruppen der Roten Armee. Bereits im September 1941 waren die ersten Arbeitskommandos gebildet worden, deren Aufgabe es war, sowjetisches Militäreigentum zu sichern und bei der Evakuierung sowjetischer Betrieben in den Osten zu helfen.[82]

Die Entstehung der Beutetruppen der Roten Armee datiert jedoch vom 22. März 1942, als Stalin den GKO-Beschluss Nr. 1581 unterzeichnete, der die Bildung der Zentralen Kommission beim GKO für die Sammlung von Beutewaffen und -gut sowie der Zentralen Kommission beim GKO für die Sammlung von Schwarz- und Buntmetallen in frontnahen Gebieten festlegte. Zugleich war bei der Hauptverwaltung des rückwärtigen Dienstes der Roten Armee die Verwaltung für die Sammlung und Verwertung von Beuteausrüstungen und -gut sowie von Metallschrott eingerichtet worden. Diesen Organen standen bei jeder Armee Beutekompanien (je 200 Mann) zur Verfügung, allerdings nur an den Fronten, wo viele Beutewaffen und Schrott anfielen.[83]

Ein Jahr später wurden die bestehenden Beuteorgane und -truppen umorganisiert und ausgebaut. Am 2. Januar 1943 ordnete Stalin an, 15 Beutebataillone zu je 500 Mann sowie drei Beutebrigaden (je fünf Beutebataillone, jede Brigade 2500 Mann stark) zu bilden. Sie hatten in den Frontgebieten der Südwest-, der Don- und der Stalingrader Front zu operieren.[84] Einen Monat später, am 1. Februar, ließ Stalin weitere 14 Beutebataillone sowie drei Beutebrigaden aufstellen, diesmal bei der Woronescher, der Brjansker und der Nordkaukasischen Front.[85]

Am 5. April 1943 löste Stalin die beiden Zentralen Kommissionen auf und ersetzte sie durch das Kriegsbeutekomitee beim GKO unter Vorsitz von Woroschilow.[86] Dem Komitee standen sechs Beutebrigaden (Sollstärke: 15 000 Mann) sowie 39 selbständige Armeebeutebataillone (Sollstärke: 19 500 Mann) zur Verfügung. Hinzu kamen noch fünf Bergungseisenbahnzüge für die Bergung von schwerem Kriegsgerät auf Schlachtfeldern, die noch zu formieren waren. Die Züge setzten sich aus je 200 Mann zusammen, die mit je 20 starken Traktoren/Schleppern und entsprechendem Hebegerät zum Abtransport schwerer Lasten auszurüsten waren.[87]

Mit dem Beginn der massiven Demontagen in Deutschland und Polen änderte sich der Aufgabenbereich der Beutetruppen der Roten Armee, die nun umorganisiert wurden. Drei Tage nach Bildung des Sonderkomitees erließ General Bulganin als stellvertretender Volkskommissar für Verteidigung am 28. Februar 1945 den Befehl Nr. 039 über die Beuteorgane und -truppen der Roten Armee. Die bislang beim Generalstab angesiedelte Hauptverwaltung für Beutegut der Roten Armee wurde darin dem Chef des rückwärtigen Dienstes der Roten Armee unterstellt, und die Beuteverwaltungen der Fronten sowie die Beuteabteilungen der Armeen kamen unter den Befehl der jeweiligen Chefs der rückwärtigen Dienste der Fronten bzw. der Armeen.[88]

Befehl Nr. 039 ordnete ferner an, die 80 Arbeiterbataillone, acht selbständigen Autobataillone, 20 Armeebasen samt dazugehörigen Kompanien und die fünf Zentralbasen mit den Autokompanien den Beutetruppen der Roten Armee einzugliedern. Die Arbeiterbataillone (je 500 Mann) hatte Bulganin noch am 29. Januar 1945 aufstellen lassen. Somit waren die Beutetruppen der Roten

Armee Ende Februar 1945 insgesamt über 80 000 Mann stark.[89] Sie waren wie folgt gegliedert:

»2. Beuteorgane der Roten Armee waren:

a) im Zentrum – Hauptverwaltung für Beutegut der Roten Armee;

b) an den Fronten – Beuteverwaltungen;

c) in den Armeen – Beuteabteilungen;

d) in Truppenverbänden der Frontarmeen – Unterabteilungen für Beute bei den Korps und Divisionen;

e) Gehilfen der Stadt- und Ortskommandanten für wirtschaftliche Fragen.

3. Die Beutetruppen der Roten Armee setzten sich wie folgt zusammen: Beutebrigaden der Fronten; Beutebataillone der Armeen; Arbeiterbataillone; selbständige Demontagebataillone; Bergungseisenbahnzüge; Autoregimenter; Autobataillone; Armeebasen; Umladebasen; Beutekompanien der Armeen; Bergungskompanien; Bergungs-Hebe-Züge; Demontagezüge; Beutelager der Armeen; Verteilungsbasen.«[90]

Diese Kriegsbeutearmee erhielt folgenden Auftrag:

»a) Feststellung, Erfassung und Demontage von Betrieben gemäß den Beschlüssen der Regierung; Verladen, Transport und Bewachung während des Transports von Ausrüstungen, Materialien und Fertigprodukten, die unsere Truppen in Städten, Ortschaften und Industriezentren auf dem gegnerischen Territorium erobert haben;

b) Übergabe gemäß Anordnungen der Kriegsräte der Fronten und Armeen von Lebensmitteln, Futter, Treibstoffen und Feldausrüstung an Versorgungsdienste der Fronten/Armeen;

c) Sammlung, Erfassung, Schutz und Übergabe von Beute-Munition, Waffen, Kriegstechnik und kriegstechnischen Beutegütern an Nachschubdienste der Fronten/Armeen.

d) Sammlung von Metallschrott in den Frontgebieten und dessen Abtransport zu Betrieben und Werken der Industrie;

e) statistische Erfassung des Beutegutes, das gesammelt und an Nachschubdienste der Roten Armee übergeben wurde.«[91]

Die Arbeiterbataillone, die eigens für die Demontagen gebildet wurden, stellte man meistens aus ehemaligen sowjetischen Kriegsgefangenen und Zwangsarbeitern zusammen, die von den Truppen der Roten Armee befreit worden waren. Unter den Letzteren waren viele Frauen.[92] Aber auch deutsche und polnische Zivilisten sowie deutsche Kriegsgefangene wurden durch die Beutetruppen bei Demontagen eingesetzt.

Die zivilen Beuteorgane: die Sonderverwaltungen für Montagen

Bald stellte man in Moskau fest, dass die bereits bestehenden und in den ersten Wochen des Jahres 1945 aufgestellten Beuteeinheiten nicht ausreichen würden, um so schnell wie möglich die umfassenden Demontagen vorzunehmen. Es ging vor allem um die ostdeutschen und oberschlesischen Gebiete, die an Polen gehen sollten bzw. Polen vor dem Krieg gehört hatten. Dort sollten die Demontagen noch während der Kriegshandlungen vorgenommen und abgeschlossen werden. Neue Beuteorgane mussten gebildet werden.

Am 21. März 1945 ließ Stalin mit dem Beschluss Nr. 7897 vier Sonderverwaltungen für Montagen (*Osobyje Montaschnye Uprawljenija*, OMU) beim Volkskommissariat für den Bau von Betrieben der Schwerindustrie einrichten.[93] Entgegen ihrem Namen hatten die OMU Nr. 1, 2, 3 und 4 sich ausschließlich mit Demontagen zu befassen, und zwar in den ostdeutschen und westpolnischen Gebieten. Sie sollten in den Abschnitten der 1. Ukrainischen sowie der 1., 2. und 3. Weißrussischen Front operieren:

- OMU Nr. 1 – mit Sitz in Beuthen (Bytom),
  Bereich der 1. Ukrainischen Front
- OMU Nr. 2 – mit Sitz in Landsberg (Gorzów Wielkopolski),
  Bereich der 1. Weißrussischen Front
- OMU Nr. 3 – mit Sitz in Danzig (Gdańsk),
  Bereich der 2. Weißrussischen Front
- OMU Nr. 4 – mit Sitz in Elbing (Elbląg),
  Bereich der 3. Weißrussischen Front

In der zweiten Jahreshälfte 1945 erhielten die OMU neue Aufgaben, ihre Operationsräume wurden erweitert und ihre Sitze verlegt: OMU Nr. 1 nach Dresden, OMU Nr. 2 nach Berlin, OMU Nr. 3 nach Pölitz bei Stettin. OMU Nr. 4 wurde im August 1945 mit der OMU Nr. 3 vereinigt, nachdem diese ihre Arbeit beendet hatte.

Das Personal der OMU Nr. 1–4 umfasste Fachkräfte, die aus der Sowjetunion entsandt wurden, darunter 432 Ingenieure, 184 Techniker, 206 Meister, 877 Facharbeiter, 315 Angestellte, insgesamt 2014 Personen. Das Hauptkontingent der Arbeitskräfte rekrutierte sich jedoch aus militärischen Truppenteilen, ehemaligen sowjetischen Zwangsarbeitern (den Repatrianten), internierten Deutschen sowie Tausenden von verschleppten Polen.

Laut Beschluss des GKO vom 21. März 1945 sollten die OMU Nr. 1–4 fünf Demontagebataillone (3500 Mann, tatsächlich 5310), zehn Arbeiterbataillone (5000 Arbeiter, tatsächlich 3350) und fünf Autobataillone (1382 Mann) zugewiesen bekommen. An Repatrianten wies das GKO den OMU Nr. 1–4 10 000 Personen zu, in Wirklichkeit erhielten sie jedoch 21 352, in der Mehrheit junge Frauen. Außerdem sollten den OMU Nr. 1–4 20 000 internierte Deutsche zugewiesen werden, in Wirklichkeit erhielten sie aber nur 17 940.[94]

Die OMU Nr. 1 und 2 bauten Industrieausrüstungen in großen Betrieben des Maschinenbaus, der Luftfahrt- und der chemischen Industrie sowie anderen Industriezweigen ab. Die OMU Nr. 3 und 4 befassten sich mit der Demontage spezieller Ausrüstungen in

Schiffsbaubetrieben, Werften und Häfen. Darüber hinaus ließ die OMU Nr. 3 auch U-Boote, die beim Einmarsch der Roten Armee noch im Bau waren, vom Stapel laufen. Den U-Boot-Bau abzuschließen war vorrangig für die OMU Nr. 3. Insgesamt wurden auf der Danziger Schichau-Werft acht U-Boote fertiggestellt.[95]

Im April 1945 wurden weitere Sonderverwaltungen für »Montagen« eingerichtet. Am 12. April unterzeichnete Stalin die GKO-Beschlüsse Nr. 8101 und 8103. Beschluss Nr. 8101 betraf die Bildung der Sonderverwaltungen für Montagen beim Volkskommissariat für Munition, die für die Demontage deutscher Munitionsbetriebe verantwortlich waren. Beschluss Nr. 8103 ordnete die Schaffung der Sonderverwaltungen für Montagen beim Volkskommissariat für Luftfahrtindustrie an, die deutsche Betriebe der Luftfahrtindustrie demontieren und in die Sowjetunion abtransportieren sollten.[96]

Eine Woche später, am 19. April, unterzeichnete Stalin drei weitere GKO-Beschlüsse über neue Sonderverwaltungen:

- Beschluss Nr. 8198 über die Einrichtung der Sonderverwaltung für Montagen beim Volkskommissariat für schweren Maschinenbau. Sie hatte den Auftrag, Betriebe abzubauen und in die Sowjetunion auszuführen, die für das Volkskommissariat für den schweren Maschinenbau bestimmt waren.[97]
- Beschluss Nr. 8200 über die Errichtung von zwei Sonderverwaltungen für Montagen beim Volkskommissariat für Buntmetallindustrie. Die Sonderverwaltung Nr. 1 sollte im Bereich der 1. Ukrainischen Front operieren, Nr. 2 im Bereich der 2. und der 3. Ukrainischen Front. Diese Verwaltungen hatten Betriebe zu demontieren und in die Sowjetunion abzutransportieren, die für das Volkskommissariat für Buntmetallindustrie bestimmt waren.[98]
- Beschluss Nr. 8201 über die Bildung der Sonderverwaltung für Montagen beim Volkskommissariat für Schwarzmetallindustrie, die Betriebe zu demontieren und in die Sowjetunion auszuführen hatte, die für das Volkskommissariat für

Schwarzmetallindustrie vorgesehen waren. Der Sitz dieser Sonderverwaltung war Beuthen in Oberschlesien; ihr Tätigkeitsschwerpunkt lag ebenfalls in Oberschlesien. Das GKO bestimmte zugleich, dass alle Kräfte, die zu diesem Zeitpunkt bei der Demontage von Betrieben der Schwarzmetallindustrie in Oberschlesien eingesetzt waren, der Sonderverwaltung zu übergeben seien. Ferner wies das GKO der Sonderverwaltung ein Kontingent von 10 000 Kriegsgefangenen und mobilisierten Deutschen mit den notwendigen Qualifikationen sowie 5000 Repatrianten, zwei Demontagebataillone in einer Stärke von je 1000 Personen und drei jeweils 500 Mann starke Arbeitsbataillone zu. Hinzu kamen noch die notwendige Ausrüstung, Kräne, Autos, Schlepper, Werkzeuge und Maschinen.[99]

Der letzte Beschluss unterstreicht die Bedeutung der Demontage von oberschlesischen Industriebetrieben. Noch am 13. Juni 1945 unterzeichnete Berija den GKO-Beschluss Nr. 9520 über die Bildung einer Sonderverwaltung beim Volkskommissariat für Panzerindustrie, welche die Demontage und den Abtransport von Betrieben für die Bedürfnisse der Panzerindustrie vorzunehmen hatte.[100]

Die übrigen Volkskommissariate richteten ebenfalls Verwaltungen für Demontagen ein, die »Verwaltungen für Montage« hießen, unter anderem das Volkskommissariat für Kraftwerke (GKO-Beschluss Nr. 8033) am 5. März und das Volkskommissariat für Gummiindustrie am 14. März (GKO-Beschluss Nr. 7819).

Demontagen in Oberschlesien und den übrigen ostdeutschen sowie altpolnischen Gebieten

Die ersten Demontagebeschlüsse für Betriebe in Oberschlesien unterzeichnete Stalin am 2. März 1945. Zu diesem Zeitpunkt bauten die sowjetischen Beutekommandos in den damaligen polnischen Westgebieten und deutschen Ostgebieten bereits ganze Betriebe ab und beschlagnahmten Rohstoffe, Halb- und Fertigprodukte sowie andere Waren, darunter Vieh und Pferde, Lebensmittel, Futter und Rohstoffe.[101]

Strategische Bedeutung hatte die oberschlesische Steinkohle. Eigens dafür ließ das Operative Büro des GKO am 2. März 1945 die Verwaltung zur Nutzung der Steinkohleressourcen in Oberschlesien und dem Dąbrowa-Revier beim Chef des rückwärtigen Dienstes der Roten Armee, Chrulew, einrichten.[102] Stalin bestätigte den von Mikojan und Chrulew vorbereiteten Beschlussentwurf am 6. März.[103] Drei Wochen später, am 29. März, unterzeichnete Stalin den Beschluss Nr. 7943 über die Intensivierung der Steinkohleausfuhr aus dem oberschlesischen Revier. Der Beschluss legte folgende tägliche Ausfuhrmengen fest: Vom 1. bis zum 15. April 1945 12 000 Tonnen, vom 15. April bis zum 1. Mai 15 000 Tonnen, vom 1. bis 15. Mai 18 000 Tonnen, vom 15. Mai bis zum 1. Juni mindestens 20 000 Tonnen und ab dem 1. Juni mindestens 26 000 Tonnen. Für den Abtransport waren eigens Eisenbahnstrecken auf polnischem und sowjetischem Territorium (ehemaliges Ostpolen) auszubauen.[104]

Am 10. April 1945 rügte das Operative Büro des GKO, dass in den ersten neun Apriltagen lediglich 7400 Tonnen Steinkohle pro Tag aus Oberschlesien und dem Dąbrowa-Kohlerevier geliefert und von den 36 000 Tonnen Metall nur 4000 Tonnen abtransportiert worden seien.[105] Die mangelnde Planerfüllung hing zum einen mit der Tatsache zusammen, dass die sowjetischen »Befreier« im Februar und März 1945 etwa 15 000 oberschlesische Bergleute in die Sowjetunion verschleppt hatten. Mitunter wurden ganze Belegschaften nach beendeter Schicht noch in Arbeitskleidung festgenommen und zur Zwangsarbeit in den Steinkohlegruben des Donezbeckens (Donbas) verschleppt. Daher fehlten in den oberschlesischen Gruben Fachkräfte.[106]

Hinzu kam zum anderen, dass es oftmals die Sowjets selbst waren, die mit ihren Demontagen die planmäßige Aufnahme der Kohleförderung behinderten. So demontierten die Sowjets Anlagen des Kraftwerks in Mechtal (Miechowice) bei Beuthen, was zu einem Stromausfall auch in der dortigen Grube »Miechowice« führte. Weil die Pumpen nicht arbeiteten, überflutete das Grubenwasser[107] vier Sohlen, in einer anderen Sohle brach dagegen ein Brand aus. Im Mai 1945 hatten in dieser Grube 6000 Tonnen Kohle täglich abgebaut werden sollen, tatsächlich gefördert wurden im ganzen Monat Mai nur 3820 Tonnen.[108]

Die umfassenden Demontagen in Oberschlesien ab März 1945 stellten sämtliche bisherigen vergleichbaren Maßnahmen in den Schatten, sei es die Evakuierung sowjetischer Betriebe in den Osten im Jahr 1941, sei es die sowjetischen Demontage in Rumänien und Ungarn. Auch die Deutschen hatten während des Zweiten Weltkriegs nirgendwo derart umfassende Demontagen vorgenommen.

Der Schwerpunkt des sowjetischen Raubzuges lag in den Monaten März bis Mai 1945 in Oberschlesien, Niederschlesien sowie den übrigen deutschen Ostgebieten. Erst später wurden Mitteldeutschland und auch Österreich mit einbezogen.

Am 1. März 1945 legte Malenkow Stalin sieben Entwürfe für GKO-Beschlüsse vor. Sechs von ihnen betrafen die Demontage von Industrieanlagen und die Ausfuhr von Fertigprodukten aus Oberschlesien, ein Entwurf bezog sich auf die Demontage der Funkstation in Heilsberg (polnisch Lidzbark Warmiński) in Ostpreußen. Stalin unterzeichnete diese Beschlüsse am 2. März, ohne irgendwelche Korrekturen vorgenommen zu haben.[109]

Der GKO-Beschluss Nr. 7608 regelte die Demontage und den Abtransport der Anlagen der »Oberhütte Stahlrohrwerke« in Gleiwitz. Der Bestimmungsort der demontierten Anlagen (darunter ein Rohrwalzwerk mit einer jährlichen Produktionskapazität von 36 000 t Stahlrohren) war die Fabrik »Lenin« in Dnjepropetrowsk. Das Volkskommissariat für Schwarzmetallindustrie sollte 15 Ingenieure, Techniker und Facharbeiter nach Gleiwitz zur Organisation und Überwachung der dortigen Demontagearbeiten entsenden. Die Demontage und Verladung war von Kräften der Hauptverwaltung für Beutegut (500 Personen) innerhalb von 25 Tagen durchzuführen.[110]

Der nächste von Stalin am 2. März gegengezeichnete GKO-Beschluss (Nr. 7609) regelte die Demontage und Ausfuhr der Anlagen der Julienhütte in Bobrek bei Beuthen, die für das Werk »Dzierschinski« in Dnjepropetrowsk bestimmt waren.[111] GKO-Beschluss Nr. 7610 ordnete die Ausfuhr von Anlagen der Herminenhütte und der Presswerke in Laband bei Gleiwitz an. Die unter anderem sieben Walzstraßen und zwei Elektro-Hochöfen (für jeweils 35 t) waren für die »Doneprospezstal«-Werke in Saporosche (Ukraine) bestimmt. Für die Demontage dieser Anlagen, die innerhalb eines Monats beendet werden sollten, waren 1500 Arbeitskräfte vorgesehen.[112]

Schwerwiegende Folgen für die Wirtschaft Oberschlesiens hatte der GKO-Beschluss Nr. 7614 vom 2. März über die Demontage und Ausfuhr von 19 Turbinen (Gesamtleistung von 507 000 kW) und 32 Hochdruckkesseln samt Transformatoren aus den Kraftwerken in Mechtal (Miechowice), Hindenburg (Zabrze), Odertal (Zdzieszowice), Klausberg (Mikulczyce), Blechhammer (Blachownia) und Schömberg (Chełmsko Śląskie), allesamt Orte, die vor 1939 deutsch gewesen waren.[113] In der Praxis bedeuteten diese Maßnahmen die totale Demontage der Kraftwerke.

Die Anlagen des Kraftwerks in Mechtal waren für das Kraftwerk in Kurachowo (Donezk) bestimmt. Der erste Transport kam am 30. März 1945 in Kurachowo an und brachte unter anderem drei Turbogeneratoren (je 50 000 kW), acht Kessel (je 130 t Dampf pro Stunde), ein Umspannwerk (10/110 kW) mit zwei Transformatorenstationen von je 65 000 kW, die komplette Schaltwarte mit der gesamten dazugehörigen Apparatur sowie zahlreiche Elektromotoren. Insgesamt trafen bis Juli 1945 22 Bahntransporte aus 834 Waggons mit den Anlagen des Kraftwerkes Mechtal in Kurachowo ein.[114]

Diese Anlagen wurden jedoch weder sachgemäß entladen noch gelagert, geschweige denn in Betrieb genommen. In Ermangelung von Kränen wie auch sonstiger Hebemittel und von Arbeitskräften warf man sie einfach von den Waggons herunter und lagerte sie ohne Unterlage auf dem Boden unter freiem Himmel, meist nicht einmal provisorisch abgedeckt, wie eine Überprüfung des Volkskommissariats für Staatskontrolle im August 1945 ergab. 22 Waggons mit Ausrüstungen gingen unterwegs verloren, zudem fehlte die Dokumentation für die demontierten Ausrüstungen.[115] Und solche Zustände waren keineswegs die Ausnahme.

Über die Demontage des größten oberschlesischen Kraftwerks in Hindenburg (Zabrze) (113 000 kW) meldeten die Operationsgruppen des Wirtschaftskomitees des polnischen Ministerrates (fortan KERM[116]), die den Auftrag hatten, die Wirtschaft in den ›befreiten‹ Gebieten in Gang zu bringen, in einem Bericht vom 27. März Folgendes: Auf Befehl des sowjetischen Ortskommandanten in Zabrze, Major Duwar, seien in dem Kraftwerk Turbinen mit 26 000 kW Leistung und ein 45 000 kVA-Transformator abgebaut worden. Zwei Tage später berichtete man über die Demontage von zwei weiteren Turbogeneratoren, jeder mit 35 000 kW Leistung, samt Transformatoren. Auch dies bedeutete faktisch die Demontage des ganzen Kraftwerks.[117]

Operationsgruppen des KERM, die den Auftrag hatten, Kraftwerke zu übernehmen, wurden nicht auf das Gelände dieser Kraftwerke gelassen. Oberst Kowaltschykow, der im Auftrag der Roten Armee alle Kraftwerke in den Kreisen Beuthen und Gleiwitz verwaltete, ignorierte sämtliche diesbezüglichen Anfragen, so wie er auch Bitten ablehnte, wenigstens einen Teil der demontierten Anlagen vor Ort zu belassen.[118]

Es sei daran erinnert, dass die Demontagen in Polen und den deutschen Ostgebieten, die an Polen fallen sollten, laut GKO-Beschluss Nr. 7590 in Absprache mit polnischen Regierungsstellen hätten erfolgen sollen. Die Wirklichkeit sah jedoch anders aus. Dr. A. Smolański, der Vertreter der polnischen Regierung für die elektrotechnische Industrie in der Stadt Katowice (Kattowitz), die auch vor 1939 zu Polen gehört hatte, erstattete seinen Vorgesetzten am 7. März 1945 Bericht:

»Heute erschien bei mir der Oberleutnant der sowjetischen Truppen Nowikow und erklärte mir, dass er im Auftrag der sowjetischen Ortskommandantur handle. Er forderte mich auf, ihm bis morgen Abend […] eine detaillierte Aufstellung aller elektrotechnischen Betriebe, Groß- und Einzelhandelsgeschäfte für elektrotechnische Produkte mit genauer Bezeichnung der Produktionsart und -kapazität, der Größe der Betriebe […] vorzulegen. Ferner verlangte er, dass man ihm einen Ingenieur der elektrotechnischen Abteilung zuweise, der ihm alle in der Aufstellung aufgelisteten Betriebe zeigen sollte.«[119]

Die obigen GKO-Beschlüsse vom 2. März 1945 ordneten neben Demontagen auch die Ausfuhr von Fertigprodukten aus Oberschlesien an, beispielsweise die Ausfuhr von 26 000 Walzprodukten, 3000 Tonnen Blech, 2000 Tonnen Stahlrohren, 4000 Tonnen Metallprodukten und 560 Tonnen Stahlseilen aus sieben oberschlesischen Betrieben und den Abtransport von 89 Tonnen Quecksilber aus Chrzanów.[120]

Die Beschlüsse vom 2. März regelten Demontagen und Ausfuhren aus Betrieben, die vor 1939 zu Deutschland gehört hatten, mit Ausnahme des Beschlusses Nr. 7612 über Quecksilber (Chrzanów). Vier Tage später, am 6. März, unterzeichnete Stalin 16 GKO-Beschlüsse, die Demontagen und Ausfuhren nicht nur im deutschen Teil Schlesiens betrafen, sondern auch in den polnischen Vorkriegsgebieten, darunter in Sosnowiec, Dąbrowa Górnicza, Częstochowa, Katowice, Zgoda, Chorzów, Siemianowice, Poznań, Bydgoszcz, Dziedzice, Oświęcim (Auschwitz) sowie in Chorzów (Königshütte).[121]

Am 9. März unterzeichnete Stalin weitere Beschlüsse betreffend die Demontage und Ausfuhr von Ausrüstungen und Materialien aus Betrieben in ehemaligen ostdeutschen und westpolnischen Gebieten, und zwar unter anderem aus Gleiwitz, Beuthen, Königshütte, Andreashütte (Zawadzkie), Blechhammer, Odertal, Oels, Elbing, Insterburg, Neudamm, Sosnowiec und Dęblin.[122]

Einer dieser Beschlüsse regelte die Ausfuhr von Metallen aus Ungarn, aus der Gegend um Budapest. Die auszuführenden Mengen waren jedoch nicht besonders hoch (u. a. 583 t Zink, 185 t Aluminium, 49 t Blei, 151 t Bronze, 16 t Kupfer, 19 t Draht und 7 t Rohre).[123] Insgesamt blieben die sowjetischen Demontagen in Ungarn relativ moderat, und am 9. Juni 1945 ordnete Stalin ihre Einstellung an.[124]

Die Demontagen in Oberschlesien hingegen nahmen in den nächsten Wochen enorme Dimensionen an, worauf bereits die Zahl der von Stalin abgezeichneten Demontagebeschlüsse hinweist, obwohl nur ein Teil der Maßnahmen durch entsprechende GKO-Beschlüsse bestätigt bzw. angeordnet wurde.

Am 24. März 1945 demontierten die sowjetischen Beutekommandos in der Hütte »Bankowa« in Kattowitz 105 und in der Hütte »Zgoda« in Świętochłowice 360 Werkzeugmaschinen, außerdem sechs Maschinen in der Hütte »Milowice« in Sosnowiec. Die Demontage der Anlagen im Walzwerk »Ryszard«, ebenfalls in Sosnowiec, begann am 23. März.[125] Den Direktor der Hütte »Batory« in Chorzów forderten die Sowjets auf, 60 Arbeiter für Demontagearbeiten abzustellen. Hier raubten die Sowjets 80 Prozent aller Werkzeugmaschinen, zehn Brückenkräne, 18 Beschickungsmaschinen, eine hydraulische Presse (2000 t Druckleistung), eine Presse zum Härten von Panzerblechen und einen mechanischen Hammer. Hüttenarbeiter versuchten, einige Maschinen zu retten. Einer deckte Hochleistungspumpen mit Gerümpel zu, sodass die Sowjets sie übersahen. In der Hütte »Baildon« in Kattowitz demontierten die sowjetischen Beutekommandos 427 Werkzeugmaschinen sowie zwei Hochöfen und transportierten sie ab. Die in der Hütte »Zygmunt« in Łagiewniki (Hohelinde) bei Beuthen demontierten Anlagen, darunter 200 Werkzeugmaschinen sowie Stahl, Kabel und andere Materialien, füllten 94 Eisenbahnwaggons.[126]

In den Monaten März bis April 1945 wurden die Demontagen von den Kräften der Beuteverwaltung der Roten Armee durchgeführt. Im April nahmen dann die Sonderverwaltungen für Montage (OMU) ihre Arbeit auf. In Schlesien operierte die OMU Nr. 1 mit Sitz in Beuthen. Sie hatte den Auftrag, im Rahmen der »ökonomischen Entwaffnung Deutschlands« (Jahresbericht der OMU Nr. 1) die dortigen Betriebe zu demontieren und in die Sowjetunion abzutransportieren, bevor sie im August 1945 ihr Operationsgebiet nach Thüringen und Sachsen verlegte.[127] Die von der OMU Nr. 1 im Jahr 1945 demontierten Betriebe lassen sich in drei Gruppen aufteilen:

1. Betriebe zur Herstellung von synthetischen flüssigen Treibstoffen (Hydrierwerke), demontiert für die Hauptverwaltung für die Produktion der künstlichen flüssigen Treibstoffe und Gase beim SNK,
2. Betriebe der Bauindustrie, demontiert für das Volkskommissariat für Bauwesen,
3. Betriebe demontiert im Auftrag anderer Stellen.[128]

Stellvertretend sei hier die Demontage der Hydrierwerke in Blechhammer bei Hydebreck (vor 1934 Kandrzin, polnisch Koźle) und der Werke zur Herstellung von synthetischem Benzin in Odertal O. S. (vor 1934 Deschowitz, heute Zdzieszowice) näher geschildert.

Der Aufbau der Werke in Blechhammer begann im September 1939, die geplanten Kapazitäten waren enorm, allein 900 000 Tonnen Flugbenzin sollten dort jährlich hergestellt werden. In der zweiten Jahreshälfte 1943 waren etwa 50 Prozent der Werkshallen und Anlagen errichtet, in denen eine Jahresproduktion von 500 000 Tonnen Flüssigkraftstoff möglich war, davon 250 000 Tonnen synthetisches Benzin und die gleiche Menge an Treiböl (für die Marine). Die alliierten Bombardierungen verzögerten jedoch die Aufnahme der Produktion, sodass bis zum Einmarsch der Roten Armee lediglich 3000 Tonnen Flüssigkraftstoff hergestellt werden konnten.[129]

Die Gesamtbaukosten der Werke waren mit einer Milliarde Reichsmark veranschlagt, im Januar 1945 belief sich der Wert der bereits errichteten Gebäude und Anlagen auf 550 Millionen RM. Etwa 80 Prozent der Kosten dürften auf die seinerzeit modernste Ausrüstung entfallen sein, insgesamt 7146 Einheiten in über 200 Produktionshallen.[130] Die Gesamtmenge der zu demontierenden Ausrüstung belief sich auf 168 000 Tonnen, die Kraftwerksanlagen nicht mitgerechnet, welche die Beutekommandos der Hauptverwaltung für Beutegut der Roten Armee demontierten. Hinzu kamen noch 50 000 Tonnen an Eisenkonstruktionen, die ebenfalls abzubauen waren.[131]

Den Beschluss über die Demontage der Hydrierwerke in Blechhammer unterzeichnete Stalin am 9. März 1945.[132] Die Arbeiten liefen aber nicht planmäßig, sodass Stalin sich veranlasst sah, dies am 16. Mai in einem gesonderten Beschluss zu rügen. Zugleich entsandte er zwei hohe Funktionäre vom Volkskommissariat für Bauwesen und von der Eisenbahnverwaltung nach Schlesien, um innerhalb von 20 Tagen die Demontagearbeiten in Blechhammer und Odertal zu beschleunigen.[133]

Stalins Reaktion zeigt, welch wichtige Rolle die Hydrierwerke in Blechhammer und Odertal für die sowjetische Seite spielten. Die polnische Regierung schickte zwar eine Delegation nach Moskau, um die sowjetische Seite zur Einstellung der Demontage in Blechhammer zu bewegen, doch ihr wurde in Moskau lediglich mitgeteilt, dass die Entscheidung auf höchster Ebene gefallen sei.[134]

Die OMU Nr. 1 begann erst am 3. Mai mit den Demontagearbeiten in Blechhammer, die insgesamt vier Monate, bis Anfang September 1945, dauerten. Eingesetzt wurden 2462 Angehörige der Beutetruppen der Roten Armee, 2650 ehemalige Zwangsarbeiter/sowjetische Repatrianten und 2786 Deutsche[135], darunter viele Frauen. Die Repatrianten und die Deutschen wurden durch die sowjetischen Besatzungstruppen mobilisiert. Hinzu kamen aus der Sowjetunion delegierte Fach- und Arbeitskräfte. Die im April und Mai eingetroffenen 585 sowjetischen Arbeitskräfte, die für die OMU Nr. 1 tätig waren, wurden mehrheitlich in Blechhammer eingesetzt.[136]

Innerhalb von vier Monaten demontierte die OMU Nr. 1 in Blechhammer unter anderem 43 759 Tonnen mechanische, technologische und sanitärtechnische Anlagen, 2014 Tonnen Eisenkonstruktionen, 449 Tonnen Behälter und Tanks, 17 006 Tonnen Rohrleitungen und Förderanlagen, 3106 Tonnen Kräne und Kranausrüstung, 4470 Tonnen Elektroausrüstung sowie Kontroll- und Messinstrumente, 3417 Tonnen andere Ausrüstungen und Güter, insgesamt 74 575 Tonnen.[137] Die übrigen Anlagen in Blechhammer demontierten die Beutetruppen der Roten Armee. Insgesamt aus Blechhammer abtransportiert wurden 168 400 Tonnen an Ausrüstung und Materialien, die 9723 Waggons füllten.[138]

Zeitgleich mit den Hydrierwerken in Blechhammer demontierte die OMU Nr. 1 die Werke zur Herstellung synthetischen Benzins in Odertal O. S. (Deschowitz, polnisch Zdzieszowice) der Schaffgotsch-Benzin GmbH. Seit 1939 wurde hier synthetisches Gas, aber auch Benzin und Dieselöl (mit einer jährlichen Produktion von 39 000 t) hergestellt.[139] Auf dem einen Quadratkilometer großen Werksgelände standen 64 Werkhallen mit modernsten Anlagen zur Herstellung synthetischen Benzins: Gasgeneratoren, über 600 verschiedene Elektromotoren, ein Kraftwerk (30 000 kW), 11 km Rohrleitungen u. a. Die Werke in Odertal waren durch alliierte Bomben zu etwa 20 Prozent zerstört. Zu demontieren waren insgesamt 28 500 Tonnen Güter, davon 10 500 Tonnen Ausrüstung, 8800 Tonnen Eisenkonstruktionen, 2100 Tonnen Tanks und Gasbehälter, 3600 Tonnen Rohrleitungen und andere Leitungen, 1200 Tonnen Elektroausrüstung und 2300 Tonnen anderer Materialien.[140]

Den Odertal-Beschluss hatte Stalin ebenfalls am 9. März 1945 unterzeichnet.[141] Und ähnlich wie in Blechhammer liefen die Demontagearbeiten auch hier nicht planmäßig an, sondern erst am 30. April und dauerten anderthalb Monate. Von 2800 Arbeitskräften wurden insgesamt 12 500 Tonnen Ausrüstung demontiert.[142] Unter den Arbeitern waren viele junge Frauen, die man in der Umgebung der Werke mobilisiert hatte und die in einer Baracke auf dem Werksgelände untergebracht waren.[143] Insgesamt transportierten die sowjetischen Beutekommandos 30 300 Tonnen (1714 Waggons) an Ausrüstung und Apparaturen aus den Werken in Odertal ab.[144]

Noch größere Dimensionen nahmen die Demontagearbeiten in den Hydrierwerken in Pölitz bei Stettin an, wo ebenfalls synthetische Treibstoffe produziert wurden. Dort sollten ursprünglich über 220 000 Tonnen an Ausrüstung demontiert werden. Bis zum März 1946 bauten die sowjetischen Beutekommandos in Pölitz 180 000 Tonnen (13 856 Waggons) an Ausrüstung ab, die sich auf über 400 Fabrikhallen verteilte.[145] Unter anderem wurden abtransportiert: 1540 Elektromotoren, 40 Krafttransformatoren mit einer Gesamtleistung von 41 000 kW, 1200 Pumpen, 80 Kompressoren, 50 Gasgeneratoren, 57 Gaswaschtürme. Das Kraftwerk des Betriebes (acht Turbogeneratoren mit einer Gesamtleistung von 200 000 kW und acht Kessel, jeder mit einer Leistung von 1000 t Dampf pro Stunde) wurde durch das Volkskommissariat/Ministerium für Elektroindustrie demontiert. Das Gesamtgewicht der auszuführenden Ausrüstung betrug 193 000 Tonnen. Bis zum 1. November 1946 waren sämtliche Anlagen demontiert und verladen.[146] Die OMU Nr. 3, die etwa die Hälfte davon (90 364 t, 6698 Waggons) abbaute, setzte dabei über 13 000 Arbeitskräfte ein.[147]

Außer den Hydrierwerken in Pölitz, Blechhammer und Odertal demontierten die sowjetischen Beutekommandos noch Hydrierwerke in Moosbierbaum (Österreich) und Mukden (Shenyang, Mandschurei), die für die Hauptverwaltung für Gasindustrie bestimmt waren.

Die Gesamtmenge der demontierten Ausrüstungen der drei Hydrierwerke in Blechhammer, Pölitz und Odertal (25 283 Waggons, nicht mitgerechnet Kraftwerksausrüstungen, allein aus Blechhammer mindestens 1100 Waggons[149]) überstieg die Gesamtmenge der durch sowjetische Beutekommandos in Ungarn (2800 Waggons) und in der Tschechoslowakei (6500 Waggons) demontier-

Tabelle: Demontierte Hydrierwerke und andere Betriebe für die Bedürfnisse der Hauptverwaltung für Gasindustrie nach dem Stand vom 25. März 1946[148]

Betriebe	demontiert		abtransportiert	
	Tonnen	Waggons	Tonnen	Waggons
Hydrierwerke in Blechhammer	168 400	9723	168 400	9723
Synthetische Werke in Odertal	30 300	1714	30 300	1714
Hydrierwerke in Pölitz	180 000	13 846	40 000	3077
Gasleitungen aus Hindenburg	16 100	988	16 100	988
Hydrierwerke in Mukden	700	110	700	110
Anlagen der Erdölindustrie	6600	550	6600	550
Werke in Moosbierbaum	6100	510	6100	510
Mechanische Werke in Zerbst	3000	250	3000	250
Mechanische Werke in Eberfelde	4200	350	–	–
Insgesamt	415 400	28 041	271 200	16 922

ten Ausrüstungen um ein Vielfaches. Aus Österreich transportierten die Sowjets nach eigenen Angaben 31 200 Waggons mit Ausrüstung ab (siehe Anhang, Tab. 14).[150]

Der Höhepunkt der Demontagen in Oberschlesien lag in den Monaten Mai bis Juni 1945, was sich in den GKO-Beschlüssen widerspiegelt, die Stalin im März und April unterschrieb. Auf die Beschlüsse vom 2., 6. und 9. März folgten 15 weitere, die Stalin am 14. März unterzeichnete und die sich fast durchweg auf Anlagen in Oberschlesien (im deutschen wie auch im polnischen Teil) bezogen. Hinzu kamen noch andere polnische Städte.[151] Drei Tage später, am 17. März, zeichnete Stalin 17 weitere Demontagebeschlüsse für Oberschlesien, Niederschlesien und die übrigen ostdeutschen Gebiete ab; ein Beschluss betraf Demontagen in Ungarn.[152] Die nächsten Demontage- und Ausfuhrbeschlüsse, insgesamt 27, unterzeichnete Stalin am 5. April. Drei von ihnen betrafen Ungarn, einer Rumänien, die übrigen die westpolnischen und ostdeutschen Gebiete.[153] Am 12. April folgten noch einmal 33 Beschlüsse, von denen sieben Ungarn, einer Österreich und die übrigen die damaligen westpolnischen und ostdeutschen Gebiete betrafen.[154]

In den nächsten Tagen, Wochen und Monaten folgten Hunderte ähnlicher Beschlüsse, die aber meist Betriebe in der sowjetischen Besatzungszone Deutschlands betrafen. Dennoch war der größte Teil der Betriebe in den ostdeutschen und westpolnischen Gebieten ohne entsprechenden GKO-Beschluss abtransportiert worden. Allein in Breslau demontierte die OMU Nr. 1 nach Absprache mit der sowjetischen Militärverwaltung ohne GKO-Beschlüsse acht Betriebe.[155] Insgesamt demontierten sowjetische Beutekommandos nach Angaben der Zentralverwaltung für Statistik in Polen in den heutigen Grenzen 1119 Betriebe.[156] Die Zahl der GKO-Beschlüsse hierfür beläuft sich nur auf etwa 100, auch wenn ein Teil der Beschlüsse zwei oder mehr Betriebe betraf.

Die Dimension der Demontagen in Oberschlesien spiegelt sich auch in Berichten der polnischen Behörden wider. Im April 1945 meldete die Operationsgruppe für Industrie der polnischen Verwaltung:

»Gegenwärtig findet [in Oberschlesien] eine groß angelegte Demontage- und Ausfuhraktion von Maschinen, Anlagen und Rohstoffen statt, und zwar nicht nur aus großen und mittelgroßen Betrieben, sondern auch aus kleinen. Sie werden ununterbrochen mit Lkw und Bahn abtransportiert, wobei alle Maschinen mitgenommen werden. Verladung findet auch an Feiertagen statt. In Gesprächen [mit sowjetischen Vertretern] haben wir wiederholt gehört: Wir werden euch nur Mauern und nackten Boden hinterlassen, alles andere transportieren wir ab.«[157]

Im Kreis Gleiwitz beließen die sowjetischen Beutekommandos in den dortigen Betrieben weniger als zehn Prozent aller Maschinen und Anlagen; ähnlich war es im Kreis Hindenburg. Die Kommandos beschränkten sich allerdings nicht auf Industrieanlagen, Produkte und Rohstoffe. Die Gleiwitzer Stadtverwaltung schätzte die durch sowjetische Demontagen verursachten Verluste der

Stadt auf etwa 35 Millionen Złoty (8,75 Mio. US-Dollar). Demontiert und abtransportiert wurden unter anderem die komplette Ausrüstung zweier Krankenhäuser, die Einrichtung des städtischen Schlachthofs sowie zwei zerstörte Wassertürme. Im Schlachthof wurde alles abgebaut und ausgeführt, nicht nur Maschinen, sondern auch Büro- und Telefonanlagen. Noch höhere Verluste verzeichnete man in Beuthen.[158]

Mitgenommen wurde alles Mögliche: Möbel, sanitäre Einrichtungen, Radios, Standuhren, Musikinstrumente, Teppiche, Fahrräder, Motorräder, Autos, verschiedene Haushaltsgegenstände, Lebensmittel usw.[159] Dies geschah teils aus eigener Initiative, teils auf Anordnung. Am 12. April 1945 unterzeichnete Stalin den GKO-Beschluss Nr. 8069 über die Demontage des Werkes für Radioteile und Transformatoren in der Stadt Freystadt (heute Kożuchów) in Niederschlesien durch das Zentrale Konstruktionsbüro Nr. 17 des Volkskommissariats für Luftfahrtindustrie (NKAP). Der stellvertretende Direktor des Büros, Malschew, erhielt den Auftrag, die Demontagegruppe zu leiten. Vor der Abreise habe ihn der Chef der Sonderverwaltung beim NKAI mündlich instruiert, so viel an Gütern aus dem Werk abzutransportieren, wie nur möglich sei.[160]

Wie bereits ausgeführt, demontierten die sowjetischen Beutekommandos Betriebe sowohl in den deutschen Ostgebieten, die im Jahr 1945 an Polen kamen, als auch in den westpolnischen Gebieten. Abtransportiert wurden nicht nur komplette Betriebe (1119 nach Angaben der Zentralverwaltung für Statistik), sondern auch Werkstätten, Mühlen, Sägemühlen, Zuckerfabriken, Kraftwerke, Anlagen der Stadtwerke, Telefonzentralen, Straßenbahnen, landwirtschaftliche Maschinen, Vieh und Pferde, Bahngleise und Bahnanlagen. Man plünderte Krankenhäuser, Schlösser und Landgüter, Häuser und Wohnungen, Bibliotheken, Museen, geraubt wurden Kunstgegenstände, Archivalien und anderes mehr.[161]

Große Probleme bereiteten der polnischen Seite die umfangreichen Demontagen im polnischen Eisenbahnwesen, das im Krieg ohnehin sehr stark in Mitleidenschaft gezogen worden war. Sowjetische Beutekommandos bauten ganze Bahnstrecken ab und führten sie aus, komplett mit Bahngleisen, Bahnanlagen, Maschinen aus Bahnwerkstätten, Loks und Waggons. Beispielsweise transportierten die Sowjets aus den Bahnwerkstätten in Kattowitz sämtliche Anlagen ab, dasselbe Schicksal widerfuhr Eisenbahnern, die sich den Sowjets widersetzten.[162] Aus den Reparaturwerkstätten für Dampflokomotiven in Gleiwitz entfernten die Sowjets nach eigenen Angaben insgesamt 5370 Tonnen an Maschinen und Anlagen, aus den Reparaturwerkstätten für Lokomotiven in Oels 4835 Tonnen, aus denen in Oppeln 2910 Tonnen und aus den Werkstätten in Gleiwitz 2045 Tonnen.[163]

In den deutschen Ostgebieten gab es neun größere und 41 kleinere Bahnbetriebe. Die Anlagen der größeren Betriebe wurden beinahe zu 100 Prozent demontiert, bei den kleineren waren es 41 Prozent, soweit sie nicht schon zuvor im Zuge von Kriegshandlungen zerstört worden waren. Eine Ausnahme machte nur Schneidemühl, dessen Bahnausrüstungen und -anlagen erhalten blieben. Nicht besser sah es in den west- und zentralpolnischen Vorkriegsgebieten aus, wobei für die dortigen Zerstörungen und Demontagen meist die deutschen Besatzer verantwortlich waren.[164]

Am 16. Mai ordnete Stalin per GKO-Beschluss Nr. 8637 an, Schmalspurbahnstrecken in Pommern und Schlesien komplett zu demontieren und in die Sowjetunion auszuführen. Es handelte sich um 866 km Bahngleise, 82 Dampf- und 20 Diesellokomotiven sowie 1762 Waggons und 200 Kleinwagen. Ebenfalls zu demontieren und abzutransportieren waren die kompletten Eisenbahnanlagen (samt Telefonzentralen, Stellwerken, Signalanlagen), Ausrüstungen von Lokschuppen, Reparaturwerkstätten, Wasserleitungen, Unterwerke und Bahnkraftwerke sowie die gesamte Ausrüstung der übrigen Bahnbetriebe an den zu demontierenden Bahnstrecken. Diese Arbeiten sollten bis zum 15. Juni 1945 abgeschlossen sein.[165] Einige Wochen später, am 8. Juni, unterzeichnete Stalin den ähnlichen Beschluss Nr. 8986 über die Demontage von 800 km normalspuriger Bahnstrecken in Ostpreußen samt Bahnanlagen und Bahnbetrieben bis zum 15. August 1945.[166]

Erst am 7. Juli 1945 unterschrieb Stalin den GKO-Beschluss bezüglich der Übergabe sämtlicher Bahnstrecken und Bahnanlagen mit Bahnbetrieben auf dem Territorium Polens an die polnische Verwaltung ab dem 1. August 1945. Zugleich ordnete er die sofortige Einstellung der Demontage von Reparaturwerkstätten, Lokschuppen sowie der Nachrichten- und Bahnsignalanlagen in Polen an.[167]

Tatsächlich jedoch setzten die sowjetischen Beutekommandos die Demontage der Eisenbahnstrecken und -anlagen fort, und zwar gleichfalls auf Anordnung Stalins. Der unterzeichnete nur einen Tag nach der verfügten Übergabe der Strecken und Anlagen, am 8. Juli, den GKO-Beschluss Nr. 9484 über die vollständige Demontage der elektrifizierten Bahnstrecke Breslau–Görlitz von 393 km Länge bis zum 20. Juli 1945 samt dazugehörigen Ausrüstungen: Schienen, Oberleitungen, Elektroloks, Triebwagen, Betriebswerke u. ä. All dies sollte dann in Kasachstan (Karaganda-Eisenbahn) wieder aufgebaut werden.[168]

Dieser Beschluss wirft ein Schlaglicht auf den Widerspruch zwischen der bis heute verbreiteten Propaganda und dem Alltag der ›Befreiung‹, der sich durch Plünderungen in bis dahin unbekanntem Ausmaß sowie Terror auszeichnete – Terror, den entweder die sowjetischen Sicherheitsorgane direkt oder die von ihnen gebildeten und gelenkten einheimischen (kommunistischen) Organe ausübten.

Insgesamt demontierten die sowjetischen Beutekommandos in den ostdeutschen Gebieten (hier lag der Schwerpunkt) und in den polnischen Vorkriegsgebieten knapp 5500 km normalspurige Eisenbahnstrecken und 310 km Schmalspurbahnstrecken.[169] Das waren kaum weniger Gleisanlagen als in der sowjetischen Besatzungszone Deutschlands, der späteren DDR.[170]

Hinzu kamen noch mutwillige Zerstörungen, verursacht durch Rotarmisten nach Beendigung der Kriegshandlungen. Ganze Straßenzüge und Stadtteile wurden nach der Plünderung in Brand gesteckt. So geschah es in Liegnitz, Danzig, Stettin und unzähligen anderen Städten und Gemeinden. Die Schäden sind heute nicht mehr zu beziffern. Im kommunistischen Polen galten alle diese Schäden als durch Kriegshandlungen oder deutsche Räumungsmaßnahmen verursacht, obwohl deren Anteil vergleichsweise gering war.[171]

Die von Stalin installierte ›polnische‹ Regierung versuchte angesichts dieser totalen Plünderung der ostdeutschen Gebiete, die ja nun polnisch werden sollten, zu intervenieren. Dabei ging es auch um Betriebe, Materialien, Bahnanlagen und Infrastruktur auf polnischem Vorkriegsterritorium. Manchmal hatten diese Interventionen Erfolg, zumindest auf dem Papier.

Das GKO und Malenkow als Vorsitzender des Sonderkomitees wiesen wiederholt sowjetische Beuteorgane an, die bereits laufenden Demontagen in Polen (sowohl in den ehemals westpolnischen als auch in den ostdeutschen Gebieten) einzustellen. So verschickte Malenkow am 8. Juni 1945 mehrere Telegramme an die zuständigen Stellen, in denen er die Einstellung der Demontage von Betrieben in den ostdeutschen und westpolnischen Gebieten anordnete. Es handelte sich um die Waggonreparaturwerkstätten in Osterode, eine Zuckerfabrik in Marienburg, zwei Betriebe in Bielitz (»Georg Schwabe« und »Anker-Werke«), ein Elektrodenwerk in Ratibor, eine Brauerei in Beuthen, eine Ziegelei in Gleiwitz, zwei Zementwerke in Oppeln, einen Schlachthof in Zabrze (Hindenburg) sowie ein Sägewerk in Tuchola.[172]

In den nächsten Tagen und Wochen drahtete Malenkow wiederholt an sowjetische Beuteorgane in Polen, den Abbau von einzelnen Betrieben einzustellen. Diese Anweisungen wurden jedoch nicht immer befolgt.[173] Am 21. Juli ordnete Malenkow die Einstellung der Demontage folgender Betriebe und Anlagen an: der Otto-Schuhfabrik in Krappitz, des Sägewerks in Zbąszynek, des Eisenbahnkraftwerks in Schneidemühl, der Hochspannungslinie Ganzburg (?) – Poznań, der Waggonwerke in Danzig, der Brückenkräne im Hafen von Elbing und zweier mechanischer Betriebe in Breslau.[174] Die Ausrüstung der Otto-Schuhfabrik wurde dennoch abgebaut und in die UdSSR abtransportiert.

Ab Juli 1945 gingen die Demontagen in den ostdeutschen Gebieten langsam zurück. Am 8. Juli unterzeichnete Stalin den wohl letzten Beschluss über Demontagen in Polen in den neuen Grenzen. Es handelte sich um die »Famo«-Traktorenwerke in Breslau, aus denen bis zum 20. Juli rund 700 spanabhebende Werkzeugmaschinen sowie Instrumente und Materialien nach Charkow abtransportiert werden sollten, für die dortigen Traktorenwerke.[175] Es war einer von mehreren Demontage-Beschlüssen Stalins an diesem Tag, die Polen in seinen heutigen Grenzen betrafen.[176]

Ab Juli 1945 verlagerte sich der Schwerpunkt der sowjetischen Demontagen endgültig auf die sowjetische Besatzungszone Deutschlands. Zugleich bemühte sich die sowjetische Seite, die laufenden Demontagen in den deutschen Ostgebieten so schnell wie möglich abzuschließen und die geraubten Güter umgehend in die Sowjetunion zu schaffen. Am 5. Juli ordnete Stalin durch GKO-Beschluss Nr. 9394 an, die Demontagen und den Abtransport der Anlagen samt Stromleitungen aus 14 Kraftwerken zu beschleunigen und bis zum 20. Juli abzuschließen. Dem Volkskommissariat für Kraftwerke wurden dafür 6400 Güterwaggons und 90 Lkw zugewiesen. Letztere sollten die Stromleitungen aus Kraftwerken in Schlesien und Landsberg abtransportieren.[177]

Am 21. Juli 1945 zeichnete Stalin den GKO-Beschluss Nr. 9534 betreffend die »Übergabe der Ausrüstungen der erbeuteten deutschen Betriebe auf dem Territorium Polens und Deutschlands, das an Polen geht, an die Polnische Regierung der Nationalen Einheit« mit folgendem Wortlaut ab (Stalins Streichungen sind durchgestrichen, seine Ergänzungen kursiv).

»Das Staatskomitee für Verteidigung beschließt:
den Oberkommandierenden der ~~Besatzungs~~-Truppen der Nordgruppe, Genossen Rokossowski, und den Bevollmächtigten des Sonderkomitees beim GKO in Polen, Genossen Inwanowski, zu verpflichten, bis zum ~~20. Juli~~ *15. August* 1945 alle Ausrüstungen und Gebäude der erbeuteten deutschen Betriebe, deren Ausfuhr in die UdSSR die Entscheidungen des GKO nicht vorsehen, an die Polnische Regierung der Nationalen Einheit zu übergeben.«[178]

Interessanterweise hatte Stalin diesen Beschluss bereits am 8. Juli als Nr. 9477 bestätigt, um ihn später zurückzuziehen.[179] Und 13 Tage später versah man ihn nun mit der Nummer 9534. Der Grund war, dass die sowjetischen Beutekommandos ihre Demontagen auf polnischem Territorium nicht planmäßig abgeschlossen hatten.

Bis zum 2. August 1945 transportierten die sowjetischen Beutekommandos nach Angaben der Zentralverwaltung für Statistik (ZSU) 142 400 Waggons mit Anlagen und Materialien aus den deutschen Ostgebieten ab und weitere 69 200 Waggons vom 3. August 1945 bis 1. Januar 1948.[180] Hinzu kamen noch Anlagen und Materialien aus Betrieben in altpolnischen Gebieten, das heißt Gebieten, die vor 1939 zu Polen gehört hatten. Bis zum 15. Oktober 1945 beluden sowjetische Kommandos dort nach Angaben der Zentralverwaltung für Statistik 27 400 Waggons mit Anlagen und Materialien.[181] Diese Angaben sind jedoch nicht vollständig. Auf der Basis späterer Angaben derselben Behörde vom Frühjahr 1948 ergeben sich allein schon für die Zeit bis zum 2. August 1945 folgende Zahlen für die altpolnischen Gebiete: 35 800 Waggons mit Anlagen und 36 761 Waggons mit Materialien.[182]

Nach dem 2. August 1945 setzten die sowjetischen Beutekommandos die Demontagen in diesen Gebieten fort, wie aus dem oben zitierten Bericht vom Oktober 1945 hervorgeht. Allerdings tauchen Angaben über Anlagen und Materialen, die in den altpolnischen Gebieten geraubt wurden, nur sporadisch in den einschlägigen summarischen Demontage-Berichten auf. Ganz offenkundig sollten diese Plünderungen keine Spuren in den Dokumenten hinterlassen. Nachweislich wurden einschlägige Unterlagen auch vernichtet.[183]

Nach polnischen Berechnungen von 1946 beschlagnahmten die Sowjets von Juli 1944 bis zum 20. Juni 1946 in den altpolnischen Gebieten Güter im Wert von insgesamt 1,5 Milliarden Złoty (375 Mio. US-Dollar[184]).[185] Diese Angaben beinhalten auch die Beschlagnahmungen und Entnahmen der Truppen der Roten Armee für den Eigenbedarf sowie Plünderungen. Dennoch waren diese Angaben unvollständig, weil Zahlen für die Wojewodschaft Białystok sowie drei Kreise (einen in der Wojewodschaft Kielce und zwei in der Wojewodschaft Kraków) fehlten. Anzumerken ist noch, dass die von Einheiten der Roten Armee in den altpolnischen Gebieten verursachten materiellen Schäden ebenfalls enorm waren. Sie beliefern sich auf knapp 1,17 Milliarden Złoty (292,5 Mio. US-Dollar), nicht eingerechnet die infolge von Kriegshandlungen entstandenen Schäden.[186]

In den deutschen Ostgebieten waren die durch sowjetische Demontagen, Plünderungen und mutwillige Zerstörungen verursachten Schäden noch um ein Vielfaches höher. Allein die Demontageverluste lagen polnischen Schätzungen zufolge bei über zwei Milliarden US-Dollar in Preisen von 1938.[187]

Nach einer Aufstellung vom November 1946 demontierten die sowjetischen Beutekommandos in den ostdeutschen und altpolnischen Gebieten folgende Anlagen und Ausrüstungen und transportierten sie ab: 40 971 spanabhebende Werkzeugmaschinen, 5605 Schmiede- und Presseinrichtungen, 751 Gießereianlagen, 66 127 Elektromotoren, 87 Hochofen- und Gasanlagen, 15 Siemens-Martin- und Bessemer-Anlagen, 622 Lichtbogenöfen, 30 Kokerei-Ausrüstungen, 19 427 Anlagen der Chemieindustrie, 1994 Druckereiausrüstungen, 5688 Anlagen der Textilindustrie, 103 Telefonzentralen mit 62 700 Telefonanschlüssen und vieles mehr (siehe Anhang, Tab. 14).[188]

Hinzu kamen große Mengen an Materialien, nach sowjetischen Angaben 64 505 Waggons, außerdem 4657 km Bahngleise mit 1965 kompletten Weichenstellanlagen und 96 500 Tonnen Gleisbefestigungen, 265 000 Tonnen Schwarz- und 49 600 Tonnen Buntmetalle und anderes mehr (siehe Anhang, Tab. 15).[189]

Bei all diesen Angaben handelt es sich um Mindeststückzahlen und -mengen. So demontierten die Sowjets nach polnischen Berechnungen in den ostdeutschen und altpolnischen Gebieten nicht 4657, sondern 5734 km Bahngleise (siehe Anhang, Tab. 11).[190] Die Zentralverwaltung für Statistik stützte sich bei diesen Zahlen auf Angaben aus den verschiedenen Ministerien. Die einzelnen Betriebe gaben beispielsweise die Ausrüstungen nicht an, die durch Eigenverschulden beim Transport oder nach der Ankunft beschädigt oder zerstört worden waren. Und diese Zahlen waren relativ hoch.

Wie ist diese massive Plünderung und Ausbeutung Polens zu erklären? Das Land gehörte schließlich nicht zu den Staaten, die am 22. Juni 1941 gemeinsam mit Deutschland die Sowjetunion überfallen hatten, ganz im Gegenteil. Aber Polen wurde zum ersten Opfer des ideologisch begründeten sowjetischen Imperialismus. Die Sowjetunion annektierte im September 1939 die Hälfte des polnischen Vorkriegsterritoriums und behielt die Kriegsbeute (mit Ausnahme der Region um Łomża und Białystok) auch nach dem Krieg. Die deutschen Ostgebiete sollten Polen für die Verluste im Osten entschädigen, so die offizielle Version. Eine unbestreitbare Tatsache ist auch, dass die ostpolnischen Gebiete im Vergleich zu den ostdeutschen rückständig und industriell sowie zivilisatorisch unterentwickelt waren.

Nach polnischen Schätzungen belief sich das gesamte Volkseigentum der deutschen Ostgebiete, die nach dem Krieg polnisch wurden, im Jahr 1939 auf 59 Milliarden (Vorkriegs-)Złoty und das der polnischen Ostgebiete, welche die Sowjetunion annektierte, auf 31 Milliarden (Vorkriegs-)Złoty. Außerdem war die Industrie in den deutschen Ostgebieten (insbesondere in Schlesien) während des Krieges stark ausgebaut worden. Trotzdem verringerte sich das Volkseigentum dieser Gebiete von 59 Milliarden Złoty im Jahr 1939 auf 37,4 Milliarden im Jahr 1945, bedingt in erster Linie durch Kriegszerstörungen, sowjetische Plünderungen und Demontagen sowie mutwillige Verwüstungen.[191]

Die Übernahme der deutschen Ostgebiete durch Polen hätte dennoch mittel- und langfristig eine wirtschaftliche Stärkung Polens nach sich ziehen müssen – trotz der enormen materiellen Verluste und Zerstörungen in den zentral- und westpolnischen Gebieten. Aber Polen wurde durch die Übernahme der deutschen Ostgebiete wirtschaftlich keineswegs gestärkt. Vielmehr ruinierten die umfassenden Demontagen, die jahrzehntelange wirtschaftliche Ausbeutung durch die Sowjetunion sowie das sozialistische Wirtschaftssystem sowjetischer Prägung das Land in jeder Hinsicht.

Demontagen in der sowjetischen
Besatzungszone Deutschlands

Im Gegensatz zu den ostdeutschen und altpolnischen Gebieten sind die Demontagen in der sowjetischen Besatzungszone Deutschlands (SBZ), der späteren DDR, wesentlich besser erforscht. Dennoch gibt es auch hier Lücken, die hauptsächlich durch den eingeschränkten Zugang zu den relevanten Archivalien bedingt sind. Die neuere Forschung unterstreicht, dass die Demontagen in der SBZ das Ziel hatten, »das industrielle Kriegspotenzial Deutschlands im sowjetischen Besatzungsgebiet zu zerstören und einen großangelegten Transfer deutscher Ausrüstungen und Anlagen für den Wiederaufbau der sowjetischen Industrie zu beginnen«.[192]

Die Demontagen in der SBZ liefen im Mai 1945 an und nahmen bis August 1945 dramatische Dimensionen an. Die ersten diesbezüglichen Beschlüsse hinsichtlich der Betriebe in der späteren SBZ erließ Stalin jedoch erst am 4. Mai, als er insgesamt 42 GKO-Beschlüsse über Demontagen unterzeichnete. Die meisten betrafen Betriebe in den deutschen Ostgebieten und Österreich, einer bezog sich auf Ungarn und mehrere auf die sowjetische Besatzungszone Deutschlands. So bestimmte GKO-Beschluss Nr. 8381 die Ausfuhr der Ausrüstung von Funkzentren aus den Gebieten um die Städte Berlin, Nauen und Zellendorf.[193]

Sechs Tage später, am 10. Mai, unterzeichnete Stalin gleich 77 Demontagebeschlüsse, 19 davon betrafen Betriebe und Forschungseinrichtungen in Berlin und Umgebung, zwölf bezogen sich auf Wien. Hinzu kamen Betriebe in den ostdeutschen (Nieder- und Oberschlesien, Ostpommern) und westpolnischen Gebieten (Bydgoszcz, Gdynia) sowie in Österreich (außer Wien), Mitteldeutschland (außer Berlin) und Ungarn.[194] Beschluss Nr. 8457 bestimmte beispielsweise die Demontage von Anlagen in elf Betrieben der Luftfahrtindustrie in der Stadt und im Großraum Berlin. Im Arado-Werk in Wittenberg waren 60 spanabhebende Werkzeugmaschinen, Pressen, Biegemaschinen und Metallscheren zu demontieren, die für das Flugzeugwerk Nr. 168 in Rostow bestimmt waren, im »Otto Peron«-Werk in Wittenau 197 Werkzeugmaschinen für das Werk Nr. 43 in Moskau, in den Henschel-Flugzeugwerken in Schönfelde 147 spanabhebende Werkzeugmaschinen, 109 Pressen, 45 Elektrokarren und 130 andere Ausrüstungseinheiten für das Werk Nr. 456 in Moskau und im Werk der Firma Argus in Berlin 1500 Werkzeugmaschinen für das Werk Nr. 478 in Saporosche usw.[195]

In den nächsten Wochen und Monaten folgten Hunderte weiterer Beschlüsse, die Demontagen in Berlin und den übrigen Gebieten der SBZ betrafen. Am 16. Mai legte Malenkow Stalin 58 Demontagebeschlüsse zur Bestätigung vor, die Stalin nach geringfügigen Korrekturen und Ergänzungen abzeichnete.[196] Auch sie bezogen sich zum einen auf Demontagen in Berlin und Umgebung, zum anderen auf Betriebe in den mitteldeutschen Gebieten, in Schlesien, Pommern und Österreich. Acht Tage später, am 22. Mai, unterzeichnete Stalin 35 Demontagebeschlüsse, wovon neun Berlin betrafen, die anderen die übrigen mitteldeutschen und ostdeutschen Gebiete sowie Österreich und Ungarn. Am 26. Mai folgten 54 Demontagebeschlüsse (davon 19 für Berlin und Umgebung) und am 31. Mai weitere 86 (davon 23 für Berlin und Umgebung).[197]

Im Mai 1945 unterzeichnete Stalin 298 Demontagebeschlüsse. Die meisten dieser Beschlüsse regelten die gleichzeitige Demontage mehrerer Betriebe. In ihrer Mehrzahl bezogen sie sich auf Betriebe in der SBZ und in Berlin, vor allem auf jene Teile der Stadt, deren Verwaltung bald in die Hände der westlichen Alliierten übergehen würde, sodass sowjetische Demontagen dort dann nicht mehr möglich wären.

Diese massiven Demontagen verliefen anfangs eher unorganisiert; Entscheidungen trafen die Vertreter des Sonderkomitees bzw. anderer Beuteorgane vor Ort. Einen Überblick über die Industrie und die Betriebe in der SBZ hatte man im Mai 1945 noch nicht. Erst am 10. Juni 1945 forderte Starowski, der Chef der Zentralverwaltung für Statistik, den Leiter der Demontagen in Berlin, Saburow, im Auftrag von Malenkow telegraphisch auf, einen Bericht über die deutsche Industrie auszuarbeiten und so schnell wie möglich nach Moskau zu schicken. Benötigt wurden Angaben über sämtliche Industriezweige und deren wichtigste Betriebe sowie Informationen über Produktionskapazitäten, Belegschaftsstärken, Adressen etc. Es sollten nur Betriebe in der SBZ berücksichtigt werden.[198]

Konstantin Kowal, Bevollmächtigter des Sonderkomitees, berichtet in seinen Erinnerungen über ein Treffen mit Malenkow am 13. Mai 1945 in Moskau. Während dieser Unterredung habe Malenkow Saburow und Kowal mitgeteilt, dass die Betriebe in den westlichen Teilen Berlins laut Entscheidung des GKO in kürzester Zeit zu demontieren seien. Die Beutekommandos hätten sofort mit der Demontage einzelner Betriebe zu beginnen, gleichzeitig sei Moskau telegraphisch über die Art der demontierten Betriebe zu informieren, samt Vorschlägen, an welche Werke oder Stellen in der Sowjetunion sie zu übergeben seien. »Wir werden diese Vorschläge überprüfen und sie bestätigen«, so Malenkow. In anderem Zusammenhang habe er erklärt: »Wir berichten an Genossen Stalin über alle unsere Entscheidungen über wichtige deutsche Betriebe, die demontiert werden.«[199] Die heute zugänglichen Demontagebeschlüsse bestätigten dies.

Wladimir Jurasow, der dazu abkommandiert worden war, in Westberlin Fabriken zu demontieren, und ein Jahr später in den Westen überlief, wurde nach eigenen Worten angewiesen: »Bringen sie alles aus dem Westsektor Berlins hinaus. [...] Alles! Was Sie nicht mitnehmen können, zerstören Sie. Aber hinterlassen Sie nichts den Alliierten. Keine Maschinen, kein einziges Bett, noch nicht einmal einen Nachttopf.«[200]

Eigens für Demontagen in Berlin und Umgebung wurde am 8. Mai das Berliner Gebiet der OMU Nr. 2 des Volkskommissariats für den Bau von Betrieben der Schwerindustrie eingerichtet. Bis zum 3. Juli 1945 erhielt die OMU Nr. 2 den Auftrag, 69 Betriebe im Großraum Berlin zu demontieren und in die Sowjetunion auszuführen, 28 im Auftrag des Volkskommissariats für Bauwesen und 41 im Auftrag anderer Volkskommissariate.[201] Nach dem 3. Juli kamen noch sieben weitere Betriebe dazu.[202]

Die OMU Nr. 2 demontierte in Berlin Anlagen und Maschinen in folgenden Betrieben: in den Krupp-Stahlwerken (272 Waggons mit Ausrüstungen), in den Stahlbaubetrieben »Stephan Noelle« (246 Waggons), in der Versuchsanstalt für Materialien und Konstruktionen in Berlin-Dahlem (132 Waggons) sowie im Reparaturbetrieb für Maschinen und Werkzeugmaschinen »K. Schwarz« (55 Waggons). Hinzu kamen zahlreiche andere Metall- und Elektrobetriebe, Möbelfabriken, Armaturenwerke, Ziegeleien, Sägewerke, Druckereien. Insgesamt demontierte die OMU Nr. 2 in Berlin bis Ende 1945 26 589 Tonnen (2241 Waggons) Ausrüstung[203], darunter 4934 Elektromotoren (weitere 1034 waren bis zum 1. Januar 1945 noch nicht verladen) und 514 spanabhebende Werkzeugmaschinen.[204]

In Berlin demontierten auch einzelne Institutionen. Die Vereinigung der staatlichen Verlage erhielt vom GKO den Auftrag, in Berlin und Umgebung Druckmaschinen und Druckereiausrüstung für die Bedürfnisse der sowjetischen Druckindustrie zu demontieren und in die Sowjetunion zu transportieren. Die Demontagearbeiten in den westlichen und südwestlichen Teilen der Stadt begannen am 10. Mai und sollten innerhalb von zehn Tagen abgeschlossen sein. Daher habe man die Demontage auf breiter Front durchgeführt, berichtete später Ljanders, der stellvertretende Vorsitzende der Vereinigung der staatlichen Verlage, der die Demontagen vor Ort leitete. Betroffen waren in Berlin unter anderem Druckereien des Deutschen Verlages (des im Jahr 1934 »arisierten« Ullstein-Konzerns) und des Druck- und Verlagshauses Erich Zander.[205]

Die demontierten Anlagen transportierte man mit 100 Lastwagen und zehn Schleppern mit Anhängern zur Bahnstation und verlud sie auf 280 Waggons. Diese wurden dann zu fünf Güterzügen zusammengestellt, die zwischen dem 25. und 30. Mai nach Moskau rollten. Drei der Züge erreichten Moskau binnen weniger Wochen, der vierte kam erst nach sechs Monaten (am 10. Dezember 1945) an und der fünfte wurde unterwegs nach Königsberg umgeleitet und dort erst einmal entladen. Nach Abfertigung der fünf Güterzüge wurde die Demontage weiterer Berliner Druckereien zunächst eingestellt, weil die Waggons zum Abtransport der Maschinen fehlten.[206]

Dies war jedoch nur ein Bruchteil der von sowjetischen Beutekommandos und anderen Einheiten der Roten Armee in Berlin abgebauten und abtransportierten 645 400 Tonnen Anlagen und Ausrüstung (davon 428 900 t in Westberlin).[207] Nach Abschluss der Kampfhandlungen hatte der Kriegsrat der 1. Weißrussischen Front technische und rückwärtige Truppen zur Demontage nach Berlin beordert. Es handelte sich um Einheiten der Straßen-, Auto-, Ingenieur-, Artillerie-, Panzer- und Befestigungsbautruppen sowie der Luftwaffe. Ähnlich handelte der Kriegsrat der 2. Weißrussischen Front, wie Generalleutnant Bakkow am 14. Mai Malenkow mitteilte. Auf Anregung Bakkows hin wurden auch an anderen Fronten technische und rückwärtige Truppen bei Demontagen eingesetzt.[208]

Nach Angaben des Sonderkomitees bauten die sowjetischen Beutekommandos im Mai 1945 in Berlin 121 Objekte ab, im Juni 540, im Juli 155 und in der gesamten SBZ einschließlich Berlins im Mai 173, im Juni 792 und im Juli 609 Objekte.[209] Die Zentralverwaltung für Statistik berichtete von 142 300 Waggons (12,5 t pro Waggon = 1 778 750 t) mit demontierten Ausrüstungen und 29 300 Waggons (13 t pro Waggon = 380 900 t) mit demontierten Materialien, die sowjetische Beutekommandos bis zum 2. August 1945 in der SBZ demontiert hatten.[210] Allerdings wurde nur ein Teil davon (35 % bzw. 534 000 t) bis zum 2. August 1945 tatsächlich verladen und abtransportiert.[211]

Stalin bestimmte den 2. August 1945 als Stichtag für die Demontagen: Alles, was die sowjetischen Beutekommandos bis dahin demontiert hatten, erklärte er zur Kriegsbeute. Nach dem 2. August 1945 demontierte Anlagen und Materialien sollten dagegen auf die

Reparationen angerechnet werden, welche die Sowjetunion aus Deutschland zu erhalten hatte, deren Höhe jedoch noch nicht festgelegt worden war. Ausgenommen von dieser Regelung waren Betriebe, die in den ostdeutschen und altpolnischen Gebieten demontiert wurden. Sie galten als Kriegsbeute, gleichgültig, ob sie vor oder nach dem 2. August 1945 demontiert wurden.[212]

Das besetzte Deutschland als Reservoir für Investitionsgüter

Die sowjetischen Machthaber betrachteten die Eroberung wichtiger Industriestandorte, wie Schlesien, die Stadt und der Großraum Berlin, Sachsen, Thüringen und die Ostseehäfen, als ideale Gelegenheit, die eigene Wirtschaft und Infrastruktur nicht nur wieder aufzubauen, sondern zugleich zu modernisieren und zu erweitern. Die entsprechenden GKO-Beschlüsse beinhalteten in der Regel konkrete Bestimmungsorte für die demontierten Ausrüstungen und Anlagen. Meist handelte es sich dabei um bereits bestehende oder im Bau befindliche Betriebe, denen die neuen Maschinen und Anlagen zugute kommen sollten.

Die Zentrale, in erster Linie das GKO, kümmerte sich um die Betriebe der Schwerindustrie (Kohle, Stahl, Chemie, Metallurgie), der Auto- und Flugzeugindustrie und selbstverständlich der Rüstungsindustrie, wie aus den zugänglichen GKO-Beschlüssen hervorgeht.

Aber auch verschiedene zentrale und regionale Partei- und Wirtschaftsbehörden stellten Bestelllisten mit gewünschten Maschinen, Anlagen und Ausrüstungen zusammen und leiteten sie an die zuständigen Stellen, Gosplan (die oberste Planungsbehörde) und das Sonderkomitee beim GKO, weiter. Die eroberten Gebiete galten als unerschöpfliches Reservoir für moderne Maschinen, Anlagen, Ausrüstungen und ganze Betriebe, über die man frei verfügen konnte.

So schickte das Volkskommissariat für Automobilbau noch im Dezember 1944 einen Bericht an den Gosplan mit Vorschlägen, eine Reihe deutscher Automobil- und Maschinenbaubetriebe für den Bedarf der sowjetischen Autoindustrie zu demontieren, um sich für im Bau befindliche oder geplante Automobilwerke in der Sowjetunion Ausrüstungen zu sichern. Das GKO hatte schon 1944 die Errichtung neuer Automobilfabriken in der UdSSR, in Minsk, Irkutsk, Komsomolsk und Lemberg beschlossen.[213]

Der Volkskommissar für die chemische Industrie Perwuchin klagte in einem Schreiben vom 26. Januar 1945 an den Vorsitzenden von Gosplan Wosnessenski, dass der Mangel an Maschinen, Rohren und Ausrüstungen den Wiederaufbau der chemischen Betriebe in Donbas und im Süden der Sowjetunion behindere. Er schlug daher vor, die notwendigen Investitionsgüter aus Rumänien zu beziehen. Auf seiner Wunschliste befanden sich 100 spanabhebende Werkzeugmaschinen, 1000 Elektromotoren, 50 Kompressoren, 150 Pumpen, 15 000 Starkstromtransformatoren, 1000 Tonnen Röhren, 1000 Stahlarmaturen.[214]

Ponomarenko, der Statthalter Stalins in Weißrussland, schickte Wosnessenski am 7. März 1945 einen Bericht über den Wiederaufbau in Weißrussland, wo seit der Befreiung 3400 Betriebe, Produktionsgenossenschaften (Artels) und Werkstätten wieder aufgebaut worden seien. Der Mangel an Maschinen sei dabei jedoch ein Hindernis; so habe es vor dem Krieg in Weißrussland 12 000 spanabhebende Werkzeugmaschinen gegeben, von denen nur noch 450 übrig seien. Große Verluste verzeichne man auch in der Elektroindustrie. Die Leistung der Kraftwerke in Weißrussland habe vor dem Krieg 147 Megawatt betragen und unmittelbar nach der Befreiung nur noch acht Megawatt.[215]

Ponomarenko wies darauf hin, dass es relativ schnell gelungen sei, die zerstörten bzw. beschädigten Werkshallen, Fabrik- und anderen Industriegebäude wieder aufzubauen. Zurzeit liefen die Reparatur und der Wiederaufbau von 72 großen und mittleren Betrieben mit einer Gesamtfläche von über 600 000 Quadratmetern, berichtete er weiter. Dort könnten verschiedene Betriebe der Maschinen-, Metall- und Leichtindustrie, beispielsweise für die Produktion von Autos, Wasserturbinen, Fahrrädern und Nähmaschinen, Zement oder Spiritus, angesiedelt werden. Auch sei es empfehlenswert, ein Hydrierwerk zur Herstellung von Flüssig-treibstoff aus Torf zu errichten, da es in Weißrussland genug Torf gebe. »Diese Betriebe und Kraftwerke sind wir bereit aufzunehmen«, schrieb Ponomarenko und bat, dies bei der Ausfuhr von Ausrüstungen aus feindlichen Ländern im Rahmen der Reparationen zu berücksichtigen.[216]

Ponomarenko sah in den gerade anlaufenden Demontagen die Gelegenheit, die durch den Krieg schwer betroffene Industrie Weißrusslands nicht nur wieder aufzubauen, sondern auch zugleich zu modernisieren und stark zu erweitern. Der Kreml ging mit diesen Vorstellungen Ponomarenkos konform. Im Jahr 1946 befanden sich in Weißrussland Betriebe zur Produktion von Traktoren, Autos, Fahrrädern und Werkzeugmaschinen (Minsk), von landwirtschaftlichen Geräten und Werkzeugmaschinen (Gomel) sowie von Werkzeugmaschinen (Witebsk) im Aufbau.[217] Vor dem Krieg hatte es solche Betriebe dort nicht gegeben.

Aus anderen Regionen kamen ähnliche Anfragen. T. Konstantinow, der Vorsitzende des Rates der Volkskommissare der Moldauischen Sowjetrepublik, die bis Juni 1940 zu Rumänien gehört hatte, bat in einem Schreiben vom 29. April 1945 darum, ihm Ausrüstungen und Baumaschinen aus Deutschland, Rumänien und Ungarn für den Aufbau der Baustoffindustrie in der Republik zuzuweisen.[218]

Die Führung der Sowjetrepublik Aserbaidschan wandte sich am 28. April 1945 mit einer ähnlichen Bitte an die Zentrale. Dieses Mal ging es vor allem um Anlagen für die Lebensmittel-, Fleisch- und Molkerei-Industrie. Der Rat der Volkskommissare der Republik stellte deshalb nach Absprache mit Wosnessenski eine entsprechende Bestellliste zusammen und schickte sie nach Moskau. Sie enthielt ganze Werke, darunter Fabriken für Trosswagen, Uhren, Möbel, Farben, ferner Sägewerke, Molkereibetriebe, Mühlen, Textilfabriken.[219]

Ende April wurde eine Liste mit über 140 Sägewerken und Holz verarbeitenden Betrieben in den ostdeutschen, aber auch den altpolnischen Gebieten vorbereitet, die zu demontieren und in die

UdSSR verbracht werden sollten. Am 26. April 1945 unterzeichnete Stalin den entsprechenden GKO-Beschluss Nr. 8326.[220]

Im Mai beschloss das GKO, in der Sowjetunion die Grundlagen für eine Hausbauindustrie zu schaffen. Am 31. Mai teilte Malenkow den Bevollmächtigten des Sonderkomitees bei den einzelnen Fronten in einem Telegramm diese Entscheidung mit und beauftragte sie, Vorschläge für die Demontage von in Frage kommenden Betrieben in Deutschland zu unterbreiten.[221] Das Volkskommissariat für Baustoffindustrie erhielt anschließend den Zuschlag für die Demontage von über 180 Betrieben allein in Sachsen und Thüringen. Für den Abtransport der demontierten Ausrüstungen brauchte man 10 000 bis 11 000 Waggons.[222]

Noch am 21. März 1945 wandte Perwuchin sich mit dem Hinweis an Wosnessenski, dass die chemische Industrie eigene Maschinenbaubetriebe zur Produktion und Reparatur der schnell verschleißenden Maschinen und chemischen Apparaturen benötige. Daher sei die Zuteilung von 1430 Werkzeugmaschinen notwendig, und er bat Wosnessenski, dieses Anliegen dem GKO vorzulegen.[223] Im Mai fiel die positive Entscheidung, und am 27. drahtete Malenkow an die Bevollmächtigten des Sonderkomitees bei der 1. Ukrainischen und der 1. Weißrussischen Front, je zwei bis drei mechanische Betriebe (mit 600 bzw. 500 Werkzeugmaschinen) zur Demontage vorzuschlagen.[224]

Ähnliche Anfragen und Entscheidungen für verschiedene Bereiche der sowjetischen Wirtschaft ließen sich beliebig aufzählen.[225] Man bestellte nicht nur Anlagen und Maschinen für Betriebe, sondern beispielsweise auch eine automatische Telefonzentrale für 3000 Anschlüsse aus Dresden für das Volkskommissariat für Verteidigung und die Kriegsflotte oder etwa Straßenbahnen für die Stadt Gorki.[226] Auch Kulturgüter, Bibliotheken, Museen, Kunstwerke, Laboratorien und Fachbibliotheken standen auf den Bestelllisten. All dies galt als Kriegsbeute, über welche die sowjetischen Machthaber glaubten nach Belieben verfügen zu können.

Nach Angaben der Zentralverwaltung für Statistik führten die sowjetischen Beutekommandos bis zum 2. August 1945 aus der SBZ sowie den ostdeutschen und altpolnischen Gebieten 3 600 000 Tonnen an Ausrüstungen (288 000 Waggons von durchschnittlich 12,5 t) und 1 280 000 Tonnen an Materialien (98 461 Waggons von durchschnittlich 13 t) aus.[227] Knapp die Hälfte dieser Ausrüstungen (142 300 Waggons) und knapp ein Drittel der Materialien (29 200 Waggons) stammten aus der SBZ, der Rest aus den ostdeutschen und altpolnischen Gebieten.[228]

Nach dem 2. August 1945 liefen die Demontagen in der SBZ weiter. Vom 3. August 1945 bis 1. Januar 1950 fertigten die sowjetischen Besatzer 266 600 Waggons mit Ausrüstungen ab, die als Reparationen angerechnet wurden (siehe Anhang, Tab. 12). Hinzu kamen 171 700 Waggons mit Materialien.[229]

Unter den im Rahmen der Reparationen ab dem 3. August 1945 ausgeführten Ausrüstungen befanden sich 188 558 spanabhebende Werkzeugmaschinen, 42 829 Schmiede- und Presseinrichtungen, 1038 Lokomotiven, 4057 Waggons, 2367 Kräne, 35 Schwarzmetall-Walzstraßen, 157 Buntmetall-Walzstraßen, 10 983 Anlagen für die Textilindustrie, 11 946 Motoren, 99 280 Elektromotoren, 5753 Starkstromtransformatoren und vieles mehr (siehe Anhang, Tab. 12). An Materialien erhielt die Sowjetunion nach Angaben der Zentralverwaltung für Statistik vom März 1950: 7290 km Bahngleise, 88 700 Tonnen Schwarzmetall-Walzgut, 24 500 Tonnen Rohre, 69 600 Tonnen Buntmetalle, 572 500 Tonnen Stahlkonstruktionen, 155 100 Tonnen Instrumente und Ersatzteile (siehe Anhang, Tab. 13).[230] Hinzu kamen noch 183 Hochsee- und 1113 Binnenschiffe.[231]

Mehr als die Hälfte aller Ausrüstungen, welche die sowjetischen Beutekommandos zwischen März 1945 und 1. Januar 1950 aus deutschen Betrieben in der SBZ und aus den ostdeutschen Gebieten abtransportierten, erklärte Stalin zu Kriegsbeute und ließ sie nicht als Reparationen anrechnen. Die Reparationslieferungen aus der DDR liefen nach Januar 1950 weiter. Erst im Jahr 1953, »als die DDR dem wirtschaftlichen und politischen Zusammenbruch knapp entgangen war, entschloss sich die Sowjetunion, Deutschland zum 1. Januar 1954 von sämtlichen Reparationszahlungen zu ›befreien‹«.[232] Die wirtschaftliche Ausbeutung ihres Satelliten setzten die Sowjets jedoch weiterhin fort, und zwar bis zum Zusammenbruch des zweiten deutschen Staates.

Demontagen in Österreich

Am 29. März 1945 überschritten die Einheiten der 3. Ukrainischen Front die heutigen Grenzen Österreichs im Burgenland, zwei Wochen später, am 13. April, wurde Wien eingenommen. Bis Kriegsende besetzten die Truppen der Roten Armee neben Wien das Burgenland, Niederösterreich und den größten Teil der Steiermark. Die übrigen österreichischen Gebiete okkupierten französische und britische Verbände, die Franzosen Teile Oberösterreichs und die Briten (streckenweise mit Unterstützung von Tito-Partisanen) Osttirol, Teile des Lungaus und die übrige Steiermark. Den größten Gebietsanteil kontrollierte die Rote Armee.[233]

Nur wenige Tage nach der Einnahme Wiens begannen sowjetische Beutekommandos mit der Demontage von Betrieben und der Beschlagnahme von Materialien und Gütern, um sie in die Sowjetunion auszuführen. Die ersten diesbezüglichen Beschlüsse unterzeichnete Stalin am 19. April 1945. Sie regelten die Demontage von Betrieben in Wien und Umgebung: der Artilleriefabrik Wiener Arsenal, des Mannesmann Trautzerwerkes (Maschinenbau), von vier Radiowerken und einer Akkumulatorenfabrik. Am 26. April und in den Tagen, Wochen und Monaten danach folgten weitere Demontage-Beschlüsse Österreich betreffend, die letzten am 3. August 1945.[234]

Insgesamt zeichnete Stalin 90 Beschlüsse über Demontagen österreichischer Betriebe ab. Einige bestimmten gleichzeitig die Ausfuhr von Anlagen und/oder Gütern/Materialien aus mehreren Betrieben, die teils komplett abgebaut und ausgeführt werden sollten, während es in manchen Fällen nur um bestimmte Maschinen, Anlagen und Ausrüstungen ging. Zu demontieren waren hauptsächlich spanabhebende Werkzeugmaschinen, Pressen, Werkbänke, verschiedene Fertigungsanlagen, Hochöfen, Walzstrecken, Motoren, darunter Elektromotoren, Halbfabrikate, transportable Empfänger, Telefonapparate, Messinstrumente u. ä.[235]

Es handelte sich also in erster Linie um hochwertige Ausrüstungen und Anlagen für den Aufbau einer Maschinenbau-, Schwer- und Elektroindustrie. So wurden für das Volkskommissariat für schweren Maschinenbau Anlagen und Materialien in sechs österreichischen Betrieben demontiert und in die Sowjetunion ausgeführt. Beutekommandos demontierten für das gleiche Volkskommissariat in Österreich insgesamt 1542 Ausrüstungseinheiten, die sie auf 750 Waggons verluden, von denen acht ihre Bestimmungsorte in der Sowjetunion jedoch nie erreichten. Hinzu kamen noch 50 Waggons mit Materialien.[236]

Nach Angaben der Zentralverwaltung für Statistik vom Mai 1947 demontierten die Sowjets in Österreich vollständig bzw. teilweise insgesamt 220 Betriebe, deren Ausrüstungen und Materialien 31 200 Waggons füllten.[237] Allerdings gibt es hierzu auch leicht abweichende Angaben.[238] Die Gesamtmenge der aus Österreich ausgeführten Ausrüstungen betrug nach internen sowjetischen Berechnungen 292 550 Tonnen, die der Materialien lag bei 100 600 Tonnen. Bis zum Frühjahr 1946 waren die Demontagen in Österreich abgeschlossen.[239]

Nach einer Aufstellung der Zentralverwaltung für Statistik vom November 1946 waren aus Österreich 71 500 Ausrüstungseinheiten demontiert und in die Sowjetunion ausgeführt worden. Darunter waren 8310 Elektromotoren, 26 956 spanabhebende Werkzeugmaschinen, 4208 Schmiede- und Presseinrichtungen, zehn Schwarzmetall- und 77 Buntmetall-Walzstraßen.[240] Hinzu kamen noch 7159 Waggons an Materialien, die in Österreich beschlagnahmt und in die Sowjetunion abtransportiert wurden, darunter 45 000 Tonnen Schwarzmetalle, 19 300 Tonnen Buntmetalle und 9400 Tonnen Papier.[241]

Während die sowjetischen Angaben über die Gesamtmenge der aus Österreich ausgeführten Ausrüstungen und Materialien sich mehr oder weniger decken, sind die Angaben über den Gesamtwert dieser Güter widersprüchlich. Sie sind das Ergebnis der sogenannten ›kreativen Buchführung‹, die in der offiziellen Berichterstattung der sowjetischen Wirtschaft dominierte.

Im Oktober 1945 bezifferte die Zentralverwaltung für Statistik (ZSU) den Wert der Güter, die aus Österreich abtransportiert werden sollten, auf 131,2 Millionen US-Dollar, wovon 90,4 Prozent (118,6 Mio. US-Dollar) bis zum 15. Oktober 1945 bereits ausgeführt worden seien.[242] Zwei Monate später schätzte die ZSU den Wert der Anlagen und Materialien, die aus Österreich auszuführen waren, auf 127,5 Millionen US-Dollar, die sich aber zu 97 Prozent (123,6 Mio. US-Dollar) bereits in der Sowjetunion befänden.[243] Ein Jahr später, im Dezember 1946, bezifferte die ZSU den Wert der aus Österreich auszuführenden Güter mit 73,7 Millionen US-Dollar, wobei 97 Prozent (71,5 Mio. US-Dollar) bereits in die Sowjetunion abtransportiert worden seien. Ausdrücklich darauf hingewiesen wurde, dass man bei der Bewertung den Abnutzungswert berücksichtigt habe.[244]

Der tatsächliche Wert der ausgeführten Maschinen, Anlagen und Materialien war jedoch viel höher als die von den sowjetischen Stellen errechnete Summe. So betrug allein der Wert der 26 956 spanabhebenden Werkzeugmaschinen (nach Angaben vom November 1946) über 400 Millionen RM bzw. mehr als 160 Millionen US-Dollar, bei 30 Prozent Abschreibung 113 Millionen US-Dollar. Diesen Zahlen stehen die maximal 131,1 bzw. 73,7 Millionen US-Dollar nach sowjetischen Angaben gegenüber, deren Gegenwert aus Österreich ausgeführt werden sollte.

»Die ungeheuerlichste Verschleppungsaktion von Kulturgütern in der Geschichte«[245]

Im Frühjahr 1945 grassierte in Moskau das Beutefieber, das auch sowjetische Kunsthistoriker und Künstler ergriff. Nach dem Oktoberputsch 1917 hatten die Bolschewiken in ihrer Zerstörungswut unzählige Kunstschätze und Kulturgüter im Lande vernichtet und in den 1920er und 1930er Jahren vielfach ins Ausland verkauft, um Mittel für die Aufrüstung des Landes zu erwerben.[246] Die deutschen Besatzer standen ihnen in nichts nach und plünderten die von den Bolschewiken seinerzeit verschonten Kunstschätze in Minsk, Kiew und anderen eroberten Städten.[247] Nun machten alle Beteiligten sich Hoffnungen, diese ungeheuerlichen Verluste mit erbeuteten Kunstobjekten ausgleichen zu können.

Im Frühjahr 1944 entstand unter führenden Kunsthistorikern und Künstlern sowie hochrangigen Parteifunktionären die Idee, in Moskau ein Supermuseum aufzubauen, das mit den in Deutschland und anderen Ländern beschlagnahmten Kunstobjekten ausgestattet werden sollte.[248] Am 25. September 1944 richteten zwei sowjetische Kunsthistoriker, Igor Grabar und Viktor Lasarew, ein Schreiben an Stalin, in dem sie einleitend feststellten, dass die Sowjetunion das Recht habe, Kunstschätze in deutschen Museen zu beschlagnahmen, um die in diesem Bereich durch die deutschen Besatzer verursachten Verluste auszugleichen. Die beiden hatten eine Liste mit etwa 2000 der wertvollsten Kunstobjekte zusammengestellt, die beschlagnahmt und in die Sowjetunion verbracht werden sollten. Zu 95 Prozent handelte es sich um Objekte aus deutschen Museen, dazu kamen Exponate aus ungarischen, rumänischen, österreichischen und finnischen Museen. Damit, so Grabar und Lasarew, sei der Aufbau eines großen, weltweit einzigartigen Museums in Moskau möglich, das in den nächsten paar hundert Jahren ein historisches Denkmal für die großen Siege der Roten Armee wäre.[249]

Im Herbst 1944 hatte Stalin jedoch Wichtigeres zu tun, als sich mit dem Supermuseum zu befassen. Anfang 1945 ließ er jedoch ein Kunstkomitee errichten, das sich mit Archiven und Museen in den eroberten Gebieten zu befassen hatte. Im Februar arbeitete dieses Komitee bereits und stellte Brigaden aus Kunstspezialisten (Kunsthistoriker, Theaterregisseure, Musiker) »zur Durchführung eines Sonderauftrages der Regierung« zusammen. Der Sonderauftrag lautete: »Beteiligung an der Auswahl von Trophäen für kulturelle Organisationen sowie deren Transport nach Moskau«. Diese Gruppen entsandte man anschließend zu den einzelnen Fronten (Heeresgruppen).[250]

Von diesen Aktivitäten erfuhr Wladimir Bontsch-Brujewitsch, ein Altbolschewik und Weggefährte Lenins adeliger Herkunft, der die Säuberungen der 1930er überlebt hatte und langjähriger Direktor des Literaturmuseums in Leningrad war.[251] Am 24. Februar 1945 verfasste er eine an Stalin gerichtete Denkschrift, in der er anregte, sämtliche altslawischen Handschriften, Briefe und Handschriften russischer Dichter, Schriftsteller und Philosophen sowie historische Dokumente, Bücher aus den deutschen Archiven, Museen und Bibliotheken, welche die russische und slawische Geschichte betreffen, zu beschlagnahmen und in die Sowjetunion auszuführen. Dasselbe sollte in den übrigen feindlichen Staaten geschehen, in den anderen europäischen Ländern könne man diese Objekte hingegen preiswert kaufen. Bontsch-Brujewitsch bot zu diesem Zweck seine und seiner Mitarbeiter Dienste an, wisse er doch, »dass [die] Mitglieder [der Kommission für Archive und Museen] die besagten Dokumente nie gesehen haben, weil man zu derartigen Forschungen Jahrzehnte benötigt. Ich habe mich vierzig Jahre lang mit diesen Dingen befasst.«[252]

Es ist nicht überliefert, ob die Entscheidungsträger im Kreml sein Angebot annahmen. Die ersten Brigaden für Kunstbeute setzten sich jedenfalls Ende Februar 1945 in Marsch. Am 2. März traf die Kunstbeutegruppe der 1. Ukrainischen Front unter Führung von

Boris Filippow (Theaterregisseur) in Oberschlesien ein. Die Gruppe, der noch ein Musiker, ein Beamter für Baudenkmäler und ein Kunsthistoriker angehörten, quartierte sich in einem Hotel in Gleiwitz ein und schwärmte in alle Richtungen aus. Man durchforstete Büchereien, Theater, Schlösser, Wohnungen und Villen, die Adeligen und Industriellen gehörten, nach wertvollen Kulturgütern.[253]

Die Gruppe arbeitete in äußerster Eile, denn am 19. März übernahmen die polnischen Behörden die Verwaltung der oberschlesischen Städte. Die sowjetischen Kunstspezialisten suchten die zum Abtransport geeigneten Objekte aus und transportierten sie dann mit Lastwagen zum zentralen Depot. Dort ließen sie alles von deutschen Frauen und Kindern verpacken und in Kisten verladen. Bald dampften drei Güterzüge nach Moskau, »beladen mit Möbeln, Gemälden, Plastiken, Drucken und Reproduktionen, Buntglas-Paneelen, Porzellan, Konzertflügeln, alten Waffen, Teppichen und natürlich Büchern«. Einer der Güterzüge, voll mit Porzellan, entgleiste unterwegs: »Man kann sich unschwer vorstellen, was mit der Ladung geschah.«[254]

Ähnlich gingen die Sowjets in den übrigen ostdeutschen Gebieten vor. Im März 1945 entdeckten Einheiten der Roten Armee in dem Dorf Hohenwalde in der Nähe von Meseritz (poln. Międzyrzecz) ein unterirdisches Depot. Dorthin hatten die deutschen Besatzer das Posener Kaiser-Wilhelm-Museum, nach 1918 in Museum Wielkopolskie umbenannt, ausgelagert. Die zuständige Kunstbeutegruppe wurde benachrichtigt und sorgte dafür, dass dort Wachen aufgestellt wurden. Allerdings hatten sowjetische Soldaten zuvor schon unzählige Exponate geraubt oder vernichtet. Zum Abtransport der noch heil gebliebenen Objekte deutscher wie polnischer Herkunft wurden 22 Güterwaggons bereitgestellt. Der erste bedeutende Transport mit geraubter Kunst setzte sich Richtung Moskau in Bewegung. Reiche Beute machten die Sowjets auch in Danzig.[255]

Verhängnisvoll war der Umstand, dass die Sowjets sich nicht auf den staatlich organisierten Raub von Kunst- und Kulturgütern beschränkten, sondern das zerstörten, was sie nicht abtransportieren konnten. Vieles war von zerstörungswütigen Rotarmisten unwiederbringlich vernichtet worden, bevor die Beutekommandos eintrafen. So waren im deutschen Teil Oberschlesiens unmittelbar nach dem Einmarsch der Roten Armee zahlreiche Schlösser, Landsitze und Villen in Flammen aufgegangen.

Schloss Neudeck in der Nähe von Tarnowitz (Tarnowskie Góry) war Sitz der Adelsfamilie Henckel von Donnersmarck, und die auch »Klein Versailles« genannte Anlage gehörte zu den größten und prächtigsten in Deutschland. Am 23. Januar 1945 besetzten sowjetische Truppen Neudeck, und sogleich begannen Raub und Verwüstung. Gegenstände, die plündernde Rotarmisten nicht mitnehmen konnten oder wollten, weil sie ihren Wert nicht einschätzen konnten, wie beispielsweise eine Sammlung altgriechischer Vasen aus Kreta, zerschlugen, zerhackten und zerschossen sie. Anschließend setzten sie das Schloss in Brand. Die Bevölkerung wagte es nicht, das brennende Gebäude zu löschen. Es blieben nur Ruinen, welche die kommunistischen Behörden im Jahre 1962 sprengen ließen, weil sie ein »deutsches« Überbleibsel seien.[256]

Ein ähnliches Schicksal ereilte Hunderte Schlösser und Landsitze in ganz Schlesien und den übrigen deutschen Ostgebieten. Der Zerstörungswut der sowjetischen Soldaten fielen auch ganze Städte zum Opfer; niedergebrannt wurden unter anderem Kreuzburg (Kluczbork), Oppeln, Brieg (Brzeg), Festenberg (Twardogóra) und Trebnitz (Trzebnica). In Trebnitz hatte es keine Kämpfe und folglich keine Kriegsschäden gegeben, trotzdem gingen 70 Prozent der Bausubstanz der Stadt durch von den Sowjets gelegte Brände verloren. Die zweite Welle sowjetischer Brandschatzungen suchte diese Gebiete nach dem 9. Mai 1945 heim, als Rotarmisten den Sieg über Deutschland feierten. Dabei gingen unter anderem die Liegnitzer Altstadt und das Schloss in Flammen auf.[257]

In den ostdeutschen Gebieten haben die Sowjets weit mehr Kulturgüter und Kunstobjekte vernichtet als beschlagnahmt und abtransportiert. Den Rest erledigten die polnischen Plünderer, die den sowjetischen folgten, und vor allem die kommunistischen Behörden, welche die »deutschen Spuren« in den deutschen Ostgebieten systematisch tilgten.[258] Ähnlich gingen die sowjetischen Behörden in den ehemaligen ostpolnischen Gebieten vor, wo die »polnischen Spuren« beseitigt wurden.

Große Beute machten die Sowjets erst in Mitteldeutschland, in der SBZ. Viele deutsche Museen, Bibliotheken und andere Kultureinrichtungen in Berlin, Dresden, Leipzig und anderen Städten waren durch die alliierten Bomben zerstört und beschädigt worden, unzählige Museumsobjekte, Kulturgüter und Kunstschätze gingen dabei verloren. Um dem Einhalt zu gebieten, lagerten deutsche Behörden die wichtigsten und wertvollsten Bestände an sichere Orte aus, beispielsweise in die Stollen stillgelegter Bergwerke oder in abgelegene Schlösser. Viele blieben jedoch vor Ort, aufbewahrt an bombensicheren Plätzen, so wie in Berlin. Ab Mai 1945 trafen in Moskau erste Berichte über gefundene Depots mit Kunstschätzen ein. Die bereits in Deutschland operierenden Kunstbeutegruppen erhielten Verstärkung aus Moskau, um die vielen Funde zu sichern, die wertvollsten auszuwählen und ihren Transport in die Sowjetunion zu organisieren.[259]

Eine dieser Gruppen wurde vom Komitee für Kultur- und Bildungseinrichtungen beim SNK der Sowjetrepublik Russland aufgestellt und setzte sich aus fünf Bibliotheks- und Museumsspezialisten zusammen. Sie begannen im Mai 1945 ihre Suche nach Büchern und Museumsexponaten. Bis Ende November hatte die Gruppe 160 Güterwaggons mit wertvollsten Buch- und Bibliotheksbeständen gefüllt. Darunter befanden sich die Bibliotheken der Reichskanzlei und des Osteuropaministeriums sowie eine Sammlung alter Druckschriften und die erste Gutenberg-Bibel. Und die Suche ging weiter, neu entdeckte Bestände in der gesamten sowjetischen Besatzungszone waren zu sichern, die wertvollsten Exponate auszusuchen und in die Sowjetunion abzutransportieren. Hinzu kamen nun wertvolle Privatsammlungen aus Landsitzen und Schlössern, die für herrenlos erklärt worden waren und beschlagnahmt wurden. Angesichts der Menge des zu sichernden Beuteguts wurden weitere zehn Spezialisten aus der UdSSR angefordert.[260]

Den größten Fund machten die Sowjets in einem Steinbruch bei Großcotta im Kreis Pirna. Dorthin war ein Teil der Dresdner Gemäldegalerie ausgelagert worden, die zu den weltbesten Sammlungen gehörte und unter anderem Raffaels Sixtinische Madonna enthielt. Bald darauf stieß man auf zwei weitere Hauptdepots mit Kunstschätzen aus der Dresdner Galerie, eines im Schloss Weesenstein und das andere nahe der tschechischen Grenze bei Pockau-Lengenfeld. Die Kunstbeutebrigaden sicherten die Funde und organisierten den Transport nach Schloss Pillnitz in Dresden, wo das Sammeldepot für die Beutekunst aus Sachsen eingerichtet wurde.[261]

Am 30. Mai 1945 unterrichtete Marschall Konew Stalin telegraphisch über den Fund der Schätze aus der Dresdner Galerie. Stalin antwortete Konew am 12. Juli: »Gewähren Sie notwendige Hilfe für den Abtransport der von der Brigade Oberst Rototajews vorbereiteten Fracht nach Moskau. Bedenken Sie, die Fracht ist von nationaler Bedeutung; sorgen Sie für notwendige Sicherheit und melden Sie den Vollzug. Stalin.«[262] Zwei Wochen später, am 26. Juni, erging der GKO-Beschluss Nr. 9256 über die Ausfuhr der Kunstschätze aus den Beutedepots in Dresden in die Sowjetunion.[263]

Aus der Sammlung der Dresdner Galerie wählten die Angehörigen der Kunstbeutegruppe 600 Gemälde zum Abtransport aus. »Am 30. Juli verließ ein Zug mit Gemälden, Skulpturen, Zeichnungen, Drucken und anderen Kunstobjekten der Dresdner Sammlungen die Stadt. Die restlichen Kunstwerke verblieben in Pillnitz unter der Obhut der sowjetischen Militärverwaltung.«[264]

Das Komitee für Kunstangelegenheiten beim SNK beschloss, die in Dresden erbeuteten Kunstschätze und Kunstwerke dem Puschkin-Museum für Bildende Künste zu überlassen. Chraptschenko, der Vorsitzende des Komitees, schrieb am 22. August 1945 an Molotow: »Dies wird – zusammen mit den bereits vorhandenen Sammlungen des Puschkin-Museums – ermöglichen, in Moskau ein großes Museum für Weltkunst zu errichten, das in seiner Bedeutung solchen Kunstmuseen wie dem Louvre in Paris, dem Britischen Museum in London, der Eremitage in Leningrad gleich sein wird.«[265]

Die Idee eines großen Museums für Weltkunst in Moskau, ausgestattet mit Beutekunstwerken, wurde später aus politischen Gründen fallen gelassen. Andernfalls hätte man vor der ganzen Welt zugegeben, in großem Stil Kunstwerke geraubt zu haben.

Das Puschkin-Museum erhielt im Sommer 1945 aus der Sammlung der Dresdner Galerie neben der Sixtinischen Madonna Meisterwerke von Rembrandt (14), Rubens (11), Tizian (5), Veronese (4), van Dyck (12), Velázquez (3), Correggio (4), Murillo (2), Tintoretto (3), Giorgione (Schlummernde Venus), Ribera (5), Botticelli und anderen. Hinzu kamen weitere Kunstschätze wie antike griechische Skulpturen, altägyptische Vasen, einmalige westeuropäische und östliche Porzellansammlungen.[266]

Ein ähnliches Schicksal ereilte andere Kunstschätze, wertvolle Kulturgüter, Sammlungen, Bibliotheken. Die sowjetischen Kunstbeutegruppen sicherten sie, verpackten sie und organisierten den Abtransport in die Sowjetunion. Viele Kunstgegenstände, Gemälde, wertvolle Bücher, Skulpturen, Möbel fielen allerdings auch der Zerstörungswut der sowjetischen Soldaten zu Opfer. Der staatlich organisierte Kunstraub im sowjetisch besetzten Teil Deutschlands dauerte bis 1948. Auch hochrangige Offiziere und Funktionäre beteiligten sich und »beschlagnahmten« unzählige Kunstwerke für private Zwecke.[267]

Die Ausbeute an Kulturgütern war enorm, die sowjetischen Behörden hatten jedoch keinen Überblick darüber. Nach Angaben der zuständigen Stelle erhielten bis 1948 in der Stadt und Oblast Moskau 279 Einrichtungen etwa 2,5 Millionen Beutebücher. Die tatsächliche Zahl war viel höher. So bekam allein der Staatsfonds der Verwaltung für Kultur- und Bildungseinrichtungen beim SNK der Russischen Sowjetrepublik mehr als zwei Millionen Beutebücher, die Lenin-Staatsbibliothek erhielt 760 000 Bände, die Moskauer Universität 13 Waggons mit Literatur und das Gesundheitsministerium 24 Waggons. An die Lenin-Bibliothek gingen unter anderem die Bestände der Königlichen Bibliothek in Potsdam, die Sammlungen der Sächsischen Staatsbibliothek, seltene Ausgaben alter Druckschriften der ersten Buchdrucker aus Deutschland, Italien, Frankreich und der Schweiz, dazu eine Sammlung von Broschüren der Revolution von 1848/49, die Erstausgabe des Buches *Herr Vogt* von Karl Marx und andere seltene Ausgaben. Auch »faschistische Literatur« wurde massenhaft beschlagnahmt, und etwa 300 000 Bände gingen an den Staatsfonds.[268]

In anderen Großstädten (Kiew, Leningrad, Minsk) und Republiken war es nicht anders. In der Stadt und Oblast Leningrad erhielten 36 Einrichtungen 859 821 Beutebücher, hinzu kamen über zwei Millionen Bände, welche die Bibliotheken der Akademie der Wissenschaften und des Staatsfonds bekamen. In der Ukraine sollen 102 Einrichtungen 215 581 und in Weißrussland fünf Institutionen mindestens 100 000 Beutebücher erhalten haben.[269] Damit könnte die Gesamtzahl der Beutebücher sich im zweistelligen Millionenbereich bewegt haben.

Die Moskauer Bibliotheken jedenfalls platzten aus allen Nähten, und eine sachgemäße Aufbewahrung der Bücher war in den meisten Fällen nicht möglich. Man lagerte sie gestapelt und ungeschützt in Kellern, Holzschuppen, Korridoren und anderen ungeeigneten Räumlichkeiten.[270] Ebenso erging es anderen erbeuteten Kulturgütern und Kunstschätzen, und viele wurden dadurch stark beschädigt und oft genug unwiederbringlich vernichtet. Andere wurden entwendet, weil sie nicht ausreichend oder überhaupt nicht geschützt waren.[271]

Ein Teil der sowjetischen Kunstbeute bestand aus Musikalien. So erbeuteten die Sowjets unter anderem das Musikarchiv der Königlichen Bibliothek zu Berlin, Bestände der königlichen Sammlung alter Musikinstrumente, des Staatlichen Instituts für Musikforschung in Berlin, des Fürstlichen Instituts für musikwissenschaftliche Forschung zu Bückeburg, der Hamburger Staatsoper. Darunter befanden sich viele Handschriften von Beethoven, Mozart, Schubert, Haydn, Weber, Rossini und anderen bedeutenden Komponisten, außerdem Sammlungen von Musikinstrumenten, große Mengen seltener Musikbücher und Doktorarbeiten, phonographische Walzen mit Musik verschiedener Völker der Welt und vieles mehr.[272]

Diese Musikbestände hätten mit größter Sorgfalt behandelt werden müssen. Stattdessen wurden die Sammlungen teils auseinander gerissen oder gingen verloren. In Handschriftenbeständen, die dem Museum für Musikkultur übergeben worden waren, fehlten viele Autographen von Beethoven und Mozart. Es stellte sich heraus, dass damit ein florierender Schwarzhandel betrieben wurde. 276 Objekte, die dem Komitee für Kunstangelegenheiten übergeben worden waren, wurden vom Schimmelpilz befallen und verrotteten, weil man sie in einem Keller aufbewahrte. Wertvolle Bestände, welche die öffentliche Bibliothek in Leningrad erhalten hatte, lagerte man in den Räumen einer Kirche, die infolge mangelhaften Brandschutzes mitsamt den eingelagerten Schätzen abbrannte. Ähnlich »verbrecherisch fahrlässig« wurden die meisten erbeuteten Musikbestände aufbewahrt.[273]

Unter den durch die Sowjets in Deutschland geraubten Kunstschätzen und Kulturgütern befanden sich auch solche, die zuvor von den Deutschen geraubt worden waren. Die meisten stammten aus Polen, und darunter waren wertvolle Bücher, Handschriften, Gemälde und Archivalien. Die Leitung der Moskauer Lenin-Bibliothek ordnete die gesonderte Lagerung dieser polnischen Kulturgüter an, für den Fall, dass sie der polnischen Regierung zurückgegeben werden sollten.[274] Aber auch hier ging vieles entweder bereits beim Transport verloren oder wurde infolge unsachgemäßer Aufbewahrung in der Sowjetunion stark beschädigt bzw. vernichtet.[275]

Bis zum 1. Januar 1948 bekam die Lenin-Bibliothek etwa 760 000 Bände Beuteliteratur, 20 565 Bücher erhielt Polen zurück, da sie ursprünglich aus polnischen Bibliotheken stammten und von den deutschen Besatzern als Kriegsbeute ausgeführt worden waren.[276] Wie viele polnische Kulturgüter und Kunstschätze, die von den deutschen Besatzern geraubt und von den sowjetischen »Befreiern« erbeutet wurden, noch heute in russischen Depots und Kellern lagern und dort möglicherweise inzwischen verrottet sind, ist nicht bekannt.

Der private Beutezug der Soldaten, Offiziere, NKWD-Angehörigen und Apparatschiks

Die Rote Armee war niemals eine disziplinierte und ritterliche Armee, die sich an die völkerrechtlichen Regeln gehalten und bemüht hätte, die Zivilbevölkerung zu schonen. Mit dem Überschreiten der sowjetischen Grenzen und insbesondere der deutschen Ostgrenze verwandelten sich die Truppen der Roten Armee jedoch geradezu in eine Angst und Schrecken verbreitende Soldateska. Soldaten und Offiziere plünderten und brandschatzten Schlösser, Landsitze, Städte und Dörfer, ermordeten Männer, Frauen und Kinder. Schätzungen zufolge fielen rund zwei Millionen deutsche Frauen Massenvergewaltigungen zum Opfer, wobei die Rotarmisten weder Mädchen noch Greisinnen verschonten. Schätzungen zufolge kamen in den deutschen Ostgebieten (östlich der Oder/Lausitzer Neiße) 75 000 bis 100 000 Menschen bei dieser sowjetischen Gewaltorgie ums Leben.[277]

Manche Historiker erklären diese Ereignisse mit einem Befehl Stalins, dem es darum gegangen sei, die Bevölkerung der deutschen Ostgebiete in Angst und Schrecken zu versetzen, damit sie ihre Heimat in Panik und »freiwillig« verließ:

»Für Stalin hatte Gewalt nicht nur eine militärische, sondern auch eine politische Funktion. Wenn die sowjetische Führung 1944/45 gewalttätige Übergriffe von Angehörigen der Roten Armee auf die deutsche Zivilbevölkerung duldete, so lag dem eine von Stalin sanktionierte (aber bis heute nicht nachweisbare) mündliche oder schriftliche Entscheidung zugrunde. Individuelle Gewalt gegen deutsche Zivilisten, vor allem Frauen, sollte die Flucht der Deutschen aus den Gebieten beschleunigen, die zur Übergabe an die UdSSR bzw. Polen bestimmt waren.«[278]

Solange sich jedoch keine konkreten Belege finden, bleibt unklar, ob diese Annahme den Fakten entspricht. Dagegen spricht unter anderem die Tatsache, dass die sowjetischen Soldaten auch in nicht-deutschen Gebieten plünderten, vergewaltigten und unbeteiligte Zivilisten töteten. Allerdings übertrafen sie sich in den deutschen Ostgebieten selbst. Für die Befehls-These spricht hingegen der Umstand, dass Stalin erst dann eingriff, als die sowjetischen Truppen die Oder-Lausitzer-Neiße-Linie überschritten hatten. In einem Befehl vom 20. April 1945 forderte Stalin die Soldaten und Offiziere auf, ihre Haltung gegenüber den deutschen Kriegsgefangenen wie auch gegenüber der deutschen Zivilbevölkerung zu ändern und deren grausame Behandlung zu beenden, denn dies erhärte nur den Widerstand. Zugleich ordnete Stalin an, in den Gebieten westlich der Oder-Lausitzer-Neiße-Linie eine deutsche Verwaltung einzurichten.[279] Nichtsdestotrotz kam es auch in den mitteldeutschen Gebieten noch zu zahllosen Übergriffen und massenhaften Vergewaltigungen, obwohl diese Vorfälle allmählich zurückgingen.[280]

Das Vordringen der Roten Armee auf deutschen Boden begleiteten neben Gewalttaten und Brandschatzungen massive Plünderungen, begangen von Soldaten und Offizieren gleichermaßen. Die Fülle der plötzlich in greifbare Nähe gerückten Güter, die für die meisten Rotarmisten bislang überhaupt nicht oder nur schwer erreichbar gewesen waren, versetzte vielen einen regelrechten Kulturschock. Dabei handelte es sich keineswegs nur um Luxusgüter, sondern auch um Gebrauchsartikel des täglichen Bedarfs wie Uhren, Fahrräder, Kleidungsstücke, Schuhe, Genussmittel wie Zucker und Kaffee und vieles mehr. Und die Soldaten bedienten sich ohne Hemmungen.

Einen Teil der erbeuteten Güter verschickten die Rotarmisten an ihre Familienangehörigen in der Heimat, und Stalin unterstützte diese Praxis. Bereits am 23. Dezember 1944 unterzeichnete er den GKO-Beschluss Nr. 7192 über die Aufnahme und Versendung der Pakete von Rotarmisten. Soldaten und Unteroffiziere durften Sendungen bis zu 5 kg, Offiziere bis zu 10 kg und Generäle bis zu 16 kg aufgeben, wobei Soldaten und Unteroffiziere keine Postgebühren, Offiziere und Generäle je 2 Rubel pro Kilogramm zu zahlen hatten. Um Aufnahme, Transport und Auslieferung der Postpakte zu bewältigen, wurden die bestehenden Militärpoststellen personell aufgestockt, vier gesonderte Postpaketbasen mit je 150 Mitarbeitern eingerichtet, zusätzliche Postzüge eingesetzt und fünf Schutzkompanien für den Transport der Pakete formiert. Für die Auslieferung der Sendungen an ihren Bestimmungsorten wurden auf Anweisung Stalins zusätzlich 66 Lastwagen abgestellt.[281]

Zu diesem Zeitpunkt machten Soldaten und Offiziere der Roten Armee Beute im sowjetisch besetzten/»befreiten« Polen sowie in Rumänien und Ungarn, wo ebenfalls fleißig geplündert wurde. Im Januar 1945 nahm die Militärpost an allen Fronten etwa 300 000 Postpakete von Rotarmisten zur Versendung in die Heimat an. Mit dem Überschreiten der deutschen Grenze schnellte diese Zahl in die Höhe, schließlich gab es in Deutschland viel reichere Beute. Im Februar 1945 waren es schon 895 000 und allein in der ersten Märzwoche 562 000 Pakete. In die Heimat geschickt wurde alles Mögliche: Lebensmittel (Mehl, Speck, Gebäck, Zucker, Schokolade, geräucherte Wurst) und Gebrauchsartikel wie Seife, Parfüm, Damen-, Herren- und Kinderbekleidung, Unterwäsche, Schuhe, Handschuhe, Uhren, Tischdecken, Musikinstrumente, Tee- und Tafelgeschirr, Zahnbürsten, Kämme und Taschentücher.[282]

Die Paketmenge wuchs derart, dass die Militärpost bald überfordert war. Stalin griff abermals ein. Am 9. März 1945 legte General Nikolai Bulganin Stalin einen Beschlussentwurf über die Frontpakete vor, wobei er deren große politische Bedeutung unterstrich. Einen Tag später unterzeichnete Stalin das Dokument als GKO-Beschluss Nr. 7777. Danach hatten Soldaten und Offiziere Anspruch auf Zuteilung von 1 kg Zucker oder Konditoreiprodukte und 200 g Seife pro Mann und Monat aus den Beutebeständen, um sie in die Heimat zu schicken. Hinzu kamen »drei bis fünf« Gebrauchsartikel pro Monat.[283]

Um die Aufnahme, den Transport und die Auslieferung der Pakete zu beschleunigen, sollte das Netz der Frontpoststellen weiter ausgebaut und das Personal aufgestockt werden. Bei jeder Front war zur zügigen Abwicklung des Pakettransports von den Frontpoststellen eine Autokompanie mit 50 Wagen aufzustellen, außerdem sollten zusätzliche Paketzüge (je 15 geschlossene Güterwaggons mit je einem Passagierwagen für das Bewachungspersonal) organisiert werden, je zwei für die 1., 2. und 3 Weißrussische sowie die 4. Ukrainische Front und je einer für die 1., 2. und 3. Ukrainische Front. In der Sowjetunion sollten drei große Umschlagbasen für die Frontpakete eingerichtet werden, in Lemberg und Brest mit je 150 und in Fokschan (Rumänien) mit 300 Beschäftigen. Zur Bewachung der Pakettransporte sollten neun Kompanien mit je 150 Mann aufgestellt werden. Der Chef der rückwärtigen Gebiete hatte darüber hinaus 110 Lkw zur Paketbeförderung innerhalb der Sowjetunion zur Verfügung zu stellen.[284]

Dank dieser Maßnahmen stieg die Menge der verschickten Pakete mit Beutegütern in den nächsten Wochen und Monaten lawinenartig an. Beispielsweise empfing die Postabteilung an der Eisenbahnstation der Stadt Kirow im März 1945 6023 Frontpakete, im April waren es 27 345, im Mai 81 728 und im Juni 104 297.[285] Dass Stalins besonderes Augenmerk der Bewachung der Pakettransporte galt, lag daran, dass viele Sendungen unterwegs gestohlen wurden.[286]

Einige Wochen nach dem Ende des Krieges in Europa ging Stalin daran, die älteren Jahrgänge aus den Frontverbänden zu demobilisieren, ohne dabei die Kriegsbeute zu vergessen. Am 14. Juni 1945 wies er die militärische Führung an, den demobilisierten Soldaten, Unteroffizieren und Offizieren, die gut gedient hatten, neben Sold und Lebensmitteln auch Gebrauchsartikel aus den Beutedepots, wie Fahrräder, Radios, Fotoapparate, Uhren, Musikinstrumente, Rasierzeug, unentgeltlich zu überlassen. Darüber hinaus erhielten die Demobilisierten die Möglichkeit, weitere Waren und Artikel aus den Beutebeständen zu günstigen festgelegten Preisen zu erwerben, darunter Stoffe, Kleider und Unterwäsche, Schuhe, Geschirr und Besteck, Sanitär- und Hygieneartikel.[287] Offiziere und Generäle waren da deutlich besser gestellt. Am

9. Juni 1945 verfügte Stalin mit dem GKO-Beschluss Nr. 9036, jedem General der Roten Armee und jedem Admiral der Kriegsflotte aus dem Fundus der erbeuteten Wagen kostenlos einen Pkw zu überlassen. Offiziere sollten je nach Verfügbarkeit ein Motorrad oder ein Fahrrad bekommen. Generäle und Admiräle der regulären Streitkräfte erhielten außerdem die Möglichkeit, Beutegüter wie Flügel, Uhren, Jagdwaffen günstig zu erwerben. Teppiche und Gobelins, Pelze, Tee- und Essservice, Fotoapparate, Schmalfilmkameras und andere »exklusivere« Gebrauchsartikel konnten von Generälen und Offizieren gleichermaßen preiswert erstanden werden.[288]

Selbstverständlich gab keine der Gruppen sich mit diesen relativ bescheidenen Mengen zufrieden, und Angehörige aller Dienstgrade, Offiziere wie Mannschaften, deckten sich meist auf eigene Faust mit den begehrten Gütern ein. Die Masse der einfachen Soldaten musste sich allerdings in der Regel auf Dinge beschränken, die in Koffern und im Handgepäck transportiert werden konnten. Besonders beliebt waren neben Alkohol Armbanduhren, Ringe, Münzen, Silberbesteck und alles vermeintlich Wertvolle, was nicht sperrig war. Der Transport der sehr begehrten Fahrräder, Radios und anderen größeren Beutegüter gestaltete sich hingegen schwieriger und blieb meist den Offizieren vorbehalten.

Hohe Offiziere der Roten Armee und des NKWD hatten da andere Spielräume. Sie kleckerten nicht, sie klotzten. Viele von ihnen eigneten sich im großen Stil Kunstschätze, hohe Geldbeträge, Schmuck, Autos, Möbel, Teppiche, Flügel usw. an und ließen sie waggonweise in die Sowjetunion abtransportieren. Im August 1946 erfuhr Stalin, dass die Zollbehörde sieben Güterwaggons mit Möbeln beschlagnahmt hatte, die Marschall Georgi Schukow aus Deutschland geschickt hatte. Die Sicherheitsorgane begannen zu ermitteln, am 8. Januar 1948 ließ Stalin die Datscha Schukows in der Nähe von Moskau durchsuchen. Die Ermittler fanden dort wahre Schätze vor, Truhen voller Silber, Porzellan und Kristall, teure Stoffe (bis zu 4000 laufende Meter), Hunderte von Pelzen, 44 Teppiche und Gobelins, 55 Gemälde, 20 teure Jagdgewehre,

Plastiken und Vasen aus Bronze und Porzellan sowie große Mengen anderer Gegenstände.[289]

Viktor Abakumow, der Minister für Staatsicherheit, berichtete:

»Schukows Datscha gleicht einem Antiquitätenladen oder einem Museum; sie ist mit zahlreichen wertvollen Gemälden geschmückt, und es gibt so viele davon, daß vier sogar in der Küche aufgehängt wurden. [...] Von den Möbeln über Teppiche und Geschirr bis hin zum Wandschmuck und den Vorhängen ist der gesamte Hausrat ausländischer Herkunft, überwiegend aus Deutschland. [...] In den Regalen stehen aber viele teuer gebundene Bücher ... ausschließlich in deutscher Sprache.«[290]

Auch in der Wohnung des Marschalls in Moskau fanden die Ermittler zahlreiche Beutestücke, darunter eine Kiste mit Schmuck. Stalin ließ das Beutegut beschlagnahmen und Schukow in den fernen Ural versetzen. General Konstantin Telegin hatte weniger Glück. Stalin ließ ihn verhaften und foltern. Man warf ihm vor, die Rote Armee verleumdet und sich den Westalliierten angedient zu haben. Auch ihn beschuldigte man, in Deutschland und Polen geplündert zu haben. In seiner Wohnung fand man Beweise dafür, »mehr als sechzehn Kilo Silbergegenstände«, Porzellan, Felle, Gobelins, Antiquitäten und andere Wertgegenstände. Stalin ließ Telegin zu 25 Jahren Haft verurteilen, nach Stalins Tod wurde er jedoch aus dem GULag freigelassen.[291]

Schukow und Telegin waren keine Ausnahmen, sondern die Regel unter den hochrangigen Offizieren. Abakumow, der in Stalins Auftrag wegen der Beutezüge von Schukow ermittelte, hatte selber aber keineswegs eine reine Weste. Auch er hatte reiche Beute gemacht, genauso wie die anderen NKWD-Chefs.[292] Und Partei- und Wirtschaftsfunktionäre, die nicht an den Fronten gekämpft, sondern die Kriegszeit im sicheren Hinterland verbracht hatten, wollten ebenfalls an der Kriegsbeute teilhaben.[293]

Im Frühjahr 1945 bildete der Rat der Volkskommissare der Sowjetrepublik Weißrussland eine operative Gruppe, die in Berlin

Industriebetriebe demontieren und nach Weißrussland transportieren sollte. Außerdem befasste sich die Gruppe mit der Beschaffung von Kriegsbeute, um diese ebenfalls nach Weißrussland zu verschicken. Man bediente sich auch selbst und verteilte Beutegüter an andere Personen. Besonders beliebt waren Uhren, Schreibmaschinen, Jagdwaffen, Radios, Fahrräder, Kleider, Stoffe, Teppiche, Alkohol, Lebensmittel und Benzin.[294]

Nicht nur einzelne Republiken, sondern auch lokale Parteibehörden entsandten Beutegruppen nach Deutschland und in andere »befreite« Gebiete, um vor Ort Beutegüter zu »organisieren«. Die Parteiorgane der Oblast Drohobytsch (Westukraine) schickten zwischen Februar und September 1945 mehrere solcher Gruppen nach Polen und Deutschland, wo sie Ausrüstungen, Autos und Materialien »besorgen« sollten. Leitende Parteifunktionäre des Oblast-Apparates betätigten sich darüber hinaus auch auf eigene Faust. Im Februar 1945 begaben sich der Vorsitzende des Exekutivkomitees, Leschenko, und der zweite Sekretär des Oblastkomitees, Gorobez, nach Krakau, im Mai und Juni reisten der Sekretär des Oblastkomitees für Propaganda, Dejneko, und der stellvertretende Vorsitzende des Exekutivkomitees, Grischa, nach Dresden; im Juli hielt sich der Vorsitzende der regionalen Planbehörde Kowalenko in Deutschland auf; im August und September »organisierte« der stellvertretende Vorsitzende des Exekutivkomitees, Sysojew, in Deutschland. Die Genossen plünderten persönlich in Wohnungen und/oder tauschten die begehrten Güter gegen Alkohol.[295]

Im gesamten Jahr 1945 grassierte in den Reihen der Roten Armee und des Geheimdienstapparates und unter den Apparatschiks das Beutefieber. Sie alle konnten sich – meist zum ersten Mal im Leben – Artikel und Güter besorgen, von denen sie zuvor nur geträumt hatten, die in Deutschland aber alltäglich waren.

Der Transport der Kriegsbeute

Der Abtransport der demontierten Ausrüstungen und beschlagnahmten Materialien in die Sowjetunion erwies sich als schwieriger denn die Demontagen selbst. Nur selten wurden die in Moskau ausgearbeiteten und beschlossenen Pläne eingehalten. Dies lag an dem allgemeinen Kriegschaos, unter dem der Eisenbahntransport besonders litt. Lokomotiven und Waggons waren knapp, Bahnstrecken und -anlagen durch Kriegshandlungen zerstört bzw. beschädigt. Hinzu kamen die vielen Militärtransporte (Truppen und Nachschub), die Vorrang hatten, solange die Kriegshandlungen andauerten. Unter diesen Umständen standen die einzelnen Beutekommandos oft vor kaum lösbaren Problemen. Diese Fragen mussten daher zentral gelöst werden, und auch hier war die letzte und entscheidende Instanz immer Stalin.

In den ersten Monaten erfolgte der Abtransport der Beutegüter per Bahn. Doch bald zeigte sich, dass die Eisenbahn das Transportaufkommen nicht bewältigen konnte. Viele Stationen und Nebengleise waren durch Tausende von Waggons mit demontierten Gütern verstopft. Im Juni 1945 standen im Raum Kattowitz etwa 14 000 mit Beutegut beladene Waggons und blockierten den Bahnverkehr. Der Chef der politischen Hauptverwaltung der polnischen Armee berichtete am 18. Juli 1945 über die Zustände in der Wojewodschaft Schlesien: »An jeder Station befinden sich [auf Waggons] große Mengen an Ausrüstung, die nass werden und verrotten, während sie auf den Abtransport warten.«[296]

Es musste dringend nach anderen Transportmöglichkeiten gesucht werden. Die Wasserstraßen schienen die Lösung zu sein. Am 16. Mai 1945 unterzeichnete Stalin den Beschluss Nr. 8587 über die Instandsetzung der Wasserstraßen in Polen und Deutschland, um »die Überführung der Beuteschiffe und die Ausfuhr der Güter in die UdSSR sicherzustellen«. Es handelte sich um die Flüsse Spree und Oder, die untere Weichsel (ab Bydgoszcz bis nach Danzig) sowie Binnenkanäle in Ostpreußen. Die Ingenieurtruppen der Roten Armee erhielten den Auftrag, die genannten Wasserstraßen samt Häfen bis zum 1. Juli 1945 zu entminen und die dazugehörigen hydrotechnischen Bauten wieder instand zu setzen.[297]

Zu diesem Zweck wurden den Ingenieurtruppen 60 000 Kriegsgefangene sowie 8000 Zivilisten zugewiesen. Letztere sollten auf polnischem Territorium mobilisiert werden. Besondere Bedeutung kam der Oder und der Spree mit ihren Kanälen zu.[298] Über diese Wasserstraßen sollten die demontierten Beutegüter nach Stettin gebracht werden, wo sie dann auf Seeschiffe umgeladen wurden und über die Ostsee in die sowjetischen Häfen gelangten.

Ende Juni 1945 standen die Instandsetzungsarbeiten an den Wasserstraßen vor dem Abschluss, und Stalin unterzeichnete am 26. Juni 1945 den GKO-Beschluss Nr. 9265 über die Ausfuhr von Ausrüstungen aus deutschen Betrieben über Oder und Weichsel sowie über das Kanalsystem und die Ostsee in die Häfen von Leningrad, Tallin, Windau, Libau, Memel, Wyborg und Königsberg. Für den Monat Juli legte Stalin folgende Ausfuhrmengen fest: mit Hochseeschiffen von Stettin aus über die Ostsee 125 000 Tonnen, davon 35 000 Tonnen nach Leningrad, 15 000 Tonnen nach Tallin, 30 000 Tonnen nach Memel, 10 000 Tonnen nach Wyborg, 25 000 Tonnen nach Libau und 10 000 Tonnen nach Windau. Mit Binnenschiffen von Berlin aus nach Stettin 125 000 Tonnen und aus Schlesien über Oder und Weichsel nach Königsberg 25 000 Tonnen. Darüber hinaus waren noch 50 000 Tonnen Steinkohle aus Oberschlesien über die Oder nach Stettin für die Hochsee- und Binnenschiffe zu transportieren.[299]

Der Hafen von Stettin wurde zum wichtigen Umschlagplatz für die demontierten Ausrüstungen, insbesondere aus dem Raum Berlin. Stalin ordnete an, 20 Kräne und zehn Brückenkräne nach Stettin zu liefern sowie drei Arbeiterbataillone, ein Autobataillon und ein Straßen- und Brückenbaubataillon abzukommandieren. Auch den Aufnahmehäfen wies Stalin zusätzliche 50 Kräne sowie 8500 Arbeits- und Fachkräfte zu.[300]

In den nächsten Wochen und Monaten wuchs die Bedeutung des Stettiner Hafens als Umschlagplatz weiter. Am 23. Juli 1945 unterzeichnete Stalin einen weiteren GKO-Beschluss, der den Transport von 950 000 Tonnen an erbeuteten Ausrüstungen aus Deutschland über den Stettiner Hafen bestimmte.[301] Und einen Monat später, am 21. August, ordnete das Operative Büro des GKO an, dem Stettiner Hafen weitere 16 Kräne für die Umladung der Beutegüter auf die Schiffe und den Aufnahmehäfen 6000 Soldaten und 600 Autos zuzuweisen.[302]

Die Bahntransporte blieben dennoch weiterhin von entscheidender Bedeutung. Den Höhepunkt erreichten sie im Juni und Juli 1945, als es darum ging, die Beutegüter so schnell wie möglich von polnischem Territorium fortzuschaffen. Am 26. Juni 1945 unterzeichnete Stalin den GKO-Beschluss Nr. 9264 über den Abtransport von Ausrüstungen aus Betrieben in Polen in den neuen Grenzen. Der Beschluss sah die Ausfuhr folgender Mengen vom 27. Juni bis zum 20. Juli 1945 vor:

- 52 000 breitspurige Waggons[303] an Bestimmungsorte oder in Zwischenlager in der Sowjetunion, die jedoch nicht weiter entfernt lagen als das Donezbecken oder der Moskauer Längenkreis
- 35 000 normalspurige (westeuropäische Spurbreite) Waggons in die Zwischenlager in Insterburg, Brest, Kowel, Lemberg, Chyrow
- 30 000 normalspurige Waggons auf sowjetisches Territorium, wo sie auf noch bestehenden normalspurigen Bahnstrecken zunächst stehen bleiben sollten, und zwar in Insterburg, Tilsit, Tilsit-Radziwolischki, Brest-Kowel, Żabinka-Janów-Łuniniec[304]

In dem Beschluss verpflichtete Stalin die einzelnen Volkskommissariate zugleich, die Demontagen auf polnischem Territorium bis zum 20. Juli 1945 abzuschließen.[305] Dies hatte zur Folge, dass sich die Bahntransporte mit Beutegütern auf der sowjetischen Seite stauten. Im Juli und August 1945 war der Bahnknotenpunkt in Brest dermaßen überlastet, dass 50 Bahntransporte ins sowjetisch gewordene Königsberg umgeleitet und dort erst einmal entladen wurden, um Kapazitäten für weitere Transporte frei zu machen.[306]

In den rückwärtigen Gebieten der 1. Weißrussischen Front (Ostpreußen, Pommern) wurden gemäß der Entscheidung des GKO landwirtschaftliche Maschinen und Geräte gesammelt und zu Verladestationen gebracht. Für ihre Ausfuhr in die UdSSR wurden 125 Bahntransporte (5316 Waggons) zugeteilt. Es komme jedoch vor, telegrafierte Andrej Andrejew am 29. Juni 1945 an den Kriegsrat der 1. Weißrussischen Front, dass diese Maschinen und Geräte zurückgebracht würden, weil die Waggons noch nicht zugestellt worden seien.[307]

Ähnliche Schwierigkeiten gab es in den rückwärtigen Gebieten der 3. Weißrussischen Front. Dort wurde eine regelmäßige Bahnverbindung zu den Zwischenlagern des Volkskommissariats für Landwirtschaft eingerichtet, um landwirtschaftliche Geräte und Anlagen aus diesen Gebieten abzutransportieren. Ende Juli wurde diese Verbindung jedoch eingestellt, somit stoppte auch die Ausfuhr der Beutegüter. Auch die 70 Lastwagen, mit denen man die Beutegüter zu Bahnstationen transportierte, stellten ihren Betrieb ein, weil sie kein Benzin zugeteilt bekamen.[308]

Immer wieder musste Stalin als Vorsitzender des GKO persönlich eingreifen und die Beschleunigung der Bahntransporte einfordern. Dennoch blieben die Probleme in den nächsten Monaten bestehen. Am 24. Oktober 1945 berichtete Marschall Konstantin Rokossowski, damals Kommandeur der Nordgruppe der Roten Armee, in der Sitzung des Politbüros darüber. Er klagte, dass die polnischen Eisenbahnen nicht imstande seien, den Transport von »sowjetischen Gütern« zu gewährleisten. Das Politbüro richtete daraufhin eine Kommission unter Vorsitz von Bulganin ein, die sich mit dieser Frage befassen, entsprechende Vorschläge ausarbeiten und sie dem Politbüro vorlegen sollte.[309] Offenkundig in diesem Zusammenhang beschloss das Politbüro zwei Tage später, die Erfassung von Lokomotiven sowie Personen- und Güterwaggons der westeuropäischen Bahnen in Rumänien, Ungarn, Bulgarien, der Tschechoslowakei, Jugoslawien, Polen, Deutschland und Österreich (in den sowjetischen Besatzungszonen) durchzuführen.[310]

Die in Österreich erbeuteten Ausrüstungen und Materialien beförderten die Sowjets teils mit der Bahn über die Tschechoslowakei und Ungarn, teils auf der Donau in die Sowjetunion. Eigens dafür ließ Stalin am 19. April 1945 die Verwaltung für Militärtransporte auf der Donau errichten, deren Aufgabe darin bestand, den Wassertransport von Militär-, Reparations-, Beute- und Importgütern zu organisieren und sicherzustellen.[311] Die Beutegüter waren zunächst auf Binnenschiffen zu den rumänischen Donau-Häfen (Izmail, Reni, Kiliia) zu transportieren, wo sie dann auf Güterwaggons umgeladen und weiter an ihre Bestimmungsorte oder in Zwischenlager in der Sowjetunion verbracht werden sollten.[312]

Beim Abtransport der Beutegüter aus Österreich gab es ebenfalls große Schwierigkeiten. Beispielsweise beorderte das Volkskommissariat für Bauwesen am 15. September 1945 fünf Mitarbeiter nach Wien mit dem Auftrag, Beutegüter (Metalle, Textilien, Schuhe) in Empfang zu nehmen, sie abzufertigen und ihren Transport in die Sowjetunion zu begleiten. Diese Güter, die aus den Beständen der Beuteverwaltung stammten, waren für den Aufbau des metallurgischen Kombinats in Nowa Tula bestimmt. Die fünf Mitarbeiter nahmen die Auswahl der Güter vor Ort vor. Die Metalle wurden zum Hafen Galati (Rumänien) verschifft. Für den Abtransport der übrigen Güter fehlten Transportmittel, daher wurden sie den Lagern der Beuteverwaltung der Roten Armee in Wien zur Aufbewahrung übergeben. Erst im Juni 1946 standen die benötigten Waggons zu ihrem Abtransport bereit.[313]

Die Beutegüter wurden entweder direkt an ihre Bestimmungsorte oder zu Zwischenlagern auf sowjetischem Territorium transportiert. Insgesamt ließ das GKO im Jahr 1945 16 solcher Zwischenlager errichten. Die wichtigsten und zugleich größten waren die Zwischenlager in Brest (heute Westweißrussland) und Kowel (heute Westukraine) an der damaligen polnisch-sowjetischen Grenze. Dort wurden die Beutegüter von normalspurigen auf breitspurige Waggons umgeladen und meist unmittelbar weiter an ihre Bestimmungsorte geleitet.[314]

Anfang 1946 existierten noch fünf Zwischenlager auf sowjetischem Territorium, und zwar in Brest, Kowel, Wilna, Witebsk und Moskau. Das Zwischenlager in Wilna diente zum Umladen von Gütern, die über die Häfen von Tallin, Windau, Riga und Memel in die Sowjetunion eingeführt worden waren.[315]

Dimensionen der Kriegsbeute

Im Rahmen des sowjetischen Demontageprogramms flossen Millionen von Maschinen, Fertigungsanlagen und Ausrüstungen sowie Millionen Tonnen an Materialien in die Sowjetunion, die das Land unter normalen Umständen, das heißt im Rahmen eines internationalen Warenaustauschs, in so kurzer Zeit niemals hätte erhalten können. Hier die wichtigsten Daten nach zeitgenössischen sowjetischen Angaben:

Tabelle: Anzahl der zum 1. Mai 1947 demontierten Industriebetriebe nach Angaben der Zentralverwaltung für Statistik (insgesamt und nach einzelnen Ländern)[316]

	zur Demontage vorgesehen		tatsächlich demontiert	
	Anzahl der Betriebe	Menge in Waggons	Anzahl der Betriebe	Menge in Waggons
Insgesamt	4537	841 600	4458	809 500
Deutschland (sowjetische Zone)	3024	550 800	2955	518 500
Polen (in den heutigen Grenzen)	1119	211 500	1119	211 500
Österreich	220	31 200	220	31 200
Ungarn	16	2800	16	2800
Tschechoslowakei	36	6500	36	6500
Mandschurei	112	33 800	112	33 800

Die Aufstellung beinhaltet nicht die – relativ wenigen – aus Rumänien und Finnland ausgeführten Materialien und Anlagen.

Tabelle: Ausrüstungen und Materialien, die bis zum 1. Januar 1948
als Kriegsbeute (bis 2. 8. 1945) und Reparationen in die
Sowjetunion eingeführt wurden (in t)[317]

	Ausrüstungen	Materialien	Insgesamt
bis 2. 8. 1945	3 600 000	1 280 000	4 680 000
3. 8. 1945 – 1. 1. 1948	3 262 000	2 049 000	5 311 000
Insgesamt	6 862 000	3 329 000	9 991 000

Aus obiger Tabelle geht hervor, dass mehr als die Hälfte der Ausrüstungen (52,5 %) bis zum 2. August 1945 demontiert wurde. Stalin bestimmte aber persönlich, dass Ausrüstungen und Materialien, die bis zum 2. August demontiert bzw. beschlagnahmt wurden, als Kriegsbeute zu gelten hatten. Sie wurden auf die Reparationen, die Deutschland an die Sowjetunion zu leisten hatte, nicht angerechnet.[318] Unter den Materialien, die vom 3. August 1945 bis zum 1. Januar 1948 in die Sowjetunion eingeführt wurden, befanden sich über 500 000 Tonnen Stahlkonstruktionen und 166 000 Tonnen Schwarzmetallschrott, die in der SBZ demontiert bzw. beschlagnahmt worden waren.[319]

Die wichtigsten demontierten Ausrüstungen waren nach Angaben der Zentralverwaltung für Statistik vom November 1946: *Kraftwerksausrüstungen,* darunter: 5330 Elektrogeneratoren, 12 104 Starkstromtransformatoren, 205 423 Elektromotoren. *Metall bearbeitende Ausrüstungen,* darunter 88 Schwarzmetall- und 369 Buntmetall-Walzstrecken, 394 754 spanabhebende Werkzeugmaschinen, 49 662 Schmiede- und Presseinrichtungen, 4667 Gießereianlagen, *andere Ausrüstungsarten,* darunter 23 519 holzbearbeitende Einrichtungen, 33 985 Pumpen, 20 432 Hebeeinrichtungen (5500 Kräne), 37 721 Transportmittel (1323 Lokomotiven, 6391 Waggons), 212 Drehrohröfen, 348 Hochofen- und Gasanlagen, 405 Siemens-Martin- und Bessemer-Anlagen, 3761 Lichtbogenöfen, 650 Kokerei-Anlagen, 64 385 Anlagen der chemischen Industrie, 20 986 Anlagen der Textilindustrie, 354 Telefonzentralen mit 456 300 Telefonanschlüssen und anderes (de-

taillierte Angaben siehe Anhang, Tab. 14).[320] Unter den bis zum
1. November 1946 ausgeführten Materialien befanden sich nach
Angaben der Zentralverwaltung für Statistik 12 212 km normal-
spurige Bahngleise, 2 320 km schmalspurige Bahngleise, 10 284
Weichenstellanlagen, 271 200 Tonnen Gleisbefestigungen, 610 000
Tonnen Schwarzmetalle, 200 000 Tonnen Buntmetalle, 22 436 km
Starkstromleitungen und anderes (siehe Anhang, Tab. 15).[321]

Der Nominalwert der demontierten Ausrüstungen, die einzelne Wirtschaftszweige bis zum 1. Januar 1947 erhielten, betrug nach
Berechnungen der Zentralverwaltung für Statistik über 10,3 Milliarden RM in Preisen von 1938 bzw. knapp 4,12 Milliarden US-
Dollar (1 US-Dollar = 2,5 RM[322]). Fast die Hälfte davon entfiel auf
die metallverarbeitenden Betriebe (4,7 Mrd. RM), gefolgt von chemischen Betrieben (1,9 Mrd. RM) und anderen Unternehmen (siehe Tabelle Seite 340).

Diese Berechnungen entsprechen jedoch nicht dem tatsächli-
chen Wert der demontierten und ausgeführten Maschinen und
Fertigungsanlagen. Beispielsweise bauten die Sowjets allein in den
Hydrierwerken in Blechhammer und Odertal (beide Schlesien),
Pölitz (bei Stettin), Mukden (Mandschurei) und Moosbierbaum
(Österreich) Anlagen im Wert von weit über einer Milliarde RM ab.

Der Wert der über 400 000 spanabhebenden Werkzeugmaschinen, die nach sowjetischen Angaben bis zum 1. August 1948 demontiert und in die Sowjetunion geschafft worden waren[324], belief
sich bei einem geschätzten durchschnittlichen Preis von mindestens
15 000 RM pro Einheit[325] auf über sechs Milliarden RM (2,4 Mrd.
US-Dollar) und bei 30 Prozent Abschreibung wegen Abnutzung
auf 4,2 Milliarden RM (1,7 Mrd. US-Dollar). Es handelte sich
dabei nur um diejenigen Maschinen, die in den einzelnen Betrieben und Ministerien als Zugänge verbucht worden waren.

Ein nicht geringer Anteil der demontierten und ausgeführten
Maschinen und Anlagen wurde bereits beim Abbau, während des
Transports und bei der Lagerung ernsthaft oder total beschädigt.
Im Falle hundertprozentiger Beschädigung wurden die Maschi-
nen und Anlagen nicht als Zugänge verbucht und auch nicht ge-

Tabelle: Menge (in Waggons und Tonnen, ein Waggon = 11 t) sowie Nominalwert (in RM in Preisen von 1938) der verladenen Ausrüstungen, die einzelne Wirtschaftszweige als Kriegsbeute und Reparationen bis zum 1. Januar 1947 erhielten[323]

	Menge der Ausrüstungen		Nominalwert der Ausrüstungen	
	Waggons	Tonnen	RM pro Tonne	Gesamtwert
Metall bearbeitende Betriebe	227 200	2 499 200	1907	4 765 974
metallurgische Betriebe	48 600	534 600	1155	400
Kraftwerke	38 100	419 100	1784	617 463 000
Chemiebetriebe	99 500	1 094 500	1784	747 674 400
Papier- und polygrafische Betriebe	27 400	301 400	1941	1 952 58
Betriebe der Textil- und Leichtindustrie	23 800	261 800	2085	000
Betriebe der Nahrungsmittelindustrie	24 100	265 100	1721	585 017 400
Betriebe der Baustoffindustrie	8400	92 400	1559	545 853 000
landwirtschaftliche Betriebe	17 500	192 500	1298	456 237 100
sonstige Betriebe	15 900	174 900	1742	144 051 600
insgesamt bis 1. 1. 1947	530 500	5 835 500		249 865 000
insgesamt: 2. 8. 45 – 1. 1. 1947	377 100	4 148 100		304 675 800
Nominalwert aller Ausrüstungen in RM				10 369 399 700

meldet, es sei denn, sie wurden durch Kontrollbehörden entdeckt. Beispielsweise berichtete der Bevollmächtigte des Automobilministeriums für Deutschland, dass bis Ende 1946 in der SBZ 58 893 Betriebsanlagen für die Bedürfnisse der sowjetischen Automobil-

industrie demontiert worden seien, darunter 33 870 Metallbearbeitungsmaschinen. Das Automobilministerium verzeichnete hingegen in seinem Bericht für den gleichen Zeitraum, dass bis Ende
1946 38 615 Anlagen aus der SBZ für die Bedürfnisse der Automobilindustrie in die Sowjetunion verbracht worden seien, darunter 25 415 Metallbearbeitungsanlagen.[326] Das waren 65,5 Prozent der Anlagen (75 % der Metallbearbeitungsmaschinen), die
der Bevollmächtigte in seinem Bericht angegeben hatte.

Missstände bei Transport, Aufbewahrung und Verwertung der demontierten Anlagen und Güter: Fallbeispiele

Im Jahr 1945 demontierten und beschlagnahmten die sowjetischen Beutekommandos große Mengen an Ausrüstungen und Materialien und verbrachten sie in die Sowjetunion. Das Kriegs- und Nachkriegschaos und die große Eile, in der sie diese Maßnahmen trafen, führten dazu, dass ein nicht mehr zu bemessender Anteil dieser Ausrüstungen teilweise oder total beschädigt wurde, während viele andere beschlagnahmte Materialien schlicht und einfach verrotteten.[327]

Besonders krasse Missstände herrschten beim Abbau, beim Transport und bei der Nutzung der demontierten Ausrüstungen der Hydrierwerke in Blechhammer, Odertal und Pölitz.[328] Im April 1946 führte das Ministerium für Staatskontrolle eine Prüfung in der Hauptverwaltung für Gasindustrie und den ihr unterstellten Betrieben durch, um festzustellen, wie dort mit den Beuteausrüstungen und -gütern umgegangen wurde. Für die Bedürfnisse der Hauptverwaltung für Gasindustrie hatten sieben Betriebe demontiert werden sollen (siehe Tabelle S. 291), das Gesamtgewicht der zu demontierenden Ausrüstungen betrug 455 400 Tonnen. Bis zum 25. Februar 1946 waren davon 415 400 Tonnen (91,5 %) abgebaut, 271 200 Tonnen (59,6 %) waren bereits abtransportiert worden. In der Sowjetunion eingetroffen waren lediglich 264 100 Tonnen, davon befanden sich 143 000 Tonnen (31,4 % aller zu demontierenden Ausrüstungen) bereits auf Bauplätzen der künftigen Betriebe, 116 800 Tonnen (25,6 %) in Häfen und Zwischenlagern und 4000 Tonnen (1 %) unterwegs zu ihren Bestimmungsorten.[329]

Die Lagerung dieser wertvollen Güter auf den Bauplätzen und in den Zwischenlagern (25,6 % der demontierten Ausrüstungen) war »äußert unbefriedigend«, heißt es in dem entsprechenden Prüfungsvermerk vom 11. April 1946. So hatte man bereits im August 1945 bei einer Kontrolle des Zwischenlagers in Lemberg äußerst grobe Missstände bei der Entladung und Zwischenlagerung von 1337 Waggons festgestellt.[330] Die Beutegüter seien nicht ordentlich entladen, sondern einfach auf den Boden geworfen und auf dem Gelände des Zwischenlagers unter freiem Himmel gelagert worden. In den nächsten Monaten änderte sich wenig, trotz der mahnenden Berichte und Aufforderungen.[331]

Nicht besser erging es den Anlagen der Hydrierwerke in Blechhammer, die bis März 1946 am Bestimmungsort im Lager Makarewo (Westsibirien) angekommen waren. Der Prüfer des Ministeriums für Staatskontrolle stellte in seinem Bericht fest:

»Bis zum 25. März 1946 trafen im Lager Makarewo 84 800 Tonnen Fertigungsanlagen und Maschinen, die in Blechhammer demontiert worden waren, ein. Ihre Entladung erfolgte auf der Bahnstation Makarewo der Westsibirischen Eisenbahn sowie in den Ortschaften Usolje, Suchowskaja und Meget, in einer Entfernung von 80 km von der Station Makarewo. Die eingetroffenen Ausrüstungen wurden auf beiden Seiten der Eisenbahnlinie ungeordnet auf den Boden geworfen, auf einer Länge von mehr als 5 km. Die Güter trafen in der Station Makarewo ohne Begleitpapiere und Begleitpersonal ein. Infolgedessen lässt sich nicht feststellen, wie viele Güter zum Abtransport verladen worden waren. Kisten mit speziellen Schrauben, Stiften, Zubehör und Werkzeugen waren zerbrochen und deren Inhalt verstreut. Viele Kisten mit der Aufschrift ›Manometer‹ stellten sich als leer heraus. […] Transformatoren, die in offenen Waggons transportiert worden waren, wiesen ernsthafte Beschädigungen auf, und in einem Teil von ihnen gab es kein Maschinenöl. Weil die Entladungsarbeiten mit Hebe- und Transportmitteln nicht gesichert waren, wurde ein wesentlicher Teil der schweren Anlagen nicht entladen, sondern von den Waggons auf den Boden heruntergeworfen, wo sie dann nicht selten übereinander liegen. Von der Bahnstation aus werden die

Anlagen mit Traktoren über den Boden geschleift, was auch zum Bruch der Anlagen führt. Lagerung und Schutz der Ausrüstungen wurden nicht gesichert, wertvolle Fertigungsanlagen und Apparaturen lagern, mit Schnee bedeckt, unter freiem Himmel, sie verrotten unabgedeckt, ihre Bestandteile gehen verloren, und kleinere Bauteile werden gestohlen. Wie oben dargelegt, werden die aus Deutschland ausgeführten Fertigungsanlagen der Kohlehydrierwerke im geschätzten Wert von 300 Millionen Goldrubel unbrauchbar gemacht.«[332]

Auf diese Art und Weise verwandelten die Sowjets die wertvollen und seinerzeit modernsten Hydrieranlagen der Welt in Schrott, der kaum mehr zu gebrauchen war, und dazu noch unter enormem Einsatz von Ressourcen und Arbeitskräften. Kein Wunder, dass keines der demontierten Hydrierwerke jemals in der Sowjetunion aufgebaut wurde.

Die Anlagen der Oberhütte Stahl- und Presswerke AG in Gleiwitz und Laband wurden von den sowjetischen Beutekommandos auf der Grundlage der GKO-Beschlüsse Nr. 7608 (Gleiwitz) und Nr. 7610 (Laband), beide vom 2. März 1945, sowie Nr. 8069 vom 12. April 1945 (Laband) demontiert.[333] Die abgebauten Anlagen verbrachte man in die Werke »Stalin« in der Stadt Kramatorsk (Donbas, Ukraine), obwohl im Beschluss Nr. 7608 von den Werken »Lenin« in Dnjepropetrowsk als Empfänger die Rede war. Der erste Transport (59 Waggons) mit Anlagen aus Gleiwitz traf am 14. April in den Werken »Stalin« ein. Der nächste Transport (50 Waggons) kam drei Tage später aus Laband an und der letzte am 16. August 1945.[334]

Insgesamt erreichten 32 Transporte (1591 Waggons, 565 aus Gleiwitz und 1026 aus Laband) mit Beuteausrüstungen und -materialien aus Gleiwitz und Laband die »Stalin«-Werke in Kramatorsk. Ein Teil der Beutegüter ging noch während des Transports und der Entladung zu Bruch oder wurde stark beschädigt. Der Rest wurde nach dem Entladen unter freiem Himmel abgestellt, sodass ein weiterer Teil unbrauchbar oder stark beschädigt wurde.[335]

Die Kabelwerke Sewkabel in Leningrad erhielten vom 27. Mai bis 16. September 1945 275 Güterwaggons mit demontierten Fertigungsanlagen und 41 mit Produktionsgütern, die aus dem Kabelwerk Siemens-Schuckert und den Draht- und Kabelwerken Felten & Guilleaume in Wien stammten.[336] Darunter waren 641 Werkzeugmaschinen sowie fertige und halbfertige Kabel, Kupfer, Aluminium, Blei (zur Kabelproduktion), aber auch Farben und Textilien.[337]

In der Zeit vom 12. bis zum 27. Oktober 1945 kontrollierte ein Prüfer im Auftrag des Volkskommissariats für Staatskontrolle, wie diese Güter gelagert, inventarisiert und verwertet wurden. In seinem Prüfbericht vermerkte er unter anderem, dass der Werksdirektor keine Maßnahmen für einen ordnungsgemäßen Empfang der ankommenden Güter getroffen habe. Die Beutegüter seien unverpackt auf vier Plätzen auf dem Betriebsgelände entladen und dort zunächst unter freiem Himmel gelagert worden. Bis zum 15. Oktober habe die Werksleitung von den insgesamt 641 eingelieferten Werkzeugmaschinen 474 in Gebäuden unterbringen lassen. Die übrigen Maschinen hätten weiterhin ungeordnet unter freiem Himmel direkt auf dem Erdboden gestanden, ohne Abdeckung und nicht eingefettet, sodass sie der Witterung ungeschützt ausgesetzt gewesen seien. Manche Maschinen und Maschinenbauteile hätten umgekippt auf dem Boden gelegen. Neun Waggons mit Beuteanlagen seien zudem nicht in Empfang genommen worden und stünden noch in Leningrad.[338]

Außerdem, so der Prüfungsvermerk, habe die Werksleitung versäumt, die eingetroffenen Anlagen vollständig zu inventarisieren, ihren Wert zu schätzen und sie als Aktiva in der Betriebsbilanz zu verbuchen. Von den 641 demontierten Ausrüstungseinheiten, die laut Übergabeprotokollen im Werk eingetroffen waren, wurden 586 (91 %) inventarisiert, von denen jedoch nur 240 Maschinenkarten[339] besaßen. Von diesen 586 Einheiten wurden dem Werk 353 überlassen, in Betrieb genommen werden sollten im Jahr 1945 nach den Plänen der Werksleitung jedoch nur 81 (23 %). Bis zum 15. Oktober wurden 46 Werkzeugmaschinen aufgebaut, aber nur 26 von ihnen arbeiteten bereits.[340]

Zusammen mit den Werkzeugmaschinen trafen auch fertige und halbfertige elektrische Kabel in den Sewkabel-Werken ein. Ein Teil davon (etwa 20 %) verrottete unter freiem Himmel, über 4,5 km Kabel wurden gestohlen. Auch andere gelieferte Beutegüter, wie Nesseltuch, Seide, Garn, Filz, elektrische Lampen und Laborinstrumente, wurden entwendet. Außerdem waren mit Wissen der Werksleitung noch sieben Motorräder geliefert worden, die als Werkeigentum nicht verbucht wurden.[341] Der Werksdirektor bestätigte in einem Schreiben vom 18. Januar 1946 die im Prüfungsvermerk festgestellten Missstände und verwies darauf, dass die meisten inzwischen abgestellt worden seien.[342]

Das Elektrowerk Krasnaja Sarja in Leningrad erhielt bis zum 15. April 1946 361 Waggons mit Ausrüstungen, Materialien und Halbfabrikaten, darunter 316 aus den Siemenswerken in Berlin, 34 aus Wien und elf aus Rzeszów (Südpolen).[343] In Berlin gab es mehrere Siemenswerke, in denen im Jahr 1945 Anlagen demontiert und in die Sowjetunion ausgeführt wurden. Keiner der im Rahmen dieser Untersuchung eingesehenen Beschlüsse regelte jedoch explizit den Abbau und Transport dieser Anlagen nach Leningrad für die Werke Krasnaja Sarja.

Der GKO-Beschluss Nr. 8680 vom 22. Mai 1945 bestimmte die Demontage der Anlagen in den Siemens-Apparate-Werken Berlin-Marienfelde, Wilhelm-von-Siemens-Straße (von dort waren 600 Ausrüstungseinheiten auszuführen), sowie in den Werken der Siemens & Halske Unternehmensgruppe in der Berliner Siemensstadt (Wernerwerk; von dort waren 93 Ausrüstungseinheiten auszuführen). Darüber hinaus bestimmte der Beschluss die Demontage in einer Reihe anderer Werke der Berliner Elektroindustrie. Die Anlagen der Siemens-Apparate-Werke waren laut dem Beschluss nach Tscherkassy und die des Wernerwerks nach Kemerowo (beide Ukraine) abzutransportieren.[344] Am 31. Mai 1945 unterzeichnete Stalin den GKO-Beschluss Nr. 8854 über die Ausfuhr der Anlagen der Siemens-Planiawerke für Kohlefabrikate in Berlin-Lichtenberg. Diese Anlagen sollten nach Stalinsk (Aluminiumwerk) und Kudinowo (Werk für Elektrokohle) ausgeführt werden.[345] Es kann nicht ausgeschlossen werden, dass die Beuteanlagen der Berliner Siemenswerke, die im Werk Krasnaja Sarja ankamen, aufgrund späterer Beschlüsse demontiert und nach Leningrad ausgeführt worden sind.

Die Anlagen, die Krasnaja Sarja aus Wien bekommen hatte, stammten von der Wiener Kapsch AG, wo unter anderem Radiogeräte und Telefonanlagen hergestellt wurden.[346] Die Demontage der Anlagen in Rzeszów hatte hingegen offenkundig ohne formalen GKO-Beschluss stattgefunden. Zumindest fand sich ein solcher nicht unter den im Rahmen dieser Untersuchung ausgewerteten Dokumenten.

Vom 16. bis zum 25. April 1946 kontrollierte ein Prüfer im Auftrag des Ministeriums für Staatskontrolle (im März 1946 wurden die Volkskommissariate in Ministerien umbenannt[347]) das Werk Krasnaja Sarja, um festzustellen, wie die gelieferten Anlagen und andere Güter aufbewahrt, inventarisiert, verbucht und verwertet wurden. Sie kamen entweder per Bahn (direkt vom Verladeort) oder (meistens) auf dem Seeweg über die Häfen in Leningrad, Neu-Riga und Memel, wo sie von Frachtschiffen in Eisenbahnwaggons oder in Lkw (in Leningrad) umgeladen wurden, im Werk an. Alle direkten Bahntransporte erreichten das Werk ohne Begleitpapiere. Wurde umgeladen, registrierten hingegen die Hafenarbeiter und abgestellten Werksangehörigen die Zahl der Frachtstücke und deren Gewicht. Diese Verzeichnisse wurden allerdings nicht mit den tatsächlich im Werk eingetroffenen Gütern abgeglichen, sodass die Werksleitung keinen Überblick hatte, wie viele der verladenen Güter bereits eingetroffen, geschweige denn wie viele überhaupt verladen worden waren.[348]

Nach den im Werk vorhandenen Unterlagen hatte Krasnaja Sarja bis zum 15. April 1945 insgesamt 1488 Werkzeugmaschinen erhalten. Davon waren zu diesem Zeitpunkt 297 (knapp 20 %) aufgebaut und in Betrieb, 286 weitere befanden sich im Aufbau (19 %). 162 angelieferte Werkzeugmaschinen standen noch auf dem Werksverladeplatz und 111 weitere unverpackt auf dem Werkhof, 154 waren hingegen im Lager für vorübergehend stillgelegte Maschinen untergebracht. Von den entladenen und ausgepackten Werkzeugmaschinen stellten sich 245 als nicht komplett und somit faktisch unbrauchbar heraus. 102 Einheiten übergab die Werksleitung anderen Betrieben und Stellen. Die Werkzeugmaschinen, deren Inbetriebnahme in nächster Zukunft nicht vorgesehen war (insgesamt 625 Stück), seien dagegen überhaupt nicht geschützt gewesen, rügte der staatliche Prüfer.[349]

Zusammen mit den Ausrüstungen kamen auch große Menge verschiedener Materialien, wie Messing und Aluminium (in Stäben und als Blech), Kupfer, Zink, Blei und verschiedene elektrische Leitungen (allein davon etwa 30 t). Auch diese Güter wurden ohne Begleitpapiere geliefert und bis zum 15. April 1946 im Werk noch nicht vollständig inventarisiert, geschweige denn verbucht. Das Gesamtgewicht dieser Lieferungen schätzte die Versorgungsabteilung des Werkes auf 200 Tonnen. Die nicht erfassten Messing- und Aluminiumbleche und das Flachaluminium lagen ungeordnet unter freiem Himmel in der Nähe des Buntmetalllagers, teilweise auch in dessen Hallen.

Ferner wurden mit den Anlagen verschiedene Schneidwerkzeuge, Messinstrumente und spezielle Werkzeuge wie Bohrer, Fräsen, Gewindeschneider, Gewindebohrer, Feilen und Ähnliches geliefert. Auch diese Dinge inventarisierte man bis zum 15. April 1946 nur teilweise. Darüber hinaus trafen etwa 60 000 bis 70 000 Kisten mit halbfertigen Produktbauteilen der Firma Siemens ein, die nur zu geringen Teilen in der laufenden Produktion verarbeitet wurden. Der Rest (etwa 20–25 % der gelieferten Menge), vor allem Metallbauteile, wurde unsachgemäß gelagert, war der Witterung ausgesetzt und verrostete.[350]

Der Direktor des Werkes Krasnaja Sarja bestätigte in seiner Stellungnahme vom 20. Mai 1946 im Wesentlichen die erhobenen Vorwürfe. Er verwies jedoch darauf, dass man die Transporte nicht sachgemäß habe entladen und inventarisieren könne, weil die Anlagen und Güter schubweise und in großen Mengen angekommen seien und Arbeitskräfte fehlten. Außerdem sei vieles bereits während der Demontage und beim Transport beschädigt worden. Es mangele zudem an geeigneten Lagerkapazitäten. Ferner könnten viele Werkzeugmaschinen nicht in Betrieb genommen werden, weil meist die technische Beschreibung fehle. Da viele Anlagen für den Transport zerlegt worden und die Teile dann mit verschiedenen Lieferungen eingetroffen seien, wenn überhaupt, habe sich ihr Zusammenbau als äußerst schwierig erwiesen. Im Übrigen erklärte der Direktor, dass ein Teil der festgestellten Missstände und Mängel bereits vor Mai 1946 behoben worden sei oder in naher Zukunft behoben werde.[351]

Am 26. Oktober 1945 meldete der Bevollmächtigte der Staatlichen Planungskommission für die Oblast Odessa der Zentrale in Moskau Missstände bei der Verwendung von Beuteausrüstungen in Betrieben der Stadt Odessa. Bis zum 20. Oktober 1945 waren fünf dortige Betriebe beliefert worden. Das Werk für Taue bekam 355 Beutemaschinen, von denen 25 noch aufgebaut wurden und 31 bereits in Betrieb waren. 72 Werkzeugmaschinen stellten sich als nicht verwendungsfähig heraus und sollten an andere Betriebe übergeben werden. Sie standen nun unter freiem Himmel und verrosteten. Die übrigen noch nicht in Betrieb genommenen Maschinen waren hingegen zufriedenstellend gelagert.[352]

Der Betrieb für Werkzeugmaschinenbau in Odessa erhielt im August 1945 175 Werkzeugmaschinen aus dem Berliner Werk Raboma. Bis zum 20. Oktober 1945 waren 40 von ihnen in Betrieb, die übrigen standen an verschiedenen Stellen des Betriebsgeländes unter freiem Himmel. Im Mai 1945 trafen in Odessa 65 Beutemaschinen ein, die für die dortige Bürstenfabrik bestimmt waren. Im Oktober 1945 waren erst wenige in Betrieb, 28 stellten sich als nicht verwendungsfähig heraus und 14 befanden sich noch auf dem Güterbahnhof in Odessa. Im Hafen von Odessa lagerten über 500 Tonnen Beutegüter für verschiedene Betriebe in Odessa, deren neue Besitzer jedoch bis dahin nichts unternommen hatten, um sie abzuholen.[353]

In den Jahren 1944 und 1945 beschlossen die sowjetischen Machthaber, in Weißrussland moderne Industriebetriebe aufzubauen und sie mit in Deutschland demontierten Anlagen und Maschinen auszurüsten. In Minsk beispielsweise sollten Fahrrad-, Traktoren- und Werkzeugmaschinenfabriken entstehen. Alles ging schleppend voran, obwohl es Beutemaschinen und -anlagen in Hülle und Fülle gab, die angeliefert worden waren, bevor die Werkshallen standen. Da auch sonstige Lagerflächen fehlten, wurden 1577 Werkzeugmaschinen unter freiem Himmel abgestellt, wo sie monatelang stehen blieben. Ebenso verfuhr man mit 700 Werkzeugmaschinen auf dem Gelände des Traktorenwerkes. In anderen Minsker Betrieben ging man ähnlich fahrlässig mit angelieferten Ausrüstungen und Materialien um.[354]

Von den im Jahr 1945 in den deutschen Ostgebieten erbeuteten Hunderttausenden von Kühen, Schafen und Pferden wurden mindestens 84 000 Kühe und 35 000 Schafe zu Kolchosen in den östlichen Gebieten der Weißrussischen Sowjetrepublik getrieben. In den westlichen Gebieten gab es zu diesem Zeitpunkt noch keine Kolchosen, die dortigen Bauernwirtschaften erhielten auch kein Beutevieh.[355] Im April 1946 überprüfte die Kontrollabteilung von Gosplan, wie in den weißrussischen Kolchosen das Beutevieh gehalten wurde. Man stellte fest, dass sich die Zahl der Beutekühe um mehr als die Hälfte verringert hatte. Als Hauptgründe machte man den schlechten Umgang mit den Kühen und die Nichteinhaltung grundlegender Tierhaltungsregeln aus. Ferner seien ganze Zuchtherden auseinandergerissen und keine Zuchthaltung betrieben worden.[356]

Acht Monate später, im Dezember 1947, überprüfte dieselbe Behörde die Haltung des Beutviehs der ostfriesischen Rasse in den Kolchosen der Oblasten Bobrujsk und Gomel (Ostweißrussland). Im Prüfungsbericht monierten die Kontrolleure, dass die Bestände der ostfriesischen Rasse im Vergleich zum Sommer 1945 stark zurückgegangen seien. Der Grund läge darin, dass die Kolchosen nicht ausreichend vorbereitet gewesen seien, um die Rassekühe angemessen zu füttern und sie im Winter artgerecht zu halten. Des Weiteren seien keinerlei Maßnahmen zur Zuchthaltung getroffen worden.[357]

Im Bestand des Volkskommissariats/Ministeriums für Staatskontrolle, der im GARF aufbewahrt wird, finden sich zahlreiche ähnliche Fälle aus allen Sparten der sowjetischen Wirtschaft. Und die Prüfungsergebnisse sind ähnlich, sodass man davon ausgehen kann, dass die festgestellten Missstände die Regel in den sowjetischen Betrieben darstellten.

Die Beuteausrüstungen und das
Wirtschaftswachstum in der UdSSR nach 1945

Trotz enormer Verschwendung wurde ein großer Teil der erbeuteten Ausrüstungen und Materialien doch in Betrieb genommen bzw. verwertet und trug damit entscheidend zum Wachstum der sowjetischen Wirtschaft nach 1945 bei, zumal die demontierten Maschinen und Anlagen nicht nur moderner und leistungsfähiger als die sowjetischen waren, sondern auch sehr zahlreich im Verhältnis zu den bis dahin in der sowjetischen Industrie vorhandenen Maschinen und Fertigungsanlagen.

Hervorzuheben ist in diesem Zusammenhang, dass die Kriegsverluste an Anlagen und Maschinen in den wichtigsten Zweigen der sowjetischen Industrie eher moderat waren. So betrug die Gesamtleistung der sowjetischen Kraftwerke im Herbst 1939 11,2 Millionen Megawatt und im Jahr 1945 11,1 Millionen Megawatt, der Rückgang lag also nur bei einem Prozent. Im Jahr 1940 produzierten die sowjetischen Kraftwerke 48,3 Milliarden kWh elektrische Energie und im Jahr 1945 43,3 Milliarden kWh, das heißt, sie erreichten immer noch 90 Prozent der Vorkriegsproduktion.[358]

Ebenfalls keine sonderlich hohen Verluste hatte die Sowjetunion bei den spanabhebenden Werkzeugmaschinen zu verzeichnen. Im November 1940 betrug deren Zahl 710 000, und im Jahr 1945 verfügten die sowjetischen Industriebetriebe immer noch über 662 000 Einheiten.[359] Während des Krieges bekam die sowjetische Industrie knapp 70 000 neue solcher Maschinen geliefert, darunter 18 593 (36,3 %) im Rahmen des Lend-Lease-Programms.[360] Somit waren die sowjetischen Kriegsverluste in diesem Bereich mit etwa 15 Prozent des Vorkriegsstandes relativ gering, wegen Abnutzung verschrottete Maschinen mitgerechnet. Größere Verluste verzeichnete man hingegen bei den Schmiede- und Presseinrichtungen, von denen es im November 1940 119 000 gab, im Jahr 1945 hingegen nur noch 70 000, das waren 58 Prozent des Vorkriegsstandes.[361]

Der Krieg und die deutsche Besatzung verursachten in der Sowjetunion ohne Zweifel große materielle Schäden, doch die Produktionskapazitäten, die Maschinen und Anlagen der wichtigsten Industriezweige waren davon nicht besonders betroffen, worauf auch der Produktionsindex für die Jahre 1940 und 1945 hindeutet, der in diesem Zeitraum nur um acht Prozent sank.

Tabelle: Produktionsindex der sowjetischen Industrie (1913 = 100)[362]

Industriezweige	1913	1928	1940	1945
Industrieproduktion insgesamt	100	130	770	710
Energiewirtschaft	100	150	640	480
chemische Industrie	100	150	1690	1560
Maschinenbau und Metallbearbeitung	100	180	2960	3820
Leichtindustrie	100	140	470	290
Nahrungsmittelindustrie	100	100	380	190

Dies bedeutet, dass die massenhaft demontierten und eingeführten Maschinen und Fertigungsanlagen die Kriegsverluste schnell wettmachten und den Besitzstand stark erhöhten. Hier einige Beispiele: Die Leistung der bis November 1946 demontierten Elektrogeneratoren betrug nach sowjetischen Angaben 80 Prozent der Leistung der vorhandenen sowjetischen. Die Anzahl der demontierten spanabhebenden Werkzeugmaschinen betrug im Jahr 1948 61 Prozent der vorhandenen, die der Schmiede- und Presseinrichtungen beinahe 90 und die der Holz verarbeitenden Einrichtungen 53 Prozent.

Der Maschinenpark der Betriebe des Ministeriums für schweren Maschinenbau verdoppelte sich bis September 1946, vor allem dank der erbeuteten Anlagen.

Tabelle: Maschinenpark der UdSSR (ausgewählte Anlagen/Maschinen) im Jahr 1945 (vor den Einfuhren) und Anzahl der bis zum 1. August 1948 (Werkzeugmaschinen, Schmiede- und Presseinrichtungen und holzverarbeitenden Einrichtungen) bzw. bis November 1946 (Elektrogeneratoren und Dampfkessel) eingeführten Anlagen[363]

	Maschinenpark der UdSSR im Jahr 1945	demontierte Anlagen	
		Anzahl	in % der Anlagen der UdSSR
Elektrogeneratoren (in Megawatt) insgesamt	9936	8039	80,9
Dampfkessel insgesamt	18 445	3673	19,9
Gesamtdampfleistung in 1000 t/Stunde	86	50	58,1
spanabhebende Werkzeugmaschinen	662 000	407 566	61,4
Schmiede- und Presseinrichtungen	70 000	62 812	89,7
holzverarbeitende Einrichtungen	58 000	30 838	53,1

Es dauerte allerdings Jahre, bis die eingeführten Maschinen und Fertigungsanlagen in Betrieb genommen wurden. Neue Werke mussten errichtet und die bestehenden ausgebaut werden, um die im Überfluss vorhandenen Maschinen und Anlagen überhaupt aufstellen zu können. Die größten Schwierigkeiten verursachte dabei der akute Mangel an Arbeitskräften.

Beispielsweise sollten in Dnjepropetrowsk die Hüttenwerke »K. Liebknecht« errichtet werden. Anlagen dafür gab es zur Genüge. Der Aufbau ging jedoch schleppend voran, klagte der Volkskommissar für Bauwesen, Ginsburg, in einem Schreiben an Malenkow vom 17. Januar 1946, denn von den benötigten 2500 Arbeitskräften seien bis Anfang Januar lediglich 500 zugewiesen worden. Am 1. November 1945 waren dem Volkskommissariat für Bauwesen

Tabelle: Maschinenpark des Ministeriums für schweren Maschinenbau zum 1. April 1945 und zum 1. September 1946 (aufgestellte und nicht aufgestellte Maschinen)[364]

	spanabhebende Werkzeugmaschinen	Schmiede- und Presseinrichtungen	Holzbearbeitung	Gießereianlagen
am 1.4.1945	12 025	1190	522	426
Zuwachs für die Zeit von 1945–1.9.1946	12 724	1175	287	542
darunter heimische Produktion	2018	182	82	163
Import	748	70	–	–
Beute (verladen)	9958	923	215	379

5000 Repatrianten (ehemalige Zwangsarbeiter) zugeteilt worden, von denen 2000 für die »K. Liebknecht«-Werke bestimmt wurden. Aber erst am 12. Januar 1946 traf ein Transport mit 1000 Repatrianten aus Grodno ein, und Ginsburg bat um die restlichen 1000 Arbeitskräfte.[365]

Im Jahr 1945 begann der Bau der Stahldrahtwerke in Charzyssk (bei Donezk). Der Bauplan wurde im Jahre 1945 jedoch nur zu 26,5 Prozent erfüllt, und in den ersten Monaten des Jahres 1946 gingen die Bauarbeiten kaum voran. Die Gründe hierfür waren vielfältig: Es fehlten Stahlkonstruktionen, Baustoffe, Baumaschinen und Arbeitskräfte. Laut Beschluss des SNK der UdSSR vom 30. Dezember 1945 sollten 3700 Personen in den Oblasten Winniza, Kamenez-Podolski, Stalino und Tschernigow angeworben werden. Im ersten Quartal 1946 wurden es nur 1067. Und diese Arbeitskräfte wurden nach und nach zu anderen Baustellen verlegt.[366]

Vor diesem Hintergrund verwundert es nicht, dass Stalin und seine Genossen von Anfang an den Arbeitseinsatz deutscher und nichtdeutscher Kriegsgefangener sowie verschleppter deutscher Zivilisten vorsahen und entsprechende Maßnahmen trafen. Hunderttausende deutscher Kriegsgefangener und Verschleppter waren jahrelang beim Wiederaufbau des zerstörten Landes, dem Aufbau neuer Industriebetriebe und der Infrastruktur beschäftigt.[367] Am 15. Mai 1945 unterzeichnete Stalin den GKO-Beschluss Nr. 8572 über die Verlegung von 1,25 Millionen deutschen Kriegsgefangenen in die Sowjetunion bis Juli 1945, um sie in der sowjetischen Wirtschaft einzusetzen. 200 000 Gefangene sollten im Steinkohlebergbau eingesetzt werden, 135 000 im Bauwesen, 115 000 im Verkehrswesen (Bau von Eisenbahnlinien) und in anderen Bereichen.[368]

Nach NKWD-Angaben leisteten im Juni 1945 793 000 deutsche Kriegsgefangene, 180 172 »mobilisierte« und 88 014 verhaftete Deutsche Zwangsarbeit in Bergwerken, Industriebetrieben und auf Baustellen in der Sowjetunion. Anderthalb Jahre später belief sich die Zahl der deutschen Zwangsarbeiter auf 1,35 Millionen, darunter 1 245 531 Kriegsgefangene und 121 439 »Mobilisierte«.[369]

Bei den »verhafteten Deutschen« handelte es sich wohl um diejenigen, die im Frühjahr 1945 in den ostdeutschen und westpolnischen Gebieten festgenommen und in die Sowjetunion verschleppt wurden. Am 3. Februar 1945 hatte Stalin angeordnet, alle arbeits- und wehrfähigen deutschen Männer im Alter von 17 bis 50 Jahren in den ostdeutschen und westpolnischen Gebieten zu »mobilisieren«. Angehörige des Volkssturms und anderer militärischer Truppenteile waren als Kriegsgefangene zu behandeln und in die NKWD-Gefangenenlager einzuweisen. Aus den übrigen »mobilisierten« deutschen Männern waren Arbeitsbataillone (750 bis 1200 Mann) zu formieren, um sie in der Sowjetunion, in erster Linie in der BSSR und der USSR, bei verschiedenen Arbeiten einzusetzen. Dieser Beschluss wurde mit »terroristischen Akten«, die in den sowjetisch besetzten ostdeutschen Gebieten auf die Truppen der Roten Armee verübt worden seien, begründet.[370]

Von Februar bis April 1945 »mobilisierten« sowjetische Besatzungsorgane auf diese Weise in den westpolnischen und ostdeutschen Gebieten 94 600 Personen (darunter einige hundert Frauen) und verschleppten sie in die Sowjetunion zur Zwangsarbeit. Unter ihnen waren auch etwa 20 000 Polen.[371] Ein ähnliches Schicksal ereilte die Deutschen in Ungarn, Bulgarien, Rumänien, der Tschechoslowakei und Jugoslawien, hierfür erteilte Stalin bereits im Dezember 1944 entsprechende Befehle. Laut GKO-Beschluss Nr. 7163 vom 16. Dezember waren in diesen Ländern alle arbeitsfähigen deutschen Männer im Alter von 17 bis 45 Jahren und alle deutschen Frauen im Alter von 18 bis 30 Jahren zu internieren, um sie anschließend in die Sowjetunion zur Zwangsarbeit zu verschleppen.[372]

Trotz zahlreicher Schwierigkeiten und Rückschläge wurden nach sowjetischen Angaben innerhalb von fünf Jahren (von 1946 bis 1950) insgesamt 6200 große Industriebetriebe neu errichtet, zwischen 1928 und 1941 waren es rund 9000 gewesen.

Tabelle: Anzahl der großen Industriebetriebe, die in den Jahren 1918 bis 1955 ausgebaut, neu aufgebaut bzw. wieder aufgebaut wurden[373]

Zeitraum	Anzahl der Industriebetriebe
1918 bis 1928	2200
1928 bis 1932 (erster Fünfjahresplan)	1500
1933 bis 1937 (zweiter Fünfjahresplan)	4500
1938 bis Juni 1941	3000
Juli 1941 bis Ende 1945, darunter	11 000
neu aufgebaut	3500
wieder aufgebaut	7500
1946 bis 1950 (vierter Fünfjahresplan)	6200
1951 bis 1955 (fünfter Fünfjahresplan)	3200

Nach und nach wurden die eingeführten Maschinen und Fertigungsanlagen in Betrieb genommen. Zum 1. August 1948 waren nach Angaben der Zentralverwaltung für Statistik 86 Prozent der eingeführten spannabhebenden Werkzeugmaschinen (348 678 von 407 566), 86 Prozent der Schmiede- und Presseinrichtungen, 79 Prozent der holzverarbeitenden Einrichtungen, 88 Prozent der Elektrogeneratoren mit Turbinen, 87 Prozent der Dampfkessel,

92 Prozent der Wechselstrommotoren, 86 Prozent der Starkstromtransformatoren, 98 Prozent der Warmwalzstraßen und 88 Prozent der Kaltwalzstraßen für Schwarzmetalle, 63 Prozent der Walzstraßen für Buntmetalle, 94 Prozent der Anlagen der Chemie-, 90 Prozent der Gummi- und 94 Prozent der Papierindustrie in Betrieb.[374]

Das sowjetische ›Wirtschaftswunder‹ nach 1945

Die massenhaft eingeführten Maschinen und Fertigungsanlagen, die nach und nach in Betrieb genommen wurden, sorgten für ein sehr schnelles Wachstum der sowjetischen Wirtschaft. So stieg beispielsweise die Zahl der hergestellten Automobile um 250 Prozent von 145 500 im Jahr 1940 auf 363 900 im Jahr 1950 und die der Traktoren im gleichen Zeitraum um 370 Prozent von 31 600 auf 117 000 (siehe Tabelle S. 360).

Lediglich die Landwirtschaft verzeichnete kaum Wachstum. Die Getreideerträge betrugen in den Jahren 1936 bis 1940 durchschnittlich 77,4 Millionen Tonnen, das Jahr 1937 mit 97,4 Millionen Tonnen war eine Ausnahme. Im Jahr 1939 besetzte die Sowjetunion die ostpolnischen Gebiete und im Sommer 1940 Bessarabien sowie die baltischen Länder. Dort dürften mehr als zehn Millionen Tonnen Getreide produziert worden sein.[375]

Die sowjetische Automobilindustrie erlitt während des Krieges relativ geringe Verluste, sodass nach Kriegsende die Autofabriken ihre Produktion wieder aufnehmen konnten.[377] Am 26. August 1945 unterzeichnete Stalin den GKO-Beschluss Nr. 9905 über den Wiederaufbau und die Entwicklung der Automobilindustrie, der eine Modernisierung und Steigerung der Produktion von 250 000 Lkw und 20 300 Pkw im Jahr 1946 auf 390 000/55 600 im Jahr 1947, 505 000/75 600 ein Jahr später, 600 000/95 600 im Jahr 1949 und 695 000/105 600 im Jahr 1950 vorsah.[378]

Voraussetzung dafür war der Ausbau der bestehenden und der Aufbau neuer Automobilfabriken sowie die Einfuhr moderner Anlagen. Die technologische Basis dafür stellten die in Deutschland demontierten Ausrüstungen dar. Vertreter der sowjetischen Automobilindustrie reisten nach Deutschland, suchten ge-

Tabelle: Wachstum der Produktion in ausgewählten Wirtschaftszweigen der UdSSR in den Jahren 1928 bis 1955[376]

Produkte	1928	1932	1937	1940	1945	1950	1955
E-Energie (Mrd. kWh)	5,0	13,5	36,2	48,3	43,3	91,2	170,0
Erdöl (Mio. t)	11,6	21,4	28,5	31,1	19,4	37,9	70,8
Erdgas (Mrd. m³)	0,3	1,0	2,2	3,2	3,3	5,8	45,3
Steinkohle (Mio. t)	35,5	64,4	128,0	165,9	149,0	261,0	390,0
Stahl (Mio. t)	4,3	5,9	17,7	18,3	12,3	27,3	45,3
Zellulose (1000 t)	86,0	185,0	426,0	529,0	279,0	1100,0	1742,0
spanabhebende Werkzeugmaschinen (1000)	2,0	19,7	48,5	58,4	38,4	70,6	117,0
Automobile (1000)	0,84	23,9	200,0	145,4	74,7	362,9	445,3
Traktoren (1000)	1,3	48,9	51,0	31,6	7,7	117,0	163
Zement (Mio. t)	1,8	3,5	5,5	5,7	1,8	10,2	22,5
Radioempfänger (1000)	3,0	29,0	200,0	160,0	13,9	1072,0	3549,0
Getreide (Mio. t)	69,3	74,0	97,4	95,6	47,3	81,2	103,7

eignete deutsche Fabriken und Anlagen aus und leiteten die Demontagen.

Folgende Werke wurden abgebaut: Büssing-NAG (Elbing, Berlin, Leipzig), Opel (Brandenburg, Rathenow, Burg), Phänomen (Zittau), DKW (Zschopau), Wanderer (Chemnitz), Horch (Zwickau), BMW (Eisenach), Vomag (Plauen), Audi (Zwickau), Framo (Hainichen). Bis August 1947 erhielt die sowjetische Automobilindustrie nach Angaben des zuständigen Ministeriums 58 893 in der SBZ demontierte Anlagen, darunter 33 870 Metallbearbeitungsmaschinen. Hinzu kamen noch 4100 Anlagen aus anderen Gebieten (Ostdeutschland, Österreich, Mandschurei, Tschechoslowakei und Polen).[379]

Demontierte Anlagen gingen an die bereits bestehenden Werke, die ZIS-Autowerke in Moskau, GAZ in Gorki, die Automobilfabrik Jaroslaw und die Ural-Automobilfabrik, die dank dieser Lieferungen ihre Maschinenbestände und Produktionskapazitäten vervielfachten. Die meisten Ausrüstungen (über 30 000) wurden jedoch an die im Bau befindlichen Automobilwerke in Dnjepropetrowsk, Uljanowsk, Minsk, Kutaissi und Nowosibirsk geliefert. Ein Teil stellte sich als unbrauchbar heraus, in manchen Betrieben 30 bis 40 Prozent, und musste durch andere ersetzt werden. Bis 1947 wurden 13 000 Anlagen ausgetauscht. Beschädigte Ausrüstungen wurden, wenn möglich, repariert, ansonsten verschrottet. Ende 1946 liefen 20 898 demontierte Anlagen in den Werken der sowjetischen Automobilindustrie und Anfang 1949 47 477. »Der Prozess der Inbetriebnahme bzw. des Austausches wurde erst in der ersten Hälfte der fünfziger Jahre beendet.«[380]

Dieser umfangreiche Transfer von Ausrüstungen steigerte trotz zahlreicher Rückschläge die Produktionskapazitäten der sowjetischen Automobilindustrie erheblich, obwohl die GKO-Pläne vom 26. August 1945 nicht erfüllt werden konnten. Im Jahr 1950 baute man in der Sowjetunion nicht 800 000 Automobile, sondern nur 362 900. Dennoch war die Produktion damit im Vergleich zum Jahr 1940 um 250 Prozent gestiegen.

Die demontierten Ausrüstungen und Anlagen schufen die Grundlage für eine sowjetische Pkw-Produktion, die es zuvor praktisch nicht gegeben hatte. Im August 1945 wurde beschlossen, den deutschen Opel Kadett K-38 zu kopieren. Der neue sowjetische Typ erhielt den Namen Moskwitsch-400, und der erste lief am 4. Dezember 1946 vom Band. Bis April 1956 bauten die Moskauer Werke für Kleinwagen 247 439 Moskwitsch. Das Modell wurde weiterentwickelt und schließlich zum wichtigsten sowjetischen Pkw.[381]

Ähnliches gilt für die Motorradindustrie. Die Sowjets kopierten deutsche Modelle (DKW, Wanderer und BMW) und begannen ihre Fertigung ab 1946 in Werken, die mit deutschen Anlagen ausgerüstet worden waren. Und die Motorradproduktion steigerte sich innerhalb von fünf Jahren (1945–1950) um 1810 Prozent im Vergleich zum Jahr 1940 (6800 Maschinen). Im Jahr 1945 waren es 4700 Einheiten, ein Jahr später 6100, im Jahr 1947 schon 29 600, 67 700 im Jahr 1948, 92 100 1949 und im Jahr 1950 schließlich 123 100.[382]

In anderen Bereichen der sowjetischen Wirtschaft sah es ähnlich aus:

»Die von der Sowjetunion ›übernommenen‹ Produktionsanlagen brachten schon Ende der vierziger Jahre erste Ergebnisse. Nur ihr Vorhandensein erklärt, daß die Bücher plötzlich solide, sogar luxuriöse Einbände bekamen und der Druck sich qualitativ enorm verbesserte. Die Preise hingegen waren moderat. Durch ungewohnte Eleganz bestachen vor allem die ersten Nachkriegsausgaben der Werke von Marx, Engels, Lenin und Stalin sowie ausgewählter Politikwissenschaftler jener Zeit, die sogar fremdsprachig verlegt wurden.«[383]

Den größten Sprung verzeichnete die sowjetische Rüstungswirtschaft. Sie hatte vor dem 22. Juni 1941 und während des Krieges Beachtliches geschaffen, auf den Technologietransfer aus dem Ausland war sie jedoch von Anfang an angewiesen. Die Forschung ist sich einig darin, dass der sowjetischen Rüstungsindustrie der entscheidende technologische Durchbruch zur Produktion moderner Waffensysteme erst nach 1945 gelang.[384]

Auch in diesem Sektor ermöglichten die umfangreichen Demontagen den Aufbau neuer sowie den Ausbau und die Modernisierung bestehender Rüstungsbetriebe. Ferner wurden neue Waffensysteme, wie Raketen, Flugabwehrraketen, U-Boote und Düsenflugzeuge, die in Deutschland erbeutet worden waren, eingeführt. Dabei griffen die Sowjets nicht nur auf deutsche Produktionstechnik und die bereits entwickelten Waffenmodelle zurück, sondern auch auf deutsche Spezialisten. Tausende deutscher Konstrukteure, Ingenieure und Techniker arbeiteten sowohl in der sowjetischen Besatzungszone als auch in der Sowjetunion für die UdSSR und entwickelten die deutschen Waffensysteme weiter, in erster Linie Raketen und Düsenflugzeuge. »Die Mischung aus industriellen Demontagen und Transfer von Know-how war die bestimmende Voraussetzung für den technologischen Sprung der sowjetischen Rüstungswirtschaft nach 1945.«[385]

Zu den ›Sonderlieferungen‹ hinzu kam die systematische Ausbeutung der ›befreiten‹ Länder im Rahmen von Reparationen (Ostdeutschland, Ungarn, Rumänien, Finnland), versteckten Reparationen (Österreich) oder ohne jeglichen Vorwand (Polen).[386] Es besteht kein Zweifel daran, dass die Sowjetunion die ihr unterworfenen Ostblockländer gnadenlos ausbeutete und damit den Aufbau der eigenen Wirtschaft und Rüstung mitfinanzierte.

Im Jahr 1949 ließ Stalin in der SBZ die Deutsche Demokratische Republik gründen. Der ostdeutsche Uranabbau veranschaulicht die jahrzehntelange systematische Ausbeutung durch den ›Großen Bruder‹. Die Lieferungen aus der SBZ, die im Jahr 1946 begannen und bis 1990 weitergingen, stellten die Rohstoffbasis der sowjetischen Atomwirtschaft dar. Eigens zu diesem Zweck gründeten die sowjetischen Besatzer im Jahr 1947 die Staatliche Aktiengesellschaft Buntmetallindustrie Wismut (SAG Wismut), die 1953 in Sowjetisch-Deutsche Aktiengesellschaft umbenannt, formal sogar neu gegründet wurde und bis 1991 bestand.[387]

Die tatsächlichen Produktionskosten, welche die deutsche Seite zu tragen hatte, beliefen sich in den Jahren 1946 bis 1953 auf 9,44 Milliarden Mark. Hinzugerechnet werden müssen 3,54 Milliarden Mark an Investitionen, 0,62 Milliarden Mark für die geologische Erkundung und geschätzte 1,5 Milliarden Mark indirekter Kosten (Ausbau der Infrastruktur, Wohnungsbau, Renten und Versicherungen, Berufsausbildung). Diese Kosten hatte ebenfalls die DDR zu tragen. Somit beliefen sich die Gesamtkosten der SAG Wismut in den Jahren 1946 bis 1953 auf 15,1 Milliarden Mark. Die sowjetische Seite rechnete jedoch der DDR im Jahr 1953 als Reparationsleistungen lediglich 344,2 Millionen US-Dollar an, umgerechnet 2,717 Milliarden Mark, das sind knapp 18 Prozent der Gesamtkosten. Zudem gingen die Sowjets bei der Umrechnung der Uranlieferungen von Mark in Dollar willkürlich vor und setzten für die Lieferungen bis 1950 einen Kurs Dollar/Mark von 1 : 11 und ab

1951 von 1 : 7 fest. So sind auch die oben angeführten Berechnungen problematisch, spiegeln sie doch die tatsächlichen Dimensionen der Ausbeutung durch die Sowjetunion nicht wider.[388]

Nach ähnlichem Muster gingen die Sowjets in den anderen Ostblockländern vor, beispielsweise in Polen. Während der Potsdamer Konferenz hatten die Alliierten die Höhe der von Deutschland zu zahlenden Reparationen auf 20 Milliarden US-Dollar festgelegt, wovon die UdSSR die Hälfte bekommen sollte. Zugleich beschloss man, die polnischen Reparationsansprüche aus dem sowjetischen Reparationsanteil zu befriedigen. Am 16. August 1945 unterzeichneten die polnische Marionettenregierung und die sowjetische Regierung in Moskau ein Abkommen, in dem die Sowjetunion auf jegliche Ansprüche auf das deutsche Eigentum und andere deutsche Aktiva in Polen verzichtete. Ferner sollten die Polen von der sowjetischen Reparationsmasse aus Deutschland 15 Prozent (1,5 Mrd. U-Dollar) erhalten.[389]

Bis zu diesem Zeitpunkt hatten die Sowjets allerdings schon sämtliche wichtigen deutschen Betriebe aus den ostdeutschen Gebieten demontiert und in die Sowjetunion abtransportiert. Und diese Demontagen liefen auch nach dem 16. August weiter.

Mit dem Abkommen vom 16. August 1945 verpflichteten sich die Polen im Gegenzug, Kohle an die UdSSR zu Sonderpreisen (1,22 US-Dollar pro Tonne, das waren etwa 10 % des damaligen Weltmarktpreises) zu liefern, und zwar acht Millionen Tonnen bis Ende 1945, 13 Millionen jährlich in den Jahren 1947 bis 1950 und zwölf Millionen Tonnen jährlich in den darauf folgenden Jahren, und zwar solange Deutschland besetzt war. Diese »Vereinbarung«, die in Wirklichkeit ein Tribut war, bedeutete eine enorme Belastung für die polnische Wirtschaft. Hätte Polen die bis 1953 an die Sowjetunion gelieferte Steinkohle auf dem Weltmarkt verkauft, hätte das Land je nach Berechnung zwischen 586 und 836 Millionen US-Dollar mehr bekommen.[390]

Allerdings erhielt Polen im Rahmen der Reparationen Ausrüstungen und Güter im Wert von etwa 178,5 Millionen US-Dollar, ohne dass die sowjetische Seite jedoch eine glaubwürdige Abrechnung für die gelieferten Waren vorgelegt hätte. Mehr als die Hälfte der Lieferungen bestand aus Lokomotiven und Waggons, welche die Sowjets auf ostdeutschem und polnischem Territorium erbeutet hatten. Nach dem polnisch-sowjetischen Abkommen hätte die sowjetische Seite diese Güter Polen einfach überlassen müssen. Doch die Sowjets rechneten dieses rollende Material mit 111,2 Millionen Dollar auf das polnische Reparationskonto an. Ein Teil dieser Loks und Waggons war ohnehin polnisch, weil die Deutschen sie im Jahr 1939 beschlagnahmt hatten.[391]

Vor diesem Hintergrund verwundert es nicht, dass die Marionettenregierung in Warschau sich darum bemühte, die Kohlelieferungen an die Sowjetunion zu reduzieren, um den immensen wirtschaftlichen Schaden zu begrenzen. Am 5. März 1947 unterzeichneten beide Seiten ein Abkommen über eine 50-prozentige Reduzierung der polnischen Kohlelieferungen an die UdSSR. Zugleich verzichtete die polnische Seite auf die Hälfte der Reparationsansprüche; nicht mehr 15 Prozent der sowjetischen Reparationsmasse aus Deutschland standen Polen nun zu, sondern nur noch 7,5 Prozent.[392]

Eine andere Methode, die unterworfenen Länder auszubeuten, bestand darin, willkürliche Umtauschkurse US-Dollar/Mark festzulegen (1 : 11 bzw. 1 : 7, siehe oben). Die relativ wenigen Reparationsleistungen, welche die Sowjets aus der DDR an Polen weiterleiteten, berechneten sie hingegen nach dem Kurs 1 : 3,5.[393] Ähnlich willkürlich legten sie auch den Umtauschkurs zwischen dem Rubel und den Währungen der Ostblockstaaten fest. Damit konnte die UdSSR in den jeweiligen Ländern billig einkaufen und eigene Waren teuer verkaufen. Zumal die Ostblockländer durch Handelsverträge dazu gezwungen wurden, Rohstoffe in der Sowjetunion einzukaufen und eigene Industrieprodukte und Rohstoffe an die Sowjetunion zu verkaufen.

Im Jahr 1951 führte das kommunistische Regime in Polen eine Währungsreform durch und änderte bei dieser Gelegenheit den für die polnische Seite ungünstigen Wechselkurs Rubel/Złoty von 1 : 3 in 1 : 1. Stalin intervenierte persönlich und sandte Bolesław Bierut am 8. Januar 1951 ein Telegramm: »Für 100 Rubel können wir jetzt in Polen drei Mal weniger kaufen als vor der Reform. [...] Wir halten es für richtig, den Umtauschkurs zwischen Złoty und Rubel auf drei zu eins festzulegen. Gruß, Filippow«.[394] Stalin benutzte in seinen Telegrammen oft das Pseudonym »Filippow«. Selbstverständlich kam es für das kommunistische Regime in Warschau nicht in Frage, dem Genossen Stalin zu widersprechen.

Nicht anders als die DDR und Polen behandelten die Sowjets die anderen Ostblockländer.[395]

Während die westlichen Länder (mit Westdeutschland) vom Marshallplan profitierten und sich wirtschaftlich frei entwickeln konnten, plünderte die Sowjetunion ihre Satelliten erbarmungslos aus. Schlimmer noch, sie zwang diesen Ländern ein wirtschaftliches System nach sowjetischem Vorbild auf, welches das bestehende zerstörte und militarisierte, was fatale soziale und wirtschaftliche Verwerfungen zur Folge hatte.

Die ›Sonderlieferungen‹ sowie die rücksichtslose Ausbeutung der von der Roten Armee ›befreiten‹ Länder legten die Grundlagen für den dritten und zugleich letzten Modernisierungsschub in der Geschichte der Sowjetunion. Andere Impulse, die das Wachstum und die Modernisierung der sowjetischen Wirtschaft nach 1945 erklären könnten, gab es nicht, weder ausländische Kredite noch innere Wachstumsanreize, denn die sowjetische Wirtschaftspolitik änderte sich nach 1945 nicht. Sie stand nach wie vor im Zeichen von Zwangsarbeit, rücksichtloser Ausbeutung und Planwirtschaft mit allen ihren Verwerfungen, sprich Produktions- und Lieferengpässen, verfehlten Planungen, kreativer Buchführung und kaum vorstellbarer Verschwendung von Ressourcen. Dies gilt für die Landwirtschaft ebenso wie für die Industrie, obwohl die Industriearbeiter im Vergleich zu den Kolchosbauern insgesamt mehr Freiräume hatten, wobei von echter Freiheit natürlich keine Rede sein kann.

Die sowjetische Historiographie blendete diese Faktoren aus und verwies bei der Erklärung des sowjetischen Wirtschaftswachstums nach 1945 auf angebliche »innere Ressourcen« und auf die »Befreiung« des Landes aus der »kapitalistischen Umkreisung« und wirtschaftlichen Abhängigkeit von den westlichen Ländern.[396]

Die heutige russische Forschung hat diese Sichtweise teilweise revidiert. So schreibt I. Bystrowa in ihrer 2006 erschienenen Studie über den Aufbau der sowjetischen Rüstungsindustrie von den Dreißiger- bis zu den Achtzigerjahren des 20. Jahrhunderts, dass in den ersten Nachkriegsjahren die sogenannten ›Sonderlieferungen‹ eine der wichtigsten Voraussetzungen für das industrielle Wachstum gewesen seien. Es habe sich um Materialien und Ausrüstungen gehandelt, die sowohl als Kriegsbeute als auch im Rahmen von Reparationen und Abkommen mit Deutschland, Japan, Korea, Rumänien, Finnland und Ungarn eingeführt worden seien.[397] Die nicht geringen ›Sonderlieferungen‹ aus Polen und Österreich lässt Bystrowa hingegen unerwähnt.

Nikolai Simonow, ein anderer russischer Wirtschaftshistoriker, schreibt dezidierter:

»Früher wurde das nicht erwähnt, jedoch spielten beim Aufbau der sowjetischen Wirtschaft Reparationen die entscheidende Rolle, darunter der Aufbau und die Inbetriebnahme von Anlagen aus den über 5500 demontierten und in die UdSSR ausgeführten deutschen (auf dem Territorium Ostdeutschlands, Polens, Österreichs und Ungarns befindlichen) und japanischen (in der Mandschurei und Nordkorea liegenden) Betrieben.«[398]

Die demontierten Anlagen und die Ausbeutung der unterworfenen Länder garantierten jedoch kein dauerhaftes Wirtschaftswachstum. Die erbeuteten Maschinen wurden meist nachlässig gewartet und waren schnell abgenutzt. Neue und bessere auf der Grundlage der erbeuteten Patente wurden wegen des ausbleibenden technischen Fortschritts meist nicht entwickelt. Andrei Minjuk schreibt: »Zu Beginn der fünfziger Jahre machte sich in der sowjetischen Automobilindustrie eine deutliche Verlangsamung des Wachstums bemerkbar. [...] Die in sowjetischen Autofabriken eintreffenden deutschen Betriebsanlagen gewährleisteten kein langfristiges wirtschaftliches Wachstum.«[399]

Eine Ausnahme stellte über längere Zeit der Rüstungssektor dar. Mit der Zeit wuchs jedoch der technologische Rückstand gegenüber den westlichen Ländern, insbesondere den USA, auch hier immer mehr. Die im großen Stil betriebene technologische Spionage half da wenig. Bemerkenswert ist, dass in Deutschland erbeutete Werkzeugmaschinen in den sowjetischen Rüstungsbetrieben bis zum Zusammenbruch der Sowjetunion in Betrieb waren und sogar heute noch in den nunmehr russischen Rüstungswerken weiter laufen. Moderne Waffen lassen sich damit allerdings schon lange nicht mehr herstellen.[400]

Aber auch die rücksichtslose wirtschaftliche Ausbeutung der unterworfenen Länder stieß bald an ihre Grenzen, weil die Sowjets ihnen dazu auch noch ihr eigenes mangelhaftes Wirtschaftssystem aufzwangen: Verstaatlichung und Militarisierung der Industrie, des Handwerks und Handels, Kollektivierung der Landwirtschaft (Polen stellte hier eine Ausnahme dar), Planwirtschaft sowie der Aufbau eines riesigen Wirtschafts- und Parteiapparates. Und auch die Folgen waren ähnlich wie in der Sowjetunion: chronische Krisen, Missstände, Engpässe, Verschwendung von Arbeitskräften und Ressourcen, technologische Rückständigkeit. Folglich war auch dort bald immer weniger herauszuholen. Mit der Zeit wurden diese Länder gar zu einer wirtschaftlichen Belastung für die Sowjetunion. Die Sowjets schlachteten die Kuh, die sie eigentlich melken wollten.

Als es diese äußeren Impulse (vor allem die Ausbeutung der unterworfenen Länder) nicht mehr gab bzw. sie eine geringere Rolle spielten, begann die wirtschaftliche Stagnation, gefolgt vom Niedergang, der letztendlich den Zusammenbruch des sowjetischen Imperiums herbeiführte. Das sowjetisch-kommunistische Wirtschaftsmodell stellte sich nicht nur als entwicklungsunfähig, sondern sogar als nicht überlebensfähig heraus. Darauf wies Alain Besançon, der französische Sowjetexperte, im Jahr 1980 hin, als er schrieb, die sowjetische Wirtschaft könne von sich aus nicht wachsen, denn sie verfüge über keine inneren Wachstumsimpulse. Sie müsse immer weitere wirtschaftlich höher entwickelte Gebiete erobern und sie ausbeuten, um überleben zu können. Isoliert zeige sie eine natürliche Tendenz zum Zusammenbruch.[401]

Schlussbemerkung

Die Eroberung Berlins durch die Rote Armee und die Zerschlagung des Dritten Reiches markieren den Aufstieg der Sowjetunion zur Supermacht. Die reiche Kriegsbeute an modernen Anlagen, Ausrüstungen und Technologien ermöglichte dem Land eine grundlegende Modernisierung und einen umfassenden Ausbau der eigenen Wirtschaft, vor allem der Rüstungsindustrie.

Auch die mit dem Sieg über NS-Deutschland einhergehenden territorialen Erwerbungen und die Unterwerfung einer Reihe von Ländern Mittel- und Osteuropas waren von großer Bedeutung. Die Sowjetunion beutete diese Länder gnadenlos aus, und diese Politik trug mit dazu bei, dass das sowjetische Rüstungs- und Wirtschaftspotenzial sich binnen weniger Jahre vervielfachte.

Ohne den ständigen und breiten Zustrom von modernen Technologien aus dem Ausland hätte die sowjetische Industrie mit der Entwicklung der industriell fortgeschrittenen Länder nicht Schritt halten können, woran sich bis zum Zusammenbruch der Sowjetunion nichts änderte. Der Pakt mit Hitler sicherte bis 1941 diesen Technologietransfer. Neue Panzerfertigungsstätten wurden gebaut, die bestehenden modernisiert und die Produktion von modernen Kampfwagen aufgenommen. Auch andere Waffensysteme und Industriebereiche wurden ab 1940 dank der deutschen Lieferungen von Grund auf modernisiert.

Hitler und seine Generäle unterschätzten die Kampfkraft der Roten Armee völlig und gingen davon aus, die Rote Armee innerhalb von Wochen zerschlagen zu können. Im Gegensatz dazu hatte Stalin die Sowjetunion ab 1928 für einen langjährigen Krieg aufgerüstet. Allerdings sah die damalige sowjetische Kriegsdoktrin keinen Verteidigungskrieg vor, was die Niederlagen des Jahres 1941 teilweise erklärt.[1]

Trotz der im Sommer und Herbst 1941 verlorenen Schlachten und großer Geländeeinbußen fiel kein sowjetischer Rüstungsbetrieb in deutsche Hände. Dank der rechtzeitigen Verlegung in die Tiefen des Riesenreiches konnten sie die Produktion bald wieder aufnehmen. Und im Jahr 1942 lief die sowjetische Rüstungsindustrie trotz vieler Rückschläge und großer Schwierigkeiten bereits auf Hochtouren und produzierte im Vergleich zur deutschen ein Vielfaches an Waffen und Kriegstechnik, nicht zuletzt auch dank der Lieferungen aus dem Lend-Lease-Programm. Mit der Materialschlacht gewann die Sowjetunion so auch letztendlich den Krieg gegen Deutschland.

Neben der Rüstungsindustrie war die Mobilisierung der Sowjetbürger entscheidend für den Sieg. Angesichts der akuten Auflösungserscheinungen in der Roten Armee setzte Stalin auf Terror und Abschreckung, auf massiven Einsatz der Sicherheitsorgane in der Truppe und im Hinterland sowie der Sperr- und Strafabteilungen, auf drakonische Bestrafung und Abschreckung sowie Sippenhaftung. Diese Maßnahmen stoppten den Zerfall der sowjetischen Streitkräfte im Jahre 1941 und strafen zugleich den bis heute gepflegten Mythos Lügen, wonach der sowjetische Patriotismus ausschlaggebend für die Mobilisierung von Rotarmisten und Arbeitern gewesen sei. Diese Annahme ist angesichts der Tatsache, dass es sich bei den Soldaten mehrheitlich um Kolchosbauern und deren Söhne handelte, lebensfremd.

Die Bauern in der Sowjetunion waren die am meisten unterdrückte gesellschaftliche Schicht. Sie hatten nichts zu verlieren, weder Eigentum noch Freiheit, noch Menschenwürde. Dies alles hatten ihnen bereits die sowjetischen Kommunisten geraubt, die sie in den 1930er Jahren zu Sklaven der kommunistischen Bürokratie degradiert hatten. Das Schicksal der sowjetischen Arbeiter war nicht wesentlich besser. Auch sie hatten wenig zu verlieren, wofür sie bereit gewesen wären, freiwillig ihr Leben einzusetzen.

Der deutsche Überfall auf die Sowjetunion veranlasste Stalin zu einer grundlegenden Revision seiner Deutschlandpolitik. Er sann auf Vergeltung, der als Erste die Russlanddeutschen zum Opfer fielen. Stalin ließ sie nach Kasachstan und Sibirien verschleppen und die arbeitsfähigen Männer und Frauen in Zwangsarbeitslager einsperren, wo sie auf verschiedenen Baustellen, in Industriebetrieben und Bergwerken unter schwersten Bedingungen Sklavenarbeit zu leisten hatten.

Stalins wichtigste Kriegsziele in Bezug auf Deutschland waren neben dem militärischen Sieg die Aufspaltung Deutschlands, die Zerschlagung der deutschen Industrie (die wirtschaftliche Entwaffnung) und die »Zurückdrängung« der deutschen Siedlungsgebiete, was ihm auch weitgehend gelang.

Die wirtschaftliche Entwaffnung erreichte Stalin durch massive Demontagen, die Aufspaltung durch Gründung der DDR im Jahr 1949.[2] Die deutschen Siedlungsgebiete ließ Stalin bis zur Linie Oder/Lausitzer Neiße zurückdrängen und zugleich die polnischen nach Westen verschieben. Die Westalliierten billigten und unterstützten diese Maßnahmen, wenngleich sie deren Umfang später in Frage stellten. Stalin setzte sich jedoch über alle Bedenken hinweg und setzte seine Vorstellungen von den neuen Grenzen mit Gewalt durch, was er gegenüber Molotow schon im Mai 1942 erklärt hatte.

Die damit einhergehenden umfassenden Aussiedlungen/Vertreibungen der deutschen wie auch der polnischen, ukrainischen und weißrussischen Bevölkerung ließ Stalin von »kommunistischpolnischen« Handlangern und sowjetischen Organen durchführen. Überhaupt hatte das unterworfene Polen in Stalins Plänen zur dauerhaften Schwächung Deutschlands eine wichtige Rolle zu spielen. Zugleich sorgte er jedoch dafür, dass Polen auf deutsche Kosten nicht erstarkte und der polnische »Nationalismus« weiterhin bekämpft wurde. Dies erklärt auch die massiven Demontagen und Verwüstungen in den ostdeutschen und altpolnischen Gebieten.

Der darauf folgende wirtschaftliche und zivilisatorische Verfall dieser hoch entwickelten Gebiete ist einmalig in der Geschichte des 20. Jahrhunderts. Die kommunistische Wirtschaftsordnung sowjetischer Prägung beschleunigte und vertiefte diesen Zerfallsprozess noch.

In all diesen Ereignissen und Prozessen spielte Stalin die beherrschende Rolle. Stalin persönlich gestaltete die Grenzen in Ost- und Mitteleuropa, die bis heute bestehen, veranlasste umfassende ethnische Säuberungen und Bevölkerungsverschiebungen. Er ließ in den unterworfenen Ländern, sofern er sie nicht direkt der Sowjetunion eingliederte, sowjethörige kommunistische Regime installieren. Trotzdem wird sein Beitrag zur Gestaltung der Geschichte des 20. Jahrhunderts im öffentlichen Diskurs geradezu marginalisiert.

Churchill und Roosevelt waren Stalin nicht gewachsen, es gelang ihm, die beiden mühelos zu täuschen:

»Sogar Churchill – der den sowjetischen Absichten argwöhnischer als Roosevelt oder selbst Truman (in den ersten Monaten seiner Präsidentschaft) gegenüberstand – ließ sich von Stalin einwickeln. [...] Mehr als einmal während des Zweiten Weltkrieges sagte Churchill von Stalin: ›Ich mag den Mann.‹ Roosevelt war, was Stalin und die Fortsetzung guter Beziehungen zur Sowjetunion anging, noch blauäugiger als Churchill.«[3]

Stalin überragte die beiden in vielerlei Hinsicht, er war zynisch, entschlossen, rücksichtslos, schreckte vor keinem Verbrechen zurück, war vollkommen frei in seinen Entscheidungen. Er brauchte keine Rücksicht auf unzufriedene Wähler und interne Parteikritiker, auf öffentliche Meinung und Medien zu nehmen. Dies hielt er eines Staatsmannes für nicht würdig. Ende September 1944 erklärte er gegenüber seinen polnischen Handlangern, »dass es ernst zu nehmenden Politikern nicht ziemt, sich mit parlamentarischem Geschwätz zu befassen«.[4] Außerdem kannte er die Verhältnisse in Ost- und Mitteleuropa, die für die sowjetische Außenpolitik von Anfang an eine zentrale Rolle spielten, viel besser als seine amerikanischen und britischen Verbündeten.

Letztendlich entscheidend war jedoch der Umstand, dass die Rote Armee die Wehrmacht besiegte und die sowjetischen Panzer bis zur Elbe vorstießen. Dies erlaubte Stalin, in den besetzten/»befreiten« Gebieten ganz nach eigenem Gutdünken zu schalten und zu walten. Seine westalliierten Bündnispartner waren zunächst nicht willens und später nicht imstande, ihn aufzuhalten.

Die vorliegende Studie knüpft an das im Jahr 2008 erschienene Buch *Kampfplatz Deutschland* an. Dessen Hauptthese lautet, dass die Sowjetunion ab Ende der 1920er Jahre, besonders intensiv nach dem 25. Oktober 1929, dem sogenannten Schwarzen Freitag (Beginn der Weltwirtschaftskrise), massiv für den ideologisch bedingten Angriffskrieg gegen den Westen aufrüstete. Das Buch zeichnet vor dem Hintergrund der sowjetischen Geschichte von 1920 bis 1941 und gestützt auf eine Fülle zeitgenössischer Dokumente aus den Moskauer Archiven die Genese und den Verlauf der sowjetischen Kriegsvorbereitungen nach.

Die Reaktionen auf das Buch waren mit wenigen Ausnahmen sachlich und auch positiv. Einer der geäußerten Vorwürfe, die der junge Historiker Jörg Ganzenmüller erhob, lautete, ich hätte die grundlegenden Regeln der Quellenkritik missachtet und die Forschung der letzten Jahre ignoriert. Konkrete Belege und Beispiele für diese schweren Beschuldigungen nannte er zunächst nicht. Auf meine Replik wiederholte er sie und brachte als Beispiel, ich hätte die neueste Forschung zu Tuchatschewski ignoriert, darunter die englischsprachige Arbeit von Lennart Samuelson aus dem Jahr 2000. Tatsächlich habe ich Samuelsons Werk sehr wohl benutzt, allerdings in einer aktuelleren Ausgabe auf Russisch. Ansonsten nannte Ganzenmüller noch zwei Arbeiten, die bereits veraltet sind, die neueste Forschung zum Fall Tuchatschewski war ihm offensichtlich nicht bekannt. Ähnlich haltlos erwies sich der Vorwurf der »schlampigen Quellenkritik«, der wohl in der oberflächlichen Lektüre begründet lag.[5]

Von keinem der Rezensenten wurde in Frage gestellt, dass die Sowjetunion mit Stalin an der Spitze ab 1927/28 massiv aufrüstete und dass diese Aufrüstung im Jahr 1930 enorme Dimensionen annahm. Unbestritten ist auch, dass der UdSSR zu diesem Zeitpunkt keine Kriegsgefahr drohte, die diese enorme Aufrüstung hätte rechtfertigen können. Gleichwohl behauptete ein Rezensent, dass der Grund für die massive Aufrüstung wie auch für den Massenterror der 1930er Jahre in der angeblichen Kriegsparanoia Stalins und seiner Genossen zu suchen sei.[6]

Die imaginäre Kriegsgefahr wurde von Stalin und seinen Anhänger erfunden und instrumentalisiert, um »innere Feinde« zu bekämpfen, die Partei zu mobilisieren und die massive Aufrüstung zu rechtfertigen. Wenn Stalin und seine Genossen tatsächlich an die akute Kriegsgefahr geglaubt hätten, hätten sie die Abrüstungsgespräche in der zweiten Hälfte 1920er Jahren nicht torpedieren lassen, hätten sich statt auf einen Angriffs- auf einen Verteidigungskrieg vorbereitet und hätten Adolf Hitler und seine Politik nicht unterstützt, sondern ihn bekämpft, um nur einige Beispiele zu nennen.[7] Bereits vor Jahren schrieb Sebastian Haffner: »Was sie [Hitler und Stalin] öffentlich sagten, diente oft der Täuschung. Man muß sich an ihre Taten halten.«[8]

Auch geheimdienstliche Berichte, die in den 1920er und 1930er Jahren auf Stalins Schreibtisch landeten, warnten zu diesem Zeitpunkt vor keiner konkreten Kriegsgefahr, im Gegenteil. Ein Teil dieser Berichte ist bereits veröffentlicht, andere werden in Kürze publiziert, wieder andere sind in den einschlägigen Archivbeständen zu finden.[9]

Stalin war nicht kriegsparanoid, sondern kriegsbesessen, ähnlich wie Hitler, dem manche Autoren ebenfalls Friedfertigkeit bescheinigen. Stalin glaubte, dass ohne Krieg die Ausbreitung der kommunistischen Herrschaft in Europa im großen Stil nicht möglich sei. Dafür rüstete er die Rote Armee auf und schuf eine leistungsfähige sowjetische Rüstungsindustrie. Und tatsächlich ermöglichte erst der teuer bezahlte Sieg der Sowjetunion die Ausdehnung des Kommunismus in Europa bis zur Elbe und den eigenen Aufstieg zur Weltmacht.

Das von Stalin aufgebaute kommunistische Reich mit seinen mittel- und osteuropäischen Satelliten zerfiel 37 Jahre nach seinem Tod, geschichtlich betrachtet eine relativ kurze Zeitspanne.[10] Die Folgen seiner Herrschaft und seines Gestaltungswillens wirken jedoch bis heute (auch in der Geschichtsschreibung) nach und werden dies noch lange tun.

ANHANG

Tabellarischer Anhang

1: Die sowjetischen Rohstoffeinfuhren vom Beginn der Lieferungen (Dezember 1939) bis zum 31. Mai 1941

2: Die Mineralöleinfuhr des Deutschen Reiches 1940 bis 1942

3: Die deutschen Exporte in die Sowjetunion vom 19. August 1939 bis 31. Dezember 1940

4: Die deutschen Exporte in die Sowjetunion 1940/41

5: Die deutsche Ausfuhr an Werkzeugmaschinen in die Sowjetunion 1940/41

6: Produktion von Panzern und Panzerwagen von Januar bis Juni 1943

7: Produktion von Panzern und Sturmgeschützen in der UdSSR von 1939 bis Juni 1945

8: Panzer in der Roten Armee (einsatzfähige und in Reparatur befindliche) im Januar 1943

9: Verluste an Panzern von Januar bis Juni 1943

10: Die wichtigsten Ausrüstungen, die in den ehemaligen ostdeutschen und altpolnischen Gebieten demontiert und bis zum 1. November 1946 in die Sowjetunion abtransportiert wurden

11: Materialien, die nach Angaben der ZSU in den ostdeutschen und altpolnischen Gebieten beschlagnahmt und bis zum 1. November 1946 in die Sowjetunion eingeführt wurden

12: Die wichtigsten Ausrüstungsarten, die vom 3. August 1945 bis zum 1. Januar 1950 im Rahmen der Reparationen aus der SBZ in die Sowjetunion eingeführt wurden

13: Ausgewählte Materialien, die vom 3. August 1945 bis zum 1. Januar 1950 im Rahmen der Reparationen aus der SBZ in die Sowjetunion eingeführt wurden

14: Die wichtigsten Ausrüstungen, die in den besetzten Gebieten insgesamt zu demontieren waren und bis zum 1. November 1946 in die Sowjetunion eingeführt wurden

15: Materialien, die bis zum 1. November 1946 als Kriegsbeute bzw. Reparationen in die Sowjetunion eingeführt wurden

16: Inbetriebnahme von spanabhebenden Werkzeugmaschinen, Schmiede- und Presseinrichtungen sowie holzbearbeitenden Einrichtungen bis zum 1. August 1948

17: Inbetriebnahme von Elektrogeneratoren mit Turbinen und Dampfkesseln

18: Inbetriebnahme von Wechselstrommotoren und Leistungstransformatoren

19: Inbetriebnahme von Bau-, Hebe- und Transportausrüstungen

20: Inbetriebnahme von Pumpen, Kompressoren und Gebläsen

21: Inbetriebnahme von Walzstraßen

22: Inbetriebnahme von Anlagen für die chemische Produktion, Gummi- und Papierindustrie

1: Die sowjetischen Rohstoffeinfuhren vom Beginn der Lieferungen (Dezember 1939) bis zum 31. Mai 1941 (in t, Platin in kg, Hülsenfrüchte und Holz in Mio. RM)[1]

	Dezember 1939 – 31.12.1940	1.1. – 31.5.1941	Summe Dezember 1939 – 31.5.1941
Mineralöl	691 653	306 884	998 539
Getreide	978 080	653 654	1 631 734
Hülsenfrüchte in Mio. RM	137,7	111,3	249,0
Ölkuchen	26 063	10 489	36 552
Baumwolle	66 526	47 618	114 144
Flachs	3376	6583	9959
Holz in Mio. RM	31,1	9,7	41,3
Kupfer	5605	1360	6974
Nickel	1500	330	1830
Zinn	517	119	636
Manganerz	116 920	67 980	184 900
Braunstein	16 123	8717	24 840
Chromerz	22 941	–	22 941
Asbest	10 189	2149	12 338
Phosphate	136 153	78 319	214 473
Platin in kg	1501	1076	2577

2: Die Mineralöleinfuhr des Deutschen Reiches 1940 bis 1942 (in t)[2]

	1940	1941	1942
Rumänien	941 227	2 097 747	1 387 838
Sowjetunion	606 635	267 595	–
sonstige Länder	317 996	285 581	354 494
insgesamt	1 865 858	2 650 923	1 742 494
Anteil der UdSSR in %	32,5 %	10 %	–

3: Die deutschen Exporte in die Sowjetunion vom 19. August 1939
bis 31. Dezember 1940 (in RM)[3]

Warengruppen	Reichsmark
Werkzeugmaschinen	34 453 112
Lokomobile, Turbinen, Kompressoren, Diesel	2 023 337
Kontroll-, Mess- und optische Apparate	2 523 269
Ausrüstungen für die Erdölindustrie	6 172 744
Ausrüstungen für Kraftwerke	3 694 069
Ausrüstungen für chemische Industrie	4 075 945
Ausrüstungen für Stahldrahtwerke	1 936 645
Ausrüstungen für Bergbau	8 025 669
Schiffe	8 800 000
Kriegsgerät	97 435 398
Steinkohle	42 017 890
Metalle (Röhren, Bleche, Draht, Halbzeug)	51 187 454
Chemische Waren	4 721 657
Sonstiges	9 451 000
laufendes Geschäft außerhalb der Wirtschaftsabkommen	15 471 588
insgesamt	291 987 286

4: Die deutschen Exporte in die Sowjetunion 1940/41[4]

	1940		1. Halbjahr 1941		Juni 1941
	Tonnen	Mio. RM*	Tonnen	Mio. RM	Tonnen
Werkzeug-maschinen	8899	34,4	22 225	61,4	6582
Steinkohle	3 845 881	42,0	1 273 559	9,0	7130
Eisenröhren	11 278		9850	4,6	2701
Drahtseile	242		2329	1,3	254
Waren aus Aluminium	2402		1375	1,6	168
Dieselmotoren	414		1368	2,7	350
Maschinen f. chem. Industrie	605	4,0	3046	7,0	1226
Einzelteile für Maschinen	517		851	2,4	212
Elektromotoren	422		678	1,6	212
Elektrokabel	1693		629	0,6	
Vorrichtungen für Telegraphie	19	1,3	28	0,6	3
Elektrische Messgeräte	48	1,5	61	2,2	9
Luftfahrzeuge, Ersatzteile	130	4,5	38	1,2	1
Seeschiffe in Stück	6	9,0	5	5,0	

* Für 1940 sind zum Teil keine RM-Beiträge angegeben.

5: Die deutsche Ausfuhr an Werkzeugmaschinen in die Sowjetunion
   1940/41[5]

	1940		1941	
	Stück	Mio. RM	Stück	Mio. RM
Inlandsabsatz	179 494	746	180 500	836
Auslandsabsatz	19 990	112	20 754	118
deutsche Gesamtproduktion	199 484	858	201 254	954
sowjetische Produktion	58 400		28 100*	
deutscher Export in die UdSSR	2380	35,9	4050	49,5

* Angaben nur für das erste Halbjahr 1941.

6: Produktion von Panzern und Panzerwagen von Januar bis Juni
   1943[6]

Monate	Panzer erhalten					Panzer	Panzer-
	KW	T-34	T-60	T-70	T-80	insgesamt	wagen
Januar	100	1030	11	300		1441	275
Februar	75	1060	44	400		1579	300
März	52	1411		500		1963	300
April	50	1315		500	5	1870	275
Mai	75	1246		325	7	1653	240
Juni	30	1085		128		1243	30
insgesamt	382	7147	55	2153	12	9749	1420

7: Produktion von Panzern und Sturmgeschützen* in der UdSSR
von 1939 bis Juni 1945[7]

Panzertypen	1939	1940	1941	1942	1943	1944	Jan.-Juni 1945
T-26	1399	1601	102	–	–	–	–
T-28	140	13	–	–	–	–	–
T-34	2	115	3027	12527	15821	14648	6825
T-35	6	–	–	–	–	–	–
T-38	158	–	–	–	–	–	–
T-40 und 60	–	41	2102	4660	–	–	–
T-44	–	–	–	–	–	25	288
T-50	–	–	48	15	–	–	–
T-70	–	–	–	4913	3402	–	–
T-80	–	–	–	–	81	–	–
BT-7	1397	1	–	–	–	–	–
BT-7 m	5	779	–	–	–	–	–
KW	–	243	1370	2553	617	–	–
IS-2	–	–	–	–	102	2250	1237
IS-3	–	–	–	–	–	–	164
SU-76	–	–	–	26	1980	7155	3506
SU-85	–	–	–	–	760	1893	–
SU-100	–	–	–	–	–	500	1209
SU-122	–	–	–	25	611	–	–
SU-152	–	–	–	–	669	2	–
ISU-122,152	–	–	–	–	35	2510	1548
insgesamt	3107	2793	6590	24719	24006	28983	14777

* Sturmgeschütze: SU-76, SU-85, SU-100, SU-122, SU-152, ISU-122 und 152. IS-Panzer bezeichnet die Serie schwerer sowjetischer Panzer, benannt nach Iossif Stalin, die ab 1942 entwickelt wurde. Es handelte sich im Wesentlichen um eine Neukonstruktion, die jedoch auf den Panzern der KW-Serie beruhte, die sie ersetzte.

8: Panzer in der Roten Armee (einsatzfähige und in Reparatur befindliche) im Januar 1943[8]

	KW	T-34 T-70	T-60 schwere	ausländische Panzer mittlere		andere leichte	insgesamt Typen
Frontverbände zum 15.1.1943	1001	4607	3728	35	757	902	11 546
formierende Verbände zum 20.1.1943	7	309	154	40	510		
in formierten Verbänden unterwegs	21	358	105		484		
in Betrieben, Häfen, unterwegs usw. 19.1.1943	52	444	53	323	1166		
insgesamt	1081	5718	4040	75	1051	902	13 706
Fernöstliche und Baikal-Front 15.1.1943	54	6	2	80	2620		
					2478		
Wehrbezirke zum 1.1.1943	143	438	549	1	154	1051	2534
				198			
insgesamt	1278	6162	4591	76	1285	4431	18 860
				1037			

9: Verluste an Panzern von Januar bis Juni 1943[9]

Monate	insge-samt	KW	T-34	T-70 T-60	Chur-chill	Mk II	Mk III	M3c	M3l	BT	T-26	T-37 T-38	andere
Januar	1516	138	703	505	9	20	60	30	5				36
Februar	1570	100	739	423		14	55	62	94				83
März	1937	69	954	588	5	34	72	76	96				43
April	361	9	114	126		8	30	28	25	5	14	2	
Mai	282	16	84	74			18	28	24	27	12		
Juni	80	3	29	1			18	24	4				1
insgesamt	5747	335	2623	1717	14	76	253	248	248	32	26	2	173

10: Die wichtigsten Ausrüstungen, die in den ehemaligen ostdeutschen und altpolnischen Gebieten demontiert und bis zum 1. November 1946 in die Sowjetunion abtransportiert wurden[10]

Ausrüstungsart	Stückzahl
Gesamtzahl der Ausrüstungseinheiten[11]	284 500
Kraftwerksausrüstungen	
Elektrogeneratoren mit Motoren	348
Elektrogeneratoren ohne Motoren	562
Motoren ohne Elektrogeneratoren, darunter	3504
Lokomobile	203
Dampfmaschinen	300
andere Motoren	2898
Dampfkessel	985
Krafttransformatoren	3922
Elektromotoren	66 127
metallbearbeitende Ausrüstungen	
Walzstrecken (Schwarzmetall)	22
Walzstrecken (Buntmetall)	20
spanabhebende Werkzeugmaschinen	40 971
Schmiede- und Presseinrichtungen	5605
Gießereianlagen	751
Elektro- und Autogenschweißausrüstungen	2792
andere Ausrüstungsarten	
holzbearbeitende Einrichtungen	7549
Pumpen	12 307
Kompressoren und Gebläse	2309
Hebeeinrichtungen, darunter	5247
Kräne	1531
Transportmittel, darunter	9060
Lokomotiven	251
Waggons	547
Ausrüstungen für Bauwesen und für Baumaterialindustrie,	1164
darunter Bagger	50
Zerkleinerungs- und Mahleinrichtungen	801

Ausrüstungsart	Stückzahl
Erzbergbauausrüstungen	238
Drehrohröfen	28
Hochofen- und Gasanlagen	87
Siemens-Martin- und Bessemer-Anlagen	15
Lichtbogenöfen	622
Kokerei-Ausrüstungen	30
Anlagen der Chemieindustrie	19 427
Anlagen der Papierindustrie	2247
Polygraphische Ausrüstungen	1994
Anlagen der Textilindustrie	5688
Trikotagen- und Strickwarenausrüstungen	7327
Schneiderindustrieausrüstungen	1297
Leder- und Schuhindustrieausrüstungen	2300
Glasindustrieausrüstungen	103
Ausrüstungen für das Nachrichtenwesen, darunter	3543
Telefonzentralen	103
mit Telefonanschlüssen	62 700

11: Materialien, die nach Angaben der ZSU in den ostdeutschen und altpolnischen Gebieten beschlagnahmt und bis zum 1. November 1946 in die Sowjetunion eingeführt wurden[12]

Material	Menge
Gesamtmaterialien in Waggons	64 505
normalspurige Bahngleise (in km)	4122
schmalspurige Bahngleise (in km)	537
komplette Weichenstellanlagen (Stückzahl)	1965
Gleisbefestigungen (t)	96 500
Schwarzmetalle (t), darunter	265 000
Walzgut (t)	156 900
Rohre (t)	95 000
Eisenwaren (t)	13 100
Buntmetalle (t), darunter	49 600
Blei	6800
Zink	7300
Aluminium	1100
Kupfer	10 600
Starkstromkabel (km)	4255
Starkstromleitungen (km)	8800
Kabel f. Nachrichtenwesen (km)	2086
Leitungen f. Nachrichtenwesen (km)	395
Papier (t)	4300

12: Die wichtigsten Ausrüstungsarten, die vom 3. August 1945 bis zum 1. Januar 1950 im Rahmen der Reparationen aus der SBZ in die Sowjetunion eingeführt wurden[13]

Ausrüstungsart	Stückzahl
spanabhebende Werkzeugmaschinen	188 558
Schmiede- und Presseinrichtungen	42 829
Holz bearbeitende Einrichtungen	16 334
Pumpen	20 967
Transportmittel und -einrichtungen,	33 992
darunter Lokomotiven	1038
darunter Waggons	4057
Hebeeinrichtungen,	10 629
darunter Kräne	2367
Schwarzmetall-Walzstraßen	35
Buntmetall-Walzstraßen	157
Anlagen für die Papierindustrie	3085
Anlagen für die Textilindustrie	10 983
Bagger	258
Dampfkessel	2206
Dampfturbinen mit Generatoren	99
Dampfturbogeneratoren	314
Dieselgeneratoren	395
Lokomobile	224
Dampfmaschinen	406
Motoren	11 946
Wasserturbogeneratoren	64
Elektromotoren	99 280
Zerkleinerungs- und Mahleinrichtungen	2131
Einrichtungen für das Bauwesen	3097
Starkstromtransformatoren	5753

13: Ausgewählte Materialien, die vom 3. August 1945 bis zum
1. Januar 1950 im Rahmen der Reparationen aus der SBZ in die
Sowjetunion eingeführt wurden[14]

Material	Menge
normalspurige Bahngleise (km Bahnstrecke)	6047
schmalspurige Bahngleise (km Bahnstrecke)	1243
Schwarzmetall-Walzgut (t)	88 700
Rohre (t)	24 500
Eisenwaren (t)	12 500
Buntmetalle (t)	69 600
Starkstromkabel (km)	1848
Starkstromleitungen (km)	9820
Stahlkonstruktionen (t)	572 500
Instrumente und Ersatzteile (t)	155 100
Papier (t)	10 100

14: Die wichtigsten Ausrüstungen, die in den besetzten Gebieten insgesamt zu demontieren waren und bis zum 1. November 1946 in der Sowjetunion eingeführt wurden (Stückzahlen)[15]

Ausrüstungsart	zu demontieren	in der UdSSR eingetroffen
Gesamtzahl der Ausrüstungseinheiten	1 381 800	1 218 900
Kraftwerksausrüstungen		
Elektrogeneratoren mit Motoren	2441	2027
Elektrogeneratoren ohne Motoren	2889	2592
Motoren ohne Elektrogeneratoren, darunter	14 942	11 604
Lokomobile	439	384
Dampfmaschinen	721	619
andere Motoren	12 776	9668
Dampfkessel	3673	2857
Starkstromtransformatoren	12 104	10 855
Elektromotoren	205 423	184 936
metallbearbeitende Ausrüstungen		
Walzstrecken (Schwarzmetall)	88	88
Walzstrecken (Buntmetall)	369	287
spanabhebende Werkzeugmaschinen	394 754	360 491
Schmiede- und Presseinrichtungen	49 662	46 863
Gießereianlagen	4667	4229
Elektro- und Autogenschweißausrüstungen	14 587	13 237
andere Ausrüstungsarten		
holzbearbeitende Einrichtungen	23 519	21 444
Pumpen	33 985	30 376
Kompressoren und Gebläsen	8191	7335
Hebeeinrichtungen, darunter	20 432	17 942
Kräne	5500	4800
Transportmittel, darunter	37 721	33 074
Lokomotiven	1323	1246
Waggons	6391	5350
Ausrüstungen für das Bauwesen und die Baumaterialindustrie,	4601	4367
darunter Bagger	247	197

Ausrüstungsart	zu demontieren	in der UdSSR eingetroffen
Zerkleinerungs- und Mahleinrichtungen	2969	2834
Erzbergbauausrüstungen	1749	1639
Drehrohröfen	212	175
Hochofen- und Gasanlagen	348	306
Siemens-Martin- und Bessemer-Anlagen	405	405
Lichtbogenöfen	3761	3588
Kokerei-Anlagen	560	560
Anlagen der chemischen Industrie	64 385	52 547
Anlagen der Papierindustrie	8781	4433
Druckereiausrüstungen	8176	7906
Anlagen der Textilindustrie	20 986	18 486
Trikotagen- und Strickwarenausrüstungen	8317	8144
Schneiderindustrieausrüstungen	5046	5046
Leder- und Schuhindustrieausrüstungen	7613	7365
Glasindustrieausrüstungen	1368	1368
Nachrichtenwesen-Ausrüstungen, darunter	12 182	12 079
Telefonzentralen	354	342
mit Telefonanschlüssen	456 300	446 300

15: Materialien, die bis zum 1. November 1946 als Kriegsbeute bzw. Reparationen in die Sowjetunion eingeführt wurden[16]

Material	zur Ausfuhr vorgesehen	in der UdSSR eingetroffen
Gesamtmaterialien in Waggons	214 750	186 529
normalspurige Bahngleise (in km)	12 212	11 930
schmalspurige Bahngleise (in km)	2320	1947
Weichenstellanlagen (Stückzahlen)	10 284	9168
Gleisbefestigungen (t)	271 200	268 900
Schwarzmetalle (t), darunter	610 000	451 400
Walzgut (t)	422 000	292 700
Rohre (t)	149 000	134 700
Eisenwaren (t)	29 500	24 000
Buntmetalle (t), darunter	200 000	133 400
Blei	24 000	18 600
Zink	49 800	38 800
Aluminium	48 000	18 500
Kupfer	33 500	26 100
Starkstromkabel (km)	7735	6813
Starkstromleitungen (km)	22 436	22 436
Leitungen f. Nachrichtenwesen (km)	6900	5997
Papier (t)	45 400	23 900

16: Inbetriebnahme von spanabhebenden Werkzeugmaschinen, Schmiede- und Presseinrichtungen sowie holzbearbeitenden Einrichtungen bis zum 1. August 1948[17]

	spanabhebende Werkzeugmaschinen		Schmiede- und Press-einrichtungen		holz-bearbeitende Einrichtungen	
	Stück	%	Stück	%	Stück	%
insgesamt eingetroffen	407 566	100	62 812	100	30 839	100
in Betrieb zum 1. 8. 48	348 678	86	53 886	86	24 384	79

17: Inbetriebnahme von Elektrogeneratoren mit Turbinen und Dampfkesseln[18]

	Elektrogeneratoren mit Turbinen		Dampfkessel	
	Stück	%	Stück	%
insgesamt eingetroffen	4670	100	3748	100
in Betrieb zum 1. 8. 48	4127	88	3259	87

18: Inbetriebnahme von Wechselstrommotoren und Leistungstransformatoren[19]

	Wechselstrommotoren		Kraftstromtransformatoren	
	Stück	%	Stück	%
insgesamt eingetroffen	188 054	100	11 590	100
in Betrieb zum 1. 8. 48	173 248	92	9318	86

19: Inbetriebnahme von Bau-, Hebe- und Transportausrüstungen[20]

	Bauausrüstungen		Hebeausrüstungen		Transportausrüstungen	
	Stück	%	Stück	%	Stück	%
insgesamt eingetroffen	3238	100	23 274	100	44 998	100
in Betrieb zum 1. 8. 48	2889	89	21 771	94	41 210	92

20: Inbetriebnahme von Pumpen, Kompressoren und Gebläsen[21]

	Pumpen		Kompressoren		Gebläse	
	Stück	%	Stück	%	Stück	%
insgesamt eingetroffen	39 279	100	8806	100	1856	100
in Betrieb zum 1. 8. 48	35 344	90	8211	93	1737	96

21: Inbetriebnahme von Walzstraßen[22]

	Warmwalz-straßen für Schwarzmetalle		Kaltwalz straßen für Schwarzmetalle		Walz-straßen für Buntmetalle	
	Stück	%	Stück	%	Stück	%
insgesamt eingetroffen	68	100	95	100	286	100
in Betrieb zum 1. 8. 48	63	98	84	88	181	63

22: Inbetriebnahme von Anlagen für die chemische Produktion, Gummi- und Papierindustrie[23]

	Anlagen der Chemieindustrie		Anlagen der Gummiindustrie		Anlangen der Papierindustrie	
	Stück	%	Stück	%	Stück	%
insgesamt eingetroffen	59 166	100	7052	100	4851	100
in Betrieb zum 1. 8. 48	55 373	94	6377	90	4550	94

Abkürzungen

AAN	Archiwum Akt Nowych, Warschau (Archiv Neuer Akten)
APKw	Archiwum Pan´stwowe w Katowicach (Staatsarchiv in Kattowitz)
BA-MA	Bundesarchiv-Militärarchiv, Freiburg
BSSR	Belorusskaja Sowjetskaja Sozialistitscheskaja Respublika (Weißrussische Sozialistische Sowjetrepublik)
d.	delo (Akte)
Div.	Division
f.	fond (Archivbestand)
FSB	Federalnaja Sluschba Besopasnosti Rossijskoj Federazii (Föderaler Dienst für Sicherheit der Russischen Föderation)
GARF	Gosudarstwennyj Archiw Rossijskoj Federazii (Staatsarchiv der Russischen Föderation)
GKO	Gosudarstwennyj Komitet Oborony (Staatskomitee für Verteidigung)
Gosplan	Gosudarstwennyj Planowyj Komitet (SSSR) [Staatliches Plankomitee der UdSSR)
GPU	Glawnoje Politischeskoje Uprawlenije (Politische Hauptverwaltung) = OGPU
Gulag	auch GULag, Glawnoje Uprawlenije Isprawitelno-trudowych Lagerej i kolonij (Hauptverwaltung der Besserungsarbeitslager und -kolonien)
Inf. Div.	auch ID, Infanteriedivision
IfZ	Institut für Zeitgeschichte
KERM	Komitet Ekonomiczny Rady Ministrów (Wirtschaftskomitee des Ministerrates).

KGB	Komitet Gosudarstwennoj Besopasnosti (Komitee der Staatssicherheit)
Komsomol	Kommunistitscheskij Sojus Moldeschi (Kommunistischer Jugendverband)
Komintern	Kommunistische Internationale
KP(b)B	Kommunistitscheskaja partija (bolschewikow) Belorussi (Kommunistische Partei [der Bolschewiken] Weißrusslands)
KP(b)U	Kommunistitscheskaja partija (bolschewikow) Ukrainy (Kommunistische Partei [der Bolschewiken] der Ukraine)
KPD	Kommunistische Partei Deutschlands
KPP	Komunistyczna Partia Polski (Kommunistische Partei Polens)
KPZB	Komunistyczna Partia Zachodniej Białorusi (Kommunistische Partei Westweißrusslands)
KPZU	Komunistyczna Partia Zachodniej Ukrainy (Kommunistische Partei der Westukraine)
KW	Kliment Woroschilow (Panzer)
MAP	Ministerstwo Administracji Publicznej (Ministerium der Staatsverwaltung)
MG	Maschinengewehr
MWD	Ministerstwo Wnuntrennych Del (Ministerium für Innere Angelegenheiten)
MP	Maschinenpistole
NARB	Nazionalny Archiw Respublik Belarus (Nationales Staatsarchiv der Republik Weißrussland, Minsk)
NKAP	Narodnyj Komissariat Awiazjonnoj Promyschlenostii (Volkskommissariat für Luftfahrtindustrie)
NKGB	Narodny Komissariat Gosudarstwennoj Besopasnosti (Volkskommissariat für Staatssicherheit)
NKO	Narodny Komissar/Komissariat Oborony (Volkskommissar/ Volkskommissariat für Verteidigung)
NKWD	Narodny Komissariat Wnutrennych Del (Volkskommissariat für Innere Angelegenheiten)

OGPU	Objedinjonnoje Gossudarstwennoje Polititscheskoje Uprawlenije (Vereinigte Staatliche Politische Verwaltung) = GPU
OKW	Oberkommando der Wehrmacht
OMU	Osobyje Montaschnye Uprawljenija (Sonderverwaltung/en für Montagen)
OO	osobyl otdel (osobyje otdely), Sonderabteilung(en)
op.	opis (Bestandsverzeichnis)
OUN	Orhanisazija Ukrajinskych Nazionalistiw (Organisation Ukrainischer Nationalisten)
PKWN	Polski Komitet Wyzwolenia Narodowego (Polnisches Komitee der Nationalen Befreiung)
PPR	Polska Partia Robotnicza (Polnische Arbeiterpartei)
PRL	Polska Republika Ludowa (Volksrepublik Polen)
RGASPI	Rossijskij Gosudarstwenny Archiw sozialno-polititscheskoj Istorii (Russisches Staatsarchiv für sozialpolitische Geschichte)
RGAE	Rossijskij gosudarstwennyj archiw ekonomiki (Russisches Staatsarchiv der Wirtschaft)
RKKA	Rabotsche-Krestjanskaja Krasnaja Armija (Rote Arbeiter- und Bauern-Armee)
RKP(b)	Rossijskaja Komunistitscheskaja Partija (bolschewikow) (Russische Kommunistische Partei [der Bolschewiki])
RM	Reichsmark
RSFSR	Rossijskaja Sowjetskaja Federatiwnaja Sozialistitscheskaja Respublika (Russische Sozialistische Föderative Sowjetrepublik)
SAG	Sowjetische Aktiengesellschaft
SBZ	Sowjetische Besatzungszone Deutschland
SED	Sozialistische Einheitspartei Deutschlands
SNK	SowNarKom Sowjet Narodnych Komissarow (Rat der Volkskommissare)
SSSR	Sojus Sowjetskich Sozialistitscheskich Respublik (UdSSR)

Stawka	Stawka Glawnogo Komandowania
UdSSR	Union der Sozialistischen Sowjetrepubliken
USSR	Ukrainskaja Sowetskaja Sozjalistitscheskaja Respublika (Ukrainische Sozialistische Sowjetrepublik)
UPA	Ukrajinska Powstanska Armija (Ukrainische Aufständischen Armee)
VfZ	Vierteljahrshefte für Zeitgeschichte
VK	Volkskommissariat
v	verte (Rückseite)
WČK	(WeTscheKa) Wserossijskaja Tschreswitschainaja Komissija po borbe s Kontrrevoljuziej, spekuljaziej i sabotaschem (Außerordentliche Allrussische Kommission zur Bekämpfung von Konterrevolution, Spekulation und Sabotage, kurz Tscheka)
WKP(b)	Wsesojusnaja Kommunistitscheskaja Partija (bolschewikow) (Allsowjetische Kommunistische Partei [Bolschewiki]).
ZAMO	Zentralny Archiw Ministerstwa Oborony (Zentralarchiv des russischen Verteidigungsministeriums)
ZDAGO	Zentralny Derschawnij Archiw Gromadskich Objednan Ukraini (Staatliches Zentralarchiv der öffentlichen Institutionen der Ukraine, Kiew)
ZK	Zentralny Komitet (Zentralkomitee)
ZSRR	Związek Socjalistycznych Republik Radzieckich (UdSSR)
ZSU	Zentralnoje Statistitscheskoje Uprawlenie (Zentralverwaltung für Statistik)

Anmerkungen

Einleitung

1 Haffner, *Der Teufelspakt*, S. 5.
2 Vgl. Service, *Lenin*, S. 337–347; Schiesser/Trauptmann, *Russisch Roulette*.
3 Haffner, *Der Teufelspakt*, S. 5, 26.
4 Ebda., S. 29 f.
5 Vgl. Wehner, »Gescheiterte Revolution«.
6 Am 19. 3. 1946 wurde die Regierung (Rat der Volkskommissare) der UdSSR umorganisiert, und die bisherigen Volkskommissariate wurden in Ministerien und die Volkskommissare in Minister umbenannt: Beschluss des Obersten Rates der UdSSR »Über die Bildung der Regierung der UdSSR – des Ministerrates der UdSSR« vom 19. 3. 1946: GARF, f. P-7523, op. 35, d. 13 a, Bl. 115–118, veröffentlicht in: *Politbjuro ZK WKP(b) i Sowjet Ministrow SSSR,* S. 27 ff.
7 Haffner, *Der Teufelspakt*, S. 149.

Die kriegswirtschaftlichen Aspekte des Hitler-Stalin-Angriffspaktes vom 23./24. August 1939

1 Ausführlich u. a. Lipinsky, *Das Geheime Zusatzprotokoll;* Fleischhauer, *Der Pakt.*
2 O'Sullivan, *Stalins »Cordon sanitaire«,* S. 74.
3 Hitler, *Mein Kampf,* S. 748 f.
4 Halder, *Kriegstagebuch,* Bd. 1, S. 22–26, hier S. 23 (Eintrag vom 22. 8. 1939).
5 Am 23. 11. 1939 sprach Hitler vor den versammelten Oberbefehlshabern: »Der Entschluß zum Einmarsch in Böhmen war gefaßt. Dann kam die Errichtung des Protektorats, und damit war die Grundlage für die Eroberung Polens gelegt, aber ich war mir zu dem Zeitpunkt noch nicht im klaren, ob ich erst gegen den Osten und dann gegen den Westen oder umgekehrt vor-

gehen sollte. [...] Zwangsläufig kam es erst zum Kampf gegen Polen« (Besprechung beim Führer am 23. 11. 1939. Anwesend: alle Oberbefehlshaber, veröffentlicht in: Jacobsen, *Der Weg zur Teilung der Welt).*

6 *Der Generalquartiermeister,* S. 106.

7 Vgl. dazu die Rezension des Buches von Stefan Scheil: *1940/41 – Die Eskalation des Zweiten Weltkriegs* von Rolf-Dieter Müller: »Adolf der Friedliebende«, in: *Frankfurter Allgemeine Zeitung,* 22. 6. 2006, S. 9.

8 Vgl. u. a. Lipinsky, *Das Geheime Zusatzprotokoll;* Fleischhauer, *Der Pakt;* O'Sullivan, *Stalins »Cordon sanitaire«; Meschdunarodny krisis 1939–1941;* Musial, *Kampfplatz,* S. 405–413.

9 Ende Januar 1948 veröffentlichte das US State Department eine Dokumentation über die deutsch-sowjetische Zusammenarbeit 1939–1941, die Berichte und Dokumente deutscher Diplomaten aus dieser Zeit beinhaltet: *Nazi-Soviet Relations 1939–1941. Documents from the Archives of The German Foreign Office,* hg. von Raymond James Sontag and James Stuart Beddie, Department of State, Washington 1948; deutsche Ausgabe: *Das nationalsozialistische Deutschland und die Sowjetunion 1939–1941. Akten aus dem Archiv des Deutschen Auswärtigen Am*tes, hg. von Eber Malcolm Carrol und Fritz Theodor Epstein, Berlin 1948. Stalin reagierte sofort auf diese Veröffentlichung und ließ eine Antwort vorbereiten, ebenfalls in Form einer Publikation/Dokumentation. Damit befasste sich Wyschinski, der Stalin nach und nach die einzelnen Kapitel vorlegte. Stalin überarbeitete diese, schrieb sie teilweise ganz neu, darunter die Kapitel, die sich mit der Vorgeschichte des Hitler-Stalin-Paktes sowie der Motivation der Sowjetunion, das heißt Stalins, diesen zu schließen, befassten. Die Broschüre erschien im Jahre 1948 in Millionenauflage und in vielen Sprachen, auf Deutsch unter dem Titel *Geschichtsfälscher (Geschichtlicher Überblick)* in Ostberlin. Der Verfasser, dem die Kopien der einschlägigen Dokumente aus den Moskauer Archiven vorliegen, bereitet eine Dokumentation vor, in der diese Dokumente in Auszügen veröffentlich und ausführlich behandelt werden.

10 *Geschichtsfälscher,* S. 47 f.

11 Als Beispiel sei hier das Buch von Gorodetsky, *Die große Täuschung,* erwähnt. Eine der Hauptthesen von Gorodetsky lautet (S. 27): »In den dreißiger Jahren setzte er [Stalin] im Wesentlichen auf kollektive Sicherheit, da er bestrebt war, Russland vor einem verheerenden Krieg zu schützen, bis er gegen Ende des Jahrzehnts den Glauben an eine solche Möglichkeit verlor.« Ferner bezeichnet Gorodetsky den sowjetischen Überfall auf Finnland als den erfolgreichen Versuch, Finnland »den Frieden aufzuzwingen«, um damit »die russischen Sicherheitsarrangements in der Ostsee« auszubauen. Wortwörtlich (S. 57): »Nachdem Stalin Finnland den Frieden aufgezwungen und damit die russischen Sicherheitsarrangements in der Ostsee ausgebaut hatte ...« Gorodetsky verzichtet jedoch zugleich darauf, näher auf den sowjetischen Überfall auf Finnland ein-

zugehen. Ähnliches schreibt Gorodetsky über das Vorgehen Stalins gegen Rumänien (S. 55): »Die Besetzung Bessarabiens und der Nordbukowina in den letzten Junitagen des Jahres 1940 ist vor allem auf das russische Streben nach Sicherheitsarrangements auf dem Balkan und an der Schwarzmeerküste zurückzuführen und weniger auf unstillbare Eroberungsgelüste, wie es in der Literatur häufig dargestellt wird.« Solche Beispiele für die recht sonderbare, jedoch zugleich politisch korrekte Deutung der sowjetischen Außenpolitik in der Arbeit von Gorodetsky lassen sich noch zahlreich anführen. Trotzdem meint beispielsweise Bert Hoppe, ein verhältnismäßig junger deutscher Historiker, es handele sich bei der Publikation von Gorodetsky um eine »bahnbrechende« Studie (Bert Hoppe: Rezension des Buches von Musial, *Kampfplatz Deutschland*, erschienen in: *sehepunkte* 9/2009, Nr. 1).

12 Vgl. u. a. Schwendemann, *Wirtschaftliche Zusammenarbeit*, mit dem damaligen Forschungsüberblick; Zeidler, »Deutsch-sowjetische Wirtschaftsbeziehungen im Zeichen des Hitler-Stalin-Paktes«; Müller, *Das Tor zur Weltmacht*; Ericson, *Feeding the German Eagle*; Volkmann, *Ökonomie und Expansion*; Besymenski, »Die sowjetisch-deutschen Verträge von 1939. Neue Dokumente« (http://www1.kueichstaett.de/ ZIMOS/forum/docs/besyme. htm); Sipols: »Torgowo-ekonomitscheskie otnoschenia meschdu SSSR i Germaniei«.

13 Schwendemann, *Wirtschaftliche Zusammenarbeit*, S. 62.

14 Ausführlich dazu Musial, *Kampfplatz*, S. 185–189, 448–450 (Zitat S. 448 f.).

15 Siehe Vincent, *The Politics of Hunger*; Schwendemann, *Wirtschaftliche Zusammenarbeit*, S. 73.

16 Schwendemann, *Wirtschaftliche Zusammenarbeit*, S. 73 f.

17 Ausführlich über den Verlauf der Verhandlungen Schwendemann, *Wirtschaftliche Zusammenarbeit*, S. 73–142; Angaben über sowjetische Lieferungen bis zum 11. 2. 1940 auf S. 122; die Berichte Mikojans über den Verlauf der Verhandlungen befinden sich im RGASPI im Bestand Molotow (RGASPI, f. 82, op. 2. d. 720).

18 Schwendemann, *Wirtschaftliche Zusammenarbeit*, S. 127, 143 f.

19 Ebda.

20 Zit. nach ebda., S. 146.

21 Ausführlich Osborn, *Operation Pike*. Angaben über die sowjetische Ölförderung im Jahre 1940: Ausarbeitung des Ministeriums für Ölindustrie in den südlichen und westlichen Gebieten der UdSSR über die Entwicklung der Erdölindustrie in den südlichen und westlichen Gebieten der UdSSR in den Jahren 1931 bis 1947, Planungsabteilung 1948: RGAE, f. 1562, op. 329, d. 4580, Bl. 1–352, hier Bl. 6 f.

22 Schwendemann, *Wirtschaftliche Zusammenarbeit*, S. 144.

23 Mikojan an Stalin und Molotow am 20. 5. 1940: RGASPI, f. 82, op. 2, d. 721, Bl. 32 f.

24 Schwendemann, *Wirtschaftlich Zusammenarbeit*, S. 144 ff.

25 Ebda., S. 142 (Zitat), 152 (Angaben über die gelieferten Rohstoffe).

26 Ebda., S. 166 f.

27 Tooze, *Ökonomie der Zerstörung*, S. 499–531, Zitat S. 499.

28 *Kriegstagebuch des Oberkommandos der Wehrmacht*, Bd. I/2, S. 408.

29 Schwendemann, *Wirtschaftliche Zusammenarbeit*, S. 201, 350. Detaillierte Angaben (in t) über die sowjetischen Tarnkäufe und Transitleistungen für Deutschland im Jahr 1940: »Die Wehrwirtschaft der Union der Sozialistischen Sowjet-Republiken (UdSSR)«, Teil II, Ausarbeitung des OKW (Wehrwirtschafts- und Rüstungsamt), Stand März 1941: BA-MA, RWD 16/24, Bl. 1–120, hier Bl. 119; siehe Anhang, Tab. 1 und 2.

30 Schwendemann, *Wirtschaftliche Zusammenarbeit*, S. 260 f., 313 f. Siehe Anhang, Tab. 3: »Die deutschen Exporte in die Sowjetunion vom 19. August 1939 bis 31. Dezember 1940«. Von Januar bis Juni 1941 wurden aus Deutschland in die Sowjetunion Produkte der Maschinenbauindustrie im Wert von 105 Mio. RM ausgeführt, darunter Werkzeugmaschinen im Wert von 65 Mio. RM (im Juni für 16,6 Mio. RM) und Rüstungsmaterial im Wert von 23,8 Mio. RM (im Juni für 2 Mio. RM) (Schwendemann, *Wirtschaftliche Zusammenarbeit*, S. 313 f.).

31 Siehe Anhang, Tab. 4: »Die deutschen Exporte in die Sowjetunion 1940/41«; Tab. 3: »Die deutschen Exporte in die Sowjetunion vom 19. August 1939 bis 31. Dezember 1940«; Tab. 5: »Die deutsche Ausfuhr an Werkzeugmaschinen in die Sowjetunion 1940/41«; Sipols, »Torgowo-ekonomitscheskie otnoschenia meschdu SSSR i Germaniei«.

32 Sipols, »Torgowo-ekonomitscheskie otnoschenia meschdu SSSR i Germaniei«.

33 Vgl. dazu u. a. Schwendemann, *Wirtschaftliche Zusammenarbeit*, S. 16 ff.

34 Niederschrift der Besprechung Chef OKW mit den Wehrmachtsteilen am 16. 8. 1941, abgedruckt in: *Kriegstagebuch des Oberkommandos der Wehrmacht*, Teilbd. II, S. 1047–1054, hier S. 1050.

35 Schwendemann, *Wirtschaftliche Zusammenarbeit*, S. 384 (Tab. 20).

36 Eine Ausnahme scheint der russische Historiker Sipols zu sein, der auf diese Frage in seinem hier bereits wiederholt angeführten Beitrag »Torgowo-ekonomitscheskie otnoschenia meschdu SSSR i Germaniei« eingeht.

37 Bericht »Panzerindustrie in Kriegsjahren 1941–1945«, Volkskommissariat für Panzerindustrie, 22. 8. 1945: RGAE, f. 8752, op. 4, d. 638, Bl. 1–13, hier Bl. 13 (rückläufige Paginierung).

38 »Die Wehrwirtschaft der Union der Sozialistischen Sowjet-Republiken (UdSSR)«, Teil II, Ausarbeitung des OKW (Wehrwirtschafts- und Rüstungsamt), Stand März 1941: BA-MA, RWD 16/24, Bl. 1–120, hier Bl. 54. Ich danke Hinrich Heinemann aus Hannover, der mir dieses wichtige Dokument zur Verfügung gestellt hat.

39 Ebda.; Musial, *Kampfplatz*, S. 303.

40 Musial, *Kampfplatz,* S. 323–328, Zitat S. 328.

41 Sitzungsprotokoll Nr. 4 des Hauptkriegsrates der RKKA vom 20. 4. 1938, veröffentlicht in: *Glawny wojenny sowjet RKKA,* S. 36–41; Musial, *Kampfplatz,* S. 330.

42 Swirin, *Bronjewoj schtschit Stalina,* S. 102–105, 148–158; *Armija Pobedy,* S. 325–328, 341–348; Meltjuchow, *Upuschtschenny schans Stalina,* S. 601; Musial, *Kampfplatz,* S. 331; Hughes/Mann, *T-34-Panzer.*

43 Protokoll Nr. 17, Beschlüsse des Politbüros vom 29. 5.–23. 6. 1940, Sitzung vom 28. 5. 1940, Punkt 13: RGASPI, f. 17, op. 162, d. 27, Bl. 142–167, Bl. 143; Beschluss des Politbüros vom 28. 5. 1940 über die Produktion von Panzern KW im Kirow-Werk im Jahr 1940, Entscheidung des SNK der UdSSR und des ZK der WKP(b), unterzeichnet von Stalin und Molotow: ebda., Bl. 168–172.

44 Verzeichnis der Ausrüstungen, die im Jahre 1940 an das Kirow-Werk für die Produktion von Panzern KW zu liefern waren (Anlage Nr. 2 zum Punkt 13 des Politbüroprotokolls Nr. 17): RGASPI, f. 17, op. 162, d. 27, Bl. 175; Verzeichnis der zu importierenden Ausrüstungen für das Kirow-Werk, um die Produktion der Panzer KW sicherzustellen (Anlage Nr. 4 zum Punkt 13 des Politbüro-Protokolls Nr. 17): ebda., Bl. 182.

45 Protokoll Nr. 17: Beschlüsse des Politbüros vom 29. 5. bis 23. 6. 1940, Sitzung vom 5. 6. 1940, Punkt 107: RGASPI, f. 17, op. 162, d. 27, Bl. 142–167, hier Bl. 150.

46 Beschluss vom 5. 6. 1940 über die Produktion von Panzern T-34 im Jahr 1940, unterzeichnet von Stalin (als Erster Sekretär des ZK der WKP(b) und Molotow (als Vorsitzender des SNK der UdSSR): ebda., Bl. 184–194.

47 Ebda.

48 Protokoll Nr. 17: Beschlüsse des Politbüros vom 29. 5. bis 23. 6. 1940, Sitzung vom 19. 6. 1940, Punkt 197: RGASPI, f. 17, op. 162, d. 27, Bl. 142–167, Bl. 158; Beschluss über die Organisation der Produktion von Panzern KW im Traktorenwerk »Stalin« in Tscheljabinsk vom 5. 6. 1940, Entscheidung des SNK der UdSSR und des ZK der WKP(b), unterzeichnet von Stalin und Molotow: ebda., Bl. 208–218.

49 Verzeichnis der Ausrüstungen, die dem Traktorenwerk Tscheljabinsk für die Produktion der Panzer KW zugewiesen wurden (Anlage Nr. 1 zum Punkt 197 des Politbüroprotokolls Nr. 17): ebda., Bl. 219 ff.; Verzeichnis der zu importierenden Ausrüstungen für das Traktorenwerk Tscheljabinsk für die Produktion der Panzer KW (Anlage Nr. 2 zum Punkt 197 des Politbüroprotokolls Nr. 17): ebda., Bl. 222.

50 Protokoll Nr. 17, Beschlüsse des Politbüros vom 29. 5. bis 23. 6. 1940, Sitzung vom 19. 6. 1940, Punkt 198: RGASPI, f. 17, op. 162, d. 27, Bl. 142–167, Bl. 158 f.

51 Ebda.

52 Protokoll Nr. 19, Beschlüsse des Politbüros des ZK der WKP(b) vom 22. 7.–24. 8. 1940, Sitzung vom 26. 7. 1940, Punkt 98: RGASPI, f. 17, op. 162, d. 28, Bl. 50–79, hier Bl. 59; Verzeichnis der zu importierenden Ausrüstungen für die Werke Nr. 37, 48, 174, ČTZ [= Traktorenwerke Tscheljabinsk], ZIS und GAZ [= Automobilwerke Gorki], Anlage zum Punkt 98 des Politbüro-Protokolls Nr. 19: ebda., Bl. 99 f.

53 Denkschrift von Rudakow an Stalin, Molotow, Woroschilow und Schdanow über die Panzerproduktion und die Notwendigkeit der Errichtung eines Volkskommissariats für Panzer-Traktor-Produktion vom 9. 12. 1940: RGASPI, f. 82, op. 2, d. 572, Bl. 14 ff.

54 Ebda.

55 Protokoll Nr. 30, Entscheidungen des Politbüros des ZK der WKP(b) vom 2.–9. 4. 1941, Entscheidung vom 7. 4. 1941, Punkt 87: RGASPI, f. 17, op. 162, d. 33, Bl. 99–122, hier Bl. 103–107.

56 Meltjuchow, *Upuschtschenny schans Stalina*, S. 601.

57 Musial, *Kampfplatz*, S. 331.

58 Bericht über die Panzerproduktion im Jahr 1941, Malyszew an Stalin, 4. 1. 1942 (Kopie an Molotow): RGASPI, f. 82, op. 2, d. 572, Bl. 18–24; Musial, *Kampfplatz*, S. 331 f.

59 Musial, *Kampfplatz*, S. 332.

60 Ebda., S. 302–332.

61 Auszug aus dem Tagebuch von Wjatscheslaw Malyszew, damals stellvertretender Vorsitzender des SNK der UdSSR, veröffentlicht in: Wischolew: »Retsch Stalina 5 maja 1941 g. Rossijskie dokumenty«.

62 Vgl. Musial, *Kampfplatz,* S. 423, 445 f.

63 Es handelte sich hierbei um die sogenannte »Preisschere«: Auf der einen Seite standen übersteuerte Gebrauchsartikel, auf der anderen unterbewertete landwirtschaftliche Produkte. Die Preisschere bedeutete eine zusätzliche Steuer zugunsten des bolschewistischen Regimes, die die Bauern neben den ohnehin hohen Abgaben und Steuern aufzubringen hatten. Vgl. dazu Musial, *Kampfplatz*, S. 148 ff.

64 Ebda., S. 140–179, 218–225.

65 Ausführlich ebda., S. 229–291.

66 Vgl. dazu u. a. Beitel/Nötzold, *Deutsch-sowjetische Wirtschaftsbeziehungen*; Schwendemann, *Wirtschaftliche Zusammenarbeit*, S. 23–31.

67 Beitel/Nötzold, *Deutsch-sowjetische Wirtschaftsbeziehungen*, S. 62–73; Schwendemann, *Wirtschaftliche Zusammenarbeit*, S. 62; Musial, *Kampfplatz*, S. 218 f.

68 *Wneschnaja Torgowlja i industrialisazija SSSR*, S. 25–31.

69 Beitel/Nötzold, *Deutsch-sowjetische Wirtschaftsbeziehungen*, S. 212.

70 Abhörprotokoll des OGPU von der Unterredung zwischen Moritz Schlesinger, Möwis (?) und Gustav Hilger vom 22. 11. 1929: RGASPI, f. 558, op. 11, d. 184, Bl. 36–40.

71 Stalin: »Über die wirtschaftliche Lage der Sowjetunion und die Politik

der Partei«, Referat über die Arbeit des Plenums des ZK der WKP(b) vor dem Aktiv der Leningrader Organisation, 13. 4. 1926, in: Stalin, *Werke*, Bd. 8, S. 67–81, hier S. 69.

72 Stalin, Bericht über die »Die Ergebnisse des ersten Fünfjahrplans« vom 7. 1. 1933, gehalten vor dem vereinigten Plenum des ZK und der ZKK der WKP(b), in: Stalin: *Werke*, Bd. 13, S. 101–128, hier S. 109, 111.

73 Stalin, »Rechenschaftsbericht an den XVII. Parteitag über die Arbeit des ZK der WKP(b) vom 26. 1. 1934«, in: Stalin, *Werke*, Bd. 13, S. 164–211, hier S. 174, 178.

74 *Wneschnaja Torgowlja i industrialisazija SSSR*, S. 141–159.

75 Ebda., S. 154. Prozentangaben für die Jahre 1930, 1937 und 1938 in: Beitel/Nötzold, *Deutsch-sowjetische Wirtschaftsbeziehungen*, S. 217. Die Prozentangaben von Beitel und Nötzold für die Jahre 1931 bis 1936 unterscheiden sich geringfügig

76 *Wneschnaja Torgowlja i industrialisazija SSSR*, S. 154.

77 Ebda., S. 154–156 (dort auch die damaligen Umtauschkurse).

78 Simtschera, *Raswitie Ekonomiki Rossii za 100 let. 1900–2000*, S. 141.

79 Vermerk über die Anzahl der Arbeiter, Angestellten und Mitglieder von Produktionsgenossenschaften der Industriekooperativen, Chef des Zentralverwaltung für Statistik, Starowski, 15. 11. 1942: RGASPI, f. 82, op. 2, d. 533, Bl. 80 ff.

80 Angaben für 1927/28 bis 1936: *Wneschnaja Torgowlja i industrialisazija SSSR*, S. 143, Angaben für 1937 und 1940: Simtschera, *Raswitie Ekonomiki Rossii*, S. 141; Simtschera gibt für das Jahr 1932 19 700 in der Sowjetunion hergestellte spanabhebende Werkzeugmaschinen an, im Gegensatz zu den 17 932 Maschinen nach Angaben in *Wneschnaja Torgowlja i industrialisazija SSSR*.

81 *Strana Sowetow sa 50 let*, S. 84. Darunter waren sicherlich auch die erbeuteten Maschinen in Ostpolen (im September 1939), den baltischen Staaten und Bessarabien (im Sommer 1940).

82 Sipols, »Torgowo-ekonomitscheskie otnoschenia meschdu SSSR i Germaniei«.

83 Ebda.; Schreiben von Borisenko, Vorsitzender des Stankoimports, an das Volkskommissariat für Staatskontrolle vom 2. 10. 1940: GARF, 7511, op. 10, d. 333, Bl. 58; Verzeichnis der durch den Stankoimport in Deutschland bestellten Werkzeugmaschinen vom Januar bis Oktober 1940 (ohne Datum): ebda., Bl. 57 f. (rückläufige Paginierung); Schwendemann, *Wirtschaftliche Zusammenarbeit*, S. 381 (Tabelle 17c).

84 Beitel/Nötzold, *Deutsch-sowjetische Wirtschaftsbeziehungen*, S. 206–218; Schwendemann, *Wirtschaftliche Zusammenarbeit*, S. 367; Hilger, *Wir und der Kreml*, S. 225–232. In den Jahren 1931 bis 1935 beliefen sich die sowjetischen Goldexporte nach Deutschland auf 897 Mio. RM (Schwendemann, S. 367).

85 *Stalinskie strojki Gulaga 1930–1953*, S. 411 f.

86 Schamalow, *Durch den Schnee*; *Linkes Ufer*; vgl. auch u. a. Applebaum, *Der Gulag*.

87 Vgl. z. B. Musial, *Kampfplatz*, S. 273–291.

88 *Eksport SSSR 1926/27–1933*, S. 574; *Wneschnaja Torgowlja i industrialisazija SSSR*, S. 34 ff., 84–93.

89 Figes, *Die Flüsterer*, S. 171.

90 Vgl. u. a. Musial, *Kampflatz*, S. 313–353

91 Ebda., S. 331 f., 339–342, 420.

92 Vgl. Protokolle des Politbüros des ZK der WKP(b) ab April bis Ende 1940: RGASPI, f. 17, op. 162, d. 27–30.

93 Protokoll Nr. 13, Entscheidungen des Politbüros des ZK der WKP(b) vom 17. 2.–17. 3. 1940, Entscheidung vom 23. 2. 1940, Punkt 71 (23. 2. 1940), Entscheidung vom 25. 2. 1940, Punkt 76 (25. 2. 1940), Punkt 208 (16. 3. 1940), Punkt 227 (17. 3. 1940): RGASPI, f. 17, op. 162, d. 27, Bl. 42–54; Anlage zu Punkt 208 (Protokoll Nr. 13), Verzeichnis der importierten Werkzeugmaschinen, die an das Werk Nr. 221 zu liefern sind: ebda., Bl. 68.

94 Auszug (über Spezialisierung des Werkes Nr. 266), Molotow als Vorsitzender des Verteidigungskomitees, Safonow als Sekretär des Verteidigungskomitees, 2. 4. 1940: RGASPI, f. 17, op. 166, d. 622, Bl. 34; Protokoll Nr. 14, Entscheidungen des Politbüros des ZK der WKP(b) vom 20. 3.–15. 4. 1940, Punkt 124 (2. 4. 1940), Punkt 180 und 188 (5. 4. 1940): RGASPI, f. 17, op. 162, d. 27, Bl. 69–74.

95 Protokoll Nr. 16, Entscheidungen des Politbüros des ZK der WKP(b) vom 10.–26. 5. 1940, Punkt 63 (13. 5. 1940): RGASPI, f. 17, op. 162, d. 27, Bl. 103–115. Anlagen 1–2 zum Punkt 63 des Protokolls Nr. 16 (Verzeichnisse der zu importierenden Ausrüstungen): ebda., Bl. 118–121.

96 Protokoll Nr. 17, Entscheidungen vom 29. 5.–23. 6. 1940, Punkt 157 (12. 6. 1940): RGASPI, f. 17, op. 162, d. 27, Bl. 142–167, hier Bl. 153.

97 Anlagen zu Punkt 228 des Protokolls Nr. 17 über die Aufnahme der serienmäßigen Produktion der Flugzeuge »100« in der Variante des Sturzbombers, die Entscheidung des Komitees für Verteidigung bestätigt am 22. 6. 1940: RGASPI, f. 17, op. 162, d. 27, Bl. 229–238.

98 Protokoll Nr. 18, Entscheidungen des Politbüros des ZK der WKP(b) vom 25. 6.–18. 7. 1940, Punkt 7 (27. 6. 1940), Punkt 10 (28. 6. 1940), Punkt 36 und 37 (3. 7. 1940): RGASPI, f. 17, op. 162, d. 28, Bl. 1–18; Anlage zu Punkt 10 des Protokolls Nr. 18 »Über die Organisation der Produktion von leichten Panzerwagen im Automobilwerk ›Stalin‹«: ebda., Bl. 19–21. Anlage zu Punkt 36 des Protokolls Nr. 18 »Verzeichnis der importierten Ausrüstungen für das Kombinat Norilsk des NKWD«: ebda., Bl. 22 f.

99 Protokoll Nr. 19, Entscheidungen des Politbüros des ZK der WKP(b) vom 22. 07. bis 24. 08. 1940, Punkt 25, 26, 30 (22. 7. 1940): RGASPI, f. 17, op. 162, d. 28, Bl. 50–79.

100 Protokoll Nr. 35, Entscheidungen des Politbüros des ZK der WKP(b) vom 14. 6.–24. 8. 1940, Punkt 92 (21. 6. 1941): RGASPI, f. 17, op. 162, d. 36,1, Bl. 1–65, hier Bl. 15–19.

101 Schwendemann, *Wirtschaftliche Zusammenarbeit*, S. 381.

102 Bystrowa, *Sowjetski wojenno-promyschlennyj kompleks*, S. 170–191; Simonow, *Wojenno-promyschlennyj kompleks*, S. 125–134; Samuelson, *Krasny koloss*, S. 210–224.

103 Bystrowa, *Sowjetski wojenno-promyschlennyj kompleks*, S. 184.

104 Protokoll Nr. 26, Entscheidungen des Politbüros des ZK der WKP(b) vom 20. 1.–2. 2. 1941, Punkt 33, 34 (23. 1. 1941): RGASPI, f. 17, op. 162, d. 32, Bl. 1–35, hier Bl. 7–15.

105 Simonow, *Wojenno-promyschlennyj kompleks*, S. 129–134.

106 Bericht des Vorsitzenden der Kommission für sowjetische Kontrolle, Zemljatschka, an den Wirtschaftsrat beim SNK der UdSSR, an Genossen Mikojan, April 1940: GARF, f. 7511, op. 10, d. 333, Bl. 39–36.

107 Vgl. dazu Musial, *Kampfplatz,* S. 451–455.

108 *Die Tagebücher von Joseph Goebbels*, Teil II: Diktate 1941–1945, Bd. 1, S. 259–261 (Eintragung vom 19. 8. 1941).

109 Vgl. Musial, *Kampfplatz,* S. 190 ff.

110 Protokoll Nr. 78 der Politbürositzung des ZK der WKP(b) vom 13. 1. 1927, Punkt 8: RGASPI, f. 17, op. 162, d. 4, Bl. 42–46, Bl. 45; ausführlich über die geheime deutsch-sowjetische militärische Zusammenarbeit in den 1920er Jahren bis 1933 u. a.: Zeidler, *Reichswehr und Rote Armee 1920–1933.*

111 Tätigkeitsbericht der 17. Division/Abt. Ic, Bericht über den Ic-Lehrgang in Berlin am 7. 4. 1941: BA-MA, RH 26–17/31 (12 Seiten, ohne Paginierung).

112 Hilger, *Wir und der Kreml*, S. 278–281.

113 Ebda., S. 281; Fleischhauer, *Der Pakt*, S. 180.

114 *Kriegstagebuch des Oberkommandos der Wehrmacht*, Bd. I/1, S. 272–277, hier S. 276 f.

115 Ebda., S. 253–259, hier S. 257.

116 Ausführlich Arnold, *Die Wehrmacht und die Besatzungspolitik*, S. 62–73.

117 *Die Tagebücher von Joseph Goebbels*, Teil II: *Diktate 1941–1945*, Bd. 1, S. 259–261 (Eintragung vom 19. 8. 1941).

118 Halders »Aufzeichnungen aus der Besprechung mit dem Führer am 5. 12. 1940, 15.00 Uhr«, veröffentlicht in: Halder, *Kriegstagebuch*, Bd. II, S. 211–214.

119 *Kriegstagebuch des Oberkommandos der Wehrmacht*, Bd. I/1, S. 253–259, hier S. 258.

120 Halder, *Kriegstagebuch*, Bd. 2, S. 243 f. (Eintragung vom 16. 1. 1941, Führervortrag 8. und 9. 1. im Berghof).

121 Ebda., S. 266–268 (Eintragung vom 2. 2. 1941, Notizen von Generaloberst Halder zum Vortag bei Hitler am 3. Februar 1941).

122 *Kriegstagebuch des Oberkommandos der Wehrmacht*, Bd. I/1, S. 296–302, hier S. 297–300.

123 Halder, *Kriegstagebuch*, Bd. 2, S. 288–291 (Eintragung vom 22. 2. 1941).

124 Ebda., Bd. 2, S. 335–338 (Eintragung vom 30. 3. 1941).

125 Ebda., Bd. 2, S. 224 (Eintragung vom 13. 12. 1940, Notizen von Generaloberst Halder für den 13. 12. 1940).

126 Ebda., Bd. 2, S. 317–321, hier S. 320 (Eintragung vom 17. 3. 1941).

127 Aufzeichnung der Unterredungen bei den Begegnungen der Genossen Stalin und Molotow mit Eden vom 16. bis 20. 12. 1941, abgedruckt in: *Die UdSSR und die deutsche Frage*, Bd. I: *22. Juni 1941 bis 8. Mai 1945*, S. 19–30, hier S. 26.

128 Tooze, *Ökonomie der Zerstörung*, S. 500.

129 Vgl. u. a. Guderian, *Erinnerungen eines Soldaten*, S. 130–138; Nehring, *Die Geschichte der deutschen Panzerwaffe*, S. 132, 214–219.

130 Vgl. dazu u. a. Arnold, *Die Wehrmacht und die Besatzungspolitik*, S. 62–72.

131 Wilhelm, »Die Prognosen der Abteilung Fremde Heere Ost 1942–1945«, S. 7–75, hier S. 13.

132 Hitler, *Mein Kampf*, S. 742.

133 Halder, *Kriegstagebuch*, Bd. 2, S. 317–321, hier S. 320 (Eintragung vom 17. 3. 1941).

134 Ebda., Bd. 2, S. 335–338 (Eintragung vom 30. 3. 1941).

135 Vgl. dazu u. a. Musial, *Kampfplatz*, S. 140–149, 252–291.

136 Hitler, *Monologe im Führerhauptquartier*, S. 62 (Hervorhebung B. M.).

Die Mobilisierung der sowjetischen Kriegswirtschaft und Gesellschaft

1 *Kriegstagebuch des Oberkommandos der Wehrmacht 1940–1941*, Bd. I/2, S. 1106.

2 Meldung der politischen Verwaltung der Süd-Front, Regimentskommissar Rybakin, an politische Hauptverwaltung der Roten Armee über Verluste der Truppen der Süd-Front während der Kampfhandlungen, 6. 11. 1941: ZAMO, f. 228, op. 747, d. 7, Bl. 271 f.

3 *Rossija i SSSR w wojnach XX weka*, S. 267 f.; über die Zustände an der West-Front im Sommer 1941 vgl. u. a. Musial, *Sowjetische Partisanenbewegung*, S. 38–45.

4 Die Verluste der Roten Armee in den ersten sechs Monaten werden auch im heutigen Russland zu niedrig geschätzt, offenkundig um die Dimensionen der Niederlage rechnerisch kleiner zu machen. So werden in dem Buch *Rossija i SSSR w wojnach XX weka*, S. 261 (Tab. 138), die Verluste

der Roten Armee (Gefallene, Vermisste, darunter Gefangengenommene) vom Juni bis Dezember 1941 mit 2 993 803 Soldaten und Offizieren angegeben.

5 *Rossija i SSSR w wojnach XX weka*, S. 483, Tab. 488.

6 Ebda., S. 473–480 (Tab. 186); Angaben über Zahl der Panzer im Juni 1941 nach Meltjuchow, *Upuschtschenny schans Stalina*, S. 597. Es ist noch anzumerken, dass Meltjuchow auf S. 601 eine weitere detaillierte Tabelle anführt, aus der hervorgeht, dass die Rote Armee am 1. 6. 1941 über 25 508 Panzer verfügte, ohne jedoch diese Unterschiede zu erklären. Offenkundig handelt es sich hierbei um Differenzen bedingt durch die unterschiedlichen zeitgenössischen Angaben. Vor diesem Hintergrund ist die Zahl von 24 598 sowjetischen Panzern am 1. 6. 1941 als Mindestzahl anzusehen.

7 *Die Tagebücher von Joseph Goebbels. Sämtliche Fragmente*, Bd. 4, S. 695.

8 *Kriegstagebuch des Oberkommandos der Wehrmacht*, Bd. I/2, S. 1020.

9 *Die Tagebücher von Joseph Goebbels*, Teil II: *Diktate 1941–1945*, Bd. 1, S. 35, 161.

10 *Kriegstagebuch des Oberkommandos der Wehrmacht*, Bd. I/2, S. 1042.

11 Guderian, *Erinnerungen eines Soldaten*, S. 172.

12 *Die Tagebücher von Joseph Goebbels*, Teil II: *Diktate 1941–1945*, Bd. 1, S. 208.

13 Ebda., S. 259–261 (Eintragung vom 19. 8. 1941).

14 Wegner: »Hitlers Besuch in Finnland«, Zitat S. 130 ff.

15 Vgl. dazu u. a. Sebag Montefiore, *Stalin*, S. 401–408; Musial, *Kampfplatz*, S. 430–433.

16 Ausführlich über die ersten Minuten und Stunden nach dem Angriff Sebag Montefiore, *Stalin*, S. 411–418; Empfangsbuch im Kremlkabinett von Stalin, Eintragung vom 22. 6. 1941, in: *Na priemie u Stalina*, S. 337 f.

17 Befehl Nr. 2 an die Kriegsräte der Kriegsbezirke Lemberg, Baltikum, Kiew, Odessa, des Westsonderkriegsbezirkes, Kopie an das Volkskommissariat für Kriegsflotte, 22. 6. 1941, 7:15, unterzeichnet von Timoschenko, Malenkow, Schukow (Abschrift): RGASPI, f. 71, op. 25, d. 9479, Bl. 4 f.

18 Dimitroff, *Tagebücher*, S. 392 f. (Eintrag vom 22. 6. 1941).

19 Ebda. (Hervorhebung B. M.).

20 Erlass des Präsidiums des Obersten Sowjets der UdSSR über den Kriegszustand vom 22. 6. 1941, abgedruckt in: *Organy Besopasnosti*, Bd. II, Buch 1, S. 5–7; Erlass des Präsidiums des Obersten Sowjet der UdSSR über die Mobilisierung der Wehrpflichtigen vom 22. 6. 1941, abgedruckt in: Gorkow, *Gosudarstwennyj komitet*, S. 492 f.; Direktive Nr. 3 an die Kriegsräte der Nordwest-, West-, Südwest- und Süd-Front vom 22. 6. 1941, Timoschenko, Malenkow, Schukow, abgedruckt in: ebda., S. 493 f.

21 Ausführlich Sebag Montefiore, *Stalin*, S. 421 ff.; Erinnerungen von

Mikojan, Manuskript, aufgezeichnet in den 1960er Jahren: RGASPI, f. 84, op. 3, d. 116, Bl. 1–265, hier: Bl. 208. Mikojan gab in seinen Erinnerungen an, dass sich dieser Vorfall bereits in der Nacht vom 22. auf den 23. Juni ereignet habe. Sebag Montefiore führt aber überzeugend aus, dass es sich dabei um die Nacht vom 28./29. Juni gehandelt haben muss.

22 Erinnerungen von Mikojan, Manuskript, aufgezeichnet in den 1960er Jahren: RGASPI, f. 84, op. 3, d. 116, Bl. 1–265, hier: Bl. 208. Sebag Montefiore führt eine andere Version dieser Episode an, beide unterscheiden sich jedoch im Kern nicht voneinander; Sebag Montefiore, *Stalin*, S. 423 ff.

23 Sebag Montefiore, *Stalin*, S. 427 f.

24 Protokoll Nr. 34, Entscheidungen des Politbüros des ZK der WKP(b) von 14. 6.–24. 8. 1941: RGASPI, f. 17, op. 162, d. 36/1, Bl. 1–65, hier Bl. 35–37; Stawka-Befehle im Jahre 1941 (Abschriften): RGASPI, f. 71, op. 25, d. 9478, Bl. 1–13.

25 Sebag Montefiore, *Stalin*, S. 427–428.

26 Rede des Genossen J. W. Stalin beim Empfang im Kreml zu Ehren der Truppen der Roten Armee am 24. 5. 1945, veröffentlicht in: Stalin, *Werke*, Bd. 15, S. 16.

27 Protokoll Nr. 34, Entscheidungen des Politbüros des ZK der WKP(b) von 14. 6.–24. 8. 1941, Punkt 22 (23. 6. 1941): RGASPI, f. 17, op. 162, d. 36/1, Bl. 1–65, hier Bl. 22; Richard Overy bringt in seiner erfreulich gut lesbaren Arbeit *Russlands Krieg 1941–1945*, erschienen im Jahr 2003 (Reinbek bei Hamburg), auf S. 131 die Fakten über die Entstehung der Stawka durcheinander.

28 GKO-Beschluss Nr. 83 vom 10. 7. 1941 über Umorganisierung des Hauptquartiers des Oberkommandos, unterzeichnet von Stalin: RGASPI, f. 644, op. 1, d. 2, Bl. 1 f.

29 Beschluss des Politbüros des ZK der WKP(b) vom 19. 7. 1941, abgedruckt in: *Organy Besopasnosti*, Bd. II, Buch 1, S. 360 f.; Beschluss des Präsidiums des Obersten Sowjet, des SNK und des ZK der WKP(b) vom 8. 8. 1941, unterzeichnet von Kalinin und Stalin, abgedruckt in: ebda., S. 460 f.; Gorkow, *Gosudarstwennyj komitet*, S. 20.

30 Beschluss des Präsidiums des Obersten Rates der UdSSR, des Rates der Volkskommissare der UdSSR und des Zentralkomitees der WKP(b) vom 30. 6. 1941 über die Errichtung des Staatskomitees für Verteidigung, unterschrieben von Stalin und Kalinin: Zentralarchiv des Verteidigungsministeriums (fortan: ZAMO), f. 164, op. 3336, d. 21, Bl. 26 f.); Gorkow, *Gosudarstwennyj komitet*, S. 30 ff. Das GKO wurde am 4. September 1945 aufgelöst (Beschluss des Politbüros über die Auflösung des GKO vom 4. 9. 1945, Protokoll Nr. 46, Punkt 232: RGASPI, f. 17, op. 3, d. 1053, Bl. 50).

31 Vgl. u. a. Pleshakov, *Stalin's Folly*; Overy, *Russlands Krieg*, S. 125–159.

32 Am 26. Juni berief das Politbüro noch Mikojan und einen Tag später Berija (am 27. Juni) in den Evakuierungsrat, wobei Mikojan zugleich zum ersten Stellvertreter ernannt wurde. Am 3. Juli beschloss das GKO, Nikolai Schwernik zum Vorsitzenden des Evakuierungsrates zu berufen, denn der bisherige Vorsitzende, Kaganowitsch, wurde Bevollmächtigter des GKO für Militärtransporte. Am 16. Juli bestimmte das GKO die endgültige Zusammensetzung des Evakuierungsrates: Schwernik (Vorsitzender), Kossygin und Michail Perwuchin (Stellvertreter), Mikojan, Kaganowitsch, Maxim Saburow und Viktor Abakumow (NKWD) (Mitglieder). Protokoll Nr. 34, Entscheidungen des Politbüros des ZK der WKP(b) von 14. 6. bis 24. 8. 1941, Punkt 115 (24. 6. 1941), 131 (26. 6. 1941) und 138 (27. 6. 1941): RGASPI, f. 17, op. 162, d. 36/1, Bl. 1–65, hier Bl. 29–31; Protokoll der Sitzung des GKO vom 3. 7. 1941: RGASPI, f. 644, op. 2, d. 1, Bl. 115 f.; GKO-Beschluss Nr. 173 über die Zusammensetzung des Evakuierungsrates vom 16. 7. 1941, unterzeichnet von Stalin: RGASPI, f. 644, op. 1, d. 3, Bl. 100.

33 Protokoll Nr. 34, Entscheidungen des Politbüros des ZK der WKP(b) vom 14. 6.–24. 8. 1941, Punkt 134 und 144 (27. 6. 1941), 146 (28. 6. 1941), 152 und 153 (29. 6. 1941): RGASPI, f. 17, op. 162, d. 36/1, Bl. 1–65, hier Bl. 31, 33–37.

34 Zahlreiche GKO-Beschlüsse dazu in: RGASPI, f. 644, op. 1, d. 1–3.

35 Protokoll Nr. 34, Entscheidungen des Politbüros des ZK der WKP(b) vom 14. 6.–24. 8. 1941, Punkt 176 (02. 07. 1941): RGASPI, f. 17, op. 162, d. 36/1, Bl. 1–65, hier Bl. 40.

36 Istorija Wtoroj Mirowoj Wojny 1939–1945, Bd. IV, S. 135–141; Segbers, Die Sowjetunion im Zweiten Weltkrieg, S. 104–121; Bystrowa, Sowjetski wojenno-promyschlennyj kompleks, S. 193–207.

37 Ebda.

38 Protokoll Nr. 34, Entscheidungen des Politbüros des ZK der WKP(b) von 14. 6. bis 24. 8. 1941, Punkt 109, 110 (23. 6. 1941), 111 (24. 6. 1941), 164 (30. 6. 1941): RGASPI, f. 17, op. 162, d. 36/1, Bl. 1–65, hier Bl. 23–28, 37; Anlage zu Protokoll Nr. 34, Punkt 111: Verzeichnis der Werkzeugmaschinen, die an die Automobilwerke zu liefern waren: RGASPI, f. 17, op. 162, d. 36/2, Bl. 133 f.

39 GKO-Beschluss Nr. 21 April 1941: RGASPI, f. 644, op. 2, d. 1, Bl. 123.

40 Protokoll Nr. 34, Entscheidungen des Politbüros des ZK der WKP(b) vom 14. 6. bis 24. 8. 1941, Punkt 125 (25. 06. 1941): RGASPI, f. 17, op. 162, d. 36/1, Bl. 1–65, hier Bl. 29 f.

41 Entscheidung Nr. 1749–756 des SNK der UdSSR und des ZK der WKP(b) vom 25. 6. 1941 über die Steigerung der Produktion von Panzern KW, T-34, T-50, Zugmaschinen und Dieselmotoren für Panzer im 3. und 4. Quartal 1941, bestätigt durch das Politbüro am 25. 6. 1941: RGASPI, f. 17, op. 162, d. 36/2, Bl. 151–163.

42 GKO-Beschluss Nr. 1 vom 1. 7. 1941 über die Organisation der Produktion von Panzern T-34 im Werk »Krsnoje Sormowo«, unterzeichnet von Stalin: RGASPI, f. 644, op. 2, d. 1, Bl. 1 ff. Den Beschluss hatte Malyschew vorbereitet und Stalin am 1. 7. 1941 vorgelegt: ebda., Bl. 4.

43 GKO-Beschluss Nr. 2 vom 1. 7. 1941 über die Produktion des Panzers KW-1 in den Traktorenwerken Tscheljabinsk, unterzeichnet von Stalin: RGASPI, f. 644, op. 2, d. 1, Bl. 7 ff. Auch diesen Beschluss hatte Malyschew zur Unterzeichnung vorgelegt: ebda., Bl. 11.

44 GKO-Beschluss Nr. 29 vom 5. 7. 1941 über die Errichtung von Werken für Panzerdieselmotoren und über die Evakuierung des Werkes für Panzerdieselmotoren, unterzeichnet von Stalin: RGASPI, f. 644, op. 2, d. 1, Bl. 144–148.

45 Protokoll Nr. 35, Entscheidungen vom 26. 8. 1941–7. 1. 1942, Punkt 69 (11. 9. 1941): RGASPI, f. 17, op. 3, d. 1042, Bl. 3–111, hier Bl. 19; Erlass des Präsidiums des Obersten Sowjet der UdSSR vom 11. 9. 1941 mit Anlagen: Verzeichnisse der Werke, die dem Volkskommissariat für Panzerindustrie unterstehen: ebda., Bl. 120 ff.

46 Bericht über die Panzerproduktion im Jahr 1941, Malyszew an Stalin, 4. 1. 1942 (Kopie an Molotow): RGASPI, f. 82, op. 2, d. 572, Bl. 18–24.

47 Ebda.

48 Bericht »Panzerindustrie in Kriegsjahren 1941–1945«, Volkskommissariat für Panzerindustrie, 22. 8. 1945: RGAE, f. 8752, op. 4, d. 638, Bl. 1–13, hier Bl. 10 (rückläufige Paginierung).

49 Bericht über die Panzerproduktion im Jahr 1941, Malyszew an Stalin, 4. 1. 1942 (Kopie an Molotow): RGASPI, f. 82, op. 2, d. 572, Bl. 18–24.

50 GKO-Beschluss Nr. 734 vom 4. 10. 1941, unterzeichnet von Stalin: RGASPI, f. 644, op. 1, d. 11, Bl. 169 ff; Protokoll des Telefongesprächs zwischen Stalin und Schdanow und Kusnezow vom 4. 10. 1941: RGASPI, f. 558, op. 11, d. 483, Bl. 71 f.

51 Telegramm Stalins vom 17. 9. 1941 an Swerdlowski, Uraler Maschinenbauwerke, an Musrukow und Ryschkow: RGASPI, f. 558, op. 11, d. 151, Bl. 44 f.

52 Stalin an den Direktor und Hauptingenieur des Werkes »Krasnoje Sormowo« in Gorki am 20. 10. 1941: ebda., Bl. 53.

53 Telegramm Stalins vom 20. 10. 1941 an die Leitung der Automobilwerke Gorki: ebda., Bl. 55.

54 Telegramm Stalins vom 28. 01. 1940 an den Direktor des Werkes »Kirkisch« Kurjatikow: ebda., Bl. 1 f.

55 Bericht über die Panzerproduktion im Jahr 1941, Malyschew an Stalin, 4. 1. 1942 (Kopie an Molotow): RGASPI, f. 82, op. 2, d. 572, Bl. 18–24 (die sowjetischen Panzer). Angaben über die deutschen Panzer vgl.: *The Economics of World War II*, S. 16; Meltjuchow, *Upuschtschenny schans Stalina*, S. 605.

56 Bericht über die Panzerproduktion im Jahr 1941, Malyszew an Stalin, 4. 1. 1942 (Kopie an Molotow): RGASPI, f. 82, op. 2, d. 572, Bl. 18–24.

57 Meldung über die Erfüllung des Plans für die Produktion von Panzern und Dieselmotoren für Panzer für die ersten 20 Tage des Monats März, Malyszew an Molotow, 22. 3. 1943: RGASPI, f. 82, op. 2, d. 573, Bl. 107–110; Meldung über die Produktion von Panzern und Dieselmotoren für Panzer im März 1942, Goregljad an Molotow, ohne Datum: ebda., Bl. 153.

58 Tabelle: Wachstum der Rüstungsproduktion im Jahre 1942 (Januar = 100 %, bis Oktober), am Rande 14. 11.[1942], Unterschrift unleserlich: RGASPI, f. 82, op. 2, d. 533, Bl. 83.

59 Meltjuchow, *Upuschtschenny schans Stalina*, S. 598 f.; *The Economics of World War II*, S. 16; Malyszew an Molotow über die Panzerindustrie in Deutschland, Italien, England und den USA am 9. 4.[1943]: RGASPI, f. 82, op. 2, d. 573, Bl. 176 ff.

60 Guderian, *Erinnerungen*, S. 148, 213; Nehring. *Die Geschichte der deutschen Panzerwaffe*, S. 243, Anm 3. Im Juli 1941 »stieß die 18. Pz.Division des Verfassers [General Nehring] jenseits der Beresina [Ostweißrussland] auf die ersten russischen Panzer T 34 unter General Jeremenko, die den deutschen Panzern in bezug auf Waffenwirkung, Panzerung und Geländegängigkeit erheblich überlegen waren« (ebda., S. 243).

61 Direktive der Stawka über die Erfahrung mit dem Einsatz der mechanisierten Verbände und ihre Umorganisierung vom 16. 7. 1941, unterzeichnet von Schukow: RGASPI, f. 71, op. 25, d. 9479, Bl. 157–160.

62 Ebda.; Overy, *Russlands Krieg*, S. 142.

63 Guderian, *Erinnerungen*, S. 211 f.

64 Verton: *Im Feuer der Ostfront*, S. 155.

65 Vgl. dazu beispielsweise die Unterlagen der Staatsanwaltschaft aus dem Jahr 1942, die sich damit im Auftrag des GKO befasste: GARF, f. 8131, op. 37, d. 1035.

66 Meltjuchow, *Upuschtschenny schans Stalina*, S. 598 f. (Angaben für die Jahre 1943 und 1944). Angaben für Januar bis Juni 1945: Bericht über die Arbeit der Panzerindustrie für die erste Jahreshälfte 1945 vom 2. 7. 1945, V. Malyszew an Molotow: RGASPI, f. 82, op. 2, d. 576, Bl. 50–54.

67 *The Economics of World War II*, S. 16.

68 Bystrowa, *Sowjetski wojenno-promyschlennyj kompleks*, S. 222. Von den 12 000 Panzern kamen 7056 aus den USA: Schlauch, *Rüstungshilfe der USA 1939–1945*, S. 155; Swirin, *Stalnoj kulak Stalina*, S. 129–136; Swirin, *Bronjewoj schtschit Stalina*, S. 326–335. Von Oktober bis Dezember 1941 lieferten die Briten an die Sowjetunion 187 schwere Panzer »Matilda« und 259 leichte Kampfwagen »Valentine«. 30 Prozent davon gingen jedoch bald wegen technischer Probleme verloren, meist durch unsachgemäße Bedienung. Vgl. ebda., S. 328 f.

69 Siehe Tabelle auf S. 89: »Die sowjetische Panzerproduktion im Jahr

1941«, sowie Anhang, Tab. 7: »Produktion von Panzern und Sturmgeschützen in der UdSSR in den Jahren 1939 bis Juni 1945«.

70 Vgl. u. a. Spielberger, *Militärfahrzeuge*, Bd. 7: *Der Panzerkampfwagen Tiger und seine Abarten;* Ausführlich Frieser, »Die Schlacht im Kursker Bogen«, S. 158–165.

71 Ausführlich u. a. Jentz, *Der Panther.*

72 Mehr dazu u. a. Fleischer, *Deutsche Panzer 1935–1945.*

73 Schreiben des Kommandeurs der 5. Panzerarmee, Pawel Rotmistrow, an Marschall Schukow vom 20. 8. 1943: RGASPI, 71, op. 25, d. 9027, Bl. 1–5; abgedruckt auch in: Lopuchowski, *Prochorowka bes grifa sekretnosti,* S. 598–601.

74 Frieser, »Die Schlacht im Kursker Bogen«, S. 165.

75 Swirin: *Stalnoj kulak Stalina,* S. 112–128; siehe Anhang, Tab. 7: »Produktion von Panzern und Sturmgeschützen in der UdSSR in den Jahren 1939 bis Juni 1945«.

76 Anhang, Tab. 7: »Produktion von Panzern und Sturmgeschützen in der UdSSR in den Jahren 1939 bis Juni 1945«; technische Charakteristik der sowjetischen Sturmgeschütze u. a. in: *Armija Pobedy w Welikoj Otetschestwennoj Wojne 1941–1945,* S. 355–367.

77 Bericht »Panzerindustrie in den Kriegsjahren 1941–1945«, Volkskommissariat für Panzerindustrie, 22. 8. 1945: RGAE, f. 8752, op. 4, d. 638, Bl. 1–13, hier Bl. 6; Anhang, Tab. 7: »Produktion von Panzern und Sturmgeschützen in der UdSSR in den Jahren 1939 bis Juni 1945«.

78 Bericht von Malyszew an Molotow über fehlerhafte Getriebe bei Panzern KW vom 13. 3. 1942: RGASPI, f. 82, op. 2, d. 573, Bl. 59–62.

79 Chruschtschew an Stalin am 14. 4. 1943: RGASPI, f. 82, op. 2, d. 576, Bl. 24.

80 Kommandierender der 1. Panzerarmee, General Katukow, und Mitglied des Kriegsrates der 1. Panzerarmee, General Popiel, an Chruschtschew am 13. 4. 1943: RGASPI, f. 82, op. 2, d. 576, Bl. 25 ff.

81 Chruschtschew an Stalin am 24. 7. 1943: ZDAGO, f. 1, op. 23, d. 608, Bl. 11 ff.

82 Denkschrift von Timofei Tschupachin, Hauptkonstrukteur der Dieselmotoren des Werkes Nr. 76, über den »Zustand der Panzerdieselmotoren an den Fronten und in der Produktion des Volkskommissariats für Panzerindustrie« vom 2. 7. 1943, gerichtet an das Politbüro des ZK der WKP(b): ZDAGO, f. 1, op. 23, d. 608, Bl. 5–10, hier Bl. 6.

83 Ebda.

84 Stawka (Stalin, Wasilewski) an die Kommandierenden der Fronten, der 3. Panzerarmee und der 7. selbständigen Armee, an den Chef der Hauptverwaltung der Auto-und Panzertruppen am 10. 8. 1942: RGASPI, 71, op. 25, d. 9487, Bl. 228 ff.

85 Ebda.

86 Russische Angaben in: *Rossija i SSSR w wojnach XX weka,* S. 473–480;

deutsche Angaben nach Wilhelm, »Die Prognosen der Abteilung Fremde Heere Ost 1942–1945«, S. 24. Nach den oben genannten russischen Angaben verfügte die Rote Armee zum 1. 1. 1942 über 7700 Panzer, die Zahl der Zugänge vom 22. 6. bis zum 31. 6. 1941 wird mit 5600 Panzern angegeben, in Wirklichkeit waren es jedoch 5440 Panzer (knapp 5000 sowjetische und 446 britische Panzer: vgl. Metljuchin, S. 587, und Swirin, *Bronjewoj schtschit Stalina*, S. 328 f.). Von diesen Zahlen ausgehend lassen sich die sowjetischen Verluste wie folgt berechnen: 24 600 (Panzerbestand Juni 1941) + 5440 (Zugänge Juli bis Dezember 1941) – 7700 (Panzerbestand am 1. 1. 1942) ~ 22 340 Panzer, die in den ersten sechs Monaten verloren gingen. Das entspricht fast genau der Zahl der sowjetischen Panzer, die deutsche Truppen in den ersten sechs Kriegsmonaten als erbeutet und vernichtet meldeten, nämlich 22 246. Die Abteilung Fremde Heere Ost schätzte die sowjetischen Verluste auf etwa 22 000 Panzer. Vgl. Wilhelm, »Prognosen«, S. 24. Zu den deutschen Angaben und ihrer Problematik vgl. auch Wegner, »Von Stalingrad nach Kursk«, S. 22 f.

87 *Rossija i SSSR w wojnach XX weka*, S. 473–480; Wilhelm, »Prognosen«, S. 24. Nach russischen Angaben betrugen die Gesamtzugänge an Kampfwagen im Jahr 1942 28 000 Stück, und der Bestand zum 1. 1. 1943 lag bei 20 600. Nach Angaben des Stabes der Panzer- und mechanisierten Verbände der Roten Armee vom 21. 1. 1943 verfügte die Rote Armee am 20. 1. 1943 über 18 860 Panzer (ZAMO, f. 38, op. 80 032, d. 1, Bl. 1 f.). Somit ergibt sich: 7700 (Panzerbestand am 1. 1. 1942) + 28 000 (Panzerzugänge im Jahr 1942) – 18 680 (Panzerbestand im Januar 1943) ~ 16 840 Kampfwagen als Verluste und andere Abgänge, das heißt der Bestand war fast genau so hoch wie die Schätzung der Abteilung ›Fremde Heere Ost‹.

88 *Rossija i SSSR w wojnach XX weka*, S. 473–480 (Tabelle 186). Die Abteilung ›Fremde Heere Ost‹ schätzte die sowjetischen Verluste für das Jahr 1943 auf 18 580 Kampfwagen (Wilhelm, »Prognosen«, S. 24), fast 5000 weniger als die russischen Angaben, die ohnehin die tatsächlichen Verluste wohl unterschätzten. Die deutschen Truppen meldeten hingegen 37 164 vernichtete bzw. erbeutete sowjetische Kampfwagen im Jahr 1943 (ebda.).

89 Ausführlich Frieser, »Die Schlacht im Kursker Bogen«, S. 83–208.

90 Ebda., S. 156.

91 Antonow, Generalstab, an die Kommandierenden der Truppen der zentralen Front am 13. 8. 1943: RGASPI, f. 71, op. 23, d. 9491, Bl. 235.

92 Frieser, »Die Schlacht im Kursker Bogen«, S. 156.

93 *Rossija i SSSR w wojnach XX weka*, S. 473–480 (Tab, 186); Angaben über die Zahl der Panzer im Juni 1941 nach Meltjuchow, S. 597.

94 Monatliche Verluste für die Jahre 1941 und 1942 nach eigenen Berechnungen, sonst nach Angaben in: *Rossija i SSSR w wojnach XX weka*, S. 472–480 (Tab. 185 und 186); Angaben über die Fertigung ermittelt nach Tabelle auf S. 89: »Die sowjetische Panzerproduktion im Jahr

1941«, sowie Anhang, Tab. 7: »Produktion von Panzern und Sturmgeschützen in der UdSSR in den Jahren 1939 bis Juni 1945«.

95 *The Economics of World War II*, S. 16.

96 Berechnungen für Januar 1942 und 1943 vgl. Anm. 86 u. 87. Januar 1944:
18 860 (Stand Januar 1943) – 23 500 (Verluste 1943) + 27 300 (Zugänge
1943, davon 24 006 Eigenproduktion und etwa 3300 alliierte Lieferungen)
~ 22 660. Januar 1945: 22 660 (Stand Januar 1944) – 23 700 (Verluste
1944) + 34 700 (Zugänge 1944, darunter knapp 29 000 aus Eigenproduktion und 5700 aus alliierten Lieferungen) ~ 33 660. Juni 1945: 33 660
(Stand Januar 1945) – 13 700 (Verluste bis 10. 5. 1945) + 13 500 (Zugänge
bis 10. 5. 1945) ~ 33 460 Kampfwagen. Zahlen für die vorliegenden Berechnungen nach *Rossija i SSSR w wojnach XX weka*, S. 472–480 (Tabellen 185 und 186), Tabelle auf S. 89: »Die sowjetische Panzerproduktion im
Jahr 1941«, und Anhang, Tab. 7: »Produktion von Panzern und Sturmgeschützen in der UdSSR in den Jahren 1939 bis Juni 1945«. In dem Buch
Rossija i SSSR w wojnach XX weka werden teilweise andere Berechnungen präsentiert, worauf hier schon wiederholt eingegangen wurde. Für die
Jahre 1941 und 1942 werden die Verluste nach den hier zitierten Angaben
um jeweils mindestens 1500 unterschätzt. Man kann daher vermuten, dass
auch in den nächsten Jahren die Verluste an Kampfwagen ähnlich unterschätzt wurden, also mindestens um 3000 für die Jahre 1943 und 1944. Allein die sowjetischen Panzerverluste während der Schlacht im Kursker
Bogen werden um etwa 350 höher geschätzt als die heutigen russischen Angaben. Frieser, »Schlacht im Kursker Bogen«, S. 156.

97 Musial, *Kampfplatz,* S. 332–347; Vermerk über die Anzahl der Arbeiter,
Angestellten und Mitglieder von Artels der Industriekooperativen, Chef
des Zentralverwaltung für Statistik, Starowskij, 15. 11. 1942: RGASPI,
f. 82, op. 2, d. 533, Bl. 80 ff.

98 Musial, *Kampfplatz,* S. 341 f.; *Rossija i SSSR w wojnach XX weka*,
S. 473–480 (Tab. 186) (Anzahl der Flugzeuge am 22. 6. 1941).

99 *Rossija i SSSR w wojnach XX weka*, S. 473–480 (Tab. 186). Wie bereits
gezeigt, sind darin die Verluste an Panzern unterschätzt. Dies hängt wohl
mit der damaligen sowjetischen Praxis zusammen, die eigenen Verluste
so niedrig wie möglich anzugeben. Es gibt aber auch unterschiedliche
Angaben über die Anzahl der sowjetischen Kampfflugzeuge im Juni
1941. Nach Angaben der Herausgeber des Buches *Rossija i SSSR w
wojnach XX weka*, S. 473–480 (Tab. 186) verfügten die sowjetischen
Streitkräfte am 22. 6. 1941 über 8400 Bomber, 100 Jagdbomber und
11 500 Jagdflugzeuge, insgesamt 20 000 Kampfflugzeuge. Hinzu kamen
noch 12 100 Übungs-, Transport- und andere Flugzeuge. Meltjuchow
(*Upuschtschenny schans Stalina*, S. 488 f.) gibt dagegen an, dass die sowjetische Luftwaffe 6887 Bomber, 9881 Jagdflugzeuge, 57 Jagdbomber,
1934 Aufklärungsflugzeuge und 5729 andere Flugzeuge, insgesamt
24 488 Maschinen, hatte. Allerdings waren nur 25 Prozent davon mo-

derne Flugzeuge, auf denen Piloten kaum oder nur wenige Stunden geflogen waren.

100 Karl-Heinz Schuldt, der ab den ersten Kriegstagen als Bomberpilot der deutschen Luftwaffe flog und heute in Alfeld (Leine) lebt, erklärte im Interview mit dem Verfasser am 8. November 2008 in Alfeld, dass er im ersten Kriegsjahr kaum sowjetische Flugzeuge im Einsatz gesehen habe.

101 Vermerk über die Anzahl der Arbeiter, Angestellten und Mitglieder von Produktionsgenossenschaften der Industriekooperativen, Chef des Zentralverwaltung für Statistik, Starowskij, 15. 11. 1942: RGASPI, f. 82, op. 2, d. 533, Bl. 80 ff.

102 Simonow, *Wojenno-promyschlennyj kompleks*, S. 157. Der Unterschied in den Angaben für das Jahr 1942 in der Tabelle und im Absatz davor erklärt sich mit dem Zeitpunkt der Erfassung. Im Herbst 1942 befanden sich deutsche Truppen auf dem Vormarsch Richtung Stalingrad und die bedrohten Betriebe mussten verlegt werden.

103 Vgl. dazu, Bystrowa, *Sowjetski wojenno-promyschlennyj kompleks*, S. 213–216.

104 *Rossija i SSSR w wojnach XX weka*, S. 471 (Tab. 184).

105 Bytstrowa, *Sowjetski wojenno-promyschlennyj kompleks*, S. 222; Dunn, *The Soviet Economy and the Red Army*, S. 57–77.

106 *The Economics of World War II*, S. 16.

107 Ellis, *The World War II. Databook*, S. 231, 233.

108 Bystrowa, *Sowjetski wojenno-promyschlennyj kompleks*, S. 213–216.

109 Stawka (Stalin, Wasilewski) an den Kommandierenden der West-Front, Genossen Schukow, der Kalininer Front, Genossen Konew, der Luftstreitkräfte der Roten Armee, Genossen Nowikow, am 4. 8. 1942: RGASPI, f. 71, op. 25, d. 9487 Bl. 165 f.

110 *Rossija i SSSR w wojnach XX weka*, S. 473–480 (Tab. 186).

111 Ebda.

112 Ebda.

113 Frieser, »Die Schlacht im Kursker Bogen«, S. 84.

114 Frieser, »Der Zusammenbruch der Heeresgruppe Mitte im Sommer 1944«, S. 528, 532, 534.

115 Ebda., S. 594 f.

116 Vermerk über die Anzahl der Arbeiter, Angestellten und Mitglieder von Produktionsgenossenschaften der Industriekooperativen, Chef des Zentralverwaltung für Statistik, Starowski, 15. 11. 1942: RGASPI, f. 82, op. 2, d. 533, Bl. 80 ff.

117 Das Volkskommissariat für Panzerindustrie wurde erst im September 1941 errichtet, siehe S. 85.

118 Vermerk über Wachstum der Rüstungsproduktion im Jahr 1942, Januar = 100 %, Zentralverwaltung für Statistik, ohne Datum (November 1942) RGASPI, f. 82, op. 2, d. 533, Bl. 83.

119 Segbers, *Die Sowjetunion im Zweiten Weltkrieg*, S. 278 (Tab. 48).

120 Zusammengestellt nach: Förderung der Steinkohle in der UdSSR in den Jahren 1940–1944, Tabellen: RGAE, f. 1562, op. 329, d. 4553, Bl. 13–17 (Steinkohle in den Jahren 1940–1944); Simtschera, *Raswitie Ekonomiki Rossii za 100 let*, S. 141 (Steinkohle im Jahr 1945 und Stahl in den Jahren 1940 und 1945); Ausarbeitung des Ministeriums für Öl- industrie in den südlichen und westlichen Gebieten der UdSSR über Ent- wicklung der Erdölindustrie in den südlichen und westlichen Gebieten der UdSSR in den Jahren 1931 bis 1947, Planungsabteilung 1948: RGAE, f. 1562, op. 329, d. 4580, Bl. 1–352, hier Bl. 6 f. (Erdöl); Ellis, *The World War II. Databook*, S. 276 (Stahl 1941–1945); Segbers, *Die Sowjetunion im Zweiten Weltkrieg*, S. 276, Tab. 44 (Roheisen, Walzgut).

121 Leichtindustrie: 48 % (1942), 54 % (1943), 64 % (1944) und 62 % (1945) und Nahrungsmittelindustrie: 42 % (1942), 41 % (1943), 47 % (1944) und 51 % (1945). Vgl. Segbers, *Die Sowjetunion im Zweiten Weltkrieg*, S. 279 (Tab. 49).

122 Bericht des Kriegskommissars der Hauptverwaltung für rückwärtige Ge- biete der Roten Armee Bajukow vom 11. 2. 1942 an Stalin, Molotow u. a.: RGASPI, f. 82, op. 2, d. 804, Bl. 2–11.

123 GKO-Beschluss Nr. 1486 vom 25. 3. 1942, unterzeichnet von Stalin: RGASPI, f. 644, op. 2, d. 43, Bl. 142 f.

124 Berija/Wannikow an Stalin am 23. 3. 1942: RGASPI, f. 644, op. 2, d. 43, Bl. 165 f. Auf dem Schreiben machte Stalin einen kurzen Vermerk: »dafür«.

125 Schlauch, *Rüstungshilfe der USA*, S. 154 f.

126 Bystrowa, *Sowjetski wojenno-promyschlennyj kompleks*, S. 222; Schlauch, *Rüstungshilfe der USA*, S. 154 f.; vgl. auch Dunn, *The Soviet Economy and the Red Army*, S. 57–77.

127 Schlauch, *Rüstungshilfe der USA*, S. 155; Glantz/House, *When Titans Clashed*, S. 150; Bystrowa, *Sowjetski wojenno-promyschlennyj kom- pleks*, S. 223.

128 Bystrowa, *Sowjetski wojenno-promyschlennyj kompleks*, S. 223.

129 Ebda., S. 222–227; Schlauch, *Rüstungshilfe der USA*, S. 154 f.; Simo- now, *Wojenno-promyschlennyj kompleks*, S. 185.

130 »Report to Congress on Lend-Lease Operations for the Period Ended April 30, 1943«, S. 20 ff.

131 John Barber und Mark Harrison schrieben über die Mobilisierung der Be- völkerung in den ersten Kriegstagen: »Gewöhnliche Leute sammelten sich unterdessen mit einer Schnelligkeit, um ihr Land zu verteidigen, die zeigte, dass Jahre stalinistischer Kontrolle ihre Fähigkeit, unabhängig zu handeln, nicht hatten zerstören können.« Barber/Harrison, *The Soviet Home Front, 1941–1945*, S. 60. Overy schrieb in seinem Buch *Russlands Krieg 1941– 1945* auf S. 134 f., dass die Ansprache Stalins vom 3. 7. 1941 dem »sowje- tischen Volk« Zuversicht gegeben habe, und zitierte dabei den Journalisten Alexander Werth: »Stalins Rundfunkansprache war nicht sehr lang; aber

es gelang ihm in diesen wenigen Worten, die Hoffnung, wenn nicht die Gewißheit zu vermitteln, daß Rußland schließlich siegen werde.« Ferner schreibt Overy, der Aufruf zur Bildung einer Volksmiliz habe ein überwältigendes Echo gefunden; Ähnliches schreibt Roberts, *Stalin's Wars*, S. 94 f., 110 f. Über den Umgang des heutigen Russland mit der Geschichte des Zweiten Weltkriegs siehe u. a. Bonwetsch: »Die Sowjetunion im Zweiten Weltkrieg 1941 bis 1945«; Langenohl: »Die Erinnerungsreflexion des Großen Vaterländischen Krieges«. Stellvertretend für kritische Arbeiten, die im heutigen Russland erscheinen, sei hier die Arbeit Sokolow, *Tainy Wtoroj Mirowoj*, genannt, sowie die Dokumentation *Skrytaja prawda wojny* und viele andere.

132 Vgl. dazu u. Baberowski, *Der Rote Terror;* Musial, *Kampfplatz*, S. 212–301, 361–377; Figes, *Die Flüsterer*.

133 Klimow, *Berliner Kreml*, S. 225.

134 Tätigkeitsbericht des Kommandeurs der Partisanenabteilung, Iwanow, und des Kommissars der Abteilung, Narojnko (stellvertretender Staatsanwalt der BSSR), 29. 11. 1941: NARB, f. 4p, op. 33 a, d. 66, Bl. 59–64, hier Bl. 60 f., 64

135 Bericht des Chefs der Abteilung für den Kampf gegen Banditentum des NKWD der UdSSR, A. M. Leontew, über die Ergebnisse im Kampf gegen Banditentum, Fahnenflucht und Kriegsdienstverweigerung in den drei Jahren des Großen Vaterländischen Krieges (1. 7. 1941 bis 1. 7. 1944), abgedruckt in: *NKWD-MWD SSSR w borbe s banditismom*, S. 541.

136 Vgl. zahlreiche Beispiele in Musial, *Konterrevolutionäre Elemente*, S. 98–134.

137 Chiffriertes Telegramm aus Magadan an Berija und Botschkow (Staatsanwalt der UdSSR) vom 4. 7. 1941: RGASPI, f. 644, op. 2, d. 1, Bl. 198–200; GKO-Beschluss Nr. 38 vom 6. 7. 1941 über Dalstroj-Frage: RGASPI, f. 644, op. 1, d. 1, Bl. 129.

138 Vgl. dazu NKWD-Berichte aus dieser Zeit, veröffentlicht in: *Istorija Stalinskogo Gulaga*, Bd. 6, S. 133–168.

139 Aktennotiz über Gefangene des NKWD, die vom Kriegsbeginn bis zum 1. 11. 1944 an die Truppen der Roten Armee übergeben wurden, undatiert, veröffentlicht in: *GULAG: 1918–1960*, S. 428 f.

140 Zahlreiche zeitgenössische Berichte über die panikartige Flucht aus Weißrussland in: RGASPI, f. 17, op. 88, d. 480; Musial, *Sowjetische Partisanen*, S. 38–41.

141 Siehe ebda., S. 41–45; vgl. u. a. Musial, *Konterrevolutionäre Elemente*, S. 172–295.

142 Stawka-Befehl Nr. 270 vom 16. 8. 1941, abgedruckt in: *Organy Besopasnosti*, Bd. 2, Buch 1, S. 482–486.

143 Bericht des Sekretärs der KP(b)B in Siemiatycze, Maksimienko, vom 25. 7. 1941: RGASPI, f. 17, op. 88, d. 480, Bl. 14–20.

144 Meldung des Sekretärs des Stadtkomitees der Partei in Brest, Tupizyn,

an Stalin und Ponomarenko, 25. 7. 1941: NARB, f. 4p, op. 33 a, d. 70, Bl. 237.

145 Sekretärin des Oblastkomitees Brest, T. Nowikowa, an das ZK der KP(b)B, 19. 7. 1941: RGASPI, f. 17, op. 88, d. 480, Bl. 27–33, hier Bl. 31.

146 Sekretär des Parteikomitees der Oblast Pinsk, Mintschenko, an ZK der KP(b)B, 08. 7. 1941: ebda., Bl. 21–24, hier Bl. 22.

147 Schukow an Gerasimenko, 7. 7. 1941: ZAMO, f. 48 A, op. 1554, d. 4/2, Bl. 207.

148 Schukow an Timoschenko und den Stabschef der West-Front, Sokolowski, 21. 7. 1941: RGASPI, f. 71, op. 25, d. 9478, Bl. 192.

149 Funkspruch des Sekretärs des Oblastkomitees Gomel, Schischenko, an Genossen Stalin vom 29. 6. 1941: RGASPI, f. 558, op. 11, d. 66, Bl. 29.

150 Stawka-Befehl Nr. 533 vom 26. 7. 1941, unterzeichnet von Schukow: RGASPI, f. 71, op. 25, d. 9479, Bl. 219.

151 Bericht des Kommandeurs der 208. Partisanenabteilung »Stalin« (ehemaliger Kommandeur der 208. motorisierten Division), Oberst Nitschiporowitsch, an den Kriegsrat der West-Front vom 2. 7. 1942: RGASPI, f. 82, op. 2, d. 817, Bl. 21–26.

152 Stenogramm des Gesprächs mit Konstantin Schaschkin vom 1. 12. 1944: NARB, f. 750, op. 1, d. 111, Bl. 71–79, hier Bl. 71 f.

153 Information des Kommandeurs des Artillerieregiments 170, Major Nesterenko, über den Zustand des 21. Infanteriekorps und die Lage in den besetzten Gebieten vom 16. 7. 1941: NARB, f. 4p, op. 33 a, d. 69, Bl. 309–314.

154 Hürter, *Ein deutscher General an der Ostfront*, S. 71.

155 Schukow an Kommandeure der nordwestlichen, westlichen und südöstlichen Frontabschnitte am 17. 7. 1941: RGASPI, f. 71, op. 25, d. 9479, Bl. 168.

156 Bericht von Michail Ermakow, Sergeant der Staatssicherheit, über seinen Einsatz in den besetzten Gebieten, Oktober 1941: NARB, f. 4p, op. 33 a, d. 62, Bl. 47–60, hier Bl. 54.

157 Tätigkeitsbericht der 2. Weißrussischen Partisanenbrigade des Genossen Djakow für die Zeit vom 6. 7. 1941 bis 2. 7. 1942: NARB, f. 4p, 33 a, d. 79, Bl. 12–30, hier Bl. 13.

158 Schukow an Kommandierende aller Fronten, undatiert, vermutlich 14. 7. 1941: RGASPI, f. 71, op. 25, d. 9479, Bl. 151 f.

159 Beschluss des GKO Nr. 169 vom 16. 7. 1941, unterzeichnet von Stalin: RGASPI, f. 644, op. 1, d. 3, Bl. 95 f.

160 Müller, *An der Seite der Wehrmacht*, S. 215–218, Zitat S. 226.

161 Musial, *Sowjetische Partisanen*, S. 102, 264–271.

162 Müller, *An der Seite der Wehrmacht*, S. 152–146.

163 Empfangsbuch im Kremlkabinett von Stalin, Eintragungen vom 22.–28. 06. 1941, in: *Na priemie u Stalina*, S. 337–341.

164 Vgl. Musial, *Sowjetische Partisanen*, S. 55–59.

165 Beschluss der 3. Verwaltung des NKO vom 6. 7. 1941, Verhaftung von Dmitri Pawlow, veröffentlicht in: *Organy Besopasnosti*, Bd. 2, Buch 1, S. 217; GKO-Beschluss Nr. 169 vom 16. 7. 1941 über die Übergabe des ehemaligen Kommandeurs der West-Front, Armeegeneral Pawlow, des ehemaligen Stabschefs der West-Front, Generalmajor Klimowskich, und anderer an das Kriegstribunal, unterzeichnet von Stalin: RGASPI, f. 644, op. 1, d. 3, Bl. 95 f.; Urteil des Kriegstribunals des Obersten Gerichts der UdSSR in der Sache Pawlow, Klimowskich, Grigorjew und Korobkow vom 22. 7. 1941, veröffentlicht in: *Organy Besopasnosti*, Bd. 2, Buch 1, S. 392 ff.; Befehl des Volkskommissars für innere Angelegenheiten, Berija, Nr. 2756/B vom 18. 10. 1941 an Angehörige der Sondergruppe des NKWD der UdSSR über die Erschießung von 25 Verhafteten in der Stadt Kuibyschew, veröffentlicht in: *Organy Besopasnosti,* Bd. 2, Buch 2, S. 215–220.

166 GKO-Beschluss Nr. 187 vom 17. 7. 1941 über die Umbildung der Organe der 3. Verwaltung in Sonderverwaltungen, unterzeichnet von Stalin: RGASPI, f. 644, op. 2, d. 5, Bl. 196.

167 Direktive des NKWD der UdSSR Nr. 169 vom 18. 7. 1941 über die Aufgaben der Sonderabteilungen, unterzeichnet von Berija, veröffentlicht in: *Organy Besopasnosti*, Bd. 2, Buch 1, S. 346 f.

168 GKO-Beschluss Nr. 187 vom 17. 7. 1941 über die Umbildung der Organe der 3. Verwaltung in Sonderverwaltungen, unterzeichnet von Stalin: RGASPI, f. 644, op. 2, d. 5, Bl. 196; Befehl des NKWD der UdSSR Nr. 00 941 vom 19. 7. 1941 über die Aufstellung von Einheiten der NKWD-Truppen bei Sonderabteilungen, unterzeichnet von Berija, veröffentlicht in: *Organy Besaposnosti,* Bd. 2, Buch 1, S. 366 f.

169 Ebda.

170 Bericht des stellvertretenden Chefs der Verwaltung der Sonderabteilungen des NKWD der UdSSR, Milschtejn, Oktober 1941: RGANI, f. 89, op. 18, d. 8, Bl. 1 ff.; veröffentlicht auch in: http:// psi.ece.jhu.edu/~kaplan/ IRUSS/BUK/GBARC/pdfs/sovter74/ kgb41–1.pdf

171 Bericht der 4. Abteilung des UNKWD der Oblast Kalinin vom 10. 12. 1941, veröffentlicht in: *Organy Besopasnosti,* Bd. 2, Buch 2, S. 395 f.

172 Mitteilung des Chefs der Abteilung für den Kampf gegen das Banditentum des NKWD über die Bekämpfung der Fahnenflucht in den Reihen der Roten Armee in den dreieinhalb Jahren des Großen Vaterländischen Krieges, A. Leontew, Januar 1945: GARF, f. 9478, op. 1, d. 493, Bl. 4 ff. Berija meldete hingegen am 26. 12. 1941, dass die NKWD-Organe bis zum 20. Dezember 638 112 Soldaten unter dem Verdacht der Fahnenflucht aufgegriffen hätten. Von ihnen seien 82 865 verhaftet und 555 247 an die Einheiten der Roten Armee übergeben worden. Vgl. Bericht des NKWD der UdSSR an NKO der UdSSR über Maßnahmen im Kampf gegen Fahnenflucht und zur Aufrechthaltung der Ordnung in den rückwärtigen Gebie-

ten und im Transportwesen vom 26. 12. 1941, Berija, veröffentlicht in: *Organy Besaposnosti,* Bd. 2, Buch 2, S. 473 ff.

173 Tätigkeitsbericht des Kommandeurs der Partisanenabteilung, Iwanow, und des Kommissars der Abteilung, Narojenko (stellv. Staatsanwalt der BSSR), 29. 11. 1941: NARB, f. 4p, op. 33 a, d. 66, Bl. 59–64, hier Bl. 64

174 Bericht des Staatsanwaltes der UdSSR, W. Botschkow, an Stalin über die Verbrechen, die der Gerichtsbarkeit der Kriegstribunale unterstehen, am Dokument handschriftlich das Datum 10. 2. 1942: GARF, f. 8131, op. 37, d. 967, Bl. 1–36, hier Bl. 9 ff.

175 Befehl des NKWD der UdSSR Nr. 001 427 über Maßnahmen zur Liquidierung des Banditentums und der bewaffneten konterrevolutionären Überfälle im Hinterland vom 2. 10. 1941, veröffentlicht in: *Organy Besopasnosti,* Bd. 2, Buch 2, S. 159 ff.

176 Berija an Stalin am 10. 10. 1942: RGASPI, f. 644, op. 2, d. 101, Bl. 156 f.; vgl. Musial, *Sowjetische Partisanen,* S. 129 f.

177 Berija an Stalin, Molotow, Malenkow und Antonow am 27. 6. 1944: GARF, f. 9401, op. 2, d. 66, Bl. 66; veröffentlicht in: *Lubjanka 1939–1946,* S. 442.

178 Bericht des Chefs der Abteilung für den Kampf gegen Banditentum des NKWD der UdSSR, A. Leontew, über die Ergebnisse im Kampf gegen Banditentum, Fahnenflucht und Kriegsdienstverweigerung in den drei Jahren des Großen Vaterländischen Krieges (1. 7. 1941 bis 1. 7. 1944), abgedruckt in: *NKWD-MWD SSSR w borbe s banditismom,* S. 500 f.

179 Bericht des Staatsanwaltes der UdSSR, W. Botschkow, an Stalin über Verbrechen, die der Gerichtsbarkeit der Kriegstribunale unterstehen, am Dokument handschriftlich das Datum 10. 2. 1942: GARF, f. 8131, op. 37, d. 967, Bl. 1–36, hier Bl. 5–8; Berija an Stalin am 18. 6. 1942: RGASPI, f. 644, op. 2, d. 72, Bl. 97 f.

180 Bericht des Staatsanwaltes der UdSSR, W. Botschkow, an Stalin über Verbrechen, die der Gerichtsbarkeit der Kriegstribunale unterstehen, am Dokument handschriftlich das Datum 10. 2. 1942: GARF, f. 8131, op. 37, d. 967, Bl. 1–36, hier Bl. 5–8; Musial, *Sowjetische Partisanen,* S. 122.

181 Bericht des Staatsanwaltes der UdSSR, W. Botschkow, an Stalin über Verbrechen, die der Gerichtsbarkeit der Kriegstribunale unterstehen, am Dokument handschriftlich das Datum 10. 2. 1942: GARF, f. 8131, op. 37, d. 967, Bl. 1–36, hier Bl. 14–23; GKO-Beschluss Nr. 1894 vom 7. 7. 1942 über die Zuteilung von Lebensmittelrationen für Rote Armee, Kriegsflotte und NKWD-Truppen für Monat Juli 1942, unterzeichnet von Stalin: RGASPI, f. 644, op. 1, d. 39, Bl. 74 ff.

182 Ebda.

183 Beschluss des ZK der WKP(b) vom 18. 7. 1941 über die Organisation des Kampfes im deutschen Hinterland: RGASPI, f.17, op. 162, d. 36, Teil I, Bl. 55 ff.

184 Bericht des Staatsanwaltes der UdSSR, W. Botschkow, an Stalin über Verbrechen, die der Gerichtsbarkeit der Kriegstribunale unterstehen, am Dokument handschriftlich das Datum 10. 2. 1942: GARF, f. 8131, op. 37, d. 967, Bl. 1–36, hier S. 9.

185 Berija an Stalin am 10. 10. 1942: RGASPI, f. 644, op. 2, d. 101, Bl. 156 f.

186 Mitteilung des Chefs der Abteilung für den Kampf gegen Banditentum des NKWD über die Bekämpfung der Fahnenflucht in den Reihen der Roten Armee in den dreieinhalb Jahren des Großen Vaterländischen Krieges, A. Leontew, Januar 1945: GARF, f. 9478, op. 1, d. 493, Bl. 4 ff.

187 Swjagnizew, *Wojna na wesach femidy*, S. 736.

188 Mitteilung über die ergriffenen Fahnenflüchtigen und Kriegsdienstverweigerer in drei Jahren des Großen Vaterländischen Krieges, Abteilung für den Kampf gegen Banditentum des NKWD, Zaboew, 20. 10. 1944: GARF, f. 9478, op. 1, d. 137, Bl. 9 f.

189 Berija an Stalin, Molotow, Malenkow und Antonow am 27. 6. 1944: GARF, f. 9401, op. 2, d. 66, Bl. 66; veröffentlicht in: *Lubjanka 1939–1946*, S. 442.

190 Bericht über die Arbeit der Kriegsstaatsanwaltschaft der Roten Armee im 2. Quartal 1942, der Oberst Kriegsstaatsanwalt der Roten Armee, W. Noskow, 29. 9. 1942: GARF, f. 8131, op. 27, d. 967, Bl. 117–168, hier Bl. 130.

191 Bericht des Chefs der Abteilung für den Kampf gegen Banditentum der UdSSR, A. Leontew, über die Ergebnisse im Kampf gegen Banditentum, Fahnenflucht und Kriegsdienstverweigerung in den drei Jahren des Großen Vaterländischen Krieges (1. 7. 1941 bis 1. 7. 1944), abgedruckt in: *NKWD-MWD SSSR w borbe s banditismom*, S. 543.

192 Schukow an den Kommandeur der Nordwestfront, übermittelt von Generalmajor Wasilewski am 10. 7. 1941 über direkte Verbindung (Abschrift): RGASPI, f. 71, op. 25, d. 9479, Bl. 119 f. In dem Befehl heißt es u. a.: »Vernichtungsabteilungen agieren bei Euch bis jetzt nicht und die Früchte ihrer Arbeit sieht man nicht, sodass infolge der Untätigkeit von Kommandeuren der Divisionen, Korps, Armeen und der Front die Truppen der Nordwest-Front die ganze Zeit zurückrollen.«

193 *Skrytaja prawda wojny;* Swjagnizew, *Wojna na wesach femidy* S. 400.

194 Schaposchnikow im Auftrag der Stawka an Jeremenko, Kommandierender der Brjansker Front, am 5. 9. 1941 (Abschrift): RGASPI, f. 71, op. 25, d. 9480, Bl. 111.

195 Stawka-Befehl Nr. 001 919 vom 12. 9. 1941 an alle Fronten, Armee und Divisionen, an den Oberbefehlshaber des südwestlichen Abschnitts, Stalin (Schaposchnikow im Auftrag). An dem Dokument befindet sich die Notiz: »diktiert persönlich vom Genossen Stalin, B. Schaposchnikow« (Abschrift): RGASPI, f. 71, op. 25, d. 9480, Bl. 175 f.

196 Anordnung des Kriegsrates der Leningrader Front Nr. 00 274 vom 18. 9. 1941 über die Intensivierung des Kampfes gegen Fahnenflüchtige

und gegen das Eindringen von feindlichen Elementen in die Stadt Leningrad, unterzeichnet von Schukow (als Kommandierendem der Truppen der Leningrader Front), Schdanow und Kusnezow (als Mitgliedern des Kriegsrates), veröffentlicht in: *Organy Besopasnosti*, Bd. 2, Buch 2, S. 118 f.

197 Befehl des NKO Nr. 227 über die Maßnahmen zur Festigung der Disziplin und Ordnung in der Roten Armee vom 28. 7. 1942, unterzeichnet von Stalin, veröffentlicht in: *Prikasy Narodnogo Komissara Oborony SSSR. 22 ijunja 1941 g. – 1942 g.*, Bd. 2(2), S. 276–279.

198 Swjagnizew, *Wojna na wesach femidy*, S. 402 f.

199 Ebda., S. 403.

200 Müller, *An der Seite der Wehrmacht*, S. 215.

201 GKO-Beschluss Nr. 2613 vom 12. 12. 1942 über die Zuteilung von Lebensmittelrationen für die Truppen der Roten Armee, Kriegsmarine und NKWD-Truppen im Dezember 1942, unterzeichnet von Stalin: RGASPI, f. 644, op. 1, d. 72, Bl. 158 ff.

202 Swjagnizew, *Wojna na wesach femidy*, S. 403.

203 Befehl des NKO Nr. 0349 vom 29. 10. 1944 über die Auflösung von Sperrabteilungen, unterzeichnet von Stalin, veröffentlicht in: *Prikasy Narodnogo Komissara Oborony SSSR 1943–1945 gg.*, Bd. 13, S. 326.

204 Befehl Nr. 227 des Volkskommissars für Verteidigung, Stalin, vom 28. 7. 1942, veröffentlicht in: *Prikasy Narodnogo Komissara Oborony*, Bd. 2(2), S. 276–279.

205 Ebda.

206 Swjagnizew, *Wojna na wesach femidy*, S. 389 f.

207 Ebda., S. 390 f.

208 Befehl Nr. 0089 des Volkskommissars für Verteidigung, Stalin, vom 31. 5. 1943: RGASPI, f. 558, op. 11, d. 461, Bl. 17 f.; Bericht der Politischen Hauptverwaltung der Roten Armee an Stalin über die Arbeit der Sonderabteilung der 7. selbständigen Armee, ohne Datum (Mai 1943): ebda., Bl. 21–35.

209 Swjagnizew, *Wojna na wesach femidy*, S. 393–399.

210 Pylzyin, *Prawada o schtrafbatach*; Wesiłowski: »›Sztrafniki‹ – Jednostki karne Armii Czerwonej w latach 1940–1945«, S. 109–125.

211 Swjagnizew, *Wojna na wesach femidy*, S. 393–399.

212 *Rossija i SSSR w wojnach XX weka*, S. 441.

213 Ebda.

214 Swjagnizew, *Wojna na wesach femidy*, S. 24–31.

215 Ebda.; Protokoll Nr. 35: Entscheidungen des Politbüros des ZK der WKP(b) vom 26. 8. 1941 bis 7. 1. 1942, hier Entscheidungen vom 26. 12. 1941, Punkt 98: RGASPI, f. 17, op. 3, d. 1042, Bl. 3–111, hier Bl. 98; Erlass des Obersten Sowjet vom 26. 12. 1941 über die Verantwortung der Arbeiter und Angestellten für das unerlaubte Verlassen des Arbeitsplatzes in den Betrieben der Kriegsindustrie: ebda., Bl. 444 f.

216 Bericht des Staatsanwaltes der UdSSR, W. Botschkow, an Stalin über Verbrechen, die der Gerichtsbarkeit der Kriegstribunale unterstehen, am Dokument handschriftlich das Datum 10. 02. 1942: GARF, f. 8131, op. 37, d. 967, Bl. 1–36, hier Bl. 1 ff.

217 Ebda., Bl. 5–8.

218 Bericht über Verbrechensbekämpfung in den Reihen der Roten Armee während des Großen Vaterländischen Krieges, Oberkriegsstaatsanwalt der Roten Armee, W. Nosow, 15. 7. 1942: GARF, 8131, op. 37, d. 967, Bl. 80–96; vgl. entsprechende Berichte für die Monate Juli bis November 1942: ebda.

219 Berija an Stalin am 10. 10. 1942: RGASPI, f. 644, op. 2, d. 101, Bl. 156 f.

220 Tabelle nach Swjagnizew, *Wojna na wesach femidy,* S. 736; Auskunft der Verwaltung für Kriegstribunale über die Zahl der Verurteilten durch die Kriegstribunale von 1940 bis 1955, stellvertretender Leiter der Verwaltung für Kriegstribunale, S. Maksimow, 7. 12. 1955: GARF, 7523, op. 89, d. 4408, Bl. 43, veröffentlicht in: *Istorija Stalinskogo Gulaga,* Bd. 1, S. 116

221 Ebda., S. 736 f.

222 Ebda.

223 Bericht über die Arbeit der Kriegsstaatsanwaltschaft der Roten Armee im 2. Quartal 1942, der Oberste Kriegsstaatsanwalt der Roten Armee, W. Noskow, 29. 9. 1942, und Anlage: Auskunft über verurteilte Zivilisten durch Kriegstribunale im 2. Quartal 1942, Anlage 12 zum: GARF, f. 8131, op. 37, d. 967, Bl. 117–168, hier Bl. 161, Bl. 182 (Anlage).

224 Ebda., Bl. 125 f.

225 GKO-Beschluss Nr. 903 vom 17. 11. 1941, unterzeichnet von Stalin: RGASPI, f. 644, op. 1, d. 14, Bl. 101, veröffentlicht auch in: *Organy Besopasnosti,* Bd. 2, Buch 2, S. 311; Berija an Stalin am 15. 11. 1941 über die Erweiterung der Rechte der Sonderkommissionen, abgedruckt in: *Lubjanka 1939–1946,* S. 318 ff.

226 Mosochin, »Osoboe Sowetschtschanie w Rossji i SSSR (1881–1953). Prawowoe polnomotschija Osobogo soveschtschanija«; Bericht von S. N. Kruglow und R. A. Rudenko an Chruschtschow über die Übersicht der Vorgänge von Personen, die durch Sonderkommissionen des NKWD verurteilt wurden, vom 8. 12. 1953, veröffentlicht in: Archiv von Aleksander J. Jakowlew (http://www. alexanderyakovlev.org/almanah/inside/almanah-doc/6/55 696); Schreiben von Berija an Stalin über die Einschränkung der Rechte der Sonderkommissionen des NKWD vom 1. 10. 1945: GARF, 9401, op. 2, d. 99, Bl. 400 f., veröffentlicht in: *Lubjanka 1939–1946,* S. 541. In den Jahren 1941 bis 1945 »verurteilten« die Sonderkommissionen des NKWD insgesamt 166 395 Personen. Auskunft der Sonderabteilung MWD der UdSSR über die Zahl der Verhafteten und Verurteilten durch die Organe der WTschK-OGPU-NKWD-MGB der UdSSR in den Jahren 1930–1953, Chef der Sonderabteilung MWD

der UdSSR, Oberst Pawlow, 11. 12. 1953: GARF, f. 9401, op. 1, d. 4157, Bl. 201 ff., veröffentlicht in: *Istorija Stalinskogo Gulaga*, Bd. 1, S. 608 f.

227 Bericht des Chefs der Verwaltung für politische Propaganda der Südwest-Front, Brigadekommissar Michajlow, an Mechlis, Chef der Hauptverwaltung für politische Propaganda, vom 3. 7. 1941, abgedruckt in Auszügen u. a. in: Swjagnizew, *Wojna na wesach femidy*, S. 166 f.

228 Befehl des Kommandierenden der Truppen der West-Front, Armeegeneral Schukow, vom 4. 11. 1941, abgedruckt in: Swjagnizew, *Wojna na wesach femidy*, S. 167 f.

229 Befehl des NKO Nr. 0391 vom 4. 10. 1941, unterzeichnet von Stalin und Schaposchnikow, veröffentlicht in: *Prikasy Narodnogo Komissara Oborony SSSR, 22 ijunja 1941 g. – 1942 g.*, S. 108 f.

230 Befehl des Kommandierenden der Truppen der Südwest-Front, Marschall Timoschenko, vom 12. 12. 1941, veröffentlicht in: Swjagnizew, *Wojna na wesach femidy*, S. 170 ff.

231 Ebda.

232 Zahlreiche Beispiele in: ebda., S. 141–160.

233 Klimow, *Berliner Kreml*, S. 177.

234 Befehl des Volkskommissars für Verteidigung an die Kriegsräte der Fronten und Armeen vom 12. 8. 1941, unterzeichnet von Stalin (Abschrift): RGASPI, f. 71, op. 25, d. 9479, Bl. 316.

235 Stawka-Befehl Nr. 270 vom 16. 7. 1941, unterzeichnet von Stalin, Molotow, Budjonny, Woroschilow, Timoschenko, Schaposchnikow, Schukow, veröffentlicht in: *Prikasy Narodnogo Komissara Oborony SSSR. 22 ijunja 1941 g. – 1942 g.*, S. 58 ff.; der Befehl Nr. 270 ist auch veröffentlicht in deutscher Übersetzung in: *Osteuropa*, H. 11/12, S. 1035–1038.

236 Befehl des NKGB, NKWD und Generalstaatanwaltschaft der UdSSR Nr. 00 246/00 833/59 über die Bestrafung von Vaterlandsverrätern und ihren Familien vom 28. 6. 1941, veröffentlicht in: *Organy Besopasnosti*, Bd. 2, Buch 1, S. 114 f.

237 Telegramm von Trotzki an Dserschinski vom 13. 10. 1918: RGASPI, f. 17, op. 109, d. 21, Bl. 16; Musial, *Kampfplatz*, S. 37.

238 Siehe Anm. 235, S. 432.

239 Chef der politischen Verwaltung der Süd-Front, Mamonow, an die Chefs der politischen Organe am 17. 8. 1941: ZAMO, f. 228, op. 710, d. 203, Bl. 112–115.

240 Bericht der Politischen Verwaltung der Süd-Front, Regimentskommissar Breschnew, an Chef der Politischen Hauptverwaltung der Roten Armee, Mechlis, vom 23. 11. 1941: ZAMO, 228, op. 747, d. 4, Bl. 161–169, hier Bl. 161.

241 Bericht des Staatsanwaltes der UdSSR, W. Botschkow, an Stalin über Verbrechen, die der Gerichtsbarkeit der Kriegstribunale unterstehen, auf dem Dokument handschriftlich das Datum 10. 2. 1942: GARF, f. 8131, op. 37, d. 967, Bl. 1–36, hier Bl. 9.

242 Berija an Stalin am 18. 6. 1942: RGASPI, f. 644, op. 2, d. 72, Bl. 97 f.

243 Sebag Montefiore, *Stalin*, S. 430 f.; Overy, *Russlands Krieg*, S. 135.

244 Am 18. 10. 1941 ordnete Berija die Erschießung u. a. von Marija Neste-renko und Alexandra Fibich-Sawtscheno-Petrowskaja an, weil sie Ehe-frauen von »Vaterlandsverrätern« seien. Befehl des Volkskommissars für innere Angelegenheiten, Berija, Nr. 2756/B vom 18. 10. 1941 an An-gehörige der Sondergruppe des NKWD der UdSSR über die Erschießung von 25 Verhafteten in der Stadt Kuibyschew, veröffentlicht in: *Organy Besopasnosti*, Bd. 2, Buch 1, S. 215–220.

245 Stalins Rundfunkrede vom 3. 7. 1941, abgedruckt in deutscher Über-setzung u. a. in: Stalin, *Werke*, Bd. 14, S. 236–242.

246 Ponomarenko an Stalin über die Lage in den besetzten Bezirken Weiß-russlands, 19. 08. 1941: RGASPI, f. 17, op. 88, d. 480, Bl. 153–162, hier Bl. 153.

247 Sonderbericht des Chefs der 1. Verwaltung des NKWD UdSSR, Fitin, über die Aktivitäten der deutschen Faschisten auf den vorübergehend besetzten Territorien Weißrusslands vom 12. 9. 1941: RGASPI, f. 17, op. 125, d. 52, Bl. 55–67, hier Bl. 55.

248 Ausführlich Musial, *Sowjetische Partisanen*, S. 255–271, 358–367.

249 Kurzer Bericht über die Aktivitäten der Abteilung »Stalin« vom 25. 8. 1942: RGASPI, f. 69, op. 1, d. 164, Bl. 178 f.; ausführlich Musial, *Sowjetische Partisanen*, S. 255–271, 358–367.

250 Berija an Stalin am 26. 12. 1941: RGASPI, f. 644, op. 2, d. 31, Bl. 6.

251 GKO-Beschuss Nr. 1075 vom 27. 12. 1941, unterzeichnet von Stalin: RGASPI, f. 644, op. 1, d. 17, Bl. 198.

252 Berija an Stalin am 18. 6. 1942: RGASPI, f. 644, op. 2, d. 72, Bl. 97 f.

253 Ebda.

254 Ebda. Außer an Stalin ging das Schreiben an Stepan Mamulov, Chef des Sekretariats des NKWD der UdSSR, das dritte Schreiben verblieb in den Akten des Sekretariats des NKWD.

255 GKO-Beschluss Nr. 1926 vom 24. 6. 1942 über Familienmitglieder von Vaterlandsverrätern, unterzeichnet von Stalin: RGASPI, f. 644, op. 2, d. 72, Bl. 95 f.

256 Ebda.

257 Berija an Stalin am 10. 10. 1942: RGASPI, f. 644, op. 2, d. 101, Bl. 156 f.

258 GKO-Beschluss Nr. 2401 vom 11. 10. 1942 über Deserteure, unter-zeichnet von Stalin: ebda., Bl. 155.

259 Direktive des NKWD SSSR Nr. 292/k über den Kampf gegen die Agentur der deutschen Aufklärung vom 19. 11. 1941, Merkulow, veröffentlicht in: *Organy Besopasnosti*, Bd. 2, Buch 2, S. 320–325; Meldung des NKWD SSSR an GKO über die Verhaftung einer Agentengruppe der deutschen Aufklärung vom 29. 11. 1941, Berija, veröffentlicht in: ebda., S. 367 f. Über den Einsatz von Agenten gegen die Partisanen vgl. Musial, *Sowjeti-sche Partisanen*, S. 239–249.

260 Berija an Stalin am 25. 4. 1942, veröffentlicht in: *Lubjanka 1939–1946*, S. 343.

261 Vgl. dazu zahlreiche veröffentlichte Meldungen und Berichte in: *Organy Besopasnosti* (Bde. 3 und 5) und *Lubjanka 1939–1946*.

262 GKO-Beschluss Nr. 1069 vom 27. 12. 1941 über Filtrationslager, unterzeichnet von Stalin: RGASPI, f. 644, op. 1, d. 17, Bl. 179 f.; Vermerk über den Personalstand der Organe des NKWD am 1. 1. 1945, stellvertretender Volkskommissar für Innere Angelegenheiten, Obrulnikow, 15. 1. 1945: GARF, 9401, op. 8, d. 76, Bl. 1–10.

263 Vermerk über statistische Angaben der Abteilung für Sonderlager des NKWD der UdSSR, Leiter der Abteilung für Sonderlager Schitikow, Januar 1945: GARF, 9401, op. 1, d. 20, Bl. 30 ff.

264 Befehl Nr. 001 610, Schaposchnikow im Auftrag des Oberkommandos an Befehlshaber des südwestlichen Abschnittes, die Kommandierenden der Süd-Front, der 41. selbständigen Armee, der Schwarzmeerflotte, der Luftstreitkräfte der Roten Armee, Genossen Schigarew am 4. 9. 1941 (Abschrift): RGASPI, f. 71, op. 25, d. 9480, Bl. 99.

265 Telegramm Stalins an Schukow, Schdanow, Kusnezow, Merkulow, »diktiert vom Genossen Stalin um 4 : 00, 21. 9. 1941, im Auftrag: B. Schaposchnikow 21. 9. 1941 (Abschrift): RGASPI, f. 71, op. 25, d. 9480, Bl. 252.

266 Stawka-Befehl Nr. 0428 vom 17. 11. 1941, unterzeichnet von Stalin und Schaposchnikow (Abschrift): RGASPI, f. 71, op. 25, d. 9478, Bl. 50–53; veröffentlicht in: *Prikasy Narodnogo Komissara Oborony SSSR. 22 ijunja 1941 g. – 1942 g.*, S. 120 f.

267 Swjagnizew, *Wojna na wesach femidy*, S. 228–233.

268 Ausführlich auch die nachfolgende Schilderung Musial, *Sowjetische Partisanen.*

269 Ebda.

270 Ebda., S. 107–114, 142–147, 195–220.

271 Ebda., S. 368–414.

272 Overy, *Russlands Krieg*, S. 469.

273 Zitat nach Musial, *Kampfplatz*, S. 256.

274 Troikas bestanden aus drei Personen, auf jeden Fall waren dabei leitende Angehörige des NKWD, teilweise Staatsanwälte und leitende Parteifunktionäre. Die bei jeder regionalen NKWD-Stelle gebildeten Troikas arbeiteten im Schnellverfahren und »verurteilten« pauschal anhand der Aktenlage und meistens ohne Anhörung der »Beschuldigten«. Vgl. dazu u. a. Baberowski, *Der Rote Terror*, S. 193.

275 Sitzungsprotokoll Nr. 51 des Politbüros des ZK der WKPU(b) für die Zeit von 20. 6. bis 31. 7. 1937, RGASPI, f. 17, op. 162, d. 21, B. 86–119, hier Bl. 89.

276 Sitzungsprotokoll Nr. 51 des Politbüros des ZK der WKPU(b) für die Zeit von 20. 6. bis 31. 7. 1937, RGASPI, f. 17, op. 162, d. 21, B. 86–119, hier Bl. 94–99. Am 9. Juli billigte das Politbüro die Erschießung von 12 338

Personen und die Deportation von 5890 Personen, in beiden Fällen meistens »Kulaken«. Einen Tag später, am 10. Juli, segnete das Politbüro weitere Troikas und Opferkontingente ab und dazu gleich zweimal am Tag, zunächst die Erschießung von 25 475 Personen und die Deportation von 42 550 weiteren und später am Tag die Erschießung von weiteren 22 224 Personen und die Deportation von 62 938. Einen Tag später, am 11. Juli, bestätigte das Politbüro die Erschießung von 8519 sowie die Deportation von 14 547 »Kulaken« und »Kriminellen«. Die Familien der Erschossenen waren ebenfalls zu deportieren.

277 Schreiben von M. I. Frinowski an das Politbüro des ZK der WKP(b) vom 30. 7. 1937 mit Anlage: »Operativer Befehl des Volkskommissars für inneren Angelegenheiten der UdSSR Nr. 00 447«, veröffentlicht in: *Lubjanka 1937–1939*, S. 273–282; Baberowski, *Der Rote Terror,* S. 191–195; Vatlin: »Stalinistischer Terror im Rayonmaßstab«, S. 51–68.

278 Vgl. dazu u. a. die einschlägigen Dokumente, veröffentlicht in: *Lubjanka 1937–1938;* Baberowski, *Der Rote Terror,* S. 183–204.

279 Bericht des NKWD der UdSSR über Verhaftete und Abgeurteilte auf der Grundlage des operativen Befehls des NKWD der UdSSR Nr. 00 447 vom 30. 7. 1937, undatiert, nach dem 1. 1. 1938, veröffentlicht in: *Tragedija sowetskoj derewnii,* Bd. 5, Buch 1, S. 387–393.

280 Musial, *Kampfplatz,* S. 271 ff.

281 Ebda.; Auskunft der Sonderabteilung MWD der UdSSR über Zahl der Verhafteten und Verurteilten durch die Organe der WTschK-OGPU-NKWD-MGB der UdSSR in den Jahren 1930–1953, Chef der Sonderabteilung MWD der UdSSR, Oberst Pawlow, 11. 12. 1953: GARF, f. 9401, op. 1, d. 4157, Bl. 201–203, abgedruckt in: *Istorija Stalinskogo Gulaga,* Bd. 1, S. 608 f.

282 Vgl. u. a. Musial, *Kampfplatz,* S. 57–61, 292–301.

283 Baberowski, *Der Rote Terror,* S. 190.

284 Musial, *Kampfplatz,* S. 77–85.

285 Stalins Rede »Über die Industrialisierung und das Getreideproblem«, gehalten am 9. 7. 1928 während des Plenums des ZK der WKP (b) vom 4.–12. 7. 1928, abgedruckt in: Stalin, *Werke,* Bd. 11: 1918 bis März 1929, Berlin 1954, S. 86–100, hier S. 95 (Hervorhebung B. M.).

286 Stalins Notizen über Gegenwartsthemen, 28. 7. 1927, abgedruckt in: Stalin, *Werke,* Bd. 9, S. 163–181, hier S. 163, 166; *Prawda,* Nr. 169 vom 28. 7. 1927.

287 Musial, *Kampflatz,* S. 200–203.

288 Lasar Kaganowitsch behauptete in den 1980er Jahren, man habe das Land vor dem nahenden Krieg schützen müssen, indem man »den Sumpf trockenlegte« und zwar »durch Beseitigung der Unzuverlässigen und der Zauderer«. Ähnlich argumentierte Kaganowitsch bereits im Juni 1938, als er den Parteigenossen in Donbas erklärte, »die Massenrepressalien habe der drohende Krieg erforderlich gemacht und das Land ›läge be-

reits im Krieg‹, wenn seine ›inneren Feinde und Spione‹ nicht durch die ›große Säuberung‹ unschädlich gemacht worden wären«. Figes, *Flüsterer*, S. 358. Ähnlich argumentierte Molotow (ebda., S. 357 f.).

289 Baberowski, *Roter Terror*, S. 188; vgl. auch Figes, *Flüsterer*, S. 341–462.
290 Siehe z. B. Figes, *Flüsterer*, S. 363–373.
291 Fitzpatrick, *Stalin's Peasants*, S. 289–296.
292 Bericht des Chefs der Abteilung für den Kampf gegen Banditentum der UdSSR, A. Leontew, über die Ergebnisse im Kampf gegen Banditentum, Fahnenflucht und Kriegsdienstverweigerung in den drei Jahren des Großen Vaterländischen Krieges (1. 7. 1941 bis 1. 7. 1944), abgedruckt in: *NKWD-MWD SSSR w borbe s banditismom*, S. 502–515; vgl. auch Musial, »*Konterrevolutionäre Elemente*«, S. 103, 257 ff.; Musial, *Sowjetische Partisanen*, S. 44 f.; Baberowski, *Der Rote Terror*, S. 218–222.
293 Stalins Rede in der Wählerversammlung des Stalin-Wahlbezirkes der Stadt Moskau am 9. 2. 1946, abgedruckt in: Stalin, *Werke*, Bd. 15, S. 34.

Die Deutschlandpolitik Stalins nach dem 22. Juni 1941

1 Cenckiewicz, »Oskar Lange«, S. 381.
2 Protokoll des Gesprächs zwischen Stalin, Molotow und Oskar Lange vom 17. 5. 1944, angefertigt von Pawlow: RGASPI, f. 558, op. 11, d. 354, Bl. 58–69.
3 Protokoll des Gesprächs zwischen Stalin und den Mitgliedern der polnischen Regierungsdelegation mit Mikołajczyk an der Spitze am 9. 8. 1944, protokolliert von Pawlow, abgedruckt in: *Sowjetskij faktor*, S. 87. Es ist hierbei jedoch anzumerken, dass Stalin diese Aussage dem damals führenden polnischen Politiker gegenüber machte, der fürchtete, dass Polen nach der »Befreiung« durch die Rote Armee das kommunistische System aufgezwungen werden könnte. Möglicherweise versuchte Stalin auf diese Weise diese Befürchtungen zu entkräften. Dies gilt jedoch nicht für Oskar Lange, der ja ein sowjetischer Agent war und die Etablierung des kommunistischen Regimes in Polen begrüßte.
4 Perepelizyn/Timofeewa, »Das Deutschen-Bild in der sowjetischen Militärpropaganda«, S. 267–286.
5 Rechenschaftsbericht Stalins an den XVII. Parteitag über die Arbeit des ZK der WKP(b) vom 26. 1. 1934, abgedruckt in: Stalin, *Werke*, Bd. 13, S. 164–211, hier S. 169.
6 Flugblatt »Deutsche Soldaten«, undatiert (1941): NARB, f. 4p, op. 29, d. 4, Bl. 112.
7 Offener Brief an das deutsche Volk, ohne Datum (nach Anfang August 1941), abgedruckt in: *Sowestskaja Propaganda*, S. 297–301.

8 Zit. nach Laufer, *Pax Sovietica*, S. 83.

9 Rede Stalins anlässlich des 24. Jahrestages der großen sozialistischen Oktoberrevolution. Bericht in der Festsitzung des Moskauer Sowjets der Deputierten der Werktätigen gemeinsam mit den Partei- und gesellschaftlichen Organisationen der Stadt Moskau, 6. November 1941, abgedruckt in: Stalin, *Werke*, Bd. 14, S. 136–144, hier S. 143.

10 Ebda., S. 171–174, hier S. 149.

11 Vgl. Aufrufe an das sowjetische Volk, sowjetische Frauen, Arbeiter, Rotarmisten und andere Flugblätter von Ende 1941, 1942 und 1943, abgedruckt in: *Sowestskaja Propaganda*, S. 316–319, 328–331, 354 ff., 364 ff., 369 ff., 383–386, 406 ff., 485 f., 492 f.

12 Flugblatt an die Jugend, ohne Datum (vor dem 7. 11. 1942), veröffentlicht in: ebda., S. 406 ff.; Flugblatt an Kinder, ohne Datum (November 1942), veröffentlicht in: ebda., S. 410 f.

13 Abbildung des Aufrufs in: *Ilja Ehrenburg und die Deutschen*. Katalog, hg. von Peter Jahn, Berlin: Deutsch-Russisches Museum Berlin-Karlshorst, 1997, S. 70; mehr dazu in: Urban, »Ilja Ehrenburg als Kriegspropagandist«.

14 Krieger, »Germanophobie«.

15 Dostojewski konzipierte in seinem Roman *Die Brüder Karamasow* Smerdjakow, den unehelichen Sohn eines der Brüder Karamasow, als typischen Verbrecher (Mörder, Epileptiker), einen Verbrecher, dem man aufgrund bestimmter Merkmale seine Untat ansehen kann.

16 Vortrag von Alexander Schtscherbakow während der Sitzung des Rates für kriegspolitische Propaganda bei der Verwaltung für Propaganda der Roten Armee am 27. 6. 1942: RGASPI, f. 88, op. 1, d. 947, Bl. 1 ff.

17 Ponomarenko war zu diesem Zeitpunkt Mitglied des Kriegsrates der 3. Sturmarmee, die im Abschnitt der Kalininer Front (Armeegruppe) operierte.

18 Protokoll der Besprechung der Kommandeure der Brjansker Partisanenabteilungen mit Ponomarenko am 30. 08. 1942: RGASPI, f. 69, op. 1, d. 28, Bl. 14–147, hier Bl. 22.

19 Mehr dazu in: Musial, *Konterrevolutionäre Elemente*, S. 222–230.

20 Befehl Nr. 020 des Volkskommissariats für Verteidigung der UdSSR vom 14. 7. 1941 an alle Chefs für politische Propaganda, Abwehrverbände und stellvertretende Kommandeure für politische Angelegenheiten (Beutedokument): BA-MA, RW 2/149, Bl. 437–440.

21 Argunow an Woroschilow am 22. 8. 1943: RGASPI, f. 74, op. 2, d. 95, Bl. 150 f.

22 Churchill, *Der Zweite Weltkrieg*, S. 842.

23 Bemerkenswert ist, dass noch heute in Russland die Untersuchung des stalinistischen Terrors gegenüber der deutschen Minderheit nicht ohne Probleme verläuft. Davon musste sich im Jahr 2009 der russische Historiker Michail Suprun überzeugen. Der russische Geheimdienst

(FSB) beschlagnahmte seine Unterlagen über die in der Sowjetunion verfolgten Russlanddeutschen, wobei FSB-Angehörige den Historiker wie einen Terroristen/Kriminellen behandelten. Sie hielten seinen Wagen auf der Straße an und nahmen ihn fest, um ihn jedoch nach einem Verhör freizulassen. Die Angehörigen des FSB verhörten auch seine Mitarbeiter und Studenten und schüchterten sie ein. Es ist zu befürchten, dass der FSB und die russischen Justizorgane es dabei nicht werden bewenden lassen. Vgl. »FSB raskrytschiwajet delo istorikow'«, in: *Nowaja Gazeta*, Nr. 109 vom 2. 10. 2009 (http://www.novayagazeta.ru/data/2009/109/02. html).

24 Musial, *Kampfplatz*, S. 298; nach Angaben des KGB von 1990 lebten im Sommer 1941 in den »Ansiedlungsgebieten«, das heißt in den Gebieten, wo sowjetische Täter die Verschleppten »ansiedelten«, 226 000 Russlanddeutsche. Da unter ihnen eine sehr hohe Sterblichkeitsrate und zugleich eine geringe Geburtenrate herrschte, ähnlich wie bei anderen Deportierten, war die Gesamtzahl der deportierten Deutschen mit Sicherheit höher. Nach Angaben für das Jahr 1945 starben 6930 deutsche Deportierte, geboren wurden in der gleichen Zeit 1914. Eisfeld/Herdt, *Deportation, Sondersiedlung, Arbeitsarmee*, S. 45 f., 282 (Angaben über Geburten und Sterblichkeit unter den deutschen »Sondersiedlern«).

25 Eisfeld/Herdt, *Deportation, Sondersiedlung, Arbeitsarmee*, S. 37 f., 40.

26 Ebda., S. 44.

27 Gefechtsmeldung Nr. 28/op des Kriegsrates der Süd-Front (Tjulenew, Saporoschez, Romanow) an die Stawka, abgedruckt in deutscher Übersetzung in: Eisfeld/Herdt, *Deportation, Sondersiedlung, Arbeitsarmee*, S. 45.

28 Ebda., S. 46.

29 Schreiben von Berija an Stalin vom 25. 8. 1941 mit dem Entwurf der Entscheidung, veröffentlicht in: *Lubjanka 1939–1946*, S. 311 f.

30 Protokoll Nr. 35, Entscheidungen des Politbüros des ZK der WKP(b) in der Zeit vom 26. 8. 1941 bis 7. 1. 1942, Entscheidung vom 26. 8. 1941, Punkt 1: RGASPI, f. 17, op. 162, d. 37, Bl. 1–22, hier 1 ff.

31 Erlass des Präsidiums des Obersten Sowjet der UdSSR »Über die Umsiedlung der Deutschen, die in den Wolga-Rayons leben« vom 28. 8. 1941, unterzeichnet von M. Kalinin als dem Vorsitzenden des Obersten Sowjet, veröffentlicht u. a. in: Eisfeld/Herdt, *Deportation, Sondersiedlung, Arbeitsarmee*, S. 54 f.

32 Befehl Nr. 001158 des Volkskommissars für Innere Angelegenheiten vom 27. 8. 1941 über Maßnahmen zur Durchführung der Operation zur Umsiedlung der Deutschen aus der Republik der Wolgadeutschen, den Gebieten Saratow und Stalingrad, abgedruckt in: ebda., S. 47–50; Protokoll Nr. 35, Entscheidungen des Politbüros des ZK der WKP(b) in der Zeit vom 26. 8. 1941 bis 7. 1. 1942, Entscheidung vom 6. 9. 1941, Punkt 45: RGASPI, f. 17, op. 162, d. 37, Bl. 1–22, hier 6.

33 Meldung Molotows, Malenkows, Kossygins und Schdanows über die Aussiedlung der deutschen und finnischen Bevölkerung aus den Vororten der Stadt Leningrad vom 28. 8. 1941, abgedruckt in: Eisfeld/ Herdt, *Deportation, Sondersiedlung, Arbeitsarmee*, S. 55 f.; Befehl Nr. 001175 des Volkskommissars für Innere Angelegenheiten der UdSSR vom 30. 8. 1941, abgedruckt in: ebda., S. 56 f.

34 Berija an Stalin am 6. 9. 1941: RGASPI, f. 644, op. 2, d. 16, Bl. 181 f.

35 Ebda.; GKO-Beschluss Nr. 636 vom 6. 9. 1941 über die Umsiedlung von Deutschen aus der Stadt und Oblast Moskau und der Oblast Rostow, unterzeichnet von Stalin: ebda., Bl. 177 f.

36 Protokoll Nr. 35, Entscheidungen des Politbüros des ZK der WKP(b) in der Zeit vom 26. 8. 1941 bis 7. 1. 1942, Entscheidung vom 31. 8. 1941, Punkt 21: RGASPI, f. 17, op. 162, d. 37, Bl. 1–22, hier Bl. 4.

37 Krieger, »Personen minderen Rechts«, S. 100 f.; Eisfeld/Herdt, *Deportation, Sondersiedlung, Arbeitsarmee*, S. 74.

38 GKO-Beschluss Nr. 698 vom 21. 9. 1941 über die Umsiedlung von Deutschen aus den Regionen Krasnodarsk und Ordschonikidse, der Oblast Tula, aus den Autonomen Sowjetrepubliken Kabardiono-Balakaien und Nordossetien, unterzeichnet von Stalin: RGASPI, f. 644, op. 1, d. 10, Bl. 42 f. Die meisten Deportationsbeschlüsse sind in deutscher Übersetzung veröffentlicht in: Eisfeld/Herdt, *Deportation, Sondersiedlung, Arbeitsarmee*.

39 GKO-Beschluss Nr. 702 vom 12. 9. 1941 über die Umsiedlung der Deutschen aus Oblasten Saporosche, Stalino und Woroschilowgrad, unterzeichnet von Stalin: RGASPI, f. 644, op. 1, d. 10, Bl. 62 f.

40 GKO-Beschluss Nr. 743 vom 8. 10. 1941 über die Umsiedlung der Deutschen aus der Oblast Woronesch, unterzeichnet von Stalin: RGASPI, f. 644, op. 1, d.11, Bl. 195.

41 GKO-Beschluss Nr. 744 vom 8. 10. 1941 über die Umsiedlung der Deutschen aus der Sowjetrepubliken Georgien, Aserbaidschan und Armenien, unterzeichnet von Stalin: RGASPI, f. 644, op. 1, d.11, Bl. 196 f.

42 Berija an Stalin am 22. 10. 1941: RGASPI, f. 644, op. 2, d. 23, Bl. 72; GKO-Beschluss Nr. 827 vom 22. 10. 1941 über die Umsiedlung von Deutschen aus den Autonomen Sowjetrepubliken (ASSR) Dagestan und Tschetschenien-Inguschetien, unterzeichnet von Stalin: ebda., Bl. 70 f.

43 GKO-Beschluss Nr. 1828 vom 29. 5. 1942, unterzeichnet von Stalin: RGASPI, f. 644, op. 1, d. 36, Bl. 170; abgedruckt in Auszügen in: Eisfeld/Herdt, *Deportation, Sondersiedlung, Arbeitsarmee*, S. 177.

44 Vgl. dazu den entsprechenden Befehl und die Berichte in: Eisfeld/ Herdt, *Deportation, Sondersiedlung, Arbeitsarmee*, S. 253–260.

45 Siehe u. a. Eisfeld/Herdt, *Deportation, Sondersiedlung, Arbeitsarmee*; *Istorija Stalinskogo Gulaga*, Bd. 1, S. 455–475.

46 Berichte des NKWD über die Umsiedlung der Deutschen vom Septem-

ber 1941 bis 1. Januar 1942, abgedruckt in: Eisfeld/Herdt, *Deportation, Sondersiedlung, Arbeitsarmee*, S. 138 f.; Bericht über die Umsiedlung von Kolchosbauern-Haushalten in den Rayons der Gebiete Saratow und Stalingrad, Januar 1942, abgedruckt in: ebda., S. 139 ff.; Berija an Stalin am 6. 1. 1942: RGASPI, f. 644, op. 2, d. 29, Bl. 184; Angaben über die Zahl der in den Kriegsjahren 1941–1945 in die Sondersiedlung eingewiesenen Deutschen, undatiert, abgedruckt in: Eisfeld/Herdt, *Deportation, Sondersiedlung, Arbeitsarmee*, S. 271 f. Viktor Bruhl schreibt von etwa 400 000 Deutschen, die nach Sibirien deportiert wurden (Viktor Bruhl: »Deportirovannye narody v Sibirii 1935–1955 gg. Spravitel'nyj analiz«, in: http://www.memo.ru/history/nem/).

47 Siehe u. a. *Deti GULAGa: 1918–1956*; Musial, *Kampfplatz*, S. 263 ff.

48 Angaben über die Deutschen, die aus der Republik der Wolgadeutschen ausgesiedelt wurden (Oktober 1941), veröffentlicht in: Eisfeld/Herdt, *Deportation, Sondersiedlung, Arbeitsarmee*, S. 112 f.

49 Vgl. zahlreiche Dokumente dazu in: Eisfeld/Herdt, *Deportation, Sondersiedlung, Arbeitsarmee*; mehrere Aufsätze sind veröffentlicht auf der Internetseite von Memorial: http://www.memo.ru/ history/nem/

50 Bericht über Wohn- und Lebensverhältnisse der deutschen Sondersiedler in den Rayons Kriwoschien und Molschansk vom 10. 1. 1944, veröffentlicht in: *Deti GULAGa: 1918–1956*, S. 399 f.

51 Ebda.

52 Krieger, »Germanophobie im Russischen Reich und in der Sowjetunion«, S. 13 f.

53 Berija an Stalin am 6. 1. 1942: RGASPI, f. 644, op. 2, d. 32, Bl. 184.

54 GKO-Beschluss Nr. 1128 vom 10. 1. 1942 über Einsatz von deutschen Umsiedlern im Alter von 17 bis 50 Jahren, unterzeichnet von Stalin: RGASPI, f. 644, op. 1, d. 19, Bl. 49 f.; der Beschluss ist auch abgedruckt in: Eisfeld/Herdt, *Deportation, Sondersiedlung, Arbeitsarmee*, S. 151 f.

55 Berija an Stalin am 13. 2. 1942: RGASPI, f. 644, op. 2, d. 36, Bl. 178; GKO-Beschluss Nr. 1281 vom 14. 2. 1942 über die Mobilisierung der deutschen Männer im wehrfähigen Alter von 17 bis 50 Jahren, unterzeichnet von Stalin: ebda., Bl. 175 f.; der Beschluss ist auch veröffentlicht in: Eisfeld/Herdt, *Deportation, Sondersiedlung, Arbeitsarmee*, S. 157 f.

56 GKO-Beschluss Nr. 2383 vom 7. 10. 1942 über die zusätzliche Mobilisierung von Deutschen für den Einsatz in der Volkswirtschaft der UdSSR, unterzeichnet von Stalin: RGASPI, f. 644, op. 1, d. 61, Bl. 138–140; der Beschluss ist abgedruckt in: Eisfeld/Herdt, *Deportation, Sondersiedlung, Arbeitsarmee*, S. 182 ff.

57 GKO-Beschluss Nr. 2409 vom 14. 10. 1942 über die Erweiterung der GKO-Beschlüsse Nr. 1123 und 1281 auf die Bürger der Nationalitäten, die den Krieg gegen die UdSSR führen, unterzeichnet von Stalin: RGASPI, f. 644, op. 1, d. 64, Bl. 24.

58 Krieger, »Personen minderen Rechts«, S. 102.
59 G. Malamud: »Mobilizovannye sovetskie nemcy na Urale v 1942–1948 gg«, in: http://www.memo.ru/history/nem/
60 Ebda.
61 Krieger, »Tscheljabmetallurgstroj des NKWD der UdSSR«.
62 Ebda.
63 Zit. nach ebda.
64 Ebda.
65 Janssen, *Die deutsche Minderheit*, S. 188.
66 Eisfeld/Herdt, *Deportation, Sondersiedlung, Arbeitsarmee*, S. 20 f.
67 Bericht des Chefs des GULag, Nasednikow, an Berija über die Umsiedlung von Karatschaier, 8. 12. 1943, veröffentlicht in: *Stalinskie Deportacji 1928–1953*, S. 403 f.
68 Kalmücken sind ein westmongolisches Volk, ihr Hauptsiedlungsgebiet Kalmückien liegt an der Nordwestküste des Kaspischen Meeres.
69 Bericht über die Umsiedlung der Kalmücken in die östlichen Gebiete der UdSSR, Berija an Stalin und Molotow am 3. 1. 1944, veröffentlicht in: *Istorija Stalinskogo Gulaga*, Bd. 1, S. 480 f.; Berdinskich, *Spezposelenzy*, S. 675–681; Notiz über die Zahl der Kalmücken-Sondersiedler des GULAG NKKWD der UdSSR vom 2. 2. 1944, veröffentlicht in: *Stalinskie Deportacji 1928–1953*, S. 425.
70 Balkaren sind eine turksprachige Ethnie im Nordkaukaus, ihr Hauptsiedlungsgebiet sind heute die Autonome Republik Kabardino-Balkarien und die angrenzenden Gebiete.
71 Vgl. *Stalinskie Deportacji 1928–1953*, S. 475–491.
72 Zeitgenössische Dokumente (Beschlüsse und Berichte) über den Verlauf dieser Deportation sind veröffentlicht in: *Stalinskie Deportacji 1928–1953*, S. 494–514; vgl. auch Naimark, *Flammender Hass*, S. 111–138 über die Krimtataren.
73 *Stalinskie Deportacji 1928–1953*, S. 522–538.
74 Ausführlich zuletzt Laufer, *Pax Sovietica*.
75 Stalin an Maiski, Telegramm nach London, 30. 8. 1941, abgedruckt in: *Die UdSSR und die deutsche Frage*, Bd. 1, S. 6 f.
76 Stalin an Churchill am 3. 9. 1941, abgedruckt in: *Die unheilige Allianz*, S. 57 f.
77 Laufer, *Pax Sovietica*, S. 93 f., 102.
78 Zit. nach ebda., S. 115.
79 Direktivschreiben der Stawka an die Kriegsräte der Fronten und Armee Nr. 03 vom 10. 1. 1943, unterzeichnet von Stalin und Wasilewskij: RGASPI, f. 71, op. 25, d. 9484, Bl. 11–17, hier Bl. 11; Jochen Laufer zitiert in seinem Buch *Pax Sovietica* auf Seite 92 ebenfalls aus diesem Dokument, seine Übersetzung weicht jedoch von der vorliegenden zum Teil ab.
80 Laufer, *Pax Sovietica*, S. 91 ff.
81 Aufzeichnung der Unterredungen bei den Begegnungen der Genossen

Stalin und Molotow mit Eden vom 16. bis 20. 12. 1941, veröffentlicht in: *Die UdSSR und die deutsche Frage*, Bd. 1, S. 19–30, hier S. 21.

82 Es handelt sich um den sogenannten »Polnischen Korridor«, einen 40–90 km breiten Landstreifen entlang des Unterlaufs der Weichsel, der dem Zwischenkriegspolen den Zugang zum Meer sicherte. Zugleich trennte der Korridor Ostpreußen von den übrigen deutschen Territorien.

83 Aufzeichnung der Unterredungen bei den Begegnungen der Genossen Stalin und Molotow mit Eden vom 16. bis 20. Dezember 1941, veröffentlicht in: *Die UdSSR und die deutsche Frage*, Bd. 1, S. 19–30, hier S. 19, 25 (Hervorhebung B. M.).

84 Ebda., S. 25.

85 Aufzeichnung der Unterredungen bei den Begegnungen Stalins und Molotows mit Eden vom 16. bis 20. Dezember 1941, veröffentlicht in: *Die UdSSR und die deutsche Frage*, Bd. 1, S. 19–30, hier S. 19, 25.

86 Wieczorkiewicz, *Historia polityczna Polski*, S. 247 f.; *Niemcy w Polsce 1945–1950*, S. 47 f.

87 Laufer, *Pax Sovietica*, S. 102.

88 Losowski an Stalin und Molotow am 26. 12. 1941, veröffentlicht in: *Die UdSSR und die deutsche Frage*, Bd. I, S. 36 f.

89 Ebda.

90 Ebda.

91 Protokoll Nr. 36, Entscheidungen des Politbüros des ZK der WKP(b) von 13. 1. bis 20. 4. 1942, Entscheidung vom 28. 1. 1943, Punkt 87: RGASPI, f. 17, op. 162, d. 37, Bl. 28–35, hier Bl. 29; Anlage zu Punkt 87: Aufgaben der Kommission zur Vorbereitung diplomatischer Materialien: ebda., Bl. 39–42, veröffentlicht in: *Die UdSSR und die deutsche Frage*, Bd. 1, S. 41 ff.

92 In der Rede, die Stalin am 25. 5. 1945 im Kreml vor Offizieren der Roten Armee hielt, führte er rückblickend aus: »Wir hatten in den Jahren 1941–1942 Augenblicke einer verzweifelten Lage, als unsere Armee zurückging und die uns lieben und teuren Dörfer und Städte der Ukraine, Bjelorußlands, der Moldau, des Leningrader Gebiets, der baltischen Länder und der Karelisch-Finnischen Republik aufgab, weil ein anderer Ausweg nicht vorhanden war.« Die Rede ist veröffentlicht in: Stalin, *Werke*, Bd. 15, S. 16.

93 Ausführlich Laufer, *Pax Sovietica*, S. 130–173.

94 Telegramm aus Moskau an Molotow, erhalten in London am 24. 5. 1942 um 18:30 Uhr, veröffentlicht in: Rschewskij, *Stalin i Tschertschill*, S. 157, allerdings ohne Signaturangaben (Hervorhebung B. M.); vgl. auch Laufer, *Pax Sovietica*, S. 167, und seine leicht abweichende Übersetzung. Der hier angeführte letzte Satz lautet im russischen Original: »Wopros o granizach, ili skoree o garantiach besopasnosti naschich graniz na tom ili inom utschastke naschej strany, budem reschat siloj.«

95 Laufer, *Pax Sovietica*, S. 167–178.

96 Ausführlich Musial, *Kampfplatz*, S. 23–67, 292–301.

97 Ebda.; Musial, »Przewrót majowy oczami 1926 r. w oczach Kremla«, S. 11–47.

98 Vgl. dazu Musial, »Das Schlachtfeld zweiter totalitärer Systeme«, S. 13–35.

99 Musial, *Kampfplatz*, S. 436–440.

100 Die polnisch-sowjetische Vereinbarung vom 31. 7. 1941, veröffentlicht u. a. in: http://www.runivers.ru/doc/d2.php?SECTION_ID = 7530&CENTER_ELEMENT_ID = 419146&PORTAL_ID = 7530.

101 Ausführlich u. a. Wieczorkiewicz, *Historia polityczna Polski*, S. 227–239.

102 Musial, *Sowjetische Partisanen*, S. 221–255, 406–436.

103 Im Juli 1924 wies Stalin Dmitri Manuilski an, zwei Resolutionen über die Problematik der ethnischen Minderheiten in Mitteleuropa, auf dem Balkan und in den Kolonien für den anstehenden Parteikongress auszuarbeiten. Am 23. Juli 1924 legte Manuilski die beiden Resolutionen Stalin vor und bat um dessen Meinung. Eine Woche später antworte Stalin: Die Resolution über ethnische Minderheiten in Mitteleuropa und auf dem Balkan sei im Großen und Ganzen gut, er rate sie aber in bestimmten Punkten zu ändern, und zwar dort, wo von dem Anschluss der ukrainischen und weißrussischen Territorien an die UdSSR die Rede sei. Es wäre besser, so Stalin, dies dahingehend zu verbessern, dass man über die Wiedervereinigung der durch imperialistische Staaten abgetrennten Teile der Ukraine und Weißrusslands spreche. Sonst könnte man dem Parteikongress vorwerfen, so Stalin, er kümmere sich nicht um die Befreiung der Völker, sondern um die Vergrößerung Russlands: »Durch diese Korrektur verlieren wir nichts, denn so oder so und im geeigneten Moment werden diese Gebiete der UdSSR eingegliedert (und niemand wird imstande sein, sie uns wieder wegzunehmen).« Manuilski an Stalin vom 23. 08. 1924: RGASPI, f. 558, op. 11, d. 763, Bl. 4 f.; Stalin an Manuilski am 31. 7. 1923: ebda., Bl. 6 ff.

104 Wieczorkiewicz, *Historia polityczna Polski*, S. 363–385.

105 Vgl. u. a. ebda., S. 260–280.

106 GKO-Beschluss Nr. 3294 vom 6. 5. 1943, unterzeichnet von Stalin: RGASPI, f. 644, op. 1, d. 113, Bl. 161 f.; Wieczorkiewicz, *Historia polityczna Polski*, S. 367–373.

107 Bericht über die parteipolitische Arbeit in der Division »Tadeusz Kościuszko«, ohne Datum (Mai/Juni 1944) und Verfasser: RGASPI, f. 17, op. 128, d. 709, Bl. 58 ff.

108 Als »sowjetische Agenten« bezeichnete Pantalejmon Ponomarenko, Stalins Statthalter in Weißrussland, die »polnischen« Kommunisten in seiner Denkschrift »Haltung der Polen und manche unserer Aufgaben« vom 20. 1. 1943, die an Stalin und seine engsten Mitarbeiter gerichtet war: RGASPI, f. 69, op. 1, d. 25, Bl. 27–30, hier Bl. 30, abgedruckt in polnischer Übersetzung in: Bogdan Musiał: »Memorandum Pante-

lejmona Ponomarienki z 20 stycznia 1943 r.: ›O zachowaniu się Polaków i niektórych naszych zadaniach‹«, in: *Pamięć i Sprawiedliwość* 2006/1 (9), S. 379–385, hier S. 385.

109 Dimitrow an Stalin am 28. 11. 1937, veröffentlicht in: *Politbjuro ZK RKP(b) – WKP(b) i Komintern*, S. 757 f.; Beschluss des Exekutivkomitees der Kommunistischen Internationale vom 28. 11. 1937, veröffentlicht in: ebda., S. 758 ff.

110 Protokoll Nr. 29: Entscheidungen des Politbüros ZK der WKP(b) vom 17. 3. bis 1. 4. 1941, Entscheidungen vom 19. 3. 1941, Punkt 98 (Über die Aufnahme in die WKP[b] der ehemaligen Mitglieder der KPP, KPZU und KPZB): RGASPI, f. 17, op. 3 d. 1036, Bl. 2–103, hier Bl. 37 f.

111 Wieczorkiewicz, *Historia polityczna Polski*, S. 366.

112 Sokorski an das ZK der WKP(b) über Genossen Schtscherbakow, 16. 4. 1944: RGASPI, f. 17, op. 128, d. 711, Bl. 50 ff.

113 Zuletzt ausführlich und grundlegend Gontarczyk, *Polska Partia Robotnicza*.

114 Dimitrov, *Dnevnik*, S. 197 f.

115 *The Diary of Georgi Dimitrov*, S. 292 (Hervorhebung im Original).

116 Wieczorkiewicz, *Historia polityczna Polski*, S. 364, 559 f.; *Na priemie u Stalina*, S. 580.

117 Auskunft über Jakub Berman vom 4. 1. 1944, erstellt auf der Grundlage seiner Personalakte beim ZK der WKP(b): RGASPI, f. 82, op. 2, d. 1287, Bl. 125 ff.; Interview mit Jakub Berman in: Torańska, *Oni*, S. 16–179, hier S. 46 ff. Berman behauptet im Interview, dass die Idee zur Bildung des »polnischen Nationalkomitees« und zugleich der »polnischen provisorischen Regierung« unter den polnischen Kommunisten in Moskau entstanden sei. Dem widerspricht jedoch die oben zitierte Tagebucheintragung von Dimitrow vom 26. 12. 1943; Wieczorkiewicz, *Historia polityczna Polski*, S. 366; Bogdan Musiał: »Moskwa wybiera Bermana«, in: *Rzeczpospolita* 18.–19. 4. 2009.

118 Dimitrow an Molotow am 18. 1. 1944: RGASPI, f. 82, op. 2, d. 1287, Bl. 143 f.

119 Wieczorkiewicz, *Historia polityczna Polski*, S. 376–385.

120 Beschluss des GKO Nr. 6282 vom 31. 07. 1944: RGASPI, f. 644, op. 2, d. 365, Bl. 123 ff.

121 Im Oktober 1944 wurde die 64. NKWD-Division formiert, deren Hauptaufgabe darin bestand, den polnischen nichtkommunistischen Untergrund (insbesondere die »Heimatarmee«) zu bekämpfen. Bis Ende 1944 verhafteten Einheiten dieser Division 16 820 Personen, darunter 2604 Soldaten der »Heimatarmee«, 691 Fahnenflüchtige der polnischen Armee und 1083 Militärdienstverweigerer (Chmielarz, »Działania 64 dywizji Wojsk Wewnetrznych NKWD przeciwko polskiemu podziemiu«, S. 73–81).

122 Ausführlich Szumski, *Sowietyzacja zachodniej Białorusi 1944–1953*.

123 Sitzung am Runden Tisch am 1. 12. 1943, Beginn um 16:00, Ende um

19:40, protokolliert durch Pawlow: RGASPI, f. 558, op. 11, d. 234, Bl. 90–97, Bl. 94 (Hervorhebungen im Original).

124 »Tripartite political meeting, December 1, 1943, 6 p. m., conference room, Soviet ambassy, Bohlen Minutes«, abgedruckt in: *Foreign Relations of the United States Diplomatic Papers. The Conferences at Cairo and Tehran 1943*, S. 596–604, hier S. 599 f.

125 Churchill, *Der Zweite Weltkrieg* (S. 856), schildert den Verlauf der Diskussion darüber wie folgt: »Sowjetrußland halte an den ethnographisch richtigen Grenzen von 1939 fest. Eden fragte, ob damit die Ribbentrop-Molotow-Linie gemeint sei. ›Nennen Sie sie, wie Sie wollen‹, erwiderte Stalin. Molotow bemerkte, meist bezeichne man sie als die Curzon-Linie. ›Nein‹, entgegnete Eden, ›wichtige Partien verlaufen anders.‹ Molotow bestritt dies. Ich nahm eine Karte zur Hand und wies auf die Curzon-Linie, die Linie von 1939 und auch die Oderlinie. Eden bemerkte, das Südende der Curzon-Linie sei nie genau definiert worden. […] Eden meinte, die Curzon-Linie hätte wahrscheinlich im Osten Lembergs verlaufen sollen.«

126 Ebda.; Musial, *Kampfplatz*, S. 44–46.

127 »Tripartite political meeting, November 28, 1943, 8:30 p. m., conference room, Soviet embassy, Bohlen Minutes«, abgedruckt in: *Foreign Relations of the United States Diplomatic Papers. The Conferences at Cairo and Tehran 1943*, S. 509–512, hier S. 510, 512.

128 »Roosevelt-Stalin Meeting, December 1, 1943, 3:20 P.M., Bohlen Minutes«, abgedruckt in: ebda., S. 594–596; Protokoll der Unterredung zwischen Stalin und Roosevelt vom 1.12.1943, Pawlow: RGASPI, f. 558, op. 11, d. 234, Bl. 77 ff.

129 Ebda., S. 512.

130 Churchill, *Der Zweite Weltkrieg*, S. 856 f.

131 Über Stanisław Orlemańskis Aktivitäten ist wenig bekannt, außer dass er prosowjetisch war und die polnische Vorkriegs- und Exilregierung sowie die katholische Kirche als Institution sehr stark kritisierte. Stalin spielte mit dem Gedanken, Orlemański in die »polnische Interimsregierung« einzubeziehen, ließ aber diese Idee schnell fallen.

132 Protokoll des Gesprächs zwischen Stalin und Stanisław Orlemański am 28.4.1944, angefertigt von Pawlow: RGASPI, f. 558, op. 11, d. 354, Bl. 37–43, hier Bl. 41.

133 Protokoll des Gesprächs zwischen Stalin, Molotow und Oskar Lange vom 17.5.1944, angefertigt von Pawlow: ebda., Bl. 58–69, hier Bl. 62 f. (Hervorhebung B. M.).

134 Wieczorkiewicz, *Historia polityczna Polski*, S. 383–385; *Niemcy w Polsce 1945–1950*, S. 53.

135 Karte Deutschland und Polen mit Stalins Anmerkungen, undatiert (Sommer 1944, nach dem 15.7.1944): RGASPI, f. 558, op. 11, d. 536, Bl. 1; Bogdan Musial: »Die Rechnung Stalins ging auf«, in: *Frankfurter Allge-*

meine Zeitung vom 10. 3. 2007, S. 6; Bogdan Musial: »›Sollen doch die Deutschen Platz machen‹. Stalin, die Deutschen und die Westverschiebung Polens«, in: *Deutschland Archiv* 6/2008 (41. Jg.), S. 1018–1030, hier S. 1023 f.

136 Brandes, *Der Weg zur Vertreibung*, S. 336.
137 Ebda., S. 338; Laufer, *Pax Sovietica*, S. 186
138 Laufer, *Pax Sovietica*, S. 187.
139 Brandes, *Der Weg zur Vertreibung*, S. 336–339.
140 Vialiki, *Na razdarožžy*, S. 29, 33–35; vgl. auch Szumski, *Sowietyzacja zachodniej Białorusi.*
141 Edward Osóbka-Morawski (1909–1997) war Mitglied der Polnischen Sozialistischen Partei (PPS), der sich entschloss, mit den Sowjets und »polnischen Patrioten« aus Moskau zu kooperieren. Kurz danach wurde er zum Vorsitzenden des PKWN und Ende 1944 zum Premierminister der »polnischen Interimsregierung« ernannt. Nach 1947 spielte er keine größere Rolle mehr.
142 Den Landesnationalrat (*Krajowa Rada Narodowa*, KRN) setzte die Führung der PPR am 1. Januar 1944 ein. Er hatte die Rolle eines selbsternannten polnischen Parlaments zu spielen, das alle politischen Kräfte in Polen einigen sollte, die sich für das Bündnis mit der Sowjetunion aussprachen. Der KRN war eine Fassadenorganisation, gesteuert durch die PPR.
143 Wanda Wasilewska und Edward Osóbka-Morawski an Stalin am 15. 7. 1944: RGASPI, f. 17, op. 128, d. 709, Bl. 66 ff.
144 Vgl. u. a. Laufer, *Pax Sovietica*, S. 194.
145 Vgl. u. a. Wieczorkiewicz, *Historia polityczna Polski*, S. 383 ff.; Roszkowski, *Najnowsza historia Polski*, S. 581–586.
146 Wieczorkiewicz, *Historia polityczna Polski*, S. 383 ff.; Roszkowski, *Najnowsza historia Polski*, S. 581–586.
147 Das Manifest des PKWN ist veröffentlicht u. a. in: http://www. law.uj. edu.pl/users/khpp/fontesu/1944.htm. Der Aufruf lautet im Original: »Stawajcie do walki o wolność Polski, o powrót do Matki-Ojczyzny starego polskiego Pomorza i Śląska Opolskiego, o Prusy Wschodnie, o szeroki dostęp do morza, o polskie słupy graniczne nad Odrą!«
148 Text der Radiosendung des Verbandes Polnischer Patrioten vom 27. 7. 1944 in russischer Übersetzung: RGASPI, f. 17, op. 125, d. 243, Bl. 12 f.
149 Laufer, *Pax Sovietica*, S. 97 f., 348–364; vgl. beispielsweise die Aufzeichnungen von Litwinow, »Über die Behandlung Deutschlands und anderer Feindstaaten in Europa«, vom 9. 10. 1943, abgedruckt in: *Die UdSSR und die deutsche Frage,* Bd. 1, S. 194–214.
150 Churchill, *Der Zweite Weltkrieg*, S. 857.
151 »Tripatrite Political Meeting, December 1, 1943, 6 p. m., Bohlen Minutes«, veröffentlicht in: *Foreign Relations of the United States Diplomatic Papers. The Conferences at Cairo and Tehran 1943*, S. 596–604

(S. 600 f.); Churchill, *Der Zweite Weltkrieg*, S. 857 ff. Im Gespräch mit Oskar Lange am 17. 5. 1943 erklärte Stalin, »dass Roosevelt [in Tehran] einen Plan zur Aufteilung Deutschlands in fünf Staaten vorgestellt hat, gleichzeitig schlug er [Roosevelt] vor, den Zugang zum Meer – Hamburg und andere Häfen – zu blockieren und Deutschland als einen Staat zu vernichten. Churchill wankte. Er, Genosse Stalin, schloss sich der Meinung von Roosevelt an«: Protokoll des Gesprächs zwischen Stalin, Molotow und Oskar Lange vom 17. 5. 1944, angefertigt von Pawlow: RGASPI, f. 558, op. 11, d. 354, Bl. 58–69, hier Bl. 63.

152 Protokoll des Gesprächs zwischen dem Genossen Stalin und Churchill vom 9. 10. 1944, protokolliert von Pawlow, abgedruckt in: Rschewskij, *Stalin i Tschertschill*, S. 418–429, hier S. 426.

153 »Tripartite political meeting, November 28, 1943, 8 : 30 p. m., conference room, Soviet embassy, Bohlen Minutes«, veröffentlicht in: *Foreign Relations of the United States Diplomatic Papers. The Conferences at Cairo and Tehran 1943*, Washington 1961, S. 509–512, hier S. 510.

154 Sitzung am Runden Tisch am 1. 12. 1943, Beginn um 16:00, Ende um 19:40, protokolliert durch Pawlow: RGASPI, f. 558, op. 11, d. 234, Bl. 90–97, hier Bl. 92.

155 Ausführlich Musial, *Sowjetische Partisanen*, S. 416–436.

156 Sitzung am Runden Tisch am 1. 12. 1943, Beginn um 16:00, Ende um 19:40, protokolliert durch Pawlow: RGASPI, f. 558, op. 11, d. 234, Bl. 90–97, hier Bl. 93.

157 Laufer bezeichnet die sowjethörigen Kommunisten, die in Stalins Auftrag die Macht in Polen zu übernehmen hatten, als »polnische Partner« Stalins (Laufer, *Pax Sovietica*, S. 193).

158 Biographische Notiz über Bolesław Bierut vom 13. 5. 1944 auf der Grundlage der Komintern-Personalakte von Bierut, Mitglied der WKP(b) ab 1927: RGASPI, f. 17, op. 128, d. 711, Bl. 65 ff.; biographische Notiz über Władysław Gomułka vom 14. 6. 1944 auf der Grundlage der Komintern-Personalakte von Gomułka. Gomułka war Mitglied der WKP(b) von 1926 bis April 1941 und danach Mitglied der Kommunistischen Partei der Ukraine: ebda., Bl. 76 ff.; biographische Notiz über Aleksander Zawadzki vom 5. 1. 1944 auf der Grundlage der Komintern-Personalakte von Zawadzki; aus der Akte geht nicht hervor, ab wann Zawadzki Mitglied der WKP(b) war: RGASPI, f. 82, op. 1, d. 1287, Bl. 122 ff.; biographische Notiz über Jakub Berman von 4. 1. 1944, erstellt auf der Grundlage seiner Personalakte beim ZK der WKP(b): ebda., Bl. 125 ff.; biographische Notiz über Hilary Minz vom 18. 1. 1944, erstellt auf der Grundlage seiner Personalakte beim ZK der WKP(b): ebda. Bl. 149 f.

159 Zit. nach Gomułka: *Pamiętniki*, Bd. 2, S. 308; Gontarczyk, *Polska Partia Robotnicza*, S. 405, Anm. 57.

160 Ein beredtes Zeugnis davon legen etwa die Sitzungsprotokolle des Po-

litbüros des ZK der PPR von Ende 1944 und des Jahres 1945 ab: AAN, PPR 295/V-1 und V-2.

161 Interview mit Leon Chajn in: Torańska, *Oni*, S. 312–334, hier S. 325; Sitzungsprotokoll des Politbüros des ZK der PPR vom 6. 9. 1944: AAN, PPR 295/V-1, Bl. 1 f. (Bl. 2: »Genosse Minc: Propaganda an Genossen Jakub [Berman] abgeben.« Die Übersicht der Sitzungsprotokolle des Politbüros für die Jahre 1944 und 1945 zeigt, dass Berman von Anfang an für den Terrorapparat und die Propaganda zuständig war.

162 Interview mit Jakub Berman in: Torańska, *Oni*, S. 16–179, hier S. 49 f.

163 Verschlüsseltes Telegramm von Gromyko an die sowjetische Botschaft in Warschau vom 3. 10. 1950 über die Anfrage des Genossen Berman: RGASPI, f. 68, op. 1, d. 76, Bl. 200.

164 Vgl. *Czerwiec 1976 w materiałach archiwalnych*, S. 24.

165 Aufzeichnung des Telefongesprächs zwischen L. I. Breschnew und W. Jaruzelski vom 19. 10. 1981, veröffentlicht in: http://psi.ece. jhu.edu /~kaplan/IRUSS/BUK/GBARC/pdfs/poland/pol81–5.pdf; veröffentlicht in polnischer Übersetzung (Auszüge) in: *Przed i po 13 grudnia*, Bd. 2, S. 684 f.

166 Interview mit Jakub Berman in: Teresa Torańska, *Oni*, London 1985, S. 16–179, hier S. 66.

167 Protokoll des Gesprächs zwischen Stalin und Stanisław Orlemański am 28. 4. 1944, angefertigt von Pawlow: RGASPI, f. 558, op. 11, d. 354, Bl. 37–43, hier Bl. 39.

168 Ebda.

169 Protokoll des Gesprächs zwischen Stalin, Molotow und Oskar Lange vom 17. 5. 1944, angefertigt von Pawlow: RGASPI, f. 558, op. 11, d. 354, Bl. 58–69, hier Bl. 64 f.

170 Am 9. Oktober 1944 fand ein Gespräch zwischen Stalin und Churchill in Moskau statt. Stalin erklärte dabei, der Versailler Vertrag habe die Revanchestimmung in Deutschland verursacht, dies müsse man jetzt verhindern. Die deutsche Schwerindustrie und alle Industriezweige, die mit der Rüstungsindustrie zu tun haben, müsse man auf ein Minimum reduzieren. Wenn die Verbündeten die deutschen Möglichkeiten für die künftige Revanche (Rüstungsindustrie) nicht minimierten, dann werde es alle 25 bis 30 Jahre Kriege geben (Protokoll des Gesprächs zwischen dem Genossen Stalin und Churchill vom 9. 10. 1944, 22 Uhr, protokolliert durch Pawlow, abgedruckt in: Rschewskij, *Stalin i Tschertschill*, S. 418–429, hier S. 427). Ähnlich äußerte sich Stalin im Gespräch mit Stanisław Mikołajczyk am 9. 8. 1944 in Moskau: »Deutschland kann sich in 20 bis 30 Jahren regenerieren« (Protokoll des Gesprächs zwischen Stalin und den Mitgliedern der polnischen Regierungsdelegation mit Mikołajczyk an der Spitze am 9. 8. 1944, 21:30 Uhr, protokolliert durch Pawlow, abgedruckt in: *Sowjetskij faktor* S. 84–89, hier S. 87). Das polnische Protokoll dieser Unterredung in englischer Übersetzung ist ab-

druckt in: *Documents on Polish-Soviet Relations 1939–1945*, Bd. II: 1943–1945, London 1967, S. 334–339, hier S. 338.

171 Protokoll des Gesprächs zwischen Mikołajczyk und Stalin am 3. 8. 1944, abgedruckt in englischer Übersetzung (aus dem Polnischen) in: *Documents on Polish-Soviet Relations*, S. 309–322, hier S. 317 f.

172 Churchill an Stalin am 20. 2. 1944, veröffentlicht in: *Die unheilige Allianz*, S. 253–256.

173 Ebda.

174 Ebda.

175 Protokoll des Gesprächs zwischen Stalin und Churchill vom 9. 10. 1944, abgedruckt in: Rschewskij, *Stalin i Tschertschill*, S. 418–429, hier S. 427 (Hervorhebung B. M.).

176 Protokoll der Gespräche über die polnische Frage in Moskau 13. 10. 1944, angefertigt durch die polnische Delegation: RGASPI, f. 558, op. 11, d. 354, Bl. 94–101; das Protokoll ist abgedruckt in englischer Übersetzung in: *Documents on Polish-Soviet Relations*, S. 405–415; das sowjetische Protokoll dieser Unterredung stimmt mit dem polnischen Protokoll weitgehend überein und ist abgedruckt in: Rschewskij, *Stalin i Tschertschill*, S. 440–448. Stalin war in Begleitung von Molotow, dem sowjetischen Botschafter in Großbritannien Gusew und dem Übersetzer und Protokollführer Pawlow. Churchill begleiteten Eden, der britische Außenminister, Clark-Kerr, der britische Botschafter in Moskau. Mikołajczyk war in Begleitung von Romer, dem Außenminister der polnischen Exilregierung, und Grabski, dem Vorsitzenden des Volksrates (polnisches Exilparlament).

177 Protokoll der Gespräche über die polnische Frage in Moskau 13. 10. 1944, angefertigt durch die polnische Delegation: RGASPI, f. 558, op. 11, d. 354, Bl. 94–101, hier Bl. 96.

178 Ebda., Bl. 97, 100.

179 »Second British draft proposal relating to the acceptance of Soviet territorial claims and the resumption of political relations between Poland and the USSR«, Moskau, 14./15. Oktober 1944, abgedruckt in: *Documents on Polish-Soviet Relations*, S. 424 f. (Hervorhebung B. M.).

180 Brandes, *Der Weg zur Vertreibung*, S. 365.

181 *Prawda* vom 18. 12. 1944, Nr. 303/9760, S. 4.

182 Wieczorkiewicz, *Historia polityczna Polski*, S. 459 f.; Brandes, *Der Weg zur Vertreibung*, S. 366.

183 Ausführlich Kamiński, *W obliczu sowieckiego ekspansjonizmu.*

184 Auszug aus dem Sitzungsprotokoll der drei Staatsoberhäupter vom 6. 2. 1945, abgedruckt in: Rschewskij, *Stalin i Tschertschill*, S. 499–506, hier S. 503.

185 Mikolajczyk, *The Rape of Poland*, S. 72–75; Protokoll des Gesprächs zwischen Mikołajczyk und Stalin am 3. 8. 1944, abgedruckt in englischer Übersetzung (aus dem Polnischen) in: *Documents on Polish-Soviet Re-*

lations, S. 309–322. Am 9. August 1944 fand noch eine Unterredung zwischen Stalin und Mikołajczyk statt, die Grenzfrage wurde aber während dieses Treffens nicht erörtert. Vgl. Protokoll des Gesprächs zwischen Mikołajczyk und Stalin am 9. 8. 1944, abgedruckt in englischer Übersetzung in: ebda., S. 334–339.

186 Wieczorkiewicz, *Historia polityczna Polski*, S. 461–467; Brandes, *Der Weg zur Vertreibung*, S. 367–375.

187 Am 29. September bzw. am 1. Oktober 1944 erklärte Stalin gegenüber der Delegation der PPR, die er zu einer härteren Gangart gegenüber nicht kommunistischen Kräften in Polen aufforderte: »Es besteht keine Gefahr, dass die Koalition wegen der polnischen Frage zerbricht«: Sitzungsprotokoll des ZK der PPR vom 3. 10. 1944: Archiwum Akt Nowych, Warschau (fortan AAN), PPR 295/V-1, Bl. 10–18, hier Bl. 10. Die Delegation wurde am 29. 9. und 1. 10. 1944 von Stalin empfangen: Empfangsbuch in Stalins Kremlkabinett vom 22. 6. 1941 bis 9. 5. 1945, Eintragung vom 29. 9. und 1. 10. 1944, abgedruckt in: Gorkow, *Gosudarstwennyj komitet oborony*, S. 443.

188 Es handelt sich um das Städtchen Wiżajny, deutsch Treusee.

189 Beschluss des GKO Nr. 7558 vom 20. 2. 1945, unterzeichnet von Stalin: RGASPI, f. 644, op. 2, d. 453, Bl. 92–96; veröffentlicht in: *Sowjetskij Faktor*, Bd. 1, S. 153 ff. Włodzimierz Borodziej (*Niemcy w Polsce*, S. 56 f.) behauptet, die »polnische Interimsregierung« mit Bolesław Bierut an der Spitze, die am 14. Februar 1945 nach Moskau gereist war, hätte Einfluss auf den Inhalt und die Verabschiedung von Stalins Beschluss vom 20. Februar 1945 über die Grenzen Polens genommen. Konkrete Belege dafür legt er allerdings nicht vor. Auch entging ihm offenkundig, dass der Beschluss vom 20. 2. 1945 bereits im Jahr 1998 im vollen Wortlaut veröffentlicht worden ist. Bei der Behauptung, die »polnische Interimsregierung« habe den Verlauf der deutsch-polnischen Grenze mitbestimmt, handelt sich um die klassische kommunistische Propaganda, wonach Polen seine Grenzen den »polnischen« Kommunisten zu verdanken habe. Ähnliches beanspruchten Zygmunt Berling und Michał Rola-Żymierski, und zwar jeder für sich allein (siehe oben).

190 Auszug aus dem Sitzungsprotokoll Nr. 18 des Ministerrates vom 12. 3. 1945: AAN, MAP 2441, Bl. 9; Auszug aus dem Sitzungsprotokoll Nr. 19 des Ministerrates vom 14. 3. 1945: ebda., Bl. 1a.

191 Vgl. Davies, *Aufstand der Verlorenen*; Getter, »Das Schicksal der Zivilbevölkerung im Warschauer Aufstand«, S. 67–88.

192 Ebda.; Kunert, »Bezpowrotne polskie straty osobowe w Powstaniu Warszawskim«.

193 Ebda.

194 Schtscherbakow an Stalin am 25. 9. 1944: RGASPI, f. 17, op. 125, d. 243, Bl. 9.

195 Siehe Davies, *Aufstand der Verlorenen*.

196 Roberts, *Stalin's Wars*, S. 203–207.
197 Frieser, »Der Zusammenbruch der Heeresgruppe Mitte«, S. 585.
198 Stawka-Befehl an Befehlshaber der 1. Ukrainischen Front vom
    2. 9. 1944: (Abschrift): RGASPI, f. 71, op. 25, d. 9493, Bl. 124; Tele-
    gramm an den Oberbefehlshaber der 1. Ukrainischen Front vom
    3. 9. 1944 (Abschrift): ebda., Bl. 130; Schönherr, »Die Kämpfe um Ga-
    lizien und Beskiden«, S. 724–728.
199 Davies, *Aufstand der Verlorenen*, S. 344 f.
200 Am 5. Oktober 1944 erklärte beispielsweise Mikołajczyk gegenüber
    Eden, dem britischen Außenminister: »Ich glaube nicht, dass Moskau
    wirklich beabsichtigt, Beziehungen zu Polen in gutem Willen aufzu-
    bauen, ohne sich in unsere inneren Angelegenheiten einzumischen. Im
    Gegenteil, Moskau wird versuchen, ganz Polen als Aufmarschgebiet und
    als Stufe für sein imperialistisches Programm, welches Europa und einige
    Schlüsselpositionen in Asien umfasst, zu gewinnen. […] Nachdem die
    sowjetischen Truppen in Polen eimarschiert sind, beabsichtigt Moskau
    in Polen eine Marionettenregierung zu installieren« (Protokoll des Ge-
    sprächs zwischen Mikołajczyk, Romer, Raczyński, Eden und Cadogan
    vom 5. 10. 1944 in London, abgedruckt in: *Documents on Polish-Soviet
    Relations*, S. 61–64, hier S. 63).
201 Telegramm von Gusew aus London vom 18. 5. 1945, abgedruckt in:
    Rschewskij, *Stalin i Tschertschill*, S. 519–524, hier S. 523.
202 Potsdamer Konferenz (Niederschrift der sowjetischen Delegation von
    den Verhandlungen) vom 17. Juli bis 2. August 1945, abgedruckt in: *Das
    Potsdamer Abkommen*, Berlin (DDR) 1984.
203 Mitteilung über die Dreimächtekonferenz von Berlin [»Potsdamer Ab-
    kommen«] (2. 8. 1945), veröffentlicht in: Amtsblatt des Kontrollrats in
    Deutschland, Ergänzungsblatt Nr. 1, S. 13–20.
204 Runderlass von Molotow vom 5. 8. 1945, veröffentlicht in: *Die UdSSR
    und die deutsche Frage*, Bd. 2, S. 79–91, hier S. 82 f.
205 Heitmann, »Die Stettiner Frage«; Aufruf des Präsidenten der Stadt Stet-
    tin/Szczecin, Piotr Zaremba, vom 7. 7. 1945 (»Stettin ist polnisch«), ver-
    öffentlicht u. a. in: http://dziedzictwo.polska.pl/katalog/index, Szcze-
    cin, cid,2198.htm.
206 Bericht über Übergriffe von Marodeuren und Soldaten der Roten
    Armee in den wiedergewonnenen Gebieten, die in den Berichten der Be-
    vollmächtigten für diese Gebiete und anderer Institutionen erfasst wur-
    den, ohne Datum, Herbst 1945: AAN, MAP 2473, Bl. 23–39, hier
    Bl. 24 f.
207 Ebda.
208 Wassili Tschuikow war damals Vorsitzender und Wladimir Semenow
    politischer Berater der Sowjetischen Kontrollkommission in Deutsch-
    land, der Nachfolgeorganisation der Sowjetischen Militäradministra-
    tion in Deutschland (SMAG).

209 Andrej Gromyko an Stalin am 4. 6. 1950: RGASPI, f. 82, op. 2, d. 1180, Bl. 127.

210 Abkommen zwischen der DDR und der Republik Polen über die Markierung der festgelegten und bestehenden deutsch-polnischen Staatsgrenze vom 6. 7. 1950, veröffentlicht u. a. in: http://www. verfassungen.de/de/ddr/; *Rechtsstellung Deutschlands*, S. 261.

211 Akt über die Ausführung der Markierung der Staatsgrenze zwischen Polen und Deutschland vom 27. 1. 1951, veröffentlicht u. a. in: *Rechtsstellung Deutschlands*, S. 263 f.

212 Ślepowroński, »NRD kontra PRL«, S. 90–99; Antoni Dudek: »Finlandyzacja po polsku«, in: *Rzeczpospolita* vom 14. 8. 2009 (http://www. rp.pl/artykul/61991,348568_Finlandyzacja_po_polsku.html).

213 Vertrag zwischen der Bundesrepublik Deutschland und der Republik Polen über die Bestätigung der zwischen ihnen bestehenden Grenze, Warschau vom 14. 11. 1990, veröffentlicht u. a. in: http:// webarchiv. bundestag.de/archive/2006/0706/geschichte/parlhist/dokumente/dok 11.html

214 Dimitroff, *Tagebücher*, S. 424 (Eintragung vom 8. 9. 1941). Es ist hierbei anzumerken, dass Ostpreußen ursprünglich von Pruzzen besiedelt war, die der baltischen Völkerfamilie angehörten, und nicht den Slawen.

215 Brandes, *Der Weg zur Vertreibung*, S. 333–375.

216 Protokoll des Gesprächs zwischen Mikołajczyk und Stalin am 3. 8. 1944, abgedruckt in englischer Übersetzung (aus dem Polnischen) in: *Documents on Polish-Soviet Relations*, S. 309–322, hier S. 318.

217 Denkschrift über die Stimmung der polnischen Bevölkerung in den westlichen Oblasten der Ukraine und Weißrusslands (d. h. in den polnischen Ostgebieten) verfasst von W. Klimaschewski, 30. 6. 1944: RGASPI, f. 17, op. 128, d. 713, Bl. 103–124; Denkschrift über die Polen in den westlichen Oblasten Weißrusslands von Ponomarenko an Stalin vom 23. 11. 1942: RGASPI, f. 69, op. 1, d. 19, Bl. 170–174.

218 Anfang Dezember 1944 erklärte Stalin den Vertretern der »polnischen Interimsregierung« in Moskau: »Die Garantie für polnische Grenzen durch andere Staaten betrachtet Stalin als beleidigend für Polen. Nur bilaterale Verträge hält er für richtig. Er sprach sich für die Bildung von offiziellen Vertretungen der Ukraine und Weißrusslands in Polen aus« (Sitzungsprotokoll des Politbüros des ZK der PPR, Dezember 1944: AAN, PPR 295/V-1, Bl. 59–83, hier Bl. 72).

219 Meldung der Londoner Residentur vom 27. 1. 1945, abgedruckt in: *Otscherki Istorii Rossijskoj*, Bd. 4, S. 627–636, hier S. 630.

220 Vgl. dazu u. a. Laufer, *Pax Sovietica*, S. 203 f.

221 Denkschrift der Kommission zu Fragen der Friedensverträge und der Nachkriegsordnung, ohne Datum, vor dem 9. 3. 1944, veröffentlicht in: *Die UdSSR und die deutsche Frage*, Bd. 1, S. 347–364, hier S. 353.

222 Ebda., S. 354 f.

223 Sitzung der Litwinow-Kommission vom 14. 3. 1944, Protokoll Nr. 4: Diskussion des Berichts »Zur Behandlung Deutschlands«, veröffentlicht in: *Die UdSSR und die deutsche Frage*, Bd. 1, S. 364–369, hier. S. 365.

224 Ebda., S. 365 f.

225 Eberhard, *Political Migrations in Poland*, S. 54, 64.

226 Diese Auffassung vertritt beispielsweise Erika Steinbach, die Vorsitzende des Bundes der Vertriebenen. Interview mit Erika Steinbach »Ich will die Wahrheit, sonst nichts« in: *Spiegel online* vom 7. 3. 2009 (http://www.spiegel.de/politik/deutschland/0,1518,611812–3,00.html); siehe auch das autorisierte Interview mit Erika Steinbach in: *Gazeta Wyborcza*, 20. 6. 2009, S. 22–23 (»Agresorem był Hitler, a nie kobiety i dzieci«). Es ist hierbei anzumerken, dass es im heutigen Deutschland legale Organisationen und Parteien gibt, welche die Revision der deutschen Grenzen nach dem Stand von 1914 einfordern. Eine dieser Parteien, die NPD, schafft es in einigen Bundesländern in die Landesparlamente. Es wäre trotzdem unseriös zu behaupten, in Deutschland herrsche eine revisionistische Stimmung vor.

227 Beispielhaft sind hier die auch in Deutschland rezipierten Arbeiten von Włodzimierz Borodziej zu nennen, der bereits in den 1980er Jahren in seinen Publikationen die polnische Kriegs- und Nachkriegsgeschichte im Sinne des kommunistischen Regimes entstellte und dies auch heute weiterhin tut. Vgl. Bogdan Musial: »Casus prof. Borodzieja a stan polskiej historiografii«, in: *Arcana* Nr. 46–47 (4–5/2002), S. 303–312.

228 Ausführlich Brandes, *Der Weg zur Vertreibung*. Zur servilen Politik von Beneš gegenüber dem Kreml vgl. Kamiński, *Edvard Beneš we współpracy z Kremlem*.

229 Bei den Wahlen im Mai 1946 erhielten die Kommunisten 38,7 % aller Stimmen. »Das beste Wahlergebnis in freien Wahlen in ganz Europa. [...] Sowohl die demokratischen Parteien als auch Präsident Beneš waren nicht in der Lage, der KPČ [Kommunistische Partei der Tschechoslowakei] entschlossenen Widerstand zu leisten«, schreibt Donal O'Sullivan, *Stalin's »Cordon sanitaire«*, S. 348 f., 351.

230 Zitiert nach: *Die UdSSR und die deutsche Frage*, Bd. 1, S. 635, Anm. 254; die russische Version in: *SSSR i Germanskij wopros 1941–1949*, Bd. 1, S. 701, Anm. 194 (Hervorhebung B. M.). In der deutschen Ausgabe dieser Dokumentation wurde der Begriff »unitschtoscheny« mit »beseitigt werden« übersetzt. Der Begriff »vernichtet werden« gibt jedoch die Bedeutung dieses Ausdrucks im Russischen treffender wieder.

231 Ebda.

232 Ebda.

233 Aufzeichnungen von Litwinow »Die Behandlung Deutschlands und anderer Feindstaaten in Europa« vom 9. 10. 1943, veröffentlicht in: *Die UdSSR und die deutsche Frage*, Bd. 1, S. 194–214, hier S. 197.

234 Gedächtnisprotokoll von W. Pawlow der Unterredung Churchills mit

Gen. Stalin in der Nacht vom 15. auf den 16. August 1942, veröffentlicht in: ebda., S. 65 ff.

235 Churchill, *The Second World War*, Bd. 4, S. 405 f.

236 »Tripartite Dinner Meeting, November 29, 1943, 8:30 p. m.«, veröffentlicht in: *Foreign Relations of the United States Diplomatic Papers. The Conferences at Cairo and Tehran 1943*, S. 552–555 (Hervorhebung B. M.).

237 Churchill, *The Second World War*, Bd. 5, S. 294.

238 Ebda.

239 »Tripartite Political Meeting, December 1, 1943, 6 p. m., conference room, Soviet embassy, Bohlen Minutes«, veröffentlicht in: *Foreign Relations of the United States Diplomatic Papers. The Conferences at Cairo and Tehran 1943*, S. 596–604, Zitat S. 602.

240 Sitzung am Runden Tisch am 1. 12. 1943, Beginn um 16:00, Ende um 19:40, protokolliert von Pawlow: RGASPI, f. 558, op. 11, d. 234, Bl. 90–97, Bl. 95 f.

241 Vgl. RGASPI, f. 558, op. 11, d. 234.

242 Sebag Montefiore, *Stalin*, S. 535 f.; Claudia Kurtesidis-Haider: »Die von der Moskauer Konferenz am 1. November 1943 verabschiedete ›Erklärung über die Verantwortlichkeit der Hitleranhänger für begangene Gräueltaten‹. Genese, Kontext, Auswirkungen und Stellenwert«. Referat auf dem Symposium der Alfred Klahr Gesellschaft »60 Jahre Moskauer Deklaration« am 25. 10. 2003 in Wien: http://www.klahrgesellschaft.at/Referate/Kuretsidis_2003.html.

243 Protokoll des Gesprächs zwischen dem Genossen Stalin und Churchill vom 9. 10. 1944, protokolliert von Pawlow, abgedruckt in: Rschewskij, *Stalin i Tschertschill*, S. 427.

244 Churchill, *The Second World War*, Bd. 5, S. 294.

245 Protokoll des Gesprächs zwischen dem Genossen Stalin und Roosevelt im Liwadija-Palast am 4. 2. 1945 um 16:00, verfasst von Pawlow: RGASPI, f. 558, op. 11, d. 235, Bl. 8–12, hier Bl. 8 f. (Hervorhebung B. M.).

246 »Roosevelt-Stalin Meeting, February 4, 1945, 4 p. m., Livadia Palace, Bohlen Minutes«, veröffentlicht in: *Foreign Relations of the United States Diplomatic Papers. The Conferences at Malta and Yalta 1945*, Washington 1955, S. 570–573, hier S. 571. Die Passage im englischen Original: »The President said that he had been very much struck by the extent of German destruction in the Crimea and therefore he was more bloodthirsty in regard to the Germans than he had been a year ago, and he hoped that the Marshal Stalin would again propose a toast to the execution of 50,000 officers of the German Army.«

Demontagen

1 Siehe z. B. Dallin, *Deutsche Herrschaft in Russland*; Berkhoff, *Harvest of Despair*; Overy, *Russlands Krieg*; Davies, *Die große Katastrophe*.

2 Nach sowjetischen Angaben wurden während des Zweiten Weltkriegs in der Sowjetunion zerstört: 1710 Städte, über 70 000 Dörfer und Siedlungen, etwa 32 000 Industriebetriebe, 98 000 Kolchos- und 1876 Sowchosbetriebe, 65 000 km Eisenbahnstrecken, 1000 Eisenbahnbrücken, 4100 Bahnstationen, 15 800 Lokomotiven und 428 000 Waggons (*K 50-letiju Pobedy w Welikoj Otetschestwennoj wojne 1941–1945*, S. 31). Diese Angaben waren Bestandteil der sowjetischen Propaganda, die bis heute nicht verifiziert wurden. Die Westalliierten bezweifelten die Glaubwürdigkeit dieser Angaben von Anfang an und weigerten sich, darüber ernsthaft zu diskutieren (Laufer, *Pax Sovietica*, S. 263, Anm. 74).

3 Aufzeichnung der Unterredung bei den Begegnungen der Genossen Stalin und Molotow mit Eden vom 16. bis 20. 12. 1941, veröffentlicht in: *Die UdSSR und die deutsche Frage*, Bd. 1, S. 19–30, hier S. 22 f.

4 Ebda.

5 Tagebucheintragung von Maiski vom 5. 1. 1943, abgedruckt in Auszügen in: *Die UdSSR und die deutsche Frage*, Bd. 1, S. 635, Anm. 254.

6 Schwendemann, *Wirtschaftliche Zusammenarbeit*, S. 381 (Tabelle).

7 Litwinow an Molotow am 9. 3. 1944 und Anlage »Behandlung Deutschlands«, veröffentlicht in deutscher Übersetzung in: *Die UdSSR und die deutsche Frage*, Bd. 1, S. 333–364.

8 Protokoll Nr. 4 der Sondersitzung der Kommission zu den Friedensverträgen und zur Nachkriegsordnung: Diskussion des Berichts »Zur Behandlung Deutschlands«. Teilnehmer: die Genossen Litwinow, Losowski, Manuilski, Suric, Schtejn, Junin, 14. 3. 1944, veröffentlicht in deutscher Übersetzung in: *Die UdSSR und die deutsche Frage*, Bd. 1, S. 364–369, hier S. 367 (Hervorhebung B. M.).

9 Aus dem Tagebuch der Waffenstillstandkommission, 18. 4. 1944, veröffentlicht in deutscher Übersetzung in: *Die UdSSR und die deutsche Frage*, Bd. 1, S. 378 ff.

10 Aus dem Tagebuch der Waffenstillstandkommission, 30. 4. 1944, veröffentlicht in deutscher Übersetzung in: *Die UdSSR und die deutsche Frage*, Bd. 1, S. 381–385, hier S. 384.

11 Woroschilow an Stalin am 12. 6. 1944, veröffentlicht in deutscher Übersetzung in: *Die UdSSR und die deutsche Frage*, Bd. 1, S. 406 f.

12 Aus dem Tagebuch der Waffenstillstandkommission, 30. 04. 1944, veröffentlicht in deutscher Übersetzung in: *Die UdSSR und die deutsche Frage*, Bd. 1, S. 381–385, hier S. 384.

13 Ebda., S. 385 (Hervorhebung B. M.).

14 Grundzüge des Reparationsprogramms der UdSSR, Maiski, 27. 07. 1944,

veröffentlicht in deutscher Übersetzung in: *Die UdSSR und die deutsche Frage,* Bd. 1, S. 427–436, hier S. 427.

15 Ebda., S. 428.

16 Grundzüge des Reparationsprogramms der UdSSR, Maiski, 27. 07. 1944, veröffentlicht in deutscher Übersetzung in: *Die UdSSR und die deutsche Frage,* Bd. 1, S. 427–436, hier S. 428 f.

17 Ebda.

18 Bericht der Wiedergutmachungskommission, den Maiski an Molotow Ende Januar 1945 verschickte (ohne Datum), veröffentlicht in: *Die UdSSR und die deutsche Frage,* S. 528–532, hier S. 531; M. S. Stepanow, stellvertretender Volkskommissar für Außenhandel, an Molotow am 22. 5. 1944: RGAE, f. 1562, op. 329, d. 288, Bl. 2.

19 Grundzüge des Reparationsprogramms der UdSSR, Maiski, 27. 7. 1944, veröffentlicht in deutscher Übersetzung in: *Die UdSSR und die deutsche Frage,* Bd. 1, S. 427–436, hier S. 430 f.

20 Ebda., S. 433.

21 Ebda., S. 433 (Hervorhebungen im Original).

22 Ebda., S. 433 f. (Hervorhebungen im Original).

23 Ebda., S. 434 f.

24 Es handelt sich um das von Henry Morgenthau vorgeschlagene Programm für eine amerikanische Nachkriegspolitik gegenüber Deutschland. Es sah die Aufspaltung Deutschlands in mehrere Staaten, die Internationalisierung des Ruhrgebietes, die Beseitigung der deutschen Schwer- und Luftfahrtindustrie, die vollständige Entmilitarisierung sowie die Umwandlung Deutschlands in einen Agrarstaat vor. Mehr dazu u. a.: Mausbach, *Zwischen Morgenthau und Marshall.*

25 Bericht Nr. 3: »Wie hoch sollen die Reparationsforderungen der UdSSR sein?« Diesen Bericht mit Anlagen, die detaillierte Berechnungen der künftigen Entnahmen enthalten, schickte Maiski am 15. 12. 1944 an Molotow, veröffentlicht in deutscher Übersetzung in: *Die UdSSR und die deutsche Frage,* Bd. 1, S. 502–514.

26 Maiski an Stalin am 19. 12. 1944, veröffentlicht in deutscher Übersetzung in: *Die UdSSR und die deutsche Frage,* Bd. 1, S. 515 f.; einen Tag später schickte Maiski Stalin den Entwurf des Aide-Mémoire zu den Reparationsleistungen: Ebda., S. 517–521.

27 Laufer, »Politik und Bilanz der sowjetischen Demontagen«, S. 39 f.

28 Maiski an Molotow am 28. 7. 1944, veröffentlicht in deutscher Übersetzung in: *Die UdSSR und die deutsche Frage,* Bd. 1, S. 425 f.

29 GKO-Beschluss Nr. 5964 vom 28. 5. 1944, unterzeichnet von Stalin: RGASPI, f. 644, op. 1, d. 257, Bl. 121–124; Mikojan und Chrulew an Molotow am 24. 6. 1944: RGASPI, f. 84, op. 1, d. 94, Bl. 32.

30 Beschluss des SNK vom 4. 6. 1944 über die Ausfuhr von Ausrüstungen aus rumänischen Betrieben (Abschrift): RGASPI, f. 84, op. 1, d. 94, Bl. 33 ff.

31 Mikojan und Chrulew an Stalin am 25. 8. 1944: RGASPI, f. 84, op. 1, d. 94, Bl. 37 ff.

32 Das Operative Büro des GKO wurde am 8. 12. 1942 errichtet. Es hatte den Auftrag, die laufende Arbeit aller Volkskommissariate für Rüstungswirtschaft sowie für Eisenbahnwesen, Schwarzmetallurgie, Buntmetallindustrie, Steinkohleindustrie, Elektrizität, Erdölindustrie und chemische Industrie zu überwachen und zu koordinieren. Das Operative Büro setzte sich aus folgenden Mitgliedern zusammen: Molotow, Berija, Malenkow und Mikojan. GKO-Beschluss Nr. 2615 über das Operative Büro des GKO vom 8. 12. 1942, unterzeichnet von Stalin: RGASPI, f. 644, op. 1, d. 72, Bl. 165 f. Beim Operativen Büro des GKO entstanden wiederum weitere Kommissionen für einzelne Bereiche der sowjetischen Kriegswirtschaft.

33 Sitzungsprotokoll Nr. 51 des Operativen Büros des GKO vom 16. 11. 1945, Punkt I und II: RGASPI, f. 644, op. 3, d. 4, Bl. 55 ff.

34 GKO-Beschluss Nr. 6991 vom 23. 11. 1944, unterzeichnet von Stalin: RGASPI, f. 644, op. 1, d. 335, Bl. 1 f.

35 GKO-Beschluss Nr. 7273 vom 6. 1. 1944, unterzeichnet von Stalin: RGASPI, f. 644, op. 2, d. 429, Bl. 62 ff.

36 Mikojan und Chrulew an Stalin, 14. 7. 1945: RGASPI, f. 84, op. 1, d. 96, Bl. 87; GKO-Beschluss Nr. 7297 vom 11. 1. 1945, unterzeichnet von Molotow: RGASPI, f. 644, op. 2, d. 429, Bl. 190. Es handelte sich dabei um die Ausfuhr von 25 000 Tonnen Getreide.

37 Mikojan, Bulganin und Chrulew an Stalin über Fleisch- und Lebensmittellieferungen aus Ungarn und Rumänien für die Bedürfnisse der Truppe, Schreiben vom 15. 12. 1944: RGASPI, f. 644, op. 2, d. 425, Bl. 74 f.; GKO-Beschluss Nr. 7158 vom 16. 12. 1944 über die Versorgung der Truppen der Roten Armee mit Fleisch und anderen Lebensmitteln in Ungarn und Rumänien, unterzeichnet von Stalin: ebda., Bl. 70 ff.; Vereinbarung vom 4. 8. 1944 zwischen dem PKWN und der Regierung der UdSSR über die finanziellen und wirtschaftlichen Fragen im Zusammenhang mit dem Aufenthalt der sowjetischen Truppen auf dem Territorium Polens, veröffentlicht in: *Armia Radziecka w Polsce 1944–1956*, S. 10–13.

38 GKO-Beschluss Nr. 7054 über Fakten nicht gesetzgemäßer Verwendung von Beutegütern vom 1. 12. 1944, unterzeichnet von Stalin: RGASPI, f. 644, op. 1, d. 339, Bl. 119–124.

39 Laufer, »Politik und Bilanz der sowjetischen Demontagen«, S. 43.

40 GKO-Beschluss Nr. 7937 über die Ausfuhr von Ölprodukten aus Rumänien im II. Quartal und im April 1945 vom 29. 3. 1945, abgezeichnet von Stalin: RGASPI, f. 644, op. 1, d. 383, Bl. 83 f.

41 Mikojan und Chrulew an Stalin, 15.06.1945: RGASPI, f. 84, op. 1, d. 96, Bl. 87.

42 Bericht über Bergbaubetriebe in der Region Baia Mare, verfasst vom In-

genieur E. Merenkow u. a. am 30. 12. 1944: RGAE, f. 9022, op. 1, d. 238, Bl. 19–8 (rückläufige Paginierung); Lomako an Berija Dezember 1944 (Tag nicht leserlich): ebda., Bl. 6.

43 Lomako, Volkskommissar für Buntmetallindustrie, an A. D. Krutikow, stellvertretender Volkskommissar für Außenhandel, 16. 6. 1945: RGAE, f. 9022, op. 1, d. 238, Bl. 109 f.

44 Siehe u. a. Overy, *Russlands Krieg*, S. 391–402.

45 Litwinow an Molotow am 9. 3. 1944 und die Denkschrift Behandlung Deutschlands, veröffentlicht in deutscher Übersetzung in: *Die UdSSR und die deutsche Frage*, Bd. 1, S. 333–364, hier S. 350 f.

46 Vgl. Sulik, *Przemysł*. Insgesamt eigneten sich der deutsche Staat und deutsche Unternehmen in Oberschlesien 1764 Industriebetriebe an, darunter: 65 Steinkohlegruben mit einer Vorkriegsproduktion von 79 Mio. t Steinkohle; 24 Erzgruben mit einer Gesamtförderung von 60 000 t Erz; 96 Hütten, die 3 Mio. t Rohstahl und 1,9 Mio. t Stahl produzierten; 67 Chemiewerke, vier Kraftwerke und sieben Zementwerke. Anfang 1940 waren in diesen Betrieben 178 449 Arbeiter beschäftigt (ebda., S. 196–200); zur Rüstungsindustrie in Oberschlesien Sikora, *Kuźnia broni III Rzeszy*.

47 Sulik, *Przemysł*, S. 339 f. (Tab. 10).

48 Ebda., S. 348–352.

49 Ebda., S. 354.

50 Beevor, *The Fall of Berlin 1945*, S. 17.

51 Zit. nach Knyschewskij, *Moskaus Beute*, S. 21.

52 Kaczmarek, *Górny Śląsk podczas II wojny światowej*, S. 293–297.

53 Bericht von Schukow an Stalin und Malenkow, Bulganin, Berija und Mikojan, vom 29. 1. 1945: RGASPI, f. 84, op. 1, d. 96, Bl. 1–4.

54 Es handelt sich hierbei um den GKO-Beschluss Nr. 7431 vom 31. 1. 1945 (RGASPI, f. 644, op. 1, d. 365, Bl. 9 f.). Es gelang jedoch nicht, im Rahmen dieser Studie diesen Beschluss einzusehen.

55 Koschewnikow, Bevollmächtigter des Volkskommissars für Schwarzmetallurgie, an den Vorsitzenden des Sonderkomitees beim GKO, Malenkow, 20. 4. 1945, sowie Bericht: »Metallurgie in Oberschlesien und Polen«, verfasst von Koschewnikow u. a. (ohne Datum): RGASPI, f. 644, op. 4, d. 16, Bl. 1–146, und ebda., d. 17, Bl. 1–180.

56 GKO-Beschluss Nr. 7112 über die Abkommandierung einer Gruppe von Spezialisten des Gosplans, ZSU u. a. in die Stadt Miszkolc (Ungarn), vom 10. 12. 1944, abgezeichnet von Stalin: RGASPI, f. 644, op. 1, d. 344, Bl. 11.

57 Sitzungsprotokoll des Operativen Büros des GKO vom 23. 1. 1945, Punkt XXIII: RGASPI, f. 644, op. 3, d. 5, Bl. 32–45.

58 Sitzungsprotokoll Nr. 5 des Operativen Büros des GKO vom 30. 1. 1945, Punkt VIII bis X: RGASPI, f. 644, op. 3, d. 5, Bl. 46–64; GKO-Beschluss Nr. 7448, 7449, 7450 vom 1. 2. 1945, abgezeichnet von Stalin: RGASPI, f. 644, op. 1, d. 365, Bl. 107–115 (es gelang nicht, im Rahmen

dieser Studie diese Beschlüsse einzusehen und Notizen zu machen). Aus dem GKO-Beschluss Nr. 7767 vom 9. 3. 1945 geht hervor, dass einer dieser Beschlüsse u. a. die Demontage der Anlagen des Werkes »Horti-Leget« der Luftfahrtindustrie (auf der Donauinsel Tschepel) festlegte: RGASPI, f. 644, op. 2, d. 459, Bl. 25.

59 Sitzungsprotokoll Nr. 5 des Operativen Büros des GKO vom 30. 1. 1945, Punkt XI: RGASPI, f. 644, op. 3, d. 5, Bl. 46–64.

60 Befehl des NKO vom 19. 1. 1945 über die Verwendung der volksstaatlichen Beutegüter, unterzeichnet vom stellv. NKO Bulganin, veröffentlicht in: *Prikasy Narodnogo Komissara Oborony SSSR. 1943–1945 gg.,* S. 349 f.

61 Laut dem Befehl Nr. 4 des stellvertretenden NKO Bulganin vom 19. 1. 1945 (ebda.), der sich auf den erwähnten Beschluss des SNK bezieht, erhielten die Kriegsräte der einzelnen Fronten (der 1. Baltischen Front, der 1., 2. und 3. Weißrussischen Front, der 1., 2., 3. und 4. Ukrainischen Front) folgende Aufgaben:

»a) Auffindung und Erfassung des gesamten volksstaatlichen Beutegutes zu organisieren – der Betriebe, Landgüter, Gutshäuser, Lager, Getreidespeicher, Geschäfte aller Ausrüstungsarten, darunter landwirtschaftlicher Maschinen, Lebensmittel, Treibstoffe, Futter, Vieh, zurückgelassene Haushaltsgüter und andere Gegenstände, die unsere Truppen in den Städten, Ortschaften und Industriezentren auf dem gegnerischen Territorium erobert haben;

b) den ordnungsgemäßen Schutz der oben erwähnten Güter sicherzustellen [...];

c) dem SNK über den Chef des rückwärtigen Dienstes der Roten Armee über Evakuierung oder Verwendung vor Ort des volksstaatlichen Beutegutes zu berichten.

2. Demontage von Betrieben und Abtransport der Anlagen und volksstaatlichen Wertsachen in die Sowjetunion erfolgt nur nach der Entscheidung des SNK der UdSSR.

3. Mit der oben erwähnten Entscheidung legt die Regierung den entsprechenden Volkskommissariaten und Behörden auf, die demontierten Anlagen vor Ort zu übernehmen und deren Abtransport [in die UdSSR] zu organisieren. Die Kriegsräte stellen hierfür den Volkskommissariaten und Behörden Arbeitskräfte, Auto- und Eisenbahntransport zur Verfügung.

4. Lebensmittel, Futter, Treibstoffe, Vieh (außer Zuchtvieh) dienen gemäß dem Beschluss des GKO vom 1. 12. 1944 Nr. 7045 der Versorgung der Roten Armee. [...]

5. Alle erbeuteten Banknoten sowjetischer wie ausländischer Währung, Gold, Platin und Silber in Barren und Münzen sowie andere Wertgegenstände, Wertpapiere (Aktien, Obligationen und andere) sind unmittelbar an die Feldorgane der Staatsbank zu übergeben.

6. Sammlung, Erfassung, Übergabe und Abtransport von erbeuteten und eigenen Waffen, Munition, Kriegstechnik, Kriegsgütern und Frontmetallschrott erfolgen nach den bisherigen Regelungen, die durch die Beschlüsse des GKO Nr. 3123 vom 5.4.1943 und Nr. 3210 vom 19. 4. 1943 festgelegt wurden. [...].

7. Um die Arbeit der rückwärtigen Armee- und Frontdienste bei der Bewachung, Erfassung, Aufbewahrung und Evakuierung der volksstaatlichen Beutegüter und die Erfüllung dieser Aufgaben sicherzustellen, sind zu errichten: beim Chef des rückwärtigen Dienstes der Roten Armee – die Stelle des stellvertretenden Chefs des rückwärtigen Dienstes und beim Stab des rückwärtigen Dienstes der Roten Armee – eine Abteilung; bei den Chefs der rückwärtigen Dienste der Fronten und Armeen – die Stelle des stellvertretenden Chefs der rückwärtigen Dienste und bei Stäben der rückwärtigen Dienste – Abteilungen; in Städten und großen Ortschaften – die Stelle des Gehilfen der Kommandanten für wirtschaftliche Fragen. [...].

Ich befehle: [...] 2. Den Kriegsräten der Fronten: a) innerhalb von fünf Tagen die stellvertretenden Chefs der rückwärtigen Dienste zu benennen. [...] c) die Abteilungen für Erfassung und Verwendung der volksstaatlichen Beutegüter mit qualifizierten und zuverlässigen Kadern zu vervollständigen. [...]«

62 Ebda.

63 Befehl des NKO Nr. 06 über die Aufstellung von Arbeiterbataillonen und Viehtreibergruppen vom 29. 1. 1945, unterzeichnet vom stellv. NKO, Armeegeneral Bulganin, veröffentlicht in: *Prikasy Narodnogo Komissara Oborony SSSR. 1943–1945 gg.*, S. 352.

64 GKO-Beschluss Nr. 7768 vom 9. 3. 1945, unterzeichnet von Stalin: RGASPI, f. 644, op. 2, d. 459, Bl. 27–32.

65 GKO-Beschluss Nr. 7815 vom 14. 3. 1945, unterzeichnet von Stalin: ebda., op. 1, d. 380, Bl. 64–68; GKO-Beschluss Nr. 8649 vom 16. 5. 1945, unterzeichnet von Stalin: ebda., op. 1, d. 418, Bl. 9 ff.; GKO-Beschluss Nr. 8786 vom 26. 5. 1945, unterzeichnet von Stalin: ebda., op. 1, d. 419, Bl. 97–100.

66 Präsidium des Kreisnationalrates in Gniezno an Präsidium des Landesnationalrates in Warschau am 4. 4. 1946: AAN, MAP 855, Bl. 8.

67 Interview mit Karol (geb. 1925) und Maria (geb. 1927) Schirrmmeisen am 1. 1. 2009, wohnhaft in Krapkowice (Krappitz, Oppelner Schlesien), sowie mit Hans Pohl (geb. 1929) am 1. und 6. 1. 2009, wohnhaft ebenfalls in Krapkowice. Maria Schirrmmeisen und Hans Pohl lebten im Frühjahr 1945 in dem Dorf Hinterwalde (heute Zabierzów), etwa 20 km südlich von Krapkowice.

68 Ergebnis des Treibens des Beuteviehs aus Ostpreußen in die Sowjetunion zum 31. 7. 1945, Feldkantor Nr. 3: RGAE, f. 9366, op. 1, d. 175, Bl. 20.

69 Diese Zahlen nennen die Herausgeber des Dokumentenbandes *Prikasy*

Narodnogo Komissara Oborony SSSR. 1943–1945 gg., auf S. 411,
Anm. 62, ohne jedoch dafür die Quelle angeführt zu haben.

70 *The Diary of Georgi Dimitrov,* S. 363.

71 GKO-Beschluss Nr. 7558 vom 20. 2. 1945, unterzeichnet von Stalin:
RAGSPI, f. 644, op. 1, d. 372, Bl. 91–94, hier Bl. 92.

72 *Armia Radziecka w Polsce 1944–1956,* S. 27.

73 GKO-Beschluss Nr. 4411 vom 23. 10. 1943 über Wodka-Zuteilung an
operierende Truppen, unterzeichnet von Stalin: RGASPI, f. 644, op. 1,
d. 166, Bl. 236–244. Am 11. 5. 1942 bestimmte Stalin mit dem GKO-Beschluss Nr. 1727 vom 11. 5. 1942, dass Soldaten der Truppen, die im
Kampf gegen deutsche Aggressoren erfolgreich sind, täglich pro Kopf
200 g Wodka erhalten, die übrigen Soldaten nur an bestimmten Feiertagen: RGASPI, f. 644, op. 1, d. 34, Bl. 106. Drei Monate später änderte
Stalin die Bestimmungen für die Wodka-Zuteilung in der Truppe dahingehend, dass ab dem 6. Juli 1942 Soldaten der Einheiten, die sich an An-
griffsoperationen beteiligten, 100 g Wodka pro Tag zu bekommen hatten. Die übrigen Soldaten erhielten 100 g Wodka nur anlässlich
bestimmter Feiertage (GKO-Beschluss Nr. 1889 vom 6. 7. 1942: RGA-
SPI, f. 644, op. 1, d. 39, Bl. 43); am 12. 11. 1942 bestimmte Stalin mit
dem GKO-Beschluss Nr. 2507, dass Soldaten der Fronttruppen 100 g
Wodka pro Tag erhalten, die übrigen Soldaten 50 g pro Tag. Den Bedarf
an Wodka für den Monat Dezember 1942 für die Truppe bezifferte Stalin
mit 5,6 Mio. Liter: RGASPI, f. 644, op. 1, d. 69, Bl. 13 f.

74 GKO-Beschluss Nr. 8193 vom 19. 4. 1945, unterzeichnet von Stalin, mit
dem Verzeichnis der zu demontierenden Brennereien und Brauereien und
ihren Bestimmungsorten in der UdSSR: RGASPI, f. 644, op. 1, d. 402,
Bl. 4–8.

75 Sitzungsprotokoll Nr. 6 des Operativen Büros des GKO vom 20. 2. 1945:
RGASPI, f. 644, op. 3, d. 5, Bl. 77.

76 GKO-Beschluss Nr. 7563 vom 21. 2. 1945, unterzeichnet von Stalin:
RGASPI, f. 644, op. 1, d. 372, Bl. 173 ff.; der Beschluss ist in Auszügen
in deutscher Übersetzung veröffentlicht in: Knyschewskij, *Moskaus
Beute,* S. 22 f. Die Ständigen Kommissionen waren wie folgt besetzt: 1.
Ukrainische Front – Maxim Saburow (Vorsitzender), Iwan Dmitrjew,
Juri Koschewnikow und 100 Spezialisten; 1. Weißrussische Front: Pawel
Sernow (Vorsitzender), Alexander Baranow, Nikolai Nosowski und 80
Spezialisten; 2. Weißrussische Front: Pawel Kutschumow (Vorsitzender),
Nikolai Rasin, Alexander Dobrowolski und 70 Spezialisten; 3. Weiß-
russische Front: Georgi Iwanowski (Vorsitzender), Wladimir Jakowlew,
Wasili Jelisejew und 60 Spezialisten. Vgl. ebda.

77 Maiski an Molotow am 28. 7. 1944, veröffentlicht in deutscher Übersetzung in: *Die UdSSR und die deutsche Frage,* Bd. 1, S. 425 f.; Malenkow
an Stalin am 24. 2. 1945: RGASPI, f. 644, op. 2, d. 454, Bl. 35; Entwurf
des Beschlusses über Einrichtung des Sonderkomitees: ebda., Bl. 30–34.

78 Beschluss des GKO Nr. 7590 über das Sonderkomitee beim GKO vom 25. 2. 1945, unterzeichnet von Stalin: RGASPI, f. 644, op. 1, d. 373, Bl. 48 f.; Jochen Laufer schrieb kürzlich: »Der fragliche Beschluss, der in der Zeit zwischen dem 14. und 21. 2. 1945 gefasst wurde, ist bisher nicht zugänglich; er kann nur nach dem Findbuch zitiert werden« (Laufer, »Politik und Bilanz der sowjetischen Demontagen«, S. 46, Anm. 53).

79 Beschluss des GKO Nr. 7590 über das Sonderkomitee beim GKO vom 25. 2. 1945, unterzeichnet von Stalin: RGASPI, f. 644, op. 1, d. 373, Bl. 48 f.

80 Entwurf des Beschlusses über die Einrichtung von Sonderkomitees: RGASPI, f. 644, op. 2, d. 454, Bl. 30–34.

81 GKO-Beschluss Nr. 7764 über die Ausfuhr von Ausrüstungen und Materialien aus dem Territorium Ungarns vom 9. 3. 1945, unterzeichnet von Stalin: RGASPI, f. 644, op. 2, d. 459, Bl. 19.

82 Laufer, »Politik und Bilanz der sowjetischen Demontagen«, S. 41 f.

83 GKO-Beschluss Nr. 1481 über die Organisation der Sammlung und des Abtransports von Beutegütern und Beuteschrott (Schwarz- und Buntmetalle) vom 22. 3. 1942, unterzeichnet von Stalin: RGASPI, f. 644, op. 1, d. 25, Bl. 17–20.

84 GKO-Beschluss Nr. 2686 über Sammlung und Sicherung von Beutegütern an den Fronten vom 2. 1. 1943, unterzeichnet von Stalin: RGASPI, f. 644, op. 1, d. 75, Bl. 95 ff.

85 GKO-Beschluss Nr. 2812 über Sammlung und Sicherung von Beutegütern an den Fronten vom 1. 2. 1943, unterzeichnet von Stalin: RGASPI, f. 644, op. 1, d. 85, Bl. 76 ff.

86 GKO-Beschluss Nr. 3123 über das Kriegsbeutekomitee beim GKO vom 05. 04. 1943, unterzeichnet von Stalin: RGASPI, f. 644, op. 1, d. 100, Bl. 161.

87 GKO-Beschluss Nr. 3210 über die Verbesserung der Sammlung der Beutebewaffnung, -gütern und Metallschrott von Schlachtfeldern vom 19. 4. 1943, unterzeichnet von Stalin: RGASPI, f. 644, op. 1, d. 107, Bl. 53–58.

88 Befehl Nr. 039 des NKO über Aufbau und Zusammensetzung der Beuteorgane der Roten Armee vom 28. 2. 1945, veröffentlicht in: *Prikasy Narodnogo Komissara Oborony SSSR. 1943–1945 gg.*, S. 355 f.

89 80 Arbeiterbataillone × 500 Mann × 50 = 40 000 Mann, 39 Beutebataillone × 500 Mann = 19 500, sechs Beutebrigaden × 2 500 Mann = 15 000 Mann. Hinzu kamen noch acht Autobataillone, Kompanien zur Bedienung von 20 Armeebasen und fünf Zentralbasen.

90 Anlage zum Befehl Nr. 039 des NKO (vom 28. 2. 1945) über Beuteorgane, -truppen und -stellen, veröffentlicht in: *Prikasy Narodnogo Komissara Oborony SSSR. 1943–1945 gg.*, S. 356 ff.

91 Ebda.

92 Chrulew an Mikojan am 16. 2. 1945 und Entwurf des GKO-Beschlusses über Einsatz der ehemaligen Kriegsgefangenen und Zwangsarbeiter in den

rückwärtigen Truppen der Roten Armee: RGASPI, f. 84, op. 1, d. 96, Bl. 7 ff. Es konnte nicht geklärt werden, ob dieser Entwurf von Stalin tatsächlich bestätigt worden ist. Tatsache aber ist, dass ehemalige Zwangsarbeiter und Kriegsgefangene den Arbeiterbataillonen eingegliedert und bei den Demontagen eingesetzt wurden.

93 Erläuterungsschreiben zum Jahresbericht für das Jahr 1946 der operativen Abteilung des Ministeriums für den Bau von Betrieben der Schwerindustrie, I. Michalewski, ohne Datum (vor dem 31. 5. 1947): RGAE, f. 8529, op. 1, d. 29, Bl. 2–53, hier Bl. 2.

94 Ebda., Bl. 3–8.

95 Ebda., Bl. 16 f.

96 Es gelang nicht, diese Beschlüsse einzusehen, sodass hier keine näheren Angaben über die Bildung dieser Sonderverwaltungen gemacht werden können.

97 GKO-Beschluss Nr. 8198 vom 19. 4. 1945, unterzeichnet von Stalin: RGASPI, f. 644, op. 1, d. 402, Bl. 18–21.

98 GKO-Beschluss Nr. 8200 vom 19. 4. 1945, unterzeichnet von Stalin: ebda., Bl. 23–26.

99 GKO-Beschluss Nr. 8201 vom 19. 4. 1945, unterzeichnet von Stalin: ebda., Bl. 27–31.

100 GKO-Beschluss Nr. 9520 vom 13. 7. 1945, unterzeichnet von Berija: RGASPI, f. 644, op. 2, d. 515, Bl. 38.

101 Bereits am 10. Februar 1945 ordnete Stalin als Vorsitzender des GKO an, aus den ›befreiten‹ westpolnischen und ostdeutschen Gebieten 72 000 t Zucker so schnell wie möglich in die Sowjetunion auszuführen. Dafür benötigte man etwa 5760 Waggons. Dieser Auftrag wurde innerhalb von fünf Tagen bewältigt, meldete Chrulew am 9. April 1945 (Chrulew an Berija und Mikojan am 9. 4. 1945: RGASPI, f. 84, op. 1, d. 96, Bl. 70). Anfang Februar 1945 verpflichtete sich die von Stalin installierte »polnische« Regierung, bis zum 15. April 1945 150 000 t Getreide, 250 000 t Kartoffeln, 100 000 t Heu und Stroh und bis zum 1. Juli 1945 25 000 t Fleisch für die »Bedürfnisse der Roten Armee« zu liefern (Chrulew an Molotow am 4. 4. 1945: RGASPI, f. 84, op. 1, d. 96, Bl. 67). Insgesamt sah die »polnische« Regierung Anfang Februar 1945 die Erfassung von 475 000 t Getreide, 50 000 t Fleisch, 1 000 000 t Kartoffeln, 75 000 t Heu und 75 000 t Stroh für das Frühjahr 1945 vor. Das heißt 31,5 % des Getreides, 50 % des Fleisches, 25 % der Kartoffeln und 66 % vom Stroh und Heu mussten an die Rote Armee abgeliefert werden.

102 Sitzungsprotokoll Nr. 9 des Operativen Büros des GKO vom 2. 3. 1945, Punkt XXXI: RGASP, f. 644, op. 3, d. 5, Bl. 93–107, hier Bl. 106 f.

103 Den GKO-Beschluss Nr. 7708 vom 6. 3. 1945 (RGASPI, f. 644, op. 1, d. 377, Bl. 145–146) gelang es jedoch nicht im Rahmen dieser Untersuchung einzusehen.

104 GKO-Beschluss Nr. 7943 über die Intensivierung der Ausfuhr von Steinkohle aus dem oberschlesischen Kohlerevier vom 29. 3. 1945, abgezeichnet von Stalin: RGASPI, f. 644, op. 1, d. 383, Bl. 109–112.

105 Sitzungsprotokoll Nr. 22 des operativen Büros des GKO vom 10. 4. 1945,
Punkt VIII: RGASPI, f. 644, op. 3, d. 6, Bl. 48–65, hier Bl. 54.

106 Neja, »Wpływ deportacji Górnoślązaków do ZSRR w 1945 roku na
życie gospodarcze i społeczne Górnego Śląska w pierwszych latach powojennych«, S. 80–99.

107 Grubenwasser, auch Schachtwasser genannt: hauptsächlich Poren- und
Grundwasser, das in die Stollen sickert. Das Grubenwasser wird abge-
pumpt.

108 Neja, »Wpływ deportacji Górnoślązaków do ZSRR w 1945 roku na
życie gospodarcze i społeczne Górnego śląska w pierwszych latach powojennych«, S. 80–99.

109 Malenkow an Stalin am 1. 3. 1945: RGASPI, f. 644, op. 2, d. 454, Bl. 92;
die von Stalin unterzeichneten Entwürfe: ebda., Bl. 89, 92–107.

110 GKO-Beschluss Nr. 7608 vom 2. 3. 1945 über die Ausfuhr von Anlagen
der »Oberhütten Stahlrohrwerke« in Gleiwitz, unterzeichnet von Stalin:
RGASPI, f. 644, op. 1, d. 373, Bl. 94 f.

111 GKO-Beschluss Nr. 7609 vom 2. 3. 1945 über die Ausfuhr der Anlagen
der Julienhütte in Bobrek, unterzeichnet von Stalin: RGASPI, f. 644,
op. 1, d. 373, Bl. 96 f.

112 GKO-Beschluss Nr. 7610 vom 2. 3. 1945 über die Ausfuhr von Walzstraßen und Elektroöfen aus der Herminenhütte und dem Presswerk in
Laband: RGASPI, f. 644, op. 1, d. 373, Bl. 98 f.

113 GKO-Beschluss Nr. 7614 über die Demontage und Ausfuhr von 19
Turbinen und 32 Hochdruckkesseln im deutschen Schlesien vom
2. 3. 1945, unterzeichnet von Stalin: RGASPI, f. 644, op. 1, d. 373,
Bl. 106–111.

114 Prüfungsvermerk des Oberprüfers des Volkskommissariats für Staatskontrolle, Uslow, (ohne Datum, Eingangsstempel: 1. 9. 1945): GARF, f.
8300, op. 14, d. 470, Bl. 87–92.

115 Ebda.

116 KERM; *Komitet Ekonomiczny Rady Ministrów* (Wirtschaftskomitee
des Ministerrates).

117 Stańczyk, *Od Sandomierza do Opola i Raciborza*, S. 276 f.

118 Ebda., S. 277.

119 Bevollmächtigte der KERM über die Anordnung der sowjetischen Militärverwaltung betreffend die Inventarisierung der Betriebe der elektrotechnischen Industrie, 7. 3. 1945: Staatsarchiv Kattowitz (fortan: APKa)
Sygn. 39, Bl. 1 f.

120 GKO-Beschluss Nr. 7611 vom 2. 3. 1945 über die Ausfuhr von Metall aus
deutschen Betrieben in Oberschlesien vom 2. 3. 1945, unterzeichnet von
Stalin: RGASPI, f. 644, op. 1, d. 373, Bl. 100 ff.; GKO-Beschluss Nr. 7612

über die Ausfuhr von Quecksilber aus Chrzanów vom 2. 3. 1945, unterzeichnet von Stalin: ebda., Bl. 103.

121 Hier einige GKO-Beschlüsse: GKO-Beschluss Nr. 7686 über die Ausfuhr von Anlagen der chemischen Werke in Oświęcim (Auschwitz) vom 6. 3. 1945, unterzeichnet von Stalin: RGASPI, f. 644, op. 1, d. 377, Bl. 89 f.; GKO-Beschluss Nr. 7687 über die Ausfuhr der Anlagen der Firma »Alfred Nobel« (Produktion von Dynamit) in Bydgoszcz (Bromberg): ebda., Bl. 91 f.; GKO-Beschluss Nr. 7689 über die Ausfuhr von Anlagen der Werke Osthütte und der Werke »Graf Renard« (Produktion von Hülsen für Artilleriegeschosse) in Sosnowiec: ebda., Bl. 98 f.; GKO-Beschluss Nr. 7698 über die Ausfuhr der Anlagen aus den Kabelwerken in Dziedzice: ebda., Bl. 124 f.; GKO-Beschluss Nr. 7699 über die Ausfuhr von Anlagen der Telefunken-Radiowerke und der Werke zur Herstellung von Blei-Akkumulatoren in Poznań: ebda., Bl. 126 f.; GKO-Beschluss Nr. 7700 über die Ausfuhr von Anlagen der Bremswerke »Knorr-Bremse« in Sosnowiec und Myszków: ebda. Bl. 128 f.; GKO-Beschluss Nr. 7701 über die Ausfuhr von Anlagen der Werke für Waggonbau der Firma Ostdeutsche Maschinen- und Waggonfabrik in Königshütte (Chorzów): ebda., Bl. 130 f.; die GKO-Beschlüsse Nr. 7002–7005 betrafen Demontagen der Drahtwerke in Hindenburg (Zabrze), der Metallschrottverarbeitungswerke der AG Vereinigte Oberschlesische Hüttenwerke in Gleiwitz, der Drahtwerke in Gleiwitz, der chemischen Werke der IG Farbenindustrie in Heydebreck bei Kosel: ebda., Bl. 132–139; GKO-Beschluss Nr. 7706 betraf die Ausfuhr von Anlagen und Materialien der chemischen Werke der IG Farbenindustrie in Oświęcim (Auschwitz): ebda., Bl. 140 f.

122 U. a. GKO-Beschluss Nr. 7747 über die Ausfuhr von Ausrüstungen zur Herstellung von Hülsen für Artilleriegeschosse des Werkes Oberhütte Stahlrohrwerke in Gleiwitz: RGASPI, f. 644, op. 1, d. 378, Bl. 78 ff.; GKO-Beschluss Nr. 7748 über die Ausfuhr von Ausrüstungen und Materialien der Schichau-Werft in Elbing: ebda., Bl. 80–83; GKO-Beschuss Nr. 7750 über die Ausfuhr von Anlagen zur Produktion von Buntmetallwalzgut aus oberschlesischen Betrieben: ebda., Bl. 85 ff.; GKO-Beschluss Nr. 7751 über die Ausfuhr der Anlagen und Apparaturen der Hydrierwerke in Blechhammer: ebda., Bl. 88 f.; GKO-Beschluss Nr. 7752 über die Ausfuhr der Anlagen und Apparaturen der Schaffgosch-Benzinwerke zur Herstellung von synthetischem Benzin in Odertal: ebda., Bl. 90 f. Auch neun weitere GKO-Beschlüsse (Nr. 7753 bis 7762 und Nr. 7766) betrafen Demontage und Ausfuhr von Anlagen und Materialien in ostdeutschen und polnischen Betrieben: ebda., Bl. 92–111, 117.

123 GKO-Beschluss Nr. 7765 über die Ausfuhr von Bunt- und Schwarzmetallen aus der Gegend um Budapest, unterzeichnet von Stalin: RGASPI, f. 644, op. 2, d. 459, Bl. 21.

124 GKO-Beschluss Nr. 9017 über die Einstellung der Verladung von Metallen und Seilen und auch der Demontage und Ausfuhr von Anlagen aus

Betrieben und Lagern auf dem Territorium Ungarns vom 8. 6. 1945, unterzeichnet von Stalin: RGASPI, f. 644, op. 1, d. 426, Bl. 147.

125 Stańczyk, *Od Sandomierza do Opola i Raciborza,* S. 278.

126 Dziurok/Musial, »O demontażach«.

127 Erläuterungsschreiben des Volkskommissariats für den Bau von Betrieben der Schwerindustrie zum Tätigkeitsbericht der Verwaltung für Sondermontage für das Jahr 1945, ohne Datum: RGAE, f. 8811, op. 1, d. 2, Bl. 1–101, hier Bl. 3.

128 Ebda., Bl. 3 f.

129 Ebda., Bl. 5 f.

130 Darunter waren 150 km Förderanlagen, 50 km Wasserleitungen, 70 km Eisenbahngleise, etwa 2500 Elektromotoren, ein Kraftwerk (145 Krafttransformatoren mit einer Gesamtleistung von 269 000 kW), 748 Pumpen, 533 Kompressoren für Hoch- und Tiefdruck, 69 Kräne (darunter einer mit 160 t und einer mit 200 t Tragkraft), 371 Zerkleinerungs- und Mühlanlagen, 51 Gasgeneratoren, 2371 Fertigungsanlagen. Und das alles war auf einem Gelände von 2,8 × 1,3 km aufgebaut (siehe folgende Anmerkung).

131 Ebda.; Bericht über die Ausfuhr von Ausrüstungen aus deutschen und japanischen Betrieben, verfasst von Wosnessenski an Stalin, 24. 12. 1946: RGAE, f. 1562, op. 329, d. 2152, Bl. 10–109, Angaben zu Hydrierwerken in Blechhammer auf Bl. 90 f.

132 GKO-Beschluss Nr. 7751 über Ausfuhr von Anlagen und Apparaturen der Oberschlesischen Hydrierwerke in Blechhammer vom 9. 3. 1945, abgezeichnet von Stalin: RGASPI, f. 644, op. 1, d. 378, Bl. 88 f.

133 GKO-Beschluss Nr. 8641 über mangelhafte Ausfuhr von Ausrüstungen aus den Hydrierwerken in Blechhammer und den Werken für die Produktion von synthetischem Benzin in Odertal vom 16. 5. 1945: RGASPI, f. 644, op. 1, d. 417, Bl. 190.

134 Różanski, *Śladem wspomnień i dokumentów,* S. 273 ff.

135 Die sowjetischen Militärbehörden mobilisierten Deutsche für den Einsatz in Blechhammer sogar in Mechtal, etwa 70 km östlich von Blechhammer. Auch Frau Franziska Jambor, damals 14 Jahre alt, wurde mobilisiert. Es gelang ihrer Mutter jedoch, den von den Sowjets eingesetzten Bürgermeister zu überreden, sie von dem Arbeitseinsatz in Blechhammer zu befreien. Interview des Verfassers mit Franziska Jambor (geb. 1931 in Mechtal) am 25. 2. 2008 in Warschau.

136 Erläuterungsschreiben des Volkskommissariats für den Bau von Betrieben der Schwerindustrie zum Tätigkeitsbericht der Verwaltung für Sondermontage für das Jahr 1945, ohne Datum: RGAE, f. 8811, op. 1, d. 2, Bl. 1–101, hier Bl. 13–14, 20, 28, 30.

137 Vermerk über demontierte und verladene Ausrüstungen in den Hydrierwerken Blechhammer durch die Hauptverwaltung für Gasindustrie (ohne Datum): RGAE, 8811, op. 1, d. 2, Bl. 78.

138 Prüfungsvermerk des Oberprüfers des Ministeriums für Staatskontrolle N. Jegerew vom 29. 3. 1946: GARF, f. 8300, op. 19, d. 1037, Bl. 6–12, hier Bl. 11.

139 Strangers, »A History of the Fischer-Tropsch Synthesis«, S. 15 f.

140 Erläuterungsschreiben des Volkskommissariats für den Bau von Betrieben der Schwerindustrie zum Tätigkeitsbericht der Verwaltung für Sondermontage für das Jahr 1945, ohne Datum: RGAE, f. 8811, op. 1, d. 2, Bl. 1–101, hier Bl. 6.

141 GKO-Beschluss Nr. 7752 über die Ausfuhr von Anlagen und Apparaturen aus dem deutschen Werk zur Herstellung synthetischen Benzins, den Schaffgotsch-Benzinwerken in Odertal vom 9. 3. 1945, abgezeichnet von Stalin: RGASPI, 644, op. 1, d. 378, Bl. 90 f.

142 Erläuterungsschreiben des Volkskommissariats für den Bau von Betrieben der Schwerindustrie zum Tätigkeitsbericht der Verwaltung für Sondermontage für das Jahr 1945, ohne Datum: RGAE, f. 8811, op. 1, d. 2, Bl. 1–101, hier Bl. 13 f., 23.

143 Interview mit Maria Schirrmmeisen (geb. 1927) am 1. 1. 2009 in Krapkowice (Krappitz, Oppelner Schlesien). Frau Schirrmmeisen lebte im Frühjahr 1945 in dem Dorf Hinterwalde (heute Zabierzów), etwa 15 km von Odertal entfernt.

144 Prüfungsvermerk des Oberprüfers des Ministeriums für Staatskontrolle N. Egerew vom 29. 3. 1946: GARF, f. 8300, op. 19, d. 1037, Bl. 6–12, hier Bl. 10 f.

145 Ebda.

146 Bericht über die Ausfuhr von Ausrüstungen aus deutschen und japanischen Betrieben, verfasst von Wosnessenski an Stalin, 24. 12. 1946: RGAE, f. 1562, op. 329, d. 2152, Bl. 10–109, Angaben zu Hydrierwerken in Pölitz auf Bl. 91 ff.

147 Erläuterungsschreiben zum Jahresbericht für das Jahr 1946 der operativen Abteilung des Ministeriums für den Bau von Betrieben der Schwerindustrie, I. Michalewski, ohne Datum (vor dem 31. 5. 1947): RGAE, f. 8529, op. 1, d. 29, Bl. 2–53, hier Bl. 15; Tätigkeitsbericht der OMU Nr. 3 für das Jahr 1945: RGAE, f. 8811, op. 1, d. 21, Bl. 1–52, hier Bl. 6.

148 Prüfungsvermerk des Oberprüfers des Ministeriums für Staatskontrolle N. Egerew vom 29. 3. 1946: GARF, f. 8300, op. 19, d. 1037, Bl. 6–12, hier Bl. 10 f.

149 Anlage zum GKO-Beschluss Nr. 9394 vom 5. 7. 1945: Grafik – Zuweisung der Waggons zum Abtransport der Anlagen deutscher Kraftwerke, darunter 1100 Waggons für die Anlagen des Kraftwerks in Blechhammer: RGASPI, f. 644, op. 2, d. 512, Bl. 214.

150 Vermerk über den Verlauf der Ausfuhr von Anlagen aus deutschen und japanischen Betrieben zum 1. 5. 1947, Chef der ZSU, W. Starowski, 16. 5. 1945: RGAE, f. 1562, op. 329, d. 2580, Bl. 1 f.

151 Vgl. RGASPI, f. 644, op. 1, d. 380.

152 Vgl. RGASPI, f. 644, op. 1, d. 382.

153 Vgl. RGASPI, f. 644, op. 1, d. 388.

154 Vgl. RGASPI, f. 644, op. 1, d. 391.

155 Erläuterungsschreiben des Volkskommissariats für den Bau von Betrieben der Schwerindustrie zum Tätigkeitsbericht der Verwaltung für Sondermontage für das Jahr 1945, ohne Datum: RGAE, f. 8811, op. 1, d. 2, Bl. 1–101, hier Bl. 21.

156 Vermerk über den Verlauf der Ausfuhr von Anlagen aus deutschen und japanischen Betrieben zum 1. 5. 1947, Chef der ZSU, W. Starowski, 16. 5. 1945: RGAE, f. 1562, op. 329, d. 2580, Bl. 1 f.

157 Stańczyk, *Od Sandomierza do Opola i Raciborza*, S. 278 f.

158 Dziurok/Musial, »O demontażach«.

159 Dies geht u. a. aus den zahlreichen im Rahmen dieser Untersuchung ausgewerteten Unterlagen des Volkskommissariats/Ministeriums für Staatskontrolle hervor, beispielsweise dem Vermerk über die Kontrolle des Empfangs und der Aufbewahrung von Beutegütern im Werk »Frunse« in der Stadt Konstantinowka vom 16. 7. 1945, verfasst von Abilor (Chef des NKWD in Konstantinowka) u. a.: GARF, f. 8300, op. 18, d. 49, Bl. 4.

160 Malschew an den Oberstaatsprüfer der UdSSR, Ljapidewski, Eingangsstempel: 28. 9. 1945: GARF, f. 8300, op. 17, d. 16, Bl. 4 f.

161 Angaben über durch sowjetische Truppen beschlagnahmte und ausgeführte Industriebetriebe im Jahr 1945, Industrieabteilung des Schlesischen Wojewodschaftsamtes (ohne Datum): AIPN, MBP XI/97, Bl. 80 ff. Nach polnischen, nicht vollständigen Angaben raubten sowjetische Beutekommandos in Schlesien u. a. 13 000 Schreibmaschinen, 40 000 Nähmaschinen, 150 Kühlhäuser, 40 000 Stromzähler (ebda.).

162 Woźniczka, »Skutki wkroczenia Armii Czerwonej«, S. 71.

163 Aufstellung der deutschen Betriebe, die für das Volkskommissariat für Eisenbahnwesen bis zum 1. 1. 1946 vollständig aus Polen in die Sowjetunion abtransportiert wurden: RGASPI, f. 17, op. 124, d. 24, Bl. 20 ff.; Aufstellung der deutschen Betriebe auf dem Territorium Polens, deren Anlagen für die Betriebe des Volkskommissariats für Straßenwesen vollständig in die Sowjetunion ausgeführt wurden und die zum 1. 1. 1946 noch nicht an ihren Bestimmungsorten eingetroffen waren und sich in Zwischenlagern befanden: ebda., Bl. 25.

164 Zamkowska, *Odbudowa i funkcjonowanie kolei polskich*, S. 30–33.

165 GKO-Beschluss Nr. 8637 über den Abbau von Schmalspurbahnstrecken in Pommern und Schlesien vom 16. 5. 1945, abgezeichnet von Stalin: RGASPI, f. 644, op. 1, d. 417, Bl. 179 f.

166 GKO-Beschluss Nr. 8986 vom 8. 6. 1945, abgezeichnet von Stalin: RGASPI, f. 644, op. 1, d. 426, Bl. 96 ff.

167 GKO-Beschluss Nr. 9407 vom 7.1945: Übergabe der Verwaltung der polnischen Eisenbahn an das polnische Ministerium für Bahn- und

Straßenwesen, unterzeichnet von Stalin: RGASPI, f. 644, op. 1, d. 435, Bl. 123 ff.

168 GKO-Beschluss Nr. 9484 über die Ausfuhr der Anlagen der elektrifizierten Eisenbahnstrecke Breslau – Görlitz vom 8. 7. 1945, abgezeichnet von Stalin: RGASPI, f. 644, op. 1, d. 436, Bl. 117 f.

169 Taylor, »Demontaż lini kolejowych przez Armię Czerwoną na ziemiach polskich«. Nach Angaben der ZSU vom November 1946 führten die Sowjets aus Polen in den neuen Grenzen 4122 km normalspurige und 537 km schmalspurige Bahnstrecken aus (Einfuhr der Materialien in die Sowjetunion nach dem Stand zum 1. 11. 1946, ZSU, ohne Datum, November 1946: RGAE, f. 1562, op. 329, d. 2152, Bl. 121). Siehe Anhang, Tab. 11: »Materialien, die nach Angaben der ZSU in den ostdeutschen und altpolnischen Gebieten beschlagnahmt und bis zum 1. November 1946 in die Sowjetunion eingeführt wurden«.

170 Rüdiger Kühr schreibt: »Die Länge der im Zeitraum von 1944 bis 1948 demontierten durchgehenden Hauptgleise der Deutschen Reichsbahn betrug 6205 km. Davon entfielen 5412 km auf die durchgehenden Gleise der Hauptstrecken, und zwar in erster Linie auf das zweite Gleis.« Kühr, »Die Folgen der Demontagen«, S. 475.

171 Siehe u. a. Piotrowski, »Pobyt Armii Czerwonej«; Dziuba/Bębnik, »Zamki na węglu« (mutwillige Zerstörungen von zahlreichen Schlössern und Palästen in Oberschlesien durch Rotarmisten im Frühjahr 1945).

172 Chiffriertes Telegramm von Malenkow an den Bevollmächtigten des Sonderkomitees bei der 3. Weißrussischen Front, Iwanowski, und an den Chef der Hauptverwaltung der Beuteverwaltung, Wachitow (per Post), 8. 6. 1945: RGASPI, f. 68, op. 1, d. 69, Bl. 175; Chiffriertelegramm von Malenkow an den Bevollmächtigten des Sonderkomitees bei der 1. Ukrainischen Front, Dmitriew, und an den Chef der Hauptverwaltung der Beuteverwaltung Wachitow (per Post), 8. 6. 1945: ebda., Bl. 174; Chiffriertelegramm von Malenkow an den Bevollmächtigten des Sonderkomitees bei der 1. Weißrussischen Front, Zernow, 8. 6. 1945: ebda., Bl. 172.

173 Siehe u. a. Telegramme von Malenkow vom Juli 1945 in: RGASPI, f. 68, op. 1, d. 70.

174 Chiffriertes Telegramm von Malenkow an den Bevollmächtigten des Sonderkomitees beim GKO, Iwanowski, 22. 7. 1945: RGASPI, f. 68, op. 1, d. 70, Bl. 37.

175 GKO-Beschluss Nr. 9485 über die Ausfuhr der Anlagen aus dem deutschen Traktorenwerk der Firma Famo in Breslau vom 8. 7. 1945, abgezeichnet von Stalin: RGASPI, f. 644, op. 2, d. 513, Bl. 270.

176 Vgl. RGASPI, f. 644, op. 2, d. 513.

177 GKO-Beschluss Nr. 9394 über die Beschleunigung der Ausfuhr der Anlagen von deutschen Kraftwerken auf polnischem Territorium vom 5. 7. 1945, abgezeichnet von Stalin: RGASPI, f. 644, op. 2, d. 512, Bl. 212 f.;

Anlage zum GKO-Beschluss Nr. 9394 vom 5.7. 1945: Grafik – Zuweisung der Waggons zum Abtransport der Anlagen deutscher Kraftwerke: ebda., Bl. 214.

178 GKO-Beschluss Nr. 9534 vom 21.7. 1945, abgezeichnet von Stalin: RGASPI, f. 644, op. 2, d. 517, Bl. 115.

179 Notiz über die Liquidierung des GKO-Beschlusses Nr. 9477: RGASPI, f. 644, op. 2, d. 513, Bl. 252.

180 Vermerk über die aus deutschen Betrieben bis zum 1.1. 1948 ausgeführten Anlagen und Materialien vom 10.1. 1948, ZSU (Unterschrift unleserlich): RGAE, f. 1562, op. 329, d. 4597, Bl. 18 ff.

181 Bericht über den Fortgang der Demontagen und Verladung von Anlagen und Materialien aus deutschen Betrieben zum 15.10. 1945, Chef der ZSU, W. Starowski: RAGE, f. 1562, op. 329, d. 1770, Bl. 1 f.

182 Nach Angaben der ZSU vom Februar 1948 demontierten die Sowjets bis zum 2. August 1945 in der sowjetischen Besatzungszone Deutschlands und den ehemaligen ostdeutschen sowie altpolnischen Gebieten: 3 600 000 t an Ausrüstungen (288 000 Waggons, 12,5 t je Waggon) und verluden 1 280 000 t Materialien (98 461 Waggons, 13 t je Waggon). Siehe Vermerk über die Tonnage der in Deutschland demontierten Ausrüstungen und ausgeführten Materialien als Reparationen und Kriegsbeute, ohne Datum, Februar 1948: RGASPI, f. 84, op. 1, d. 27, Bl. 8, RGASPI, f. 82, op. 2, d. 104, Bl. 24, sowie RGAE, f. 1562, op. 329, d. 4597, Bl. 89. Die Hälfte dieser Ausrüstungen (142 300 Waggons) und weniger als ein Drittel der Materialien (29 200 Waggons) verluden die sowjetischen Kommandos nach Angaben der ZSU vom 10.1. 1948 in der sowjetischen Besatzungszone Deutschlands. In den ehemaligen ostdeutschen Gebieten demontierten die Sowjets 109 900 Waggons Ausrüstungen und verluden 32 500 Waggons Materialien. Vgl. Vermerk über die aus deutschen Betrieben bis zum 1.1. 1948 ausgeführten Anlagen und Materialien vom 10.1. 1948, ZSU, Unterschrift unleserlich: RGAE, f. 1562, op. 329, d. 4597, Bl. 18 ff. In dem Vermerk vom 10.1. 1948 gibt es keine Angaben über die altpolnischen Gebiete, sie lassen sich jedoch wie folgt ermitteln: 288 000 Waggons (Gesamtmenge der bis zum 2.8. 1945 demontierten Ausrüstungen) – 142 300 Waggons (in der sowjetischen Besatzungszone Deutschlands) – 109 900 Waggons (in den ehemaligen ostdeutschen Gebieten) = 35 800 Waggons in den altpolnischen Gebieten. Die Materialien entsprechen 98 461 Waggons (Gesamtmenge der bis zum 2.8. 1945 verladenen Materialien) – 29 200 Waggons (in der sowjetischen Besatzungszone Deutschlands) – 32 500 Waggons (in den ehemaligen ostdeutschen Gebieten) – 36 761 Waggons in den altpolnischen Gebieten.

183 Am 16.1. 1948 vernichteten leitende Mitarbeiter der ZSU Unterlagen der Kommission von Starowski und Sernow zur Schätzung der eingetroffenen Reparationsgüter. Auf Grundlage dieser Unterlagen wurden die oben angeführten Vermerke verfasst, die im Auftrag der am

6. 1. 1948 vom Politbüro der WKP(b) eingerichteten Kommission zur Schätzung der aus Deutschland erhaltenen Reparationen vorgelegt wurden (Vermerk vom Januar bzw. Februar 1948 ohne Datum: RGAE, f. 1562, op. 329, d. 4597, Bl. 82–87). Am 16. 1. 1948 vernichtete man Stenogramme sowie handschriftliche und gedruckte Unterlagen, insgesamt 99 Seiten (Akte ohne Datum [16. 1. 1948], unterzeichnet von Jakowlew, Leiter der 5. Abteilung der ZSU, und Podjatschich, Leiter der Abteilung Abschriften und Ausrüstungen der ZSU: RGAE, f. 1562, op. 329, d. 4597, Bl. 150).

184 Nach 1945 betrug der offizielle Umtauschkurs 1 US-Dollar = 4 Złoty in Gold (Informationsvermerk über den polnisch-sowjetischen Handelsumtausch, 4. 2. 1952: URM, Gabinet Jedrychowskiego, Akte 33, Bl. 136–146, hier Bl. 144.

185 Forderungen der kommunalen Selbstverwaltung gegenüber der UdSSR wegen der Leistungen an die Rote Armee, Władysław Kernik, Minister für öffentliche Verwaltung, an das Schatzministerium am 8. 11. 1946: AAN, MAP 1393, Bl. 104–111.

186 Ebda.

187 Studziński, »Etapy i kierunki oraz metody« (Angaben zu Schäden S. 66).

188 Einfuhr der wichtigsten Ausrüstungsarten in die Sowjetunion nach dem Stand vom 1. 11. 1946, ZSU (ohne Datum, November 1946): RGAE, f. 1562, op. 329, d. 2152, Bl. 118 ff.

189 Einfuhr der Materialien in die Sowjetunion nach dem Stand vom 1. 11. 1946, ZSU (ohne Datum, November 1946): RGAE, f. 1562, op. 329, d. 2152, Bl. 121.

190 Taylor: »Demontaz lini kolejowych przez Armie Czerwona na ziemiach polskich«, S. 147.

191 Kaliński, *Gospodarka Polski w latach 1944–1989*, S. 14.

192 Forschungsüberblick in Karlsch/Laufer, »Die sowjetischen Demontagen«, Zitat ebda., S. 19.

193 GKO-Beschluss Nr. 8381 vom 4. 5. 1945, unterzeichnet von Stalin: RGASPI, f. 644, op. 1, d. 411, Bl. 106 f.

194 Vgl. RGASPI, f. 644, op. 1, d. 414, 415. Am 19. 4. 1945 unterzeichnete Stalin den GKO-Beschluss Nr. 8170 über die Ausfuhr von Anlagen aus Papierfabriken, darunter auch in Frankfurt an der Oder (GKO-Beschluss Nr. 8170), über die Ausfuhr von Ausrüstungen aus den deutschen Zellulose- und Papierfabriken u. a. in den Städten Frankfurt an der Oder, Altdamm (Szczecin-Dąbie), Reppen, Haynau, Zagan, Bargen, Krappitz, Bunzlau, Altoels, Militsch, Kösel u. a.: ebda. d. 401, Bl. 95–99). Es ist allerdings nicht klar, ob es sich dabei um eine Papierfabrik handelte, die im östlichen Teil (am östlichen Ufer der Oder) der Stadt Frankfurt an der Oder angesiedelt war, der nun polnisch werden sollte.

195 GKO-Beschluss Nr. 8457 vom 10. 5. 1945, unterzeichnet von Stalin: RGASPI, f. 644, op. 1, d. 414, Bl. 63–66.

196 Anschreiben von Malenkow an Stalin vom 16.5.1945 und die Beschlussentwürfe: RGASPI, f. 644, op. 2, d. 495, Bl. 59–227.

197 Vgl. RGASPI, f. 644, op. 1, d. 418, Bl. 72–138 (9. Mai); d. 419, Bl. 12–96 (26. Mai); d. 421, Bl. 10–176; sowie d. 422, Bl. 1 f. (31. Mai).

198 Chiffriertes Telegramm von Starowski an Saburow, 10.6.1945: RGASPI, f. 68, op. 1, d. 69, Bl. 177.

199 Kowal, *Poslednij swidetel,* S. 69–72.

200 Akinscha/Koslow, *Beutekunst,* S. 100.

201 Bericht: Finanzwirtschaft und Bilanz im Berliner Gebiet der OMU Nr. 2, ohne Datum (1946): RGAE, f. 8811, op. 1, d. 13, Bl. 1–4.

202 Verzeichnis der Betriebe, die bis zum 1.1.1946 durch die OMU Nr. 2 im Berliner Gebiet demontiert wurden, Chef der OMU Nr. 2, Kronow (ohne Datum): RGAE, f. 8811, op. 1, d. 14, Bl. 2–5.

203 Ebda.

204 Vermerk über die durch OMU Nr. 2 in die Sowjetunion bis zum 1.1.1946 abgefertigten Elektromotoren: ebda., Bl. 30; Vermerk über die in die Sowjetunion durch OMU Nr. 2 abgefertigten Werkzeugmaschinen bis zum 1.1.1945: ebda., Bl. 31 f.

205 Bericht von Ljanders (Vereinigung der staatlichen Verlage) über die Demontagen von Druckmaschinen in Berlin, ohne Datum [Ende 1945/Anfang 1946]: GARF, f. 8300, op. 26, d. 36, Bl. 12 ff.

206 Ebda.

207 Kowal an Molotow am 30.4.1950: RGAE, f. 1562, op. 329, d. 4597, Bl. 132, auch: RGASPI, f. 82, op. 2, d. 104, Bl. 102.

208 Generalleutnant Bakkow an Malenkow am 14.5.1945: RGASPI, f. 644, op. 4, d. 1, Bl. 63. Am Rande des Dokuments Notiz vom 22.5.1945: »Frage entschieden«.

209 Laufer, »Politik und Bilanz der sowjetischen Demontagen«, S. 51 (Tab. 4).

210 Vermerk über die Menge der Ausrüstung und Materialien, ausgeführt aus der sowjetischen Besatzungszone Deutschlands, Januar 1948, unterzeichnet u. a. von Starowski, Chrulew, Schaschkow: RGAE, f. 1562, op. 329, d. 4597, Bl. 16 f.; Vermerk über die aus deutschen Betrieben bis zum 1.1.1948 ausgeführten Anlagen und Materialien, 10.1.1948, ZSU (Unterschrift unleserlich): ebda., Bl. 18 ff.

211 Kowal an Molotow, ohne Datum [1950]: RGASPI, f. 84, op.1, d. 27, Bl. 51 ff.

212 Vermerk über die Tonnage der in Deutschland demontierten Ausrüstungen und ausgeführten Materialien als Reparationen und Kriegsbeute, ohne Datum (Februar 1948): RGASPI, f. 84, op. 1, d. 27, Bl. 8; Sokolowski und Semenow an Molotow, 15.03.1948: ebda., Bl. 9.

213 Minjuk, »Deutsche Betriebsanlagen und Technologien«, S. 155, 157 f.

214 Perwuchin, Volkskommissar für chemische Industrie, an den Vorsitzenden des Gosplans, Wosnessenski, am 26.1.1945: RGAE, f. 4372, op. 45, d. 959, Bl. 3.

215 Ponomarenko an Wosnessenski über den Verlauf des Wiederaufbaus der Industrie in Weißrussland und der notwendigen Hilfe, 7. 3. 1945: ebda., Bl. 11 ff.

216 Ebda.

217 Bericht von Sadinotschenko, Inspekteur des ZK der WKP(b), 6. 1. 1947: RGASPI, f. 17, op. 122, d. 207, Bl. 37–59, hier Bl. 57.

218 Konstantinow an Wosnessenski am 29. 4. 1945: RGAE, f. 4372, op. 45, d. 959, Bl. 65.

219 T. Kuliew, Vorsitzender des Rates der Volkskommissare der Sowjetrepublik Aserbaidschan, an den Rat der Volkskommissare der UdSSR, Wosnessenski, mit Anlage: 28. 4. 1945: ebda., Bl. 90 ff.

220 GKO-Beschlussvorlage und die Liste der zu demontierenden Sägewerke und holzbearbeitenden Betriebe, ohne Datum (vor dem 26. 4. 1945): RGAE, f. 4372, op. 45, d. 959, Bl. 107–125; GKO-Beschluss Nr. 8326 über die Demontage und Ausfuhr von deutschen Sägewerken und holzbearbeitenden Betrieben vom 26. 4. 1945, unterzeichnet von Stalin, mit Anlage: ebda, Bl. 61–81.

221 Malenkow an die Bevollmächtigten des Sonderkomitees an den einzelnen Fronten am 31. 5. 1945: RGASPI, f. 68, op. 1, d. 69, Bl. 161.

222 N. Dikerman, Leiter der Gruppe des Volkskommissariats für Baustoffindustrie, an Dimintriew, stellvertretender Bevollmächtigter des Sonderkomitees bei GKO für Sachsen und Thüringen, am 6. 8. 1945: RGAE, f. 4372, op. 45, d. 959, Bl. 291.

223 Perwuchin, Volkskommissar für chemische Industrie, an Wosnessenski, 21. 3. 1945: ebda., Bl. 308 f.

224 Telegramm Malenkows an den Bevollmächtigten des Sonderkomitees bei der 1. Ukrainischen und 1. Weißrussischen Front, 27. 5. 1945: RGASPI, f. 68, op. 1, d. 69, Bl. 159 und 158 (rückläufige Paginierung).

225 Vgl. diesbezügliche Dokumente u. a. in: RGASPI, f. 68, op. 1, d. 69–71; RGAE, f. 4372, op. 45, d. 959.

226 Telegramm von N. Schukow an den Bevollmächtigten des Sonderkomitees, Dmitriew, 6. 9. 1945: RGASPI, f. 68, op. 1, d. 70, Bl. 104 (automatische Telefonzentrale); Schriftwechsel dazu vom Februar 1946: RGASPI, f. 17, op. 124, d. 44, Bl. 42–46.

227 Vermerk über die Tonnage der in Deutschland als Reparationen und Kriegsbeute demontierten Ausrüstungen und ausgeführten Materialien, ohne Datum (Februar 1948): RGASPI, f. 84, op. 1, d. 27, Bl. 8 sowie RGAE, f. 1562, op. 329, d. 4597, Bl. 89.

228 Angaben aus dem Vermerk über die aus deutschen Betrieben bis zum 1. 1. 1948 ausgeführten Anlagen und Materialien vom 10. 1. 1948, ZSU (Unterschrift unleserlich): RGAE, f. 1562, op. 329, d. 4597, Bl. 18 ff.

229 Bericht über die Anzahl der einzelnen Ausrüstungsarten und der Materialien, die aus der sowjetischen Besatzungszone Deutschlands vom 2. 8. 1945 bis zum 1. 1. 1950 in die UdSSR geliefert wurden, ohne Datum

(Januar 1950), Starowski, Chef der ZSU der UdSSR: RGAE, f. 1562, op. 329, d. 4597, Bl. 116–119.

230 Bericht über die Anzahl der einzelnen Ausrüstungsarten und der Materialien, die aus der sowjetischen Besatzungszone Deutschlands vom 2. 8. 1945 bis zum 1. 1. 1950 in die UdSSR geliefert wurden, ohne Datum (Januar 1950), Starowski, Chef der ZSU der UdSSR: RGAE, f. 1562, op. 329, d. 4597, Bl. 116–119; auch RGASPI, f. 82, op. 2, d. 104, Bl. 49–52.

231 Bericht von Molotow, Berija und Mikojan über die vom 2. 8. 1945 bis Ende 1945 aus Deutschland erhaltenen Anlagen und Güter im Rahmen der Reparationen, vom 1. 3. 1950, unterzeichnet von Starowski, Swerew, Menschikow u. a. RGASPI, f. 82, op. 2, d. 104, Bl. 44–48.

232 Laufer, »Sowjetische Demontagen«, S. 76.

233 Vgl. z. B. Karner/Stelzl-Marx, *Die Rote Armee in Österreich*, S. 9.

234 Vgl. Stefan Karner: »Zum Umfang der sowjetischen Demontagen in Österreich 1945/46.

235 Ebda.

236 Bericht über den Verlauf der Demontagen und Ausfuhren aus den Betrieben in Österreich, die für das Ministerium für schweren Maschinenbau bestimmt waren, Stand: 1. 1. 1948: RGAE, f. 8272, op. 7, d. 1056, Bl. 102–101 v. (Rückläufige Paginierung).

237 Vermerk über den Verlauf der Ausfuhr von Anlagen aus deutschen und japanischen Betrieben zum 1. 5. 1947, Chef der ZSU, W. Starowski, 16. 5. 1945: RGAE, f. 1562, op. 329, d. 2580, Bl. 1 f. Frühere Angaben über die Anzahl der auszuführenden Waggons mit Ausrüstungen und Materialien aus Österreich unterscheiden sich von diesen Zahlen, jedoch nicht wesentlich. Z. B. berichtete Starowski nach dem 15. 10. 1945, dass aus Österreich 33 500 Waggons mit Ausrüstungen und Materialien auszuführen waren, bis zum 15. 10. 1945 seien davon 90,4 % (30 300 Waggons) verladen worden: Bericht über den Fortgang der Demontagen und Verladung von Ausrüstungen und Materialien aus den deutschen Betrieben zum 15. 10. 1945, Starowski: RGAE, f. 1562, op. 329, d. 1770, Bl. 1 f. Nach dem 15. 5. 1946 teilte die ZSU in ihrem Bericht über den Fortgang der Demontagen und Ausfuhren aus den deutschen Betrieben mit, dass aus Österreich 32 300 Waggons mit Ausrüstungen und Materialien auszuführen seien, zum 15. 5. 1946 wurden 31 200 Waggons (97 %) verladen: RGAE, f. 1562, op. 329, d. 2151, Bl. 13.

238 Im Dezember 1946 berichtete Starowski, dass aus Österreich bis zum 1. 12. 1946 von den 31 800 auszuführenden Waggons 30 800 mit Ausrüstungen und Materialien ausgeführt worden seien: Stand der Demontagen und Abtransports von Ausrüstungen und Materialien aus deutschen und japanischen Betrieben bis zum 1. 12. 1946, Starowski an Malenkow und Saburow: RGAE, f. 1562, op. 329, d. 2152, Bl. 29–32.

239 Vermerk des ZSU über den Fortgang der Demontagen und Abtransporte

aus den deutschen Betrieben bis zum 15. 5. 1946: RGAE, f. 1562, op. 326, d. 2151, Bl. 13.

240 Nach einer Aufstellung der ZSU von Dezember 1946 wurden in Österreich 72 000 Ausrüstungseinheiten abgebaut und in die Sowjetunion ausgeführt. Bericht der ZSU an Stalin über die Ausfuhr von Ausrüstungen aus deutschen Betrieben bis zum 1. 12. 1946, Starowski, 24. 12. 1946: RGAE, f. 1562, op. 326, d. 2152, Bl. 10–16.

241 Einfuhr der Materialien in die Sowjetunion nach dem Stand vom 1. 11. 1946, ZSU (ohne Datum, November 1946): RGAE, f. 1562, op. 329, d. 2152, Bl. 121.

242 Bericht der ZSU über den Fortgang der Demontagen und der Verladung von Ausrüstungen und Materialien aus deutschen Betrieben bis zum 15. 10. 1945, Starowski, nach dem 15. 10. 1945: RGAE, f. 1562, op. 362, d. 1769, Bl. 21 f.

243 Bericht der ZSU über den Verlauf der Ausfuhr demontierter Ausrüstungen und Materialien aus deutschen und japanischen Betrieben nach dem Stand vom 15. 12. 1945, Starowski, Chef der ZSU an Malenkow, am 30. 12. 1945: RGAE, f. 1562, op. 329, d. 1769, Bl. 8 ff.

244 Stand der Demontagen und des Abtransports von Ausrüstungen und Materialien aus deutschen und japanischen Betrieben bis zum 1. 12. 1946, Starowski an Wosnessenski: RGAE, f. 1562, op. 329, d. 2152, Bl. 33–36.

245 Akinscha/Koslow, *Beutekunst*, S. 7.

246 Vgl. Romanuk, *Moskwa-utraty*.

247 Akinscha/Koslow, *Beutekunst*, S. 38–39. Die Sonderkommission stellte eine Liste von 564 723 Museumsobjekten auf, welche die deutschen Besatzer entfernt, beschädigt oder zerstört hätten. Sie war jedoch von schlechter Qualität, enthielt viele falsche Informationen und wurde nie verifiziert. Eine exakte Bewertung der sowjetischen Verluste in diesem Bereich ist heute nicht mehr möglich. Ebda., S. 312 f., Anm. 11.

248 Ebda., S. 49–52.

249 Igor Grabar und Viktor Lasarew an Stalin am 29. 9. 1944: RGASPI, f. 17, op. 125, d. 250, Bl. 166 f.

250 Akinscha/Koslow, *Beutekunst*, S. 63.

251 Knyschewskij, *Moskaus Beute*, S. 138.

252 Wladimir Bontsch-Brujetwitsch an Stalin am 24. 2. 1945: RGASPI, f. 17, op. 125, d. 308, Bl. 2–8; in deutscher Übersetzung in: Knyschewskij, *Moskaus Beute*, S. 139–145, jedoch ohne Archivangabe; vgl. auch Akinscha/Koslow, *Beutekunst*, S. 52 f.

253 Akinscha/Koslow, *Beutekunst*, S. 64 ff., 128–135.

254 Ebda., Zitat S. 134 f.

255 Ebda., S. 66–69, 160–165.

256 Dziuba/Bębnik: »Zamki na węglu«.

257 Ebda.; Akinscha/Koslow, *Beutekunst*, S. 66 f.; Piotrowski, »Pobyt Armii

Czerwonej«; Łuczyński, *Zamki, dwory i pałace w Sudetach;* Kajzer/ Kołodziejski/Salam, *Leksykon Zamków w Polsce.*

258 Ebda.; zahlreiche zeitgenössische Berichte in: RGASPI, f. 17, op. 125, d. 308.

259 Akinscha/Koslow, *Beutekunst,* S. 70–127, 136–159.

260 Tschekina an Aleksandrow, den Chef der Verwaltung für Propaganda und Agitation beim ZK der WKP(b), am 30. 11. 1945: RGASPI, f. 17, op. 125, d. 308, Bl. 52 f.; Knyschewskij, *Moskaus Beute,* S. 167 f.

261 Akinscha/Koslow, *Beutekunst,* S. 136–159.

262 Zit. aus ebda., S. 155.

263 GKO-Beschluss Nr. 9256 vom 26. 6. 1945 über die Ausfuhr der Kunstschätze aus den Beutedepots in der Stadt Dresden, unterzeichnet von Stalin: RGASPI, f. 644, op. 2, d. 508, Bl. 188.

264 Akinscha/Koslow, *Beutekunst,* S. 156.

265 Chraptschenko an Molotow am 22. 8. 1945: RGASPI, f. 17, op. 125, d. 308, Bl. 20 f.

266 Ebda.

267 Akinscha/Koslow, *Beutekunst,* S. 178 ff.

268 Bericht über die Aufbewahrung und Verwendung der Beuteliteratur vom 2. 7. 1948, verfasst von L. Iljitschew und W. Fomitschew, an Suslow (Sekretär des ZK der WKP(b): RGASPI, f. 17, op. 132, d. 97, Bl. 1–4.

269 Bericht über die Verwendung der ausländischen Literatur des Bevollmächtigten des SNK der UdSSR für die Aufbewahrung der militärischen und staatlichen Geheimnisse in Drucksachen, K. Omeltschenko, vom 8. 9. 1948, gerichtet an Suslow, Abteilung für Propaganda und Agitation des ZK der WPK(b): ebda., Bl. 92–110, hier Bl. 105.

270 Bericht über die Aufbewahrung und Verwendung der Beuteliteratur vom 2. 7. 1948, verfasst von L. Iljitschew und W. Fomitschew, an Suslow (Sekretär des ZK der WKP(b): ebda., Bl. 1–4.

271 Akinscha/Koslow, *Beutekunst,* S. 156 f.

272 Kruschkow und Tarsow an Sulow (Sekretär des ZK der WKP(b) am 3. 9. 1949: RGASPI, f. 17, op. 132, d. 234, Bl. 114 f.

273 Ebda.

274 Olischew, Direktor der Lenin-Staatsbibliothek der UdSSR, an Aleksandrow, Chef der Verwaltung für Propaganda und Agitation des ZK der WKP(b), am 31. 5. 1945: RGASPI, f. 17, op. 125, d. 472, Bl. 140.

275 Olischew an Aleksandrow am 5. 6. 1946: ebda., Bl. 141–145.

276 Olischew an Usow am 12. 5. 1948: RGASPI, f. 17, op. 125, d. 641, Bl. 102–105 v.

277 Siehe *Die Vertreibung der deutschen Bevölkerung;* Jacobs, *Freiwild;* Merridale, *Iwans Krieg,* S. 328–366; Bericht des Bundesarchivs vom 28. Mai 1974 in: *Vertreibung und Vertreibungsverbrechen,* hg. von der Kulturstiftung der deutschen Vertriebenen, Bonn 1989, S. 17–55, hier S. 38, 55; Zeidler: »Tötungs- und Vergewaltigungsverbrechen«.

278 Laufer, *Pax Sovietica*, S. 493.
279 Stawka-Befehl Nr. 11072 vom 20. 4. 1945, unterzeichnet von Stalin und Antonow (Kopie): RGASPI, f. 9496, op. 25, d. 82, Bl. 106; Zeidler: »Die Tötungs- und Vergewaltigungsverbrechen der Roten Armee«, S. 429 f.
280 Siehe u. a. Naimark, *Die Russen in Deutschland*, S. 91–179; Jacobs, *Freiwild*, S. 153–223.
281 GKO-Beschluss Nr. 7192 über die Annahme und Zustellung von Postpakten von Soldaten und Kommandeuren der operierenden Fronten der Roten Armee vom 23. 12. 1944, unterzeichnet von Stalin (mit Anlagen): RGASPI, f. 644, op. 2, d. 426, Bl. 28–39; Schreiben von Berija, Bulganin und Kaganowitsch an Stalin vom 20. 12. 1944: ebda., Bl. 41.
282 Bulganin an Stalin am 9. 3. 1945: RGASPI, f. 644, op. 2, d. 459, Bl. 61 f.
283 Ebda.; GKO-Beschluss Nr. 7777 über die Frontpakete vom 10. 3. 1945, unterzeichnet von Stalin: RGASPI, f. 644, op. 2, d. 459, Bl. 55–59.
284 Ebda.
285 Schreiben des Leiters der Postabteilung an der Eisenbahnstation in Kirow an das Volkskommissariat für Staatskontrolle vom 7. 8. 1945: GARF, f. 8300, op. 14, d. 22, Bl. 13 f.
286 Zahlreiche Berichte über die Kontrolle der Verschickung der Frontpakte durch das Volkskommissariat für Staatskontrolle und die dabei festgestellten Missstände befinden sich in: GARF, f. 8300, op. 14, d. 21–22.
287 GKO-Beschuss Nr. 9054 vom 14. 6. 1945 über die Maßnahmen, verbunden mit der Umsetzung des Gesetzes über die Demobilisierung der älteren Jahrgänge der operierenden Armee, unterzeichnet von Stalin: RGASPI, f. 644, op. 2, d. 506, Bl. 20–25; Anlage zum GKO-Beschluss Nr. 9054: Verzeichnis der Gebrauchsartikel mit Preisen, vorgesehen für den Verkauf an demobilisierte Soldaten, Unteroffiziere und Offiziere: ebda., Bl. 28–32.
288 GKO-Beschluss Nr. 9036 vom 9. 6. 1944 über die Ausgabe von Beutegütern an Generäle und Offiziere der Roten Armee, unterzeichnet von Stalin: RGASPI, f. 644, op. 1, d. 427, Bl. 26 f.; vgl. auch Knyschewskij, *Moskaus Beute*, S. 198 ff.
289 Akinscha/Koslow, *Beutekunst*, S. 219; Knyschewskij, *Moskaus Beute*, S. 207–211.
290 Zit. nach ebda.
291 Akinscha/Koslow, *Beutekunst*, S. 220; Knyschewskij, *Moskaus Beute*, S. 211 ff.
292 Ebda., S. 220–223; Knyschewskij, *Moskaus Beute*, S. 213–218.
293 Siehe u. a. Knyschewskij, *Moskaus Beute*, S. 201–207.
294 Bericht des Ministers für Staatskontrolle, Mechlis, an den Vorsitzenden des Ministerrates der BSSR, Ponomarenko, vom 23. 12. 1946: RGASPI, f. 17, op. 122, d. 207, Bl. 17–30.
295 Auszug aus dem Politbüroprotokoll Nr. 74 des ZK der KP(b)U vom

22. 10. 1945, Punkt 27: »Über die Fahrten von leitenden Parteifunktionären der Oblast Drohobytsch nach Deutschland und Polen«: RGASPI, f. 17, op. 122, d. 96, Bl. 187 ff.

296 Zit. nach Stanczyk, *Od Sandomierza do Opola i Raciborza*, S. 279 f.

297 GKO-Beschluss Nr. 8587 vom 16. 5. 1945, abgezeichnet von Stalin: RGASPI, f. 644, op.1, d. 417, Bl. 15 ff.

298 Ebda.

299 GKO-Beschluss Nr. 9265 vom 26. 6. 1945 über die Ausfuhr von Ausrüstungen aus deutschen Betrieben auf den Wasserstraßen, unterzeichnet von Stalin: RGASPI, f. 644, op. 1, d. 430, Bl. 195–207.

300 Ebda.

301 Sitzungsprotokoll Nr. 40 des Operativen Büros des GKO vom 27. 7. 1945, Punkt 4: RGASPI, f. 644, op. 3, d. 7, Bl. 99–105.

302 Sitzungsprotokoll Nr. 45 des Operativen Büros des GKO vom 21. 8. 1945, Punkt 1: RGASPI, f. 644, op. 3, d. 7, Bl. 135–145.

303 In den Jahren 1944 und 1945 hatten sowjetische Eisenbahntruppen in Polen die wichtigsten Ost-West-Bahnverbindungen gänzlich oder teilweise (zweite Spur) auf breitere Spurweite umgenagelt. Vgl. dazu Zamkowska, *Odbudowa i funkcjonowanie kolei polskich*, S. 41 ff.

304 GKO-Beschluss Nr. 9264 vom 26. 6. 1945 über die Maßnahmen zur Sicherung des Abtransports von Ausrüstungen aus deutschen Betrieben auf polnischem Territorium, unterzeichnet von Stalin: RGASPI, f. 644, op. 1, d. 430, Bl. 190–194.

305 Ebda.

306 Bericht von Ljanders (Vereinigung der staatlichen Verlage) über die Demontage von Druckmaschinen in Berlin, ohne Datum [Ende 1945/Anfang 1946]: GARF, f. 8300, op. 26, d. 36, Bl. 12 ff.

307 Telegramm von Andrej Andrejew an das Mitglied des Kriegsrates der 1. Weißrussischen Front, Schelegin, 29. 6. 1945: RGASPI, f. 68, op. 1, d. 70, Bl. 10.

308 Telegramm von Andrej Andrejew an den Kommandierenden der 3. Weißrussischen Front, Bagramjan, 2. 7. 1945: ebda., Bl. 16.

309 Entscheidungen des Politbüros vom 1. 10. bis 27. 12. 1945, Entscheidung vom 24. 10. 1945: RGASPI, f. 17, op. 162, d. 37, Bl. 152–162, hier Bl. 155.

310 Entscheidungen des Politbüros vom 1. 10. bis 27. 12. 1945, Entscheidung vom 26. 10. 1945: ebda., hier Bl. 156.

311 GKO-Beschluss Nr. 8203 vom 19. 4. 1945 über die Organisation von Transporten von militärischen, Beute-, Reparations-, Export- und Importgütern auf der Donau, abgezeichnet von Stalin: RGASPI, f. 644, op. 1, d. 402, Bl. 34–37.

312 GKO-Beschluss Nr. 8203 vom 19. 4. 1945 über Maßnahmen zur Sicherung der Arbeit der Schiffe, Häfen und Reparaturbasen für Schiffe der Sowjetischen Donau-Schifffahrt, abgezeichnet von Stalin: RGASPI, f. 644, op. 1, d. 402, Bl. 38–41.

313 Judin an Malenkow am 5. 6. 1946: RGAE, f. 8592, op. 1, d. 96, Bl. 112.
314 Erläuterungsschreiben zum Jahresbericht für das Jahr 1946 der operativen Abteilung des Ministeriums für den Bau von Betrieben der Schwerindustrie, I. Michalewski, ohne Datum (vor dem 31. 5. 1947): RGAE, f. 8529, op. 1, d. 29, Bl. 2–53, hier Bl. 27–41.
315 Ebda.
316 Vermerk über den Verlauf der Ausfuhr von Anlagen aus deutschen und japanischen Betrieben zum 1. 5. 1947, Chef der ZSU, W. Starowski, 16. 5. 1945: RGAE, f. 1562, op. 329, d. 2580, Bl. 1 f.
317 Vermerk über die Menge der in Deutschland demontierten Ausrüstungen und ausgeführten Materialien als Reparationen und Kriegsbeute, ohne Datum, Februar 1948: RGASPI, f. 84, op. 1, d. 27, Bl. 8, RGASPI, f. 82, op. 2, d. 104, Bl. 24, sowie RGAE, f. 1562, op. 329, d. 4597, Bl. 89.
318 Sokolowski und Semenow an Molotow, 15. 3. 1948: RGASPI, f. 84, op. 1, d. 27, Bl. 9.
319 Vermerk über die Menge der in Deutschland als Reparationen und Kriegsbeute demontierten Ausrüstungen und beschlagnahmten Materialien, ohne Datum (Februar 1948): RGASPI, f. 84, op. 1, d. 27, Bl. 8; Bericht über die Zahl der einzelnen Ausrüstungsarten und der Materialien, die aus der sowjetischen Besatzungszone Deutschlands vom 2. 8. 1945 bis 1. 1. 1950 in die UdSSR geliefert wurden, ohne Datum (Januar 1950), Starowski: RGAE, f. 1562, op. 329, d. 4597, Bl. 116–119; Erläuterungsschreiben zum Jahresbericht für das Jahr 1946 der operativen Abteilung des Ministeriums für den Bau von Betrieben der Schwerindustrie, I. Michalewski, ohne Datum (vor dem 31. 5. 1947): RGAE, f. 8529, op. 1, d. 29, Bl. 2–53, hier Bl. 19–27.
320 Einfuhr der wichtigsten Ausrüstungsarten in die Sowjetunion nach dem Stand vom 1. 11. 1946, Aufstellung der ZSU, ohne Datum (November 1946): RGAE, f. 1562, op. 329, d. 2152, Bl. 108 ff.
321 Einfuhr der Materialien in die Sowjetunion nach dem Stand vom 1. 11. 1946, ZSU (ohne Datum (November 1946): ebda., Bl. 121.
322 Der offizielle Umtauschkurs von 1934 betrug 1 US-Dollar = 2,5 RM (*SSSR i germanskij wopros 1941–1949*, S. 72, Anm. 41). Mehr dazu in Laufer, »Politik und Bilanz der sowjetischen Demontagen«, S. 66.
323 Angaben aus der Tabelle der ZSU vom 10. 3. 1947: RGAE, f. 1562, op. 326, d. 2580, Bl. 76.
324 Nach Angaben der ZSU vom August 1948 wurden bis zum 1. 8. 1948 407 566 spanabhebende Werkzeugmaschinen in die Sowjetunion eingeführt: Bericht der ZSU über die Inbetriebnahme der Ausrüstungen der Sonderlieferungen zum 1. 8. 1948, Starowski: RGAE, f. 1562, op. 329, d. 2805, Bl. 1–13, hier Bl. 2.
325 Im Jahr 1940 bestellte die Sowjetunion in Deutschland u. a. 2380 spanabhebende Werkzeugmaschinen für etwa 36 Mio. RM, somit bezahlte

man im Durchschnitt 15 126 RM bzw. 6050 US-Dollar pro Werkzeug-maschine (Schwendemann, *Wirtschaftliche Zusammenarbeit*, S. 260, Tab. 17 und 14 im Anhang). Am 11. 11. 1939 beschloss das Politbüro, 43 spanabhebende Werkzeugmaschinen für das Volkskommissariat für Bewaffnung für 1 263 845 Rubel in Deutschland einzukaufen (RGASPI, f. 17, op. 162, d. 26, Bl. 107), somit bezahlte man im Durchschnitt 29 400 Rubel bzw. 7295 US-Dollar (18 148 RM) pro Werkzeug-maschine bei einem Umtauschkurs von 1 US-Dollar = 4,05 Rubel. Um-tauschkurs vgl. Aide-mémoire zu den Reparationsleistungen von Maiski, 20. 12. 1944, veröffentlicht in deutscher Übersetzung in: *Die UdSSR und die deutsche Frage*, Bd. 1, S. 517–521, hier S. 520. Am 29. 9. 1940 ließ das Politbüro 46 spanabhebende Werkzeugmaschinen für 2 135 000 Rubel in Deutschland bestellen (RGASPI, f. 17, op. 162, d. 29, Bl. 1–120, hier Bl. 13, 102 f.), im Durchschnitt zu 46 416 Rubel bzw. 11 460 US-Dollar (28 651 RM) pro Stück. Im Oktober 1938 ließ das Politbüro 181 Werkzeugmaschinen im Ausland für 1 169 400 Dollar bestellen (RGA-SPI, f. 17, op. 162, d. 24, Bl. 50–58), im Durchschnitt zu 6600 US-Dollar (16 500 RM) pro Stück.

326 Minjuk, »Deutsche Betriebsanlagen und Technologien«, S. 164 f.

327 Die Einschätzung, wonach nur ein Viertel der demontierten Ausrüstun-gen ihre Empfänger in der Sowjetunion erreicht habe, weil sie unterwegs gestohlen oder aus anderen Gründen verloren gegangen seien, ist stark übertrieben. Vgl. Semirjaga, *Kak my uprawijali Germaniej*, S. 127.

328 Die Hydrierwerke in Blechhammer waren etwa 550 000 RM wert, wovon mehr als 80 % auf die Ausrüstung entfielen. Die Werke in Pölitz waren hingegen mehr als doppelt so groß wie die in Blechhammer.

329 Prüfungsvermerk über Demontage, Verladung und Aufbewahrung der Beuteausrüstungen der Hauptverwaltung für Gasindustrie beim Minis-terrat der UdSSR vom 11. 4. 1946 des Oberprüfers des Ministeriums für Staatskontrolle N. Egerew: GARF, f. 8300, op. 19, d. 1037, Bl. 13 ff.

330 Am 16. Juli 1945 erhielt Wosnessenski, Vorsitzender der staatlichen Pla-nungskommission (Gosplan), ein Telegramm aus Lemberg über die in dem dortigen Zwischenlager herrschenden Zustände: Dort träfen Tau-sende Waggons mit Beutegütern aus Deutschland ein, hieß es im Tele-gramm. Es fehlten jedoch Arbeitskräfte und Geräte zur Entladung. Daher würden die Güter auf den Boden hinuntergeworfen und dabei be-schädigt und unbrauchbar gemacht. Hunderte Waggons warteten meh-rere Tage auf Entladung: Telegramm vom 16. 7. [1945] aus Lemberg an Genossen Wosnessenski: RGAE, f. 4372, op. 45, d. 959, Bl. 374.

331 Ebda.

332 N. Egerew, Oberprüfer des Ministeriums für Staatskontrolle, an Mech-lis, Minister für Staatskontrolle, am 11. 4. 1946: GARF, f. 8300, op. 19, d. 1037, Bl. 13 ff., hier 14 f.

333 GKO-Beschluss Nr. 7608 vom 2. 3. 1945 über die Ausfuhr von Anlagen

der Oberhütten-Stahlrohrwerke in Gleiwitz, abgezeichnet von Stalin: RGASPI, f. 644, op. 1, d. 373, Bl. 94 f.; GKO-Beschluss Nr. 7610 vom 2. 3. 1945 über die Ausfuhr von Walzstraßen und Elektroöfen aus der Herminenhütte und den Presswerken in Laband: ebda., Bl. 98 f.; GKO-Beschluss Nr. 8069 über die Ausfuhr von Anlagen von der Presswerke der Oberhütte AG in Laband vom 12. 4. 1945, abgezeichnet von Stalin: ebda., d. 391, Bl. 78 ff.

334 Prüfungsvermerk des Oberprüfers des Volkskommissariats für Staatskontrolle, I. F. Pestschanyj, vom 1. 10. 1945: GARF, 8300, op. 15, d. 54, Bl. 56–65; Verzeichnis der Transporte mit Beutegut, die vom 13. 4.–16. 8. 1945 in den »Stalin«-Werken in Kramatorsk eintrafen (ohne Datum): ebda., Bl. 73 f.

335 Prüfungsvermerk des Oberprüfers des Volkskommissariats für Staatskontrolle, I. F. Pestschanyj, vom 1. 10. 1945: GARF, 8300, op. 15, d. 54, Bl. 56–65; Verzeichnis der Transporte mit Beutegut, die vom 13. 4.–16. 8. 1945 in den »Stalin«-Werken in Kramatorsk eintrafen (ohne Datum): ebda., Bl. 73 f.

336 Am 26. 4. 1945 unterzeichnete Stalin den GKO-Beschluss Nr. 8304 über die Demontage des Kabelwerkes Siemens-Schuckert sowie der Draht- und Kabelwerke Felten & Guilleaume in Wien. Die demontierten Anlagen sollten laut dem Beschluss nach Leningrad und Charkow geliefert werden. Es handelte sich u. a. um metallbearbeitende Maschinen, Apparaturen, Messinstrumente und spezielle Werkzeuge, transportable Empfänger, Halbfabrikate, Materialien zur Produktion von Elektromotoren bis 150 kW, um Generatoren und verschiedene andere elektrische Geräte sowie Materialien zur Produktion von Meereskabeln, Starkstromkabeln und diversen anderen Kabeln (Karner, »Sowjetische Demontagen in Österreich«; Beschluss des GKO Nr. 8304 vom 26. 4. 1945: RGASPI, f. 644, op. 1, d. 406, Bl. 1–4).

337 Prüfungsvermerk des Prüfers des Volkskommissariats für Staatskontrolle, Tschernezow, vom 29. 10. 1945: GARF, f. 8300, op. 14, d. 1000, Bl. 97–100; Direktor des Kabelwerkes Sewkabel, Koslowski, an den stellvertretenden Volkskommissar für Staatskontrolle, A. Zypko, am 18. 1. 1946: ebda., Bl. 104 f.

338 Prüfungsvermerk des Prüfers des Volkskommissariats für Staatskontrolle, Tschernezow, vom 29. 10. 1945: GARF, f. 8300, op. 14, d. 1000, Bl. 97–100.

339 Eine Maschinenkarte enthält technische Daten und Angaben über Art und Modell der Maschine, Einstellungsdatum und Hersteller, Anschaffungswert, angenommene Lebensdauer, größere Reparaturen, Schäden, Überholungszeiten, Stillstandsdauer, Abschreibung aufgrund der Nutzungsdauer. Die Maschinenkarte ist unentbehrlich beim Aufbau und bei der Nutzung jeder Maschine.

340 Prüfungsvermerk des Prüfers des Volkskommissariats für Staatskontrolle, Tschernezow, vom 29. 10. 1945: GARF, f. 8300, op. 14, d. 1000, Bl. 97–100.

341 Ebda.; A. Zypko, stellvertretender Volkskommissar für Staatskontrolle, an den Direktor des Werkes Sewkabel, A. Koslowski, 6. 12. 1945: ebda., Bl. 103 f.

342 Koslowski, der Direktor des Werkes Sewkabel, an den stellvertretenden Volkskommissar für Staatskontrolle, A. Zypko, am 18. 1. 1946: ebda., Bl. 104 f.

343 Prüfungsvermerk des Oberkontrolleurs des Ministeriums für Staatskontrolle, Ingenieur-Oberst I. Selenski, Eingangsdatum 13. 5. 1946: GARF, f. 8300, op. 14, d. 1008, Bl. 1–7.

344 GKO-Beschluss Nr. 8680 über die Ausfuhr der Anlagen der Werke der Elektroindustrie in Berlin, unterzeichnet von Stalin: RGASPI, f. 644, op. 1, d. 418, Bl. 95–97.

345 GKO-Beschluss Nr. 8854 über die Ausfuhr der Anlagen der Siemens-Planiawerke für Kohlefabrikate in Berlin-Lichtenberg, unterzeichnet von Stalin: RGASPI, f. 644, op. 1, d. 421, Bl. 84 f.

346 Karner, »Sowjetische Demontagen in Österreich«; Beschluss des GKO Nr. 8304 vom 26. 4. 1945: RGASPI, f. 644, op. 1, d. 406, Bl. 1–4.

347 Siehe Anm. 6, S. 402.

348 Prüfungsvermerk des Oberkontrolleurs des Ministeriums für Staatskontrolle, Ingenieur-Oberst I. Selenski, Eingangsdatum 13. 5. 1946: GARF, f. 8300, op. 14, d. 1008, Bl. 1–7; Stellungnahme des Direktor des Werkes Krasnaja Sarja, Fedotow, an das Ministerium für Staatskontrolle vom 20. 5. 1946: ebda., Bl. 8–11.

349 Prüfungsvermerk des Oberkontrolleurs des Ministeriums für Staatskontrolle, Ingenieur-Oberst I. Zelenski, Eingangsdatum 13. 5. 1946: ebda. Bl. 1–7.

350 Ebda. Beispielsweise verbuchte das Werk zum 15. April 1946 laut der Buchhaltung des Werkzeuglagers Instrumente und Werkzeuge im Wert von 15 756 Rubel und 32 Kopeken, ausgegeben wurden aber nach denselben Unterlagen Instrumente und Werkzeuge, die als Kriegsbeute geliefert worden waren, im Wert von 26 537 Rubel und 47 Kopeken. Dabei wurden 1399 Bohrer erfasst, aber 4573 Stück ausgegeben, Fräser wurden 362 inventarisiert und ausgegeben 684, Gewindebohrer wurde keine erfasst, jedoch 376 ausgegeben usw.

351 Stellungnahme des Direktor des Werkes Krasnaja Sarja, Fedotow, an das Ministerium für Staatskontrolle vom 20. 5. 1946: ebda., Bl. 8–11.

352 Kornew, Bevollmächtigter der Gosplan für die Oblast Odessa, an Wosnessenski, Vorsitzender der Gosplan, am 26. 10. 1945: RGAE, f. 4372, op. 45, d. 959, Bl. 382 f.

353 Ebda.

354 Bericht von W. Schachanow, Verwaltung zur Kontrolle von Parteiorga-

nen des ZK der WKP(b) vom 24. 6. 1947: RGASPI, f. 17, op. 122, d. 207, Bl. 127 f.

355 Vermerk vom 19. 3. 1946 über das Beutevieh, das vom Feldkontor Nr. 3 in die Sowjetunion getrieben worden war (in die BSSR 25 167 Großvieh): RGAE, f. 9336, op. 1, d. 175, Bl. 53; Telegramm über die Übergabe des Viehs für die Abfertigung in die UdSSR durch Feldkontor Nr. 5 vom März 1946 (für die BSSR 46 952 Großvieh, 2780 Schafe, 2558 Pferde): RGAE, f. 9336, op. 1, d. 187, Bl. 71; Vermerk über die Zahl des Zuchtviehs, das durch das Feldkontor Nr. 2 in die UdSSR getrieben wurde, ohne Datum (insgesamt 133 380 Stück Großvieh und 32 964 Schafe, davon für die BSSR 12 392 Stück Großvieh und 32 964 Schafe): RGAE, f. 9336, op. 1, d. 165, Bl. 22.

356 Tätigkeitsbericht der Kontrollabteilung von Gosplan für April 1947: RGAE, f. 4372, op. 47, d. 157, Bl. 61–67.

357 Tätigkeitsbericht der Kontrollabteilung von Gosplan für Dezember 1947: ebda., Bl. 166–171.

358 *Strana Sowetow za 50 let*, S. 58, 53. Es ist nicht ganz klar, ob die angeführten Angaben auch die Kraftwerke der baltischen Länder sowie Bessarabiens beinhalten, welche die Sowjetunion im Sommer 1940 eroberte. Simtschera, *Raswitie Ekonomiki Rossii*, S. 141.

359 *Strana Sowetow za 50 let*, S. 84; Bericht der ZSU über den Fortgang der Demontagen und Verladung von Anlagen und Materialien aus deutschen Betrieben, W. Starowski, Oktober 1945: RGAE, f. 1562, op. 329, d. 1770, Bl. 1 f.

360 Bystrowa, *Sowjetskij wojenno-promyschlennyj kompleks*, S. 223.

361 *Strana Sowetow za 50 let*, S. 84; Bericht der ZSU über den Fortgang der Demontagen und der Verladung von Anlagen und Materialien aus deutschen Betrieben, W. Starowski, Oktober 1945: RGAE, f. 1562, op. 329, d. 1770, Bl. 1 f.

362 *Strana Sowetow za 50 let*, S. 51 f.

363 Angaben zum Oktober 1945: RGAE, f. 1562, op. 329, d. 1770, Bl. 1 f. (Bericht der ZSU über den Fortgang der Demontagen und der Verladung von Anlagen und Materialien aus deutschen Betrieben, W. Starowski, Oktober 1945); Angaben über demontierte Elektrogeneratoren und Dampfkessel: ebda., d. 2152, Bl. 108 ff. (Einfuhr der wichtigsten Ausrüstungsarten in die Sowjetunion nach dem Stand zum 1. 11. 1946, November 1946); Angaben zu Werkzeugmaschinen, Schmiede- und Presseinrichtungen und Holz verarbeitenden Einrichtungen: RGAE, f. 1562, op. 329, d. 2805, Bl. 1–13, hier Bl. 2 f. (Inbetriebnahme von Ausrüstungen der Sonderlieferungen zum 1. 8. 1948, Bericht der ZSU, Starowski).

364 Vermerk Nr. 2, Tabelle: Park der Grundausrüstungen des Ministeriums für schweren Maschinenbau in der Zeit 1. 4. 1945–1. 9. 1946 (aufgestellte und nicht aufgestellte), Kormuschkin, Leiter der Abteilung für

Ausrüstungen (Ministerium für schweren Maschinenbau), 12. 9. 1946: RGAE, f. 8243, op. 7, d. 966, Bl. 20.

365 Ginsburg, Volkskommissar für Bauwesen, an Malenkow am 17. 1. 1946: RGAE, f. 8592, op. 1, d. 6, Bl. 11.

366 V. Leontew, stellvertretender Minister für Staatskontrolle, an Judin, Minister für den Bau der Betriebe der Schwerindustrie, 1946 (nach dem 19. 3. 1946) über den Bau der Stahldrahtwerke in Charcyzsk des Ministeriums für Hüttenwesen: RGAE, 8592, op. 1, d. 27, Bl. 9 f.

367 Siehe dazu u. a. Hilger, *Deutsche Kriegsgefangene in der Sowjetunion*.

368 GKO-Beschluss Nr. 8572 über die Verlegung von Kriegsgefangenen zum Arbeitseinsatz in der Industrie vom 15. 5. 1945, unterzeichnet von Stalin: RGASPI, f. 644, op. 1, d. 415, Bl. 97–100.

369 Vermerk des NKWD der UdSSR über den Arbeitseinsatz der Sonderkontingente zum 1. 6. 1945 vom 28. 6. 1945, Tschernyschow, veröffentlicht in: *Istorija Stalinskogo Gulaga*, Bd. 3, S. 219 ff.; Vermerk des NKWD der UdSSR vom 20. 1. 1947 über die Stärke der Sonderkontingente eingesetzt in verschiedenen Wirtschafsbereichen zum 1. 12. 1946, Tschernyschow, veröffentlicht in: ebda., S. 225–228.

370 GKO-Beschluss Nr. 7467 vom 3. 2. 1945, unterzeichnet von Stalin: RGASPI, f. 644, op. 1, d. 369, Bl. 2–5.

371 Golon, »Od Pomorza Gdańskiego do Górnego Śląska«; im Juni 1945 wies Stalin Berija an, ihm einen GKO-Beschlussentwurf über die Befreiung der Polen aus den Zwangsarbeitslagern vorzulegen, die nach dem GKO-Beschluss Nr. 7467 vom 3. 2. 1945 als »mobilisierte Deutsche« in die Sowjetunion verschleppt worden waren. Berija an Stalin am 20. 6. 1945: RGASPI, f. 644, op. 2, d. 506, Bl. 87; am 20. Juni 1945 legte Berija Stalin den gewünschten Entwurf vor, den Stalin am selben Tag als GKO-Beschluss Nr. 9081 unterzeichnete. Insgesamt sollten 7200 Polen aus den Zwangsarbeitslagern befreit werden: GKO-Beschluss Nr. 9081 vom 20. 6. 1945: ebda., Bl. 86.

372 GKO-Beschluss Nr. 7161 vom 16. 12. 1944, unterzeichnet von Stalin: RGASPI, f. 644, op. 2, d. 425, Bl. 82–84; Schreiben von Berija an Stalin vom 16. 12. 1944, ebda., Bl. 86; GKO-Beschluss Nr. 7252 vom 29. 12. 1944 über den Arbeitseinsatz der internierten Deutschen, unterzeichnet von Stalin: ebda., op. 1, d. 348, Bl. 1–4.

373 *Strana Sowetow za 50 let*, S. 188–194.

374 Bericht der ZSU über die Inbetriebnahme von Ausrüstungen der Sonderlieferungen zum 1. 8. 1948, Starowski: RGAE, f. 1562, op. 329, d. 2805, Bl. 1–13 (detailliert siehe Tabellen 16–22 im Anhang).

375 *Strana Sowetow za 50 let*, S. 119.

376 Quelle: Simtschera, *Raswitie Ekonomiki Rossii*, S. 141. In der Tabelle ist vom Wirtschaftswachstum Russlands in den Jahren 1928 bis 1975 die Rede, die hier angeführten Angaben von 1928 bis 1955 beziehen sich

jedoch auf die UdSSR. Vgl. dazu die Angaben in: *Strana Sowetow za 50 let*, S. 58–61.

377 Minjuk, »Deutsche Betriebsanlagen«, S. 156.

378 GKO-Beschluss Nr. 9905 vom 26. 8. 1945 über den Wiederaufbau und die Entwicklung der Automobilindustrie, unterzeichnet von Stalin: RGASPI, f. 644, op. 1, d. 458, Bl. 76–89.

379 Minjuk, »Deutsche Betriebsanlagen«, S. 164 f.

380 Ebda., S. 166 ff. (Zitat S. 168).

381 Ebda., S. 170 ff.

382 Ebda., S. 172 ff.

383 Knyschewskij, *Moskaus Beute*, S. 189.

384 Siehe u. a. Albrecht/Nikutta, *Die sowjetische Rüstungsindustrie*.

385 Ciesla/Mick/Uhl, »Rüstungsgesellschaft und Technologietransfer«, Zitat S. 223; dort auch weiterführende Literatur.

386 Zu Reparationen siehe u. a. Fisch, *Reparationen*.

387 Siehe u. a. Karlsch, *Uran für Moskau. Die Wismut*.

388 Karlsch, »Uran für Moskau – Studien«.

389 Protokoll des Abkommens zwischen Polen und der UdSSR über die Reparationen für die Kriegsschäden, verursacht durch die deutsche Besatzung, vom 16. 8. 1945 und das Zusatzprotokoll dazu, veröffentlicht in: *Problem reparacji*, S. 42 f.

390 Ebda.; Notiz vom 28. 2. 1950 über die Reparationen aus Deutschland für Polen aus dem Anteil der Sowjetunion nach dem Abkommen vom 16. 8. 1945, Loschakow, 28. 2. 1950: RGASPI, f. 84, op. 1, d. 27, Bl. 19 f.; Bericht über die durch Polen erhaltenen Reparationen, verfasst von Sernow, Starowski u. a., ohne Datum (nach dem 1. 1. 1950): ebda., Bl. 38–43; Notiz über die polnischen Kohlelieferungen zu Sonderpreisen nach dem Abkommen vom 16. 8. 1945, ohne Datum (vor dem 16. 11. 1956), veröffentlicht in: *Problem reparacji*, S. 322–327; Dziurok/Musial, »O demontażach«, S. 344.

391 Ebda.

392 Ebda.

393 Karlsch, »Uran für Moskau – Studien«; Notiz über die polnischen Kohlelieferungen zu Sonderpreisen nach dem Abkommen vom 16. 8. 1945, ohne Datum (vor dem 16. 11. 1956), veröffentlicht in: *Problem reparacji*, S. 322–327.

394 Telegramm an den Genossen Bierut über den Botschafter Lebedew: RGASPI, f. 68, op. 1, d. 77, Bl. 20.

395 Zu Ungarn siehe Borhi, *Hungary in the Cold War*. Milovan Djilas schrieb in seinem autobiographischen Buch *Gespräche mit Stalin* (Frankfurt am Main 1962) über seine Eindrücke in Rumänien auf der Durchreise nach Moskau: »Obwohl wir Rumänien nur auf der Durchreise sahen, fanden wir überall Anlaß zu Kritik. Zunächst einmal, was die Beziehungen der Sowjetunion zu den anderen osteuropäischen Ländern

betraf: diese Länder standen noch immer [1948] unter tatsächlicher Okkupation, und ihr Reichtum wurde auf verschiedene Weise hinausgeschleust, am häufigsten mit Hilfe gemeinsamer Wirtschaftsbetriebe, in die die Russen kaum etwas anderes als deutsches Kapital einbrachten, das sie zur Kriegsbeute erklärt hatten. Der Handel in diesen Ländern wickelte sich nicht so ab wie anderswo auf der Welt, sondern auf der Grundlage spezieller Vereinbarungen, denen zufolge die Sowjetregierung unter dem Weltmarktpreis kaufte und über dem Weltmarktpreis verkaufte. Nur Jugoslawien bildete eine Ausnahme. Das alles wußten wir. Und das Schauspiel des Elends wie auch das Bewußtsein der Ohnmacht und Willfährigkeit bei den rumänischen Behörden vergrößerte nur unsere Entrüstung« (S. 178).

396 Bystrowa, *Sowjetskij wojenno-promyschlennyj kompleks,* S. 234.

397 Ebda., S. 235.

398 Simonow, *Wojenno-promyschlennyj kompleks,* S. 193. Simonow nennt jedoch hier keine Quellen.

399 Vgl. Minjuk, »Deutsche Betriebsanlagen«, Zitat S. 185 f.

400 Wacław Radziwinowicz: »Rosyjska bezbronna zbrojeniówka«, in: *Gazeta Wyborcza* vom 9. 12. 2009 (Internetausgabe) http://wiadomosci.gazeta. pl/Wiadomosci/1,80277,7342901,Rosyjska_bezbronna_zbrojeniowka.html

401 Besançon, »Anatomie d'un spectre«.

Schlussbemerkung

1 Siehe Musial, *Kampfplatz.*

2 Zur Gründung der DDR siehe u. a. Wetting, *Stalin and the Cold War in Europe;* Ruggenthaler, *Stalins großer Bluff,* dort auch der Stand der Forschung (S. 11–22).

3 Brown, *Aufstieg und Fall des Kommunismus,* S. 228 f.

4 Sitzungsprotokoll des Politbüros des ZK der PPR vom 3. 10. 1944: AAN, PPR/V-1, Bl. 11–18, hier Bl. 11. Diese Ansicht äußerte Stalin während einer Unterredung mit der Delegation des Politbüros des ZK der PPR, die Ende 1944 in Moskau stattfand. In dem hier angeführten Protokoll werden Stalins Worte wie folgt wiedergegeben: »Ein Zerfall des Bündnisses wegen der polnischen Frage droht nicht. Auf die Befürchtungen, welche die Delegation vor dem Hintergrund der Rede Churchills äußerte, erklärte Genosse Stalin, dass es ernst zu nehmenden Politikern nicht ziemt, sich mit parlamentarischem Geschwätz zu befassen.«

5 Rezension von Jörg Ganzenmüller zu Musial, *Kampfplatz,* in: *H-Soz-u-*

Kult, 17. April 2009, http://hsozkult.geschichte.hu-berlin.de/rezensionen/ 2009-2-042; Replik von B. Musial auf diese Rezension und die Entgegnung von J. Ganzenmüller vom 7. 5. 2009 sowie die neuerliche Entgegnung von B. Musial vom 22. 5. 2009, in: ebda. Diese unseriöse Kritik instrumentalisierten manche, um das Buch und die darin enthaltenen Thesen als unwissenschaftlich zu denunzieren.

6 Bert Hoppe, Rezension von Musial, Kampfplatz, in: sehepunkte 9 (2009), Nr. 1 [15. 1. 2009], URL: http://www.sehepunkte.de/ 2009/01/ 15397.html; vgl. Kommentar zu dieser Rezension von B. Musial in: sehepunkte 9(2009), Nr. 6. Mai 2009, URL: http://www.sehepunkte.de/ 2009/06/kommentar/bogdan-musial-ueber-rezension-von-kampfplatz-deutschland-50/

7 Bogdan Musial: »Przewrót majowy 1926 r. w oczach Kremla«, in: Ders. (Hg.): *Przewrót majowy w oczach Kremla*, Warschau 2009, S. 11–47, hier S. 40–45; Musial, *Kampfplatz*, S. 195–203.

8 Haffner, *Der Teufelspakt*, S. 134.

9 Musial, »Przewrót majowy«, S. 40–45, 248–257, 303–307. Im RGASPI befinden sich auch Berichte des sowjetischen Auslandsgeheimdienstes aus den 1920er und 1930er Jahre, die auf dem Schreibtisch von Stalin landeten und die dieser stets aufmerksam las, wie aus seinen Unterstreichungen und Kommentaren hervorgeht (RGASPI, f. 558, op. 11, d. 184–188). Die Berichte des militärischen Geheimdienstes für das Jahr 1939 sind veröffentlicht in: *Wojennaja Roswedka iformirujet*.

10 Siehe u. a. Zubok, *A Failed Empire*.

Tabellarischer Anhang

1 Schwendemann, *Wirtschaftliche Zusammenarbeit*, Tabelle 6 (S. 370 ff.). Der zweite Teil der Tabelle 6 (auf Seite 372) ist offenkundig irrtümlich beschriftet, denn die Angaben beziehen sich offenbar auf die erste Hälfte 1941 und nicht auf das Jahr 1940 wie in der Tabelle. Vgl. dazu Tabelle 8 (ebda., S. 373).

2 Ebda., S. 374 (Tabelle).

3 »Die Wehrwirtschaft der Union der Sozialistischen Sowjet-Republiken (UdSSR)«, Teil II, Ausarbeitung des OKW (Wehrwirtschafts- und Rüstungsamt), Stand März 1941: BA-MA, RWD 16/24, Bl. 1–120, hier Bl. 119, Tabelle 4.

4 Schwendemann, *Wirtschaftliche Zusammenarbeit*, S. 380 (Tabelle); RM-Beiträge für das Jahr 1940 für Werkzeugmaschinen, Steinkohle, Maschinen für chemische Industrie in: »Die Wehrwirtschaft der Union der Sozialistischen Sowjet-Republiken (UdSSR)«, Teil II, Ausarbeitung des

OKW (Wehrwirtschafts- und Rüstungsamt), Stand März 1941: BA-MA, RWD 16/24, Bl. 1–120, hier Bl. 119, Tabelle 4.

5 Schwendemann, *Wirtschaftliche Zusammenarbeit*, S. 381 (Tabelle).

6 Produktion von Panzern und Panzerwagen in den Monaten Januar bis Juni 1943, Chef der Organisationsabteilung des Stabes der BTMV KA [Panzer- und mechanisierte Truppen der Roten Armee] (Martynow), Gehilfe des Chefs der Organisationsabteilung des Stabes (Gurewitsch): ZAMO, f. 38, op. 80032, d. 4, Bl. 32.

7 Angaben für 1939, 1941, 1942 bis 1944 nach Meltjuchow, *Upuscht-schenny schans Stalina*, S. 598 f. Angaben für 1941: Bericht über Panzerproduktion im Jahr 1941, Malyschew an Stalin, 4. 1. 1942 (Kopie an Molotow): RGASPI, f. 82, op. 2, d. 572, Bl. 18–24. Angaben für Januar bis Juni 1945: Bericht über die Arbeit der Panzerindustrie für die erste Jahreshälfte 1945 vom 2. 7. 1945, V. Malyschew an Molotow: RGASPI, f. 82, op. 2, d. 576, Bl. 50–54. Für die Jahre 1939 bis 1941 gibt es auch leicht abweichende Angaben über hergestellte Panzer, und zwar 2945 im Jahr 1939, 2789 im Jahr 1940 und 6629 im Jahr 1941. Vgl. Bericht über Panzerproduktion im Jahre 1941, Malyschew an Stalin, 4. 1. 1942 (Kopie an Molotow): RGASPI, f. 82, op. 2, d. 572, Bl. 18–24, hier Bl. 18.

8 Tabelle: Zahl der Panzer in der Roten Armee, Oberst Zajew, Chef der Organisationsabteilung des Stabes der Panzer- und mechanisierten Truppen der Roten Armee, 21. 1. 1941: ZAMO, f. 38, op. 80032, d. 1, Bl. 1 f.

9 Bericht über Verluste an Panzern in der ersten Jahreshälfte 1943, Chef der Organisationsabteilung des Stabes der BTMV KA, Oberst Martynow, Gehilfe des Chefs der Organisationsabteilung, Oberst Ermolow, ohne Datum: ZAMO, f. 38, op. 80032, d. 4, Bl. 46.

10 Einfuhr der wichtigsten Ausrüstungsarten in die Sowjetunion nach dem Stand zum 1. 11. 1946, ZSU (ohne Datum, November 1946): RGAE, f. 1562, op. 329, d. 2152, Bl. 108 ff.

11 In einem Bericht an Stalin vom Dezember 1945 hieß es noch, dass bis zum 1. 12. 1945 aus Polen (in den neuen Grenzen) 292 000 Ausrüstungseinheiten demontiert und in die Sowjetunion ausgeführt worden seien. Insgesamt waren aus Polen 293 000 Ausrüstungseinheiten abzutransportieren: Bericht an Stalin über die Ausfuhr von Ausrüstungen aus deutschen Betrieben bis zum 1. 12. 1946, Starowski, 24. 12. 1946: RGAE, f. 1562, op. 326, d. 2152, Bl. 10–16.

12 Einfuhr der Materialien in die Sowjetunion nach dem Stand zum 1. 11. 1946, ZSU (ohne Datum, November 1946): RGAE, f. 1562, op. 329, d. 2152, Bl. 121.

13 Bericht über die Anzahl der einzelnen Ausrüstungsarten und der Materialien, die aus der sowjetischen Besatzungszone Deutschlands vom 2. 8. 1945 bis zum 1. 1. 1950 in die UdSSR geliefert wurden, ohne Datum (Januar 1950), Starowski, Chef der ZSU der UdSSR: RGAE,

f. 1562, op. 329, d. 4597, Bl. 116–119, auch RGASPI, f. 82, op. 2, d. 104, Bl. 49–52.

14 Ebda.

15 Einfuhr der wichtigsten Ausrüstungsarten in die Sowjetunion nach dem Stand vom 1. 11. 1946, Aufstellung der ZSU, ohne Datum (November 1946): RGAE, f. 1562, op. 329, d. 2152, Bl. 108 ff.

16 Einfuhr der Materialien in die Sowjetunion nach dem Stand vom 1. 11. 1946, ZSU (ohne Datum, November 1946): RGAE, f. 1562, op. 329, d. 2152, Bl. 121.

17 Bericht der ZSU über die Inbetriebnahme von Ausrüstungen der Sonderlieferungen zum 1. 8. 1948, Starowski: RGAE, f. 1562, op. 329, d. 2805, Bl. 1–13, hier Bl. 2.

18 Ebda., Bl. 3.

19 Ebda.

20 Ebda., Bl. 4.

21 Ebda.

22 Ebda., Bl. 5.

23 Ebda.

Quellen und Bibliographie

Ungedruckte Quellen

Russische Föderation

Russisches Archiv für Sozial- und Politikgeschichte in Moskau
(RGASPI) u. a.:
Staatskomitee für Verteidigung (GKO) (f. 644, op. 1–4)
Geheimprotokolle des Politbüros des ZK der WKP(b) (f. 17, op. 162, 163)
Protokolle des Politbüros des ZK der WKP(b) (f. 17, op. 3)
Unterlagen des ZK der WKP(b) (f. 17, op. 125, 128, 137, f. 68)
Georgi Malenkow (f. 83)
Wjatscheslaw Molotow (f. 82)
Aleksandr Schtscherbakow (f. 88)
Stalin (f. 558)
Kliment Woroschilow (f. 74)
Andrej Schdanow (f. 77)
Anastas Mikojan (f. 84)
Dmitri Manuilski (f. 523)

Staatsarchiv der Russischen Föderation (GARF):
Volkskommissariat für Staatskontrolle (f. 8300)
Staatsanwaltschaft der UdSSR (f. 8131)
Hauptverwaltung für den Kampf gegen Banditentum (f. 9478)

Russisches Staatsarchiv der Wirtschaft (RGAE)
Zentralverwaltung für Statistik (f. 1562)
Gosplan (die oberste Planungsbehörde) (f. 4372)
Ministerium für schweren Maschinenbau (f. 8243)
Volkskommissariat für Panzerbau (f. 8730)
Ministerium für den Aufbau der Schwerindustriebetriebe (f. 8592)
Volkskommissariat/Ministerium für Buntmetallindustrie (f. 9022)
Sonderverwaltungen für Montage (f. 8811)
Dienststelle für Beschaffung von Vieh (f. 9366))

Zentralarchiv des russischen Verteidigungsministeriums (ZAMO):
Einzelne Dokumente

Republik Weißrussland

Nationales Staatsarchiv der Republik Weißrussland in Minsk (NARB):
ZK der KP(b)B (f. 4)

Polen

Archiv Neuer Akten (Archiwum Akt Nowych) in Warschau (AAN):
Ministerium der Staatsverwaltung (MAP)
Staatsarchiv Katowice (APKa)

Deutschland

Bundesarchiv-Militärarchiv in Freiburg/Breisgau (BA-MA):
RWD 16/24, RH 26–17/31

Auswahlbibliographie

Veröffentlichte Quellen
(Dokumentensammlungen, Tagebücher, Erinnerungen)

Armia Radziecka w Polsce 1944–1956. Dokumenty i materiały, hg. von
   Mariusz Lesław Krogulski, Warschau 2003
Czerwiec 1976 w materiałach archiwalnych, hg. von Jerzy Eisler, War-
   schau 2001
Deti GULAGa: 1918–1956. Dokumenty, hg. von S. S. Wilenskij, A. I.
   Kokurin u. a., Moskau 2002
The Diary of Georgi Dimitrov 1933–1949, eingel. und hg. von Ivo
   Banac, New Haven/London 2003
Dimitroff, Georgi: *Tagebücher 1933–1943,* hg. von Bernhard H. Bayer-
   lein, Berlin 2000
Dimitrov, Georgi: *Dnevnik. Mart 1933 – fevruari 1949. Izbrano,* hg.
   von Dimit'r Sirkov, Petko Boev, Nikola Abrejski und Ekaterina Ka-
   bakčieva, Sofia 2003

Documents on Polish-Soviet Relations 1939–1945, Bd. II: 1943–1945, London 1967

Foreign Relations of the United States. Diplomatic Papers. The Conferences at Malta and Yalta 1945, Washington 1955

Foreign Relations of the United States. Diplomatic Papers. The Conferences at Cairo and Tehran 1943, Washington 1961

Der Generalquartiermeister. Briefe und Tagebuchaufzeichnungen des Generalquartiermeisters des Heeres General der Artillerie Eduard Wagner, hg. von Elisabeth Wagner, München/Wien 1963

Gomułka, Władysław: *Pamiętniki,* Bde. 1–3, Warschau 1994

Guderian, Heinz: *Erinnerungen eines Soldaten,* Stuttgart [13]1994

GULAG: 1918–1960, hg. von A. I. Kokurin und N. W. Petrow, Moskau 2002

Halder, Franz: *Kriegstagebuch. Tägliche Aufzeichnungen des Chefs des Generalstabes des Heeres 1939–1942,* Bde. I und II, hg. vom Arbeitskreis für Wehrforschung, Stuttgart, bearbeitet von Hans-Adolf Jacobsen, Stuttgart 1962

Hilger, Gustav: *Wir und der Kreml. Deutsch-sowjetische Beziehungen 1918–1941. Erinnerungen eines deutschen Diplomaten,* Frankfurt am Main/Bonn 1964

Hitler, Adolf: *Mein Kampf,* München 1942

Hitler, Adolf: *Monologe im Führerhauptquartier 1941–1944,* aufgezeichnet von Heinrich Heim, hg. von Werner Jochmann, München 2000

Hürter, Johannes (Hg): *Ein deutscher General an der Ostfront. Die Briefe und Tagebücher des Gotthard Heinrici 1941/42,* Erfurt 2001

Istorija Stalinskogo Gulaga, Bd. 1: *Massowye repressii w SSSR,* hg. von I. A. Sjusina, Moskau 2004

Istorija Stalinskogo Gulaga, Bd. 3: *Ekonomika Gulaga,* hg. von O. W. Chlewnjuk, Moskau 2004

Istorija Stalinskogo Gulaga, Bd. 4: *Tschislenost i uslowija soderschanija,* hg. von A. B. Besborodowa und W. M. Chrustalew, Moskau 2004

Istorija Stalinskogo Gulaga, Bd. 5: *Spezpreselenzy w SSSR,* hg. von T. W. Zarewskaja-Djakina, Moskau 2004

Istorija Stalinskogo Gulaga, Bd. 6: *Wosstanija, Bunty i Sabastowki Sakljutschennych,* hg. von W. A. Koslow, Moskau 2004

K 50-letiju Pobedy w Welikoj Otetschestwennoj wojne 1941–1945. Statistitscheskij sbornik, Moskau 1995

Klimow, Gregory: *Berliner Kreml,* Köln 1953

Kriegstagebuch des Oberkommandos der Wehrmacht 1940–1941, hg. von Percy E. Schramm, Bd. I, zusammengestellt und erläutert von Hans-Adolf Jacobsen, München 1982

Lubjanka. Stalin i glawonoje uprawlenie gosbesopasnosti NKWD 1937–1938. Dokumenty, hg. von W. N. Chaustow, W. P. Naumow und N. S. Plotnikowa, Moskau 2004

Lubjanka. Stalin i NKWD-NKGB-GUKR »Smersch« 1939 – mart 1946. Dokumenty, hg. von W. H. Chaustow, W. P. Naumov und N. S. Plotnikowa, Moskau 2006

Na priemie u Stalina. Tetradi (Schurnaly) zapisej liz, prinjatych I. W. Stalinym (1924–1953 gg.), A. W. Korotkow u. a. (Bearbeiter), Moskau 2008

Das nationalsozialistische Deutschland und die Sowjetunion 1939–1941. Akten aus dem Archiv des Deutschen Auswärtigen Amtes, hg. von Eber Malcolm Carrol und Fritz Theodor Epstein, Berlin 1948

Nazi-Soviet Relations 1939–1941. Documents from the Archives of The German Foreign Office, hg. von Raymond James Sontag and James Stuart Beddie, Department of State, Washington 1948

NKWD-MWD SSSR w borbe s banditismom i woruschennym nazionalistitscheskim podpolem na Sapadnoj Ukraine, w Zapadnoj Belorussii i pribaltike (1939–1956), hg. von N. I. Wladimirzew und A. I. Kokurin, Moskau 2008

Niemcy w Polsce 1945–1950. Wybór dokumentów, hg. von Włodzimierz Borodziej und Hans Lemberg, Warschau 2000

Organy Gosudarstwennoj Besopasnosti SSSR w Welikoj Otetschestwennoj Wojne. Sbornik Dokumentow, Bd. II, Buch 1: *Natschalo: 22 ijunja – 31 augusta 1941 goda,* Moskau 2000

Otscherki Istorii Rossijskoj Wneschnej Raswedki, Bd. 4: *1941–1945,* Moskau 2003

Politbjuro ZK RKP(b) – WKP(b) i Komintern. 1919–1943. Dokumenty, hg. von G. M. Adibekow, Moskau 2004

Politbjuro ZK WKP(b) i Sowjet Ministrow SSSR 1945–1953, hg. von O. W. Chlewnjuk, J. Gorlizkij u. a., Moskau 2002

Prikasy Narodnogo Komissara Oborony SSSR. 22 ijunja 1941 g. – 1942 g., Russkij Archiw 13, Bd. 2(2), Moskau 1997

Prikasy Narodnogo Komissara Oborony SSSR. 1943–1945 gg., Russkij Archiw: Welikaja Otetschestwennaja, Bd. 13, Moskau 1997

Przed i po 13 grudnia. Państwa bloku wschodniego wobec kryzysu w PRL 1980–1982, Bd. 2, hg. von Łukasz Kamiński, Warschau 2007

Problem reparacji, odszkodowań i świadczeń w stosunkach polsko-niemieckich 1944–2004, Bd. II, hg. von Sławomir Dębski und Witold M. Góralski, Warschau 2004

Rechtsstellung Deutschlands. Völkerrechtliche Verträge und andere rechtsgestaltende Akte, hg. von Dietrich Rauschning, 2., erw. Aufl., München 1989

Rschewskij, O. A. (Hg.): *Stalin i Tschertschill. Wstretschi. Besedy. Diskussii*, Moskau 2004

Skrytaja prawda wojny: 1941 g. neiswestnyje dokumenty, Moskau 1992

Sowestskaja Propaganda w Gody Welikoj Otetschestwennoj Wojny, hg. von A. Ja. Liwschin, I. B. Orlow, Moskau 2007

Sowetskij Faktor w Wostotschnoj Ewrope 1944–1953, Bd. 1: *1944–1948, Dokumenty*, hg. von T. W. Wolokitina u. a., Moskau 1999

Speer, Albert: *Erinnerungen*, Frankfurt am Main/Berlin/Wien 1969

SSSR i Germanskij wopros 1941–1949. Dokumenty iz Archiva Wneschnej Politiki Rossijjskoj Federazii, hg. von G. P. Kynin und J. Laufer, Bd. I: *22 ijunja 1941 g. – 8 maja 1945 g.*, Moskau 1996

SSSR i Germanskij wopros 1941–1949. Dokumenty iz Archiva Wneschnej Politiki Rossijjskoj Federazii, hg. von G. P. Kynin und J. Laufer, Bd. II: *9 maja 1945 g. – 3 oktjabrja 1946 g.*, Moskau 2000

Stalin, Josef W.: *Werke*, 15 Bde., Berlin 1954/Dortmund 1974

Stalinskie Deportazji 1928–1953. Dokumenty, hg. von N. L. Pawlow und P. M. Poljan, Moskau 2005

Stalinskie strojki Gulaga 1930–1953, hg. von A. I. Kokurin und Ju. H. Morukow, Moskau 2005

Strana Sowetow sa 50 let. Sbornik statistitscheskich materialow, Moskau 1967

Die Tagebücher von Joseph Goebbels. Sämtliche Fragmente, hg. von Elke Fröhlich, 4 Bde., München 1987

Die Tagebücher von Joseph Goebbels. Sämtliche Fragmente, Teil II: *Diktate 1941–1945*, hg. von Elke Fröhlich, München u. a. 1995

Torańska, Teresa: *Oni*, London 1985

Die UdSSR und die deutsche Frage 1941–1948. Dokumente aus dem Archiv für Außenpolitik der Russischen Föderation, hg. von Jochen P. Laufer und Georgij P. Kynin, 3 Bde., Berlin 2004 (Bd. 1: *22. Juni 1941 bis 8. Mai 1945*, Bd. 2: *8. Mai bis 3. Oktober 1946*, Bd. 3: *6. Oktober 1946 bis 15. Juni 1948*)

Die unheilige Allianz. Stalins Briefwechsel mit Churchill 1941–1945, Reinbek bei Hamburg 1964

Tragedija sowjetskoj derewnii. Kolektiwisazja i raskulatschiwanie. Dokumenty i materialy. 1927–1939, Bde. 1–5, Moskau 2000–2002

Wojennaja Roswedka iformirujet. Janawr 1939 – juni 1941. Dokumenty, hg. von W. A. Gawrilow, Moskau 2008

Monographien und Sammelbände

Akinscha, Konstantin, und Grigori Koslow: *Beutekunst. Auf Schatzsuche in russischen Geheimdepots,* München 1996

Albrecht, Ulrich, und Randolph Nikutta: *Die sowjetische Rüstungsindustrie,* Opladen 1989

Applebaum, Anne: *Der Gulag,* Berlin 2003

Armija Pobedy w Welikoj Otetschestwennoj Wojne 1941–1945, Moskau/Minsk 2005

Arnold, Klaus Jochen: *Die Wehrmacht und die Besatzungspolitik in den besetzten Gebieten der Sowjetunion. Kriegführung und Radikalisierung im »Unternehmen Barbarossa«,* Berlin 2005

Baberowski, Jörg: *Der Rote Terror. Die Geschichte des Stalinismus,* München 2003

Barber, John, und Mark Harrison: *The Soviet Home Front, 1941–1945: A Social and Economic History of the USSR in World War II,* London/New York 1991

Beevor, Antony: *The Fall of Berlin 1945,* New York/London 2002

Beitel, Werner, und Jürgen Nötzold: *Deutsch-sowjetische Wirtschaftsbeziehungen in der Zeit der Weimarer Republik. Eine Bilanz im Hinblick auf gegenwärtige Probleme,* Baden-Baden 1979

Berdinskich, Viktor: *Spezposelenzy. Polititscheskaja ssylka narodow Sowetskoj Rossii,* Moskau 2005

Berkhoff, Karel C.: *Harvest of Despair. Life and Death in Ukraine under Nazi Rule,* Cambridge, Mass./London 2004

Besançon, Alain: *Anatomia widma. Ekonomia polityczna realnego socjalizmu,* Warschau 1991

Besymenski, Lew: *Stalin und Hitler. Das Pokerspiel der Diktatoren,* Berlin 2002

Borhi, Laszlo: *Hungary in the Cold War 1945–1956. Between the United States and the Soviet Union,* Budapest/New York 2004

Brandes, Detlef: *Der Weg zur Vertreibung 1938–1945. Pläne und Entscheidungen zum »Transfer« der Deutschen aus der Tschechoslowakei und aus Polen,* München 2001

Brown, Archie: *Aufstieg und Fall des Kommunismus,* Berlin 2009

Bystrowa, I. W.: *Sowjetski wojenno-promyschlennyj kompleks: problemy stanowlenia i raswitja (1930–1980-e gody),* Moskau 2006

Cenckiewicz, Sławomir: *Śladami bezpieki i partii. Studia – źródła – publicystyka,* Łomianki 2009

Chlewnjuk, Oleg W.: *Das Politbüro. Mechanismen der Macht in der Sowjetunion der dreißiger Jahre,* Hamburg 1998

Churchill, Winston S.: *The Second World War*, Bd. 4: *The Hinge of Fate*, London ²1954

Churchill, Winston S.: *The Second World War*, Bd. 5: *Closing the Ring*, London ²1954

Churchill, Winston S.: *Der Zweite Weltkrieg. Mit einem Epilog über die Nachkriegsjahre*, Bern/München/Wien ²1995.

Conquest, Robert: *Harvest of Sorrow. Soviet Collectivization and the Terror-Famine*, New York 1986

Dallin, Alexander: *Deutsche Herrschaft in Russland*, Düsseldorf 1958

Davies, Norman: *Aufstand der Verlorenen. Der Kampf um Warschau 1944*, München 2004

Davies, Norman: *Die große Katastrophe. Europa im Krieg 1939–1945*, München 2009

Djilas, Milovan: *Gespräche mit Stalin*, Frankfurt am Main 1962

Dunn, Jr., Walter S.: *The Soviet Economy and the Red Army, 1930–1945*, Westport, Conn./London 1995

Eberhard, Piotr: *Political Migrations in Poland 1939–1948*, Warschau 2006

Eisfeld, Alfred, und Victor Herdt (Hg.): *Deportation, Sondersiedlung, Arbeitsarmee. Deutsche in der Sowjetunion 1941 bis 1956*, Köln 1996

The Economics of World War II. Six Great Powers in International Comparison, hg. von Mark Harrison, Cambridge 1998

Eksport SSSR 1926/27–1933. SSSR w zifrach ZUNChU Gosplana SSSR, Moskau 1935

Ellis, John: *The World War II. Databook. The Essential Facts and Figures for all the Combatants*, London 1995

Ericson, Edward E.: *Feeding the German Eagle: Soviet Economic Aid to Nazi Germany, 1933–1941*. Westport, Conn., 1999

Figes, Orlando: *Die Flüsterer. Leben in Stalins Russland*, Berlin 2008

Fisch, Jörg: *Reparationen nach dem Zweiten Weltkrieg*, München 1992

Fitzpatrick, Sheila: *Stalin's Peasants. Resistance and Survival in the Russian Village after Collectivisation*, Oxford 1994

Fleischer, Wolfgang: *Deutsche Panzer 1935–1945. Technik, Gliederung und Einsatzgrundsätze der deutschen Panzertruppen*, Eggolsheim 2007

Fleischhauer, Ingeborg: *Der Pakt. Hitler, Stalin und die Initiative der deutschen Diplomatie 1938–1939*, Berlin/Frankfurt am Main 1990

Geschichtsfälscher (Geschichtlicher Überblick), Ostberlin 1948.

Glantz, David M., und Jonathan House: *When Titans Clashed. How the Red Army Stopped Hitler*, Lawrence, Kans., 1995

Gontarczyk, Piotr: *Polska Partia Robotnicza. Droga do władzy 1941–1944*, Warschau 2003

Gorkow, Juri: *Gosudarstwennyj komitet oborony postanowljaet (1941–1945)*. *Zifry, dokumenty*, Moskau 2002

Gorodetsky, Gabriel: *Die große Täuschung. Hitler, Stalin und das Unternehmen » Barbarossa «*, Berlin 2001

Haffner, Sebastian: *Der Teufelspakt. Die deutsch-russischen Beziehungen vom Ersten zum Zweiten Weltkrieg*, Zürich 1988

Hilger, Andreas: *Deutsche Kriegsgefangene in der Sowjetunion, 1941–1956. Kriegsgefangenenpolitik, Lageralltag und Erinnerung*, Essen 2000

Hughes, Matthew, und Chris Mann: *T-34-Panzer*, Erlangen 1999

Istorija Wtoroj Mirowoj Wojny 1939–1945, Bd. IV: *Faschistskaja agressja protiw SSSR. Krach strategii » Molnienosnoj Wojny «*, Moskau 1975

Jacobsen, Hans-Adolf: *Der Weg zur Teilung der Welt*, Koblenz/Bonn 1997

Jacobs, Ingeborg: *Freiwild. Das Schicksal deutscher Frauen 1945*, Berlin 2008

Janssen, Susanne: *Die deutsche Minderheit in Russland bzw. in der Sowjetunion 1914–1945*, Münster 1990

Jentz, Thomas L.: *Der Panther*, Wölfersheim 1997

Kaczmarek, Ryszard: *Górny Śląsk podczas II wojny światowej. Między utopią niemieckiej wspólnoty narodowej a rzeczywistością okupacji na terenach wcielonych do Trzeciej Rzeszy*, Kattowitz 2006

Kajzer, Leszek, Stanisław Kołodziejski und Jan Salam: *Leksykon Zamków w Polsce*, Warschau 2004

Kaliński, Janusz: *Gospodarka Polski w latach 1944–1989. Przemiany strukturalne*, Warschau 1995

Kamiński, Marek Kazimierz: *W obliczu sowieckiego ekspansjonizmu. Polityka Stanów Zjednoczonych i Wielkiej Brytanii wobec Polski i Czechosłowacji 1945–1948*, Warschau 2005

Kamiński, Marek Kazimierz: *Edvard Beneš we współpracy z Kremlem. Polityka zagraniczna władz czechosłowackich na emigracji 1943–1945*, Warschau 2009

Karlsch, Rainer, und Jochen Laufer (Hg.): *Sowjetische Demontagen in Deutschland 1944–1949. Hintergründe, Ziele und Wirkungen*, Berlin 2002.

Karlsch, Rainer: *Uran für Moskau. Die Wismut. Eine populäre Geschichte*, Berlin 2007

Karner, Stefan, und Barbara Stelzl-Marx (Hg.): *Die Rote Armee in Österreich. Sowjetische Besatzung in Österreich 1945–1955. Beiträge*, Graz/Wien/München 2005

Knyschewskij, Pawel: *Moskaus Beute. Wie Vermögen, Kulturgüter und*

Intelligenz nach 1945 aus Deutschland geraubt wurden, München/ Landsberg am Lech 1995

Kowal, Konstantin: *Poslednij swidetel.* »*Germanskaja Karta« w cholod-noj wojne*, Moskau 1997

Laufer, Jochen: *Pax Sovietica. Stalin, die Westmächte und die deutsche Frage 1941–1945*, Köln/Weimer/Wien 2009

Lipinsky, Jan: *Das Geheime Zusatzprotokoll zum deutsch-sowjetischen Nichtangriffsvertrag vom 23. August 1939 und seine Entstehungs- und Rezeptionsgeschichte von 1939 bis 1999*, Frankfurt am Main 2004

Lopuchowski, Lew: *Prochorowka bez grifa sekretnosti*, Moskau 2003

Łuczyński, Romuald M.: *Zamki, dwory i pałace w Sudetach*, Liegnitz 2008

Mausbach, Wilfried: *Zwischen Morgenthau und Marshall. Das wirt-schaftspolitische Deutschlandkonzept der USA 1944–1947*, Düssel-dorf 1996

Meschdunarodny krisis 1939–1941 gg.: Ot sowjetsko-germanskich do-goworow 1939 goda do napadenija Germanii na SSSR, Moskau 2006

Meltjuchow, Michail: *Upuschtschenny schans Stalina. Sowjetski Sojus i borba sa Ewropu: 1939–1941*, Moskau 2000

Merridale, Catherine: *Iwans Krieg. Die Rote Armee 1939–1945*, Frank-furt am Main 2006

Mikolajczyk, Stanislaw: *The Rape of Poland: Pattern of Soviet Aggres-sion*, New York/Toronto 1948

Mischustin, D. D.: *Wneschnjaja torgowlja i industrialisazija SSSR*, Moskau 1938

Musial, Bogdan: *Konterrevolutionäre Elemente sind zu erschießen. Die Brutalisierung des deutsch-sowjetischen Krieges im Sommer 1941*, Berlin 2000

Musial, Bogdan (Hg.): *Sowjetische Partisanen in Weißrussland. Innen-ansichten aus dem Gebiet Baranoviči 1941–1944. Eine Dokumenta-tion*, München 2004

Musial, Bogdan: *Kampfplatz Deutschland. Stalins Kriegspläne gegen den Westen*, Berlin 2008

Musial, Bogdan: *Sowjetische Partisanenbewegung 1941–1944. Mythos und Wirklichkeit*, Paderborn 2009

Musial, Bogdan (Hg.): *Przewrót majowy w oczach Kremla,* Warschau 2009

Müller, Rolf-Dieter: *Das Tor zur Weltmacht. Die Bedeutung der Sow-jetunion für die deutsche Wirtschafts- und Rüstungspolitik zwischen den Weltkriegen*, Boppard 1984

Müller, Rolf-Dieter: *An der Seite der Wehrmacht: Hitlers ausländische*

Helfer beim »Kreuzzug gegen den Bolschewismus«, 1941–1945, Berlin 2007

Naimark, Norman M.: *Die Russen in Deutschland. Die sowjetische Besatzungszone 1945–1949,* Berlin 1997

Naimark, Norman M.: *Flammender Hass. Ethnische Säuberungen im 20. Jahrhundert,* Frankfurt am Main 2008

Nehring, Walter K.: *Die Geschichte der deutschen Panzerwaffe 1916 bis 1945,* Berlin 1995

O'Sullivan, Donal: *Stalins »Cordon sanitaire«. Die sowjetische Osteuropapolitik und die Reaktionen des Westens 1939–1949.* Paderborn 2003

Osborn, Patrick R.: *Operation Pike: Britain Versus the Soviet Union, 1939–1941,* Westport 2000

Overy, Richard: *Russlands Krieg 1941–1945,* Reinbek bei Hamburg 2003

Pleshakov, Constantine: *Stalin's Folly. The Tragic First Ten Days of World War II on the Eastern Front,* Boston/New York 2005

Pylzyin, Aleksandr: *Prawda o schtrafbatach. Kak ofizerskij schtrafbat doschel do Berlina,* Moskau 2007

Roberts, Geoffrey: *Stalin's Wars. From World War to Cold War, 1939–1953,* New Haven/London 2006

Romanuk, Sergei: *Moskwa-utraty,* Moskau 1992

Różański, Henryk: *Śladem wspomnień i dokumentów (1943–1948),* Warschau 1988

Rossija i SSSR w wojnach XX weka. Poteri woruschennych sil. Statistitscheskoje issledowanie, hg. von G. F. Kriwoschew, Moskau 2001

Roszkowski, Wojciech: *Najnowsza historia Polski 1914–1945,* Warschau 2003

Ruggenthaler, Peter (Hg.): *Stalins großer Bluff. Die Geschichte der Stalin-Note in Dokumenten der sowjetischen Führung,* München 2007

Samuelson, Lennart: *Krasny koloss. Stanowlenie wojenno-promyschlennogo kompleksa SSSR. 1921–1941,* Moskau 2001

Schamalow, Warlam: *Durch den Schnee: Erzählungen aus Kolyma 1,* Berlin 2008

Schamalow, Warlam: *Linkes Ufer. Erzählungen aus Kolyma 2,* Berlin 2009

Schiesser, Gerhard, und Jochen Trauptmann: *Russisch Roulette. Das deutsche Geld und die Oktoberrevolution,* Berlin 1998

Schlauch, Wolfgang: *Rüstungshilfe der USA 1939–1945,* Koblenz [2]1985

Schwendemann, Heinrich: *Die wirtschaftliche Zusammenarbeit zwischen dem Deutschen Reich und der Sowjetunion von 1939 bis 1941. Alternative zu Hitlers Ostprogramm?,* Berlin 1993

Sebag Montefiore, Simon: *Stalin. Am Hof des roten Zaren*, Frankfurt am Main 2005

Segbers, Klaus: *Die Sowjetunion im Zweiten Weltkrieg. Die Mobilisierung von Verwaltung, Wirtschaft und Gesellschaft im »Großen Vaterländischen Krieg« 1941–1945*, München 1987

Semirjaga, M.: *Kak my uprawijali Germaniej*, Moskau 1995

Service, Robert: *Lenin. Eine Biographie*, München 2000

Service, Robert: *Stalin. A Biography*, London 2004

Sikora, Mirosław: *Kuźnia broni III Rzeszy. Niemiecki przemysł zbrojeniowy na Górnym Śląsku podczas II wojny światowej*, Kattowitz/Krakau 2007

Simonow, Nikolai: *Wojenno-promyschlennyj kompleks. SSSR w 1920–1950-e gody: Tempy ekonomitscheskogo rosta, struktura, organisazja proiswodstwa i uprawleenie*, Moskau 1996

Simtschera, Wasili M.: *Raswitie Ekonomiki Rossii za 100 let. 1900–2000*, Moskau 2007

Sokolow, Boris: *Tainy Wtoroj Mirowoj*, Moskau 2001

Sowjetskij faktor w wostotschnoj Evrope 1944–1953, Bd. 1: *1944–1948*, hg. von T. W. Wolkotina u. a., Moskau 1999

Spielberger, Walter J.: *Militärfahrzeuge*, Bd. 7: *Der Panzerkampfwagen Tiger und seine Abarten*, Stuttgart 2003

Stańczyk, Henryk: *Od Sandomierza do Opola i Raciborza*, Warschau 1998

Subok, Wladislaw, und Konstantin Pleschakow: *Der Kreml im Kalten Krieg. Von 1945 bis zur Kubakrise*, Hildesheim 1997

Sulik, Alfred: *Przemysł cieżki rejencji katowickiej w gospodarce Trzeciej Rzeszy (1939–1945)*, Kattowitz 1984

Swirin, Michail: *Bronja krepka. Istorija sowjetskogo tanka 1919–1937*, Moskau 2005

Swirin, Michail: *Bronjewoj schtschit Stalina. Istorija sowjetskogo tanka 1937–1943*, Moskau 2006

Swirin, Michail: *Stalnoj kulak Stalina. Istorija sowetskogo tanka 1943–1955*, Moskau 2006

Swjagnizew, Wjatscheslaw: *Wojna na wesach femidy. Wojny 1941–1945 gg. w materialach sledstwenno-sudebuych del*, Moskau 2006.

Szumski, Jan: *Sowietyzacja zachodniej Białorusi 1944–1953. Propaganda i edukacja w służbie ideologii*, Krakau 2010

Tooze, Adam: *Ökonomie der Zerstörung. Die Geschichte der Wirtschaft im Nationalsozialismus*, München 2007

Verton, Hendrick C.: *Im Feuer der Ostfront. Ein niederländischer Freiwilliger an deutscher Seite im europäischen Schicksalskampf*, Coburg [2]2004

Die Vertreibung der deutschen Bevölkerung aus den Gebieten östlich der Oder-Neiße, hg. vom ehemaligen Bundesministerium für Vertriebene, Flüchtlinge und Kriegsgeschädigte. Bde. 1–3, Bonn 1954/60

Vialiki, Anatol: *Na rasdaroschschy. Belarusy i palaki u tschas perasjalennja*. 1944–1946, Minsk 2005

Vincent, C. Paul: *The Politics of Hunger. The Allied Blockade of Germany*, Athens, Ohio/London 1985

Volkmann, Hans-Erich: *Ökonomie und Expansion. Grundzüge der NS-Wirtschaftspolitik. Ausgewählte Schriften*, München 2003

Wetting, Gerhard: *Stalin and the Cold War in Europe. The Emergence and Development of East-West Conflict, 1939–1953*, New York/Toronto 2008

Wieczorkiewicz, Paweł: *Historia polityczna Polski 1939–1945*, Warschau 2005

Wneschnaja Torgowlja i industrialisazija SSSR. Kratkoe utschebnoe posobie, hg. von D. D. Mischustin, Moskau 1941

Wneschnaja Torgowlja SSSR za 20 let 1918–1937 gg. Statistitscheskij Sprawotschnik, hg. von S. N. Bakulin und D. D. Mischustin, Moskau 1939

Zamkowska, Stanisława: *Odbudowa i funkcjonowanie kolei polskich 1944–1949*, Warschau 1984

Zeidler, Manfred: *Reichswehr und Rote Armee 1920–1933*, München 1994

Ziemke, Earl F.: *The Red Army 1918–1941: From Vanguard of World Revolution to U. S. Ally*, London/New York 2004

Zubok, Wladislaw M.: *A Failed Empire. The Soviet Union in the Cold War from Stalin to Gorbachev*, Chapel Hill 2007

Aufsätze

Besançon, Alain: »Anatomie d'un spectre. L'economie politique du socialisme réel«, in: Ders.: *Présent soviétique et passé russe*, Paris 1980, S. 352–448

Besymenski, Lev: »Die sowjetisch-deutschen Verträge von 1939. Neue Dokumente«, in: *Forum für osteuropäische Ideen- und Zeitgeschichte*, Heft 2, 1998

Bonwetsch, Bernd: »Die Sowjetunion im Zweiten Weltkrieg 1941 bis 1945«, in: *Jahrbuch für Historische Kommunismusforschung* 2005, S. 13–42

Bruhl, Viktor: »Deportirowannye narody w Sibirii 1935–1955 gg. Sprawitelnyj analis«, in: http://www.memo.ru/history/nem/

Cenckiewicz, Sławomir: »Oskar Lange po stronie Sowietów«, in: *Sławomir Cenckiewicz, Śladami bezpieki i partii. Studia – źródła – publicystyka*, Łomianki 2009, S. 689–694

Chmielarz, Andrzej: »Działania 64 dywizji Wojsk Wewnetrznych NKWD przeciwko polskiemu podziemiu«, in: Andrzej Ajnenkiel (Hg.): *Wojna domowa czy nowa okupacja? Polska po roku 1944*, Wrocław/Warschau/Krakau 1998, S. 73–81

Ciesla, Burghard, Christoph Mick und Matthias Uhl: »Rüstungsgesellschaft und Technologietransfer (1945–1958. Flugzeug- und Raketenentwicklung im Military-Industrial-Academic Complex der UdSSR«, in: Karlsch/Laufer, *Sowjetische Demontagen*, S. 187–225

Dziuba, Adam, und Grzegorz Bębnik: »Zamki na węglu«, in: *Biuletyn Instytutu Pamięci Narodowej* Nr. 3 (74), März 2007, S. 58–64

Dziurok, Adam, und Bogdan Musial: »›Bratni Rabunek.‹ O demontażach i wywózce sprzętu z terenu Górnego Śląska w 1945 r.«, in: *W objęciach wielkiego brata. Sowieci w Polsce 1944–1993*, hg. von Konrad Rokicki und Sławomir Stępień, Warschau 2009, S. 321–349

Frieser, Karl-Heinz: »Die Schlacht im Kursker Bogen«, in: Karl-Heinz Frieser, Klaus Schmider und Klaus Schönherr: *Das Deutsche Reich und der Zweite Weltkrieg*. Bd. 8: *Die Ostfront 1943/44 – Der Krieg im Osten und an den Nebenfronten*, München 2007, S. 83–208

Frieser, Karl-Heinz: »Der Zusammenbruch der Heeresgruppe Mitte im Sommer 1944«, in: Frieser u. a.: *Das Deutsche Reich und der Zweite Weltkrieg*, Bd. 8, S. 526–603

Getter, Marek: »Das Schicksal der Zivilbevölkerung im Warschauer Aufstand«, in: *Der Warschauer Aufstand. 1. August – 2. Oktober 1944. Ursachen – Verlauf – Folgen*, Warschau/Hannover 1996, S. 67–88

Golon, Mirosław: »Od Pomorza Gdańskiego do Górnego Śląska – deportacje ludności cywilnej z ziem polskich do obozów pracy w ZSRR w 1945«, in: Adam Dziurok und Adam Niedurny (Hg.): *Deportacje Górnoślązaków do ZSRR w 1945 r.*, Kattowitz 2004, S. 11–34

Heitmann, Clemens: »Die Stettin-Frage. Die KPD, die Sowjetunion und die deutsch-polnische Grenze 1945«, in: *Zeitschrift für Ostmitteleuropa-Forschung* 51 (2002), 1, S. 25–63

Karlsch, Rainer: »Uran für Moskau – Studien zur Geschichte des größten sowjetischen Auslandsunternehmens, der Wismut AG«, in: *Bulletin des Deutschen Historischen Instituts Moskau*, Nr. 2, 2008, S. 113–121

Karner, Stefan: »Zum Umfang der sowjetischen Demontagen in Österreich 1945/46. Eine erste Aufstellung aus russischen Quellen«, in: Karl Hardach (Hg.): *Wirtschaftshistorische Studien. Festgabe für Othmar Pickl*, Frankfurt am Main u. a. 2007, S. 117–168

Krieger, Viktor: »Personen minderen Rechts: Rußlanddeutsche in den Jahren 1941–46«, in: *Heimatbuch der Deutschen aus Russland 2004*, hg. von Johann Kampen und Hans Kampen, Stuttgart 2004, S. 93–107

Krieger, Viktor: »Germanophobie im Russischen Reich und in der Sowjetunion«, in: *Volk auf dem Weg* 10/2006, S. 13 f.

Krieger, Viktor: »Tscheljabmetallurgstroj des NKWD der UdSSR – das größte Zwangsarbeitslager für Russlanddeutsche. Entstehungsgeschichte, Aufgaben, Struktur«, in: *Geschichte der Volksgruppe* Nr. 6/2006, S. 19–22

Kühr, Rüdiger: »Die Folgen der Demontagen bei der Deutschen Reichsbahn (DR)«, in: Karlsch/Laufer, *Sowjetische Demontagen*, S. 473–506

Kunert, Andrzej Krzysztof: »Bezpowrotne polskie straty osobowe w Powstaniu Warszawskim«, in: Materski, Wojciech, und Tomasz Szarota (Hg.): *Polska 1939–1945. Straty osobowe i ofiary represji pod dwiema okupacjami*, Warschau 2009, S. 177–187

Langenohl, Andreas: »Die Erinnerungsreflexion des Großen Vaterländischen Krieges in Russland zum fünfzigsten und sechzigsten Jahrestag des Sieges (1995 und 2005)«, in: *Jahrbuch für Historische Kommunismusforschung* 2005, S. 68–80

Laufer, Jochen: »Politik und Bilanz der sowjetischen Demontagen in der SBZ/DDR 1945–1950«, in: Karlsch/Laufer, *Sowjetische Demontagen*, S. 31–78

Malamud, G.: »Mobilisowannye sowetskie nemzy na Urale w 1942–1948 gg.«, in: http://www.memo.ru/history/nem/

Minjuk, Andrei: »Deutsche Betriebsanlagen und Technologien in der sowjetischen Automobilindustrie 1945–1950«, in: Karlsch/Laufer, *Sowjetische Demontagen*, S. 147–186.

Mosochin, O.: »Osoboe Soweschtschanie w Rossji i SSSR (1881–1953). Prawowoe polnomotschija Osobogo soweschtschanija«, Dezember 2001: http://www.nasledie.ru/oboz/N3-4_02/3-4_14.HTM

Musial, Bogdan: »Casus prof. Borodzieja a stan polskiej historiografii«, in: *Arcana*, Nr. 46–47 (4–5/2002), S. 303–312

Musial, Bogdan: »Das Schlachtfeld zweiter totalitärer Systeme. Polen unter deutscher und sowjetischer Herrschaft 1939–1941«, in: Klaus-Michael Mallmann und Bogdan Musial (Hg.): *Genesis des Genozids. Polen 1939–1944*, Darmstadt 2004, S. 13–35

Musial, Bogdan: »Memorandum Pantelejmona Ponomarienki z 20

stycznia 1943 r.:»O zachowaniu się Polaków i niektórych naszych zadaniach«, in: *Pamięć i Sprawiedliwość* 2006/1 (9), S. 379–385

Musial, Bogdan:»›Sollen doch die Deutschen Platz machen‹. Stalin, die Deutschen und die Westverschiebung Polens«, in: *Deutschland Archiv* 6/2008 (41), S. 1018–1030

Neja, Jarosław:»Wpływ deportacji Górnoślązaków do ZSRR w 1945 roku na życie gospodarcze i społeczne Górnego Śląska w pierwszych latach powojennych«, in: Dziurok/Niedurny, *Deportacje Górnoślązaków do ZSRR w 1945 r.*

Perepelicyn, Aleksandr P., und Natalja V. Timofeeva:»Das Deutschen-Bild in der sowjetischen Militärpropaganda während des Großen Vaterländischen Krieges«, in: *Rotarmisten schreiben aus Deutschland. Briefe von der Front (1945) und historische Analysen*, hg. von Elke Scherstjanoi, München 2004, S. 267–286

Piotrowski, Paweł:»Pobyt Armii Czerwonej na Dolnym Śląsku w latach czterdziestych«, in: *Biuletyn Instytutu Pamięci Narodowej*, 2001/4, S. 51–58

Schönherr, Klaus:»Die Kämpfe um Galizien und Beskiden«, in: Frieser u. a., *Das Deutsche Reich und der Zweite Weltkrieg*, Bd. 8, S. 679–730

Sipols, W. J.:»Torgowo-ekonomitscheskie otnoschenia meschdu SSSR i Germaniei w 1939–1941 gg. w swete nowych archiwnych dokumentov«, in: *Nowaja i naweischaja istorija*, 2 (1997), S. 29–41

Ślepowroński, Tomasz:»NRD kontra PRL. Stosunek mieszkańców Pomorza Zachodniego do konfliktu w Zatoce Pomorskiej (1985–1989)«, in: *Biuletyn Instytutu Pamięci Narodowej*, 9–10/2005, S. 90–99

Strangers, Anthony N.:»A History of the Fischer-Tropsch Synthesis in Germany 1926–1945«, in: *Fischer-Tropsch Synthesis, Catalysts and Catalysis*, hg. von Butrron H. Davis und Mario L. Occelli, Elsevier Science & Technology (November 2006), S. 1–28

Studziński, Ryszard:»Etapy i kierunki oraz metody i formy ekonomicznego uzależnienia Polski od ZSRR w latach 1944–1989 na tle pozostałych krajów bloku komunistycznego«, in: *W objęciach wielkiego brata*, S. 57–94

Taylor, Zbigniew:»Demontaż lini kolejowych przez Armię Czerwoną na ziemiach polskich, 1944–1948«, in: *Przegląd Geograficzny,* Nr. 76, 2004/2, S. 143–168

Urban, Thomas:»Ilja Ehrenburg als Kriegspropagandist«, in: Dagmar Herrmann und Astrid Volpert (Hg.): *Traum und Trauma. Russen und Deutsche im 20. Jahrhundert*, München 2003, S. 241–273

Vatlin, Alexander:»Stalinistischer Terror im Rayonmaßstab«, in: Wladislaw Hedeler (Hg.): *Stalinistischer Terror 1934–41*, Berlin 2002, S. 51–68

Wegner, Bernd: »Hitlers Besuch in Finnland. Das geheime Tonprotokoll seiner Unterredung mit Mannerheim am 4. Juni 1942«, in: *Vierteljahreshefte für Zeitgeschichte* 1993 (43) S. 127–137

Wegner, Bernd: »Von Stalingrad nach Kursk«, in: Frieser u. a., *Das Deutsche Reich und der Zweite Weltkrieg*, Bd. 8, S. 1–79

Wehner, Markus: »Gescheiterte Revolution. In Russlands Archiven gehen die Uhren rückwärts«, in: *Osteuropa*, 59. Jg., 5/2009, S. 45–58

Wesołowski, Tomasz: »›Sztrafniki‹ – Jednostki karne Armii Czerwonej w latach 1940–1945«, in: *Studia Podlaskie 2000*, Bd. X, S. 109–125

Wilhelm, Hans-Heinrich: »Die Prognosen der Abteilung Fremde Heere Ost 1942–1945«, in: Hans-Heinrich Wilhelm und Louis de Jong (Hg.): *Zwei Legenden aus dem Dritten Reich*, Stuttgart 1974 (*Schriftenreihe der Vierteljahreshefte für Zeitgeschichte*, Nr. 28), S. 7–75

Wischolew, Oleg: »Retsch Stalina 5 maja 1941 g. Rossijskie dokumenty«, in: *Nowaja i nowejschaja istorija*, 1998 (Nr. 4), S. 77–89

Woźniczka, Zygmunt: »Skutki wkroczenia Armii Czerwonej i działalność NKWD w 1945 r«, in: *Województwo śląskie 1945–1950. Zarys dziejów politycznych*, hg. von Adam Dziurok und Ryszard Kaczmarek, Kattowitz 2007

Zeidler, Manfred: »Deutsch-sowjetische Wirtschaftsbeziehungen im Zeichen des Hitler-Stalin-Paktes«, in: Bernd Wegner (Hg.): *Zwei Wege nach Moskau. Vom Hitler-Stalin-Pakt bis zum Unternehmen »Barbarossa«*, München 1991, S. 93–110

Zeidler, Manfred: »Die Tötungs- und Vergewaltigungsverbrechen der Roten Armee auf deutschem Boden 1944/45«, in: *Kriegsverbrechen im 20. Jahrhundert*, hg. von Wolfram Wette und Gerd R. Überschär, Darmstadt 2001, S. 412–432

Personenregister

Bogdan Musial
Kampfplatz Deutschland

Stalins Kriegspläne gegen den Westen
www.list-taschenbuch.de
ISBN 978-3-548-60947-8

»Friedliebend« sei die Sowjetunion gewesen, als Hitlers
Wehrmacht sie am 22. Juni 1941 auf breiter Front angriff. So verbreitete es die kommunistische Propaganda,
so ist es bis heute zu hören. In Wahrheit verfolgte Stalin
– wie Hitler – ein gigantisches Aufrüstungsprogramm,
existierten seit den Zwanziger Jahren klare Angriffs-
pläne gegen Westeuropa, als dessen Herzstück Deutschland galt. Erstmals gelingt es dem deutsch-polnischen
Historiker Bogdan Musial, anhand neuer Archivfunde
die Kriegspläne der sowjetischen Führung, denen die
gesamte Innen- und Außenpolitik untergeordnet war,
minutiös nachzuzeichnen.

»Musial zeichnet ein präzises und spannendes Bild
der sowjetischen Militärpolitik bis zum Vorabend des
Zweiten Weltkriegs. Er stützt sich auf eine Fülle von
bislang nicht veröffentlichten Dokumenten, die er
in Moskauer Archiven aufgespürt hat. Ein verdienst-
volles Buch, das eine Lücke in der Forschung schließt.«
Süddeutsche Zeitung

List Taschenbuch

L410

Dietmar Arnold /
Sven Felix Kellerhoff
Die Fluchttunnel von Berlin

Mit zahlreichen Abbildungen. www.list-taschenbuch.de
ISBN 978-3-548-60934-8

Für die Freiheit waren sie bereit, ihr Leben aufs Spiel
zu setzen. Die gefährliche Flucht durch selbstgegrabene
Tunnel war für Hunderte DDR-Bürger der einzige Weg,
um der Gefangenschaft im SED-Staat zu entkommen.
Dietmar Arnold und Sven Felix Kellerhoff legen die
erste Gesamtdarstellung der Berliner Fluchttunnel
vor, gründlich recherchiert, mit Zeitzeugen-Berichten,
neuen Funden aus den Stasi-Akten und nie gezeigten
Fotos.

»Das Autorenteam versorgt seine Leser mit einer Fülle
von Details zu den Tunnelbauten und den Akteuren.
Die Autoren schildern die Ereignisse, als wären sie
dabei gewesen – unterhaltsam und informativ.«
Das Parlament

List Taschenbuch

L407